Niedermair

LaTeX

Elke & Michael
Niedermair

Professional Series

LATEX

Das Praxisbuch

Mit 157 Abbildungen

Franzis'

Bibliografische Information Der Deutschen Bibliothek

Die Deutsche Bibliothek verzeichnet diese Publikation in der Deutschen Nationalbibliografie; detaillierte Daten sind im Internet über http://dnb.ddb.de abrufbar

Wichtiger Hinweis

Alle Angaben in diesem Buch wurden vom Autor mit größter Sorgfalt erarbeitet bzw. zusammengestellt und unter Einschaltung wirksamer Kontrollmaßnahmen reproduziert. Trotzdem sind Fehler nicht ganz auszuschließen. Der Verlag und der Autor sehen sich deshalb gezwungen, darauf hinzuweisen, daß sie weder eine Garantie noch die juristische Verantwortung oder irgendeine Haftung für Folgen, die auf fehlerhafte Angaben zurückgehen, übernehmen können. Für die Mitteilung etwaiger Fehler sind Verlag und Autor jederzeit dankbar.
Internet-Adressen oder Versionsnummern stellen den bei Redaktionsschluss verfügbaren Informationsstand dar. Verlag und Autor übernehmen keinerlei Verantwortung oder Haftung für Veränderungen, die sich aus nicht von ihnen zu vertretenden Umständen ergeben.
Evtl. beigefügte oder zum Download angebotene Dateien und Informationen dienen ausschließlich der nichtgewerblichen Nutzung. Eine gewerbliche Nutzung ist nur mit Zustimmung des Lizenzinhabers möglich.

art & design: www.ideehoch2.de
Satz: EDV-Service Elke Niedermair
Druck: Bercker, 47623 Kevelaer
Printed in Germany

ISBN 3-7723-6300-8

Vorwort

Wer kennt das nicht? Man muss ein größeres Dokument verfassen, das verschiedene Objekte wie Tabellen, Abbildungen, mathematische Formeln usw. enthält. Bei der Arbeit mit den marktüblichen Textverarbeitungssystemen stößt man hierbei schnell an Grenzen. Als Alternative bietet sich dann die Verwendung eines Satzsystems wie LaTeX an.

Das vorliegende Buch, das in LaTeX geschrieben und gesetzt wurde, soll Ihnen als Hilfestellung bei der Arbeit mit LaTeX dienen.

Inhaltlich bauen die Kapitel im Wesentlichen aufeinander auf, der Schwierigkeitsgrad steigert sich vom ersten bis zum letzten Kapitel. Die ersten Kapitel wenden sich vor allem an Neueinsteiger in LaTeX, die weiteren sind jedoch auch für die erfahreneren Anwender gedacht. Wer schon Vorkenntnisse hat, kann somit gleich in das Kapitel einsteigen, das er benötigt, sei es Mathematik, Tabellen, Aufzählungen, Grafikerstellung oder die Erstellung größerer Dokumente wie z. B. Bücher.

Wir haben für dieses Buch `teTeX` unter Linux verwendet. Die Beispiele funktionieren aber natürlich auch unter anderen Versionen wie `fpTeX` unter Windows etc. Sie finden viele Beispiele aus dem Buch auch auf der beiliegenden CD-ROM. Erkennbar sind diese durch die Angabe des Namens z. B. `source/bsp_math01.tex` bzw. über die Listing-Nummer, z. B. `laanw.listing.5.39.tex`.

Aus Platzgründen konnten viele Ergänzungspakete für spezielle Zwecke in diesem Buch nur kurz angesprochen werden. Mehr Informationen zu diesen Paketen, aber auch zu allen Bereichen im Buch, enthalten die Paketinformationen und ergänzenden Online-Texte auf der CD-ROM. Es empfiehlt sich immer, diese parallel zum Buch einzusehen.

Auf der Buch-CD-ROM finden Sie die aktuelle TeXLive-CD (TeX und LaTeX für Windows und Linux) und alle im Buch erwähnten Pakete mit deren Dokumentation sowie zahlreiche nützliche Tools. Nach der Installation (im Anhang beschrieben) können Sie also sofort mit LaTeX starten!

Wir hoffen, dass es uns mit diesem Buch gelingt, Ihnen die Möglichkeiten von LaTeX zu erschließen, sodass Sie damit selbst professionelle Dokumente erstellen können.

Zum Schluss möchten wir allen danken, die uns direkt oder indirekt durch Anregungen, Tipps oder die Beantwortung unserer Fragen in den diversen Newsgroups und Mailinglisten geholfen haben.

Elke und Michael Niedermair

Inhaltsverzeichnis

1 Einführung in LaTeX

Wenn ein Schriftstück egal welcher Größe entstehen soll, macht sich der Autor üblicherweise Gedanken, wie sein Werk später aussehen soll. Gerade bei Büchern oder Artikeln muss er sich auch an die Vorgaben des Verlages bezüglich. Layout, Schriftgröße, Schriftart, Papiergröße halten.

Früher wurden Manuskripte oft noch handschriftlich beim Verlag abgeliefert, der Setzer hatte dann die Aufgabe, eine druckgerechte Aufbereitung vorzunehmen. In Zeiten moderner Textverarbeitung werden derartige Arbeiten oft vom Autor selbst übernommen, indem er mit einem Textverarbeitungsprogramm, z. B. Microsoft Word oder OpenOffice, bereits formatierte Texte abliefert. Doch die Möglichkeiten derartiger Programme und das typografische Wissen vieler Autoren sind beschränkt und die Dokumente entsprechen oft nicht dem, was von einem professionellen Druck erwartet wird. So ist es in Textverarbeitungsprogrammen beispielsweise sehr aufwändig, selbstdefinierte Aufzählungszeichen zu integrieren, Querverweise oder durchgängige Nummerierungen bei den Abbildungen über alle Kapitel eines größeren Dokuments einzubinden oder Bilder genau zu platzieren. Die Formatierung von mathematischen Formeln lässt sich beispielsweise nur über Zusatztools, wie etwa den Formeleditor, erledigen. Dabei bringt dieser selbst erfahrene Anwender manchmal zur Verzweiflung, weil die mühevoll zusammengestellte Formel plötzlich im Dokument nicht mehr erscheint, egal was man auch versucht. Hat man die Formel dann endlich ins Dokument integriert, unterscheidet sich das Ergebnis doch erheblich von dem, was man aus Mathematikbüchern gewohnt ist.

Derartige Probleme lassen sich durch die Verwendung eines Satzsystemes vermeiden. Bei Satzsystemen wird der Text über entsprechende Befehle ausgezeichnet, dadurch gesetzt und so für den Druck aufbereitet. So wird dem System mitgeteilt, welche Bedeutung der jeweilige Text hat. Der Vorteil besteht vor allem darin, dass man diese Befehle direkt sieht und beeinflussen kann, sie also nicht wie bei Textverarbeitungsprogrammen im Hintergrund ablaufen und nur durch Mausklicks im Menü beeinflussbar sind. Eines dieser Systeme ist das in diesem Buch beschriebene Satzsystem LaTeX.

1.1 Was ist LaTeX?

LaTeX ist ein äußerst flexibles, rechner- und betriebssystemunabhängiges Satzsystem. Es dient dazu, viele Arten von Schriftstücken (Artikel, Briefe, wissenschaftliche Publikationen, Zeitungsartikel, komplette Bücher, Folien und vieles mehr) zu setzen. Es besteht aus einem Kernsystem, mit dem sich schon die meisten Dokumente, die in gedruckter Form verbreitet werden sollen, erzeugen lassen. Für spezielle Zwecke wie mathematische Formeln, Grafiken, Tabellen usw. bestehen Zusatzpakete, die in die Dokumente eingebunden werden, wenn sie benötigt werden. Auch diese Eigenschaft unterscheidet LaTeX von handelsüblichen Textverarbeitungsprogrammen, die nur auf den ersten Blick derartige Funktionalitäten eingebaut haben. Befasst man sich jedoch intensiver mit ihnen, gerät man schnell an die Grenzen, wenn etwa Positionsrahmen mit integrierten Bildern ein Eigenleben entwickeln und sich nicht an der Stelle positionieren lassen, an der sie benötigt werden. Mit diesem Problem hatten sicher schon viele von Ihnen zu kämpfen.

> ☞ **LaTeX-Installation**
>
> Wie LaTeX und alle weiteren benötigten Tools installiert werden, entnehmen Sie dem Anhang auf Seite 563.

Grundkonzept und Geschichte

LaTeX ist ein Aufsatz für TeX, der die Arbeit mit diesem Satzsystem auch dem weniger erfahrenen Anwender ermöglicht. TeX wurde von Donald Knuth bereits in den 1970er Jahren entwickelt. Sein Ziel war es, ein Satzsystem zu schaffen, das „schöne" Bücher, vor allem mit mathematischen Formeln, setzen sollte. Dabei sollte das System rechnerunabgängig und vom Mikrocomputer bis zum Mainframe einsetzbar sein, und zwar als Public-Domain-Software.

Da der Sprachumfang von TeX und seine Benutzung für viele Leute zu kompliziert war, wurde Anfang der 1980er Jahre von Leslie Lamport LaTeX entwickelt, ein einfacher Aufsatz für TeX. Zusätzlich wurden viele Hilfsprogramme z. B. für die Erstellung von Indizes, Literaturverweisen, usw. erstellt. Mit der Zeit wurden viele weitere Zusatzpakete entwickelt, die LaTeX zu einem mächtigen und vielseitigen System machten. Seit 1994 ist LaTeX 2_ε der aktuelle Standard (siehe `http://www.latex-project.org`), der viele Erweiterungspakete zusammengefasst hat. In Planung und Entwicklung ist zur Zeit LaTeX3 (siehe `http://www.latex-project.org/latex3.html`). Das Hauptziel besteht darin, einen effizienten Kern zu erstellen, der die Basis-Kommandos zur Textgestaltung enthält. Zusätzlich wird eine Reihe verschiedener Pakete zur Verfügung gestellt, die das Layout spezieller Bereiche wie Tabellen, Formeln oder Grafiken übernehmen.

Neben LaTeX gibt es auch noch andere TeX-Aufsätze (siehe Abbildung 1.1 auf der nächsten Seite), z. B. pdfLaTeX zum Output von PDF-Dokumenten oder z. B. xmlTeX, um XML als Eingabeformat verwenden zu können. Wir beschäftigen uns aber in diesem Buch hauptsächlich mit LaTeX.

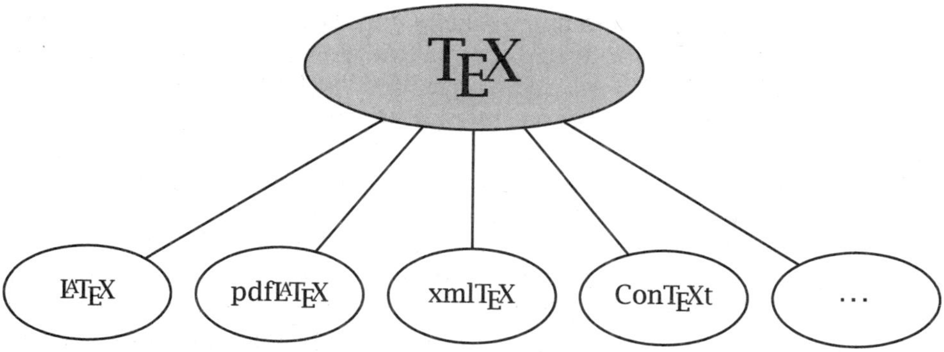

Abb. 1.1: TeX-LaTeX-Zusammenhang

Satzsystem contra Textverarbeitungsprogramm

LaTeX besitzt gegenüber Textverarbeitungsprogrammen Vor- bzw. Nachteile:

Vorteile

- LaTeX ist rechner- und betriebssystemunabhängig. Dies bedeutet, dass die Dokumente sehr einfach ausgetauscht werden können und auf jedem System, egal ob Linux, Unix, Windows oder Macintosh identisches Aussehen haben.
- Sie können sich beim Schreiben ganz auf den Inhalt des Textes konzentrieren, da die Formatierung von den LaTeX-Befehlen übernommen wird. Bei Textverarbeitungsprogrammen müssen Sie während der Texteingabe auch gleich per Mausklick die entsprechende Formatierung wie etwa Fettdruck vornehmen.
- Es sind nur ganz wenige Befehle für die Strukturierung notwendig, die gestalterischen Details werden von LaTeX übernommen.
- Das Setzen von mathematischen Formeln wird besonders gut unterstützt.
- Routineaufgaben wie das Aktualisieren von Querverweisen oder das Erstellen des Inhaltsverzeichnisses werden automatisch erledigt. Diese Funktionalität ist bei vielen Textverarbeitungsprogrammen ziemlich fehleranfällig und umständlich.
- Es besteht die fast grenzenlose Möglichkeit, das Satzsystem durch Klassen und Ergänzungspakete mit wenig Aufwand individuell an die eigenen Bedürfnisse anzupassen und zu erweitern.
- Dem Benutzer steht eine umfangreiche, kostenlose Bibliothek dieser Ergänzungspakete zur Verfügung. Diese heißt CTAN (Comprehensive TeX Archive Network) und ist unter `http://www.dante.de` zu erreichen.

- Es gibt eine Anwendervereinigung (Dante e.V., Deutsche Anwendervereinigung TeX), die sich die Förderung von TeX und LaTeX auf die Fahnen geschrieben hat. Die Internetadresse von Dante lautet `http://www.dante.de`. Dort gibt es weitreichende kostenlose Unterstützung, in Form von:
  - Mailinglisten,
    siehe `http://www.dante.de/help/mailinglists.html`
  - Newsgroups,
    siehe `http://www.dante.de/help/newsgroups.html`
  - regelmäßigen Treffen in vielen Städten
    siehe `http://www.dante.de/events/stammtische/`)
  - und einer ausgezeichneten FAQ-Liste, die regelmäßig gepflegt wird.
    siehe `http://www.dante.de/faq/de-tex-faq`

Nachteile

- Es besteht im Gegensatz zu Textverarbeitungsprogrammen keine Möglichkeit, den eingegebenen Text sofort so zu sehen, wie er tatsächlich gedruckt wird (kein WYSIWYG). Vielmehr muss zuerst ein Übersetzungslauf gestartet werden, damit die LaTeX-Befehle zur Formatierung umgesetzt werden. Es gibt ein kommerzielles Produkt, das WYSIWYG auch für LaTeX versucht (Name: Scientific Word / Scientific WorkPlace, siehe `http://www.mackichan.com`)
- LaTeX gilt als schwer und kompliziert. Auf den ersten Blick mag dies im Vergleich zu Textverarbeitungsprogrammen zwar zutreffen, hat man sich jedoch etwas eingearbeitet, sprechen die professionellen Druckergebnisse eindeutig für sich.

1.2 LaTeX-Texte erzeugen

LaTeX-Texte werden mit einem beliebigen ASCII-Editor geschrieben.

Wir verwenden für dieses Buch den Editor XEmacs mit dem zusätzlichen Modul AucTeX, welches eine komfortable Erweiterung für den Editor bzgl. LaTeX darstellt (siehe Abbildung 1.2 auf der nächsten Seite). XEmacs steht für viele Betriebssysteme zur Verfügung (Windows, Linux ...), wie dieser Editor installiert wird, entnehmen Sie dem Anhang auf Seite 567. Dabei kann der Text und die entsprechenden LaTeX-Befehle von Hand eingegeben oder über entsprechende Menüpunkte ausgewählt werden.

Eine anderer Editor im Bereich Windows ist WinEdt. Dieser ermöglicht ebenfalls die Befehlsauswahl über entsprechende Menüs, ist aber im Gegensatz zu XEmacs nicht Freeeware sondern Shareware (siehe Abbildung 1.3 auf der nächsten Seite).

Wichtig ist, dass die Eingabedatei die Dateiendung `.tex` erhält und dass der Text immer im ASCII-Format abgespeichert ist. Es kann wie auch bei Textverarbeitungsprogrammen ein beliebiger Dateiname vergeben werden.

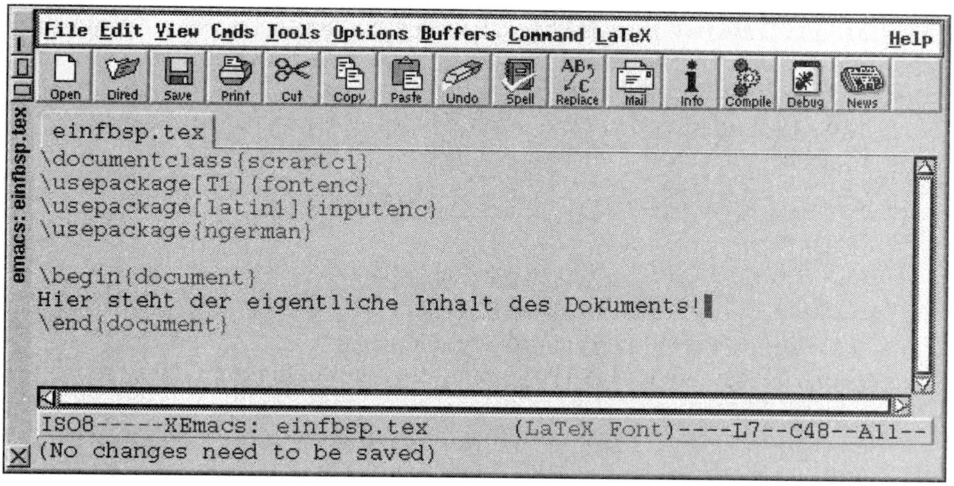

Abb. 1.2: XEmacs mit AucTeX-Modul

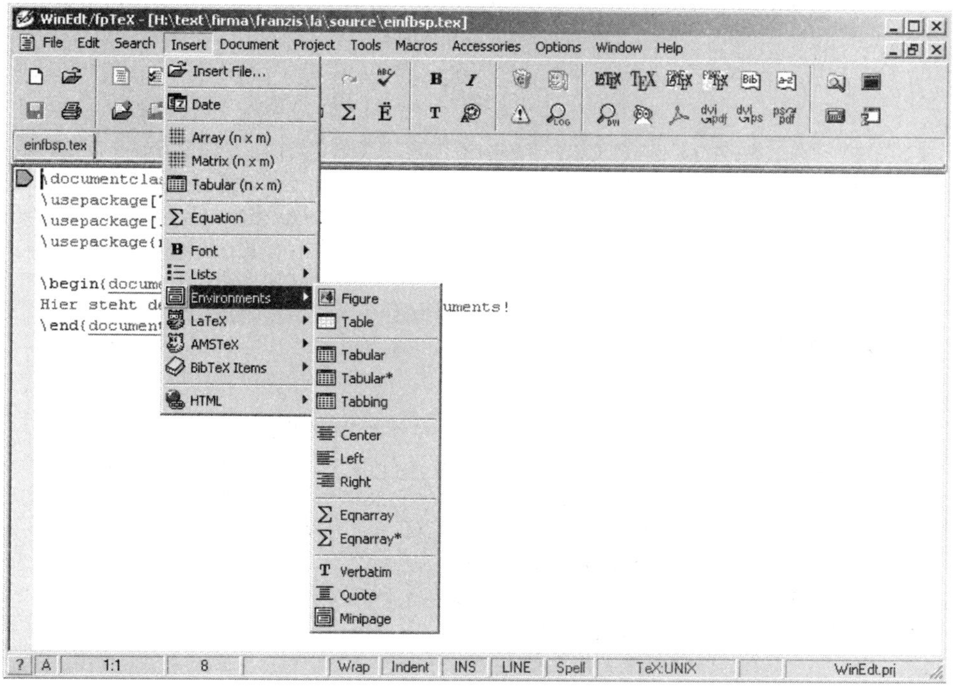

Abb. 1.3: WinEdt

Die Grundstruktur von LaTeX-Dokumenten

Ein einfaches Beispiel zeigt Listing 1.1.

```
1 \documentclass{scrartcl}
2 \usepackage[T1]{fontenc}
3 \usepackage[latin1]{inputenc}
4 \usepackage{ngerman}
5
6 \begin{document}
7 Hier steht der eigentliche Inhalt des Dokuments!
8 \end{document}
```

Listing 1.1: Allgemeiner Aufbau eines LaTeX-Dokuments (source/einfbsp.tex)

Grundlegend ist zu sagen, dass alle TeX- bzw. LaTeX-Befehle mit einem Backslash „\" beginnen. Jede LaTeX-Datei beginnt dabei mit der Definition der Dokumentenklasse (siehe Zeile 1). Der allgemeine Aufruf dabei lautet:

```
\documentclass[parameter]{klasse}
```

Damit wird festgelegt, um welche Art von Dokument es sich handelt, z. B. Artikel, Bücher, Briefe, ... Im Beispiel oben wird die Klasse `scrartcl` verwendet, die aus dem KOMA-Script-Paket stammt und für Artikel benutzt wird. Ein Übersicht über ein paar Standardklassen zeigt Tabelle 1.1.

KOMA-Script

KOMA-Script hat seinen Namen von seinem Programmierer **Ma**rkus **Ko**hm und besteht aus einem Paket mit Dokumentenklassen mit komfortabler Benutzerschnittstelle. Die Dokumentenklassen des KOMA-Scripts sind in bestimmten Bereichen besser auf deutsche Bedürfnisse angepasst als die LaTeX-Standardklassen. Will man KOMA-Script verwenden, so muss man nur eine der entsprechenden Dokumentenklassen verwenden.

Tabelle 1.1: Standardklassen (Auszug)

Zweck	Klasse
Artikel	`article` bzw. `scrartcl` (KOMA-Script)
Bücher	book bzw. `scrbook` (KOMA-Script)
Berichte	`scrreport` (KOMA-Script)
Briefe	`letter` bzw. `scrlttr2` (KOMA-Script)
Folien	`slides`
...	

Jede dieser Dokumentenklassen beinhaltet Befehle für die jeweiligen Charakteristika des erzeugten Dokuments. So enthält beispielsweise die Dokumentenklasse book einen Befehl für Kapitelüberschriften, zur Indexerstellung und für das Inhaltsverzeichnis. Die Dokumentenklassen für die Briefe erlauben über die entsprechenden Befehle die Erstellung von Bezugszeichenzeile, Adressfeld, Anlagen- und Verteilvermerk usw.

> **KOMA-Script als Grundlage**
>
> Da wir dieses Buch für den deutschen Sprachraum schreiben, werden wir hauptsächlich die Klassen des KOMA-Scripts verwenden, da z. B. die Briefklasse besser an deutsche Normen, etwa DIN 5008 für Geschäftsbriefe, angepasst ist. Desweiteren liegt dem Paket eine sehr gute und ausführliche Dokumentation in Deutsch bei (genannt wird diese „scrguide“).

Zusätzlich können bei der Definition der Dokumentenklasse optionale Parameter angegeben werden, die Informationen wie die Papiergröße, die Schriftgröße, usw. für die Klasse bereitstellen.

Nach der Definition der Dokumentenklasse folgen die Befehle um Erweiterungspakete (mit `usepackage`) einzubinden. Es können beliebig viele Pakete eingebunden werden. Diese haben die Dateiendung `.sty`. In Zeile 2 wird das Paket `fontenc` eingebunden, welches das Format bzw. die Kodierung des Zeichensatzes festlegt (später mehr dazu). fontenc.sty

Da LaTeX ursprünglich aus dem Amerikanischen stammt, gibt es bei der Eingabe der deutschen Umlaute ein Problem, da diese im Amerikanischen nicht existieren und somit keine Zeichen dafür definiert sind. Damit diese Buchstaben einfach über die Tastatur eingegeben werden können, muss LaTeX diese Zeichen erst lernen. Dazu wird das Paket `inputenc` eingebunden (siehe Zeile 3). Mit dem Parameter `latin1` wird festlegt, dass das Dokument den Zeichensatz `latin1` (auch `ISO-8859-1` genannt) verwendet, der z. B. deutsche Umlaute etc. enthält. inputenc.sty

Damit die Silbentrennung nach den deutschen Regeln erfolgt, wird für die alte deutsche Rechtschreibung das Paket `german` bzw. für die neue deutsche Rechtschreibung das Paket `ngerman` eingebunden (siehe Zeile 4). german.sty ngerman.sty

Nach dem Einbinden der Pakete beginnt das eigentliche Dokument, welches mit `\begin{document}` (siehe Zeile 6) eingeleitet und mit `\end{document}` (siehe Zeile 8) beendet wird. Dazwischen ist der Text und evtl. weitere Befehle enthalten.

Der Grundaufbau, wie er hier beschreiben ist, ist für jedes Dokument gleich und unterscheidet sich nur in der verwendeten Dokumentenklasse und den eingebundenen Ergänzungspaketen.

Sonderzeichen

Für die Eingabe stehen aber nicht alle Zeichen der Tastatur zur Verfügung, da einige Sonderzeichen als TeX-Steuerzeichen verwendet werden und bestimmte Aufgaben erfüllen müssen. So trennt das & die einzelnen Spalten einer Tabelle. Um diese Zeichen trotzdem in einem Dokument drucken zu können, muss diesen ein Backslash vorangestellt werden oder aber es existiert ein spezieller Befehl für diese Zeichen. Tabelle 1.2 auf der nächsten Seite fasst diese reservierten Zeichen zusammen.

Sonderzeichen	Eingabe
{	\{
}	\}
#	\#
&	\&
_	_
%	\%
$	\$
\	\textbackslash
~	\textasciitilde

Tabelle 1.2: Eingabe von Sonderzeichen in LaTeX

1.3 LaTeX-Texte übersetzen und betrachten

Für LaTeX gibt es im Wesentlichen zwei Ausgabeformate, PostScript und das PDF-Format.

PostScript erzeugen

Nachdem das Dokument eingegeben und gespeichert worden ist, kann es übersetzt werden. Dabei wird der allgemeine Befehl

```
latex <dateiname.tex>
```

verwendet. In unserem Beispiel muss also

```
latex einfbsp.tex
```

eingegeben werden, da beim Speichern des Dokuments der Dateiname `einfbsp.tex` gewählt wurde.

Durch den LaTeX-Lauf wird die Datei `einfbsp.dvi` erzeugt. DVI steht dabei für **de**vice **i**ndependent, also eine druckerunabhängige Formatierung. Diese kann mit so genannten DVI-Browsern (z. B. `xdvi`, `kdvi`, `windvi`, ...) betrachtet werden (siehe Abbildung 1.4).

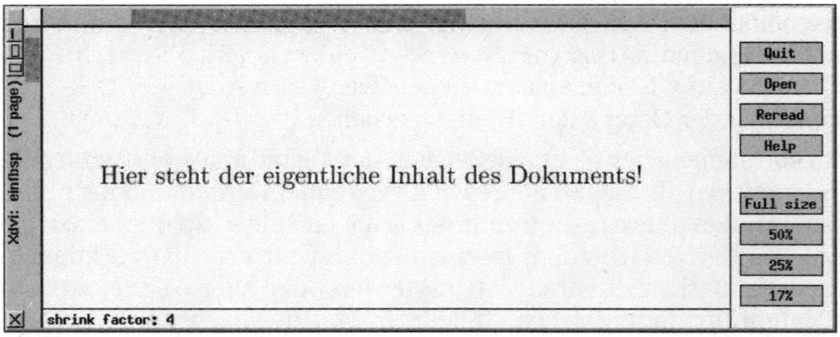

Abb. 1.4: Betrachten der DVI-Datei mit xdvi

Nun kann die DVI-Datei in eine PostScript-Datei umgewandelt werden, damit diese auf dem Drucker ausgegeben werden kann. Dazu wird der dvips-Konverter wie folgt aufgerufen:

```
dvips einfbsp.dvi
```

Dadurch entsteht die Datei einfbsp.ps. Diese PS-Datei kann nun auf dem Drucker ausgegeben oder z. B. mit Ghostview auf dem Bildschirm betrachtet werden (siehe Abbildung 1.5).

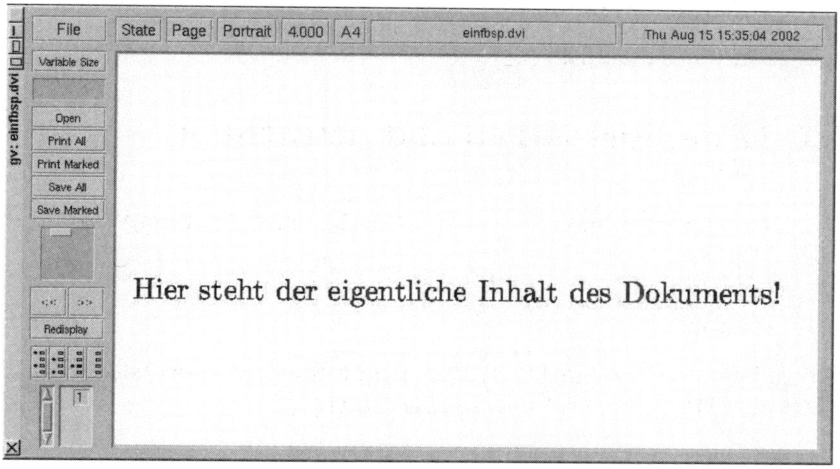

Abb. 1.5: Betrachten der PS-Datei mit gv

Das Erzeugen des eigentlichen Endprodukts (z. B. einer PostScript-Datei) erfolgt nach folgendem Schema (siehe Abbildung 1.6 auf der nächsten Seite).

Auch wenn diese Vorgehensweise für Anwender eines Textverarbeitungsprogrammes umständlich erscheinen mag, bietet sie doch den wesentlichen Vorteil, dass man jederzeit die Abläufe bei der Übersetzung verfolgen kann, indem man sich den Übersetzungslauf auf dem Bildschirm anzeigen lässt. Dieser findet bei Word nur im Hintergrund statt, ohne dass der Nutzer Zugriff darauf hat oder Fehler eingrenzen kann. Außerdem bietet LaTeX bessere Datenaustauschmöglichkeiten, da die geräteunabhängigen dvi-Dateien überall gelesen werden können, wo ein dvi-Browser installiert ist. Bei Microsoft Word muss man hierzu auf rtf-Dateien ausweichen, wenn man sich nicht sicher ist, ob der Empfänger der Datei auch die entsprechende Word-Version besitzt.

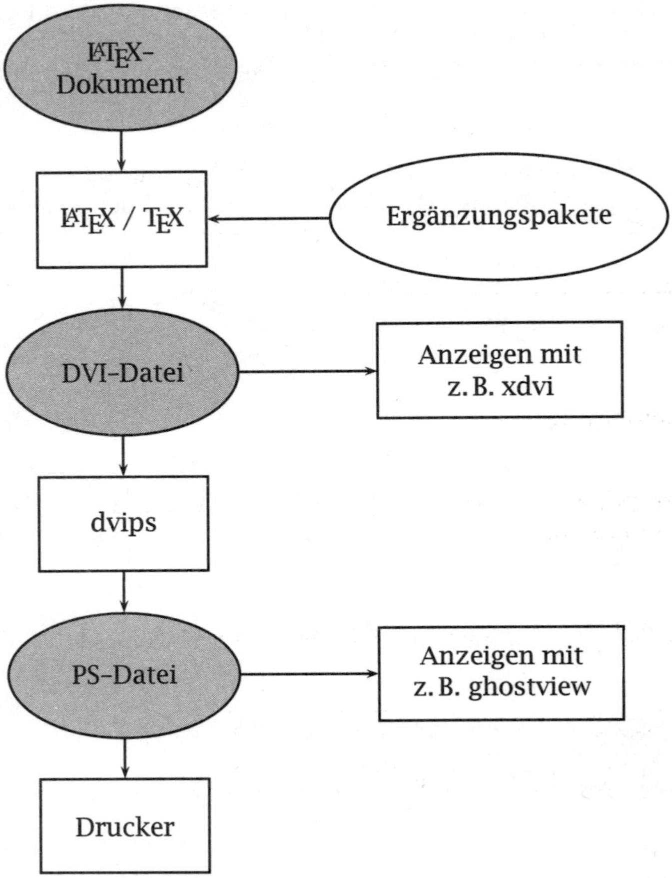

Abb. 1.6: LaTeX-Übersetzungvorgang

PDF erzeugen

Mit LaTeX ist es auch möglich, direkt PDF-Dateien zu erzeugen. Will man ein Dokument aus einem Textverarbeitungsprogramm in PDF-Dateien umwandeln, benötigt man hierfür spezielle Zusatzwerkzeuge, wie etwa den Acrobat Destiller. LaTeX bietet hierfür drei Möglichkeiten (siehe Abbildung 1.7 auf der nächsten Seite).

- Die PS-Datei wird mittels des Ghostscript-Konverters in PDF umgewandelt. Dabei wird die Umwandlung mit `ps2pdf` durchgeführt. Der Aufruf lautet dabei:

```
ps2pdf einfbsp.ps einfbsp.pdf
```

- Die DVI-Datei wird mit dem Programm `dvipdfm` in PDF umgewandelt. Der Aufruf lautet dabei:

```
dvipdfm einfbsp.dvi
```

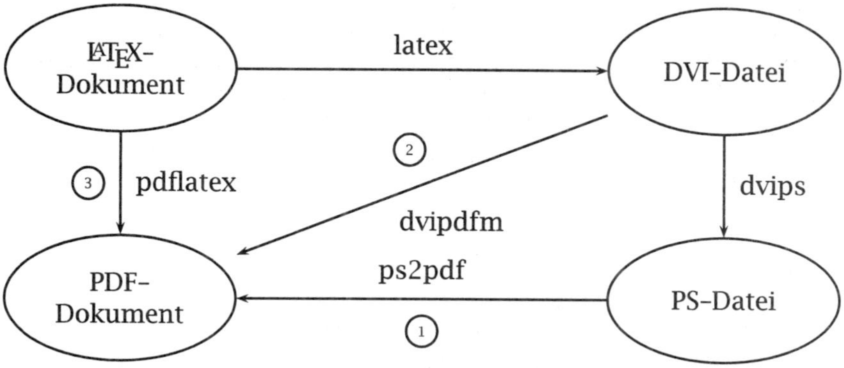

Abb. 1.7: PDF-Übersetzungvorgang

- Anstelle von LaTeX wird pdflatex verwendet. Hier wird als Output direkt PDF erzeugt. Der Aufruf lautet dabei:

  ```
  pdflatex einfbsp.tex
  ```

Anschließend steht die PDF-Datei (Name `einfbsp.pdf`) zur Verfügung (siehe Abbildung 1.8).

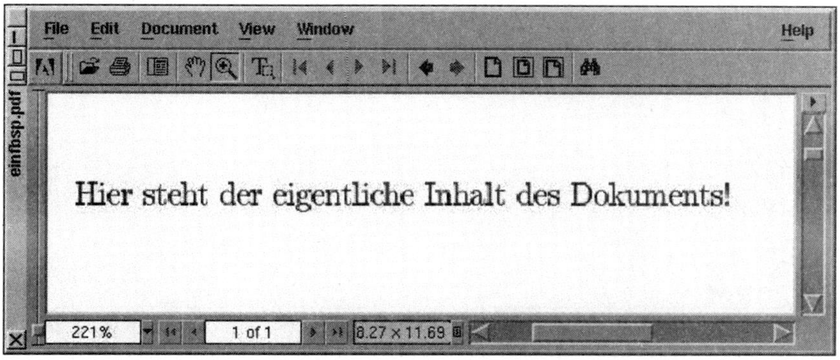

Abb. 1.8: Betrachten der PDF-Datei mit dem Acrobat-Reader

Alle drei Verfahren haben Vor- und Nachteile. Wir verwenden hier für die PDF-Beispiele in diesem Buch die Variante über `ps2pdf`, da man dann unter LaTeX so gut wie nichts beachten muss.

2 Einfache Texte schreiben

Den grundlegenden Aufbau eines LaTeX-Dokuments haben Sie bereits kennen gelernt. Dabei werden von LaTeX alle Befehle und Makros in TeX-Befehle aufgelöst. Diese werden wiederum soweit vereinfacht, dass nur noch Boxen (mit einer Breite und Höhe), die jeweils einen Buchstaben repräsentieren, übrig bleiben. Viele Boxen nebeneinander stellen dabei eine Zeile (horizontale Box) dar (siehe Abbildung 2.1). Viele Zeilen werden zu einer Seite (vertikale Box) zusammengefasst (siehe Abbildung 2.2).

Dieses Verfahren wurde schon von Gutenberg im 15. Jahrhundert so gehandhabt, auch wenn die Technik etwas anders war. Die Buchstaben für den Druck waren Bleistempel, die die Box für jeweils ein Zeichen darstellten. Viele dieser Bleibuchstaben nebeneinander stellten eine Zeile dar. Viele Zeilen untereinander bildeten dann die Druckseite. Sie sehen, an der Vorgehensweise beim Aufbau einer Druckseite hat sich nichts geändert.

Abb. 2.1: Boxen einer Zeile

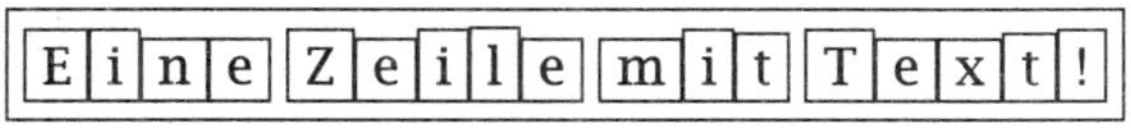

Abb. 2.2: Boxen einer Seite

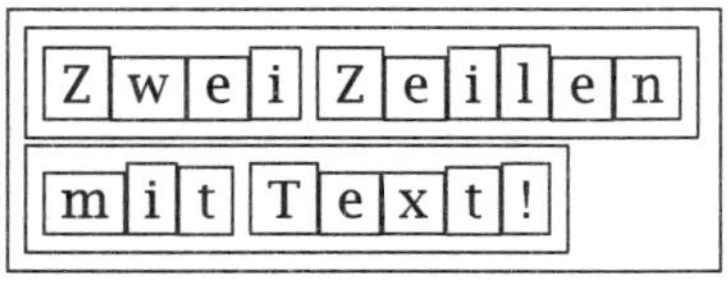

Wie viele Boxen in einer Zeile bzw. auf einer Seite Platz haben, hängt von folgenden Größen ab:

- Papierformat
- Seitenränder
- Schriftart und -größe

In diesem Kapitel erfahren Sie zuerst etwas über den Aufbau von LaTeX-Befehlen und Sie erhalten das notwendige Grundwissen, um verschiedene Dokumente zu erstellen.

2.1 Wichtige Grundlagen

2.1.1 LaTeX-Befehle und Gruppen

Im Kapitel 1.2 auf Seite 16 haben Sie schon erfahren, dass LaTeX-Befehle mit einem „\" beginnen. Sodann folgt der Name in Buchstaben, der durch ein bzw. mehrere Leerzeichen, ein nachfolgendes Sonderzeichen oder eine Ziffer beendet wird. Alternativ kann der Befehl auch aus dem Backslash und einem Sonderzeichen bzw. einer Ziffer bestehen. Bei den Befehlsnamen wird zwischen Groß- und Kleinschreibung (case sensitive) unterschieden.

Bei den Befehlen wird unter folgenden Gruppen (Anweisungen, Umgebungen und Steuerzeichen) unterschieden (siehe Tabelle 2.1).

Befehl / Gruppe	Beispiel	Beschreibung
\befehl	`\LaTeX`	Es wird der entsprechende Befehl ausgeführt.
\befehl{...}	`\hspace{1cm}`	Es wird der entsprechende Befehl ausgeführt, wobei der Parameter in den geschweiften Klammern übergeben wird.
\befehl[...]{...}	`\rput[bl](0,1){x}`	Es wird der entsprechende Befehl ausgeführt, wobei der optionale Parameter in eckigen Klammern und der Parameter in den geschweiften Klammern übergeben wird.
{...}		Es wird eine Gruppe gebildet.
{\befehl ...}	`{\large Text}`	Der Befehl wirkt nur auf das eingeklammerte Material.
\begin{umgebung}	`\begin{center}`	Es wird eine Umgebung eingeleitet, die solange gültig ist, bis \end{umgebung} folgt.
\end{umgebung}	`\end{center}`	Es wird die Umgebung beendet.
%	% Kommentar	Alles nach dem Prozentzeichen bis zum Ende der Zeile wird als Kommentar gewertet und ignoriert.
&	`spalte & spalte`	Trennt die Spalten in einer Tabelle.
$ ... $	`$a+b$`	Abkürzung für die Mathematikumgebung.

Tabelle 2.1: LaTeX-Befehle

☞ Zwingendes Leerzeichen

Da ein oder mehrere Leerzeichen als Befehlsende interpretiert werden, muss nach dem Befehl ein „{}“ verwendet werden, wenn danach ein Leerzeichen gesetzt werden soll, andernfalls wird der nachfolgende Befehl bzw. der nachfolgende Text direkt nach dem Befehl gesetzt. Siehe auch Kapitel 8.5 auf Seite 515 (Befehle erstellen).

2.1.2 Papiergröße festlegen

Vor dem Schreiben eines Textes sollten Sie sich Gedanken darüber machen, für welches Ausgabemedium und in welcher Größe der Text produziert werden soll. Dabei werden die Größe des Papieres und die entsprechenden Ränder definiert, der so genannte Satzspiegel.

Dabei stellt KOMA-Script nachfolgende Parameter zur Festlegung des Papierformates zur Verfügung (siehe Tabelle 2.2).

Parameter		Maß	Beschreibung
aXpaper			Papierformat nach DIN-A
a4paper	*	297 × 210 mm	z. B. DIN-A4
a5paper	*	210 × 148 mm	z. B. DIN-A5
bXpaper			Papierformat nach DIN-B
b5paper	*	250 × 176 mm	z. B. DIN-B5
cXpaper			Papierformat nach DIN-C
dXpaper			Papierformat nach DIN-D
letterpaper	*	11 × 8.5 Zoll	Papierformat letter US
legalpaper	*	14 × 8.5 Zoll	Papierformat legalletter US
executivepaper	*	10.5 × 7.25 Zoll	Papierformat executivepaper US
landscape			Querformat
\isopaper[reihe]{Formatnr}			Papierformat nach der ISO-Reihe

Tabelle 2.2: Papierformate

Die Standardparameter (mit *) können dabei direkt als Angaben bei der Dokumentenklasse verwendet werden. Alle anderen Parameter werden als Angaben für das Ergänzungspaket `typearea.sty` verwendet. Wenn Sie auf Nummer sicher gehen wollen, verwenden Sie die Parameter für die Papiergröße nur bei dem Ergänzungspaket, da dieses alle Parameter akzeptiert. typearea.sty

Beispiele

```
\documentclass[a4paper]{scrartcl}
% ...

\documentclass{scrartcl}
\usepackage[a3paper,landscape]{typearea}
% ...
```

Für exotische Papierformate können auch direkt die beiden Längeneinheiten `\paperwidth` und `\paperheight` verändert werden. Nach dem Setzen der Werte müssen mit dem Befehl `\typearea` die entsprechenden Maße neu berechnet werden.

Beispiele

```
\documentclass{scrartcl}
\usepackage{typearea}
\setlength{\paperwidth}{16cm}
\setlength{\paperheight}{8cm}
\typearea{1}
```

Damit das Papierformat auch an das Programm `dvips` und damit an die PostScript-Datei weitergegeben wird oder bei Verwendung von PDF als Endformat richtig gesetzt wird, helfen die Parameter in Tabelle 2.3.

Parameter	Beschreibung
dvips	Damit wird die Papiergröße an das Programm `dvips` weitergeleitet.
pdftex	Damit wird die Papiergröße im PDF-Dokument richtig gesetzt.
pagesize	Damit wird zur Laufzeit entschieden, ob `dvips` verwendet oder ein PDF-Dokument erstellt wird. Dementsprechend werden die richtigen Werte gesetzt.

Tabelle 2.3: Papierformate weitergeben

Beispiele

```
\documentclass{scrartcl}
\usepackage[a4paper,landscape,pagesize]{typearea}
```

☞ **Ränder**

Von KOMA-Script werden automatisch die Ränder nach den Regeln der typografischen Satzspiegelkonstruktion berechnet. Nach welchen Regeln dies vollzogen wird und wie Sie dabei eingreifen können, entnehmen Sie der ausgezeichneten Dokumentation (diese wird `scrguide` genannt).

Einzelne Seiten in Sonderfällen anpassen

Haben Sie Ihr Dokument fertig gestellt, kann es unter Umständen sein (Ausnahmefall!), dass es bei einigen Seiten nötig ist, diese zu verlängern oder zu verkürzen. Dies ist beispielsweise der Fall, wenn am Ende eines Kapitels gerade noch eine oder zwei Zeilen auf der neuen Seite gesetzt werden (Schusterjungen und Hurenkinder). Um diese dann noch auf die vorangegangene Seite zu ziehen, kann eine Seite mit dem Befehl

```
\enlargethispage{<groesse>}
```

etwas vergrößert werden. Als Größenangabe sind dabei die üblichen Maße wie cm, mm, etc. erlaubt, allerdings darf der Wert nicht zu groß gewählt werden, da dadurch der Textbereich so weit nach unten verlängert wird, dass er eventuelle Fußzeilen verdrängt oder aber in den nicht bedruckbaren Bereich des Druckers gerät (siehe Kapitel 7.6 auf Seite 502). Es sollte also um maximal zwei Zeilen verlängert werden.

Soll die Seitenlänge nur um eine Zeile verlängert oder verkürzt werden, so kann man dem Befehl als Wert auch die Zeilenhöhe (`\baselineskip` oder ein vielfaches davon) übergeben. Wird die Größe mit Minus-Vorzeichen verwendet, wird die Seite verkürzt, ohne Vorzeichen verlängert.

```
\enlargethispage{\baselineskip}
\enlargethispage{-\baselineskip}
```

2.1.3 Ränder fest vorgeben

Oft kommt es vor, dass für Ränder und Satzspiegel bestimmte Vorgaben zu erfüllen sind. Es gibt nun mehrere Möglichkeiten die Ränder festzulegen. Die Abbildungen 2.3 und 2.4 auf der nächsten Seite zeigen, wie welche Längen definiert werden.

> ☞ **Layout anzeigen**
>
> Die beiden Abbildungen 2.3 und 2.4 wurden mit dem Ergänzungspaket `layout.sty` und dem Befehl `\layout` erzeugt.

Dabei kann jeder der dargestellen Werte über den Befehl `\setlength` geändert und so die Randeinstellung verändert werden.

Abstände mit dem Paket geometry festlegen

Da dieser Weg gerade für Anfänger kompliziert ist, gibt es das Ergänzungspaket `geometry.sty`, welches eine einfachere Variante darstellt und selbst die entsprechenden Werte berechnet. Eingebunden wird es über: geometry.sty

```
\usepackage[param]{geometry}
```

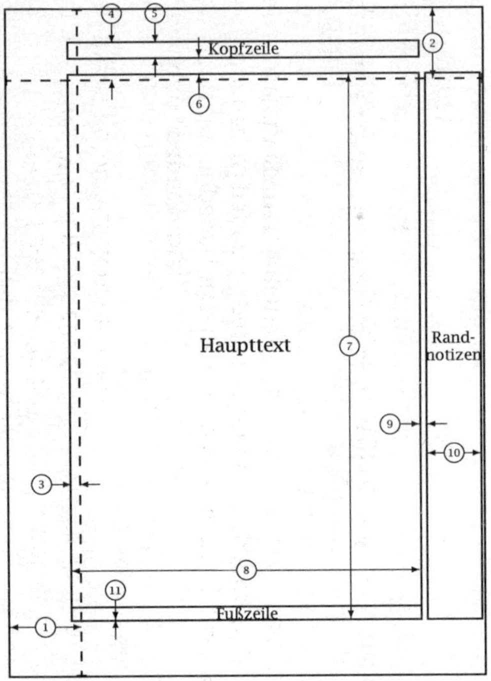

1	ein Zoll + \hoffset	2	ein Zoll + \voffset
3	\oddsidemargin = -9pt	4	\topmargin = -38pt
5	\headheight = 15pt	6	\headsep = 18pt
7	\textheight = 558pt	8	\textwidth = 355pt
9	\marginparsep = 8pt	10	\marginparwidth = 54pt
11	\footskip = 0pt		\marginparpush = 5pt (ohne Abbildung)
	\hoffset = 0pt		\voffset = 0pt
	\paperwidth = 483pt		\paperheight = 682pt

Abb. 2.3: Layout für ungerade Seiten

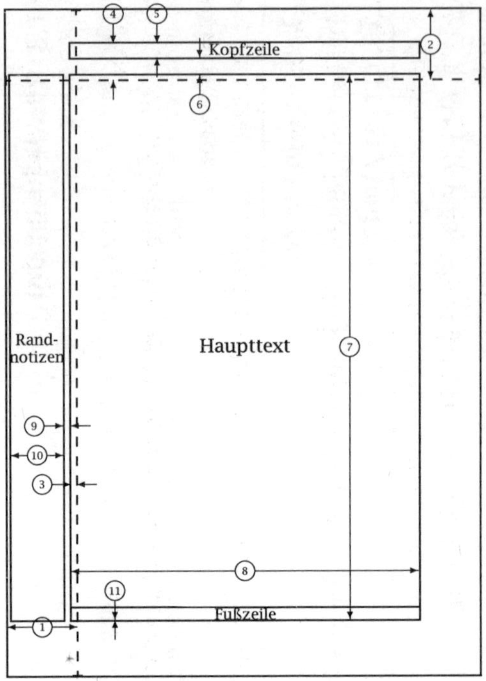

1	ein Zoll + \hoffset	2	ein Zoll + \voffset
3	\evensidemargin = -6pt	4	\topmargin = -38pt
5	\headheight = 15pt	6	\headsep = 18pt
7	\textheight = 558pt	8	\textwidth = 355pt
9	\marginparsep = 8pt	10	\marginparwidth = 54pt
11	\footskip = 0pt		\marginparpush = 5pt (ohne Abbildung)
	\hoffset = 0pt		\voffset = 0pt
	\paperwidth = 483pt		\paperheight = 682pt

Abb. 2.4: Layout für gerade Seiten

Mit nachfolgenden Parametern (Auszug) lässt sich das Seitenlayout beeinflussen. Die Parameter können auch über den Befehl `\geometry` eingestellt werden. Die komplette Liste aller möglichen Parameter finden Sie in der Paketdokumentation. Werden nur einige Werte angegeben, so werden die fehlenden Parameter automatisch berechnet.

paper bzw. papername
Papierformat: a0paper, a1paper, a2paper, a3paper, a4paper, a5paper, a6paper, b0paper, b1paper, b2paper, b3paper, b4paper, b5paper, b6paper, letterpaper, execitvepaper, legalpaper

screen
Spezielles Format für Bildschimpräsentationen.

landscape
Querformat

portrait
Hochformat

paperheight
Papierhöhe

paperwidth
Papierbreite: `paperwidth = left + width + right`

papersize={width,height}
Papiergröße

twoside
Schaltet auf ungerade und gerade Seitendarstellung (z. B. für Bücher) um.

left bzw. inner
Legt den linken Rand fest. Bei Doppelseiten den inneren Rand.

right bzw. outer
Legt den rechten Rand fest. Bei Doppelseiten den außeren Rand.

width
Legt die Breite des Textes (mit Randnotizen) fest.
`width = \textwidth + \marginsep + \marginwidth`

textwidth
Legt die Breite des Textes fest.

marginparwidth
Legt die Breite der Randnotiz fest.

marginparsep
Legt den Abstand zwischen Text und Randnotiz fest.

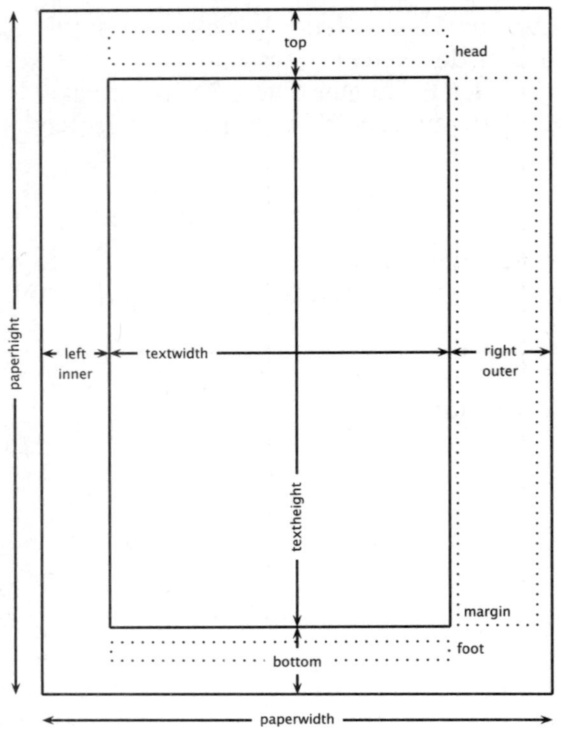

Abb. 2.5:
Papierdimensionen

height
Legt die Höhe des Textes (mit Kopf- und Fußzeile) fest.
`height` = `textheight` + `headheight` + `headsep` + `footskip`

textheight
Legt die Texthöhe fest.

headheight
Legt die Höhe der Kopfzeile fest.

headsep
Legt den Abstand zwischen Text und Kopfzeile fest.

footskip
Legt die Höhe der Fußzeile fest.

top
Legt den oberen Abstand fest.

bottom
Legt den unteren Abstand fest.

lines
Berechnet die Texthöhe aufgrund der Fontgröße und der Anzahl der Zeilen, die auf eine Seite passen sollen.

Abb. 2.6: Kopf und Fuß werden in den Textbereich eingebunden

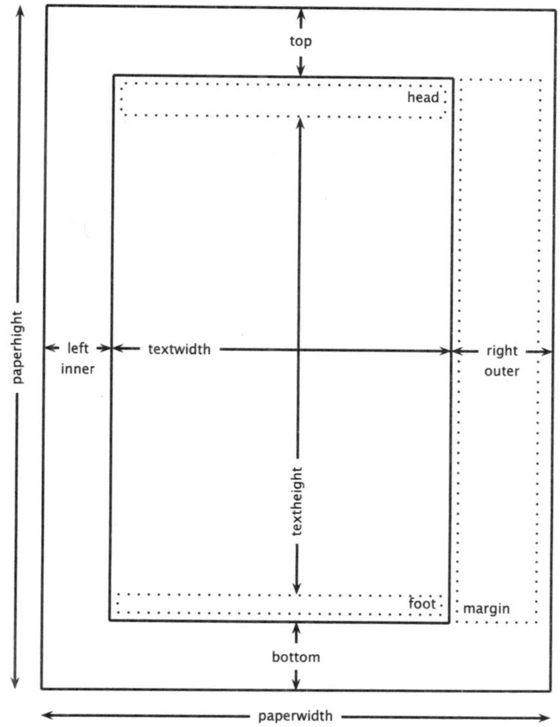

includehead
Bezieht den Kopfbereich in den Textbereich mit ein.

includefoot
Bezieht den Fußbereich in den Textbereich mit ein.

includeheadfoot
Bezieht den Kopf- und den Fußbereich in den Textbereich mit ein.

nohead
Setzt den Kopfbereich auf 0.

nofoot
Setzt den Fußbereich auf 0.

dvips
Schreibt das Papierformat in die Ausgabe, sodass das Programm `dvips` die richtige Papiergröße erkennt (Ausgabeformat PS).

pdftex
Schreibt das Papierformat in die Ausgabe, sodass PDF-Anzeigeprogramme die richtige Papiergröße kennen.

showframe
Zeigt die entsprechenden Rahmen an (siehe Abbildung 2.7 auf der nächsten Seite).

Abb. 2.7: Anzeige des Satzspiegels mit dem Parameter showframe

pass
Schaltet alle Größenänderungen ab! Damit lässt sich mit `showframe` der Rahmen für schon vorher definierte Größen anzeigen.

verbose
Zeigt die eingestellten Parameter beim LaTeX-Lauf an.

Für unser Buch wurden folgende Parameter gewählt:

```
\geometry{verbose,twoside,paperheight=24cm,paperwidth=17cm,
         top=12mm,bottom=20mm,outer=23mm,textwidth=12.5cm,
         marginparsep=3mm,marginparwidth=1.9cm,
         nofoot,includeheadfoot,dvips}
```

Als Ausgabe schreibt das Paket `geometry.sty` die eingestellten Parameter in die LOG-Datei.

```
-------------------- Geometry parameters
paper: user defined
landscape: --
twocolumn: --
twoside: true
asymmetric: --
h-parts: 56.9055pt, 361.35pt, 65.44133pt
v-parts: 34.1433pt, 591.81734pt, 56.9055pt
hmarginratio: --
vmarginratio: --
lines: --
heightrounded: --
bindingoffset: 0.0pt
```

```
truedimen: --
includehead: true
includefoot: true
includemp: --
driver: dvips
-------------- Page layout dimensions and switches
\paperwidth  483.69684pt
\paperheight 682.86613pt
\textwidth  361.35pt
\textheight 558.81734pt
\oddsidemargin  -15.36449pt
\evensidemargin -6.82866pt
\topmargin  -38.1267pt
\headheight 15.0pt
\headsep    18.0pt
\footskip   0.0pt
\marginparwidth 54.06006pt
\marginparsep   8.53581pt
\columnsep  10.0pt
\skip\footins  9.0pt plus 4.0pt minus 2.0pt
\hoffset 0.0pt
\voffset 0.0pt
\mag 1000
\@twosidetrue \@mparswitchtrue
(1in=72.27pt, 1cm=28.45pt)
-----------------------
```

☞ **Weitere Informationen**

Weitere Informationen und weiterführende Einstellungsmöglichkeiten finden Sie in der Paketdokumentation.

2.1.4 Deutsche Spracheigenschaften

Für Texte in deutscher Sprache empfiehlt es sich, das Paket `german` für die alte, bzw. `ngerman` für die neue Rechtschreibung zu verwenden. Diese werden über den `\usepackage`-Befehl eingebunden

german.sty

ngerman.sty

`\usepackage{german}` oder `\usepackage{ngerman}`

Damit werden die Eigenheiten der deutschen Sprache im Text automatisch berücksichtigt.

☞ **german oder ngerman?**

Bevor Sie mit dem Schreiben beginnen, sollten Sie sich entscheiden, ob der Text der alten oder der neuen Rechtschreibung folgen soll, da es in beiden Paketen Regeln gibt, die sich gegenseitig widersprechen, etwa bei der Trennung von „ck“ oder „st“. Sind beide Pakete gleichzeitig eingebunden, kann es deshalb eventuell zu Problemen kommen, wenn LaTeX nicht weiß, welche Regel nun gelten soll.

Die beiden Pakete `german` und `ngerman` beinhalten insbesondere Regeln zu folgenden Bereichen:

- **Silbentrennung**
  Je nachdem, welches der beiden Pakete eingebunden wird, wird die Silbentrennung automatisch nach den jeweiligen Trennungsregeln vorgenommen. Wie Sie dies von Hand beeinflussen können, erfahren Sie in Kapitel 2.1.12 auf Seite 57.
- **Besondere Trennung**
  Einige Buchstabenkombinationen wie „ck“ oder „st“ werden nach alter und neuer Rechtschreibung unterschiedlich behandelt. Nach der alten Rechtschreibung wird „ck“ als „k-k“ getrennt und das „st“ wird nicht getrennt, nach der neuen Rechtschreibung gelangt das „ck“ vollständig in die nächste Zeile, während das „st“ nun getrennt werden darf. Auch Wörter mit drei gleichlautenden Konsonanten hintereinander werden verschieden behandelt (alte Rechtschreibung: Sauerstofflaschewird getrennt als Sauerstoff-flasche, während das Wort nach neuer Rechtschreibung immer mit drei „f“s geschrieben wird).
- **Sprachabhängige Begriffe**
  Automatisch erzeugte Überschriften, wie etwa für das Inhaltsverzeichnis, Sachregister, Bibliografie, Anhang etc. aber auch die Abbildungs- und Tabellenbeschriftungen erscheinen auf deutsch. Dies gilt auch für Datumsangaben mit dem Befehl `\today` und in Briefen.
- **Umlaute**
  inputenc.sty
  fontenc.sty
  Die deutschen Umlaute sind in LaTeX nur dann direkt einzugeben, wenn neben dem `german`-Paket auch das Paket `[latin]{inputenc}` eingebunden wird. Um eine saubere Silbentrennung bei Wörtern mit Umlauten zu gewährleisten, sollte auch das Paket `[T1]{fontenc}` eingebunden werden.
- **Anführungszeichen (Gänsefüßchen)**
  Anführungszeichen links unten und rechts oben werden erzeugt durch die Eingabe von `"‘` und `"’` bzw. die Befehle `\glqq` und `\grqq`. Beispiel:

```
"‘Mir geht es gut"’, sagte er.
\glqq Mir geht es gut\grqq , sagte er.
```

„Mir geht es gut“, sagte er.
„Mir geht es gut“, sagte er.

Listing 2.1: Anführungszeichen

- **Ligaturen**
  Ligaturen sind Buchstabenfolgen, die ineinander geschrieben werden, wie etwa fl. Mehr zu Ligaturen finden Sie in Kapitel 2.1.6 auf Seite 40.

2.1.5 Klassenparameter

Sie haben schon in Kapitel 1 erfahren, dass bei der Klasse optionale Parameter (wie zum Beispiel `a4paper`) angegeben werden können. KOMA-Script bietet aber noch eine Vielzahl weiterer Parameter an. Nachfolgend einige wichtige Parameter. Die Bedeutung der einzelnen Parameter wird später noch genauer erläutert.

oneside bzw. twoside
Legt fest, ob der Text einseitig oder zweiseitig gesetzt werden soll.

onecolumn bzw. twocolumn
Legt fest, ob der Text einspaltig oder zweispaltig gesetzt werden soll.

10pt, 11pt, 12pt, xpt
Die Grundschrift wird auf 10-, 11- bzw. 12 pt festgelegt. Im Prinzip ist auch jede andere Schriftgröße möglich, jedoch müssen hierzu die entsprechenden Klassenoptionen (*.clo) vorhanden sein. (Standardmäßig gibt es Klassenoptionen für 10-, 11- und 12pt-Schriften). Weitere Informationen zu Fonts finden Sie in Kapitel 10 auf Seite 541 und in der Online-Dokumentation `fntguide` auf der Buch-CD-ROM.

smallheadings bzw. normalheadings bzw. bigheadings
Legt die Größen der Überschrift bezogen auf die Grundschrift fest.

draft bzw. final
Legt fest, ob im Entwurfsmodus gearbeitet werden soll oder nicht. Im `draft`-Modus werden z. B. überlange Zeilen mit einem Balken angezeigt, damit diese deutlicher erkennbar sind. Einige Ergänzungspakete übernehmen diesen Klassenparameter und passen entsprechend ihre Funktion an. Etwa wird beim Einbinden von Bildern im `draft`-Modus das Bild nicht eingebunden, sondern nur ein Rahmen in der entsprechenden Größe gezeichnet. Dabei wird der Dateiname des Bildes im Rahmen gedruckt.

Weitere Parameter, die möglich sind, werden in den einzelnen Kapiteln erläutert.

Beispiel

Für dieses Buch haben wir folgenden Aufruf verwendet:

```
\documentclass[10pt,a4paper,cleardoubleempty,draft]{scrbook}
```

Bei jedem Buch beginnen die Kapitel auf einer rechten (ungeraden) Seite (dies ist ein Standard bei KOMA-Script). Eventuell wird dazu vorher eine leere Seite eingefügt. Mit dem Parameter `cleardoublepage` wird dafür gesorgt, dass auf dieser Seite keine Kopf- bzw. Fußzeilen (Kolumnentitel) gedruckt werden. Später mehr dazu.

2.1.6 Merkmale einer Schrift

LaTeX verfügt über eine Vielzahl von Befehlen, die das Schriftbild eines Dokuments beeinflussen. Im Verlauf dieses Kapitels werden Sie die meisten von ihnen kennen lernen. Zunächst wird jedoch die Einteilung von Schriftmerkmalen erläutert, was Ihnen das Verständnis der Befehle zur Schriftbildveränderung erleichtern soll.

Das Aussehen eines Schriftbildes wird in erster Linie von der Zugehörigkeit der Schrift zu einer Schriftfamilie bestimmt. Es werden vier große Gruppen unterschieden:

- **Proportional- und Nicht-Proportionalschrift (dicktengleiche Schrift)**
  In einer Proportionalschrift wird für die Ausgabe eines Zeichens nur so viel Platz verwendet, wie die Breite des Buchstabens erfordert. Im Gegensatz wird bei einer Nicht-Proportionalschrift für jeden Buchstaben dieselbe Breite verwendet, egal ob es z. B. ein i oder ein m ist. Dadurch wird das Schriftbild unruhig und schwerer zu lesen als bei einer Proportionalschrift. Üblicherweise werden für Texte Proportionalschriften verwendet, für Programmlistings sind die nicht-proportionalen Schriften jedoch sehr gut geeignet, weil sie die klare Struktur des Programmcodes unterstreichen.

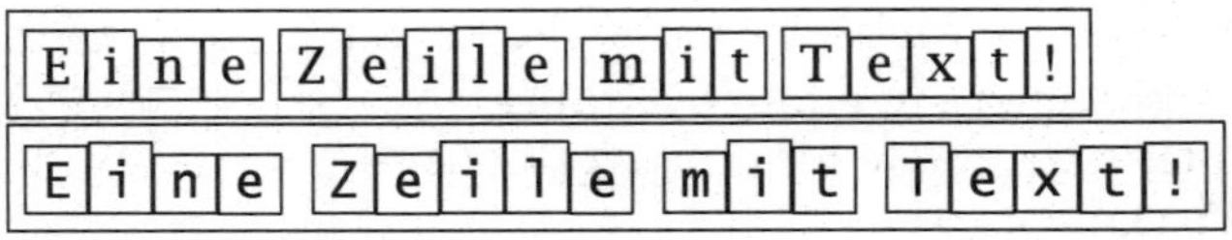

Abb. 2.8: Vergleich von Proportional- und Nicht-Proportionalschrift

- **Serifenschrift und serifenlose Schrift**
  Serifen sind kleine Füßchen und Häkchen (Abstriche) an den einzelnen Buchstaben, die die Schrift leichter lesbar machen und das Auge entlang der Zeile führen. Aus diesem Grund sollte für längere Texte immer eine Schrift mit Serifen eingesetzt werden. Serifenlose Schriften eignen sich dagegen für kurze Werbeslogans auf Plakaten oder Ähnlichem.

In Tabelle 2.4 werden die drei Standardschriftfamilien dargestellt.

Schriftbefehl	Schrift	Beispiel
`\rmfamily`	Roman	Dies ist ein Beispiel
`\ttfamily`	Schreibmaschine	`Dies ist ein Beispiel`
`\sffamily`	serifenlos	Dies ist ein Beispiel

Tabelle 2.4: Standardschriftfamilien

Neben der Zugehörigkeit zu der Schriftfamilie wird das Schriftbild noch durch weitere Parameter beeinflusst.

Schriftform

Im Wesentlichen werden vier Schriftformen unterschieden:

- eine aufrechte Form
- eine kursive Form (hauptsächlich bei Serifenschrift)
- eine schräge Form (hauptsächlich bei Schriften ohne Serifen)
- eine Kapitälchenschrift

Zu beachten ist, dass nicht jede dieser Formen für jede Schrift verfügbar ist. Tabelle 2.5 zeigt die unterschiedlichen Schriftformen.

Tabelle 2.5: Schriftformen

Schriftbefehl	Schriftform	Beispiel
`\itshape`	kursiv	*Dies ist ein Beispiel*
`\slshape`	schräg	*Dies ist ein Beispiel*
`\scshape`	Kapitälchen	DIES IST EIN BEISPIEL
`\upshape`	aufrecht	Dies ist ein Beispiel

Schriftstärke

Die Stärke einer Schrift wird bestimmt durch ihr Gewicht (`weight`) und ihre Laufweite (`width`). Das Gewicht wird durch die Dicke der Linien bestimmt, mit der die einzelnen Zeichen gedruckt werden. Diese reicht von `ultra light` und `light` für dünne Linien über die Standarddicke `medium` bis zu den dicken Linien mit `bold` und `ultra bold`.
Einige Schriften verfügen auch über unterschiedliche Laufweiten, d. h. die Länge eines Wortes ist unterschiedlich. Es gibt gestauchte (`condensed`), normale und gestreckte (`extended`) Schriften. Tabelle 2.6 zeigt die Unterschiede.

Tabelle 2.6: Schriftstärke

Schriftbefehl	Schriftstärke	Beispiel
`\bfseries`	fette Stärke	**Dies ist ein Beispiel**
`\mdseries`	normale Stärke	Dies ist ein Beispiel

Schriftgröße

Jede Schrift kann in der Schriftgröße variiert werden. Es gibt Schriften von winzig bis riesig. Schriftgrößen werden in so genannten Punkten (pt) berechnet. Dabei entspricht 1 pt ungefähr 0,35 mm. Tabelle 2.7 auf der nächsten Seite zeigt die Unterschiede. Dabei wird die Größe immer in Bezug zur Standardschriftgröße (z. B. 10 pt) berechnet.

Schriftbefehl	Schriftgröße	Beispiel
`\tiny`	winzig	winzig
`\scriptsize`	sehr klein	sehr klein
`\footnotesize`	klein (für Fußnoten)	klein
`\small`	klein	klein
`\normalsize`	normal	normal
`\large`	groß	groß
`\Large`	größer	größer
`\LARGE`	noch größer	noch größer
`\huge`	riesig	riesig
`\Huge`	gigantisch	gigantisch

Tabelle 2.7: Schriftgröße

Zeichensatzbefehle

LaTeX stellt weitere Befehle zur Verfügung, die nur den übergebenen Text in der entsprechenden Schrift darstellen und danach wieder zur vorherigen Schrift wechseln. Tabelle 2.8 zeigt die Befehle.

Befehl	Beschreibung	Beispiel
`\textrm{}`	Familie: roman	Dies ist ein Beispiel
`\texttt{}`	Familie: Schreibmaschine	`Dies ist ein Beispiel`
`\textsf{}`	Familie: serifenlos	Dies ist ein Beispiel
`\textit{}`	Form: kursiv	*Dies ist ein Beispiel*
`\textsl{}`	Form: geneigt	*Dies ist ein Beispiel*
`\textsc{}`	Form: Kapitälchen	DIES IST EIN BEISPIEL
`\textup{}`	Form: aufrecht	Dies ist ein Beispiel
`\textbf{}`	Serie: fett	**Dies ist ein Beispiel**
`\textmd{}`	Serie: normal	Dies ist ein Beispiel
`\textnormal{}`	normal	Dies ist ein Beispiel

Tabelle 2.8: Zeichensatzbefehle

Ligaturen

Ligaturen stammen aus dem klassischen Satz und sind Buchstabenkombinationen, die als einzelnes Zeichen gedruckt werden. Dies sind die Buchstabenfolgen `fl`, `ff`, `fi`, `ffi` und `ffl`. In der Grundschrift dieses Buches sehen sie folgendermaßen aus:

ff, fi, fl, ffi, ffl

Will man eine derartige Ligatur ausschalten, sodass die Buchstaben einzeln gedruckt werden, etwa bei zusammengesetzten Wörtern wie Auflauf, so kann dies mit dem Befehl „\/“ geschehen:

```
\Large
Auflauf \qquad Auf\/lauf
```

Auflauf Auflauf

Listing 2.2: Ligaturenvergleich

Wird das Paket german oder ngerman für die deutsche Rechtschreibung verwendet, so sollten Ligaturen nicht mit dem Befehl oben getrennt werden, sondern mit dem Befehl "|, der gleichzeitig auch eine Trennhilfe darstellt. Das Wort darf also an der Stelle getrennt werden, an der der Befehl eingefügt wurde.

german.sty

ngerman.sty

Bei den Ligaturen, die drei Buchstaben zusammenfassen, muss man allerdings darauf achten, die Aufspaltung an der richtigen Stelle einzufügen.

```
\Large
stofflich \qquad stoff"|lich
Tiefflieger \qquad Tief"|flieger
```

stofflich stofflich
Tiefflieger Tiefflieger

Listing 2.3: Ligaturen mit drei Buchstaben

2.1.7 Auszeichnung von Text

Sehr häufig kommt es in Texten vor, dass bestimmte Wörter oder Textpassagen besonders betont werden, sei es, weil sie besonders wichtig sind, oder aber auch nur für ein besonderes Aussehen, damit sie sofort ins Auge fallen. Man unterscheidet zwischen aktiver Auszeichnung (fett, farbig, unterstrichen) und integrierter Auszeichnung (kursiv, Sperrung). Eine aktive Auszeichnung dominiert die ganze Seite, weil sie sofort ins Auge fällt und sollte deshalb sparsam verwendet werden. Eine integrierte Auszeichnung bemerkt man erst beim Vorbeilesen.

LaTeX bietet mehrere Möglichkeiten, Text hervorzuheben. Einige Auszeichnungen wie fett oder kursiv haben Sie dabei schon kennen gelernt.

Hervorheben mit kursiver Schrift

Standardmäßig stellt LaTeX den Befehl \emph zur Verfügung, um Wörter hervorzuheben. Der Befehl setzt den Text dabei kursiv.

```
Ein Wort wird \emph{hervorgehoben}!
```

Ein Wort wird *hervorgehoben*!

Listing 2.4: Hervorheben von Wörtern

Unterstreichen von Wörtern

Standardmäßig können Sie Wörter mit dem Befehl \underline unterstreichen (siehe Listing 2.5).

```
Ein \underline{Wort} wird unterstrichen!
```

Ein Wort wird unterstrichen!

Listing 2.5: Unterstreichen von Wörtern

Leider führt der Befehl dazu, dass es Probleme mit der Silbentrennung gibt.

ulem.sty

Abhilfe schafft hier das Ergänzungspaket `ulem`, das nicht nur dieses Problem löst, sondern mehrere Unterstreichungsvarianten (siehe Tabelle 2.9) bereitstellt. Der Auszug aus Listing 2.6 zeigt ein Beispiel. Abbildung 2.9 auf der nächsten Seite zeigt das Ergebnis.

Befehl	Beschreibung
`\uline{text}`	einfaches Unterstreichen
`\uuline{text}`	doppeltes Unterstreichen
`\uwave{text}`	gewelltes Unterstreichen
`\sout{text}`	durchgestrichen
`\xout{text}`	gelöschter Text
`\emph{text}`	einfaches Unterstreichen (ohne den Paketparameter `normalem`)
`\emph{text}`	kursiv (mit dem Paketparameter `normalem`)

Tabelle 2.9: Unterstreichungs-Befehle

```
10 \usepackage{ulem}
11
12 \begin{document}
13 \large
14 Einfach \uline{unterstrichener} Text mit \verb|\uline{}|.
15
16 Dopplet \uuline{unterstrichener} Text mit \verb|\uuline{}|.
17
18 Gewellter \uwave{unterstrichener} Text mit \verb|\uwave{}|.
19
20 \sout{Durchgestrichener} Text mit \verb|\sout{}|.
21
22 \xout{Gelöschter} Text mit \verb|\xout{}|.
23
24 Text mit dem \emph{Befehl} \verb|\emph{}| ohne ``normalem''.
25
26 \normalem
27 Text mit dem \emph{Befehl} \verb|\emph{}| mit ``normalem''.
28
29 \end{document}
```

Listing 2.6: Unterstreichen mit dem Paket ulem (source/bsp_ulem.tex)

In Zeile 10 wird das Paket eingebunden. Alternativ kann auch

```
\usepackage[normalem]{ulem}
```

verwendet werden (siehe Tipp-Box). Anschließend werden ab Zeile 14 die Befehle für das Unterstreichen verwendet. Der Befehl `verb` sorgt dafür, dass alles was zwischen dem nachfolgenden Zeichen (hier „|") und dem erneuten Auftreten diesem Zeichen von LaTeX als Befehlsfolge ignoriert und so wie es ist ausgegeben wird. Damit lassen sich z. B. Befehle als Befehl drucken.

> ☞ **Tipp: Paket ulem und der Befehl \emph**
>
> Standardmäßig schreibt das Paket `ulem` den Befehl `\emph` um, sodass dieser anstelle von kursivem Text den Text unterstreicht. Möchte man dieses Verhalten verhindern, so ist bei dem Paket der optionale Parameter `normalem` zu verwenden oder der Befehl `\normalem`.

In Zeile 24 wird dann mit dem Befehl `\emph` der Text hervorgehoben, hier unterstrichen. Mit dem Befehl `\normalem` wird dann auch das normale `\emph`-Verhalten umgeschaltet und der Text in Zeile 27 wieder kursiv gedruckt.

Einfach unterstrichener Text mit `\uline{}`.

Dopplet unterstrichener Text mit `\uuline{}`.

Gewellter unterstrichener Text mit `\uwave{}`.

~~Durchgestrichener~~ Text mit `\sout{}`.

Gelöschter Text mit `\xout{}`.

Text mit dem Befehl `\emph{}` ohne “normalem”.

Text mit dem *Befehl* `\emph{}` mit “normalem”.

Abb. 2.9: Unterstreichen mit dem Paket ulem

> ☞ **Silbentrennung**
>
> Das Paket `ulem` unterstützt keine automatische Silbentrennung. Diese muss von Hand vorgenommen werden. Mehr dazu in Kapitel 2.1.12 auf Seite 57.

Sperren von Wörtern

letterspace.sty

Mit dem Zusatzpaket `letterspace` ist es möglich, Wörter in verschiedenen Breiten zu sperren.

Das Paket stellt den Befehl `\letterspace` zur Verfügung. Der allgemeine Aufruf dabei lautet:

```
\letterspace to <wert>{Text}
```

Dabei muss `wert` durch ein Längenmaß ersetzt werden. Das Paket stellt hierfür den Befehl `\naturalwidth` zur Verfügung, der die Länge des nachfolgenden Textes bestimmt. Somit lässt sich ein Text stauchen (ein Wert kleiner 1) oder sperren (ein Wert größer 1).

Paket „letterspace“

Das Paket hat in Wirklichkeit den Namen „letterspacing.tex“ und wird über den Alias „letterspace.sty“ eingebunden. Steht der Alias nicht zur Verfügung, so muss das Paket über „`\input letterspacing`“ eingebunden werden.

Im nachfolgenden Listing 2.7 wird dabei ein Text mehrfach mit verschiedenen Werten gesperrt.

```
1 \documentclass[10pt]{scrartcl}
2 \usepackage[T1]{fontenc}
3 \usepackage[latin1]{inputenc}
4 \usepackage{ngerman}
5 \usepackage[expert]{lucidabr}%\usepackage{mathpazo}
6 \setlength{\parskip}{1ex}
7 \setlength{\parindent}{0em}
8 \pagestyle{empty}
9
10 \usepackage{letterspace}
11
12 \begin{document}
13 \Large
14 DIES IST EIN TEXT!
15
16 \letterspace to 0.7\naturalwidth{DIES IST EIN TEXT!}
17
18 \letterspace to 2\naturalwidth{DIES IST EIN TEXT!}
19
20 \letterspace to 0.5\textwidth{DIES IST EIN TEXT!}
21
22 \letterspace to \textwidth{DIES IST EIN TEXT!}
23 \end{document}
```

Listing 2.7: Sperren von Wörtern (source/bsp_letterspace.tex)

lucidabr.sty

mathpazo .sty

Dabei wird als Dokumentenklasse `scrartcl` aus dem KOMA-Script verwendet (siehe Zeile 1). Anschließend folgen die Ergänzungspakete, die Sie schon kennen (siehe Zeile 2 bis 4). In Zeile 5 wird auf die Type-1-PostScriptschrift „Lucida“ umgeschaltet (mehr zu Schriften finden Sie in Kapitel 10 auf Seite 541). Da die Schriftfamilie „Lucida“ nicht standardmäßig installiert ist, (es ist eine kommerzielle Schrift), verwenden Sie stattdessen die Schrift „Palatino“, die mit dem Paket `mathpazo` eingebunden wird.

Anschließend wird der Absatzabstand auf 1 ex gesetzt, ein elastisches Maß, welches entsprechend der Größe des Fonts bestimmt wird (mehr dazu in Kapitel 8.1 auf Seite 510). Die Absatzeinrückung wird dabei ausgeschaltet, indem der Wert auf 0 gesetzt wird (siehe Zeile 7).

Mit dem Befehl `\pagestyle` wird das Aussehen der Kopf- bzw. Fußzeile bestimmt. Der Wert `empty` sorgt dafür, dass keine Kopf- bzw. Fußzeile gesetzt wird (mehr dazu in Kapitel 7.6 auf Seite 502).

Diesen Beispielklassenkopf werden wir für alle weiteren Beispiele verwenden.

In Zeile 10 wird dann das Ergänzungspaket `letterspace` eingebunden. Nach dem Start des Dokumentes (nach `\begin{document}`) wird die Schrift auf `Large` (Zeile 13) und der erste Text ohne Sperrung gesetzt (Zeile 14). In Zeile 16 wird der Text auf einen Wert von 0.7 seiner ursprünglichen Breite, die mit `\naturalwith` ermittelt wurde, gesperrt. In Zeile 18 auf die doppelte Breite.

In Zeile 20 wird der Text auf die Hälfte der Textbreite (hier mit `textwidth`) gesperrt und in Zeile 22 auf die gesamte Textbreite. Abbildung 2.10 zeigt das Ergebnis.

DIES IST EIN TEXT!

DIESISTEINTEXT!

D I E S   I S T   E I N   T E X T !

D I E S I S T E I N T E X T !

D I E S   I S T   E I N   T E X T !

Abb. 2.10: Sperren von Wörtern

Sperren

Sperren sollte man hautpsächlich nur Wörter in Großbuchstaben, da gesperrte Kleinbuchstaben nicht so gut aussehen.

Hochgestellter Text

Um Text hochzustellen, stellt LaTeX den Befehl `\textsuperscript` zur Verfügung.

```
Text\textsuperscript{hochgestellt}
```

Text^{hochgestellt}

Listing 2.8: Text hochstellen

Für das Tiefstellen von Text gibt es in LaTeX keinen direkten Befehl. Es ist aber mit dem Befehl `\raisebox` möglich, einen Text in einer Box zu platzieren und diese beliebig vertikal zu verschieben. Mehr dazu in Kapitel 2.2.3 auf Seite 71.

2.1.8 Ausrichten von Text

Üblicherweise setzt LaTeX jeden Text im Blocksatz, also links- und rechtsbündig. Allerdings ist dies nicht immer erwünscht. Deshalb hält LaTeX auch Befehle und Umgebungen bereit, mit denen es möglich ist, Text zu zentrieren, einen rechten Flatterrand zu erzeugen oder Text einzurücken.

Text zentrieren

Zentrierter Text wird am einfachsten über die Umgebung

```
\begin{center}
  ...
\end{center}
```

erzeugt.

In dieser wird eine Zeile so lange aufgefüllt wie keine Silbentrennung erforderlich ist. Diese Zeile wird dann zentriert. Möchte man selbst einen Umbruch erzeugen, so muss man die jeweilige Zeile mit \\ beenden. Automatisch fügt die `center`-Umgebung einen zusätzlichen Zwischenraum vor und nach dem zentrierten Text ein.

```
\begin{center}
Lieber aus ganzem Holz\\
eine Feindschaft\\
als eine geleimte Freundschaft\\
{\scriptsize (Friedrich Nietzsche)}
\end{center}
```

Lieber aus ganzem Holz
eine Feindschaft
als eine geleimte Freundschaft
(Friedrich Nietzsche)

Listing 2.9: Text mittig darstellen

Soll innerhalb einer anderen Umgebung, etwa in Tabellen, Text zentriert werden, so geschieht dies mithilfe des Befehls `\centering`. Die Wirkung dieses Befehls endet mit dem Ende der äußeren Umgebung, er ist also lokal begrenzt.

Will man nur eine einzelne Zeile zentrieren, so kann man auch den Befehl `\centerline` verwenden.

Text mit Flatterrand

Soll ein Text nicht im Blocksatz, sondern linksbündig ausgerichtet werden, so muss die Umgebung

```
\begin{flushleft}
  ...
\end{flushleft}
```

verwendet werden. Analog existiert für rechtsbündigen Text die Umgebung

```
\begin{flushright}
  ...
\end{flushright}
```

Werden in diesen Umgebungen die Zeilen nicht explizit mit \\ beendet, wird eine Zeile so lange aufgefüllt, bis die Textbreite erreicht ist, ohne dass eine Silbentrennung notwendig ist. Diese Zeilen werden dann entsprechend der Umgebung rechts oder links ausgerichtet, es findet in diesen Umgebungen jedoch keine automatische Silbentrennung statt. Auch hier gilt wie beim Zentrieren, dass vor und nach der Umgebung ein vertikaler Zwischenraum eingefügt wird.

```
\begin{flushleft}
  Lieber aus ganzem Holz\\
  eine Feindschaft\\
  als eine geleimte Freundschaft\\
  {\scriptsize (Friedrich Nietzsche)}
\end{flushleft}
```

Lieber aus ganzem Holz
eine Feindschaft
als eine geleimte Freundschaft
(Friedrich Nietzsche)

Listing 2.10: Text linksbündig

```
\begin{flushright}
  Lieber aus ganzem Holz\\
  eine Feindschaft\\
  als eine geleimte Freundschaft\\
  {\scriptsize (Friedrich Nietzsche)}
\end{flushright}
```

Lieber aus ganzem Holz
eine Feindschaft
als eine geleimte Freundschaft
(Friedrich Nietzsche)

Listing 2.11: Text rechtsbündig

Innerhalb einer anderen Umgebung lässt sich mit dem Befehl `\raggedright` Text linksbündig und mit `\raggedleft` rechtsbündig ausrichten.

Will man nur eine Zeile links- oder rechtsbündig ausrichten, so existieren hierfür analog zum zentrierten Text die Befehle `\leftline` und `\rightline`.

```
\begin{center}
  Lieber aus ganzem Holz\\
  eine Feindschaft\\
  als eine geleimte Freundschaft\\
  \rightline {\scriptsize (Friedrich
       Nietzsche)}
\end{center}
```

Lieber aus ganzem Holz
eine Feindschaft
als eine geleimte Freundschaft
(Friedrich Nietzsche)

Listing 2.12: Eine Zeile rechtsbündig

Einrücken von Absätzen

Will man längere Textpassagen aus anderen Werken zitieren, so wird dies üblicherweise dadurch kenntlich gemacht, dass der Text links und rechts um denselben Betrag eingerückt wird. LaTeX realisiert dies über die `quote`-Umgebung.

Die Breite der Ränder wird über die Längen `\leftmargin` und `\rightmargin` bestimmt. Wie diese Längen manuell verändert werden, wenn die Voreinstellung nicht passt, finden Sie in Kapitel 4.1.3 auf Seite 204.

```
\begin{quote}
  ...
\end{quote}
```

Innerhalb dieser Umgebung beginnen alle Absätze auch in der ersten Zeile linksbündig, ein Erstzeileneinzug findet nicht statt. Es wird jedoch ein Zwischenraum vor und nach dem eingerückten Text eingefügt. Deshalb müssen Sie dort keine zusätzlichen Leerzeilen einfügen, wie das sonst zur Trennung von Absätzen üblich ist.

```
Erich Maria Remarques bekannter Roman ''Im Westen nichts Neues''
ist eine eindrückliche Beschreibung des
Frontalltags im Ersten Weltkrieg und beginnt mit den Worten:
\begin{quote}
  Wir liegen neun Kilometer hinter der Front. Gestern wurden wir
  abgelöst; jetzt haben wir den Magen voll weißer Bohnen mit
  Rindfleisch und sind satt und zufrieden. Sogar für abends hat
  jeder noch ein Kochgeschirr voll fassen können; dazu gibt es
  außerdem doppelte Wurst- und Brotportionen - das schafft.
\end{quote}
```

Listing 2.13: Einrücken von Text (beidseitig) (source/bsp_quote01.tex)

> Erich Maria Remarques bekannter Roman "Im Westen nichts Neues" ist eine eindrückliche Beschreibung des Frontalltags im Ersten Weltkrieg und beginnt mit den Worten:
>
> > Wir liegen neun Kilometer hinter der Front. Gestern wurden wir abgelöst; jetzt haben wir den Magen voll weißer Bohnen mit Rindfleisch und sind satt und zufrieden. Sogar für abends hat jeder noch ein Kochgeschirr voll fassen können; dazu gibt es außerdem doppelte Wurst- und Brotportionen - das schafft.

Abb. 2.11: Abbildung zu Listing 2.13

Soll bei den einzelnen Absätzen ein Erstzeileneinzug vorgenommen werden, wie in der Belletristik üblich, so muss man die `quote`-Umgebung durch die `quotation`-Umgebung ersetzen.

```
Erich Maria Remarques bekannter Roman ''Im Westen nichts Neues''
ist eine eindrückliche Beschreibung des
Frontalltags im Ersten Weltkrieg und beginnt mit den Worten:
\begin{quotation}
  Wir liegen neun Kilometer hinter der Front. Gestern wurden wir
  abgelöst; jetzt haben wir den Magen voll weißer Bohnen mit
  Rindfleisch und sind satt und zufrieden.

  Sogar für abends hat jeder noch ein Kochgeschirr voll fassen
  können; dazu gibt es außerdem doppelte Wurst- und Brotportionen
  - das schafft.
\end{quotation}
```

Listing 2.14: Einrücken von Text (mit quotation) (source/bsp_quote01.tex)

Es empfiehlt sich, die `quotation`-Umgebung nur dann zu verwenden, wenn auch der restliche Text mit einem Erstzeileneinzug formatiert ist, um ein einheitliches Schriftbild einzuhalten.

Neben den beiden beschriebenen Umgebungen bietet LaTeX noch eine weitere Umgebung, die sich vor allem für Verse, Liedtexte und Gedichte eignet. Die `verse`-Umgebung unterscheidet sich vor allem dadurch von den beiden zuvor beschriebenen Umgebungen, dass in ihr alle Zeilen explizit mit `\\` beendet

Erich Maria Remarques bekannter Roman "Im Westen nichts Neues" ist eine eindrückliche Beschreibung des Frontalltags im Ersten Weltkrieg und beginnt mit den Worten:

> Wir liegen neun Kilometer hinter der Front. Gestern wurden wir abgelöst; jetzt haben wir den Magen voll weißer Bohnen mit Rindfleisch und sind satt und zufrieden.
>
> Sogar für abends hat jeder noch ein Kochgeschirr voll fassen können; dazu gibt es außerdem doppelte Wurst- und Brotportionen - das schafft.

Abb. 2.12: Abbildung zu Listing 2.14

werden müssen. Ist eine Zeile länger als die zur Verfügung stehende Textbreite, so wird automatisch umbrochen und die nachfolgenden Zeilen eingerückt, um die Zusammengehörigkeit mit der vorangehenden Zeile zu verdeutlichen (die Einrücktiefe wird über `\parindent` festgelegt).

```
\begin{verse}
{\textbf{Der Rittersporn}}\\
Als Georg mit dem Drachen focht,\\
da hat der Wurm es noch vermocht,\\
dass er ihm mit dem letzten Biss\\
das Sporenrad vom Stiefel riss.\\
Der Heilige so arg versucht,\\
hat nicht gelästert, nicht geflucht.\\
Und darum wuchs zu seinem Ruhme\\
aus jenem Sporn die blaue Blume.\\
{\scriptsize Karl Heinrich Waggerl}
\end{verse}
```

Der Rittersporn
Als Georg mit dem Drachen focht,
da hat der Wurm es noch ver-
mocht,
dass er ihm mit dem letzten Biss
das Sporenrad vom Stiefel riss.
Der Heilige so arg versucht,
hat nicht gelästert, nicht geflucht.
Und darum wuchs zu seinem Ruh-
me
aus jenem Sporn die blaue Blume.
Karl Heinrich Waggerl

Listing 2.15: Verse

2.1.9 Fußnoten

Die Erstellung von Fußnoten wird von LaTeX sehr komfortabel unterstützt. Man benötigt lediglich den Befehl:

```
\footnote{<fußnotentext>}
```

Der in der Klammer angegebene Text wird als Fußnotentext verwendet und kann Formatierungsbefehle, aber auch Tabellen oder mathematische Formeln enthalten. Es ist sogar möglich, dass eine Fußnote sich über mehrere Seiten erstreckt, wie das beispielsweise bei Gesetzestexten üblich ist. Die so erstellten Fußnoten werden automatisch durchnummeriert und in kleinerer Schrift (Schriftgröße `\footnotesize`) am Ende der aktuellen Seite gesetzt. Wahlweise lassen sich Fußnoten auch ans Ende eines Dokumentes setzen, indem man endnotes.sty

das Paket endnotes einbindet. Die Nummerierung der Fußnoten richtet sich auch nach der verwendeten Dokumentenklasse. Bei der Dokumentenklasse article werden alle Fußnoten des gesamten Dokuments fortlaufend nummeriert, bei book und report erfolgt die Nummerierung kapitelweise.

```
Der Film \glqq Vom Winde verweht\grqq\footnote{Originaltitel: Gone with the
wind} erhielt 1939 neun Oscars.
```

Listing 2.16: Fußnoten (source/bsp_fussnote01.tex)

Der Film „Vom Winde verweht“[1] erhielt 1939 neun Oscars.

[1] Originaltitel: Gone with the wind

Abb. 2.13: Abbildung zu Listing 2.16

Wie Sie in Beispiel 2.16 sehen, wird standardmäßig zur besseren Abgrenzung der Fußnoten vom übrigen Text eine horizontale Linie eingefügt. Deren Aussehen lässt sich durch eine Neudefinition des Befehls \footnoterule verändern.

```
\renewcommand{\footnoterule}{\rule{<breite>}{<höhe>} }
```

So ließe sich die Linie auch komplett unterdrücken, indem man für Breite und Höhe jeweils 0 cm eingibt.

```
\renewcommand{\footnoterule}{\rule{0cm}{0cm}}
```

Wenn die Zahl der Fußnoten nicht über neun hinausgeht, so lassen sich die standardmäßig verwendeten arabischen Ziffern auch durch Symbole ersetzen. Welche Symbole hier zur Verfügung stehen, sehen Sie in der Übersicht in Tabelle 8.2 auf Seite 512. Um diese zu verwenden, muss die Ausgabe des Fußnotenzählers umdefiniert werden.

```
\renewcommand{\thefootnote}{\fnsymbol{footnote}}
```

Zurück zur standardmäßigen Nummerierung kommt man dann wieder über den Befehl:

```
\renewcommand{\thefootnote}{\arabic{footnote}}
```

Im nachfolgenden Beispiel 2.17 wird die Fußnote mit einem Stern gekennzeichnet.

```
\renewcommand{\thefootnote}{\fnsymbol{footnote}}
Der Film \glqq Vom Winde verweht\grqq\footnote{Originaltitel: Gone with the
wind} erhielt 1939 neun Oscars.
```

Listing 2.17: Fußnoten mit Symbolen (source/bsp_fussnote02.tex)

Ersetzt man im Aufruf oben den Befehl \arabic durch \roman bzw. \Roman werden die Fußnoten mit kleinen bzw. großen römischen Ziffern durchnummeriert, mit \alph bzw. \Alph werden dafür Klein- bzw. Großbuchstaben verwendet.

> Der Film „Vom Winde verweht“* erhielt 1939 neun Oscars.
>
> ---
> *Originaltitel: Gone with the wind

Abb. 2.14: Abbildung zu Listing 2.17 auf der vorherigen Seite

Der Abstand zwischen den einzelnen Fußnoten lässt sich ebenfalls nach eigenen Wünschen variieren. Dazu wird die Länge `\footnotesep` geändert.

```
\setlength{\footnotesep}{<abstand>}
```

Will man innerhalb von Boxen, Tabellen oder mathematischen Formeln ebenfalls Fußnoten verwenden, so kann man hier nicht mit dem `\footnote`-Befehl arbeiten. Vielmehr muss hier die Fußnote über zwei verschiedene Befehle erzeugt werden. Der Befehl `\footnotemark[nummer]` steht dabei innerhalb der Umgebung und erzeugt die hochgestellte Zahl, der Befehl

```
\footnotetext[nummer]{<fußnotentext>}
```

muss dann außerhalb der Umgebung stehen und erzeugt den Fußnotentext.

```
\framebox[\linewidth]{
  \parbox{0.8\linewidth}{
    \raggedright
    Der Film ``Vom Winde verweht'' \footnotemark erhielt 1939 neun Oscars.\\
    Oscar für ``Vom Winde verweht'' (Bester Film)\\
    Oscar für Lyle Wheeler (Ausstattung)\\
    Oscar für Sidney Howard (Drehbuch)\\
    Oscar für William Cameron Menzies (Farbdramaturgie)\\
    Oscar für Vivien Leigh (Hauptdarstellerin)\\
    Oscar für Ernest Haller, Ray Rennahan (Kamera)\\
    Oscar für Hattie McDaniel (Nebendarstellerin)\\
    Oscar für Victor Fleming (Regie)\\
    Oscar für Hal C. Kern, James E. Newcom (Schnitt)
  }
}
\footnotetext{Originaltitel: Gone with the wind}
```

Listing 2.18: Fußnote in einer Box (source/bsp_fussnote03.tex)

Wird beim Aufruf der optionale Parameter `nummer` nicht verwendet, so muss dieser auch bei allen nachfolgenden Fußnoten innerhalb der Umgebung unterbleiben. Werden mehrere Fußnoten innerhalb einer Umgebung gesetzt, bevor ein `\footnotetext`-Befehl folgt, so muss erst der Zähler wieder zurückgesetzt werden, damit die Nummern zusammenpassen. Werden also innerhalb einer Tabelle drei Fußnoten markiert, so muss außerhalb der Umgebung zunächst vor dem ersten Fußnotentext der Zähler um zwei verringert werden.

Der Film "Vom Winde verweht" [1]erhielt 1939 neun Oscars.
Oscar für "Vom Winde verweht" (Bester Film)
Oscar für Lyle Wheeler (Ausstattung)
Oscar für Sidney Howard (Drehbuch)
Oscar für William Cameron Menzies (Farbdramaturgie)
Oscar für Vivien Leigh (Hauptdarstellerin)
Oscar für Ernest Haller, Ray Rennahan (Kamera)
Oscar für Hattie McDaniel (Nebendarstellerin)
Oscar für Victor Fleming (Regie)
Oscar für Hal C. Kern, James E. Newcom (Schnitt)

[1]Originaltitel: Gone with the wind

Abb. 2.15: Abbildung zu Listing 2.18 auf der vorherigen Seite

Dies geschieht über den Befehl

```
\addtocounter{footnote}{-2}
```

Vor jedem weiteren `\footnotetext`-Befehl muss der Zähler dann wieder um eins erhöht werden. Dies funktioniert über

```
\addtocounter{footnote}{1}
```

oder

```
\stepcounter{footnote}
```

Die einzige Umgebung, in der Fußnoten über den normalen `\footnote`-Befehl definiert werden können, sind `Minipages`. Dabei wird die Fußnote direkt unterhalb der Minipage angeordnet und nicht am Ende der Seite. Für die Nummerierung werden standardmäßig Kleinbuchstaben verwendet.

```
\begin{minipage}{0.98\linewidth}
  \begin{minipage}{0.6\linewidth}
    Für hervorragende Waffeln\footnote{für 4 Personen} benötigt man
  \end{minipage}
  \begin{minipage}{0.35\linewidth}
    125 g Butter\\ 150 g Mehl\\ 1/2 TL Backpulver\\3 Eier\\ 75 g süße Sahne
    \\ 1 Prise Salz\\ 50 g Zucker\\ Fett für das Waffeleisen
  \end{minipage}
\end{minipage}
```

Listing 2.19: Fußnote in einer Minipage

Für hervorragende Waffeln[a] benötigt man

[a]für 4 Personen

125 g Butter
150 g Mehl
1/2 TL Backpulver
3 Eier
75 g süße Sahne
1 Prise Salz
50 g Zucker
Fett für das Waffeleisen

Abb. 2.16: Abbildung zu Listing 2.19

2.1.10 Gliederungsebenen

Ein Dokument kann mit nachfolgenden Befehlen in Kapitel und hierarchische Unterabschnitte unterteilt werden (siehe Tabelle 2.10).

Tabelle 2.10: Gliederungsebenen

Befehl	Beschreibung
`\part{text}`	Teil I. text
`\section{text}`	Überschrift 1. text
`\subsection{text}`	Überschrift 1.1 text
`\subsubsection{text}`	Überschrift 1.1.1 text
`\paragraph{text}`	text
`\subparagraph{text}`	Überschrift 1. text

Dabei muss die Hierarchie der Befehle eingehalten werden. Erst wenn mit `\section` eine Überschrift definiert wurde, darf eine Unterüberschrift mit dem Befehl `\subsection` verwendet werden. Im nachfolgenden Beispiel (siehe Listing 2.20 und Abbildung 2.17 auf der nächsten Seite) wird eine mögliche Struktur gezeigt. Dabei werden die Bereiche selbstständig nummeriert.

Wird die Sternvariante (z.B. `\subsection*{text}`) verwendet, so wird keine Nummerierung ausgegeben und es erfolgt kein Eintrag ins Inhaltsverzeichnis.

```
\begin{document}

\part{Vorarbeit}

\section{\LaTeX{} installieren}
\subsection{unter Linux}
\subsubsection{mit Suse--Linux}
\subsubsection{mit Rock--Linux}
\paragraph{Download}

\subsection{unter Windows}

\end{document}
```

Listing 2.20: Gliederungsebenen (source/bsp_glied01.tex)

Teil I.

Vorarbeit

1. LaTeX installieren

1.1. unter Linux

1.1.1. mit Suse-Linux

1.1.2. mit Rock-Linux

Download

1.2. unter Windows

Abb. 2.17: Gliederungsebenen

1 Installation

1.1 LaTeX installieren

1.1.1 unter Linux

mit Suse-Linux

mit Rock-Linux

Download

1.1.2 unter Windows

Abb. 2.18: Gliederungsebenen mit Kapiteln

Für die Klassen `scrbook` und `scrreprt` bzw. `book` und `report` steht zusätzlich noch die Einteilung `\chapter` zur Verfügung, die mit dem Format „1." beginnt (siehe Listing 2.21 auf der nächsten Seite und Abbildung 2.18).

Alle anderen darunterliegenden Gliederungselemente (`section`, `subsection`, ...) werden automatisch in der Gliederungsnummerierung eine Ebene tiefer gestellt, was bedeutet, dass bereits `subsection` keine Nummerierung mehr erhält.

Soll dort jedoch ebenfalls eine Nummerierung erfolgen, so muss der interne Zähler `secnumdepth` von Hand umgestellt werden. Standardmäßig steht dieser bei `book` bzw. `scrbook` auf 2, sodass ab der 3. Gliederungsebene nicht mehr nummeriert wird. Zum Setzen des Zählers dient folgender Befehl (mehr zu Zählern finden Sie in Kapitel 8.2 auf Seite 511):

```
\setcounter{secnumdepth}{<zahl>}
```

Bei der Dokumentenklasse `article` darf der Zähler `secnumdepth` einen ganzzahligen Wert zwischen 0 und 5 annehmen, bei `book` und `report` sind ganzzahlige Werte zwischen -1 und 5 erlaubt.

Weitere Gliederungsebene bei KOMA-Script

KOMA-Script bietet zusätzlich die Gliederungsebene `\minisec` an, die keinem Bereich zugeordnet ist. Dabei wird der Abstand zu den vorangegangenen und nachfolgenden Absätzen verkleinert. Dabei wird keine Nummerierung durchgeführt, und es wird kein Eintrag im Inhaltsverzeichnis erstellt.

```
\begin{document}

\chapter{Installation}

\section{\LaTeX{} installieren}
\subsection{unter Linux}
\subsubsection{mit Suse--Linux}
\subsubsection{mit Rock--Linux}
\paragraph{Download}

\subsection{unter Windows}

\end{document}
```

Listing 2.21: Gliederungsebenen mit Kapitel (source/bsp_glied02.tex)

> ☞ **Inhaltsverzeichnis**
>
> Aus den Gliederungsebenen kann ohne großen Aufwand ein Inhaltsverzeichnis erstellt werden. Mehr dazu in Kapitel 7.1.1 auf Seite 459.

2.1.11 Umbruch

Üblicherweise führt LaTeX den Zeilen- und Seitenumbruch automatisch durch. Dies gelingt vor allem durch das zugrunde liegende Boxen-Modell, das Sie bereits zu Beginn dieses Kapitels kennen gelernt haben. In seltenen Fällen muss man jedoch von Hand eingreifen, um einen Umbruch an einer bestimmten Stelle einzufügen oder zu verhindern.

Zeilenumbruch selbst vornehmen

Die einfachste Möglichkeit, ein Zeilenende zu erzwingen, ist der Befehl \\. Dieser kann zusätzlich den optionalen Parameter [<abstand>] erhalten, der eine Angabe enthält, wie viel zusätzlicher vertikaler Zwischenraum zwischen der eben beendeten und der nächsten Zeile eingefügt werden soll. Ist dieser Parameter jedoch so groß, dass ein Seitenumbruch nötig wird, so beginnt die nächste Zeile direkt zu Beginn der nächsten Seite. Man sollte diesen Befehl im Blocksatz allerdings nur verwenden, wenn es unbedingt sein muss, da sonst der Blocksatzspiegel „ausgefranst" aussieht.

Der nachfolgende Befehl würde nach dem Zeilenende einen Zwischenraum von 2 cm einfügen.

```
\\[2 cm]
```

Es existiert auch eine Sternvariante dieses Befehls. Dieser bewirkt, dass nach dem Zeilenumbruch kein Seitenumbruch eingefügt wird. Vielmehr wird dann der eventuell notwendige Seitenumbruch vor der Zeile mit dem *-Befehl durchgeführt, gefolgt von dem optionalen Abstand und der nächsten Zeile.

Zeilenumbruch mit \newline und \linebreak

Anstelle des \\-Befehls ohne einen zusätzlichen Abstand kann auch der Befehl `\newline` verwendet werden.

Es besteht zudem die Möglichkeit, über den Befehl `\linebreak` einen Zeilenumbruch einzufügen. Dieser besitzt einen optionalen Parameter `[num]`, der einen Wert zwischen 0 und 4 annehmen kann. Dieser Wert gibt an, wie zwingend der Zeilenumbruch ist, von 0 (Empfehlung, vorzugsweise hier umzubrechen) bis 4 (zwingender Zeilenumbruch).

Der Unterschied zwischen `\newline` und `\linebreak` besteht darin, dass bei `\linebreak` die umbrochene Zeile im Blocksatz erscheint, also entsprechender Zwischenraum zwischen den Wörtern eingefügt wird, um die Zeile links- und rechtsbündig zu gestalten, während bei `\newline` der Text nur linksbündig ausgerichtet wird.

Soll ein Zeilenumbruch verhindert werden, so kann man dies mit dem Befehl `\nolinebreak` erreichen. Auch dieser besitzt den optionalen Parameter `[num]`, der bei einem Wert von 0 die Empfehlung darstellt, einen Zeilenumbruch zu unterlassen und bei 4 einen Zeilenumbruch überhaupt nicht zulässt. Das Weglassen des Parameters hat dieselbe Bedeutung wie `\linebreak[4]`.

Seitenumbruch manuell vornehmen

Analog zu den Zeilenumbrüchen stehen auch für Seitenumbrüche die entsprechenden Befehle zur Verfügung. Der Befehl `\pagebreak[num]` ist die Entsprechung zu `\linebreak` und bewirkt zwischen zwei Absätzen den Seitenumbruch zwischen diesen Absätzen, inmitten eines Absatzes erfolgt der Seitenumbruch nach der aktuellen Zeile. Der optionale Parameter hat dabei dieselbe Bedeutung wie bei `\linebreak`. Um den Seitenumbruch zu verhindern existiert analog der Befehl `\nopagebreak[num]`.

Bei der Verwendung von `\pagebreak` werden die Absätze mit entsprechenden Zwischenräumen so auf der Seite angeordnet, dass der Text kopf- und fußbündig ist. Dies bedeutet, dass die erste und letzte Zeile der Seite auf derselben Höhe sind wie bei den vorangegangenen Seiten. Will man ein derartiges Verhalten nicht, so kann zum Seitenumbruch auch der Befehl `\newpage` verwendet werden. Dieser bricht an der jeweiligen Stelle um, der Rest der Seite bleibt dann leer.

Beinhaltet eine Seite nicht nur reinen Text, sondern auch gleitende Objekte wie Bilder oder Tabellen (mehr zu gleitenden Objekten finden Sie in Kapitel 3.2 auf Seite 128), so kann für den Seitenumbruch der Befehl `\clearpage` verwendet werden. Dieser bewirkt, dass alle bis dahin definierten Bilder und Tabellen, die noch nicht ausgegeben wurden, auf die nächste Seite rutschen.

Ist der Klassenparameter `twoside` für den doppelseitigen Druck gesetzt, so existiert ein weiterer Befehl für den Seitenumbruch: Auch der Befehl `\clear` `doublepage` beendet die aktuelle Seite, allerdings beginnt auf jeden Fall danach eine ungerade Seite, wenn nötig, wird dazu eine Leerseite eingeschoben.

> ☞ **Seitenumbruch bei zweispaltigem Text**
>
> Bei zweispaltigem Text beendet der Befehl `\pagebreak` bzw. `\newpage` die aktuelle Spalte und beginnt eine neue. Der Befehl `\clearpage` beginnt jedoch eine neue Seite, was unter Umständen dazu führt, dass die rechte Spalte leer bleibt.

2.1.12 Silbentrennung

Wenn die deutsche Rechtschreibung angewendet werden soll, wird das Paket `german` oder `ngerman` eingebunden. Dadurch sind LaTeX auch gleichzeitig die Trennregeln der deutschen Sprache bekannt. Bei der Verwendung von Fremdwörtern kann es jedoch trotzdem zu Trennfehlern kommen. Dann muss die Silbentrennung von Hand vorgenommen werden.

Dazu wird an der Stelle, an der das Wort getrennt werden soll, ein Backslash gefolgt von einem Bindestrich eingefügt. Dadurch wird nur an dieser Stelle getrennt, jedoch nur dann, wenn es auch notwendig ist, sich das Wort also am Zeilenende befindet.

Beispiel

Der botanische Fachbegriff Mykorrhiza (Lebensgemeinschaft zwischen den Wurzeln von höheren Pflanzen und Pilzen) würde durch die nachfolgende Eingabe nur zwischen den beiden „r“ getrennt, obwohl es laut Duden auch noch andere mögliche Trennstellen gibt.

```
Mykor\-rhiza
```

Es ist auch möglich, mehrere Trennvorschläge in einem Wort anzugeben. LaTeX sucht sich dann denjenigen aus, der am geeignetsten ist, um die Zeile optimal zu füllen. Dazu wird statt des Backslashs ein Anführungszeichen verwendet. In unserem Beispiel müsste die Eingabe dann lauten:

```
My"-kor"-rhi"-za
```

Trennung bei Wörtern mit Bindestrich

Bei zusammengesetzten Wörtern mit Bindestrich ist es nicht sinnvoll, einen weiteren Trennstrich einzufügen, wenn genau am Bindestrich getrennt wird. Auch wenn längere Internetadressen (z. B. eine URL) getrennt werden müssen, muss der Trennstrich entfallen, damit die Leser diesen nicht als Bestandteil der Adresse in den Browser eingeben und sich wundern, wenn es die eingegebene Adresse nicht gibt.

Um den Trennstrich zu unterdrücken, werden zwei Anführungszeichen hintereinander verwendet:

```
Ho-""Chi-""Minh-""Stadt ist der heutige Name für das frühere Saigon.
```

Manchmal gibt es Wörter, deren Sinn verändert wird, wenn die Silbentrennung an einer anderen Stelle erfolgt. Ein Beispiel ist das Wortpaar Stau-becken und Staub-ecken. Wenn Sie sich nicht sicher sind, ob LaTeX das betreffende Wort an der Stelle trennt, die Sie meinen, können Sie sich mit dem Befehl `\showhyphens` die Standardtrennung anzeigen lassen.

Die Eingabe

```
\showhyphens{Staubecken}
```

erzeugt beim LaTeX-Übersetzungslauf die Ausgabe:

```
[] ... Stau-be-cken ...
```

Wollen Sie jedoch den Werbetext für einen neuartigen Staubwedel erzeugen, müssen Sie LaTeX die andere Trennung beibringen. Dies geschieht mit dem Befehl `\hyphenation`.

```
\hyphenation{Staub-ecken}
```

Dieser Befehl kann sowohl in der Präambel eines Textes verwendet werden, als auch im Text selbst. Er bewirkt, dass das Wort jetzt nur an der von Ihnen gewünschten Stelle getrennt wird. Es ist auch möglich, alle Wörter, die LaTeX nicht sauber trennt, in einem `\hyphenation`-Befehl zusammenzufassen. Dazu werden die Wörter lediglich durch ein Leerzeichen voneinander getrennt in die geschweiften Klammern eingetragen.

Es gibt aber auch Anwendungsfälle, in denen auf keinen Fall getrennt werden darf. Um diese Stellen für LaTeX kenntlich zu machen, wird eine Tilde eingefügt. Diese führt dazu, dass dann an dieser Stelle kein Zeilenumbruch stattfindet, jedoch ein Leerzeichen eingefügt wird. Daher wird diese auch als „harter Blank“ oder „geschütztes Leerzeichen“ bezeichnet.

Beispiel

`siehe Kapitel Nr.~3 Rio~de~Janeiro`	siehe Kapitel Nr. 3 Rio de Janeiro

Listing 2.22: harter Blank

2.1.13 Abstände zwischen Zeilen und Absätzen

Üblicherweise legt LaTeX die Abstände zwischen den Zeilen und den einzelnen Absätzen automatisch fest. Die Standardklassen setzen Absätze normalerweise mit Absatzeinzug und ohne Abstand zwischen den einzelnen Absätzen. Würde man ohne Einzug und Abstand arbeiten, könnte es unter Umständen schwierig zu erkennen sein, wo der eine Absatz aufhört und der nächste beginnt, wenn die letzte Zeile fast voll ist. Diese Einstellungen lassen sich jedoch manuell verändern.

- **\baselineskip**
  Abstand zwischen zwei Zeilen eines Absatzes. Üblicherweise hängt dieser von der Größe des verwendeten Zeichensatzes ab. Diese Einstellung kann nur im Textteil verwendet werden.
- **\parskip**
  Der Abstand zwischen Absätzen. Dieser sollte ein elastisches Maß sein und in der Einheit ex ausgedrückt werden (Mehr zu elastischen Maßangaben finden Sie in Kapitel 8.1 auf Seite 510)
- **\parindent**
  Der Betrag, um den die jeweils erste Zeile eines Absatzes eingerückt wird.

Die Werte werden über `\setlength` zugewiesen.

```
\setlength{\baselineskip}{2 em}
```

Wird der Wert für `\baselineskip` innerhalb eines Absatzes geändert, so gilt dies rückwirkend für den gesamten Absatz. Die Wirkung endet auch mit dem Umschalten der Schriftgröße, da jede Schriftgröße einen eigenen Wert für `\baselineskip` besitzt. Die beiden anderen Einstellungen können sowohl in der Präambel festgelegt werden (dann gelten sie für das gesamte Dokument), als auch im Text verwendet werden (dann gelten sie ab der Stelle ihres Auftretens bis zur nächsten Änderung, längstens aber bis zum Ende der aktuellen Umgebung).

Für die Festlegung von Absatzabständen existieren auch die Ergänzungspakete `parskip.sty` und `nccparskip.sty`. Näheres zu den Möglichkeiten dieser Pakete entnehmen Sie bitte den Paketdokumentationen.

parskip.sty

nccparskip.sty

Zeilenabstand ändern

Soll der Zeilenabstand für ein gesamtes Dokument geändert werden, so sollten Sie nicht den Wert für `\baselineskip` ändern, sondern im Vorspann den Befehl

```
\linespread{<faktor>}
```

verwenden. Dabei wird der Zeilenabstand `\baselineskip` mit dem in `\linespread` angegebenen Faktor multipliziert, es werden also keine absoluten Maßangaben verwendet.

LaTeX setzt per Voreinstellung schon mit 1,2 fachen Abstand (10 pt-Schriftgröße mit 2 pt Durchschuss). Mit dem Faktor wird die Voreinstellung (hier 1,2) multipliziert. Für einen eineinhalbfachen Zeilenabstand darf somit nicht der Faktor 1,5 verwendet werden ($1{,}2 \times 1{,}5 = 1{,}8$), da sonst ein 1,8-facher Zeilenabstand entsteht.

Somit erzeugt

```
\linespread{1.25}
```

einen eineinhalbfachen Zeilenabstand für das gesamte Dokument.

Zeilenabstand nur für einen Absatz ändern

Soll der Zeilenabstand nur für einen Absatz geändert werden, so muss der `\linespread`-Befehl in geschweifte Klammern gesetzt werden. Um den Befehl zu aktivieren, muss ein `\selectfont`-Befehl folgen und der Absatz mit dem Absatzende-Befehl `\par` oder einer Leerzeile abgeschlossen werden. Zugegeben, für Anfänger vielleicht etwas kompliziert!

```
<Erster Absatz mit normalem Zeilenabstand>
{\linespread{1.25}\selectfont <Zweiter Absatz mit eineinhalbfachem
    Zeilenabstand> \par}
<Dritter Absatz mit normalem Zeilenabstand>
```

Absatzabstände mit setspace ändern

setspace.sty

Eine einfachere Möglichkeit, den Zeilenabstand zu ändern, liefert das Ergänzungspaket `setspace` . Um den Zeilenabstand für ein ganzes Dokument einzustellen, muss im Vorspann einer der Befehle `\singlespacing`, `\onehalfspacing` oder `\doublespacing` für einfachen, eineinhalbfachen oder doppelten Zeilenabstand eingefügt werden.

Um den Zeilenabstand für einzelne Textpassagen zu ändern, stehen die entsprechenden drei Umgebungen `singlespace`, `onehalfspace` und `doublespace` zur Verfügung. Dabei ist jedoch zu beachten, dass die Umgebungen nur dazu gedacht sind, den Zeilenabstand zu vergrößern, die Umgebung `onehalfspace` darf also nicht in einem Dokument mit ohnehin schon doppeltem Zeilenabstand verwendet werden. Will man einen selbstdefinierten Zeilenabstand setzen, so kann die allgemeine Umgebung `spacing` verwendet werden, die als Parameter den Faktor erhält, um den der Zeilenabstand erhöht werden soll.

```
\begin{spacing}{2.5}
   Text
\end{spacing}
```

Der Abstand zwischen Absätzen lässt sich zusätzlich durch die Befehle `\bigskip`, `\medskip` und `\smallskip` vergrößern, die variablen Zwischenraum unterschiedlicher Größe einfügen. Allerdings kann ein zu großer Absatzabstand dazu führen, dass der Zusammenhang verloren geht, wenn kein Erstzeileneinzug vorgenommen wird. Beispielsweise ist es fast unmöglich zu erkennen, ob nach einer abgesetzten Formel der vorangehende Absatz weitergeht oder ein neuer beginnt, wenn dieser nicht eingerückt wird.

Absatzabstände mit KOMA-Script

Verwenden Sie für Ihre Dokumente KOMA-Script, so lassen sich die Abstände zwischen den Absätzen exakter definieren als mit den LaTeX-Standardbefehlen. Insgesamt stehen acht verschiedene Einstellungen als Parameter in der Dokumentenklasse zur Verfügung.

parskip	halfparskip
parskip*	halfparskip*
parskip+	halfparskip+
parskip-	halfparskip-

Die vier `parskip`-Einstellungen setzen jeweils einen Abstand von einer Zeile zwischen den Absätzen, `halfskip` verwendet die halbe Zeilenhöhe. Die Varianten der jeweiligen Parameter dienen dazu, die Länge der letzten Zeile bei einem Seitenumbruch zu regulieren, damit kein Absatzwechsel unerkannt bleibt. Beim Standardparameter wird mindestens ein Leerraum von 1em am Ende der letzten Zeile eines Absatzes gelassen, bei der Plus-Variante bleibt mindestens ein Drittel der Zeile frei, bei der Sternvariante ein Viertel der Zeile. Bei der Minus-Variante bleibt die Länge der letzten Zeile undefiniert.

Alle acht Einstellungen haben auch Auswirkungen auf den Abstand vor, nach und innerhalb von Listenumgebungen (mehr zu Listen erfahren Sie in Kapitel 4 auf Seite 199). Dadurch wird erreicht, dass diese Umgebungen und Absätze innerhalb dieser Umgebungen den gleichen Abstand zueinander haben wie die Absätze des normalen Textes. Außerdem wird so im Inhaltsverzeichnis, sowie in Abbildungs- und Tabellenverzeichnissen kein zusätzlicher Abstand verwendet.

Voreingestellt ist bei KOMA-Script jedoch keiner der eben vorgestellten Parameter, sondern der Parameter `parindent`, der dafür sorgt, dass jeder Absatz mit einem Erstzeileneinzug von 1 em beginnt, aber keinen Abstand zum vorangehenden Absatz besitzt.

Horizontale und vertikale Zwischenräume

Um innerhalb einer Zeile einen Zwischenraum einzufügen um den Text voneinander abzusetzen, verwendet man den Befehl `\hspace`. Diesem wird als Parameter die Breite des Zwischenraumes übergeben.

```
Text1\hspace{1cm}Text2
```

Text1 Text2

Anstelle einer festen Breite kann dem Befehl auch das Maß `\fill` übergeben werden, um eine Zeile links- und rechtsbündig abzuschließen. Als Abkürzung für die Schreibweise `\hspace{\fill}` kann der Befehl `\hfill` benutzt werden.

```
Links\hfill Rechts
```

Links Rechts

Listing 2.23: Zeile mit Zwischenraum auffüllen

Sind in einer Zeile mehrere `\hfill`-Befehle enthalten, so werden die dadurch definierten Zwischenräume gleichmäßig aufgeteilt, sodass die Zeile wieder auf beiden Seiten bündig ist.

```
Links\hfill Mitte\hfill  Rechts
```

Links Mitte Rechts

Listing 2.24: Zeile mit mehreren Zwischenräumen auffüllen

Soll am Anfang einer Zeile ein variabler Zwischenraum eingefügt werden, so kann nicht der Befehl `\hfill` verwendet werden, da dieser an dieser Stelle von LaTeX unterdrückt wird. Vielmehr muss hier die Sternvariante des `\hspace`-Befehls verwendet werden (`\hspace*{\fill}`).

Zwischenräume mit Punkten und Linien füllen

Anstelle von Leerräumen lassen sich Zwischenräume auch mit einer horizontalen Linie oder einer gepunkteten Linie auffüllen. Dazu werden die beiden Befehle `\dotfill` für die gepunkteten Linien und `\hrulefill` für eine durchgezogene Linie verwendet.

```
Links\dotfill Rechts
```

Links .... Rechts

Listing 2.25: Zeile mit gepunkteter Linie auffüllen

```
Links \hrulefill{} Rechts
```

Links ____________________ Rechts

Listing 2.26: Zeile mit durchgezogener Linie auffüllen

Die beiden Befehle lassen sich beliebig miteinander und auch mit dem Befehl `\hfill` kombinieren. Tritt einer der Befehle dabei mehrmals hintereinander auf, so ist seine Länge um diesen Faktor länger als die Länge eines einmaligen `\hfill`-Befehl.

```
Links \dotfill \dotfill \dotfill
    Mitte \hrulefill{} Rechts
```

Links .... Mitte ____ Rechts

Listing 2.27: Zeile mit mehreren Linien auffüllen

> ☞ **Abstände zwischen horizontaler Linie und Text**
>
> Damit die horizontale Fülllinie nicht direkt an den anschließenden Text stößt, sollte der Befehl `\hfillrule` mit {} abgeschlossen werden. So wird ein Leerzeichen zwischen Linie und Text eingefügt.

Analog zu den horizontalen Zwischenräumen lassen sich auch vertikale Abstände definieren. Mit dem Befehl

```
\vspace{<abstand>}     oder        \vspace*{<abstand>}
```

wird zusätzlicher Abstand zwischen Absätzen eingefügt. Die Sternvariante unterscheidet sich dadurch, dass der Zwischenraum auch eingefügt wird, wenn an der Stelle ein Seitenumbruch stattfindet oder der Befehl am Seitenanfang steht. Werden diese Befehle innerhalb eines Absatzes verwendet, so wird die aktuelle Zeile noch rechtsbündig mit Text aufgefüllt und dann der Abstand eingefügt.

Analog zum Befehl `\hfill` existiert der Befehl `\vfill` als Abkürzung für `\vspace{\fill}`. Der Befehl bewirkt, dass zwischen den Textpassagen ein so großer vertikaler Zwischenraum eingefügt wird, bis die Seite oben und unten bündig ist.

2.1.14 Querverweise

Gerade bei größeren Dokumenten ist es oft nötig, auf eine andere Stelle in dem Dokument zu verweisen, sei es um ein angeschnittenes Thema später zu vertiefen oder auf bereits erläuterte Sachverhalte zurückzugreifen.

Hierfür muss zunächst die Stelle markiert werden, auf die verwiesen werden soll.

Dies geschieht über den Befehl:

```
\label{<markenname>}
```

Der Name der Textmarke kann beliebig gewählt werden, allerdings muss er innerhalb des Dokuments eindeutig sein. LaTeX achtet dabei auch auf Groß- und Kleinschreibung, es ist also durchaus möglich, in einem Dokument die beiden Markennamen `Grafiken` und `grafiken` gleichzeitig zu verwenden.

Auf eine derartige Textmarke kann dann mit den beiden Befehlen

```
\ref{<markenname>}
\pageref{<markenname>}
```

verwiesen werden. Dabei fügt der Befehl `\ref` die entsprechende Kapitelnummer ein, der Befehl `\pageref` die Seitenzahl der Seite, auf der die Textmarke definiert wurde.

```
\section{München}
Es gibt in München viele Sehenswürdigkeiten. Welche, erfahren Sie in
Abschnitt~\ref{sw_muenchen} auf
Seite~\pageref{sw_muenchen}\dots

\section{Sehenswürdigkeiten}
\label{sw_muenchen}
```

Listing 2.28: Verweise (source/bsp_verweis01.tex)

1 München

Es gibt in München viele Sehenswürdigkeiten. Welche, erfahren Sie in Abschnitt 2 auf Seite 1...

2 Sehenswürdigkeiten

Abb. 2.19: Abbildung zu Listing 2.28

Querverweise können sowohl auf vorangegangene als auch auf nachfolgende Seiten zeigen. LaTeX legt für die Verwaltung der Querverweise eine Hilfsdatei an, die die Dateiendung `.aux` besitzt. Beim ersten LaTeX-Lauf werden die Querverweise gesammelt und in diese Datei geschrieben. Beim zweiten Durchlauf werden dann die entsprechenden Kapitelnummern und Seitenzahlen im Dokument integriert. Aus diesem Grund muss ein Dokument, das Querverweise enthält, immer mindestens zweimal übersetzt werden, damit alle Verweise aktualisiert werden können. Nach dem ersten Lauf erscheinen anstelle der Kapitelnummern und Seitenzahlen nur zwei Fragezeichen.

Erweiterte Querverweise

varioref.sty

Als Erweiterung für diese Befehle für Querverweise dient das Paket `varioref`. Diesem sollte man für deutschsprachige Dokumente den optionalen Parameter `german` übergeben.

```
\usepackage[german]{varioref}
```

Gerade wenn ein Dokument sehr viele Querverweise enthält, kann dieses Paket die Arbeit sehr erleichtern, denn es ermöglicht es, Kapitelnummer und Seitenzahl für den Querverweis mit nur einem Befehl einzubinden.

Der Befehl `\vref` erzeugt abhängig davon, ob Textmarke und Querverweis auf derselben Seite, auf zwei hintereinander liegenden Seiten oder weit voneinander entfernt liegen, unterschiedliche Texte.

- Liegen Textmarke und Verweisbefehl auf derselben Seite, so wird lediglich die entsprechende Kapitelnummer ohne Seitenzahl erzeugt.
- Liegen Textmarke und Verweisbefehl auf zwei aufeinander folgenden Seiten, so wird je nachdem, was zuerst kommt, der Text `... auf der vorherigen Seite ...` oder der Text `... auf der nächsten Seite ...` erzeugt.
- Liegen Textmarke und Verweisbefehl mehrere Seiten auseinander, so wird der Text `... auf Seite ...` erzeugt.

Diese Standardtexte lassen sich auch ändern, indem man die erzeugenden Befehle umdefiniert. Wie dies funktioniert entnehmen Sie bitte der Paketdokumentation.

Soll der Querverweis auf eine bestimmte Abbildung oder Tabelle innerhalb des Dokuments zeigen, so muss der `\label`-Befehl in die entsprechende Umgebung eingebunden werden, wie in Beispiel 2.29 aufgezeigt. Dort wird der Label nach der Tabellenunterschrift und vor dem Ende der Tabellenumgebung definiert. Der Verweis wird durch den Befehl `\newpage` auf eine neue Seite verlegt, was die Möglichkeiten des Befehls `\vref` aufzeigt.

Mehr zu Tabellen erfahren Sie in Kapitel 3 auf Seite 91.

```
\usepackage[german]{varioref}

\begin{document}

Tabelle~\vref{tab:bb} fasst alle Freunde von Benjamin Blümchen zusammen:

\newpage
\begin{table}[htb]
```

```
  \begin{tabularx}{\linewidth}{@{}lX@{}}\toprule
    Name          & Position\\ \cmidrule(r){1-1}\cmidrule(l){2-2}
    Otto          & Benjamins bester Freund\\
    Karl          & Zoowärter\\
    Herr Tierlieb & Zoodirektor \\
    Karla Kolumna & rasende Reporterin \\
    \bottomrule
  \end{tabularx}
  \caption{Benjamin Blümchens Freunde}
  \label{tab:bb}
\end{table}
```

Listing 2.29: Verweis auf eine Tabelle (source/bsp_verweis02.tex)

Tabelle 1 auf der nächsten Seite fasst alle Freunde von Benjamin Blümchen zusammen:

Abb. 2.20: Abbildung zu Listing 2.29

Verweise auf andere Dokumente

Es ist auch möglich, Verweise auf Stellen in anderen Dokumenten einzufügen. Dazu benötigt man das Paket `xr`. In der Präambel muss deklariert werden, auf welches externe Dokument zugegriffen werden soll. Dieses Vorgehen eignet sich besonders dazu, größere Dokumente wie Bücher in mehrere Teildokumente aufzuteilen, um die Dateigrößen klein zu halten. Trotzdem ist es dann möglich, von einem in den anderen Teil zu verweisen. xr.sty

Der dazu verwendete Befehl lautet allgemein:

```
\externaldocument[<kennung>]{<externer_dateiname>}
```

Der optionale Parameter `kennung` ermöglicht es, in allen beteiligten Dokumenten eine gleichlautende Textmarke zu verwenden. Beim Verweis wird die Kennung dem Textmarkennamen vorangestellt und mit Bindestrich von ihm getrennt. So weiß LaTeX, welche der Textmarken aus welchem Dokument gemeint ist.

Im nachfolgenden Beispiel sollen drei Dokumente (`teil1.tex`, `teil2.tex` und `teil3.tex`) miteinander verknüpft werden. In allen drei Teilen ist ein Label mit dem Namen `sehenswuerdigkeiten` definiert, auf die vom aktuellen Dokument (teil2.tex) aus zugegriffen wird.

```
\usepackage{xr}
\externaldocument[t1]{teil1.tex}
\externaldocument[t3]{teil3.tex}

\begin{document}
\label{sehenswuerdigkeiten}

Im ersten Teil unseres Reiseführers lernen Sie ab
Seite~\pageref{t1-sehenswuerdigkeiten}
die Sehenswürdigkeiten aus Schwaben und Oberbayern kennen.
```

```
Dieser Teil befasst sich ab Seite~\pageref{sehenswuerdigkeiten} mit den
Highlights von Niederbayern und der Oberpfalz, während Sie der dritte
Teil ab Seite~\pageref{t3-sehenswuerdigkeiten} nach Franken entführt.
\end{document}
```

Weitere Informationen finden Sie in der Paketdokumentation.

2.2 Erweiterte Möglichkeiten

2.2.1 Fremdsprachen

Wie für die deutsche Rechtschreibung stehen auch für andere Sprachen spezielle Pakete für die Rechtschreibregeln zur Verfügung. Es wäre allerdings übertrieben, diese in ein deutschsprachiges Dokument einzubinden, wenn nur vereinzelte Wörter in einer anderen Sprache beinhaltet sind. Deshalb lassen sich die wichtigsten Akzente und Sonderbuchstaben auch durch Standardbefehle erzeugen. Um einen Akzent zu erzeugen wird dem jeweiligen Befehl der Buchstabe als Parameter übergeben, über den der Akzent gesetzt werden soll. Tabelle 2.11 fasst die Möglichkeiten zusammen, wobei als Beispiel der Buchstabe a verwendet wird, es ist aber auch jeder andere Buchstabe möglich.

Eingabe	Ausgabe	Eingabe	Ausgabe
`\`{a}`	à	`\'{a}`	á
`\^{a}`	â	`\"{a}`	ä
`\~{a}`	ã	`\={a}`	ā
`\.{a}`	ȧ	`\r{a}`	å
`\u{a}`	ă	`\v{a}`	ǎ
`\H{a}`	a̋	`\c{a}`	a̧
`\d{a}`	ạ	`\b{a}`	a̲

Tabelle 2.11: Befehle für Akzente

Bei den Buchstaben i und j muss beim Setzen eines Akzentes der Punkt entfernt werden. Dies geschieht durch das Voranstellen eines Backslashs.

```
\'{\i} \quad \H{\j}
```

í ȷ̋

Listing 2.30: Buchstaben i und j

Allerdings gibt es in anderen Sprachen nicht nur Akzente, sondern auch Buchstaben, die im deutschen Alphabet nicht vorkommen, dies gilt insbesondere für die skandinavischen Sprachen und Französisch. Tabelle 2.12 auf der nächsten Seite fasst die Befehle für diese Buchstaben zusammen.

```
Sm{\aa}land ist eine reizvolle
Landschaft in Südschweden.
```

Småland ist eine reizvolle Landschaft in Südschweden.

Listing 2.31: Beispiel für fremdsprachige Buchstaben

Tabelle 2.12: Befehle für Buchstaben aus anderen Sprachen

Eingabe	Ausgabe	Eingabe	Ausgabe
`{\OE}`	Œ	`{\oe}`	œ
`{\AE}`	Æ	`{\ae}`	æ
`{\AA}`	Å	`{\aa}`	å
`{\O}`	Ø	`{\o}`	ø
`{\SS}`	SS	`{\ss}`	ß
`{\L}`	Ł	`{\l}`	ł
`!‘`	¡	`?‘`	¿

```
Als Hors d'{\oe}vre empfehlen wir
\dots
```

Als Hors d'œvre empfehlen wir ...

Listing 2.32: Beispiel für fremdsprachige Buchstaben

```
Der Einstieg für die Reise zum
Mittelpunkt der Erde liegt auf dem
isländischen Gletscher Sn{\ae}
fellsjökull.
```

Der Einstieg für die Reise zum Mittelpunkt der Erde liegt auf dem isländischen Gletscher Snæfellsjökull.

Listing 2.33: Beispiel für fremdsprachige Buchstaben

```
Die Fähre fährt von Helsing{\o}r in
Dänemark nach Helsingborg in
Schweden.
```

Die Fähre fährt von Helsingør in Dänemark nach Helsingborg in Schweden.

Listing 2.34: Beispiel für fremdsprachige Buchstaben

2.2.2 Symbole

Einige Symbole werden von LaTeX als Befehlszeichen interpretiert. Sollen diese im Text verwendet werden, muss ihnen ein Backslash vorangestellt werden. Es sind dies die Zeichen: # $ & _ % { }.

In manchen Texten benötigt man auch Zeichen und Symbole, die auf der Tastatur nicht vorhanden sind, etwa das Copyright-Zeichen. Für derartige Symbole besitzt LaTeX einige Standardbefehle, die Sie in Tabelle 2.13 finden.

Tabelle 2.13: Befehle für bestimmte Symbole

Eingabe	Ausgabe	Eingabe	Ausgabe
`\S`	§	`\P`	¶
`\dag`	†	`\ddag`	‡
`\copyright`	©	`\pounds`	£

Sollen andere Symbole in einem Text verwendet werden, zum Beispiel als Aufzählungszeichen in einer Liste, so lässt sich dies durch das Einbinden der entsprechenden Zeichensätze realisieren. Wie dies genau funktioniert, lesen Sie in Kapitel 10.5 auf Seite 552.

2.2.3 Rahmen, Striche und Boxen

Zu Beginn dieses Kapitels ist Ihnen bereits das Boxenkonzept von LaTeX begegnet. Neben dem automatisierten Zeilenumbruch bietet dieses auch noch einen weiteren Vorteil. Dieses Konzept ermöglicht es, Rahmen um die jeweiligen Boxen zu zeichnen und diese so aus dem übrigen Text hervorzuheben.

Prinzipiell unterscheidet LaTeX drei verschiedene Arten von Boxen:

- **LR-Boxen**
  In diesen wird Text von links nach rechts ohne Zeilenumbruch geschrieben.

- **Parboxen**
  Diese enthalten ganze Absätze mit Zeilenumbruch.

- **Rule-Boxen**
  Mit diesen können Linien und Balken gezeichnet werden.

LR-Boxen und ihre Eigenschaften

Um eine LR-Box ohne Rahmen zu erzeugen, verwendet man den Befehl \mbox {<text>}. Damit diese einen Rahmen erhält, wird stattdessen der Befehl \fbox{<text>} verwendet. Die Breite der Box richtet sich dabei genau nach der Breite des beinhalteten Textes.

```
Hier steht der Name \mbox{Maximilian}
in einer Box ohne Rahmen.
```

Hier steht der Name Maximilian in einer Box ohne Rahmen.

Listing 2.35: Box ohne Rahmen

```
Hier steht der Name \fbox{Maximilian}
in einer Box mit Rahmen.
```

Hier steht der Name | Maximilian | in einer Box mit Rahmen.

Listing 2.36: Box mit Rahmen

Der Vorteil bei der Verwendung einer \mbox besteht darin, dass der darin enthaltene Text als Einheit betrachtet wird und kein Zeilenumbruch innerhalb der Box stattfindet. Dies führt dann unter Umständen allerdings dazu, dass die Box über das Zeilenende hinausragt.

Will man eine Box mit einer festen Breite festlegen, verwendet man hierfür den Befehl \makebox[<breite>][pos]{<text} bzw. \framebox[<breite>][pos]{<text>}. Mithilfe des optionalen Parameters pos kann zusätzlich zur Breite auch die Textausrichtung innerhalb der Box festgelegt werden. Dabei stehen die Werte l für linksbündigen Text, r für rechtsbündigen Text und s für rechts- und linksbündigen Text. Wird der Parameter nicht angegeben, so wird der Text zentriert.

```
Der sprechende Elefant
\framebox[5cm]{Benjamin Blümchen}
lebt im Neustädter Zoo.
```

Der sprechende Elefant
Benjamin Blümchen
lebt im Neustädter Zoo.

Listing 2.37: Box mit Rahmen

```
Der sprechende Elefant
\framebox[5cm][l]{Benjamin Blümchen}
lebt im Neustädter Zoo.
```

Der sprechende Elefant
Benjamin Blümchen
lebt im Neustädter Zoo.

Listing 2.38: Box mit Rahmen und Ausrichtung links

```
Der sprechende Elefant
\framebox[5cm][r]{Benjamin Blümchen}
lebt im Neustädter Zoo.
```

Der sprechende Elefant
Benjamin Blümchen
lebt im Neustädter Zoo.

Listing 2.39: Box mit Rahmen und Ausrichtung rechts

Die Breite einer derartigen Box hängt nicht von der Breite des beinhalteten Textes ab, sodass eine `framebox` auch kleiner als der entsprechende Text sein kann.

```
Der sprechende Elefant
\framebox[3cm]{Benjamin Blümchen}
lebt im Neustädter Zoo.
```

Der sprechende Elefant
Benjamin Blümchen
lebt im Neustädter Zoo.

Listing 2.40: zu kleine Box

Eine Besonderheit sind LR-Boxen der Länge 0 cm. Durch sie bleibt die Schreibposition gleich, sodass Text überdruckt werden kann.

```
Dies ist ein
\makebox[0cm][l]{gelöschter}
xxxxxxxxx Text!!
```

Dies ist ein
gelöschter xxxxxxxxx Text!!

Listing 2.41: Überdruckter Text

Dies wird auch gerne dazu verwendet, Text außerhalb der Textgrenzen von LaTeX zu setzen, weil dann die Warnung für eine überlange Zeile (`overfull hbox`) unterbleibt.

Es ist auch möglich, die Breite der Box aus der tatsächlichen Textbreite zu errechnen. Hierzu dienen folgende vier Größen:

- **\height**
  die Höhe des Textes über seiner Grundlinie (Oberlänge)
- **\depth**
  die Tiefe des Textes unterhalb seiner Grundlinie (Unterlänge)
- **\totalheight**
  die Summe aus Höhe und Tiefe, also die Gesamthöhe des Textes
- **\width**
  die Breite des Textes

Im nachfolgenden Beispiel beträgt die Rahmenbreite das 1,5fache der Textbreite.

```
Der sprechende Elefant
\framebox[1.5\width]{Benjamin
Blümchen}
lebt im Neustädter Zoo.
```

Der sprechende Elefant
Benjamin Blümchen
lebt im Neustädter Zoo.

Listing 2.42: Boxbreite in Abhängigkeit von der Textbreite

Das Aussehen der Umrandung einer `framebox` lässt sich mithilfe der beiden Befehle `\fboxrule` und `\fboxsep` beeinflussen. Der erste legt die Strichstärke des Rahmens fest, der zweite den Abstand zwischen Rahmen und eingeschlossenem Text. Um diese Eigenschaften zu setzen, wird der `\setlength`-Befehl verwendet, wie in nachfolgendem Beispiel:

```
\setlength{\fboxrule}{0.1cm}
\setlength{\fboxsep}{0.5cm}
\fbox{Benjamin Blümchen}
```

Benjamin Blümchen

Listing 2.43: Box mit geändertem Rahmen

fancybox.sty

Um bestimmte Boxenumrandungen zu erzeugen, die über das Übliche hinausgehen, etwa mit Schatten oder abgerundeten Ecken, muss das Ergänzungspaket `fancybox` eingebunden werden. Dann stehen folgende Rahmen zur Verfügung, die Tabelle 2.14 zusammenfasst.

Befehl	Wirkung
`\fbox`	rahmt den angegebenen Text
`\framebox`	rahmt den angegebenen Text, wobei die Rahmenbreite variabel ist
`\shadowbox`	rahmt den angegebenen Text mit einer Schattenbox
`\doublebox`	erzeugt einen doppelten Rahmen
`\ovalbox`	erzeugt einen ovalen Rahmen
`\Ovalbox`	erzeugt einen ovalen, fetten Rahmen

Tabelle 2.14: Befehle für bestimmte Rahmen um Boxen

Das nachfolgende Beispiel 2.44 zeigt die unterschiedlichen Effekte.

```
\usepackage{fancybox}

\begin{document}

Der sprechende Elefant \shadowbox{Benjamin Blümchen} lebt im Neustädter Zoo.

Der sprechende Elefant \doublebox{Benjamin Blümchen} lebt im Neustädter Zoo.

Der sprechende Elefant \ovalbox{Benjamin Blümchen} lebt im Neustädter Zoo.

Der sprechende Elefant \Ovalbox{Benjamin Blümchen} lebt im Neustädter Zoo.
```

Listing 2.44: Verschiedene Rahmen (source/bsp_boxen01.tex)

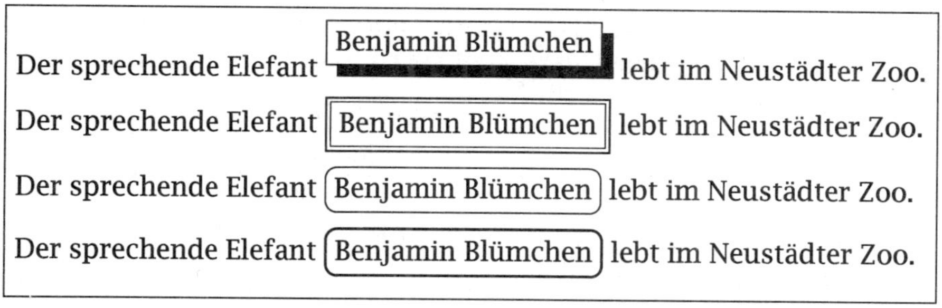

Abb. 2.21: Abbildung zu Listing 2.44

LR-Boxen mehrfach einsetzen

Wenn eine Box mit identischem Inhalt und Formatierung mehrmals in einem Dokument verwendet werden soll, so kann man die Box mit ihrem Inhalt auch abspeichern und dann so oft wieder verwenden, wie man sie benötigt.

Dazu wird zunächst mit

```
\newsavebox{\boxname}
```

ein Name für die Box festgelegt. Dieser muss mit einem Backslash beginnen und darf kein Standard-LaTeX-Befehl sein.

Anschließend kann mit dem Befehl

```
\sbox{\boxname}{text}      oder   \savebox{\boxname}[breite][pos]{text}
```

eine Box mit dem angegebenen Text als Inhalt erzeugt und abgespeichert werden. Um diese dann an anderer Stelle im Dokument einzufügen, wird der Befehl

```
\usebox{\boxname}
```

verwendet.

Anstelle der Befehle `\sbox` bzw. `\savebox` kann auch die entsprechende Umgebung

```
\begin{lrbox}{\boxname}
text
\end{lrbox}
```

verwendet werden, um die Box abzuspeichern. Diese hat den Vorteil, dass der Inhalt der Box auch `\verb`-Befehle und `verbatim`-Umgebungen enthalten darf, also von LaTeX unverändert übernommener Text, was beim `\sbox`-Befehl nicht erlaubt ist.

Neben der horizontalen Ausrichtung lassen sich Boxen auch dazu verwenden, Text vertikal zu verschieben, ihn also höher oder tiefer zu stellen. Dazu dient der Befehl `\raisebox`. Dieser hat die allgemeine Form:

```
\raisebox{<shift>}[<oben>][<unten>]{<text>}
```

Der Parameter `shift` legt fest, wie weit die Box verschoben werden soll, positive Werte verschieben die Box nach oben, negative nach unten. Die beiden optionalen Parameter `oben` und unten legen fest, wie weit die Box mit dem

Text über bzw. unter die Grundlinie hinausgeht, wenn sie nicht verschoben ist. Werden sie nicht angegeben, berechnet sie LaTeX direkt aus dem übergebenen Text.

Beispiel

```
Das Leben ist eine \raisebox{1ex}{
Berg-} und \raisebox{-1ex}{Tal-}
Bahn!
```

Das Leben ist eine Berg- und Tal- Bahn!

Listing 2.45: Verschobene Boxen

Absatzboxen

Da in LR-Boxen kein Zeilenumbruch erlaubt ist, kann es passieren, dass diese zu weit über den Seitenrand hinausragen. Will man also längeren Text in eine Box setzen, so muss dies eine Absatzbox sein, da in dieser ein Zeilenumbruch erlaubt ist. Eine derartige Box wird erzeugt über den Befehl

```
\parbox[<pos>][<höhe>][<ipos>]{<breite>}{text}
```

Eine `parbox` kann eine beliebige Breite besitzen und kennt drei verschiedene Ausrichtungen, die über den Parameter `pos` festgelegt werden können:

- **t (top)**
  Ausrichtung am Absatzanfang
- **b (bottom)**
  Ausrichtung am Absatzende
- **c (center)**
  Ausrichtung an der Absatzmitte

Der andere Positionsparameter `ipos` kann dieselben Werte annehmen und bezieht sich nicht auf die Ausrichtung der Box zum umgebenden Text sondern auf die Positionierung des Textes innerhalb der Box. Deshalb existiert noch ein vierter möglicher Wert `s`(stretched), der den Text gleichmäßig über die komplette Höhe der Box verteilt. Der Parameter `ipos` hat nur Auswirkungen, wenn mit dem Parameter `höhe` eine Boxenhöhe festgelegt wird, die größer ist als der Platzbedarf des Textes.

Das nachfolgende Beispiel 2.46 fasst die Zutaten eines Rezeptes in einer Absatzbox zusammen, die im Vergleich zum vorangehenden Text zentriert wird.

```
Für hervorragende Waffeln benötigt man \parbox{4cm}{125 g Butter\\ 150 g
Mehl\\ 1/2 TL Backpulver\\3 Eier\\ 75 g süße Sahne\\ 1 Prise Salz\\ 50 g
Zucker\\ Fett für das Waffeleisen}
```

Listing 2.46: Absatzboxen

Für hervorragende Waffeln benötigt man	125 g Butter 150 g Mehl 1/2 TL Backpulver 3 Eier 75 g süße Sahne 1 Prise Salz 50 g Zucker Fett für das Waffeleisen

Abb. 2.22: Abbildung zu Listing 2.46

Natürlich lässt sich auch eine Absatzbox mit einem Rahmen versehen. Dazu muss der \parbox-Befehl in einen der Befehle aus Tabelle 2.14 auf Seite 70 eingebettet werden. Denken Sie daran, dazu das Ergänzungspaket fancybox in Ihr Dokument einzubinden. Die Beispiele 2.47 und 2.48 zeigen zwei Absatzboxen mit unterschiedlicher Ausrichtung und unterschiedlichen Rahmen.

box.sty

```
Für hervorragende Waffeln benötigt man
\doublebox{\parbox[t]{4cm}{125 g Butter\\150 g Mehl\\%
    1/2 TL Backpulver\\3 Eier\\75 g süße Sahne\\%
```

Listing 2.47: Rahmen um eine Absatzbox (source/bsp_boxen02.tex)

Für hervorragende Waffeln benötigt man	125 g Butter 150 g Mehl 1/2 TL Backpulver 3 Eier 75 g süße Sahne 1 Prise Salz 50 g Zucker Fett für das Waffeleisen

Abb. 2.23: Abbildung zu Listing 2.47

```
Für hervorragende Waffeln benötigt man
\shadowbox{\parbox[b]{4cm}{125 g Butter\\150 g Mehl\\%
    1/2 TL Backpulver\\3 Eier\\75 g süße Sahne\\%
```

Listing 2.48: Rahmen um eine Absatzbox (source/bsp_boxen03.tex)

☞ Hinweis: Shadowbox und Parbox-Ausrichtung

Wird eine Parbox mit Ausrichtung in eine Shadowbox eingebettet, so ignoriert diese den Ausrichtungsparameter. Die Absatzbox wird immer so ausgerichtet, dass der umgebende Text und die unterste Zeile der Absatzbox übereinstimmen.

Für hervorragende Waffeln benötigt man

125 g Butter
150 g Mehl
1/2 TL Backpulver
3 Eier
75 g süße Sahne
1 Prise Salz
50 g Zucker
Fett für das Waffeleisen

Abb. 2.24: Abbildung zu Listing 2.48

Text nebeneinander ausrichten

Um Text absatzweise nebeneinander auszurichten, existiert neben dem Befehl `\parbox` auch noch die `minipage`-Umgebung. Diese funktioniert im Prinzip wie der `\parbox`-Befehl und besitzt auch die gleichen Parameter.

Der allgemeine Aufruf lautet:

```
\begin{minipage}[<pos>][<höhe>][<ipos>]{<breite>}
  Text
\end{minipage}
```

In der `minipage` sind zwar Absätze, Fußnoten, Tabellen usw. erlaubt, jedoch keine Gleitobjekte und Randbemerkungen. Fußnoten erscheinen standardmäßig am Ende der `minipage` und werden mit Kleinbuchstaben nummeriert.

Die Höhe der `minipage` richtet sich nach der Länge des Textes, es sei denn der Parameter höhe wird gesetzt. Das nachfolgende Beispiel realisiert das Waffelrezept mit Hilfe einer `minipage`. Dazu wird eine umgebende `minipage` mit der gesamten Textbreite erzeugt (in diesem Beispiel nur 98 %, da sonst der Rahmen nicht mehr Platz hat!), in die zwei weitere eingebettet sind, die 60 bzw. 30 Prozent der Zeilenbreite einnehmen.

```
\begin{minipage}{0.98\linewidth}
  \begin{minipage}{0.6\linewidth}
    Für hervorragende Waffeln benötigt man
  \end{minipage}%
  \begin{minipage}{0.3\linewidth}
    125 g Butter\\ 150 g Mehl\\ 1/2 TL Backpulver\\3 Eier\\ 75 g süße Sahne
    \\ 1 Prise Salz\\ 50 g Zucker\\ Fett für das Waffeleisen
  \end{minipage}
\end{minipage}
```

Listing 2.49: Ineinander eingebettete Minipages

Natürlich lässt sich auch eine `minipage` mit einem Rahmen umgeben, insbesondere dann, wenn Textpassagen hervorgehoben werden sollen ist dieses Vorgehen sehr beliebt.

Für hervorragende Waffeln benötigt man	125 g Butter 150 g Mehl 1/2 TL Backpulver 3 Eier 75 g süße Sahne 1 Prise Salz 50 g Zucker Fett für das Waffelei- sen

Abb. 2.25: Abbildung zu Listing 2.49

Da hier auch wieder um die Abbildung ein Rahmen gezeichnet wird, wurde die Breite erneut auf 98 % (abzüglich Rahmenparameter) gesetzt. Die Abbildung zeigt dann einen Doppelrahmen.

Die Berechnung erfolgt dabei nach folgender Formel:

$$\text{Breite} = \text{Textbreite} - 2 \times \text{Abstand Text-Box} - 2 \times \text{Dicke der Linie}$$

Der Befehl `\noindent` sorgt dafür, dass die Zeile nicht eingerückt wird, wenn vor dieser eine Leerzeile ist, die einen neuen Absatz einleitet.

```
\noindent\fbox{%
\begin{minipage}{0.98\linewidth-2\fboxsep-2\fboxrule}%
  \begin{minipage}{0.6\linewidth}
    Für hervorragende Waffeln benötigt man
  \end{minipage}%
  \begin{minipage}{0.30\linewidth}
    125 g Butter\\ 150 g Mehl\\ 1/2 TL Backpulver\\3 Eier\\ 75 g süße Sahne
    \\ 1 Prise Salz\\ 50 g Zucker\\ Fett für das Waffeleisen
  \end{minipage}
\end{minipage}}
```

Listing 2.50: Gerahmte Minipage

Für hervorragende Waffeln benötigt man	125 g Butter 150 g Mehl 1/2 TL Backpulver 3 Eier 75 g süße Sahne 1 Prise Salz 50 g Zucker Fett für das Waffelei- sen

Abb. 2.26: Abbildung zu Listing 2.50

Die `minipage` hat allerdings einen entscheidenden Nachteil: In ihr ist kein Seitenumbruch erlaubt. In ungünstigen Fällen wird deshalb die gesamte gerahmte Passage auf die nächste Seite verschoben, wodurch auf der vorangehenden Seite viel Leerraum entsteht. Um dieses Problem zu umgehen, kann das Paket `framed` eingebunden werden. Dieses ermöglicht den Seitenumbruch innerhalb eines umrahmten oder durch eine Hintergrundfarbe hervorgehobenen Textes. Hierzu muss die `minipage`-Umgebung durch die Umgebung `framed` für Umrahmungen oder durch die Umgebung `shaded` für farbig hinterlegten Text ersetzt werden.

framed.sty

```
\usepackage{framed, color}
\definecolor{shadecolor}{gray}{.65}

\begin{document}
\begin{shaded}
  Der sprechende Elefant Benjamin Blümchen lebt im Neustädter Zoo.
\end{shaded}

\end{document}
```

Listing 2.51: Box mit Hintergrundfarbe (source/bsp_boxen04.tex)

Der sprechende Elefant Benjamin Blümchen lebt im Neustädter Zoo.

Abb. 2.27: Abbildung zu Listing 2.51

Mehr Hinweise zum Paket `framed` finden Sie in der Paketdokumentation. Die Beschreibung des in diesem Beispiel verwendeten Pakets `color` und den Befehl `\definecolor` finden Sie in Kapitel 2.2.4 auf der nächsten Seite.

Rule-Boxen

Rule-Boxen stellen nichts anderes als mit der Druckfarbe gefüllte Rechtecke dar. Diese eignen sich hervorragend dazu, Textpassagen voneinander abzugrenzen. Allerdings sollte man darauf achten, die Balken der Schrift anzupassen, da sie sonst das gesamte Erscheinungsbild einer Druckseite negativ beeinflussen.

Der allgemeine Aufruf lautet:

```
\rule[<shift>]{<breite>}{<höhe>}
```

Wird der optionale Parameter `shift` weggelassen, liegt die untere Kante auf der Grundlinie des umgebenden Textes, positive Werte verschieben ihn nach oben, negative nach unten.

```
nach oben verschoben:%
 \rule[3mm]{2cm}{1mm}
```

nach oben verschoben:

Listing 2.52: Nach oben verschobene Linie

```
nach unten verschoben:%
\rule[-3mm]{2cm}{1mm}
```

nach unten verschoben:

Listing 2.53: Nach unten verschobene Linie

2.2.4 Farbe

Wird ein Dokument nicht nur gedruckt, sondern auch als Online-Dokument im Internet verbreitet (z. B. als PDF-Datei), so ist ein sehr wichtiges Gestaltungsmittel die Farbgebung. Aber auch in Zeiten, in denen Farbdrucker immer preiswerter werden, kann man durch die Verwendung von Farben ein Dokument für den Leser ansprechender gestalten.

color.sty

Eine Möglichkeit der Farbgestaltung ist das Ergänzungspaket `color`. Dieses ermöglicht es, bereits vordefinierte Farben zu benutzen, aber auch selbst Farben zu definieren. Soll Ihr Dokument nur schwarz-weiß gedruckt werden, können Sie mithilfe dieses Pakets verschiedene Grauschattierungen verwenden. Dem Paket muss beim Einbinden der DVI-Treiber als Parameter übergeben werden, damit `color.sty` die richtigen Befehle verwendet. Genaue Informationen zu diesen Treibern finden Sie in Kapitel 3.3 auf Seite 147 über das `graphicx`-Paket, zu dem das `color`-Paket gehört.

Soll der Text farbig gestaltet werden, so wird der Befehl `\color` verwendet.

Der allgemeine Aufruf lautet:

```
\color{<farbe>}
```

Die eingestellte Farbe gilt dann bis zum Ende der jeweiligen TeX-Gruppe.

Soll nur eine bestimmte Textpassage farbig sein, so wird `\textcolor` verwendet.

Der allgemeine Aufruf lautet:

```
\textcolor{<farbe>}{<text>}
```

Als vordefinierte Farben bietet das `color`-Paket die Farbnamen `black`, `white`, `blue`, `green`, `red`, `yellow`, `cyan` und `magenta`.

```
Benjamin Blümchen trägt eine \
textcolor{red}{rote} Jacke und eine
 \textcolor{blue}{blaue} Hose.
```

Benjamin Blümchen trägt eine rote Jacke und eine blaue Hose.

Listing 2.54: Text einfärben

Soll die Hintergrundfarbe definiert werden, so übernimmt dies der Befehl

```
\pagecolor{<farbe>}
```

Diese Farbeinstellung gilt nicht nur für die aktuelle Seite, sondern auch für alle nachfolgenden, bis der Befehl erneut definiert wird.

Textpassagen mit Boxen farblich hervorheben

Um bestimmte Textpassagen farblich hervorzuheben, können Sie auch Boxen mit Hintergrundfarbe verwenden. Das `color`-Paket bietet hier die Befehle

```
\colorbox{<farbe>}{<text>}
```

für einfache Boxen mit Hintergrundfarbe und

```
\fcolorbox{<rahmenfarbe>}{<farbe>}{<text>}
```

für Boxen mit Hintergrundfarbe, die zusätzlich einen farbigen Rahmen besitzen.

```
\colorbox{blue}{\parbox{4.5cm}{\
textcolor{white}{Der sprechende
Elefant Benjamin Blümchen lebt im
Neustädter Zoo.}}}
```

Der sprechende Elefant Benjamin Blümchen lebt im Neustädter Zoo.

Listing 2.55: Box mit Hintergrundfarbe

```
\fcolorbox{red}{yellow}{\parbox{4.5
cm}{Der sprechende Elefant Benjamin
Blümchen lebt im Neustädter Zoo.}}
```

Der sprechende Elefant Benjamin Blümchen lebt im Neustädter Zoo.

Listing 2.56: Box mit Hintergrundfarbe und farbigem Rahmen

Wem die vordefinierten Farben nicht ausreichen, der kann sich seine Farben selbst mischen, indem der Befehl `\definecolor` verwendet wird.

Dazu wird dem Befehl der Name der Farbe, das zu verwendende Farbmodell und die Farbwerte als Parameter übergeben.

```
\definecolor{<farbe>}{<farbmodell>}{<farbwerte>}
```

Es stehen drei unterschiedliche Farbmodelle zur Verfügung:

- **gray**
  Sie können einen Grauwert zwischen 0 und 1 angeben. 0 steht für Schwarz, 1 für Weiß. Je höher also die angegebene Zahl ist, umso heller ist der Grauwert.

- **RGB**
  Hierbei werden die Farbanteile von Rot, Grün und Blau additiv gemischt. Für jede Farbe ist wieder eine Angabe von 0 bis 1 möglich, die drei Werte werden im Parameter durch Kommata voneinander getrennt.

- **CMYK**
  Hierbei werden die vier Farben Cyan, Magenta, Gelb (Yellow) und Schwarz in ihren entsprechenden Anteilen zwischen 0 und 1 subtraktiv gemischt.

Welches der Farbmodelle verwendet werden soll, hängt davon ab, ob es sich bei der Ausgabe um ein gedrucktes Dokument oder ein Online-Dokument handeln soll. Für gedruckte Dokumente benötigt man entweder das Farbmodell `gray` oder das Modell `CMYK` wegen der subtraktiven Farbmischung, für die Darstellung am Bildschirm das Modell `RGB` mit der additiven Farbmischung.

```
\definecolor{dunkelgrau}{gray}{0.55}
\definecolor{hellgrau}{gray}{0.85}
Alles \textcolor{dunkelgrau}{grau}
in \textcolor{hellgrau}{grau}!!
```

Alles grau in grau!!

Listing 2.57: Definition verschiedener Grautöne

Auch die vordefinierten Grundfarben sind intern durch den `\definecolor`-Befehl festgelegt. Die dazugehörigen Definitionen können Sie der Tabelle 2.15 entnehmen.

Farbe	Befehl
schwarz	`\definecolor{black}{rgb}{0,0,0}` bzw. `\definecolor{black}{gray}{0}`
weiß	`\definecolor{weiß}{rgb}{1,1,1}` bzw. `\definecolor{weiß}{gray}{1}`
rot	`\definecolor{red}{rgb}{1,0,0}`
grün	`\definecolor{green}{rgb}{0,1,0}`
blau	`\definecolor{blue}{rgb}{0,0,1}`
zyan	`\definecolor{cyan}{cmyk}{1,0,0,0}`
magenta	`\definecolor{magenta}{cmyk}{0,1,0,0}`
gelb	`\definecolor{yellow}{cmyk}{0,0,1,0}`

Tabelle 2.15: Definition der Grundfarben

Im nachfolgenden Beispiel 2.58 wird die Farbe `dschungelgruen` definiert.

```
\usepackage[dvips]{color}

\definecolor{dschungelgruen}{cmyk}%
            {0.99,0,0.52,0.2}

\begin{document}

\textcolor{dschungelgruen}{Der Dschungel}
```

Der Dschungel

Listing 2.58: Farben selber definieren (source/bsp_farben01.tex)

Eigenes Farbmodell

Es ist auch möglich, sich mit den selbst definierten Farben eine eigene Farbtafel zusammenzustellen. Dazu dient der Befehl `\DefineNamedColor`. Dies bietet den Vorteil, dass die Farben nicht immer wieder neu definiert werden müssen und auch dem Treiber mit ihrem Namen bekannt sind und in der dvi-Datei direkt verwendet werden können.

Der allgemeine Aufruf steht in der Präambel des Dokuments und lautet:

```
\DefineNamedColor{named}{<farbname>}{<farbtafel>}{<farbwerte>}
```

Das Problem ist aber, dass der Treiber (hier z. B. `dvips`) die Namen kennen muss, da diese sonst nicht gefunden werden. Der Treiber muss für diesen

Zweck entsprechend angepasst werden (weitere Informationen finden Sie dazu in der entsprechenden Treiberdokumentation).

Für `dvips` sind auf diese Weise einige Farben definiert worden, die eingebunden werden, wenn der Paketparameter `dvipsnames` verwendet wird (wird standardmäßig verwendet).

Mit nachfolgendem Beispiel 2.59 werden die Farben mit den entsprechenden Namen angezeigt.

```
11 \usepackage{multicol}
12 \usepackage[dvips]{color}
13
14 \begin{document}
15 \renewcommand*{\DefineNamedColor}[4]{%
16         \textcolor[named]{#2}{\rule{5mm}{5mm}}\quad
17         \texttt{#2}\strut\\}
18 \begin{multicols}{3}
19 \input{dvipsnam.def}
20 \end{multicols}
21 \end{document}
```

Listing 2.59: Zusätzliche Farben für dvips (source/bsp_showdvipsfarben.tex)

Um die Farben anzuzeigen, wird ein kleiner Trick verwendet. Der Befehl für die Farbdefinition wird so umdefiniert (in Zeile 15), dass nicht eine Farbe definiert wird, sondern eine kleines Quadrat in der entsprechenden Farbe mit dem Farbnamen angezeigt wird (mehr zur Neudefinition von Befehlen finden Sie in Kapitel 8.5 auf Seite 515). Zum Anzeigen wird eine Dreispaltendarstellung mit der Umgebung `multicols` verwendet (mehr zu `multicols` in Kapitel 2.2.5 auf Seite 82). Anschließend wird die Farbdefinition (lauter `\DefineNamedColor`-Befehle) geladen.

Als Ergebnis erhält man die Abbildung 2.28 auf der nächsten Seite.

Wird ein anderer Treiber als `dvips` verwendet, so ist nicht sichergestellt, dass die Farben korrekt verwendet werden.

Abb. 2.28: Zusätzliche Farben für dvips

2.2.5 Mehrspaltiger Druck

LaTeX ermöglicht grundsätzlich die Erstellung von zweispaltigem Text. Hierfür muss der Klassenparameter `twocolumn` bei der Deklaration der Dokumentenklasse verwendet werden.

```
\documentclass[10pt, twocolumn]{scrartcl}
```

Das gesamte Dokument wird dann zweispaltig gedruckt.

Soll nur ein Teil des Dokuments zweispaltig sein, so lässt sich dies durch den entsprechenden Befehl realisieren.

- **\twocolumn[<text>]**
  Beendet die laufende Seite und beginnt eine neue zweispaltige Seite, bei der zu Beginn der optionale Text über die gesamte Seitenbreite gesetzt wird.

- **\onecolumn**
  Beendet die laufende zweispaltige Seite und beginnt eine neue einspaltige Seite.

Die nachfolgenden Beispiele 2.60 und 2.61 zeigen den Unterschied, wenn der optionale Parameter beim `\twocolumn`-Befehl verwendet wird.

```
\twocolumn
Benjamin Blümchen, der liebe, sprechende Elefant aus dem Neustädter Zoo,
hat sich für Ottos Geburtstag etwas Besonderes ausgedacht \glqq Wir treffen
uns mit deinen
Gästen am Flussufer\grqq, hat er dem Freund nur gesagt. Als Otto ankommt,
staunt er: Benjamin erwartet ihn
mit einer roten Schwimmweste. \glqq Alles Gute zum Geburtstag. Und
willkommen zu unserer Floßfahrt!\grqq{} Was für
eine tolle Überraschung.
```

Listing 2.60: Zweispaltiger Text (source/bsp_spalten01.tex)

Benjamin Blümchen, der liebe, sprechende Elefant aus dem Neustädter Zoo, hat sich für Ottos Geburtstag etwas Besonderes ausgedacht „Wir treffen uns mit deinen Gästen am Flussufer“, hat er dem Freund nur gesagt. Als Otto ankommt, staunt er: Benjamin erwartet ihn mit einer roten Schwimmweste. „Alles Gute zum Geburtstag. Und willkommen zu unserer Floßfahrt!“ Was für eine tolle Überraschung.

Abb. 2.29: Abbildung zu Listing 2.60

```
\twocolumn[Eine der bei Kindern beliebtesten Figuren aus Zeichentrickfilmen
, Büchern und Hörspielen ist Benjamin Blümchen. Nachfolgend ein kleines
Textbeispiel:]
Benjamin Blümchen, der liebe, sprechende Elefant aus dem Neustädter Zoo,
hat sich für Ottos Geburtstag etwas Besonderes ausgedacht \glqq Wir treffen
uns mit deinen
Gästen am Flussufer\grqq, hat er dem Freund nur gesagt. Als Otto ankommt,
staunt er: Benjamin erwartet ihn
```

```
mit einer roten Schwimmweste. \glqq Alles Gute zum Geburtstag. Und
willkommen zu unserer Floßfahrt!\grqq{} Was für
eine tolle Überraschung.
```

Listing 2.61: Zweispaltiger Text mit Einführung (source/bsp_spalten02.tex)

Eine der bei Kindern beliebtesten Figuren aus Zeichentrickfilmen, Büchern und Hörspielen ist Benjamin Blümchen. Nachfolgend ein kleines Textbeispiel:

Benjamin Blümchen, der liebe, sprechende Elefant aus dem Neustädter Zoo, hat sich für Ottos Geburtstag etwas Besonderes ausgedacht „Wir treffen uns mit deinen Gästen am Flussufer“, hat er dem Freund nur gesagt. Als Otto ankommt, staunt er: Benjamin erwartet ihn mit einer roten Schwimmweste. „Alles Gute zum Geburtstag. Und willkommen zu unserer Floßfahrt!“ Was für eine tolle Überraschung.

Abb. 2.30: Abbildung zu Listing 2.61

Mehrere Spalten

Wollen Sie in Ihrem Dokument jedoch mehr Spalten verwenden, so benötigen Sie das Ergänzungspaket `multicol`. Nachdem dieses mit

multicol.sty

```
\usepackage{multicol}
```

eingebunden ist, steht die Umgebung `multicols` zur Verfügung, der als Parameter die Spaltenzahl übergeben wird. Zusätzlich lässt sich noch ein optionaler Titel sowie dessen Abstand zum mehrspaltigen Text festlegen.

Der allgemeine Aufruf lautet:

```
\begin{multicols}{<spaltenzahl>}[<titel>][<abstand>]
  ...
\end{multicols}
```

Je höher die Spaltenzahl ist, also je schmaler die einzelnen Spalten sind, umso schwieriger wird es für LaTeX, einen sauberen Umbruch zu realisieren. Das Layout kann deshalb durchaus leiden.

```
\begin{multicols}{3}[Ein dreispaltiges Textbeispiel][0.5cm]
Benjamin Blümchen, der liebe, sprechende Elefant aus dem Neustädter Zoo,
hat sich für Ottos Geburtstag etwas Besonderes ausgedacht ''Wir treffen uns
mit deinen
Gästen am Flussufer'', hat er dem Freund nur gesagt. Als Otto ankommt,
staunt er: Benjamin erwartet ihn
mit einer Schwimmweste. ''Alles Gute zum Geburtstag. Und willkommen zur
Floßfahrt!'' Was für
eine tolle Überraschung.
\end{multicols}
```

Listing 2.62: Mehrspaltiger Text (source/bsp_spalten03.tex)

Die Umgebung erlaubt es auch, den Abstand zwischen den einzelnen Spalten festzulegen.

Ein dreispaltiges Textbeispiel

Benjamin Blümchen, der liebe, sprechende Elefant aus dem Neustädter Zoo, hat sich für Ottos Geburtstag etwas Besonderes ausgedacht “Wir treffen uns mit deinen Gästen am Flussufer”, hat er dem Freund nur gesagt. Als Otto ankommt, staunt er: Benjamin erwartet ihn mit einer Schwimmweste. “Alles Gute zum Geburtstag. Und willkommen zur Floßfahrt!” Was für eine tolle Überraschung.

Abb. 2.31: Abbildung zu Listing 2.62

Dazu muss vor der Umgebung der Parameter `\columnsep` gesetzt werden.

```
\setlength{\columnsep}{<breite>}
```

```
\setlength{\columnsep}{2cm}
\begin{multicols}{2}
Benjamin Blümchen, der liebe, sprechende Elefant aus dem Neustädter Zoo,
hat sich für Ottos Geburtstag etwas Besonderes ausgedacht ‘‘Wir treffen uns
mit deinen
Gästen am Flussufer’’, hat er dem Freund nur gesagt. Als Otto ankommt,
staunt er: Benjamin erwartet ihn
mit einer Schwimmweste. ‘‘Alles Gute zum Geburtstag. Und willkommen zur
Floßfahrt!’’ Was für
eine tolle Überraschung.
\end{multicols}
```

Listing 2.63: Mehrspaltiger Text mit Spaltenabstand (source/bsp_spalten04.tex)

Ein dreispaltiges Textbeispiel

Benjamin Blümchen, der liebe, sprechende Elefant aus dem Neustädter Zoo, hat sich für Ottos Geburtstag etwas Besonderes ausgedacht “Wir treffen uns mit deinen Gästen am Flussufer”, hat er dem Freund nur gesagt. Als Otto ankommt, staunt er: Benjamin erwartet ihn mit einer Schwimmweste. “Alles Gute zum Geburtstag. Und willkommen zur Floßfahrt!” Was für eine tolle Überraschung.

Abb. 2.32: Abbildung zu Listing 2.63

Eine weitere Möglichkeit, das Aussehen einer mehrspaltigen Textpassage zu beeinflussen, ist das Setzen von Trennlinien zwischen den einzelnen Spalten. Dabei sollte man jedoch darauf achten, die Linien nicht zu breit zu gestalten, da dies das Erscheinungsbild negativ beeinflusst (Haarlinie). Hierzu dient der Befehl:

```
\setlength{\columnseprule}{<breite>}
```

```
\setlength{\columnseprule}{1pt}
\begin{multicols}{3}
Benjamin Blümchen, der liebe, sprechende Elefant aus dem Neustädter Zoo,
hat sich für Ottos Geburtstag etwas Besonderes ausgedacht ‘‘Wir treffen uns
mit deinen
Gästen am Flussufer’’, hat er dem Freund nur gesagt. Als Otto ankommt,
staunt er: Benjamin erwartet ihn
mit einer Schwimmweste. ‘‘Alles Gute zum Geburtstag. Und willkommen zur
Floßfahrt!’’ Was für
eine tolle Überraschung.
\end{multicols}
```

Listing 2.64: Mehrspaltiger Text mit Trennlinie (source/bsp_spalten05.tex)

Benjamin Blümchen, der liebe, sprechende Elefant aus dem Neustädter Zoo, hat sich für Ottos Geburtstag etwas Besonderes ausgedacht “Wir treffen uns mit deinen Gästen am Flussufer”, hat er dem Freund nur gesagt. Als Otto ankommt, staunt er: Benjamin erwartet ihn mit einer Schwimmweste. “Alles Gute zum Geburtstag. Und willkommen zur Floßfahrt!” Was für eine tolle Überraschung.

Abb. 2.33: Abbildung zu Listing 2.64

2.3 Nette Spielereien

2.3.1 Absätze in Form gebracht

Gerade für besondere Texte wie Grußkarten oder Urkunden bietet LaTeX in Verbindung mit dem Ergänzungspaket shapepar einige nette Spielereien. Mithilfe der vordefinierten Befehle aus dem Ergänzungspaket lassen sich Absätze rautenförmig, herzförmig oder rechteckig anordnen.

shapepar.sty

Die dazu notwendigen Befehle lauten:

```
\diamondpar{<Text des Absatzes>}
\heartpar{<Text des Absatzes>}
\squarepar{<Text des Absatzes>}
```

Beispiele

```
\usepackage{shapepar}

\begin{document}

\diamondpar{Benjamin Blümchen, der liebe, sprechende Elefant aus dem
  Neustädter Zoo, hat sich für Ottos Geburtstag etwas Besonderes
  ausgedacht ‘‘Wir treffen uns mit deinen Gästen am Flussufer’’, hat
  er dem Freund nur gesagt. Als Otto ankommt, staunt er: Benjamin
  erwartet ihn mit einer Schwimmweste.
```

```
''Alles Gute zum Geburtstag. Und willkommen zur Floßfahrt!''
Was für eine tolle Überraschung.}
```

Listing 2.65: Rautenförmiger Absatz (source/bsp_absatz01.tex)

◆
Benja-
min Blüm-
chen, der liebe,
sprechende Elefant aus
dem Neustädter Zoo, hat sich
für Ottos Geburtstag etwas Be-
sonderes ausgedacht "Wir treffen uns
mit deinen Gästen am Flussufer", hat er
dem Freund nur gesagt. Als Otto ankommt,
staunt er: Benjamin erwartet ihn mit
einer Schwimmweste. "Alles Gute
zum Geburtstag. Und will-
kommen zur Floßfahrt!"
Was für eine tol-
le Überra-
schung.
◆

Abb. 2.34: Abbildung zu Listing 2.65

```
\heartpar{Benjamin Blümchen, der liebe, sprechende Elefant aus dem
  Neustädter Zoo, hat sich für Ottos Geburtstag etwas Besonderes
  ausgedacht ''Wir treffen uns mit deinen Gästen am Flussufer'',
  hat er dem Freund nur gesagt. Als Otto ankommt, staunt er:
  Benjamin erwartet ihn mit einer Schwimmweste.
  ''Alles Gute zum Geburtstag. Und willkommen zur Floßfahrt!''
  Was für eine tolle Überraschung.}
```

Listing 2.66: Herzförmiger Absatz (source/bsp_absatz02.tex)

```
\squarepar{Benjamin Blümchen, der liebe, sprechende Elefant aus dem
  Neustädter Zoo, hat sich für Ottos Geburtstag etwas Besonderes
  ausgedacht ''Wir treffen uns mit deinen Gästen am Flussufer'',
  hat er dem Freund nur gesagt. Als Otto ankommt, staunt er: Benjamin
  erwartet ihn mit einer Schwimmweste.
  ''Alles Gute zum Geburtstag. Und willkommen zur Floßfahrt!''
  Was für eine tolle Überraschung.}
```

Listing 2.67: Rechteckiger Absatz (source/bsp_absatz03.tex)

Das Paket erlaubt es auch, Formen selbst zu definieren. Dazu benötigt man den Befehl `\shapepar`. Wie dies funktioniert entnehmen Sie bitte der Paketdokumentation.

Abb. 2.35: Abbildung zu Listing 2.66

Benjamin Blümchen, der liebe, sprechende Elefant aus dem Neustädter Zoo, hat sich für Ottos Geburtstag etwas Besonderes ausgedacht “Wir treffen uns mit deinen Gästen am Flussufer”, hat er dem Freund nur gesagt. Als Otto ankommt, staunt er: Benjamin erwartet ihn mit einer Schwimmweste. “Alles Gute zum Geburtstag. Und willkommen zur Floßfahrt!” Was für eine tolle Überraschung.

♥

Abb. 2.36: Abbildung zu Listing 2.67

Benjamin Blümchen, der liebe, sprechende Elefant aus dem Neustädter Zoo, hat sich für Ottos Geburtstag etwas Besonderes ausgedacht “Wir treffen uns mit deinen Gästen am Flussufer”, hat er dem Freund nur gesagt. Als Otto ankommt, staunt er: Benjamin erwartet ihn mit einer Schwimmweste. “Alles Gute zum Geburtstag. Und willkommen zur Floßfahrt!” Was für eine tolle Überraschung.

2.3.2 Marginalien setzen

Eine Randbemerkung oder Marginalie wird in LaTeX durch den Befehl

```
\marginpar{<randbemerkung>}
```

erzeugt. Dabei sollte man jedoch bedenken, dass die Randbemerkung durch den Seitenrand natürlich begrenzt ist (die Standardbreite sind 0,75 Zoll, also ungefähr 1,9 cm). Die Randbemerkung wird genau an der Stelle neben den Text gesetzt, in der sie im Text definiert wurde. Dabei lässt sich diese wie jeder andere Text beliebig formatieren (fett, kursiv ...) oder auch mit Rahmen (z. B. mit \fbox) versehen.

```
Der sprechende Elefant Benjamin Blümchen lebt im Neustädter Zoo.
Sein bester Freund heißt Otto \marginpar{\textbf{Freund!}} und mit ihm
hat Benjamin schon viele Abenteuer erlebt.
```

Listing 2.68: Randbemerkung (source/bsp_rand01.tex)

Der sprechende Elefant Benjamin Blümchen lebt im Neustädter Zoo. Sein bester Freund heißt Otto und mit ihm hat Benjamin schon viele Abenteuer erlebt.	**Freund!**

Abb. 2.37: Abbildung zu Listing 2.68

> ☞ **Viele Randbemerkungen**
>
> Bei zu vielen langen Randbemerkungen erzeugt LaTeX unter Umständen eine Fehlermeldung. Abhilfe schafft hier das manuelle Versetzen der Randbemerkung im Text.

Normalerweise werden Randbemerkungen immer am äußeren Rand gesetzt. Sollen sie jedoch auf den inneren Rand gesetzt werden, so lässt sich dies durch den Befehl `\reversemarginpar` abändern. Diese Einstellung stellt der Befehl `\normalmarginpar` wieder in den Normalzustand zurück.

> ☞ **\reversemarginpar bei einseitigen Dokumenten**
>
> Bei einseitigen Dokumenten werden Randbemerkungen durch `\reversemarginpar` auf den linken statt auf den rechten Rand gesetzt.

Durch drei Befehle lassen sich Randbemerkungen in ihrer Breite bzw. in ihrer Position zum Text und den anderen Randbemerkungen einer Seite beeinflussen.

- **\marginparwidth**
  bestimmt die Breite der Randbox für Randnotizen.
- **\marginparsep**
  bestimmt den Abstand zwischen der Randbox und dem Rand des Haupttextes.
- **\marginparpush**
  bestimmt den kleinsten vertikalen Abstand, der zwischen zwei Randnotizen auftreten muss.

Die Wertzuweisung erfolgt in bekannter Weise über den Befehl `\setlength`.

Marginalien in der doppelseitigen Umgebung

Ist der Klassenparameter `twoside` gesetzt, unterscheidet LaTeX, auf welche Seite die Randbemerkung gesetzt werden soll. Dieses Verhalten lässt sich dazu nutzen, unterschiedliche Randbemerkungen für gerade und ungerade Seiten zu definieren, beispielsweise Doppelpfeile, die immer in Textrichtung zeigen, egal auf welcher Seite die Randbemerkung gesetzt wird.

Dazu wird der Text für die linke Seite als optionaler Parameter und der Text für die rechte Seite als normaler Parameter übergeben.

```
\marginpar[linker Text]{<rechter Text>}
```

```
Der sprechende Elefant Benjamin Blümchen lebt im Neustädter Zoo.
Sein bester Freund heißt Otto
\marginpar[$\Longrightarrow$]{$\Longleftarrow$}
und mit ihm hat Benjamin schon viele Abenteuer erlebt.

\newpage
Der sprechende Elefant Benjamin Blümchen lebt im Neustädter Zoo.
Sein bester Freund heißt Otto
\marginpar[$\Longrightarrow$]{$\Longleftarrow$}
und mit ihm hat Benjamin schon viele Abenteuer erlebt.
```

Listing 2.69: Rand (source/bsp_rand02.tex)

Der sprechende Elefant Benjamin Blümchen lebt im Neustädter Zoo. Sein bester Freund heißt Otto und mit ihm hat Benjamin schon viele Abenteuer erlebt. $\Longleftarrow$

Abb. 2.38: Rand (ungerade Seite)

$\Longrightarrow$ Der sprechende Elefant Benjamin Blümchen lebt im Neustädter Zoo. Sein bester Freund heißt Otto und mit ihm hat Benjamin schon viele Abenteuer erlebt.

Abb. 2.39: Rand (gerade Seite)

3 Texte mit Tabellen und Bildern

Besonders Sachtexte werden durch Tabellen und Abbildungen in ihrer Aussage verdeutlicht. Was wäre beispielsweise ein Bilanzbericht eines großen Unternehmens ohne statistische Tabellen und untermalende Diagramme oder das unverzichtbare Firmenlogo. Aber auch kleinere Dokumente können oft durch Bilder aufgelockert werden, etwa ein Einladungsschreiben mit einem entsprechenden Clip-Art, der spritzenden Sektflasche oder der Torte mit Kerzen. Allein diese kleinen Beispiele zeigen, dass der Phantasie hier kaum Grenzen gesetzt sind, ebenso wie den Möglichkeiten von LaTeX im Bereich der Tabellenformatierung und Grafikeinbindung.

Dieses Kapitel zeigt Ihnen, wie Sie verschiedene Arten von Tabellen und Bildern in Ihre Dokumente einbauen können, um diese ansprechend zu gestalten.

3.1 Tabellen

Mit LaTeX lassen sich Tabellen für viele Bedürfnisse erstellen.

Dabei bietet LaTeX mit seinen Ergänzungspaketen u. a. folgende Möglichkeiten:

- Tabellen mit fester und dynamischer Breite, die automatisch entsprechend dem Inhalt und der Gesamtbreite berechnet werden.
- Linien und Rahmen in allen Variationen.
- Farbiger Spaltenhintergrund.
- Automatisches Runden von Zahlenspalten.
- Automatisches Ausrichten am Komma von Zahlenspalten.
- Gedrehte Tabellenbeschriftungen.
- Gedrehte Tabellen.
- Tabellen über mehrere Seiten, wobei der Umbruch mit Kopf- und Fußzeilen erfolgt.
- ...

Für die Erstellung von einfachen Tabellen stehen standardmäßig vier Umgebungen bereit. Die Umgebung `tabbing`, mit der in einer Zeile Tabulatorpositionen festgelegt werden, die dann in den nachfolgenden Zeilen angesprungen werden können, und die Umgebung `tabular` und `tabular*` für komfortablere Tabellen mit Rand und Rahmen. Desweiteren stellen diverse Ergänzungspakete weitere Umgebungen zur Verfügung, die mehr Möglichkeiten bieten.

Die array-Umgebung ist nur für mathematische Umgebungen gedacht und wird deshalb in Kapitel 5 auf Seite 253 behandelt.

3.1.1 Einfache Tabellen mit Tabulatorstopp

Die Grundlage der tabbing-Umgebung ist der Tabulatorstopp der Schreibmaschine bzw. Computertastatur und sie funktioniert auch genauso.

Der allgemeine Aufruf dabei lautet:

```
\begin{tabbing}
  % ...
\end{tabbing}
```

Die Tabstopps werden dabei mit der Zeichenfolge \= gesetzt und können über \> angesprungen werden. Eine Zeile wird dabei mit der Zeichenfolge \\ abgeschlossen.

Nachfolgendes Beispiel 3.1 zeigt eine Anwendung der tabbing-Umgebung.

```
\begin{tabbing}
  Position \hspace{1cm} \= Beschreibung \hspace{1cm} \= Preis \\
  1                     \> Bleistift                 \> 0,34  \\
  2                     \> Papier                    \> 1,56  \\
  3                     \> Folien                    \> 9,50  \\
\end{tabbing}
```

Listing 3.1: Tabelle mit der tabbing-Umgebung (source/bsp_tab01.tex)

Position	Beschreibung	Preis
1	Bleistift	0,34
2	Papier	1,56
3	Folien	9,50

Abb. 3.1: Abbildung zu Listing 3.1

Ein zusätzlicher Abstand zwischen den Spalten wurde mit \hspace eingefügt.

Da das Setzen der Tabulatorstopps in einer sichtbaren Zeile nicht immer einfach ist, gibt es auch die Möglichkeit, eine Musterzeile für das Setzen der Tabulatorstopps zu verwenden, die aber nicht angezeigt wird. Damit LaTeX eine Musterzeile erkennt, wird am Ende der Befehl \kill verwendet.

Das Beispiel 3.2 verdeutlicht dies.

```
\begin{tabbing}
  \hspace*{1.5cm} \= \hspace{4cm} \= \hspace{2cm} \= \kill
  Pos. \> Beschreibung \> Menge \> Preis \\
  1    \> Bleistift    \>  3    \> 0,34  \\
  2    \> Papier       \>  2    \> 1,56  \\
  3    \> Folien       \>  10   \> 9,50  \\
\end{tabbing}
```

Listing 3.2: Musterzeile mit der tabbing-Umgebung (source/bsp_tab02.tex)

Abb. 3.2: Abbildung zu Listing 3.2

Pos.	Beschreibung	Menge	Preis
1	Bleistift	3	0,34
2	Papier	2	1,56
3	Folien	10	9,50

Da ein horizontaler Abstand (genauso wie Leerzeichen) am Anfang einer Zeile standardmäßig von LaTeX ignoriert wird, muss für den ersten \hspace-Befehl die Sternvariante verwendet werden, die diesen Abstand erzwingt.

Der linke Rand wird standardmäßig auf Null gesetzt, d. h. auf den linken Rand der vorherigen Umgebung bzw. des eingestellten Absatzes. Mit dem Befehl \+ wird der linke Rand auf den ersten Tabstopp gesetzt. Wird der Befehl öfters verwendet, so wird immer einen Tabstopp weiter gesprungen. Das Beispiel 3.3 verdeutlicht dieses.

```
$\Longleftarrow$ Linker Rand (Absatz)

\begin{tabbing}
  \hspace*{1cm} \= \hspace{1.5cm} \= \hspace{4cm} \= \hspace{2cm} \= \+\kill
     Pos. \> Beschreibung \> Menge \> Preis \\
     1    \> Bleistift    \>   3   \> 0,34  \\
     2    \> Papier       \>   2   \> 1,56  \\
     3    \> Folien       \>   10  \> 9,50  \\
\end{tabbing}
```

Listing 3.3: Zusätzlicher linker Rand (source/bsp_tab03.tex)

Abb. 3.3: Abbildung zu Listing 3.3

$\Longleftarrow$ Linker Rand (Absatz)

Pos.	Beschreibung	Menge	Preis
1	Bleistift	3	0,34
2	Papier	2	1,56
3	Folien	10	9,50

Der Pfeil zur Markierung des linken Randes wird über den mathematischen Befehl \Longleftarrow erzeugt. Weitere Informationen dazu in Kapitel 5 auf Seite 253.

Mit dem Befehl \- kann der linke Einzug wieder tabulatorweise zurückgenommen werden.

Sollen während einer Tabelle die Tabulatorstopps geändert werden, so können die aktuellen Tabulatorstopps mit dem Befehl \pushtabs gespeichert und mit \poptabs wieder gesetzt werden.

☞ Speicherung von Tabulatorstopps

Die Speicherung von Tabulatorstopps kann in einer tabbing-Umgebung mehrfach durchgeführt werden, jedoch muss zu jedem \pushtabs auch ein \poptabs durchgeführt werden.

Mit dem Befehl `\'` kann der Text links vor dem Tabstopp weiter nach links versetzt werden, um hier einen größeren Abstand zu erhalten. Der Abstand wird mit dem Längenbefehl `\tabbingsep` festgelegt, der über

```
\setlength{\tabbingsep}{<laenge>}
```

gesetzt werden kann.

Das nachfolgende Beispiel 3.4 verdeutlicht diesen Sachverhalt.

```
\setlength{\tabbingsep}{3mm}

\begin{tabbing}
  Folgende Auswahl steht zur Verfügung: \= Radio,\+\\
     Fernsehen\\
     oder \' Kino\\
\end{tabbing}
```

Listing 3.4: Randversatz (source/bsp_tab04.tex)

Folgende Auswahl steht zur Verfügung:	Radio,
	Fernsehen
oder	Kino

Abb. 3.4: Abbildung zu Listing 3.4

Der Befehl `` \` `` setzt den nachfolgenden Text rechtsbündig zum rechten Rand, dabei darf kein weiterer Tab-Befehl folgen.

Das nachfolgende Beispiel 3.5 verdeutlicht diesen Sachverhalt.

```
\begin{tabbing}
  \hspace{1.5cm} \= \hspace{4cm} \= \hspace{2cm} \= \kill
     Pos. \> Beschreibung \> Menge \> Preis \\
     1    \> Bleistift    \>   3   \> 0,34  \\
     2    \> Papier       \>   2   \> 1,56  \\
     3    \> Folien       \>   10  \> 9,50  \\
     \`(2002--09--13)
\end{tabbing}
```

Listing 3.5: Ausrichtung rechts (source/bsp_tab05.tex)

Pos.	Beschreibung	Menge	Preis	
1	Bleistift	3	0,34	
2	Papier	2	1,56	
3	Folien	10	9,50	
				(2002-09-13)
⇐ Linker Rand				Rechter Rand ⇒

Abb. 3.5: Abbildung zu Listing 3.5

Dabei ist zu beachten, dass mit dem rechten Rand der Rand des Absatzes gemeint ist, was bei kleinen Tabellen dazu führt, dass es optisch nicht so gut aussieht.

> ☞ **Akzente in der tabbing-Umgebung**
>
> Die Befehle \=, \' und \` haben außerhalb der `tabbing`-Umgebung die Aufgabe, Akzente zu setzen. Sollen Akzente innerhalb der `tabbing`-Umgebung verwendet werden, so muss jeweils `\a=`, `\a'` bzw. `\a`` vor den Buchstaben gesetzt werden.
> Für `\-`, welches außerhalb der `tabbing`-Umgebung eine mögliche Worttrennung kennzeichnet, gibt es keinen Ersatz, da eine Worttrennung in der `tabbing`-Umgebung keinen Sinn macht.

Die `tabbing`-Umgebung wird von LaTeX als normaler Absatz behandelt, was auch einen Seitenumbruch innerhalb der Tabelle ermöglicht. Dieser kann aber nicht mit dem Befehl `\newpage` durchgeführt werden. Genausowenig sind die Befehle `\clearpage` und `\pagebreak` erlaubt. Soll aber trotzdem ein manueller Seitenumbruch erzwungen werden, so kann dies mit `\\[15cm]` erreicht werden. Der zusätzliche Zwischenraum auf der nächsten Seite am Anfang wird dabei von LaTeX ignoriert.

3.1.2 Einfache Tabellen mit Rahmen

Mit der `tabular`-Umgebung lassen sich Tabellen mit verschiedener Ausrichtung der Spalten und Rahmen erzeugen.

Der allgemeine Aufruf dabei lautet:

```
\begin{tabular}[<pos>]{<spaltenform>}
  % ...
\end{tabular}
```

Dabei wird mit `pos` die vertikale Position bestimmt. Mit dem Wert `t` wird die oberste Tabellenzeile auf die laufende Umgebung und mit `b` die unterste Tabellenzeile auf die laufende Umgebung ausgerichtet. Wird kein Wert angegeben, so wird die Tabelle in der laufenden Umgebung zentriert. Diese Einstellungen sind besonders von Bedeutung, wenn die Tabelle z. B. in einer `minipage`-Umgebung platziert ist und mit anderen Objekten daneben ausgerichtet werden soll.

Mit `spaltenform` wird die Spaltenformatierung festgelegt. Dabei sind folgende Einstellungen möglich:

- **l**
  Der Inhalt der Spalte wird linksbündig gesetzt. Ein automatischer Zeilenumbruch erfolgt nicht. Die notwendige Breite wird dabei von LaTeX selbst berechnet.

- **r**
  Der Inhalt der Spalte wird rechtsbündig gesetzt. Ein automatischer Zeilenumbruch erfolgt nicht. Die notwendige Breite wird dabei von LaTeX selbst berechnet.

- **c**
  Der Inhalt der Spalte wird mittig gesetzt. Ein automatischer Zeilenumbruch erfolgt nicht. Die notwendige Breite wird dabei von LaTeX selbst berechnet.

- **p{<breite>}**
  Der Text wird dabei im Blocksatz mit einer Breite von `breite` gesetzt. Dabei wird ein automtischer Zeilenumbruch mit Silbentrennung durchgeführt.

- ***{<num>}{<spaltenform>}**
  Gibt an, wie oft eine bestimmte Spaltenform wiederholt werden soll.
  z. B. `*{6}{l}` ist mit `llllll` gleichzusetzen.

- |
  Als Spaltenrand wird ein vertikaler Strich verwendet.

- ||
  Als Spaltenrand werden zwei benachbarte vertikale Striche verwendet.

- **@{<text>}**
  Setzt den Text je nach Anordnung rechts bzw. links neben die Spalte. Dabei wird der Standardzwischenraum zwischen dem Spalteninhalt und dem Rand entfernt. Dieser muss also extra berücksichtigt werden. Mit `@{}` kann der Zwischenraum auch auf null oder mit `@{\hspace{breite}}` auf den Wert `breite` gesetzt werden.

In einer Zeile können dann nachfolgende Befehle verwendet werden.

- **&**
  Wird als Spaltentrenner verwendet. Das Symbol muss einmal weniger verwendet werden, als Spalten im Tabellenkopf definiert worden sind. Soll das Zeichen im Text verwendet werden, so ist \& zu verwenden.

- \\
  Beendet eine Zeile.

- **\hline**
  Es wird dabei eine horizontale Linie unterhalb der Zeile gezeichnet. Der Befehl darf nur nach dem Tabellenkopf oder nach einem \\ verwendet werden. Wird der Befehl zweimal hintereinander verwendet, so wird eine Doppellinie gezeichnet.

- **\cline{<n-m>}**
  Es wird eine horizontale Linie unterhalb der Zeile vom linken Rand der Spalte `n` bis zum rechten Rand der Spalte `m` gezeichnet. Der Befehl darf nur nach \\ verwendet werden, er kann dabei mehrfach auftauchen.

- **\multicolumn{<num>}{<spaltenform>}{<text>}**
  In der laufenden Zeile werden `num` Spalten zu einer Spalte zusammengefasst. Dabei wird die zusammengesetzte Spalte mit der Spaltenform `spaltenform` gesetzt. Mit `text` wird dabei der Inhalt der Spalte bestimmt. Zusätzlich können auch horizontale Linien mit `|` oder `||` verwendet werden. Der Befehl

darf nur am Anfang einer Zeile oder unmittelbar nach dem & verwendet werden.
z. B. `\multicolumn{3}{|c|}{Text}` fasst die laufende und die nächsten zwei Spalten zusammen und setzt den Text mittig. Dabei wird rechts und links davon eine horizontale Linie gesetzt.
Mit `\multicolumn{1}{c}{text}` kann z. B. eine Spalte für eine Zeile eine andere Spaltenformatierung erhalten.

- **\vline**
  Damit wird ein vertikaler Strich in Höhe der Zeile an der Stelle des Auftretens gezeichnet.

- **\tabularnewline[<abstand>]**
  Erzeugt eine neue Zeile in der Spalte. Dieser Befehl dient als Alternative zu \\, damit keine Verwechslungen auftreten können, wenn in einer p-Spalte ein Zeilenumbruch erfolgen soll. Dabei kann mit `abstand` ein zusätzlicher horizontaler Abstand eingefügt werden.

Das nachfolgende Beispiel 3.6 zeigt eine Tabelle mit verschiedenen Einstellungen.

```
\begin{tabular}{|c|l|} \hline
  \multicolumn{2}{|c|}{Rezept}\\\hline\hline
  500\,g  & Mehl\\
  250\,g  & Butter o.\ Magarine\\
  3       & Eier\\
  \hline
\end{tabular}
```

Listing 3.6: Tabelle mit tabular-Umgebung (source/bsp_tab06.tex)

Abb. 3.6: Abbildung zu Listing 3.6

Rezept	
500 g	Mehl
250 g	Butter o. Magarine
3	Eier

Ändern des Tabellenstils

LaTeX verwendet für die Gestaltung von Tabellen verschiedene Werte, die vom Anwender geändert werden können. Dabei sollte die Änderung außerhalb der Tabelle erfolgen.

- **\tabcolsep**
  Bestimmt die halbe Breite des Spaltenzwischenraums zwischen benachbarten Spalten.
  z. B. `\setlength{\tabcolsep}{5mm}`

- **\arrayrulewidth**
  Bestimmt die Dicke von vertikalen und horizontalen Linien.
  z. B. `\setlength{\arrayrulewidth}{1mm}`

- **\doublerulesep**
  Bestimmt den Abstand von Doppellinien.
  z. B. `\setlength{\doublerulesep}{2mm}`

- **\arraystretch**
  Legt den Streckungsfaktor für den Zeilenabstand fest. Dieser Wert wird mit dem normalen Zeilenabstand multipliziert. Der Standardwert ist 1.
  z. B. `\renewcommand{\arraystretch}{3}`

Im nachfolgenden Beispiel 3.7 zeigt eine Tabelle die Auswirkung unterschiedlicher Einstellungen für Dicke und Abstand.

```
\setlength{\arrayrulewidth}{2pt}
\setlength{\doublerulesep}{4pt}
\renewcommand{\arraystretch}{1.2}

\begin{tabular}{|c l|} \hline
  \multicolumn{2}{|c|}{Rezept}\\\hline\hline
  500\,g  & Mehl\\
  250\,g  & Butter o.\ Magarine\\
  3       & Eier\\
  \hline
\end{tabular}
```

Listing 3.7: Änderung der Längeneinheit (source/bsp_tab07.tex)

Rezept	
500 g	Mehl
250 g	Butter o. Magarine
3	Eier

Abb. 3.7: Abbildung zu Listing 3.7

Wenn Sie nun die Ecken der Tabelle genauer betrachten, fällt auf, dass die Kanten nicht sauber aufeinander abgestimmt sind. Dieses Problem wird u. a. mit dem Ergänzungspaket `array` gelöst.

3.1.3 Erweiterte Tabellenumgebung

array.sty

Mit dem Paket `array` lässt sich die `tabular`- und `array`-Umgebung mit vielen nützlichen Funktionen erweitern.

Dabei wird die Spaltenformatierung wie folgt ergänzt.

- **m{<breite>}**
  Diese Formatierung verhält sich wie der Parameter `p`, jedoch werden die anderen Spalten dazu vertikal mittig zentriert.

- **b{<breite>}**
  Diese Formatierung verhält sich wie der Parameter `p`, jedoch wird der Text unten (bottom) gesetzt.

- **>{<befehle>}**
  Wird vor den Parametern `l`, `r`, `c`, `p{}`, `m{}` oder `b{}` benutzt, um dort Befehle einzufügen, die für die entsprechende Spalte gelten.

- **<{<befehle>}**
  Wird nach den Parametern `l`, `r`, `c`, `p{}`, `m{}` oder `b{}` benutzt, um dort Befehle einzufügen, die für die entsprechende Spalte gelten.

- **!{<befehle>}**
  Damit werden anstelle einer vertikalen Linie die Befehle eingefügt. Der Unterschied zu „`|`“ besteht darin, dass der normale Leerraum (mit @{})zwischen den Spalten nicht unterdrückt wird.

Desweiteren stehen nachfolgende Befehle und Längeneinheiten zur Verfügung.

- **\extrarowheight**
  Dieser zusätzliche Längenwert wird bei der Höhe einer Tabellenzeile dazuaddiert. Dies dient vor allem einer besseren optischen Gestaltung bei Tabellen mit Rahmen.

- **\newcolumntype{<type>}[<param>]{<befehle>}**
  Es wird ein neuer Spaltentyp definiert, der optional Parameter aufnehmen kann. Der Zweck dahinter ist es, Tipparbeit zu sparen.
  Dies entspricht z. B. der Variante:

```
>{<befehle>}{<spaltentyp>}<{<befehle>}
```

- **\showcols**
  Listet alle Spaltentypen auf und gibt diese auf der Konsole und in der Logdatei aus.

- **\hline**
  Der Befehl wurde so umdefiniert, dass die Linien an den Kanten sauber aufeinander treffen.

- **\firsthline**
  Die erste horizontale Linie in einer Tabelle wird besonders gekennzeichnet, um eine optimale Ausrichtung zu gewährleisten.

- **\lasthline**
  Die letzte horizontale Linie in einer Tabelle wird besonders gekennzeichnet, um eine optimale Ausrichtung zu gewährleisten.

- **\extratabsurround**
  Erstellt einen zusätzlichen Rand um die Tabelle. Dies ist dann von Vorteil, wenn mehrere Tabellen verschachtelt werden.

Beispiele

Nachfolgende Beispiele verdeutlichen die Möglichkeiten des array-Pakets.

Neue Spaltentypen

Im nachfolgenden Beispiel 3.8 werden die Tabellenüberschriften kleiner und mit Umbruch rechts ausgerichtet.

```
10 \usepackage{array}
11
12 \newcolumntype{N}{>{\small}l}
13 \newcolumntype{V}[1]{>{\small\raggedright}p{#1}}
14
15 \begin{document}
16
17 \begin{tabular}{|l r<{\hspace{5mm}} r<{\hspace{5mm}}|} \hline
18   \multicolumn{1}{|N}{Ort} &
19   \multicolumn{1}{V{1.6cm}}{Einwohner weiblich} &
20   \multicolumn{1}{V{1.6cm}|}{Einwohner männlich}\\\hline\hline
21   Kleinhausen    & 345 & 123\\
22   Entenhausen    & 23  & 12\\
23   Schlumpfhausen & 1   & 23\\
24   \hline
25 \end{tabular}
```

Listing 3.8: Neuer Spaltentyp (source/bsp_tab08.tex)

Ort	Einwohner weiblich	Einwohner männlich
Kleinhausen	345	123
Entenhausen	23	12
Schlumpfhausen	1	23

Abb. 3.8: Abbildung zu Listing 3.8

In Zeile 10 wird dazu das Ergänzungspaket array eingebunden. In Zeile 12 und 13 werden dann die beiden neuen Spaltentypen N und V definiert. Dabei wird bei N die Schrift auf small gesetzt und als Original der Spaltentyp l verwendet. Der neue Spaltentyp V erhält zusätzlich einen Aufrufparameter, der die Breite der Spalte enthält. Dabei wird auf die Schrift small umgeschaltet. Der Befehl \raggedright bewirkt, dass der Text links ausgerichtet wird (rechts wird mir Leerzeichen aufgefüllt).

Als Original wird der Spaltentyp p verwendet, der die übergebene Spaltenbreite als Parameter erhält. Beachten Sie dabei, dass der Spaltentyp auf Groß- und Kleinschreibung (case sensitive) achtet.

Die erste Spalte wird im Tabellenkopf links ausgerichtet, die beiden anderen Spalten rechts, wobei ein zusätzlicher Abstand von 5 mm zum rechten Rand hinzugefügt wird. Dies bewirkt, dass die Zahlen etwas mittiger rechts ausgerichtet werden.

In Zeile 18 wird dann die erste Spalte mit dem Spaltentyp `N` neu definiert (nur für diese eine Tabellenzelle!). Die beiden anderen Spalten werden mit `V` und einer Breite neu definiert.

Standard-Ergänzungstypen

Bei den Standard-Spaltentypen fällt auf, dass es keine Spaltentypen für rechts und links ausgerichteten Text mit einer bestimmten Breite gibt. Damit dies einfach möglich ist, sollten Sie nachfolgende Definitionen in den Dokumentenkopf einbauen.

```
\newcolumntype{L}[1]{>{\raggedright}p{#1}}
\newcolumntype{R}[1]{>{\raggedleft}p{#1}}
\newcolumntype{M}[1]{>{\raggedright}m{#1}}
```

Mittige Ausrichtung über mehrere Spalten

Mit dem Spaltentyp `m` ist es möglich festzulegen, dass alle anderen Spalten daran mittig ausgerichtet werden (siehe Listing 3.9).

```
\usepackage{array}

\begin{document}

\begin{tabular}{@{}m{3cm} l@{}} \hline
  Dies ist ein Text, der die Zentrierung der
  anderen Spalten bestimmt! &  mittige Ausrichtung an Spalte 1\\
  \hline
\end{tabular}
```

Listing 3.9: vertikale mittige Ausrichtung (source/bsp_tab09.tex)

Abb. 3.9: Abbildung zu Listing 3.9

Dies ist ein Text, der die Zentrierung der anderen Spalten bestimmt!	mittige Ausrichtung an Spalte 1

Achten Sie darauf, den Leerraum ganz links und ganz rechts auf Null zu setzen, damit hier keine unnötige Einrückung durchgeführt wird. Dies würde dann besonders durch die horizontalen Linien auffallen (diese stehen über).

Erweiterungspaket „booktabs“

booktabs.sty

Mit dem Ergänzungspaket `booktabs` gibt es noch weitere Befehle für die `tabular`-Umgebung. Dieses Paket legt besonders Wert auf optisch schöne Tabellen, gerade im Buchbereich.

Desweiteren stehen nachfolgende Befehle und Längeneinheiten zur Verfügung.

- **\toprule**
  Zeichnet eine horizontale Linie wie der Befehl `\hline` für den Tabellenkopf, jedoch dicker. Zusätzlich wird ein größer Zeilenabstand definiert. Die Dicke wird über die Länge `\heavyrulewidth` festgelegt.

- **\midrule**
  Zeichnet eine horizontale Linie wie der Befehl `\hline`. Zusätzlich wird ein größer Zeilenabstand definiert. Die Dicke wird über `\lightrulewidth` festgelegt.

- **\bottomrule**
  Zeichnet eine horizontale Linie wie der Befehl `\hline` für den Tabellenfuß. Zusätzlich wird ein größer Zeilenabstand definiert.

- **\cmidrule(<trim>){<n-m>}**
  Zeichnet eine horizontale Linie wie der Befehl `\cline`. Zusätzlich wird ein größer Zeilenabstand und ein extra Leerraum (mit `\extracolsep`) definiert, die Linie wird also verkürzt, wobei der `trim`-Parameter (siehe Beispiel 3.10) festlegt, auf welcher Seite dies geschehen soll.
  Mögliche Werte für `trim` sind `r`, `r{breite}`, `l`, `l{breite}` und deren Mischung.

- **\addlinespace[<länge>]**
  Fügt einen extra Zeilenabstand hinzu. Der Befehl muss nach \\ verwendet werden. Dieser ist äquivalent zu `\\[\defaultaddspace]`.

In nachfolgendem Beispiel 3.10 wird eine Tabelle mit diesen Befehlen erstellt. Abbildung 3.11 zeigt den Unterschied mit herkömmlichen Tabellenbefehlen.

```
\usepackage{array}
\usepackage{booktabs}

\begin{document}

\begin{tabular}{@{}llr@{}} \toprule
  \multicolumn{2}{c}{Käse--Übersicht} \\ \cmidrule(r){1-2}
  Käse       & Herkunftsland     & Preis (Euro) \\ \midrule
  Edamer     & Deutschland       &  2,23 \\
  Gouda      & Deutschland       &  9,34 \\
  Emmentaler & Allgäu            & 12,34 \\
  \bottomrule
\end{tabular}
```

Listing 3.10: Tabelle mit dem booktabs-Paket (source/bsp_tab10a.tex)

Käse-Übersicht		
Käse	Herkunftsland	Preis (Euro)
Edamer	Deutschland	2,23
Gouda	Deutschland	9,34
Emmentaler	Allgäu	12,34

Abb. 3.10: mit booktabs

Käse-Übersicht		
Käse	Herkunftsland	Preis (Euro)
Edamer	Deutschland	2,23
Gouda	Deutschland	9,34
Emmentaler	Allgäu	12,34

Abb. 3.11: Standardbefehle

- **\morecmidrules**
  Erlaubt es, eine Doppelline in der Tabelle mit `\cmidrule` zu zeichnen.

In nachfolgendem Beispiel 3.11 wird eine Tabelle mit Doppellinie gezeichnet.

```
\usepackage{array}
\usepackage{booktabs}

\begin{document}

\begin{tabular}{@{}llr@{}} \toprule
  \multicolumn{2}{c}{Käse--Übersicht} \\
  \cmidrule(r){1-2}\morecmidrules\cmidrule(r){1-2}
  Käse       & Herkunftsland     & Preis (Euro) \\ \midrule
  Edamer     & Deutschland       &  2,23 \\
  Gouda      & Deutschland       &  9,34 \\
  Emmentaler & Allgäu            & 12,34 \\
  \bottomrule
\end{tabular}
```

Listing 3.11: Doppellinie (source/bsp_tab11.tex)

Abb. 3.12: Abbildung zu Listing 3.11

Käse-Übersicht		
Käse	Herkunftsland	Preis (Euro)
Edamer	Deutschland	2,23
Gouda	Deutschland	9,34
Emmentaler	Allgäu	12,34

- **\specialrule{<dicke>}{<abstand_davor>}{<abstand_danach>}**
  Zeichnet eine dicke Linie anstelle des Befehls `\midrule`. Zusätzlich wird der Abstand vor und nach der Linie angegeben.
  Verwenden Sie diesen Befehl mit Sorgfalt, da er das Erscheinungsbild der Tabelle stark beeinflusst.

In nachfolgendem Beispiel 3.12 wird eine Tabelle mit einer dicken Mittellinie gezeichnet.

```
\usepackage{array}
\usepackage{booktabs}

\begin{document}

\begin{tabular}{@{}llr@{}} \toprule
  \multicolumn{2}{c}{Käse--Übersicht} \\ \cmidrule(r){1-2}
  Käse       & Herkunftsland     & Preis (Euro) \\
  \specialrule{5pt}{1pt}{1pt}
  Edamer     & Deutschland       &  2,23 \\
  Gouda      & Deutschland       &  9,34 \\
  Emmentaler & Allgäu            & 12,34 \\
  \bottomrule
\end{tabular}
```

Listing 3.12: Dicke Mittellinie (source/bsp_tab12.tex)

Käse-Übersicht		
Käse	Herkunftsland	Preis (Euro)
Edamer	Deutschland	2,23
Gouda	Deutschland	9,34
Emmentaler	Allgäu	12,34

Abb. 3.13: Abbildung zu Listing 3.12

Spaltenzuordnung mit gekürzter Linie

Damit eine Spaltenüberschrift deutlicher hervorgehoben wird, wird gerne die horizontale Linie in inneren Bereich gekürzt. Listing 3.13 zeigt ein entsprechendes Beispiel.

```
\usepackage{array}
\usepackage{booktabs}

\begin{document}

\begin{tabular}{@{}llr@{}} \toprule
  \multicolumn{2}{c}{Käse--Übersicht} \\ \cmidrule(r){1-2}
  Käse       & Herkunftsland    & Preis (Euro) \\
  \cmidrule(r){1-1}\cmidrule(lr){2-2}\cmidrule(l){3-3}
  Edamer     & Deutschland      &  2,23 \\
  Gouda      & Deutschland      &  9,34 \\
  Emmentaler & Allgäu           & 12,34 \\
  \bottomrule
\end{tabular}
```

Listing 3.13: Spaltenzuordnung mit gekürzter Linie (source/bsp_tab13.tex)

Käse-Übersicht		
Käse	Herkunftsland	Preis (Euro)
Edamer	Deutschland	2,23
Gouda	Deutschland	9,34
Emmentaler	Allgäu	12,34

Abb. 3.14: Abbildung zu Listing 3.13

Ausrichten der Spalte am Dezimaltrenner

dcolumn.sty

Mit dem Ergänzungspaket `dcolumn` ist es möglich, eine Spalte am Dezimaltrenner auszurichten. Dieses Paket baut auf dem Paket `array` auf.

Dabei wird ein neuer Spaltentyp zur Verfügung gestellt, der wie folgt aufgebaut ist:

```
D{<eingabe-trenner>}{<ausgabe-trenner>}{<kommastellen>}
```

Dabei ist der Eingabetrenner ein beliebiges Zeichen, an dem die Ausrichtung vorgenommen werden soll. Dies kann z. B. der Dezimalpunkt, das Komma oder ein beliebiges Zeichen sein. Der Ausgabetrenner ist ein beliebiges Zeichen, das anstelle des Eingabetrenners ausgedruckt wird. Dieses wird im Mathemodus gedruckt, was dazu führt, dass auch jeder mathematische Befehl, wie z. B. `\cdot` verwendet werden kann. Die Kommastellen legen die Spaltenbreite fest (z.B. legt die Angabe 2.2 die Breite mit 2 Vorkomma und zwei Nachkommastellen fest). Bei einer negativen Zahl anstelle der Kommastellen wird die Spalte mittig am Dezimaltrenner ausgerichtet.

Soll der Spaltentyp verändert werden, so kann ein neuer Typ mit den veränderten Daten erzeugt werden.

```
\newcolumntype{d}[1]{D{.}{\cdot}{#1}}
```

In nachfolgendem Beispiel 3.14 wird die Preisspalte der Käsetabelle am Dezimaltrenner ausgerichtet.

```
\usepackage{array}
\usepackage{booktabs}
\usepackage{dcolumn}

\begin{document}

\begin{tabular}{@{}llD{,}{,}{-1}@{}} \toprule
  \multicolumn{2}{c}{Käse--Übersicht} \\ \cmidrule(r){1-2}
  Käse       & Herkunftsland    &
  \multicolumn{1}{l@{}}{Preis (Euro)} \\
  \cmidrule(r){1-1}\cmidrule(lr){2-2}\cmidrule(l){3-3}
  Edamer     & Deutschland      &  2,23 \\
  Gouda      & Deutschland      &  9,34 \\
  Emmentaler & Allgäu           & 12,34 \\
  Bergkäse   & Bayern           &  1,-  \\
  \bottomrule
\end{tabular}
```

Listing 3.14: Ausrichtung am Dezimaltrenner (source/bsp_tab14.tex)

Abb. 3.15: Abbildung zu Listing 3.14

Käse-Übersicht		
Käse	Herkunftsland	Preis (Euro)
Edamer	Deutschland	2,23
Gouda	Deutschland	9,34
Emmentaler	Allgäu	12,34
Bergkäse	Bayern	1,–

Wird ein Minuszeichen anstelle der Kommaangabe verwendet, so wird dieses automatisch durch einen längeren Strich ersetzt. Wichtig bei dem Spaltentyp `D` ist, dass eine evtl. Überschrift mit `\multicolumn` einen anderen Spaltentyp zugewiesen bekommt, damit nicht versucht wird, Text am Komma auszurichten.

Sollen die Zahlen zuerst am Dezimaltrenner und dann linksbündig ausgerichtet werden, so hilft nachfolgende Spaltendefinition.

```
\makeatletter
\newcolumntype{d}[1]{>{\DC@{,}{,}{#1}}l<{\DC@end}}
\makeatother
```

Im nachfolgenden Beispiel 3.15 richten sich die Zahlen zuerst am Komma aus und dann links. Dazu muss als Parameter bei Spaltentyp d der Wert 2.2, also zwei Vorkommastellen und zwei Nachkommastellen angegeben werden.

```
\usepackage{array}
\usepackage{booktabs}
\usepackage{dcolumn}

\makeatletter
\newcolumntype{d}[1]{>{\DC@{,}{,}{#1}}l<{\DC@end}}
\makeatother

\begin{document}

\begin{tabular}{@{}lld{2.2}@{}} \toprule
  \multicolumn{3}{c}{Käse--Übersicht} \\ \midrule
  Käse      & Herkunftsland     &
  \multicolumn{1}{l@{}}{Preis (Euro)} \\
  \cmidrule(r){1-1}\cmidrule(lr){2-2}\cmidrule(l){3-3}
  Edamer              & Holland            & 12,23 \\
  Gouda               & Holland            &  9,34 \\
  Emmentaler          & Allgäu             &  2,34 \\
  Bergkäse            & Bayern             &  1,-  \\
  \bottomrule
\end{tabular}
```

Listing 3.15: Ausrichtung am Dezimaltrenner und dann links (source/bsp_tab15.tex)

Käse-Übersicht		
Käse	Herkunftsland	Preis (Euro)
Edamer	Holland	12,23
Gouda	Holland	9,34
Emmentaler	Allgäu	2,34
Bergkäse	Bayern	1,–

Abb. 3.16: Abbildung zu Listing 3.15

Hinweis: \makeatletter und \makeatother

Da hier in diesem Beispiel auf interne Paketdefinitionen (mit dem Zeichen @) zugegriffen wird, muss im normalen LaTeX-Dokument vorher der Befehl `\makeatletter` und danach der Befehl `\makeatother` gesetzt werden. In einer Paket- oder Klassendatei ist dies nicht notwendig.

Einheiten besonders berücksichtigen

Mit dem Ergänzungspaket `units` und `nicefrac`, welches von `units` aufgerufen wird, ist das Setzen von Einheiten sehr einfach. unit.sty

Die Pakete stellen dabei folgende Befehle zur Verfügung. nicefrac.sty

```
\unit[zahl]{einheit}
\unitfrac[zahl]{zähler}{nenner}
\nicefrac[fontbefehl]{zähler}{nenner}
```

Dabei wird mit dem Befehl `\unit` eine optionale Zahl und eine Einheit gesetzt. Als Zwischenraum wird hier der Befehl `\,` gesetzt, was der Breite eines halben Leerzeichens entspricht. Zusätzlich wird an dieser Stelle ein Zeilenumbruch verhindert. Der Befehl `\unitfrac` erzeugt für die Einheit einen Bruch und der Befehl `\nicefrac` erlaubt es, besondere Fontbefehle zu verwenden, um den Bruch zu formatieren.

Im nachfolgenden Beispiel 3.16 wird im Tabellenkopf von den Einheitenbefehlen Gebrauch gemacht.

```
\usepackage{array}
\usepackage{booktabs}
\usepackage{dcolumn}
\usepackage{units}
\usepackage{marvosym}

\begin{document}

\begin{tabular}{@{}lD{,}{,}{-1}D{.}{.}{-1}@{}} \toprule
  Auto      & \multicolumn{1}{l}{Geschwindigkeit in \unitfrac{km}{h}} &
             \multicolumn{1}{l@{}}{Preis in \unit{\EUR}} \\
  \cmidrule(r){1-1}\cmidrule(lr){2-2}\cmidrule(l){3-3}
  Audi      & 180  & 40.000\\
  Mercedes  & 200  & 62.000\\
  Opel      & 160  & 20.000\\
  \bottomrule
\end{tabular}
```

Listing 3.16: Einheiten mit dem units-Paket (source/bsp_tab16.tex)

Abb. 3.17: Abbildung zu Listing 3.16

Auto	Geschwindigkeit in km/h	Preis in €
Audi	180	40.000
Mercedes	200	62.000
Opel	160	20.000

Zusätzlich wird das Paket `marvosym` eingebunden, das sehr schöne Symbole (als Type-1-Font), u. a. auch das Eurosymbol zur Verfügung stellt. Weitere Informationen zu den Symbolen finden Sie in Kapitel 10.5 auf Seite 552. marvosym .sty

Zahlen automatisch runden

rccol.sty

fltpoint.sty

Mit dem Ergänzungspaket `rccol` ist es möglich, Zahlen in Spalten automatisch auf eine bestimme Anzahl von Stellen zu runden. Dabei baut dieses Paket auf dem Ergänzungspaket `fltpoint` auf, welches einfache Grundrechenarten mit Floatingpointzahlen ermöglicht und dem Ergänzungspaket `array`, das schon beschrieben worden ist.

Das Paket besitzt nachfolgende optionale Parameter, die das Verhalten beeinflussen:

- **rounding**
  Das Runden für die Zahlen wird aktiviert.
- **norounding**
  Das Runden für die Zahlen wird deaktiviert.
- **comma**
  Es wird ein Komma als Dezimaltrenner verwendet.
- **german**
  Wie `comma`.
- **point**
  Es wird ein Punkt als Dezimaltrenner verwendet.
- **english**
  wie `point`
- **USenglish**
  wie `english`

Das Paket stellt dabei den neuen Spaltentyp `R` zur Verfügung.

Der allgemeine Aufruf dabei lautet:

```
R[eingabe-trenner][ausgabe-trenner]{vorkommastellen}{nachkommastellen}
```

Der erste optionale Parameter legt dabei den Eingabetrenner fest, wird dieser nicht angegeben, so wird die Standardeinstellung entsprechend dem Paketparameter verwendet. Der zweite optionale Parameter legt den Ausgabetrenner fest und verhält sich entsprechend. Die beiden weiteren Parameter legen die Anzahl an Vor- bzw. Nachkommastellen fest.

Zusätzlich stellt das Paket nachfolgende Befehle zur Verfügung:

- **\rcRoundingtrue**
  Das Runden für die Zahlen wird aktiviert.
- **\rcRoundingfalse**
  Das Runden für die Zahlen wird deaktiviert.
- **\rcDecimalSign**
  Der Dezimaltrenner wird für die Ein- und Ausgabe festgelegt.
- **\rcDecimalSignInput**
  Der Eingabetrenner wird festgelegt.

- **\rcDecimalSignOutput**
  Der Ausgabetrenner wird festgelegt.

Im nachfolgenden Beispiel 3.17 wird der Wert auf zwei Nachkommastellen gerundet.

```
\begin{tabular}{@{}lR{3}{2}c@{}} \toprule
  Bezeichnung & \multicolumn{1}{c}{Wert} & \multicolumn{1}{l@{}}{Einheit}\\
  \cmidrule(r){1-1}\cmidrule(lr){2-2}\cmidrule(l){3-3}
  Spannung 1  &  12,2365 & \unit{V}\\
  Spannung 2  &   5,123  & \unit{V}\\
  Leistung    & 120      & \unit{W}\\
  Stromstärke &  16,1    & \unit{A}\\
  \bottomrule
\end{tabular}
```

Listing 3.17: Runden einer Spalte (source/bsp_tabrc01.tex)

Abb. 3.18: Abbildung zu Listing 3.17

Bezeichnung	Wert	Einheit
Spannung 1	12,24	V
Spannung 2	5,12	V
Leistung	120,00	W
Stromstärke	16,10	A

Zeilen zusammenfassen

Mit dem Befehl `\multicolumn` ist es möglich, mehrere Spalten zu einer zusammenzufassen. Mit dem Ergänzungspaket `multirow` ist es möglich, eine Zelle in mehrere Zeilen aufzuteilen. multirow.sty

Das Paket stellt den Befehl `\multirow` zur Verfügung.

Der allgemeine Aufruf dabei lautet:

```
\multirow{<nrows>}[<bigstruts>]{<width>}[<fixup>]{<text>}
```

Dabei haben die Parameter folgende Bedeutung:

- **nrows**
  Die Anzahl an Zeilen, die in der Zelle eingefügt werden sollen.

- **bigstruts**
  Wird der optionale Parameter verwendet, so wird zusätzlich das Paket `bigstrut` notwendig. Die Zahl gibt dabei an, wie viele `bigstrut`-Bereiche (der Wert muss durch zwei teilbar sein) verwendet werden. Mehr dazu in der Paket-Dokumentation.

- **width**
  Die Breite, in der der Text gesetzt werden soll (ein automatischer Zeilenumbruch erfolgt). Wird ein „*“ verwendet, so wird die Breite dem Text entsprechend gesetzt. Es erfolgt dabei kein Zeilenumbruch.

- **text**
  Der zu verwendende Text. Dieser kann mit \\ beliebig umbrochen werden, wenn bei der Breite kein „*“ verwendet worden ist.
- **fixup**
  Damit kann eine Feinjustierung vorgenommen werden. Bei einem negativen Wert wird der Text vergrößert oder verkleinert, abhängig vom jeweiligen Text oberhalb und unterhalb.

Im nachfolgenden Beispiel 3.18, (Abbildung 3.19 und 3.20) wird eine Zelle jeweils in vier Zeilen aufgeteilt.

```
\usepackage{array}
\usepackage{booktabs}
\usepackage{dcolumn}
\usepackage{units}
\usepackage{multirow}

\begin{document}

\begin{tabular}{|c|c|} \hline
  \multirow{4}{2cm}{Bereich 1} & Zeile 1.1\\
                               & Zeile 1.2\\
                               & Zeile 1.3\\
                               & Zeile 1.4\\
  \hline
\end{tabular}

\newpage
\begin{tabular}{|c|c|} \hline
  \multirow{4}*{Bereich 1} &  Zeile 1.1\\ \cline{2-2}
                           &  Zeile 1.2\\ \cline{2-2}
                           &  Zeile 1.3\\ \cline{2-2}
                           &  Zeile 1.4\\
  \hline
\end{tabular}
```

Listing 3.18: Mehrere Zeilen in einer Spalte (source/bsp_tab17.tex)

In der ersten Tabelle wird dabei für die erste Spalte eine feste Breite von 2 cm vorgegeben, der Text könnte hier entsprechend umbrochen werden. In der zweiten Tabelle wird die Breite dem Text entsprechend gesetzt. Ein automatischer Umbruch erfolgt hier nicht. Zusätzlich werden jeweils horizontale Linien eingefügt.

Bereich 1	Zeile 1.1
	Zeile 1.2
	Zeile 1.3
	Zeile 1.4

Abb. 3.19: Mit fester Breite

Bereich 1	Zeile 1.1
	Zeile 1.2
	Zeile 1.3
	Zeile 1.4

Abb. 3.20: Mit variabler Breite

Anstelle des Pakets `multirow` kann auch nachfolgender Code verwendet werden. Dies ist den Vortragsunterlagen von Axel Reichert (Vortrag vom 1999-02-25) entnommen worden (die Unterlagen sind auf der Buch-CD-ROM zu finden).

```
\newcommand{\armultirow}[3]{%
  \multicolumn{#1}{#2}{%
    \begin{picture}(0,0)
      \put(0,0){%
        \begin{tabular}[t]{@{}#2@{}}
          #3
        \end{tabular}
      }
    \end{picture}
  }
}
```

Dabei wird ein neuer Befehl mit dem Namen `\armultirow` erzeugt (siehe auch Kapitel 8.5 auf Seite 515). Dieser definiert mit dem Befehl `\multicolumn` die Spaltendefinition um, indem die beiden ersten Parameter verwendet werden. Anschließend wird mit der `picture`-Umgebung (siehe Kapitel 6.1 auf Seite 315) die nachfolgende Tabelle an der Position `(0,0)` der Zelle positioniert. Dazu muss zusätzlich die Tabelle mit dem Parameter `t` oben positioniert werden. In der Tabelle wird der dritte Parameter verwendet.

Im nachfolgenden Beispiel 3.19 wird der Befehl `\armultirow` verwendet.

```
\begin{tabular}{@{}ll@{}} \toprule
  \multicolumn{2}{@{}c@{}}{Zeilenumbruch}\\ \midrule
  Zeile 1 & \armultirow{1}{p{3.5cm}@{}}{%
  Dieser Text wird über mehrere Zeilen umbrochen!} \\
  \\
  Zeile 3 \\
  Zeile 4 \\
  \bottomrule
\end{tabular}
```

Listing 3.19: Mehrere Zeilen in einer Spalte (source/bsp_tab18.tex)

Abb. 3.21: Abbildung zu Listing 3.19

Zeilenumbruch	
Zeile 1	Dieser Text wird über mehrere Zeilen umbrochen!
Zeile 3	
Zeile 4	

Dabei müssen die Zeilen bzw. Spalten unterhalb der zusammengefassten Zelle leer bleiben, es erfolgt keinerlei Platzreservierung.

Überschriften drehen

rotating.sty

Mit dem Ergänzungspaket `rotating` können z. B. Spaltentexte gedreht werden. Dazu wird ein neuer Spaltentyp definiert.

```
\newcolumntype{v}[1]{%
  >{\begin{turn}{90}\begin{minipage}{#1}\raggedright\hspace{0pt}}l%
  <{\end{minipage}\end{turn}}%
}
```

Dabei wird der eigentliche Text mit der Umgebung `turn` gedreht. Hier um einen Winkel von 90°.

Der allgemeine Aufruf dabei lautet:

```
\begin{turn}{<winkel>}
   % ...
\end{turn}
```

Der Spaltentext wird dabei in eine `minipage`-Umgebung eingefügt, die links ausgerichtet ist. Dabei bestimmt der Parameter die Breite der `minipage`. Der Rand wird mit dem Befehl `\hspace` auf Null gesetzt.

Im nachfolgenden Beispiel 3.20 wird eine Notenliste mit gedrehten Fächern dargestellt.

```
\begin{tabular}{@{}l*{7}c@{}} \toprule
  \multicolumn{8}{@{}c@{}}{Notenspiegel: Klasse 6b}\\ \midrule
               & \multicolumn{1}{v{6em}}{Deutsch}
               & \multicolumn{1}{v{6em}}{Mathe}
               & \multicolumn{1}{v{6em}}{Physik}
               & \multicolumn{1}{v{6em}}{Englisch}
               & \multicolumn{1}{v{6em}}{Geschichte}
               & \multicolumn{1}{v{6em}}{Religion}
               & \multicolumn{1}{v{6em}@{}}{Sozialkunde} \\ \midrule
   Müller, Peter & 1 & 3 & 2 & 1 & 2 & 1 & 4\\
   \dots\\
  \bottomrule
\end{tabular}
```

Listing 3.20: Überschriften um 90° gedreht (source/bsp_tab19.tex)

Notenspiegel: Klasse 6b							
	Deutsch	Mathe	Physik	Englisch	Geschichte	Religion	Sozialkunde
Müller, Peter	1	3	2	1	2	1	4
...							

Abb. 3.22: Abbildung zu Listing 3.20

Bei den einzelnen Fächern wird der Spaltentyp mit `\multicolumn` auf `v{5em}` gesetzt. Dabei ist `5em` die Breite des Textes bzw. nach dem Drehen die Höhe der Spalte. Wichtig ist, dass bei der letzten Überschriftspalte wieder der rechte Rand mit @{} auf Null gesetzt wird.

> ☞ **Paket rotating**
>
> Das Paket rotating dient nicht nur dazu, einzelne Texte zu drehen, sondern es kann komplette Tabellen, Bilder, etc. drehen. Später mehr dazu.

Verwendet man den Befehl \multicolumn für das Umdefinieren einer Spalte öfters, so kann man mit nachfolgend neu definiertem Befehl etwas Tipparbeit sparen.

```
\newcommand{\mch}[2]{\multicolumn{1}{#1}{#2}}
```

Dies ist ein Beispiel für die Anwendung von \newcommand, die Bezeichnung \mch ist willkürlich. Das abgeänderte Beispiel sieht dann wie folgt aus (siehe Listing 3.21):

```
\newcommand{\mch}[2]{\multicolumn{1}{#1}{#2}}

\begin{document}

\begin{tabular}{@{}l*{7}c@{}} \toprule
  \multicolumn{8}{@{}c@{}}{Notenspiegel: Klasse 6b}\\ \midrule
              & \mch{v{6em}}{Deutsch}
              & \mch{v{6em}}{Mathe}
              & \mch{v{6em}}{Physik}
              & \mch{v{6em}}{Englisch}
              & \mch{v{6em}}{Geschichte}
              & \mch{v{6em}}{Religion}
              & \mch{v{6em}@{}}{Sozialkunde} \\ \midrule
   Müller, Peter & 1 & 3 & 2 & 1 & 2 & 1 & 4\\
   \dots\\
  \bottomrule
\end{tabular}
```

Listing 3.21: Abkürzung für multicolumn (source/bsp_tab20.tex)

Baut man die Spaltentypdefinition um, sodass der Winkel zusätzlich als Parameter übergeben wird, so kann man den Text in einem beliebigen Winkel drehen. Beispiel 3.22 zeigt dies.

```
\newcolumntype{v}[2]{%
  >{\begin{turn}{#1}\begin{minipage}{#2}\raggedright\hspace{0pt}}l%
  <{\end{minipage}\end{turn}}%
}

\begin{document}

\begin{tabular}{@{}l*{7}c@{}} \toprule
  \multicolumn{8}{@{}c@{}}{Notenspiegel: Klasse 6b}\\ \midrule
              & \multicolumn{1}{v{70}{6em}}{Deutsch}
              & \multicolumn{1}{v{70}{6em}}{Mathe}
              & \multicolumn{1}{v{70}{6em}}{Physik}
```

```
                & \multicolumn{1}{v{70}{6em}}{Englisch}
                & \multicolumn{1}{v{70}{6em}}{Geschichte}
                & \multicolumn{1}{v{70}{6em}}{Religion}
                & \multicolumn{1}{v{70}{6em}@{}}{Sozialkunde} \\
  \cmidrule(r){1-1}\cmidrule(lr){2-2}\cmidrule(lr){3-3}\cmidrule(lr){4-4}
  \cmidrule(lr){5-5}\cmidrule(lr){6-6}\cmidrule(lr){7-7}\cmidrule(l){8-8}
  Müller, Peter & 1 & 3 & 2 & 1 & 2 & 1 & 4\\
  \dots\\
 \bottomrule
\end{tabular}
```

Listing 3.22: Drehung mit variablem Winkel (source/bsp_tab21.tex)

Notenspiegel: Klasse 6b							
	Deutsch	Mathe	Physik	Englisch	Geschichte	Religion	Sozialkunde
Müller, Peter	1	3	2	1	2	1	4
...							

Abb. 3.23: Abbildung zu Listing 3.22

Wie man ganze Tabellen einfach drehen kann, erfahren Sie in Kapitel 3.4 auf Seite 168.

Weitere Tabellenlinien

hhline.sty

Mit dem Ergänzungspaket `hhline` stehen weitere Linienformen für Tabellen zur Verfügung. Mit dem Befehl `\hhline` werden die Linien und deren Form bestimmt.

Der allgemeine Aufruf dabei lautet:

```
\hhline{<token>}
```

Welche Einstellungen möglich sind, zeigt Tabelle 3.1 auf der nächsten Seite.

Im nachfolgenden Beispiel 3.23 wird für jede Zeile eine eigene Linienart definiert.

```
\begin{tabular}{||cc||c|c||}
  \hhline{|t:==:t:==:t|}
  a & b & c & d \\
  \hhline{|:==:|~|~||}
  1 & 2 & 3 & 4 \\
  \hhline{|:==:|~|~||}
  A & B & C & D \\
  \hhline{||--||--||}
  5 & 6 & 7 & 8 \\
  \hhline{|b:==:b:==:b|}
\end{tabular}
```

Listing 3.23: Linien mit hhline (source/bsp_tab22.tex)

Zeichen	Beschreibung
=	eine doppelte horizontale Linie
-	eine einfache horizontale Linie
~	ein Leerraum in der Breite der Spalte
|	eine vertikale Linie in der Höhe der Zeile (eine evtl. horizontale Linie wird dabei gekreuzt)
:	eine vertikale Linie in der Höhe der Zeile (eine evtl. horizontale Doppellinie wird nicht gekreuzt)
#	Überschneidung von horizontalen und vertikalen Linien
t	obere Linie bei einer doppelten horizontalen Linie
b	untere Linie bei einer doppelten horizontalen Linie
*	*{3}{==#} wird nach ==#==#==# aufgelöst

Tabelle 3.1: Formatierungsmöglichkeiten für Tabellenlinien

Abb. 3.24: Abbildung zu Listing 3.23

a	b	c	d
1	2	3	4
A	B	C	D
5	6	7	8

Tabellen farbig gestalten

Mit dem Ergänzungspaket `colortbl` ist es in Verbindung mit dem Paket `color` möglich, Zellen, Spalten bzw. Zeilen farbig zu gestalten. colortbl.sty

color.sty

Mit dem Befehl `\columncolor` in der Tabellendefinition wird dabei die Hintergrundfarbe der Spalte festgelegt.

Der allgemeine Aufruf dabei lautet:

```
\columncolor[<farbmodell>]{<farbe>}[<linker Rand>][<rechter Rand>]
```

Dabei wird mit dem ersten optionalen Parameter das Farbmodell und mit dem zweiten die Farbe entsprechend dem `color`-Paket festgelegt. Zusätzlich kann optional der linke bzw. rechte Rand angepasst werden. Ein positiver Wert vergrößert, ein negativer verkleinert dabei den Rand. Ein entsprechender Spaltentyp könnte wie folgt aussehen:

```
\newcolumntype{g}{>{\columncolor[gray]{0.8}}l}
```

☞ Farbe mit dem color-Paket

Weitere Informationen zum `color`-Paket und dessen mögliche Farben finden Sie in Kapitel 2.2.4 auf Seite 77.

Im nachfolgenden Beispiel 3.24 auf der nächsten Seite wird über einen neuen Spaltentyp die Spalte farbig hinterlegt. Zusätzlich wird im Kopf die Schriftfarbe entsprechend angepasst.

```
\begin{tabular}{gg} \hline
  \multicolumn{2}{>{\columncolor[gray]{0.5}\color{white}}c}%
  {Käse--Übersicht} \\ \hline
  Käse               & Herkunftsland  \\ \hline
  Edamer             & Holland        \\
  Gouda              & Holland        \\
  Emmentaler         & Allgäu         \\
  Andechser Bierkäse & Bayern         \\
  \hline
\end{tabular}
```

Listing 3.24: Farbe in der Tabelle (source/bsp_tab23.tex)

Käse-Übersicht	
Käse	Herkunftsland
Edamer	Holland
Gouda	Holland
Emmentaler	Allgäu
Andechser Bierkäse	Bayern

Abb. 3.25: Abbildung zu Listing 3.24

Jede Spalte bzw. Zelle kann mit einer anderen Farbe gezeichnet werden, sodass die Tabelle sehr bunt aussieht. Beachten Sie aber, dass zu viel Farbe die Tabelle in einen bunten Farbklecks verwandelt und die Lesbarkeit herabsetzt.

Mit dem Befehl `\rowcolor` ist es möglich, eine komplette Zeile farbig zu hinterlegen.

Der allgemeine Aufruf dabei lautet:

```
\rowcolor[farbmodell]{farbe}
```

Im nachfolgenden Beispiel 3.25 wird die Überschrift farbig hinterlegt und jede zweite Zeile leicht grau hinterlegt, damit eine bessere Zeilenabtrennung möglich ist.

```
\begin{tabular}{ll} \hline
  \multicolumn{2}{>{\columncolor[gray]{0.5}\color{white}}c}%
  {\large Käse--Übersicht} \\ \hline
  Käse               & Herkunftsland  \\ \hline
  \rowcolor[gray]{0.9}
  Edamer             & Holland        \\
  Gouda              & Holland        \\
  \rowcolor[gray]{0.9}
  Emmentaler         & Allgäu         \\
  Andechser Bierkäse & Bayern         \\
  \hline
\end{tabular}
```

Listing 3.25: Farbe in der Zeile (source/bsp_tab24.tex)

Farbige Linien sind mit diesem Ergänzungspaket auch möglich. Dazu wird der Befehl `\arrayrulecolor` verwendet, der genauso wie der `\color`-Befehl verwendet wird, jedoch für die Linien zuständig ist.

Abb. 3.26: Abbildung zu Listing 3.25

Käse-Übersicht	
Käse	Herkunftsland
Edamer	Holland
Gouda	Holland
Emmentaler	Allgäu
Andechser Bierkäse	Bayern

Zusätzlich wird für Doppellinien der Befehl `\doublerulesepcolor` zur Verfügung gestellt, der die Farbe für den Zwischenraum der Doppellinien festlegt.

Im nachfolgenden Beispiel 3.26 wird Farbe für die Linien verwendet.

```
\arrayrulecolor{red}
\doublerulesepcolor{yellow}

\begin{tabular}{|ll|} \hline
  \multicolumn{2}{|c|}{\large Käse--Übersicht} \\ \hline\hline
  Käse               & Herkunftsland  \\ \hline
  Edamer             & Holland        \\
  Gouda              & Holland        \\
  Emmentaler         & Allgäu         \\
  Andechser Bierkäse & Bayern         \\
  \hline
\end{tabular}
```

Listing 3.26: Farbe für der Linien (source/bsp_tab25.tex)

Abb. 3.27: Abbildung zu Listing 3.26

Käse-Übersicht	
Käse	Herkunftsland
Edamer	Holland
Gouda	Holland
Emmentaler	Allgäu
Andechser Bierkäse	Bayern

Sollen nur die vertikalen Linien farbig gestaltet werden, so kann man dies auch über den Spaltentyp realisieren, in dem anstelle des „|“-Zeichens die Befehlsfolge mit dem „!“-Zeichen verwendet wird.

```
!{\color{red}\vline}l!{\color{red}\vline}
```

Das `colortbl`-Paket ergänzt auch die Möglichkeiten des `hhline`-Paketes, wenn dieses vorher geladen worden ist. Dann ist es möglich, die beiden Befehle für die Linienfarbe auch mit den Möglichkeiten der erweiterten Linien zu verwenden. Nachfolgendes Beispiel 3.27 verdeutlicht dies:

```
\arrayrulecolor{red}
\doublerulesepcolor{yellow}

\begin{tabular}{||cc||cc||}
  \hhline{|t:==:t:==:t|}
```

```
  a & b & c & d \\
  \hhline{||--||--||}
  1 & 2 & 3 & 4 \\
  \hhline{||--||--||}
  A & B & C & D \\
  \hhline{||--||--||}
  5 & 6 & 7 & 8 \\
  \hhline{|b:==:b:==:b|}
\end{tabular}
```

Listing 3.27: Farbe für die Linien mit hhline (source/bsp_tab26.tex)

a	b	c	d
1	2	3	4
A	B	C	D
5	6	7	8

Abb. 3.28: Abbildung zu Listing 3.27

Der Farbbefehl kann auch direkt in der Spaltendefinition verwendet werden, um für jede Spalte eine andere Linienfarbe zu definieren.

```
>{\arrayrulecolor{red}}l>{\arrayrulecolor{yellow}}c
```

Über Sinn und optische Schönheit dieser Möglichkeit erlauben wir uns keinen Kommentar.

Tabellen mit fester Gesamtbreite

Bei den bisherigen Tabellen wurde die Gesamtbreite durch die Breite der Spalten bestimmt. Verwendet man dagegen die `tabular*`-Umgebung, so kann die Gesamtbreite fest vorgegeben werden.

Der allgemeine Aufruf dabei lautet:

```
\begin{tabular*}{<breite>}[<pos>]{<spaltenform>}
  % ...
\end{tabular*}
```

Dabei kann für die Breite ein fester Wert (wie z. B. 10 cm) bzw. auch ein Längenwert von LaTeX, wie z. B. die Textbreite, verwendet werden.

Nachfolgendes Beispiel 3.28 verdeutlicht dies:

```
\makeatletter
\newcolumntype{d}[1]{>{\DC@{,}{,}{#1}}c<{\DC@end}}
\makeatother

\begin{document}

\begin{tabular*}{11cm}{@{}lld{2.2}@{}} \toprule
  \multicolumn{3}{c}{Käse--Übersicht} \\ \midrule
  Käse      & Herkunftsland     &
  \multicolumn{1}{l@{}}{Preis (Euro)} \\
  \cmidrule(r){1-1}\cmidrule(lr){2-2}\cmidrule(l){3-3}
  Edamer                & Holland             & 12,23 \\
  Gouda                 & Holland             &  9,34 \\
```

```
  Emmentaler          & Allgäu              &  2,34 \\
  Andechser Bierkäse & Bayern               &  1,-  \\
  \bottomrule
\end{tabular*}
```

Listing 3.28: tabular*-Umgebung (source/bsp_tab27.tex)

Käse-Übersicht		
Käse	Herkunftsland	Preis (Euro)
Edamer	Holland	12,23
Gouda	Holland	9,34
Emmentaler	Allgäu	2,34
Andechser Bierkäse	Bayern	1,–

Abb. 3.29: Abbildung zu Listing 3.28

Da die Spalten die ursprüngliche Breite behalten, wird mehr Platz auf der rechten Seite geschaffen. Dies wird als „rechts freischlagen" bezeichnet. Will man dies nicht, müssen die Spalten entsprechend breiter gemacht werden.

3.1.4 Tabellen mit fester Breite

Mit dem Ergänzungspaket `tabularx` wird eine Tabellenumgebung wie die `tabular*`-Umgebung zur Verfügung gestellt, die einen zusätzlichen Spaltentyp besitzt, der die Breite der Tabelle voll ausnutzt. tabularx.sty

Der allgemeine Aufruf dabei lautet:

```
\begin{tabularx}{<breite>}{<spaltenform>}
  % ...
\end{tabularx}
```

Zusätzlich steht der Spaltentyp X zur Verfügung, bei dem die Breite elastisch auf die noch frei vorhandene Breite der Tabelle ausgelegt wird. Dieser verhält sich ansonsten wie der Spaltentyp p. Wird der Typ X mehrfach verwendet, so teilen sich diese Spalten gemeinsam den freien Bereich und erhalten dieselbe Breite.

Nachfolgendes Beispiel 3.29 verdeutlicht dies:

```
\begin{tabularx}{10cm}{@{}XXd{2.2}@{}} \toprule
  \multicolumn{3}{c}{Käse--Übersicht} \\ \midrule
  Käse      & Herkunftsland     &
  \multicolumn{1}{l@{}}{Preis (Euro)} \\
  \cmidrule(r){1-1}\cmidrule(lr){2-2}\cmidrule(l){3-3}
  Edamer             & Holland              & 12,23 \\
  Gouda              & Holland              &  9,34 \\
  Emmentaler         & Allgäu               &  2,34 \\
  Andechser Bierkäse & Bayern               &  1,-  \\
  \bottomrule
```

```
\end{tabularx}
```

Listing 3.29: tabularx-Umgebung (source/bsp_tab28.tex)

Käse-Übersicht		
Käse	Herkunftsland	Preis (Euro)
Edamer	Holland	12,23
Gouda	Holland	9,34
Emmentaler	Allgäu	2,34
Andechser Bierkäse	Bayern	1,–

Abb. 3.30: Abbildung zu Listing 3.29

> ☞ **tabularx und der \verb-Befehl**
>
> Der `\verb`-Befehl zum Setzen von Text ohne Behandlung von LaTeX darf in der `tabularx`-Umgebung nicht verwendet werden.

Wird ein neuer Spaltentyp erzeugt, der auf dem X-Typ aufsetzt und den Befehl `\raggedright` verwendet, so muss beachtet werden, dass dieser den Befehl `\\` umdefiniert, was zu Problemen mit dem `tabularx`-Paket führt. Aus diesem Grund stellt das Paket den Befehl `\arraybackslash` zur Verfügung, der das Problem löst.

Eine neue Spaltendefinition könnte dann wie folgt ausehen:

```
\newcolumntype{Y}{>{\small\raggedright\arraybackslash}X}
```

Zusätzlich stellt das `tabularx`-Paket nachfolgende Befehle zur Verfügung:

- **tracingtabularx**
  Dieser Befehl bewirkt, dass auf der Console und in der Logdatei Informationen über die entsprechenden Spaltenbreiten ausgegeben werden.

- **tabularxcolumn**
  Standardmäßig wird der Spaltentyp `X` in `p{breite}` umgesetzt. Soll anstelle von `p` der Spaltentyp `m` (für mittige Ausrichtung) verwendet werden, so lautet der Aufruf:
  ```
  \renewcommand{\tabularxcolumn}[1]{m{#1}}
  ```
  Dabei wird als Parameter die berechnete Breite der Spalte übergeben.

3.1.5 Tabelle über mehrere Seiten erstellen

Bei den bisher vorgestellten Umgebungen musste die Tabelle immer kleiner als eine Seite sein, damit diese Platz findet. Es gibt mehrere Ergänzungspakete, die Umgebungen zur Verfügung stellen, um dieses Problem zu lösen. Der

Vorteil dabei besteht darin, dass Tabellenkopf und -fuß nur einmal definiert, aber so oft wie nötig auf den nachfolgenden Seiten erneut verwendet werden.

longtable-Umgebung

Mit dem Ergänzungspaket `longtable` ist es möglich, Tabellen über mehrere Seiten zu erzeugen. longtable.sty

Der allgemeine Aufruf dabei lautet:

```
\begin{longtable}[<pos>]{<spaltenform>}
  % ...
\end{longtable}
```

Dabei stellt das Paket nachfolgende Parameter und Befehle für die einzelnen Bereiche zur Verfügung. Die Spaltenformen entsprechen denen der normalen Tabelle.

Parameter

- **\LTleft**
  Kleber (damit wird ein dynamischer Leerraum bezeichnet) für die linke Seite der Tabelle. (\fill)
- **\LTright**
  Kleber für die rechte Seite der Tabelle. (\fill)
- **\LTpre**
  Kleber vor der Tabelle. (\bigskipamount)
- **\LTpost**
  Kleber nach der Tabelle. (\bigskipamount)
- **\LTcapwidth**
  Die Breite der `parbox` für die Beschriftung. (4in)
- **LTchunksize**
  Die Anzahl an Zeilen für den Umbruch. (20)

optionale Argumente (pos)

- **[none]**
  Position wird durch `LTleft` und `LTright` bestimmt.
- **[c]**
  Ausrichtung mittig.
- **[l]**
  Ausrichtung links.
- **[r]**
  Ausrichtung rechts.

Befehle nach dem Zeilenende

- ****
  Ende einer Tabellenzeile.
- **\\[<dim>]**
  Ende einer Tabellenzeile mit zusätzlichem Abstand.
- *****
  Ende einer Tabellenzeile, es wird versucht, einen Seitenumbruch zu verhindern.
- **\tabularnewline**
  Ende einer Tabellenzeile.
- **\kill**
  Zeile wird nicht ausgegeben, aber für die Berechnung der Breite verwendet.
- **\endhead**
  Legt die Zeilen fest, die als Tabellenkopf dienen (für alle Seiten).
- **\endfirsthead**
  Legt die Zeilen fest, die als Tabellenkopf dienen (nur für die erste Seite).
- **\endfoot**
  Legt die Zeilen fest, die als Tabellenfuß dienen (für alle Seiten).
- **\endlastfoot**
  Legt die Zeilen fest, die als Tabellenfuß dienen (nur für die letzte Seite).

Befehle für die Beschriftung

- **\caption[lot]{caption}**
  Legt die Tabellenbeschriftung fest und trägt diese ins Tabellenverzeichnis ein (siehe hierzu Kapitel 7.1.2 auf Seite 471).
- **\caption*{caption}**
  Legt die Tabellenbeschriftung fest, jedoch wird kein Eintrag in der Tabellenübersicht erzeugt.

Befehle vor dem Zeilenstart

- **\pagebreak**
  Erzeugt falls notwendig, einen Seitenumbruch.
- **\pagebreak[row]**
  Erzeugt einen Seitenumbruch innerhalb von `row` Zeilen, falls dies notwendig ist.
- **\nopagebreak**
  Verhindert einen Seitenumbruch.
- **\nopagebreak[row]**
  Verhindert einen Seitenumbruch innerhalb von `row` Zeilen.

- **\newpage**
  Erzeugt einen Seitenumbruch.

Befehle für Fußnoten

- **\footnote**
  Fußnote, die aber nicht im Tabellenkopf bzw. -fuß verwendet werden soll.
- **\footnotemark**
  Fußnoteneintrag, der im Tabellenkopf bzw. -fuß verwendet werden kann.
- **\footnotetext**
  Fußnotentext, der im Hauptteil der Tabelle verwendet werden muss.

Nachfolgendes Beispiel (siehe Listing 3.30 und Abbildung 3.31 bis 3.34 auf der nächsten Seite) zeigt eine `longtable`-Umgebung über mehrere Seiten.

```
15 \usepackage[lines=10]{geometry}
16
17 \begin{document}
18
19 \begin{longtable}[l]{@{}lr@{}}
20   % Kopf erste Seite
21   \caption{große Tabelle}\\\toprule
22   \multicolumn{2}{@{}c@{}}{Eine Tabelle über mehrere Seiten}\\\midrule
23   \endfirsthead
24   % Kopf weitere Seiten
25   \caption[]{(Fortsetzung)}\\\toprule
26   \endhead
27   % Fuß
28   \bottomrule
29   \endfoot
30   %
31   Viele Zeilen & Text\\
32   Viele Zeilen & Text\\
33   Viele Zeilen & Text\\
34   Viele Zeilen & Text\\
```

Listing 3.30: longtable-Umgebung (source/bsp_tab29.tex)

Damit hier nicht mehrere Buchseiten für die Darstellung der Tabelle verwendet werden, wurde mit dem `geometry`-Paket die Seitenhöhe auf 10 Zeilen begrenzt (siehe Zeile 15). Der Tabellenkopf bzw. -fuß wird von Zeile 20 bis 29 definiert.

Spaltentyp X für die longtable-Umgebung

Mit dem Ergänzungspaket `ltxtable` ist es möglich, den Spaltentyp X, wie bei der `tabularx`-Umgebung zu verwenden. Dazu muss aber die Tabelle in eine externe TEX-Datei geschrieben und mit dem Befehl `\LTXtable` eingebunden werden. Dies ist zugegebenermaßen umständlich und sollte nur als Notlösung betrachtet werden. ltxtable.sty

Der allgemeine Aufruf dabei lautet:

```
\LTXtable{<breite>}{<datei>}
```

Tabelle 1: große Tabelle

Eine Tabelle über mehrere Seiten	
Viele Zeilen	Text
Viele Zeilen	Text
Viele Zeilen	Text
Viele Zeilen	Text
Viele Zeilen	Text

Abb. 3.31: Seite 1

Tabelle 1: (Fortsetzung)

Viele Zeilen	Text
Viele Zeilen	Text
Viele Zeilen	Text
Viele Zeilen	Text
Viele Zeilen	Text
Viele Zeilen	Text
Viele Zeilen	Text

Abb. 3.32: Seite 2

Tabelle 1: (Fortsetzung)

Viele Zeilen	Text
Viele Zeilen	Text
Viele Zeilen	Text
Viele Zeilen	Text
Viele Zeilen	Text
Viele Zeilen	Text
Viele Zeilen	Text

Abb. 3.33: Seite 3

Tabelle 1: (Fortsetzung)

Viele Zeilen	Text
Viele Zeilen	Text

Abb. 3.34: Seite 4

In nachfolgendem Beispiel (siehe Listing 3.31) wird die externe Datei `bsp_tab30.inc` (siehe Listing 3.32) über den Befehl `\LTXtable` eingebunden.

```
\usepackage[lines=10]{geometry}

\begin{document}

\LTXtable{12cm}{bsp_tab30.inc}

\end{document}
```

Listing 3.31: Einbindung über LTXtable (source/bsp_tab30.tex)

Auch hier wird die Seitenhöhe begrenzt, damit nicht zuviel Platz im Buch benutzt wird. Abbildung 3.35 auf der nächsten Seite zeigt das Ergebnis (nur erste Seite).

```
\begin{longtable}[l]{@{}XX@{}}
  % Kopf erste Seite
  \caption{große Tabelle}\\\toprule
  \multicolumn{2}{@{}c@{}}{Eine Tabelle über mehrere Seiten}\\\midrule
  \endfirsthead
  % Kopf weitere Seiten
  \caption[]{(Fortsetzung)}\\\toprule
  \endhead
  % Fuß
  \bottomrule
  \endfoot
```

```
  %
  Viele Zeilen & Text\\
  Viele Zeilen & Text\\
  Viele Zeilen & Text\\
  Viele Zeilen & Text\\
  Viele Zeilen & Text\\
  Viele Zeilen & Text\\
  Viele Zeilen & Text\\
  Viele Zeilen & Text\\
  Viele Zeilen & Text\\
  Viele Zeilen & Text\\
  Viele Zeilen & Text\\
  Viele Zeilen & Text\\
  Viele Zeilen & Text\\
  Viele Zeilen & Text\\
  Viele Zeilen & Text\\
  Viele Zeilen & Text\\
  Viele Zeilen & Text\\
  Viele Zeilen & Text\\
  Viele Zeilen & Text\\
  Viele Zeilen & Text\\
  Viele Zeilen & Text\\
\end{longtable}
```

Listing 3.32: longtable-Umgebung mit X (source/bsp_tab30.inc)

Tabelle 1: große Tabelle

Eine Tabelle über mehrere Seiten	
Viele Zeilen	Text
Viele Zeilen	Text
Viele Zeilen	Text
Viele Zeilen	Text
Viele Zeilen	Text

Abb. 3.35: longtable-Umgebung mit X

supertabular-Umgebung

supertabular.sty

Mit dem Ergänzungspaket `supertabular` ist es möglich, wie mit der `longtable`-Umgebung Tabellen über mehrere Seiten zu erzeugen. Dabei wird von dem Paket die Tabelle automatisch in kleinere Tabellen (`tabular`-Umgebungen) aufgeteilt, sodass diese jeweils auf eine Seite passen. Jede Teiltabelle wird dabei jeweils in ihrer Breite eigens berechnet.

Der allgemeine Aufruf dabei lautet:

```
\begin{supertabular}[<pos>]{<spaltenform>}
  % ...
\end{supertabular}
```

Dabei stehen nachfolgende Befehle zur Verfügung, die vor der eigentlichen Umgebung definiert werden müssen.

- **\tablefirsthead**
  Legt den Tabellenkopf für die erste Seite fest.
- **\tablehead**
  Legt den Tabellenkopf für alle übrigen Seiten fest.
- **\tablelasttail**
  Legt den Tabellenfuß für die letzte Seite fest.
- **\tabletail**
  Legt den Tabellenfuß für alle übrigen Seiten fest.
- **\topcaption**
  Legt die Tabellenbeschriftung über der Tabelle fest.
- **\bottomcaption**
  Legt die Tabellenbeschriftung unterhalb der Tabelle fest.
- **\tablecaption**
  Legt die Tabellenbeschriftung an der Standardstelle (hier top) fest.
- **\shrinkheight**
  Legt die Höhe fest, um die die Tabelle kleiner (positiver Wert) bzw. größer (negativer Wert) gesetzt werden kann.

Nachfolgendes Beispiel (siehe Listing 3.33, Abbildung 3.36 und 3.37 auf der nächsten Seite) zeigt eine Tabelle über mehrere Seiten.

```
\usepackage[lines=10]{geometry}

\makeatletter
\newcolumntype{d}[1]{>{\DC@{,}{,}{#1}}c<{\DC@end}}
\makeatother

\begin{document}

\begin{center}
  \tablefirsthead{%
    \toprule
    Käse      & Herkunftsland     & \multicolumn{1}{l@{}}{Preis (Euro)} \\
    \cmidrule(r){1-1}\cmidrule(lr){2-2}\cmidrule(l){3-3}
  }
  \tablehead{%
    \toprule
    \multicolumn{3}{@{}l}{\small Fortsetzung}\\
    \midrule
    Käse      & Herkunftsland     & \multicolumn{1}{l@{}}{Preis (Euro)} \\
    \cmidrule(r){1-1}\cmidrule(lr){2-2}\cmidrule(l){3-3}
  }
  \tabletail{%
    \midrule
    \multicolumn{3}{r@{}}{\small Fortsetzung folgt}\\
    \bottomrule
  }
  \tablelasttail{\bottomrule}
  \bottomcaption{Käse über mehrere Seiten}
```

```
  \begin{supertabular}{@{}lld{2.2}@{}}
    Edamer             & Holland          & 12,23 \\
    Gouda              & Holland          &  9,34 \\
    Emmentaler         & Allgäu           &  2,34 \\
    Andechser Bierkäse & Bayern           &  1,-  \\
    x                  & 1                &  1    \\
    x                  & 1                &  1    \\
    x                  & 1                &  1    \\
    x                  & 1                &  1    \\
    x                  & 1                &  1    \\
    x                  & 1                &  1    \\
  \end{supertabular}
\end{center}
```

Listing 3.33: Tabelle mit supertabular-Umgebung (source/bsp_tab31.tex)

Auch hier wurde die Seitenhöhe mit dem `geometry`-Paket begrenzt.

Sollen alle Tabellen auf jeder Seiten gleich breit sein, so muss die Breite explizit z. B. über `p{}` festgelegt werden.

Käse	Herkunftsland	Preis (Euro)
Edamer	Holland	12,23
Gouda	Holland	9,34
Emmentaler	Allgäu	2,34
Andechser Bierkäse	Bayern	1, –
x	1	1
		Fortsetzung folgt

Abb. 3.36: Seite 1

Fortsetzung		
Käse	Herkunftsland	Preis (Euro)
x	1	1
x	1	1
x	1	1
x	1	1
x	1	1

Tabelle 1: Käse über mehrere Seiten

Abb. 3.37: Seite 2

3.1.6 Ausblick

Sie haben jetzt sehr viel über Tabellen erfahren. Bevor Sie ein Dokument erstellen, sollten Sie sich über das Design von Tabellen Gedanken machen, damit nicht durch ein unglückliches Design der eigentliche Inhalt der Tabelle an Bedeutung verliert.

Im nachfolgenden Kapitel erfahren Sie, wie man aus Tabellen gleitende Objekte erstellen kann, damit diese besser im laufenden Text positioniert werden.

3.2 Gleitende Tabellen und Abbildungen

Die Tabellen, die bisher erstellt worden sind, wurden immer dort platziert, wo diese im Text vorkamen. Ist auf der Seite nicht genügend Platz, so wird entsprechend Leeraum eingefügt und die Tabelle auf der nächsten Seite platziert. Optisch ist ein solches Verfahren nicht immer vorteilhaft und stört den Lesefluss, weshalb auch LaTeX auf der Konsole einen solchen Leerraum mit einer Warnung anzeigt:

```
Underfull \vbox (badness 10000) has occurred while \output is active
```

LaTeX schafft hier Abhilfe, indem die Tabelle (oder andere Objekte wie Bilder) in entsprechende gleitende Umgebungen (hier z.B. `table` für Tabellen und `figure` für Bilder) eingebettet werden. Diese werden, wenn Platz vorhanden ist, an der aktuellen Position gesetzt, andernfalls nach bestimmten Regeln auf die nächste Seite bzw. auch an das Kapitelende geschoben. Der nachfolgende Text wird dabei vor die Tabelle geschoben, damit der Leerraum aufgefüllt werden kann.

Der allgemeine Aufruf dabei lautet:

```
\begin{table}[<pos>]
   % Tabelle
\end{table}
```

```
\begin{figure}[<pos>]
   % Bild
\end{figure}
```

> ☞ **Unterschied zwischen Tabellen und Abbildungen**
>
> Tabellen und Abbildungen unterscheiden sich nur darin, dass eine andere Beschriftung („Tabelle" bzw. „Abbildung") verwendet wird, für jeden der beiden Bereiche eine eigene Nummerierung und ein eigenes Verzeichnis erstellt werden. Ansonsten verhalten sich die beiden Umgebungen exakt gleich. Wie Verzeichnisse ausgegeben werden, entnehmen Sie Kapitel 7.1.2 auf Seite 471.

Für zweispaltige Texte steht die Sternvariante zur Verfügung.

Der allgemeine Aufruf dabei lautet:

```
\begin{table*}[<pos>]
   % Tabelle
\end{table*}
```

```
\begin{figure*}[<pos>]
   % Bild
\end{figure*}
```

Dabei wird die Position der Tabelle bzw. des Objektes über den Parameter `pos` bestimmt, der folgende Werte annehmen kann. Dabei können diese auch zusammen angewendet werden, um alternative Einstellungen zu erreichen.

- **h**
  Hier. Dieser Parameter sollte möglichst vermieden werden, da LaTeX automatisch versucht, die Tabelle bzw. das Objekt an dem Ort zu platzieren, an dem sie auftritt. Ist kein Platz vorhanden, so entsteht überflüssiger Leerraum. Nicht für `table*` bzw. `figure*`!

- **t**
  Die Tabelle bzw. das Objekt wird zu Beginn der laufenden Seite platziert, wenn der vorausgehende Text voll auf die Seite passt, anderenfalls zu Beginn der nächsten Seite. Der laufende Text wird bis zum normalen Seitenwechsel vorgezogen.

- **b**
  Die Tabelle bzw. das Objekt wird am Ende der laufenden Seite platziert, wenn genügend Platz vorhanden ist, anderfalls am Ende der nächsten Seite. Der laufende Text wird bis zum normalen Seitenwechsel vorgezogen.

- **p**
  Die Tabelle bzw. das Objekt wird auf einer eigenen Seite platziert, wobei auch mehrere gleitende Objekte darauf Platz finden können.

- **!**
  Dieser Parameter kann mit jedem der obigen Paramter kombiniert werden und sorgt dafür, dass die nachfolgenden Grundeinstellungen aufgehoben werden.

Die Voreinstellung für den optionalen Parameter ist `[tbp]`. Gleitobjekte, die beim Auftreten der Befehle `\clearpage`, `\cleardoublepage` oder `\end{document}` noch nicht bearbeitet waren, werden unabhängig vom Positionierungsparameter auf einer eigenen Seite platziert. Sollen für alle gleitenden Objekte die Einstellungen geändert werden, so kann dies mit nachfolgenden zwei Befehlen (jeweils für `table` und `figure`) erledigt werden.

```
\makeatletter
\renewcommand{\fps@table}{htbp}
\renewcommand{\fps@figure}{htbp}
\makeatother
```

3.2.1 Gleitende Umgebungen beeinflussen

Mit nachfolgenden Befehlen bzw. Einstellungen kann das gleitende Verhalten angepasst werden.

- **topnumber**
  Die maximale Anzahl an Gleitobjekten, die oben auf der Seite angeordnet werden.
  z. B. `\setcounter{topnumber}{3}`
- **bottomnumber**
  Die maximale Anzahl an Gleitobjekten, die unten auf der Seite angeordnet werden.
  z. B. `\setcounter{bottomnumber}{3}`
- **totalnumber**
  Die maximale Anzahl an Gleitobjekten, die gesamt auf der Seite platziert werden sollen.
  z. B. `\setcounter{totalnumber}{3}`
- **dbltopnumber**
  Wie `topnumber`, jedoch für zweispaltigen Text.
- **\topfraction**
  Gibt den Bruchteil der Seite an, bis zu dem gleitende Objekte oben angeordnet werden sollen.
  z. B. `\renewcommand{\topfraction}{.95}`
- **\bottomfraction**
  Gibt den Bruchteil der Seite an, bis zu dem gleitende Objekte unten angeordnet werden sollen.
  z. B. `\renewcommand{\bottomfraction}{.95}`
- **\textfraction**
  Gibt den Bruchteil der Seite an, der mindestens für Text zur Verfügung stehen muss.
  z. B. `\renewcommand{\textfraction}{.05}`
- **\floatpagefraction**
  Gibt den minimalen Bruchteil einer Seite an, der erreicht werden muss, bevor evtl. eine weitere Seite verwendet wird.
  z. B. `\renewcommand{\floatpagefraction}{.8}`
- **\dbltopfraction**
  Wie `topfraction`, jedoch für zweispaltigen Text.
- **\dblfloatpagefraction**
  Wie `floatpagefraction`, jedoch für zweispaltigen Text.
- **\floatsep**
  Gibt den vertikalen Abstand zwischen zwei Gleitobjekten an.
  z. B. `\setlength{\floatsep}{1em}`

- **\textfloatsep**
  Gibt den vertikalen Abstand zwischen Gleitobjekten und dem Text an.
  z. B. `\setlength{\textfloatsep}{1em}`

- **\intextsep**
  Gibt den vertikalen Abstand zwischen dem umgebenden Text und Gleitobjekten an, die mit der Position `h` angeordnet worden sind.

- **\dblfloatsep**
  Wie `floatsep`, jedoch für zweispaltigen Text.

- **\dbltextfloatsep**
  Wie `textfloatsep`, jedoch für zweispaltigen Text.

- **\topfigrule**
  Erzeugt einen horizontalen Balken vor dem Gleitobjekt zur deutlicheren Abgrenzung.
  Standardmäßig ist der Befehl leer.
  z. B.
  ```
  \renewcommand{\topfigrule}{%
    \vspace{-3pt}%
    \rule{\columnwidth}{0.4pt}%
    \vspace{2.6pt}%
  }
  ```
  Damit wird eine horizontale Linie (Dicke 0.4 pt) über die gesamte Breite der Tabelle gezeichnet. Zusätzlich wird entsprechender Leerraum eingefügt.

- **\botfigrule**
  Erzeugt einen horizontalen Balken nach dem Gleitobjekt zur deutlicheren Abgrenzung. Standardmäßig ist der Befehl leer.

- **\dblfigrule**
  Wie `topfigrule`, jedoch für die gesamte Breite bei zweispaltigem Text.

Werden diese Einstellungen zu Beginn des Dokuments festgelegt, so gelten sie für alle gleitenden Objekte, ansonsten für die, die nach den Änderungen erscheinen.

3.2.2 Gleitobjekte auf einer Seite verhindern

Soll vermieden werden, dass Gleitobjekte auf einer bestimmten Seite erscheinen, so kann dies mit dem Befehl `\suppressfloats` verhindert werden.

Der allgemeine Aufruf dabei lautet:

```
\suppressfloats[<pos>]
```

Dabei wird mit `pos` festgelegt, welche gleitenden Objekte (oben oder unten) auf der Seite verhindert werden sollen. Ohne den Parameter wird jeweils das nachfolgende Objekt auf der aktuellen Seite verboten. Gleitende Objekte, die vor dem Befehl auftreten, werden dabei nicht berücksichtigt, was bedeuten kann, dass trotzdem ein Gleitobjekt auf der Seite auftreten kann, obwohl der Befehl `\suppressfloats` verwendet worden ist. In diesem Fall muss der Befehl vor das entsprechende Gleitobjekt gesetzt werden.

flafter.sty

Mit dem Ergänzungspaket `flafter` wird erreicht, dass prinzipiell kein Gleitobjekt vor der Stelle erscheint (z. B. oben auf der Seite), wo es definiert worden ist. Es wird ohne Parameter wie folgt eingebunden:

```
\usepackage{flafter}
```

3.2.3 Über- bzw. Unterschriften für gleitende Objekte

Ein Gleitobjekt kann mit dem Befehl `\caption` beschriftet werden.

Der allgemeine Aufruf dabei lautet:

```
\caption[<kurzform>]{<überschrift>}
```

Dabei wird die Überschrift für die Tabelle bzw. das Objekt festgelegt. Gleichzeitig wird der Text in das Tabellenverzeichnis bzw. Bildverzeichnis aufgenommen, welches separat ausgegeben werden kann. Wird `kurzform` verwendet, so wird dieser anstelle der Überschrift in das Tabellenverzeichnis bzw. Bildverzeichnis aufgenommen (mehr dazu in Kapitel 7.1.2 auf Seite 471). Die Überschrift wird dann automatisch nummeriert, sodass darauf verwiesen werden kann. Der Verweislabel wird dabei mit dem Befehl `\label` festgelegt.

Im nachfolgenden Beispiel 3.34 wird eine Tabelle in eine gleitende Umgebung gebettet und mit einer Überschrift versehen. Zusätzlich wird ein Label erzeugt, auf den entsprechend verwiesen werden kann. Mehr zu Verweisen finden Sie in Kapitel 2.1.14 auf Seite 63.

```
\begin{table}
  \begin{tabular}{@{}lld{2.2}@{}} \toprule
    \multicolumn{3}{c}{Käse--Übersicht} \\ \midrule
    Käse      & Herkunftsland     &
    \multicolumn{1}{l@{}}{Preis (Euro)} \\
    \cmidrule(r){1-1}\cmidrule(lr){2-2}\cmidrule(l){3-3}
    Edamer             & Holland           & 12,23 \\
    Gouda              & Holland           &  9,34 \\
    Emmentaler         & Allgäu            &  2,34 \\
    Andechser Bierkäse & Bayern            &  1,-  \\
    \bottomrule
  \end{tabular}
  \caption{Käseübersicht}
  \label{tab:kaeseuebersicht}
\end{table}

Tabelle~\ref{tab:kaeseuebersicht} zeigt eine Übersicht.
```

Listing 3.34: Tabelle mit Bildunterschrift (source/bsp_gtab01.tex)

Käse-Übersicht		
Käse	Herkunftsland	Preis (Euro)
Edamer	Holland	12,23
Gouda	Holland	9,34
Emmentaler	Allgäu	2,34
Andechser Bierkäse	Bayern	1,–

Tabelle 1: Käseübersicht

Tabelle 1 zeigt eine Übersicht.

Abb. 3.38: Abbildung zu Listing 3.34

Standardmäßig wird dabei die Beschriftung mittig gesetzt, was hier optisch nicht so gut aussieht, weil die Tabelle selbst nicht zentriert wurde. Diese kann mit dem Befehl `\centering` auch mittig gesetzt werden.

☞ **Empfehlung zu Labelkennungen**

Wenn Sie den Befehl `\label` verwenden, dann sollten Sie zur besseren Unterscheidung vor den eigentlichen Verweis ein Kürzel setzen, damit Sie leicht unterscheiden können, ob der Verweis auf eine Tabelle, ein Bild oder z. B. ein Kapitel zeigt.
z. B. `tab` für Tabellen, `fig` für Bilder, `sec` für Kapitel ...
z. B. `\label {tab:befehlsparameter}`

Aussehen und Position der Beschriftung mit KOMA-Script ändern

Verwenden Sie KOMA-Script, so stehen nachfolgende Möglichkeiten zur Beeinflussung der Beschriftung zur Verfügung:

- **Tabellen- bzw. Objektbeschriftung**
  Mit dem Befehl `\captionbelow[kurzform]{unterschrift}` wird die Beschriftung unter das Gleitobjekt geschrieben. Mit dem Befehl `\captionabove[kurzform]{überschrift}` wird die Beschriftung über das Gleitobjekt geschrieben. Mit dem Befehl `\caption[kurzform]{unterschrift}` wird entsprechend der Voreinstellung eine Beschriftung durchgeführt. Mit der Klassenoption `tablecaptionbelow` (Standard) wird festgelegt, dass sich der Befehl `\caption` wie `\captionbelow` verhalten soll. Wird stattdessen `tablecaptionabove` verwendet, so verhält sich der Befehl `\caption` wie `\captionabove`.

Ergänzungspaket float: Paketabhängigkeit

Wird das Ergänzungspaket `float` verwendet, so funktionieren die Parameter `tablecaptionabove` und `tablecaptionbelow` nicht mehr, wenn der Befehl `\refloatstyle` verwendet wird. Später erfahren Sie mehr zu dem Paket `float`.

- **Beschriftung neben der Tabelle**
  Mit der Umgebung

```
\begin{captionbeside}[<kurzform>]{<beschriftung>}[<pos>]
                     [<breite>][<offset>]*
  % ...
\end{captionbeside}
```

wird die Beschriftung neben dem Gleitobjekt gesetzt.
Dabei wird mit `kurzform` der Text für das Verzeichnis und mit `beschriftung` der Text, der neben dem Objekt gesetzt werden soll, festgelegt. Über den optionalen Parameter `pos` wird die Position der Beschriftung festgelegt (`l` für links, `r` für rechts, `i` für innen und `o` für außen). Mit `breite` wird die Gesamtbreite der Tabelle bzw. des Objektes mit Beschriftung bestimmt. Wird hier nichts angegeben, so wird die Textbreite verwendet. Zuletzt kann mit dem Parameter `offset` ein zusätzlicher Rand (links) gesetzt werden. Wird beim Offset ein Stern hinzugefügt, so wird der Rand jeweils auf der Buchinnenseite gesetzt. Erst nach zweimaligem LaTeX-Lauf wird sichergestellt, dass hier die richtige Seite (innen bzw. aussen) ermittelt werden konnte.
Die Beschriftung wird dabei entsprechend der Ausrichtung der Tabelle bzw. des Objekts gesetzt. Soll diese z. B. unten gesetzt werden, so muss bei der `tabular`-Umgebung die Positionierung `[b]` verwendet werden. Der Standard ist hier `[c]` für mittig.
Siehe Listing 3.35 auf Seite 136.

- **Schrift**
  Die Schrift (Font, Größe ...) lässt sich über zwei Grundeinstellungen ändern, die im Dokumentenkopf vorgenommen werden sollten. Dazu stellt KOMA-Script zwei Einstellungen bereit.

```
\addtokomafont{caption}{\huge}
\setkomafont{captionlabel}{\bfseries}
```

Die erste Einstellung (hier `caption`) ist für die Beschriftung und die zweite (hier `captionlabel`) für den Label zuständig. Die Schrift kann dann jeweils mit den Befehlen `\setkomafont` bzw. `\addkomafont` geändert werden. Bei `\setkomafont` wird die Definition komplett neu erstellt, bei `\addkomafont` der bisherigen Definition hinzugefügt. Wichtig dabei ist, dass zuerst für die gesamte Beschriftung die `caption`-Definition verwendet wird und dann erst die Definition für den Label. Siehe Listing 3.36 auf Seite 136.

- **Format**
  KOMA-Script stellt verschiedene Möglichkeiten bereit, die Formatierung der Beschriftung anzupassen. Über den Befehl `\captionformat` wird das Trennzeichen zwischen dem Label und dem Text festgelegt. Nachfolgend wird ein langer Bindestrich verwendet.

```
\renewcommand*{\captionformat}{~---~}
```

  Zusätzlich kann mit dem Befehl `\tableformat` bzw. `\figureformat` der ganze Beschriftungsblock beeinflusst werden. Standardmäßig wird das Format wie folgt festgelegt:

```
\renewcommand*{\tableformat}{\tablename~\thetable\autodot}
\renewcommand*{\figureformat}{\figurename~\thefigure\autodot}
```

  Dabei stellt `\tablename` das Label dar, in diesem Fall „Tabelle", entsprechend `\figurename` die Beschriftung „Abbildung". Der Tabellenzähler wird über `\thetable` und der Abbildungszähler über `\thefigure` angesprochen. Der Befehl `\autodot` sorgt für den Doppelpunkt nach der Nummer.
  Listing 3.37 auf Seite 137 zeigt, wie eine Beschriftung ganz ohne Label und Trennzeichen gesetzt wird.

- **Einzug, Breite und Anordnung**
  Es ist auch möglich, den Einzug zu verändern (z. B. hängend). Dazu stellt KOMA-Script drei Befehle zur Verfügung.

```
\setcapindent{Einzug}
\setcapindent*{XEinzug}
\setcaphanging
```

  Bei KOMA-Script wird standardmäßig die Beschriftung so umbrochen, dass der Text der zweiten Zeile beim Wortanfang der ersten Zeile beginnt (Einstellung `\setcaphanging`). Mit dem Befehl `\setcapindent` wird der Abstand des Einrückens festgelegt. Mit der Sternvariante wird zusätzlich erreicht, dass nach dem Label ein Zeilenumbruch erfolgt.
  Desweiteren kann auch die Breite und die Anordnung der Beschriftung festgelegt werden. Dazu stehen nachfolgende Befehle zur Verfügung:

```
\setcapwidth[pos]{breite}
\setcapmargin[Rand links]{Rand}
\setcapmargin*[Rand innen]{Rand}
```

  Mit dem Befehl `\setcapwidth` wird die Breite der Beschriftung festgelegt (standardmäßig wird die noch zur Verfügung stehende Breite verwendet, d. h. mit dem Befehl wird die Breite reduziert). Optional kann die Ausrichtung angegeben werden (`l` für linksbündig, `r` für rechtsbündig, `c` für zentriert, `i` für innen (bei zweiseitigem Druck) und `o` für außen (bei zweiseitigem Druck).
  Mit dem Befehl `\setcapmargin` wird neben der Beschriftung ein fester Rand eingebaut. Soll der Rand rechts und links nicht identisch sein, so ist zusätzlich der optionale Parameter zu verwenden. Die Sternvariante dient für doppelseitigen Druck.
  Siehe Listing 3.38 auf Seite 138.

Beispiele

Im nachfolgenden Beispiel 3.35 wird die Tabellenbeschriftung neben die Tabelle gesetzt.

```
\begin{table}
  \begin{captionbeside}{Käseübersicht}
    \begin{tabular}[b]{@{}lld{2.2}@{}} \toprule
      \multicolumn{3}{c}{Käse--Übersicht} \\ \midrule
      Käse      & Herkunftsland     &
      \multicolumn{1}{l@{}}{Preis (Euro)} \\
      \cmidrule(r){1-1}\cmidrule(lr){2-2}\cmidrule(l){3-3}
      Edamer             & Holland          & 12,23 \\
      Gouda              & Holland          &  9,34 \\
      Emmentaler         & Allgäu           &  2,34  \\
      Andechser Bierkäse & Bayern           &  1,-  \\
      \bottomrule
    \end{tabular}
    \label{tab:kaeseuebersicht}
  \end{captionbeside}
\end{table}
```

Listing 3.35: Beschriftung neben der Tabelle (source/bsp_gtab02.tex)

Käse-Übersicht		
Käse	Herkunftsland	Preis (Euro)
Edamer	Holland	12,23
Gouda	Holland	9,34
Emmentaler	Allgäu	2,34
Andechser Bierkäse	Bayern	1,–

Tabelle 1: Käseübersicht

Abb. 3.39: Abbildung zu Listing 3.35

Im nachfolgenden Beispiel 3.36 wird die Tabellenbeschriftung mit den Parametern caption und captionlabel angepasst.

```
\addtokomafont{caption}{\huge}
\setkomafont{captionlabel}{\bfseries}

\begin{document}

\begin{table}
  \begin{center}
    \captionabove{Käseübersicht}
    \begin{tabular}{@{}lld{2.2}@{}} \toprule
      \multicolumn{3}{c}{Käse--Übersicht} \\ \midrule
      Käse      & Herkunftsland     &
      \multicolumn{1}{l@{}}{Preis (Euro)} \\
      \cmidrule(r){1-1}\cmidrule(lr){2-2}\cmidrule(l){3-3}
      Edamer             & Holland          & 12,23 \\
      Gouda              & Holland          &  9,34 \\
      Emmentaler         & Allgäu           &  2,34 \\
      Andechser Bierkäse & Bayern           &  1,-  \\
      \bottomrule
```

```
    \end{tabular}
  \end{center}
  \label{tab:kaeseuebersicht}
\end{table}
```

Listing 3.36: Beschriftung mit anderer Schrift (source/bsp_gtab03.tex)

Tabelle 1: Käseübersicht

Käse-Übersicht		
Käse	Herkunftsland	Preis (Euro)
Edamer	Holland	12,23
Gouda	Holland	9,34
Emmentaler	Allgäu	2,34
Andechser Bierkäse	Bayern	1,–

Abb. 3.40: Abbildung zu Listing 3.36

Im nachfolgenden Beispiel 3.37 wird die Tabellenbeschriftung ohne Label und Trennzeichen gesetzt. Zusätzlich wird die Schrift auf die serifenlose Variante umgeschaltet, größer und fett gesetzt.

```
\makeatletter
\newcolumntype{d}[1]{>{\DC@{,}{,}{#1}}l<{\DC@end}}
\renewcommand*{\scap@valign}{t}
\makeatother

\addtokomafont{caption}{\Large\sffamily\bfseries}
\renewcommand*{\tableformat}{}
\renewcommand*{\captionformat}{}

\begin{document}

\begin{table}
  \begin{captionbeside}{Käse, der\newline schmeckt!}
    \begin{tabular}[t]{@{}lld{2.2}@{}} \toprule
      \multicolumn{3}{c}{Käse--Übersicht} \\ \midrule
      Käse      & Herkunftsland     &
      \multicolumn{1}{l@{}}{Preis (Euro)} \\
      \cmidrule(r){1-1}\cmidrule(lr){2-2}\cmidrule(l){3-3}
      Edamer             & Holland          & 12,23 \\
      Gouda              & Holland          &  9,34 \\
      Emmentaler         & Allgäu           &  2,34  \\
      Andechser Bierkäse & Bayern           &  1,-  \\
      \bottomrule
    \end{tabular}
    \label{tab:kaeseuebersicht}
  \end{captionbeside}
```

Listing 3.37: Beschriftung ohne Label (source/bsp_gtab04.tex)

Standardmäßig wird für Beschriftung eine `parbox` mit der Ausrichtung `[b]`, also unten, verwendet. Will man den Text oben positionieren, so sieht es

Käse-Übersicht		
Käse	Herkunftsland	Preis (Euro)
Edamer	Holland	12,23
Gouda	Holland	9,34
Emmentaler	Allgäu	2,34
Andechser Bierkäse	Bayern	1,–

Käse, der schmeckt!

Abb. 3.41: Abbildung zu Listing 3.37

unschön aus, wenn der untere Rand der Beschriftung ganz oben (d.h. über der oberen Kante) steht. Mit dem Befehl `\renewcommand*{\scap@valign}{t}` ist es möglich, den Positionierungsparameter für die `parbox` entsprechend anzupassen (siehe Zeile 16).

Im nachfolgenden Beispiel 3.38 wird die Tabellenbeschriftung in der zweiten Zeile um die Breite 1 em eingerückt (Zeile 20) und die Gesamtbreite der Beschriftung wird auf 5 cm linksbündig gesetzt (Zeile 25).

```
19 \addtokomafont{caption}{\sffamily}
20 \setcapindent{1em}
21
22 \begin{document}
23
24 \begin{table}
25   \setcapwidth[l]{5cm}
26   \begin{captionbeside}%
27        {Käse, der nicht nur schmeckt, sondern auch gesund ist!}
28     \begin{tabular}[b]{@{}lld{2.2}@{}} \toprule
29       \multicolumn{3}{c}{Käse--Übersicht} \\ \midrule
30       Käse      & Herkunftsland     &
31       \multicolumn{1}{l@{}}{Preis (Euro)} \\
32       \cmidrule(r){1-1}\cmidrule(lr){2-2}\cmidrule(l){3-3}
33       Edamer             & Holland            & 12,23 \\
34       Gouda              & Holland            &  9,34 \\
35       Emmentaler         & Allgäu             &  2,34 \\
36       Andechser Bierkäse & Bayern             &  1,-  \\
37       \bottomrule
38     \end{tabular}
39     \label{tab:kaeseuebersicht}
40   \end{captionbeside}
41 \end{table}
```

Listing 3.38: Beschriftung angepasst (source/bsp_gtab05.tex)

Ausehen und Position der Beschriftung mit anderen Paketen ändern

Es gibt eine ganze Menge an Ergänzungspaketen, mit denen die Beschriftung angepasst werden kann, wenn man nicht KOMA-Script verwenden kann bzw. möchte.

Käse-Übersicht		
Käse	Herkunftsland	Preis (Euro)
Edamer	Holland	12,23
Gouda	Holland	9,34
Emmentaler	Allgäu	2,34
Andechser Bierkäse	Bayern	1,–

Tabelle 1: Käse, der nicht nur schmeckt, sondern auch gesund ist!

Abb. 3.42: Abbildung zu Listing 3.38

Beschriftung mit dem caption2-Paket ändern

caption2.sty

Mit dem Ergänzungspaket `caption2` lässt sich die Ausrichtung, die Größe und der Font anpassen. Dabei werden die Einstellungen als Parameter beim Paketaufruf übergeben. Diese lassen sich aber auch direkt über einen Befehl bzw. die Änderung eines Befehls im Dokument erreichen. In der nachfolgenden Aufzählung wird zu jedem Parameter der entsprechende Befehl angegeben.

- **normal**
  Es wird die Standardbeschriftung verwendet. Diese wird in der entspechenden Klasse (`scrartcl`, `scrbook`, ...) festgelegt.
  `\captionstyle{normal}`

- **center**
  Die Beschriftung wird zentriert.
  `\captionstyle{center}`

- **flushleft**
  Die Beschriftung wird links ausgerichtet.
  `\captionstyle{flushleft}`

- **flushright**
  Die Beschriftung wird rechts ausgerichtet.
  `\captionstyle{flushright}`

- **centerlast**
  Die letzte Zeile der Beschriftung wird zentriert, alles andere wird normal, also im Blocksatz gesetzt.
  `\captionstyle{centerlast}`

- **hang**
  Es wird ein hängender Einzug verwendet.
  `\captionstyle{hang}`

- **indent**
  Es wird ein eingerückter Einzug verwendet. Die Länge wird durch `\captionindent` festgelegt.

```
\captionstyle{indent}
\setlength{\captionindent}{1cm}
```

- **oneline**
  Eine Zeile wird für die Beschriftung verwendet.
  `\onelinecaptiontrue`

- **noonline**
  Es werden mehrere Zeilen verwendet.
  `\onelinecaptionfalse`

- **scriptsize**
  Die Schriftgröße wird auf `scriptsize` gesetzt.
  `\renewcommand*{\captionsize}{\scriptsize}`

- **footnotesize**
  Die Schriftgröße wird auf `footnotesize` gesetzt.
  `\renewcommand*{\captionsize}{\footnotesize}`

- **small**
  Die Schriftgröße wird auf `small` gesetzt.
  `\renewcommand*{\captionsize}{\small}`

- **normalsize**
  Die Schriftgröße wird auf `normalsize` gesetzt.
  `\renewcommand*{\captionsize}{\normalsize}`

- **large**
  Die Schriftgröße wird auf `large` gesetzt.
  `\renewcommand*{\captionsize}{\large}`

- **Large**
  Die Schriftgröße wird auf `Large` gesetzt.
  `\renewcommand*{\captionsize}{\Large}`

- **up**
  Der Font wird auf `upshape` gesetzt.
  `\captionlabelfont{\upshape}`

- **it**
  Der Font wird auf `itshape` gesetzt.
  `\captionlabelfont{\itshape}`

- **sl**
  Der Font wird auf `slshape` gesetzt.
  `\captionlabelfont{\slshape}`

- **sc**
  Der Font wird auf `scshape` gesetzt.
  `\captionlabelfont{\scshape}`

- **md**
  Der Font wird auf `mdseries` gesetzt.
  `\captionlabelfont{\mdseries}`
- **bf**
  Der Font wird auf `bfseries` gesetzt.
  `\captionlabelfont{\bfseries}`
- **rm**
  Der Font wird auf `rmfamily` gesetzt.
  `\captionlabelfont{\rmfamily}`
- **sf**
  Der Font wird auf `ssfamily` gesetzt.
  `\captionlabelfont{\sffamily}`
- **tt**
  Der Font wird auf `ttfamily` gesetzt.
  `\captionlabelfont{\ttfamily}`
- **float**
  Der Stil wird auch für das `float`-Paket genutzt.
- **subfigure**
  Der Stil wird auch für das `subfigure`-Paket genutzt.
- **longtable**
  Der Stil wird auch für die `longtable`-Umgebung verwendet.
- **none**
  Kein Erweiterungspaket wird unterstützt.
- **all**
  Alle Erweiterungspakete werden unterstützt.
- **ignoreLTcapwidth**
  Es wird die Einstellung in `\LTcapwidth` ignoriert (bei der `longtable`-Umgebung) und stattdessen die Werte in `\setcaptionmargin` und `\setcaptionwidth` verwendet.
- **debug**
  Debug-Meldungen werden ausgegeben.

Desweiteren stehen für folgende Bereiche noch weitere Befehle zur Verfügung.

- **Font**
  Der Font für die Beschriftung kann wie folgt geändert werden:
  `renewcommand*{\captionfont}{<neuer Font>}`
- **Font Label**
  Der Font für den Label kann wie folgt geändert werden:
  `renewcommand*{\captionlabelfont}{<neuer Font>}`

- **Trennzeichen**
  Das Trennzeichen zwischen Label und eigentlichem Text kann wie folgt geändert werden:
  ```
  renewcommand*{\captionlabeldelim}{<neuer Trenner>}
  ```
- **Leeraum**
  Der Leerraum nach dem Trennzeichen kann wie folgt geändert werden:
  ```
  renewcommand*{\captionlabelsep}{<neuer Leeraum>}
  ```
- **Beschriftungsrand**
  Der Beschriftungsrand kann wie folgt geändert werden:
  ```
  \setcaptionmargin{<breite>}
  ```
- **Beschriftungsbreite**
  Die Beschriftungsbreite kann wie folgt geändert werden:
  ```
  \setcaptionwidth{<breite>}
  ```
- **alles Rücksetzen**
  Alle Einstellungen lassen sich auf die Grundeinstellung zurücksetzen:
  ```
  \normalcaptionparams
  ```
- **Beschriftungsstil**
  Mit nachfolgenden Befehlen kann ein neuer Beschriftungsstil erstellt bzw. ein schon vorhandener geändert werden (mehr dazu in der Paketdokumentation):
  ```
  \newcaptionsyle{<name>}{<Definition>}
  \renewcaptionsyle{<name>}{<Definition>}
  ```
  Der Stil wird dann mit nachfolgendem Befehl aktiviert.
  ```
  \captionsyle{<name>}
  ```
- **Unterstützung für das Paket subfigure**

  subfigure.sty

  Für die Unterstützung des `subfigure`-Pakets stehen nachfolgende Befehle bereit, die sich wie die Befehle oben verhalten.
  ```
  \setsubcapstyle{<name>}
  ```
  Alle Einstellungen und Befehle die oben mit `\caption`*xxx* beschrieben sind, stehen hier als `\subcap`*xxx* zur Verfügung.
  ```
  renewcommand*{\setcaplabelfont}{<neuer Font>}, ...
  ```

In nachfolgendem Beispiel 3.39 wird die Tabellenbeschriftung entsprechend angepasst. Dabei werden in Zeile 14 die Parameter an die Klasse übergeben. Zusätzlich wird in Zeile 15 und 16 der Font entsprechend gesetzt.

```
14 \usepackage[flushleft,footnotesize,nooneline]{caption2}
15 \renewcommand*{\captionlabelfont}{\sffamily\bfseries}
16 \renewcommand*{\captionfont}{\sffamily}
17
18 \begin{document}
19
20 \begin{table}
21   \begin{tabular}{@{}cl@{}}\toprule
22     \multicolumn{2}{c}{Rezept}\\ \midrule
```

```
    500\,g  & Mehl\\
    250\,g  & Butter o.\ Magarine\\
    3       & Eier\\
    \bottomrule
  \end{tabular}
  \caption{Das Super--Rezept für einen Spitzen-- Kuchen!}
\end{table}
```

Listing 3.39: Beschriftung mit caption2 angepasst (source/bsp_gtab06.tex)

Rezept	
500 g	Mehl
250 g	Butter o. Magarine
3	Eier

Tabelle 1: Das Super-Rezept für einen Spitzen- Kuchen!

Abb. 3.43: Abbildung zu Listing 3.39

Eigene Beschriftungsstile erzeugen

Mit den Befehlen des `caption2`-Paketes ist es sehr einfach, eigene Beschriftungsstile zu erzeugen.

Dabei wird zuerst mit dem Befehl `\newcaptionstyle` eine neue Umgebung definiert. Für den Text und die Labelbeschriftung stehen `\captiontext` und `\captionlabel` zur Verfügung. Anschließend muss der entsprechende neue Stil mit `\captionstyle` aktiviert werden.

Im nachfolgenden Beispiel 3.40 wird ein neuer Beschriftungstyp erstellt.

```
\newcaptionstyle{fancy}{\textbf{\large\captiontext}%
                        \hfill\textit{(\captionlabel)}}
\captionstyle{fancy}

\begin{document}

\begin{table}
  \begin{tabular}{@{}lld{2.2}@{}} \toprule
    \multicolumn{3}{c}{Käse--Übersicht} \\ \midrule
    Käse      & Herkunftsland    &
    \multicolumn{1}{l@{}}{Preis (Euro)} \\
    \cmidrule(r){1-1}\cmidrule(lr){2-2}\cmidrule(l){3-3}
    Edamer              & Holland           & 12,23 \\
    Gouda               & Holland           &  9,34 \\
    Emmentaler          & Allgäu            &  2,34 \\
    Andechser Bierkäse & Bayern             &  1,-  \\
    \bottomrule
  \end{tabular}
  \caption{Die Super--Käseauswahl!}
\end{table}
```

Listing 3.40: Eigener Beschriftungsstil (source/bsp_gtab06b.tex)

Käse-Übersicht		
Käse	Herkunftsland	Preis (Euro)
Edamer	Holland	12,23
Gouda	Holland	9,34
Emmentaler	Allgäu	2,34
Andechser Bierkäse	Bayern	1,–

Die Super-Käseauswahl! *(Tabelle 1)*

Abb. 3.44: Abbildung zu Listing 3.40

Beschriften neben der Tabelle mit dem sidecap-Paket

sidecap.sty

Mit dem Ergänzungspaket `sidecap` lässt sich die Beschriftung neben die Tabelle bzw. die Abbildung setzen. Dabei bietet das Paket nachfolgende optionale Parameter, um das Verhalten zu beeinflussen.

- **outercaption**
  Die Beschriftung wird außen (links bei ungeraden Seiten und rechts bei geraden Seiten) gesetzt.
- **innercaption**
  Die Beschriftung wird innen (rechts bei ungeraden Seiten und links bei geraden Seiten) gesetzt.
- **leftcaption**
  Die Beschriftung wird immer links gesetzt.
- **rightcaption**
  Die Beschriftung wird immer rechts gesetzt.
- **wide**
  Die Tabelle bzw. das Objekt darf in den Randbereich ragen.
- **raggedright**
  Bessere Ausrichtung bei schmalen Beschriftungen. Dabei wird das Ergänzungspaket `ragged2e` verwendet.

Mit nachfolgenden Umgebungen wird dann die Tabelle bzw. das Objekt mit der entsprechenden Beschriftung gesetzt.

```
\begin{SCtable}  [rel. Breite][float-Parameter] ... \end{SCtable}
\begin{SCfigure} [rel. Breite][float-Parameter] ... \end{SCfigure}
\begin{SCtable*} [rel. Breite][float-Parameter] ... \end{SCtable*}
\begin{SCfigure*}[rel. Breite][float-Parameter] ... \end{SCfigure*}
```

Dabei ist es möglich, optional für die Beschriftung eine relative Breite bezogen auf die Tabelle bzw. das Bild festzulegen. Zusätzlich kann der entsprechende Positionierungsparameter festgelegt werden. Der Standard ist hier `tbp`. Die Sternvariante ist für zweispaltige Dokumente vorgesehen.

In nachfolgendem Beispiel 3.41 wird die Tabellenbeschriftung neben die Tabelle gesetzt.

```
\usepackage[innercaption]{sidecap}
\usepackage[flushleft,footnotesize,nooneline]{caption2}
\renewcommand*{\captionlabelfont}{\sffamily\bfseries}
\renewcommand*{\captionfont}{\sffamily}

\begin{document}

\begin{SCtable}
  \begin{tabular}{@{}cl@{}}\toprule
    \multicolumn{2}{c}{Rezept}\\ \midrule
    500\,g  & Mehl\\
    250\,g  & Butter o.\ Magarine\\
    3       & Eier\\
    \bottomrule
  \end{tabular}
  \caption{Das Super--Rezept für einen Spitzen--Kuchen!}
\end{SCtable}
```

Listing 3.41: Beschriftung neben der Tabelle (source/bsp_gtab07.tex)

Tabelle 1: Das Super-Rezept für einen Spitzen-Kuchen!

Rezept	
500 g	Mehl
250 g	Butter o. Magarine
3	Eier

Abb. 3.45: Abbildung zu Listing 3.41

Mit nachfolgender, neu definierter Umgebung ist es möglich, das Verhalten der Umgebung so einzustellen, dass diese sich wie die normale `table`- bzw. `figure`-Umgebung verhält, ohne dabei jedesmal die gesamten Parameter anzugeben. Die Nummerierung wird dabei nicht gesondert durchgeführt, sondern fortlaufend über beide Umgebungen.

```
\newenvironment{stable}{\SC@float[t]{table}[10][htb]}{\endSC@float}
\newenvironment{sfigure}{\SC@float[t]{figure}[10][htb]}{\endSC@float}
```

Im nachfolgenden Beispiel 3.42 wird die neue Definition verwendet und zwei Tabellenumgebungen gesetzt, bei denen automatisch die Nummerierung fortlaufend weitergeführt wird.

```
\usepackage[innercaption]{sidecap}
\usepackage[flushleft,footnotesize,nooneline]{caption2}
\renewcommand*{\captionlabelfont}{\sffamily\bfseries}
\renewcommand*{\captionfont}{\sffamily}

\makeatletter
\newenvironment{stable}{\SC@float[t]{table}[10][htb]}{\endSC@float}
\newenvironment{sfigure}{\SC@float[t]{figure}[10][htb]}{\endSC@float}
\makeatother
```

```
\begin{document}

\begin{table}
  \begin{tabular}{@{}cl@{}}\toprule
    \multicolumn{2}{c}{Rezept}\\ \midrule
    500\,g  & Mehl\\
    250\,g  & Butter o.\ Magarine\\
    3       & Eier\\
    \bottomrule
  \end{tabular}
  \caption{Beschriftung unterhalb der Tabelle}
\end{table}

\begin{stable}
  \begin{tabular}{@{}cl@{}}\toprule
    \multicolumn{2}{c}{Rezept}\\ \midrule
    500\,g  & Mehl\\
    250\,g  & Butter o.\ Magarine\\
    3       & Eier\\
    \bottomrule
  \end{tabular}
  \caption{Beschriftung neben der Tabelle}
\end{stable}
```

Listing 3.42: Fortlaufende Nummerierung (source/bsp_gtab08.tex)

Rezept	
500 g	Mehl
250 g	Butter o. Magarine
3	Eier

Tabelle 1: Beschriftung unterhalb der Tabelle

Tabelle 2: Beschriftung neben der Tabelle

Rezept	
500 g	Mehl
250 g	Butter o. Magarine
3	Eier

Abb. 3.46: Abbildung zu Listing 3.42

Die erste Tabelle (`table`-Umgebung) wird mit „Tabelle 1“ beschriftet, die zweite Tabelle (`stable`-Umgebung) mit „Tabelle 2“.

In Kapitel 3.5 auf Seite 169 werden noch weitere Möglichkeiten beschrieben, wie Gleitobjekte beeinflusst werden können.

Beschriftungslabel ändern

Der Label der Umgebung (hier „Tabelle“ bzw. „Abbildung“) wird standardmäßig durch die verwendete Hauptklasse (z. B. „scrbook“) festgelegt. Wird ein

Sprachpaket (z. B. „ngerman“) geladen, so wird der Text automatisch der entsprechenden Länderkennung angepasst.

Soll trotzdem ein anderer Text für den Label verwendet werden, so kann dieser wie folgt geändert werden.

```
\renewcommand*\figurename{Abb.}
\renewcommand*\tablename{Tab.}
```

Wird diese Änderung im Dokumentkopf durchgeführt, so gilt diese für alle Tabellen und Abbildungen.

3.3 Einbinden von Bildern

In LaTeX lassen sich Bilder verschiedener Formate einbinden. Dabei ist es LaTeX bzw. TeX vollkommen egal, welches Format das Bild hat. Ein Bild stellt nur eine Box mit einer Breite und Höhe dar. Dies führt dazu, dass jedes beliebige Grafikformat eingebunden werden kann, ohne dass dabei LaTeX umprogrammiert werden muss. Erst ein entsprechender Treiber (z. B. `dvips`) bindet das entsprechende Bild ein und erzeugt das Output-Format. Es kann also jedes beliebige Bildformat eingebunden werden, das der Treiber unterstützt. Wird ein Bildformat vom Treiber nicht unterstützt, so muss das entsprechende Format mit einem Hilfsprogramm in ein verwendbares Format umgewandelt werden.

Mit dem Ergänzungspaket `graphicx` ist es möglich, Bilder auf einfache Weise einzubinden und mit zusätzlichen Optionen das Aussehen des Bildes zu beeinflussen. Dabei hat das Paket nachfolgende Parameter. graphicx.sty

- **treiber**
  Legt den Treiber für das Output-Format fest, in welches die `dvi`-Datei umgewandelt werden soll; d. h. nach dem LaTeX-Lauf wird der entsprechende DVI-Konverter (z. B. `dvips`) gestartet. Dabei sind standardmäßig folgende Treiber vorhanden: `dvips` (Standard), `dvipdf`, `dvipdfm` und `pdftex`. Weitere Treiber sind je nach Installation möglich. Für nachfolgende Beispiele verwenden wir den Treiber `dvips`, da als Output-Format PostScript erzeugt werden soll.
  Die Definitionen für die einzelnen Treiber finden sich in entsprechenden `def`-Dateien, die als Dateinamen den Treibernamen mit der Endung `.def` tragen (z. B. `dvips.def`). Auch andere Pakete greifen auf die Informationen des Treibers zurück, so erhält das `color`-Paket aus den Definitionen eine Palette vordefinierter Farben.

> ☞ **Treiber**
>
> Nicht bei jeder LaTeX-Version wird eine `dvi`-Datei erzeugt, so ist bei pdfLaTeX der Treiber (hier `pdflatex`) schon im Programm enthalten und erzeugt ohne Umwege das entsprechende Output-Format (hier PDF).

- **draft**
  Der Parameter legt fest, dass das entsprechende Bild nicht eingebunden wird. Es wird anstelle des Bildes nur ein Rahmen gezeichnet, der der Größe des Bildes entspricht. Im Rahmen wird der Dateiname der Grafik angegeben. Dadurch wird die Verarbeitungsgeschwindigkeit in der Entwurfsphase deutlicht erhöht. Wird bei der Klassenoption der Parameter `draft` angegeben, so wird dieser übernommen, wenn nicht anderes angegeben ist.

- **final**
  Das Gegenstück zu `draft` (Standard). Hier wird die Grafik wie gewünscht angezeigt.

- **hiderotate**
  Ein evtl. gedrehter Text wird nicht angezeigt. Diese Option ist für Betrachter notwendig, die nicht in der Lage sind, gedrehten Text anzuzeigen.

- **hidescale**
  Wie `hidrotate`, jedoch für skalierten Text.

- **hiresbb**
  Für die Größe des Bildes wird die `BoundingBox` benötigt. Bei EPS-Dateien kann LaTeX die Größenangaben direkt aus der Datei extrahieren. Dabei wird standardmäßig die Einstellung aus dem EPS-Befehl `%%BoundingBox` genommen. Der Parameter `hiresbb` sorgt dafür, dass stattdessen der EPS-Befehl `%%HiResBoundingBox` verwendet wird.

Nun stehen die Funktionen des Ergänzungspakets zur Verfügung, die in nachfolgende Bereiche aufgeteilt sind.

3.3.1 Drehen von Bildern und Text

Mit dem Befehl `\rotatebox` ist es möglich, Objekte, wie Bilder und Text zu drehen.

Der allgemeine Aufruf dabei lautet:

```
\rotatebox[<param>]{<winkel>}{<objekt>}
```

Dabei wird der Text bzw. das Objekt um den Referenzpunkt (Standard `Bl`) gedreht, wenn nichts anderes festgelegt ist (siehe Abbildung 3.47 auf der nächsten Seite).

Dabei lassen sich folgende Parameter einstellen:

- **x=dim**
  Der Drehpunkt wird vom Referenzpunkt in x-Richtung um den Wert `dim` verschoben.

- **y=dim**
  Der Drehpunkt wird vom Referenzpunkt in y-Richtung um den Wert `dim` verschoben.

Abb. 3.47: Parameter für den Referenzpunkt

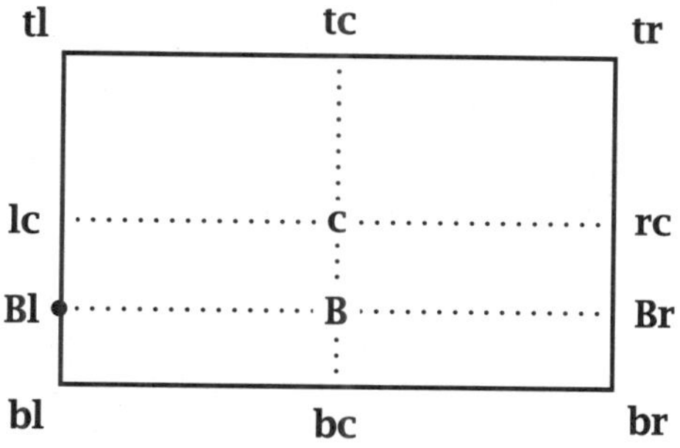

- **origin=label**
  Setzt den Referenzpunkt an die entsprechende Stelle (siehe Abbildung 3.47).
- **units=int**
  Legt die Maßeinheit für den Winkel fest. Der Standard ist hier 360. Soll stattdessen der Winkel in Neugrad angegeben werden, so muss hier 400 eingetragen werden.

In nachfolgendem Beispiel 3.43 wird ein Text nach oben (Referenzpunkt `Bl`) und ein weiterer Text nach unten (Referenzpunkt `Br`) gedreht.

```
11 \usepackage[dvips]{graphicx}
12
13 \begin{document}
14
15 \fbox{\large%
16   Von nun an geht es \rotatebox{25}{bergauf} und dann wieder \rotatebox[
     origin=rB]{-25}{bergab}!
17 }
```

Listing 3.43: Gedrehter Text (source/bsp_gra01.tex)

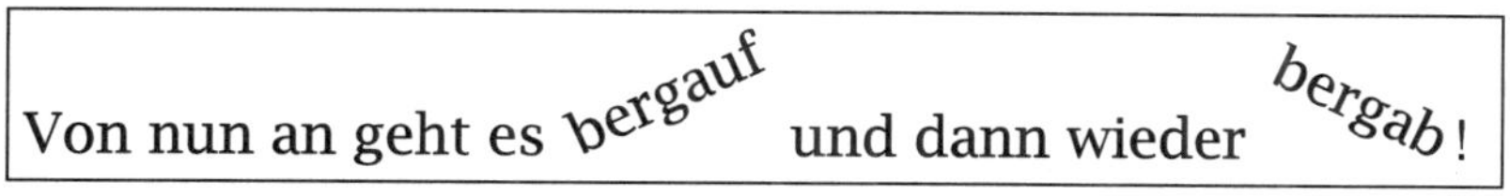

Abb. 3.48: Abbildung zu Listing 3.43

In Zeile 11 wird das Ergänzungspaket eingebunden. Dabei wird als Treiber `dvips` verwendet. Damit der Text und seine Größe besser erkennbar ist, wurde der gesamte Text mit einem Rahmen (Befehl `\fbox`) versehen.

> ☞ **Drehen von Text**
>
> Wenn Text gedreht wird, dann wird dieser von LaTeX nicht mehr als Text, sondern als Bild behandelt, das eine Breite und Höhe hat.

Es lässt sich aber auch eine Linie drehen (siehe Listing 3.44 auf der nächsten Seite).

```
\fbox{%
  \rotatebox{45}{\rule{3cm}{2pt}}
}
```

Listing 3.44: gedrehte Linie (source/bsp_gra01.tex)

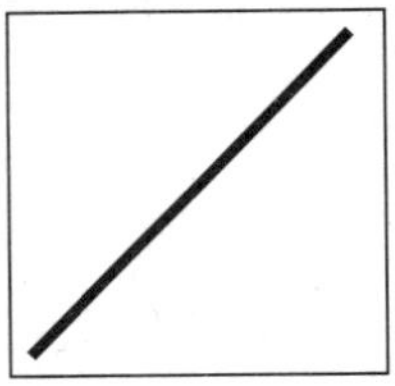

Abb. 3.49: Abbildung zu Listing 3.44

3.3.2 Skalieren von Bildern und Text

Mit dem Befehl `\scalebox` ist es möglich, Objekte wie Bilder bzw. Text zu skalieren.

Der allgemeine Aufruf dabei lautet:

```
\scalebox{<h-faktor>}[<v-faktor>]{<objekt>}
```

Dabei kann das Objekt jeweils in horizontaler und optional in vertikaler Richtung skaliert werden. Ein Wert größer 1 streckt das Objekt, ein Wert kleiner 1 staucht das Objekt.

In nachfolgendem Beispiel 3.45 wird ein Text in horizontaler Richtung um den Faktor 4 und in vertikaler Richtung um den Faktor 2 skaliert.

```
\fbox{%
  Von nun an geht es nur noch \scalebox{4}[2]{bergauf!}
}
```

Listing 3.45: skalierter Text (source/bsp_gra02.tex)

Von nun an geht es nur noch **bergauf!**

Abb. 3.50: Abbildung zu Listing 3.45

Der Befehl `\resizebox` arbeitet wie der Befehl `\scalebox`, jedoch wird der Text bzw. das Objekt auf eine bestimmte Breite bzw. Höhe skaliert. Der allgemeine Aufruf dabei lautet:

```
\resizebox{<breite>}{<höhe>}{<objekt>}
```

Wird anstelle der Breite bzw. Höhe ein „!" verwendet, so wird diese Größe automatisch entsprechend dem Größenverhältnis berechnet. Zusätzlich lassen sich die LaTeX-Größen `\height`, `\width`, `\totalheight` und `\depth` verwenden, um die entsprechenden Größen der Schrift zu ermitteln. Im nachfolgenden Beispiel wird die Breite auf 2 cm festgelegt und die Höhe bleibt mit `\height` unverändert.

```
\resizebox{2cm}{\height}{Text}
```

Zusätzlich gibt es zu dem Befehl eine Sternvariante, die anstelle der Höhe die Gesamthöhe (siehe `totalheight`), also Höhe plus Tiefe verwendet.

In nachfolgendem Beispiel 3.46 wird ein Text auf eine bestimmte Breite und Höhe skaliert.

```
\fbox{%
  Von nun an geht es nur noch \resizebox{3cm}{1.5em}{bergauf!}
}
```

Listing 3.46: Skalierter Text (Breite, Höhe) (source/bsp_gra03.tex)

Von nun an geht es nur noch **bergauf!**

Abb. 3.51: Abbildung zu Listing 3.46

3.3.3 Bilder aus einer Datei einbinden

Mit dem Befehl `includegraphics` kann ein Bild aus einer Datei eingebunden werden.

Der allgemeine Aufruf dabei lautet:

```
\includegraphics[<param>]{<datei>}
```

Dabei wird normalerweise die Dateiendung nicht angegeben. Das Paket hängt entsprechend der Treiberdefinition die Dateiendungen für die unterstützten Formate automatisch an und sucht sich so die entsprechende Datei selbst.

> **Dateiendung**
>
> Durch den automatischen Mechanismus der Dateiendungsergänzung ist es möglich, bei LaTeX die Dateiendung `.eps` zu verwenden und bei pdfLaTeX die Dateiendung `.pdf` bzw. `.png`, ohne dass dabei der `\includegraphics`-Befehl angepasst werden muss.

Als Parameter stehen folgende Werte zur Verfügung:

- **bb=x0 y0 x1 y1**
  Enthält die Werte (in der Einheit pt) für die `BoundingBox` (linke untere Ecke und rechte obere Ecke). Wird hier eine EPS-Datei eingebunden, so kann die Einstellung entfallen, da LaTeX direkt die Werte aus der EPS-Datei ermitteln kann.
  z. B. `bb=0 0 100 200`

- **width=dim**
  Legt die Breite des Bildes fest. Dabei wird die Originalbreite entsprechend gestaucht bzw. gestreckt. Wird keine Höhe angegeben, so wird diese automatisch entsprechend dem Seitenverhältnis der BoundingBox berechnet.

- **height=dim**
  Legt die Höhe des Bildes fest. Dabei wird die Originalhöhe entsprechend gestaucht bzw. gestreckt. Wird keine Breite angegeben, so wird diese automatisch entsprechend dem Seitenverhältnis der BoundingBox berechnet.

- **totalheight=dim**
  Legt die Gesamthöhe fest. Dieser Parameter unterscheidet sich dann von `height`, wenn das Bild gedreht worden ist.

- **scale=int**
  Das Bild wird maßstäblich skaliert.

- **angle=int**
  Der Winkel, um den das Bild gedreht wird.

- **origin=label**
  Setzt den Referenzpunkt an die entsprechende Stelle (siehe Abbildung 3.47 auf Seite 149).

- **natheight,natwidth**
  Die Bildgröße wird durch Angabe der rechten oberen Ecke festgelegt. Die untere linke Ecke ist dabei immer `(0,0)`.

- **viewport=x0 y0 x1 y1**
  Damit wird der rechteckige Ausschnitt festgelegt, der angezeigt werden soll. Der Bezugspunkt ist dabei die linke untere Ecke der BoundingBox.

- **trim=x0 y0 x1 y1**
  Verkleinert die Boundingbox auf jeder Seite.

- **clip**
  Ist das Bild größer als der anzuzeigende Bereich, werden die überstehenden Teile abgeschnitten. Standardmäßig wird das gesamte Bild angezeigt.

- **draft**
  Entwurfsmodus, siehe Paketparameter (`\usepackage[draft]{graphicx}`).

- **final**
  Endmodus, siehe Paketparameter (`\usepackage[final]{graphicx}`).

- **keepaspectratio**
  Wird dieser Parameter angegeben, so wird bei der Angabe der Höhe und Breite das Seitenverhältnis beibehalten. Die Werte werden dann entsprechend angepasst. Wird der Parameter nicht angegeben, so wird bei Angabe der Höhe und Breite das Bild verzerrt.

- **ext, type, read, command**
  Mit diesen Parametern wird das Verhalten bei bestimmten Fremdformaten spezifiziert. Siehe hierzu auch den Befehl `\DeclareGraphicsRule` auf Seite 158.

> **☞ Gleitende Umgebung für Bilder**
>
> Da Bilder aus Platzmangel nicht immer an die Stelle gesetzt werden können, wo sie auftreten, sollten diese unbedingt in eine gleitende Umgebung (`figure`) gesetzt werden. Mehr zu gleitenden Umgebungen finden Sie in Kapitel 3.2 auf Seite 128.

Nachfolgend werden einige Beispiele die Einstellmöglichkeiten des Befehls `\includegraphics` verdeutlichen.

In nachfolgendem Beispiel 3.47 wird die Breite des Bildes fest vorgegeben. Die Höhe wird entsprechend dem Seitenverhältnis angepasst. Da es sich bei dem Bild um eine EPS-Datei handelt, ist keine Größenangabe über den Boundingbox-Parameter notwendig.

```
\includegraphics[width=2cm]{bild}
```

Listing 3.47: Breite anpassen

Es ist aber auch möglich, die Boundingbox einzutragen. Mit nachfolgenden Befehlen (hier Unix-Befehle) werden die entsprechenden Daten aus der EPS-Datei extrahiert.

```
cat bild.eps | grep BoundingBox
```

> **☞ UNIX-Befehle unter Windows**
>
> Viele der unter UNIX vorhandenen Befehle lassen sich mithilfe der GNU-Tools auch unter Windows ausführen. Dazu muss das GNU-Tools-Paket installiert werden, welches Sie auf der Buch-CD-ROM finden.

Als Ergebnis erhält man dann folgende Ausgabe:

```
%%BoundingBox: 0 0 163 121
```

Die Werte können dann in den bb-Parameter übernommen werden (siehe Listing 3.48).

```
\includegraphics[bb=0 0 163 121,%
                 height=2cm]{bild}
```

Listing 3.48: Verwendung der BoundingBox

In nachfolgendem Beispiel 3.49 wird das Bild um einen Winkel gedreht.

```
\includegraphics[angle=30,%
                 height=2cm]{bild}
```

Listing 3.49: Drehen eines Bildes

In nachfolgendem Beispiel 3.50 wird das Bild um einen Faktor skaliert.

```
\includegraphics[scale=0.2]{bild}
```

Listing 3.50: Skalieren eines Bildes

In nachfolgendem Beispiel (siehe Listing 3.51) wird das Bild in Breite und Höhe angepasst. Da hier das Seitenverhältnis nicht berücksichtigt wird, wird das Bild verzerrt.

```
\includegraphics[width=3cm,%
                 height=1cm]{bild}
```

Listing 3.51: Verzerren eines Bildes

In nachfolgendem Beispiel 3.52 wird die BoundingBox auf jeder Seite verkleinert. Dadurch wird das Bild entsprechend abgeschnitten (der äußere Rahmen fehlt). Das Abschneiden wird aber erst aktiv, wenn der Parameter `clip` verwendet worden ist.

```
\includegraphics[width=2cm,clip,%
                 trim=10 10 10 10]%
                 {bild}
```

Listing 3.52: Verkleinerung der BoundingBox

In nachfolgendem Beispiel 3.53 wird ein Ausschnitt für das Bild gewählt. Dieser Auschnitt wird dann auf die entsprechende Breite skaliert, hier im konkreten Fall vergrößert.

```
\includegraphics[width=1cm,clip,%
                 viewport=0 0 50 50]%
                 {bild}
```

Listing 3.53: Anzeige mit ViewPort

Dateiendungen für die Bilder festlegen

Wie Sie schon erfahren haben, hängt LaTeX die Dateiendung automatisch an und sucht dann die Datei. Mit dem Befehl `\DeclareGraphicsExtensions` werden die entsprechenden Dateiendungen festgelegt.

Standardmäßig werden diese wie folgt definiert:

```
\DeclareGraphicsExtensions{.eps,.ps,.eps.gz,.ps.gz,.eps.Z}
```

Dies bedeutet, dass wenn wie in den Beispielen oben die Datei `bild` geladen werden soll, nachfolgende Dateien gesucht werden:

```
bild.eps
bild.ps
bild.eps.gz
bild.ps.gz
bild.eps.Z
```

Dabei wird zuerst die erste Datei (hier `bild.eps`) gesucht. Wird diese nicht gefunden, so wird die nächste Datei gesucht, bis alle Dateien durchgearbeitet worden sind. Ist dann immer noch keine Datei gefunden worden, so wird eine entsprechende Fehlermeldung ausgegeben.

Soll auch eine Datei ohne Dateieindung eingebunden werden, so muss eine leere Definition (mit geschweiften Klammern) eingefügt werden.

```
\DeclareGraphicsExtensions{.eps,.ps,.eps.gz,.ps.gz,.eps.Z,{}}
```

Anschließend wird in den Regeln für die Grafikformate nachgeschlagen, wie die entsprechende Datei verarbeitet werden soll.

Regeln für Grafikformate festlegen

Für jede Dateiendung gibt es eine Regel, wie die entsprechende Datei verarbeitet werden soll. Regeln werden über den Befehl `\DeclareGraphicsRule` definiert.

Der allgemeine Aufruf dabei lautet:

```
\DeclareGraphicsRule{<Datei-Endung>}{<Typ>}{<Datei mit Bildgröße>}{<Befehl>}
```

Bei der Definition der Regel wird zuerst die Dateiendung angegeben, gefolgt von dem Typ, der als Ergebnis zurückgeliefert wird (bei `dvips` „eps"). Anschließend wird die Datei angegeben, in der die Informationen (hier `BoundingBox`) zur Größe des Bildes stehen. Wird diese nicht angegeben, so muss zwingend der bb-Parameter bei dem Befehl `\includegraphics` angegeben werden. Zum Schluss wird der Befehl angegeben, der das entsprechende Format umwandelt, dieser muss über den Suchpfad (Umgebungsvariable PATH) des Betriebssystems auffindbar sein.

Nachfolgendes Beispiel verdeutlicht die Funktionsweise:

```
\DeclareGraphicsRule{.eps.gz}{eps}{.eps.bb}{'gunzip -c #1}
```

Hier wird für die Dateiendung `.eps.gz` eine Regel definiert. Als Ergebnis wird ein Bild im EPS-Format zurückgeliefert. Die Daten für die Bildgröße finden sich in der Datei mit der Dateiendung `.eps.bb`. Mit dem Befehl `gunzip -C #1` wird die Datei bearbeitet. Hier im konkreten Fall wird die komprimierte Datei (diese wird mit `#1` übergeben) entpackt (der Parameter `-C` sorgt dafür, dass keine Datei für das Ergebnis erzeugt wird) und das Ergebnis, eine EPS-Datei, zurückgeliefert. Die Größe der BoundingBox wird aus der Datei `<bild>.eps.bb` gelesen.

☞ EPS-Dateien packen

EPS-Dateien können mit dem Befehl

```
gzip <bild>.eps
```

komprimiert werden.

In nachfolgendem Beispiel 3.54 wird eine komprimierte Datei (Format `gzip`) eingebunden.

```
12 \usepackage[dvips]{graphicx}
13
14 \DeclareGraphicsExtensions{.eps,.ps,.eps.gz,.ps.gz,.eps.Z}
15 \DeclareGraphicsRule{.eps.gz}{eps}{.eps.bb}{`gunzip -c #1}
16
17 \begin{document}
18
19 \begin{figure}
20   \includegraphics[scale=0.6]{bild2}
21   \caption{Einbinden von bild.eps.gz}
22 \end{figure}
```

Listing 3.54: Einbinden einer gepackten Datei (source/bsp_gra04.tex)

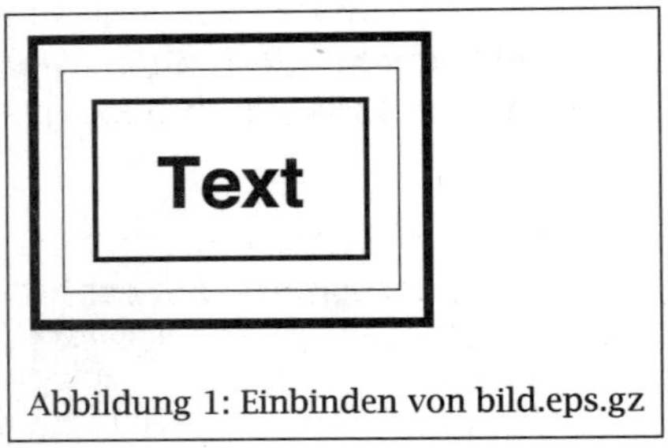

Abb. 3.52: Abbildung zu Listing 3.54

Beachten Sie, dass in Zeile 20 keine Dateiendung angegeben wird.

In der Datei `bild2.eps.bb` steht nur eine Zeile, die die BoundingBox-Information enthält.

```
%%BoundingBox: 0 0 163 121
```

Der Vorteil, die EPS-Datei zu komprimieren, liegt darin, dass dadurch enorm Platz gespart werden kann. Im Original hat die kleine Grafik eine Größe von 3135 Bytes, was eigentlich nicht viel ist. Komprimiert hat die Datei nur noch eine Größe von 1032 Bytes. Sie sehen, man kann dadurch in diesem Beispiel etwa 2/3 an Platz einsparen. Haben Sie größere Bilder im EPS-Format, macht sich dies deutlich bemerkbar.

Für jedes dem dvi-Treiber unbekannte Format (hier für `dvips`) muss ein Konvertierungsprogramm in einer Regel definiert werden. Wollen Sie die bekannten Formate wie `jpeg`, `tiff`, `gif` oder `png` verwenden, so müssen entsprechende Regeln mit dem Aufruf des Konvertierungprogramms erstellt werden.

Als gutes und frei verfügbares Konvertierprogramm wird gerne `convert` aus dem ImageMagick-Paket verwendet. Dieses Programm gibt es für viele Betriebssysteme (Linux, Windows ...) und kann unter der URL `http://www.imagemagick.org` bezogen werden.

Der Aufruf von `convert` hat dabei allgemein folgende Syntax:

```
convert [parameter] format:quelle format:ziel
```

Lässt sich das Format anhand der Dateiendung ermitteln, so kann der `format`-Vorsatz entfallen. Weitere Einstellmöglichkeiten und Parameter entnehmen Sie der Programmdokumentation.

Die Regeln und Definitionen lauten dann wie folgt:

```
\DeclareGraphicsExtensions{.eps,.ps,.eps.gz,.ps.gz,.eps.Z,.gif,.jpg,.tif,.
    fig}
\DeclareGraphicsRule{.eps.gz}{eps}{}{‘gunzip -c #1}
\DeclareGraphicsRule{.gif}{eps}{}{‘convert #1 'eps:-'}
\DeclareGraphicsRule{.jpg}{eps}{}{‘convert #1 'eps:-'}
\DeclareGraphicsRule{.tif}{eps}{}{‘convert #1 'eps:-'}
\DeclareGraphicsRule{.fig}{eps}{}{‘fig2dev -L ps #1}
```

Zusätzlich wurde das Format `fig` aufgenommen, welches Bilder, die mit dem Programm `xfig` gezeichnet worden sind, in das EPS-Format (mit dem Tool `fig2dev`) umwandelt. Mit dem Programm ist auch die Datei `bild.eps` entstanden.

Bei den Regeln wurde darauf verzichtet, die BoundingBox-Daten in einer Datei abzulegen, was bedeutet, dass diese über den bb-Parameter angegeben werden müssen. Mit nachfolgendem Aufruf können die Daten ermittelt werden:

```
convert <bild>.jpg eps:- | grep %%BoundingBox
```

In nachfolgendem Beispiel 3.55 wird eine `jpg`-Datei eingebunden.

```
\usepackage[dvips]{graphicx}

\DeclareGraphicsExtensions{.eps,.ps,.eps.gz,.ps.gz,.eps.Z,.gif,.jpg,.tif,.
fig}
\DeclareGraphicsRule{.eps.gz}{eps}{}{‘gunzip -c #1}
\DeclareGraphicsRule{.gif}{eps}{}{‘convert #1 'eps:-'}
\DeclareGraphicsRule{.jpg}{eps}{}{‘convert #1 'eps:-'}
\DeclareGraphicsRule{.tif}{eps}{}{‘convert #1 'eps:-'}
\DeclareGraphicsRule{.fig}{eps}{}{‘fig2dev -L ps #1}

\begin{document}

\begin{figure}
  \includegraphics[bb=0 0 2048 1536,width=5cm]{maxi}
\end{figure}
```

Listing 3.55: Einbinden einer jpg-Datei (source/bsp_gra05.tex)

Abb. 3.53: Abbildung zu Listing 3.55

Mit den Grafik-Regeln lassen sich auf diese Weise beliebig viele Grafikformate zur Laufzeit verwenden, es muss nur ein entsprechendes Konvertierungsprogramm vorhanden sein. Alternativ kann auch vorher die Konvertierung durchgeführt werden und es werden im Dokument nur EPS-Dateien eingebunden.

Jedoch muss erwähnt werden, dass hier jedes Verfahren Vor- und Nachteile hat (siehe Tabelle 3.2 auf der nächsten Seite).

Für dieses Buch haben wir alle Dateien vorher mit Hilfe einer `make`-Datei nach EPS konvertiert, damit Rechenzeit beim LaTeX-Lauf eingespart werden konnte. Der dadurch höhere Bedarf an Plattenplatz fällt bei den heutigen Festplatten nicht allzu sehr ins Gewicht.

> ☞ **Make-Dateien**
>
> Durch die Verwendung von `make`-Dateien kann vor dem eigentlichen LaTeX-Lauf automatisch überprüft werden, ob entsprechende Bilder konvertiert werden müssen und dann die Konvertierung vor dem ersten Lauf durchgeführt werden.

Konvertierungsregeln im Befehl \includegraphics verwenden

Es ist auch möglich, die Konvertierungsregeln im Befehl `\includegraphics` zu verwenden. Dazu stehen die Parameter `ext`, `type`, `read` und `command` bereit, die dieselbe Funktion wie im Aufruf von `\DeclareGraphicsRule` haben.

Das Beispiel aus Listing 3.55 auf der vorherigen Seite kann auch wie folgt umgeschrieben werden (siehe Listing 3.56), das Ergebnis sieht dabei identisch aus.

```
\begin{figure}
  \includegraphics[bb=0 0 2048 1536,width=5cm,%
                   ext=.jpg,type=eps,%
                   command='convert #1 eps:-]{maxi}
\end{figure}
```

Listing 3.56: Regeln direkt im Befehl definieren (source/bsp_gra06.tex)

Dieses Verfahren hat aber den Nachteil, dass für jeden `\includegraphics`-Befehl eine solche Definition nötig ist, was wesentlich mehr Aufwand ist.

Online-Konvertierung über Grafikregeln	Vorherige Konvertierung und Einbindung von EPS-Dateien
• Das Bild wird zur Laufzeit umgewandelt. Somit werden Änderungen an den Konvertierungsparametern beim nächsten LaTeX-Lauf automatisch durchgeführt.	• Das Bild wird nur einmal konvertiert und steht dann immer zur Verfügung und kann ohne weitere Umwandlung eingebunden werden.
• Da EPS-Dateien (Version 1), gerade wenn diese aus einer JPG-Datei erzeugt werden, sehr groß sind, wird nicht unnötig viel Plattenplatz für die großen EPS-Dateien verschwendet. Bei EPS (Version 2) wird dagegen direkt das JPG-Format in EPS eingebunden, was deutlich weniger Platz benötigt.	• Da alle Bilder im EPS-Format vorhanden sein müssen, wird bei EPS-Version 1 sehr viel Plattenplatz benötigt.
• Da die Umwandlung bei jedem Lauf durchgeführt wird, wird viel Zeit verschwendet, gerade dann, wenn sich am Originalbild nichts geändert hat.	• Vor dem LaTeX-Lauf müssen alle verwendeten Bilder bereits im EPS-Format vorliegen, ein evtl. Konvertierungsvorgang muss vorher durchgeführt werden.

Tabelle 3.2: Vor- und Nachteile

Suchpfad für Dateien festlegen

Standardmäßig sucht LaTeX in folgenden Verzeichnissen:

- im aktuellen Verzeichnis,
- im `texmf`-Baum unter `tex/latex/`, (siehe Kapitel 11.3 auf Seite 576),
- in allen Verzeichnissen, die in der Umgebungsvariable `TEXINPUTS` aufgeführt sind und
- in allen Verzeichnissen, die über den Befehl `\graphicspath` aufgelistet sind.

Wir verwenden für dieses Buch die Umgebungsvariable `TEXINPUTS`, da diese den Vorteil hat, dass Verzeichnisse aufgenommen oder geändert werden können, ohne dabei am LaTeX-Dokument Änderungen vornehmen zu müssen.

Sollen verschiedene Unterverzeichnisse über die Umgebungsvariable eingebunden werden, so lautet der Befehl zum Setzen des Unterverzeichnisses wie folgt:

- **Linux**
  `export TEXINPUTS=images:/bilder/eps:$TEXINPUTS`
- **Windows**
  `set TEXINPUTS=images;c:\bilder\eps;%TEXINPUTS%`

Dabei sollte immer der vorherige Inhalt der Umgebungsvariablen hinzugefügt werden, damit schon gewisse Verzeichnisse vorab eingetragen sein können (standardmäßig bei Linux). Beachten Sie dabei, dass auch genügend Speicher für Umgebungsvariablen vorhanden ist, wenn Sie viele Verzeichnisse hier eintragen. Bei Windows-Systemen ist dieser meist sehr klein voreingestellt.

Diese Variante stellt dabei die schnellste Möglichkeit dar, wenn mehrere Verzeichnisse angegeben werden.

Sollen Verzeichnisse über den Befehl `\graphicspath` eingebunden werden, so lautet der Befehl:

```
\graphicspath{{images}{/bilder/eps}}
```

Diese Variante sollte nur in Ausnahmefällen benutzt werden, da diese deutlich langsamer ist, als wenn die Verzeichnisse über die Umgebungsvariable gesetzt werden.

> ☞ **Dateinamen mit Verzeichniseintrag**
>
> Prinzipiell ist es auch möglich, im Befehl `\includegraphics` vor dem Dateinamen einen Verzeichniseintrag zu setzen. Dies sollte man aber nicht machen, da sonst bei jeder Änderung der Verzeichnisstruktur das Dokument geändert werden muss, was unnötig Arbeit bereitet. Desweiteren wird dadurch der TeX-interne `poolsize`-Speicher unnötig belastet. Im Extremfall kann es hier sogar zu einem Überlauf kommen, der zu einem Abbruch und einer Fehlermeldung führt.

Bilder zentrieren

Bilder können auf zwei Arten zentriert werden. Die erste Variante ist, den Befehl in eine `center`-Umgebung zu integrieren.

```
\begin{figure}
  \begin{center}
    \includegraphics{bild}
  \end{center}
\end{figure}
```

Dies hat den Nachteil, dass durch die `center`-Umgebung ein zusätzlicher vertikaler Zwischenraum eingefügt wird, was nicht immer erwünscht ist. Alternativ kann auch der Befehl `\centering` in der `figure`-Umgebung verwendet werden. Dieser erzeugt keinen zusätzlichen vertikalen Zwischenraum.

```
\begin{figure}
  \centering
  \includegraphics{bild}
\end{figure}
```

Bilder nebeneinander setzen

Sollen zwei Bilder nebeneinander gesetzt werden, so kann dafür eine `minipage`-Umgebung verwendet werden.

```
1 \begin{figure}
2   \begin{minipage}[b]{.4\linewidth}
3     \includegraphics[width=\linewidth]{bildlinks}
4     \caption{Bildunterschrift links}
5   \end{minipage}
6   \hspace{.1\linewidth}
7   \begin{minipage}[b]{.4\linewidth}
8     \includegraphics[width=\linewidth]{bildrechts}
9     \caption{Bildunterschrift rechts}
10  \end{minipage}
11 \end{figure}
```

Dabei wird jeweils die Breite jeder Hälfte auf 40 % der Zeilenbreite gesetzt (siehe Zeile 2 und 7). Wichtig dabei ist, dass die Bildgröße auf jeden Fall kleiner gewählt wird als die Breite der `minipage`-Umgebung, da sonst eine `overfull hbox`-Meldung ausgegeben wird. Damit beide Bilder auf gleicher Höhe liegen, wird mit dem Parameter `[b]` dafür gesorgt, dass beide Bilder unten ausgerichtet werden.

Anstelle eines Bildes kann auch eine Tabelle oder ein anderes Objekt neben einem Bild platziert werden.

Regeln, die das Arbeiten mit Bildern erleichtern

Nachfolgende Regeln erleichtern Ihnen das Arbeiten mit Bildern.

- Keine Dateiendung angeben. Diese wird über `\DeclareGraphicsExtensions` festgelegt.
- Keine Verzeichnisse vor dem Dateinamen angeben.
- Suchverzeichnisse über die Umgebungsvariable `TEXINPUTS` einbinden.
- Den Befehl `\includegraphics` immer in eine eigene Zeile schreiben, da sonst der `poolsize`-Speicher überlaufen kann.
- Dateien vor dem LaTeX-Lauf konvertieren, um Rechenzeit zu sparen.

3.3.4 Bilder mehrmals einbinden

Wird ein Bild mehrmals verwendet und jeweils mit `\includegraphics` eingebunden, entstehen folgende Probleme:

- LaTeX bzw. auch der entsprechende Treiber muss jedesmal die Datei finden und komplett einlesen. Dies kostet Rechenzeit.

- Die Ausgabedatei (z. B. die PostScriptdatei) wird mehrmals mit der gleichen EPS-Datei aufgeblasen, was unnötig Plattenplatz verschwendet.

Um das erste Problem zu lösen, kann die Datei in einer LaTeX-Box gespeichert werden und dann aus dieser jeweils immer verwendet werden. Dadurch wird die Datei nur einmal gesucht und eingelesen. Der Plattenplatz wird aber dadurch nicht verringert.

In nachfolgendem Beispiel 3.57 wird eine jpg-Datei einmal in einer LaTeX-Box eingebunden und dann mehrmals verwendet.

```
\newsavebox{\meinbild}
\sbox{\meinbild}{\includegraphics[bb=0 0 2048 1536,width=4cm]{maxi}}

\begin{figure}
  \begin{minipage}[b]{.3\linewidth}
    \usebox{\meinbild}
  \end{minipage}
  \hspace{.05\linewidth}
  \begin{minipage}[b]{.3\linewidth}
    \rotatebox[origin=c]{25}{\usebox{\meinbild}}
  \end{minipage}
\end{figure}
```

Listing 3.57: Bild in LaTeX-Box einbinden (source/bsp_gra07.tex)

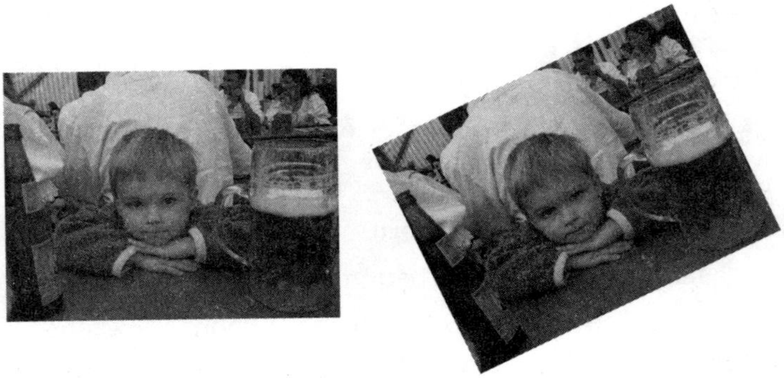

Abb. 3.54: Abbildung zu Listing 3.57

☞ Einbinden über PostScript-Befehle

Mithilfe von PostScript-Befehlen ist es möglich, ein Bild (EPS-Vektorzeichnung) so einzubinden, dass dieses nur einmal im Outputdokument gespeichert wird und darauf mehrmals verwiesen werden kann. Da hierzu aber Wissen über interne PostScript-Kommandos notwendig ist, wollen wir dieses Thema hier nicht vertiefen. Mehr Informationen und ein Beispiel dazu finden Sie in der Dokumentation CTAN:`info/epslatex.ps` (Kapitel 15) auf dem Dante-CTAN-Server unter der URL `http://www.dante.de`.

3.3.5 Hintergrundbilder

Mit dem Ergänzungspaket `eso-pic` ist es möglich, auf jede Seite ein Hintergrundbild zu setzen. Dabei wird das entsprechende Bild mit dem Befehl `\AddToShipoutPicture` hinzugefügt. Dabei lässt sich das Bild entsprechend drehen, skalieren oder sonst bearbeiten. Da der Befehl bei jeder Seite aktiv wird, sollten Sie unbedingt das Bild in eine LaTeX-Box einbetten, damit nicht bei jeder Seite die Bilddatei geladen wird. eso-pic.sty

In nachfolgendem Beispiel 3.58 wird ein Hintergrundbild für jede Seite eingebunden.

```
\usepackage[dvips]{graphicx}
\usepackage{eso-pic}

\newsavebox{\hintergrund}
\sbox{\hintergrund}{\includegraphics{hintergrund}}

\AddToShipoutPicture{%
  \setlength{\unitlength}{1cm}
  \put(3,13){%
    \rotatebox[origin=c]{-50}{\usebox{\hintergrund}}
  }
}

\begin{document}
\Huge\centering

Dies ist ein Text\\ mit einem Hintergrundbild!
\vfill
Dies ist ein Text\\ mit einem Hintergrundbild!
\vfill
Dies ist ein Text\\ mit einem Hintergrundbild!

\end{document}
```

Listing 3.58: Hintergrundbild (source/bsp_gra08.tex)

Dabei wird in Zeile 14 und 15 das Bild in einer LaTeX-Box gespeichert. Ab Zeile 17 wird dann das Bild als Hintergrundbild hinzugefügt. Dazu wird zuerst die Längeneinheit auf 1 cm festgelegt und mit dem Befehl `put` entsprechend positioniert. Mehr zum `put`-Befehl finden Sie in Kapitel 6.1.2 auf Seite 317. Der Befehl `\rotatebox` sorgt dafür, dass das Bild (hier der Text „Entwurf“) um $-50°$ gedreht wird.

Der nachfolgende Text wird in der Schriftgröße `Huge` und mittig gesetzt. Dabei wird er jeweils vertikal mit gleichem Abstand über die Seite verteilt.

3.3.6 Bilder mit psfrag bearbeiten

Oft stellen diverse Programme, wie Zeichenprogramme oder mathematische Programme, die Graphen anhand von Messdaten erstellen, die Möglichkeit zur Verfügung, Bilder und Zeichnungen im EPS-Format abzuspeichern.

Dies ist ein Text
mit einem Hintergrundbild!

Abb. 3.55: Abbildung zu Listing 3.58

Dies ist ein Text
mit einem Hintergrundbild!

Dies ist ein Text
mit einem Hintergrundbild!

psfrag.sty

Mit dem Ergänzungspaket `psfrag` lassen sich EPS-Dateien auf verschiedene Weise bearbeiten bzw. nachbearbeiten. Dabei sieht das Paket vor, dass in der EPS-Datei Textmarken mit entsprechenden LaTeX-Befehlen ersetzt werden. Dadurch kann die Beschriftung, das Aussehen, der Font und vieles mehr geändert werden.

Das Programm wird über nachfolgende Zeile eingebunden:

```
\usepackage[<param>]{psfrag}
```

Als Parameter stehen folgende Werte zur Verfügung:

- **209mode**
  Es wird der alte Modus für die LaTeX-Version 2.09 verwendet.
- **2emode**
  Es wird der neue Modus für die LaTeX-Version 2e verwendet (Standard).
- **scanall**
  Es wird der Scanmodus für alle eingebundenen Grafiken eingeschaltet. Achtung, bei vielen Bildern im Dokument führt dies zu langen Rechenzeiten.
- **debug**
  Es werden Debug-Informationen ausgegeben (für Entwickler).

Die Modifikationen an der EPS-Datei werden über den Befehl `psfrag` realisiert.

Der allgemeine Aufruf dabei lautet:

```
\psfrag{<Marke>}[<pos>][<pspos>][<scale>][<winkel>]{<LaTeX-Befehl(e)>}
```

Dabei wird mit `Marke` der Text markiert, der mit den entsprechenden LaTeX-Befehlen ersetzt werden soll. Mit `pos` wird die Ausrichtung der Textmarke festgelegt, mit `pspos` die Ausrichtung der LaTeX-Befehle. Dabei werden die Kürzel wie beim `graphicx`-Paket (siehe Abbildung 3.47 auf Seite 149) verwendet. Optional kann mit `scale` eine Skalierung und mit `winkel` eine Drehung durchgeführt werden. Der Befehl `\psfrag` kann für ein Bild beliebig oft verwendet werden.

Wird ohne den optionalen Paketparameter `scanall` gearbeitet, so ist direkt vor dem Bild der Befehl `\psfragscanon` zu setzen, damit das nachfolgende Bild mit `\psfrag` überprüft und gegebenenfalls entsprechend bearbeitet wird.

In nachfolgendem Beispiel 3.60 wird der Text im Originalbild ausgetauscht und anders formatiert.

```
\includegraphics[width=2cm]{bild}
```

Listing 3.59: Original

```
\psfrag{Text}{\textit{Haus}}
\psfragscanon
\includegraphics[width=2cm]{bild}
```

Listing 3.60: Veränderung mit psfrag

Wird das Bild mit dem Befehl `\includegraphics` in seiner Größe verändert, so wird dieses vor dem Ersetzen mit `\psfrag` durchgeführt. Soll die Größenänderung erst nach dem Austauschen erfolgen, so ist der Befehl `\resizebox` zu verwenden.

```
\resizebox{2cm}{!}{\includegraphics{bild}}
```

Der Befehl `\psfrag` ist solange aktiv, bis die Umgebung verlassen worden ist, in der er verwendet worden ist. Wird er im Hauptdokument verwendet, so gilt er für alle nachfolgenden Bilder, die eingebunden werden. Mit der Umgebung `psfrags` wird sichergestellt, dass Änderungen nur für die Bilder gelten, die in der Umgebung verwendet werden. Für alle anderen Bilder gilt diese Änderung nicht.

3.4 Verdrehen von Objekten und gleitenden Umgebungen

rotating.sty

Mit dem Ergänzungspaket `rotating`, das Sie schon in Kapitel 3.1.3 auf Seite 112 kennen gelernt haben, ergeben sich noch weitere Möglichkeiten.

Umgebung „rotate“

Mit der Umgebung `rotate` lassen sich Text und Objekte wie in der Umgebung `turn` drehen, jedoch wird dafür kein zusätzlicher Platz reserviert, was dafür sorgt, dass der Text evtl. über andere Texte gelegt wird.

Der allgemeine Aufruf dabei lautet:

```
\begin{rotate}{<winkel>}
  % ...
\end{rotate}
```

Dabei wird der Inhalt um den angegebenen Winkel gedreht.

Im nachfolgenden Beispiel 3.61 wird der Text in der Umgebung gedreht.

```
\usepackage{rotating}

\begin{document}
\large

Dies ist ein Text vor der rotate--Umgebung

\begin{rotate}{-15}
\fbox{Dies ist der Text, der gedreht wird!}
\end{rotate}

Dies ist der Text nach der rotate--Umgebung

\end{document}
```

Listing 3.61: Drehen von Text (source/bsp_rot01.tex)

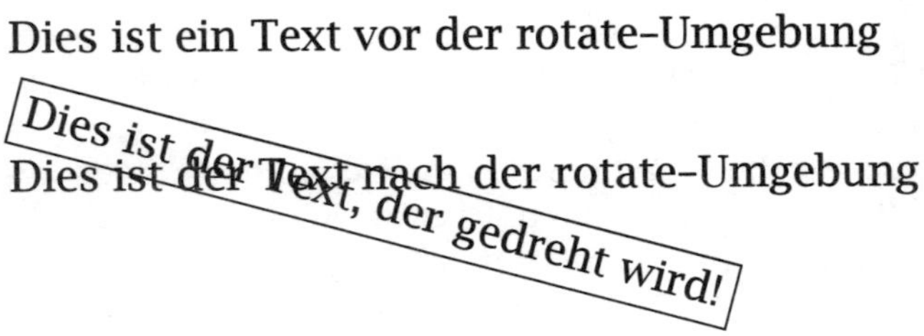

Abb. 3.56: Abbildung zu Listing 3.61

Umgebung „sideways“

Mit der Umgebung `sideways` lassen sich Text und Objekte um 90° drehen. Der allgemeine Aufruf dabei lautet:

```
\begin{sideways}
  % ...
\end{sideways}
```

Im nachfolgenden Beispiel 3.62 wird der Text in der Umgebung um 90° gedreht.

```
Dies ist ein Text vor der sideways--Umgebung

\begin{sideways}
\fbox{Dies ist der Text, der um~90° gedreht wird!}
\end{sideways}

Dies ist der Text nach der sideways--Umgebung
```

Listing 3.62: Drehen von Text um 90° (source/bsp_rot02.tex)

Abb. 3.57: Abbildung zu Listing 3.62

Dies ist ein Text vor der sideways-Umgebung

Dies ist der Text, der um 90° gedreht wird!

Dies ist der Text nach der sideways-Umgebung

Gedrehte gleitende Umgebungen

Für Tabellen bzw. Bilder, die gleitend im Text angeordnet werden sollen, gibt es zwei Umgebungen, die eine Drehung um 90° veranlassen.

Der allgemeine Aufruf dabei lautet:

```
\begin{sidewaystable}
  % ...
\end{sidewaystable}
```

Die Umgebung verhält sich dabei genau wie die `table`-Umgebung (alle Einstellungen gelten hier auch), nur dass dabei die Tabelle und die dazugehörende Unterschrift um 90° gedreht wird. Die Nummerierung wird fortlaufend mit der `table`-Umgebung fortgeführt, wobei die beiden Umgebungen beliebig gemischt werden können. Dabei wird die gleitende Umgebung auf einer eigenen Seite platziert.

Alternativ für Bilder gibt es die `sidewaysfigure`-Umgebung.

Der allgemeine Aufruf dabei lautet:

```
\begin{sidewaysfigure}
  % ...
\end{sidewaysfigure}
```

In nachfolgendem Beispiel 3.63 wird die Tabelle um 90° gedreht.

```
\begin{sidewaystable}
  \begin{tabular}{@{}lld{2.2}@{}} \toprule
    \multicolumn{3}{c}{Käse--Übersicht} \\ \midrule
    Käse      & Herkunftsland     &
    \multicolumn{1}{l@{}}{Preis (Euro)} \\
    \cmidrule(r){1-1}\cmidrule(lr){2-2}\cmidrule(l){3-3}
    Edamer            & Holland           & 12,23 \\
    Gouda             & Holland           &  9,34 \\
    Emmentaler        & Allgäu            &  2,3  \\
    Andechser Bierkäse & Bayern           &  1,-  \\
    \bottomrule
  \end{tabular}
  \caption{Käseübersicht}
  \label{tab:kaeseuebersicht}
\end{sidewaystable}
```

Listing 3.63: Drehen von gleitenden Tabellen um 90° (source/bsp_rot03.tex)

Um die gedrehte Tabelle hier mitten im Text anzeigen zu können, wurde diese in einer eigenen Datei als Bild exportiert und hier eingebunden.

Abb. 3.58: Abbildung zu Listing 3.63

Käse-Übersicht		
Käse	Herkunftsland	Preis (Euro)
Edamer	Holland	12,23
Gouda	Holland	9,34
Emmentaler	Allgäu	2,3
Andechser Bierkäse	Bayern	1,–

Tabelle 2: Käseübersicht

3.5 Weitere Möglichkeiten für gleitende Umgebungen

Für gleitende Umgebungen gibt es noch weitere Ergänzungspakete, die umfangreiche Möglichkeiten zur Verfügung stellen.

3.5.1 Teilbilder bzw. Tabellen einzeln nummerieren

Mit dem Ergänzungspaket `subfigure` lassen sich Teilbilder bzw. Tabellen (in Gruppen) mit einer eigenen Unternummerierung (a, b, c ...) versehen. subfigure.sty

Dabei hat das Paket nachfolgende optionale Parameter, die denen des `caption2`-Pakets sehr ähnlich sind:

- **normal**
  Normale Beschriftung (Standard).

- **hang**
  Hängender Einzug.

- **center**
  Zentrierte Beschriftung.

- **centerlast**
  Die letzte Zeile der Beschriftung wird zentriert.

- **raggedright**
  Der Text wird linksbündig (kein Blocksatz) gesetzt.
- **nooneline**
  Mehrzeilige Beschriftung links ausgerichtet.
- **scriptsize**
  Die Schriftgröße wird auf `\scriptsize` gesetzt.
- **footnotesize**
  Die Schriftgröße wird auf `\footnotesize` gesetzt.
- **small**
  Die Schriftgröße wird auf `\small` gesetzt.
- **large**
  Die Schriftgröße wird auf `\large` gesetzt.
- **Large**
  Die Schriftgröße wird auf `\Large` gesetzt.
- **up**
  Der Font des Labels wird auf `\upshape` gesetzt.
- **it**
  Der Font des Labels wird auf `\itshape` gesetzt.
- **sl**
  Der Font des Labels wird auf `\slshape` gesetzt.
- **sc**
  Der Font des Labels wird auf `\scshape` gesetzt.
- **md**
  Der Font des Labels wird auf `\mdseries` gesetzt.
- **bf**
  Der Font des Labels wird auf `\bfseries` gesetzt.
- **rm**
  Der Font des Labels wird auf `\rmfamily` gesetzt.
- **sf**
  Der Font des Labels wird auf `\sffamily` gesetzt.
- **tt**
  Der Font des Labels wird auf `\ttfamily` gesetzt.
- **UP**
  Der Font des Labels wird auf `\upshape` gesetzt.
- **IT**
  Der Font des Labels wird auf `\itshape` gesetzt.

- **SL**
  Der Font des Labels wird auf `\slshape` gesetzt.
- **SC**
  Der Font des Labels wird auf `\scshape` gesetzt.
- **MD**
  Der Font des Labels wird auf `\mdseries` gesetzt.
- **BF**
  Der Font des Labels wird auf `\bfseries` gesetzt.
- **RM**
  Der Font des Labels wird auf `\rmfamily` gesetzt.
- **SF**
  Der Font des Labels wird auf `\ssfamily` gesetzt.
- **TT**
  Der Font des Labels wird auf `\ttfamily` gesetzt.
- **figtopcap**
  Die Beschriftung (hier für `figure`) wird über das Bild gesetzt.
- **tabtopcap**
  Wie `figtopcap`, jedoch für Tabellen.
- **FIGTOPCAP**
  Wie `figtopcap`, jedoch werden die oberen Kanten der Bilder für die Ausrichtung benutzt (siehe hierzu Abbildung 3.60 und 3.61 auf Seite 173).
- **TABTOPCAP**
  Wie `FIGTOPCAP`, jedoch für Tabellen.
- **figbotcap**
  Die Beschriftung (hier für `figure`) wird unter das Bild gesetzt.
- **tabbotcap**
  Wie `figbotcap`, jedoch für Tabellen.
- **FIGBOTCAP**
  Wie `figbotcap`, jedoch werden die unteren Kanten der Bilder für die Ausrichtung benutzt.
- **TABBOTCAP**
  Wie `FIGBOTCAP`, jedoch für Tabellen.
- **loose**
  Es wird standardmäßig Leerraum um die Umgebung gesetzt.
- **tight**
  Es wird deutlich weniger Leerraum um die Umgebung gesetzt.

Wird das Paket caption2 nach dem subfigure-Paket geladen, so gelten alle Einstellungen auch für das subfigure-Paket (siehe hierzu Kapitel 3.2.3 auf Seite 139).

Das Paket stellt dabei den Befehl \subfigure für Bilder und \subtable für Tabellen zur Verfügung.

Der allgemeine Aufruf dabei lautet:

```
\subfigure[<Listeneintrag>][<Beschriftung>]{<Bild>}
\subtable[<Listeneintrag>][<Beschriftung>]{<Tabelle>}
```

Dabei wird mit dem ersten optionalen Parameter die Beschriftung für den Listeneintrag und mit dem zweiten optionalen Parameter die Beschriftung selbst festgelegt. Soll mit einer Referenz auf dieses Objekt verwiesen werden, so ist in der Beschriftung zusätzlich der \label-Befehl zu verwenden. Auf den Label kann herkömmlich mit dem Befehl \ref verwiesen werden. Zusätzlich stellt das Paket den Befehl \subref zur Verfügung, der nur die Teilnummerierung zurückliefert. Zusätzlich gibt es noch den Befehl \Subref, der genauso wie \subref arbeitet, jedoch als Font \subcaplabelfont verwendet.

In nachfolgendem Beispiel 3.64 werden zwei Bilder nebeneinander mit eigener Teilnummerierung gesetzt.

```
\begin{figure}
  \subfigure[Original\label{fig:psfrag_original}]{%
    \includegraphics[width=4cm]{bild}
  }%
  \hspace{1cm}%
  \subfigure[Kopie mit Änderung\label{fig:psfrag_kopie}]{%
    \psfrag{Text}{\textit{\huge Haus}}
    \psfragscanon
    \includegraphics[width=4cm]{bild}
  }
  \caption{Änderung mit dem Paket psfrag}
  \label{fig:psfrag}
\end{figure}

Das Original ist in Teilbild~\ref{fig:psfrag_original} und
die veränderte Kopie in Teilbild~\ref{fig:psfrag_kopie} zu sehen.
Die Umgebung~\ref{fig:psfrag} hat zwei Teilbilder mit der
Nummerierung~\subref{fig:psfrag_original}
und~\subref{fig:psfrag_kopie}
```

Listing 3.64: Teilbilder nebeneinander (source/bsp_subfig01.tex)

Nach dem Bild wird in einem zusätzlichen Text auf die Teilnummerierung mit dem \ref-Befehl und dem \subref-Befehl verwiesen.

Abb. 3.59: Abbildung zu Listing 3.64

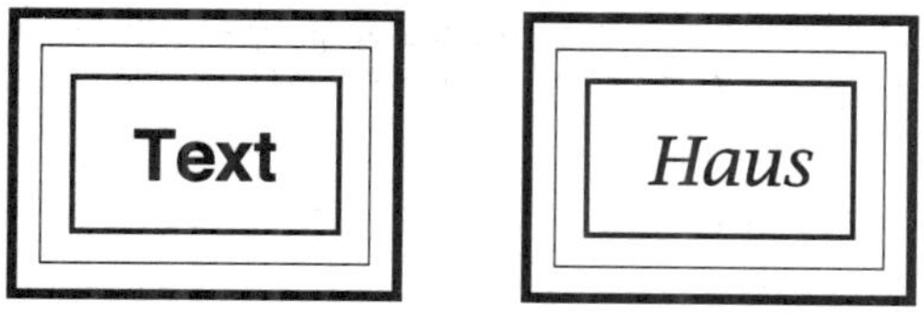

(a) Original

(b) Kopie mit Änderung

Abbildung 1: Änderung mit dem Paket psfrag

Das Original ist in Teilbild 1(a) und die veränderte Kopie in Teilbild 1(b) zu sehen. Die Umgebung 1 hat zwei Teilbilder mit der Nummerierung (a) und (b)

Änderung des Layouts

Die Abstände des Layouts lassen sich mit nachfolgenden Einstellungen (siehe Abbildung 3.60 und 3.61) ändern.

Wird keine Beschriftung verwendet, so entfällt der entsprechende Platz.

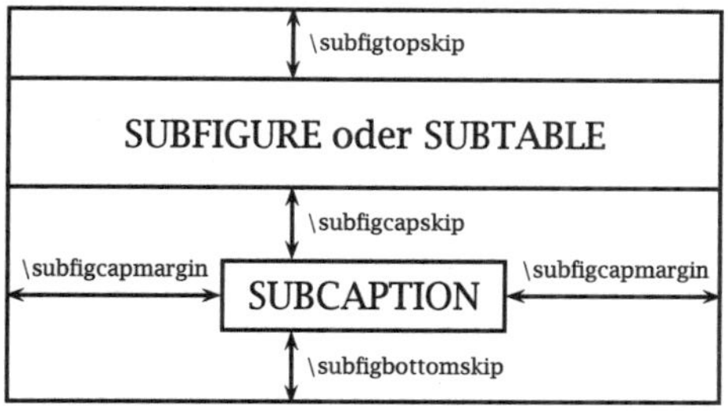

Abb. 3.60: Einstellungen für FIGBOTCAP bzw. TABBOTCAP

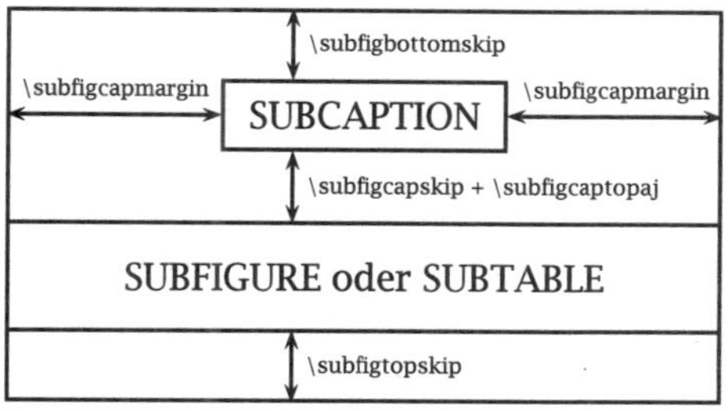

Abb. 3.61: Einstellungen für FIGTOPCAP bzw. TABTOPCAP

Weitere Möglichkeiten, wie Ändern der Darstellung der Nummer (durch arabische Zahlen, römische Ziffern, Buchstaben ...), Ändern des Abbilungszählers, Erstellen eigener `subfigure`-Umgebungen und mehr entnehmen Sie der umfangreichen Paketdokumentation.

Teilnummerierung mit 1a, 1b ...

Eine andere Möglichkeit für die Teilnummerierung bietet das Paket `subfloat`. subfloat.sty
Dieses erlaubt die Nummerierung mit (1a, 1b, 1c ...) unter Verwendung der normalen `figure` bzw. `table`-Umgebung. Die Gruppierung wird dabei mit der Umgebung `subfloats` bzw. `subtables` realisiert.

Der allgemeine Aufruf lautet dabei:

```
\begin{subfloats}

  \begin{figure}
    % ...
  \end{figure}

  % ...
\end{subfloats}
```

```
\begin{subtables}

  \begin{table}
    % ...
  \end{table}

  % ...
\end{subtables}
```

Im nachfolgenden Beispiel 3.65 werden zwei Bilder mit eigener Teilnummerierung gesetzt.

```
18 \begin{subfigures}
19   \begin{figure}
20     \includegraphics[width=4cm]{bild}
21     \caption{Original}
22   \end{figure}
23   \newpage\null\newpage
24   \begin{figure}
25     \psfrag{Text}{\textit{\huge Turm}}
26     \psfragscanon
27     \includegraphics[width=4cm]{bild}
28     \caption{Änderung mit psfrag}
29   \end{figure}
30 \end{subfigures}
```

Listing 3.65: Teilbilder mit 1a bzw. 1b (source/bsp_subfig02.tex)

Die Zeile 23 dient dazu, einen Seitenumbruch zwischen den zwei Umgebungen zu erzeugen, damit daraus jeweils einzelne Bilder erzeugt werden können.

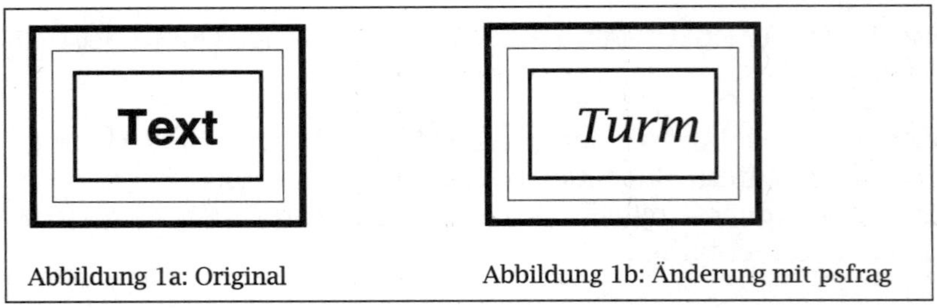

Abb. 3.62: Abbildung zu Listing 3.65

Das Paket `subfloat` bietet gegenüber dem Paket `subfigure` den Vorteil, dass weiterhin mit der `figure` bzw. `table`-Umgebung gearbeitet werden kann.

Anstelle der Umgebung `subfigures` bzw. `subtables` kann auch für den Beginn der Gruppe der Befehl `\subfiguresbegin` bzw. `\subtablesbegin` und für das Ende `\subfiguresend` bzw. `\subtablesend` verwendet werden.

Änderung der Beschriftung

Auch beim `subfloat`-Paket lässt sich das Layout der Beschriftung anpassen. Standardmäßig wird das normale Layout von gleitenden Umgebungen verwendet, was aber mit den Befehlen `\thesubfloatfigure` bzw. `\thesubfloattable` geändert werden kann.

Im nachfolgenden Beispiel wird die Nummerierung von „1a, 1b" auf „1-1, 1-2" geändert.

```
\renewcommand*{\thesubfloatfigure}{\themainfigure--\arabic{subfloatfigure}}
```

Dabei wird mit `\themainfigure` die Hauptnummer dargestellt und die Teilnummerierung mit `\subfloatfigure`, für die Tabelle entsprechend `\themaintable` und `\subfloattable`.

In Tabelle 3.3 werden die Nummerierungsmöglichkeiten von LaTeX aufgezeigt.

Tabelle 3.3: Nummerierungsmöglichkeiten

Stil	Beispiel	Beschreibung
arabic	1, 2, 3	arabische Ziffern
roman	i, ii, v	kleine römische Ziffern
Roman	I, II, V	große römische Ziffern
alph	a, b ,c	fortlaufende Kleinbuchstaben
Alph	A, B, C	fortlaufende Großbuchstaben

Im nachfolgenden Beispiel (siehe Abbildung 3.63) mit den Befehlen oben wird die Teilnummerierung von alpabethisch nach nummerisch (arabische Zahlen) geändert.

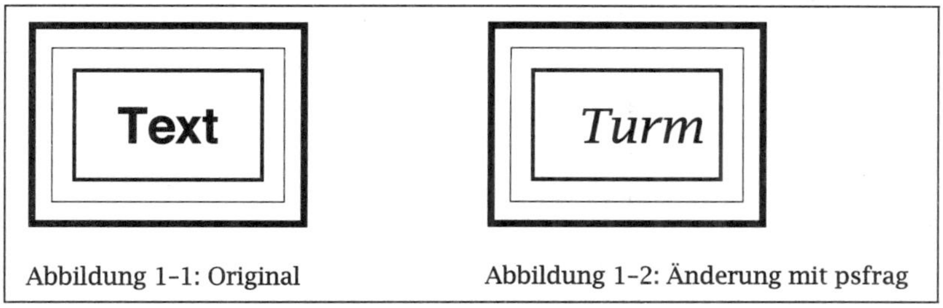

Abb. 3.63: Teilbilder mit 1-1 bzw. 1-2 nummeriert (source/bsp_subfig03.tex)

3.5.2 Neue gleitende Umgebungen erstellen

Mit dem Ergänzungspaket `float` lassen sich benutzereigene gleitende Umgebungen definieren, die sich genauso wie `table` und `figure` verhalten. float.sty

Dabei hat das Paket nachfolgende optionale Parameter:

- **plain**
  Es wird der Standard-LaTeX-Stil verwendet (Voreinstellung). Die Beschriftung wird dabei unter das Objekt gesetzt.

- **plaintop**
  Wie `plain`, jedoch wird die Beschriftung über das Objekt gesetzt.

- **boxed**
  Das Objekt wird in einer eigenen Box mit Rahmen gesetzt. Die Beschriftung wird unterhalb der Box gesetzt.

- **ruled**
  Die Umgebung wird mit horizontalen Linien begrenzt. Die Beschriftung wird über das Objekt gesetzt.

Mit dem Befehl `\newfloat` werden dabei die neuen Umgebungen definiert.

Der allgemeine Aufruf dabei lautet:

```
\newfloat{<Name>}{<pos>}{<Dateiendung>}[<Gliederungsebene>]
```

Dabei wird mit dem ersten Parameter der Name der neuen gleitenden Umgebung festgelegt. Mit dem Parameter `pos` wird die Positionierungsvoreinstellung definiert. Mögliche Werte sind hier `h`, `t`, `b`, `p` und `H`, sowie die Kombination von diesen. Der Parameter `H` sorgt dafür, dass das Gleitobjekt genau *hier* positioniert wird, egal ob es an dieser Stelle passt oder nicht, das bedeutet, es gleitet eigentlich *nicht*. Wenn das Objekt nicht mehr auf die Seite passt, wird entsprechend Leerraum eingefügt und das Objekt auf die nächste Seite verschoben. Mit dem Parameter `Dateiendung` wird festgelegt, wo die Einträge für die Objektlisten gespeichert werden. Dabei setzt sich der Dateiname aus dem Namen des Hauptdokuments und der angegebenen Dateieindung zusammen. Die Objektlisten können dann als Übersicht eingebunden werden (mehr dazu in Kapitel 7.1.2 auf Seite 471). Der letzte Parameter legt fest, auf welcher Gliederungsebene die Nummerierung durchgeführt wird (z. B. „chapter“ für die Nummerierung „1.1“ bei Kapiteln).

Zusätzlich stehen noch folgenden Befehle zur Verfügung:

```
\floatname{<Name>}{<Label>}
\floatplacement{<Name>}{<pos>}
\floatstyle{<stil>}
\restylefloat{<Umgebung>}
```

Mit dem Befehl `\floatname` wird der Name festgelegt, der vor der Nummerierung (hier der Label) bei der Beschriftung gesetzt wird. Mit `floatplacement` ist eine nachträgliche Änderung der Standardpositionierung möglich. Der Stil der Gleitumgebung kann über den Befehl `floatstyle` geändert werden, dabei sind dieselben Parameter möglich wie beim Paketaufruf. Ist schon eine Umgebung festgelegt worden, so kann diese über `restylefloat` geändert werden.

Im nachfolgenden Beispiel 3.66 auf der nächsten Seite wird eine neue Umgebung mit dem Namen `Diagramm` erzeugt.

```
16 \floatstyle{ruled}
17 \newfloat{Diagramm}{htbp}{dia}
18
19 \begin{Diagramm}
20   \includegraphics{dia}
21   \caption{Zinsentwicklung}
22 \end{Diagramm}
```

Listing 3.66: Neue Umgebung für Diagramme (source/bsp_gfloat01.tex)

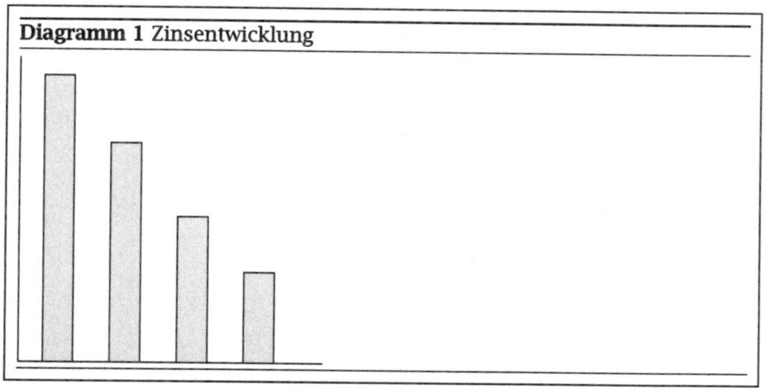

Diagramm 1 Zinsentwicklung

Abb. 3.64: Abbildung zu Listing 3.66

Dabei wird zuerst in Zeile 16 der Stil für die neue Umgebung festgelegt. Anschließend wird diese mit dem Namen `Diagramm` und der Standardpositionierung `htbp` definiert. Die Übersicht für die Diagrammeinträge wird mit der Dateiendung `dia` angelegt.

Umgebungen, die gedreht werden

Bei dem Wunsch nach neuen Umgebungen kann auch der Gedanke kommen, deren Inhalt auch gleich um einen bestimmten Winkel zu drehen. Mit dem Ergänzungspaket `rotfloat` werden die beiden Pakete `float` und `rotating` entsprechend zusammengefasst.

rotfloat.sty

Dabei stellt das Paket keine eigenen optionalen Parameter bereit, leitet aber alle an das `rotating`-Paket weiter.

Mit dem Befehl `\newfloat` werden neue gleitende Umgebungen definiert.

Der allgemeine Aufruf dabei lautet:

```
\newfloat{<Name>}{<pos>}{<Dateiendung>}}[<Gliederungsebene>]
```

Das nachfolgende Beispiel verdeutlicht dies.

```
\newfloat{Diagramm}{htbp}{dia}
```

Es stehen anschließend folgende Umgebungen zur Verfügung:

- **Diagramm**
  Es wird eine neue gleitende Umgebung mit dem Namen `Diagramm` erzeugt.
- **Diagramm***
  Wie `Diagramm`, jedoch für zweispaltige Texte.

- **sidewaysDiagramm**
  Es wird eine neue gleitende Umgebung mit dem Namen `sidewaysDiagramm` erzeugt, die den Inhalt um 90° dreht.
- **sidewaysDiagramm***
  Wie `sidewaysDiagramm`, jedoch für zweispaltige Texte.

Zusätzlich stehen die Befehle `\floatname`, `\floatstyle`, `\floatplacement` und `\restylefloat` zur Verfügung, die dieselbe Funktion wie im `float`-Paket haben. Der Befehl `\restylerotfloat` ändert einen schon definierten Stil entsprechend ab.

Im nachfolgenden Beispiel 3.67 werden mit dem Befehl `\newfloat` neue Umgebungen erzeugt.

```
\floatstyle{ruled}
\newfloat{Diagramm}{htbp}{dia}

\begin{Diagramm}
  \includegraphics[width=3cm]{dia2}
  \caption{Balkendiagramm}
\end{Diagramm}

\begin{sidewaysDiagramm}
  \includegraphics[width=3cm]{dia2}
  \caption{Balkendiagramm}
\end{sidewaysDiagramm}
```

Listing 3.67: Neue Umgebung mit rotfloat (source/bsp_gfloat02.tex)

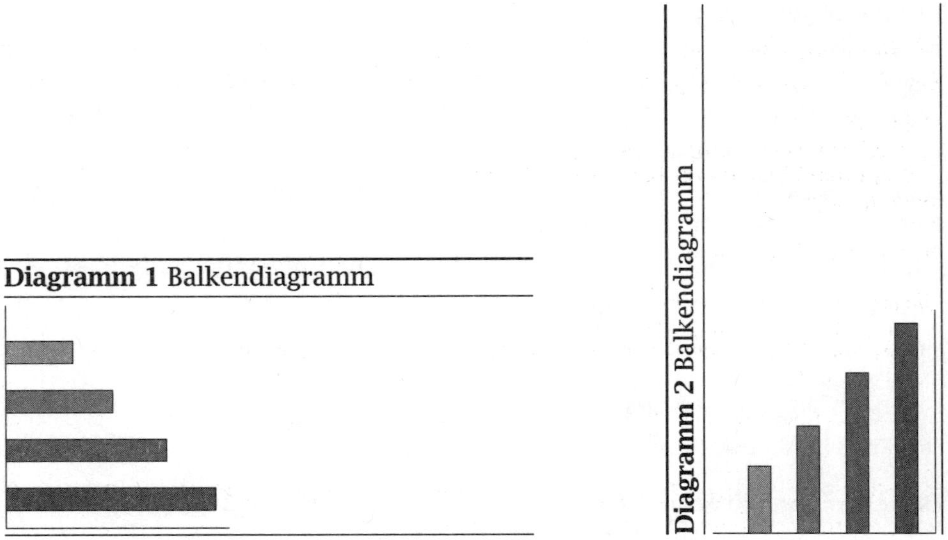

Abb. 3.65: Umgebung mit Diagramm und sidewaysDiagramm

Vorhandene Umgebungen anpassen

Mit dem Paket ist es auch möglich, bereits vorhandene Umgebungen wie `table` oder `figure` entsprechend anzupassen.

```
\floatstyle{boxed}
\restylefloat{table}
```

Diese beiden Zeilen sorgen dafür, dass die Umgebungen `table`, `table*`, `sidewaystable` und `sidewaystable*` so angepasst werden, dass diese zukünftig mit einer Box dargestellt werden.

3.5.3 Nichtgleitende Umgebungen

Manchmal ist es erwünscht, ein Objekt mit einer fortlaufenden Nummerierung und einer Beschriftung wie bei einem Gleitobjekt zu versehen, jedoch es genau an dem Platz zu positionieren, an dem es im Quelltext auftritt. Mit dem Ergänzungspaket `nofloat` wird eine Umgebung zur Verfügung gestellt, die dort positioniert wird, wo sie auftritt und die Nummerierung einer gleitenden Umgebung (z. B. `table`) fortführt.

nofloat.sty

Der allgemeine Aufruf dabei lautet:

```
\begin{nofloat}{<bezug>}
  % ...
\end{nofloat}
```

Im nachfolgenden Beispiel 3.68 wird ein Bild in einer `nofloat`-Umgebung platziert. Dabei wird die Nummerierung der `figure`-Umgebung fortgeführt.

```
17 \begin{figure}
18   \includegraphics[width=4cm]{dia}
19   \caption{Zinsentwicklung (mit figure)}
20 \end{figure}
21
22 \newpage\null\newpage
23
24 \begin{nofloat}{figure}
25   \includegraphics[width=4cm]{dia}
26   \caption{Zinsentwicklung (mit nofloat)}
27 \end{nofloat}
```

Listing 3.68: Umgebung nofloat (source/bsp_nofloat01.tex)

Damit die fortlaufende Nummer deutlich wird (hier die Nummer 2), wurde vorher eine normale `figure`-Umgebung platziert (Zeile 17 bis 20) und danach die `nofloat`-Umgebung (Zeile 24 bis 27).

Die Zeile 22 dient dazu, einen Seitenumbruch zwischen den zwei Umgebungen zu erzeugen, damit daraus jeweils einzelne Bilder erzeugt werden können.

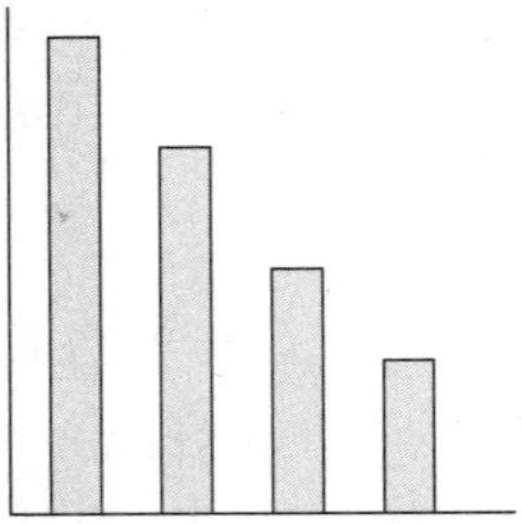

Abbildung 2: Zinsentwicklung (mit nofloat)

Abb. 3.66: Abbildung zu Listing 3.68

3.5.4 Gleitobjekte ans Ende verschieben

Gerade Redakteure von Artikeln wünschen, dass alle gleitenden Umgebungen automatisch an das Ende eines Kapitels geschoben werden, sodass eine strikte Trennung zwischen Text und Bildern bzw. Tabellen vorliegt. Mit dem Ergänzungspaket `endfloat` ist dies möglich.

endfloat.sty

Dabei hat das Paket nachfolgende optionale Parameter:

- **nofiglist**
  Es wird kein Verzeichnis von Bildern angelegt.
- **notablist**
  Es wird kein Verzeichnis von Tabellen angelegt.
- **nolists**
  Wie `nofiglist` und `notablist` zusammen.
- **figlist**
  Es wird ein Verzeichnis von Bildern erstellt (Voreinstellung).
- **tablist**
  Es wird ein Verzeichnis von Tabellen erstellt (Voreinstellung).
- **lists**
  Wie `figlist` und `tablist` zusammen.
- **nofighead**
  Keine Kapitelüberschrift für Bilder (Voreinstellung).
- **notabhead**
  Keine Kapitelüberschrift für Tabellen (Voreinstellung).
- **noheads**
  Wie `nofighead` und `notabhead` zusammen.
- **fighead**
  Kapitelüberschrift für Bilder.

- **tabhead**
  Kapitelüberschrift für Tabellen.
- **heads**
  Wie `fighead` und `tabhead` zusammen.
- **markers**
  Setzt Textmarken (Hinweise, dass hier eigentlich eine Tabelle oder Abbildung positioniert wäre) im Text (Voreinstellung).
- **nomarkers**
  Setzt keine Textmarken im Text.
- **tablefirst**
  Zuerst werden die Tabellen gesetzt, dann die Bilder.
- **figurefirst**
  Zuerst werden die Bilder gesetzt, dann die Tabellen (Voreinstellung).

Zusätzlich stehen nachfolgende Befehle zur Verfügung, um die Paketeigenschaften zu steuern. Diese Einstellungen können auch in der Konfigurationsdatei `endfloat.cfg` global vorgenommen werden.

- **Text des Markers ändern**
  Mit dem Ändern des Befehls `\tableplace` bzw. `\figureplace` wird der Text des Markers angepasst.
  ```
  \renewcommand{\tableplace}{%
      \fbox{\tablename~\theposttbl\ wurde hier definiert!}}
  \renewcommand{\figureplace}{%
      \fbox{\figurename~\thepostfig\ wurde hier definiert!}}
  ```
  Dabei wird das Objekt mit `\tablename` bzw. `\figurename` bezeichnet. Die laufende Nummer wird über `\theposttbl` bzw. `\thepostfig` angegeben. Nach der Nummer muss ein „\" gesetzt werden, damit ein Leerraum zwischen Nummer und nachfolgendem Text gesetzt wird.
  Die geänderten Markertexte werden nur aktiv, wenn die Option `markers` verwendet worden ist.
- **Befehle vor den Tabellen bzw. Bildern ausführen**
  Sollen Befehle vor den Tabellen bzw. Bildern ausgeführt werden (z. B. für Überschriften, zusätzliche Texte, etc.), so können diese mit nachfolgenden Befehlen festgelegt werden.
  ```
  \AtBeginFigures{ ... }
  \AtBeginTables{ ... }
  \AtBeginDelayedFloats{ ... }
  ```
  Dabei werden mit `\AtBeginFigures` Befehle vor den Bildern, mit `\AtBeginTables` Befehle vor den Tabellen und mit `\AtBeginDelayedFloats` Befehle vor dem kompletten Block von Bildern und Tabellen ausgeführt.
- **Tabellen bzw. Bilder vor dem Ende positionieren**
  Sollen Tabellen bzw. Bilder vor dem Ende an einer bestimmten Stelle platziert werden, so kann dies mit dem Befehl `\processdelayedfloats` reali-

siert werden. Dabei werden alle vorher definierten Tabellen bzw. Bilder an der Stelle platziert, wo der Befehl auftritt.

- **Mehrere Objekte auf einer Seite**
  Standardmäßig wird für jede Tabelle bzw. jedes Bild eine eigene Seite verwendet. Mit dem Befehl `\efloatseparator` wird festgelegt, was nach jedem Objekt zu tun ist. Die Voreinstellung lautet:
  `\renewcommand{\efloatseparator}{\clearpage}`
  Mit nachfolgender Änderung werden die Objekte hintereinander positioniert.
  `\renewcommand{\efloatseparator}{\mbox{}}`
  Beachten Sie, dass die Parameter für gleitende Umgebungen entsprechend angepasst werden müssen, da sonst die Anzahl an zugelassenen gleitenden Umgebungen auf einer Seite relativ klein ist (siehe hierzu Kapitel 3.2.1 auf Seite 130). Der Standard sind zwei Objekte oben und ein Objekt unten, also zusammen nur drei Objekte auf einer Seite.

Im nachfolgenden Beispiel 3.69 werden die definierten Tabellen und Bilder an das Ende geschoben.

```
\renewcommand{\tableplace}{\fbox{\tablename~\theposttbl\ wurde hier
    definiert!}}
\renewcommand{\figureplace}{\fbox{\figurename~\thepostfig\ wurde hier
    definiert!}}

\renewcommand{\efloatseparator}{\mbox{}}
\setcounter{topnumber}{4}
\setcounter{bottomnumber}{4}
\setcounter{totalnumber}{8}

\begin{table}
  \begin{tabular}{|c|}\hline
    Eins\\ \hline
  \end{tabular}
  \caption{\glqq Eins\grqq}
  \label{tab:eins}
\end{table}

In Tabelle~\ref{tab:eins} sehen Sie eine \glqq Eins\grqq.

\begin{figure}
  \fbox{\fbox{\glqq Eins\grqq}}
  \caption{\glqq Eins\grqq}
  \label{fig:eins}
\end{figure}

In Abbildung~\ref{fig:eins} sehen Sie eine \glqq Eins\grqq.

\begin{table}
  \begin{tabular}{|c|}\hline
    Zwei\\ \hline
  \end{tabular}
  \caption{\glqq Zwei\grqq}
  \label{tab:zwei}
\end{table}
```

```
In Tabelle~\ref{tab:zwei} sehen Sie eine \glqq Zwei\grqq.

\begin{figure}
  \fbox{\fbox{\glqq Zins\grqq}}
  \caption{\glqq Zins\grqq}
  \label{fig:zwei}
\end{figure}

In Abbildung~\ref{fig:zwei} sehen Sie eine \glqq Zwei\grqq.

\begin{table}
  \begin{tabular}{|c|}\hline
    Drei\\ \hline
  \end{tabular}
  \caption{\glqq Drei\grqq}
  \label{tab:drei}
\end{table}

In Tabelle~\ref{tab:drei} sehen Sie eine \glqq Drei\grqq.
```

Listing 3.69: Gleitobjekte am Kapitelende ausgeben (source/bsp_endfloat01.tex)

Dabei erzeugt das Beispiel fünf Seiten. Auf Seite eins wird der eigentliche Text mit den Markern gesetzt (siehe Abbildung 3.67). Auf Seite zwei wird das Abbildungsverzeichnis und danach die Abbildungen positioniert (siehe Abbildung 3.68 und 3.69 auf der nächsten Seite). Auf Seite vier wird das Tabellenverzeichnis und danach werden die Tabellen positioniert (siehe Abbildung 3.70 und 3.71 auf der nächsten Seite).

Abb. 3.67: Text

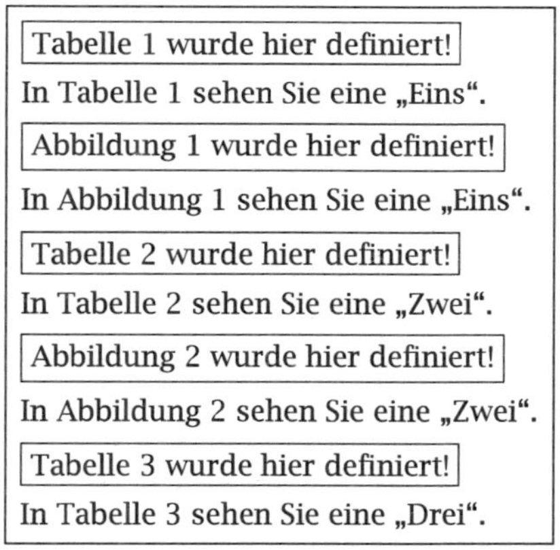

Tabelle 1 wurde hier definiert!

In Tabelle 1 sehen Sie eine „Eins".

Abbildung 1 wurde hier definiert!

In Abbildung 1 sehen Sie eine „Eins".

Tabelle 2 wurde hier definiert!

In Tabelle 2 sehen Sie eine „Zwei".

Abbildung 2 wurde hier definiert!

In Abbildung 2 sehen Sie eine „Zwei".

Tabelle 3 wurde hier definiert!

In Tabelle 3 sehen Sie eine „Drei".

☞ Wie arbeitet endfloat?

Das Paket `endfloat` speichert alle Tabellen in der Datei `<Dokumentname>.ttt` und alle Bilder in der Datei `<Documentname>.fff` und bindet diese Dateien am Ende ein. Die Hilfsdateien können nach dem LaTeX-Lauf gelöscht werden.

Abbildungsverzeichnis

1 „Eins“ 3
2 „Zins“ 3

Abb. 3.68: Abbildungsverzeichnis

„Eins“

Abbildung 1: „Eins“

„Zins“

Abbildung 2: „Zins“

Abb. 3.69: Abbildungen

Tabellenverzeichnis

1 „Eins“ 5
2 „Zwei“ 5
3 „Drei“ 5

Abb. 3.70: Tabellenverzeichnis

Eins

Tabelle 1: „Eins“

Zwei

Tabelle 2: „Zwei“

Drei

Tabelle 3: „Drei“

Abb. 3.71: Tabellen

3.5.5 Gleitende Objekte auf Doppelseite platzieren

dpfloat.sty

Bei vielen Büchern werden Bilder bzw. Tabellen immer auf Doppelseiten geschoben. Mit dem Ergänzungspaket `dpfloat` ist dies auch mit LaTeX möglich.

Dazu stellt das Paket zwei Umgebungen zur Verfügung, die festlegen, ob das Objekt auf die rechte bzw. linke Seite gesetzt wird.

Der allgemeine Aufruf dabei lautet:

```
\begin{figure}[p]
  \begin{leftfullpage}
    Bild auf der linken Seite
  \end{leftfullpage}
\end{figure}
\begin{figure}[p]
  \begin{fullpage}
    Bild auf der rechten Seite
  \end{fullpage}
\end{figure}
```

In nachfolgendem Beispiel 3.70 werden die Bilder auf gegenüberliegenden Seiten platziert.

```
\usepackage{dpfloat}

\begin{document}

\begin{figure}[p]
  \centering
  \begin{leftfullpage}
    \fbox{\fbox{Bild auf der linken Seite}}
  \end{leftfullpage}
\end{figure}

\begin{figure}[p]
  \centering
  \begin{fullpage}
    \fbox{\fbox{Bild auf der rechten Seite}}
  \end{fullpage}
\end{figure}
```

Listing 3.70: Objekte auf gegenüberliegenden Seiten (source/bsp_dpfloat01.tex)

Damit die Seitenzahl direkt unterhalb des Bildes erscheint, wurden die Papierformate entsprechend klein gewählt.

Abb. 3.72: Objekte auf gegenüberliegenden Seiten

3.6 Textumflossene Objekte

Die meisten modernen Textverarbeitungsprogramme bieten die Möglichkeit, Bilder bzw. andere Objekte in Dokumente zu integrieren und vom Text umfliessen zu lassen. LaTeX bietet dabei mehrere Ergänzungspakete, mit denen dies möglich ist. All diese Pakete haben dabei eine andere Intention und somit ein anderes Einsatzgebiet, das jeweils nachfolgend dargestellt wird.

3.6.1 Kleine Bilder im Absatz

picins.sty

Das Ergänzungspaket `picins` dient hauptsächlich dazu, kleinere Bilder (oder andere Objekte) in einem Absatz zu positionieren und vom Text umfliessen zu lassen. Dabei kann das Bild mit verschiedenen Rahmen und einer Beschriftung versehen werden. Zusätzlich bietet das Paket einige Umgebungen an, mit denen Text bzw. andere LaTeX-Umgebungen auf verschiedene Weise eingerahmt werden können.

Bilder am Anfang eines Absatzes

Mit dem Befehl `\parpic` ist es möglich, zu Beginn eines Absatzes (rechts oder links) ein Bild (oder eine Box, die mit einem beliebigen LaTeX-Befehl erzeugt wurde) zu platzieren.

Der allgemeine Aufruf dabei lautet:

```
\parpic(<breite>,<höhe>)(<x-offset>,<y-offset>)[<optionen>][<pos>]{<Bild>}
```

Mit den beiden ersten Parametern (`breite` und `höhe`) wird die Breite und Höhe des Bildes festgelegt. Der nachfolgende Text wird um die Breite (plus einem kleinen Abstand) eingerückt. Die Gesamtbreite des Absatzes bleibt unverändert. Die Höhe bestimmt, wie viele Zeilen eingerückt werden. Idealerweise sollte die Höhe des Bildes ein Vielfaches der Zeilenhöhe besitzen, damit kein optisch unschöner Zwischenspalt entsteht. Mit den Parametern `x-offset` bzw. `y-offset` wird das Bild innerhalb des Rahmens verschoben. Der Bezugspunkt befindet sich dabei an der linken oberen Ecke.
Fehlen die Angaben, so wird das Bild entsprechend des `pos`-Parameters positioniert, der die Werte `r` für rechts, `l` für links, `t` für oben und `b` für unten annehmen kann.
Mit den Optionen kann das Aussehen und die Position des Bildrahmens bestimmt werden. Es sind folgende Einstellungen möglich, die auch entsprechend kombiniert werden können.

- **l**
  Das Bild wird auf der linken Seite des Absatzes platziert.
- **r**
  Das Bild wird auf der rechten Seite des Absatzes platziert.
- **f**
  Das Bild wird mit einem Rahmen umzogen.
- **d**
  Das Bild wird mit einem gestrichelten Rahmen umzogen.
- **o**
  Die Ecken des Rahmens werden abgerundet.
- **s**
  Der Rahmen erhält einen Schatten.
- **x**
  Das Bild wird mit einem 3D-Kasten umrahmt.

Im nachfolgenden Beispiel 3.71 wurde ein Bild am Absatzanfang positioniert.

```
\usepackage[dvips]{graphicx}
\usepackage{picins}

\begin{document}

\rule{\linewidth}{1pt}
```

```
\parpic{\includegraphics[width=2em]{bilder_xfig_001}} Dieser Absatz beginnt
mit einem Bild und wird entsprechend eingerückt.
Dabei wird der Befehl \verb|\parpic| nur mir dem Bild aufgerufen.
Das Bild ist mit dem Programm XFig gezeichnet und wurde
dann als EPS-Datei exportiert.

\rule[1em]{\linewidth}{1pt}
```

Listing 3.71: Bild am Anfang des Absatzes (source/bsp_picins01.tex)

Dieser Absatz beginnt mit einem Bild und wird entsprechend eingerückt. Dabei wird der Befehl `\parpic` nur mir dem Bild aufgerufen. Das Bild ist mit dem Programm XFig gezeichnet und wurde dann als EPS-Datei exportiert.

Abb. 3.73: Abbildung zu Listing 3.71

Es lässt sich aber auf diese Weise auch ein Initial erzeugen (siehe Listing 3.72).

```
\rule{\linewidth}{1pt}

\parpic(3em,3em)[s]{\fontsize{3em}{3em}\selectfont\textbf{D}} ieser
Absatz beginnt mit einem großen Buchstaben und wird entsprechend
eingerückt. Dabei sollte man aber Fonts verwenden, die optisch
schöner aussehen wie Buchstaben mit besonderen Verzierungen.

\rule[1em]{\linewidth}{1pt}
```

Listing 3.72: Initiale (source/bsp_picins02.tex)

D ieser Absatz beginnt mit einem großen Buchstaben und wird entsprechend eingerückt. Dabei sollte man aber Fonts verwenden, die optisch schöner aussehen wie Buchstaben mit besonderen Verzierungen.

Abb. 3.74: Abbildung zu Listing 3.72

Text neben dem Bild

Die Anzahl an Zeilen, die neben dem Bild gesetzt werden sollen, kann durch den Befehl `\picskip` beeinflusst werden. Standardmäßig werden so lange zusätzliche Zeilen eingerückt, bis das gesamte Bild umflossen ist.

Der allgemeine Aufruf dabei lautet:

```
\picskip{n}
```

Mit n wird die Anzahl der Zeilen festgelegt, die eingerückt werden sollen. Wird hier „0" angegeben, so wird der aktuelle Absatz abgebrochen und der nachfolgende Absatz unterhalb des Bildes fortgeführt. Ist der Wert von n größer als Zeilen für das Bild benötigt werden, so werden die Zeilen nach dem Bild trotzdem eingerückt. Dadurch entsteht unterhalb des Bildes ein entsprechender Leerraum.

Nachfolgendes Beispiel 3.73 wird nach dem Absatz mit `\picskip{0}` abgebrochen.

```
\rule{\linewidth}{1pt}

\parpic{\includegraphics[width=3em]{bilder_xfig_001}}
Dieser Absatz beginnt mit einem Bild und wird danach mit dem Befehl
\verb|picskip{0}| abgebrochen.\picskip{0}
Der nachfolgende Absatz beginnt dann unterhalb des Bildes.

\rule[1em]{\linewidth}{1pt}
```

Listing 3.73: n-Zeilen neben dem Bild (source/bsp_picins03.tex)

Dieser Absatz beginnt mit einem Bild und wird danach mit dem Befehl `picskip{0}` abgebrochen.

Der nachfolgende Absatz beginnt dann unterhalb des Bildes.

Abb. 3.75: Abbildung zu Listing 3.73

Anpassen der Strichstärken und -längen

Die Strichstärken und -längen für die Rahmen um die Bilder lassen sich mit entsprechenden Befehlen anpassen.

Wichtige Parameter dazu sind:

```
\linethickness{<dicke>}
\dashlength{<länge>}
\shadowthickness{<dicke>}
\boxlength{<länge>}
```

Dabei wird die Dicke der Linie mit dem LaTeX-Befehl `\linethickness` festgelegt. Der Standard beträgt hier 0,4 pt. Die Strichlänge bei einem gestrichelten Rahmen wird über `\dashlength` festgelegt. Wird eine Schattenbox verwendet, so bestimmt `\shadowthickness` die Dicke des Schattens. Bei einer 3D-Box kann die Tiefe der Box über `\boxlength` bestimmt werden.

Nachfolgendes Beispiel 3.74 vergrößert die Tiefe der 3D-Box mit dem Befehl `\boxlength`.

```
\rule{\linewidth}{1pt}

\boxlength{20pt}
```

```
\parpic(3em,3em)[x]{\fontsize{3em}{3em}\selectfont\textbf{D}} ieser
Absatz beginnt mit einem großen Buchstaben und wird entsprechend
eingerückt. Dabei sollte man aber Fonts verwenden, die
schöner aussehen wie Buchstaben mit besonderen Verzierungen.
Zusätzlich wird die Tiefe der 3D--Box auf 20\,pt gesetzt.

\rule[1em]{\linewidth}{1pt}
```

Listing 3.74: Tiefe der 3D-Box vergrößern (source/bsp_picins04.tex)

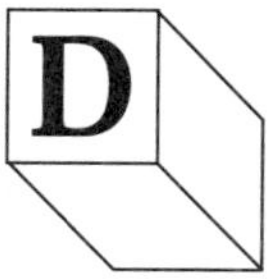

ieser Absatz beginnt mit einem großen Buchstaben und wird entsprechend eingerückt. Dabei sollte man aber Fonts verwenden, die schöner aussehen wie Buchstaben mit besonderen Verzierungen. Zusätzlich wird die Tiefe der 3D-Box auf 20 pt gesetzt.

Abb. 3.76: Abbildung zu Listing 3.74

Bilder bei Doppelseiten positionieren

Mit dem Befehl `\picchangemode` ist es möglich, die Positionierung entsprechend einer geraden bzw. ungeraden Seite zu steuern. Dabei wird auf ungeraden Seiten (rechte Seite) die Voreinstellung (z. B. `l`) gelassen und bei geraden Seiten (linke Seite) vertauscht (dann in `r`). Dieser Modus ist so lange aktiv, bis mit dem Befehl `\nopicchangemode` der Modus beendet wird.

Bilder zwischen Absätzen

Mit dem Befehl `\hpic` lassen sich Bilder (eins oder mehrere) zwischen zwei Absätzen positionieren.

Der allgemeine Aufruf dabei lautet:

```
\hpic(<breite>,<höhe>)(<x-offset><y-offset>)[<optionen>][<pos>]{<Bild>}
```

Dabei haben die Parameter bis auf `optionen` dieselbe Funktion wie beim Befehl `\parpic`.

Als Optionen stehen zur Verfügung:

- **t**
  Aufeinander folgende Bilder werden an der Oberkante ausgerichtet.
- **b**
  Aufeinander folgende Bilder werden an der Unterkante ausgerichtet.
- **f**
  Das Bild wird mit einem Rahmen versehen.
- **d**
  Das Bild wird mit einem gestrichelten Rahmen versehen.

- **o**
  Die Ecken des Rahmens werden abgerundet.
- **s**
  Der Rahmen erhält einen Schatten.
- **x**
  Das Bild wird mit einem 3D-Kasten umrahmt.

Ohne die Parameter `t` und `b` werden die Bilder vertikal zentriert.

Nachfolgendes Beispiel 3.75 zeichnet mehrere Bilder in unterschiedlicher Größe.

```
\rule{\linewidth}{1pt}

Hier ist ein Absatz, dem Bilder folgen.

\hpic{\includegraphics[width=0.5em]{bilder_xfig_001}}\hfill
\hpic{\includegraphics[width=1em]{bilder_xfig_001}}\hfill
\hpic{\includegraphics[width=2em]{bilder_xfig_001}}\hfill
\hpic{\includegraphics[width=3em]{bilder_xfig_001}}\hfill
\hpic{\includegraphics[width=2em]{bilder_xfig_001}}\hfill
\hpic{\includegraphics[width=1em]{bilder_xfig_001}}\hfill
\hpic{\includegraphics[width=0.5em]{bilder_xfig_001}}

\rule[1em]{\linewidth}{1pt}
```

Listing 3.75: Mehrere Bilder zwischen zwei Absätzen (source/bsp_picins05.tex)

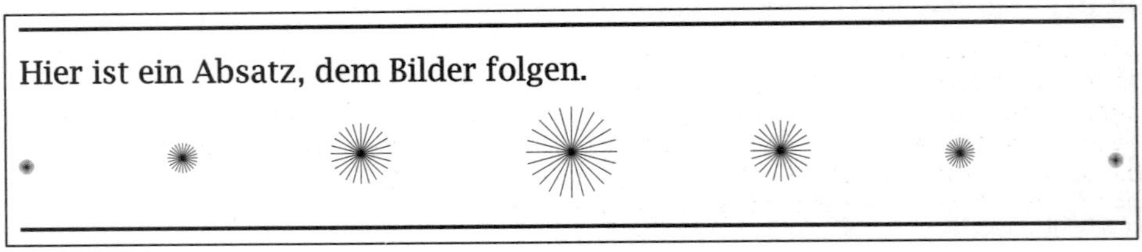

Abb. 3.77: Abbildung zu Listing 3.75

Bildunterschriften

Das Paket stellt auch die Möglichkeit bereit, mit dem Befehl `\piccaption` Bildunterschriften zu verwenden.

Der allgemeine Aufruf dabei lautet:

```
\piccaption{<Beschriftung>}
```

Dabei muss der Befehl `\piccaption` vor dem Befehl `\parpic` erfolgen. Die Nummerierung wird analog zu der `figure`- bzw. `table`-Umgebung durchgeführt.

Die Position der Beschriftung kann über nachfolgende Befehle gesteuert werden.

- **\piccaptionoutside**
  Die Beschriftung wird unterhalb des Bildes und außerhalb des Rahmens positioniert (Standard).

- **\piccaptioninside**
  Die Beschriftung wird unterhalb des Bildes, aber innerhalb des Rahmens positioniert.

- **\piccaptionside**
  Die Beschriftung wird neben dem Bild vertikal in Bezug zur Bildhöhe zentriert.

- **\piccaptiontopside**
  Die Beschriftung wird neben dem Bild an der Bildoberkante ausgerichtet.

Zu beachten ist, dass auch für die Beschriftung genügend Platz gelassen wird. Es muss mindestens der Beschriftungslabel (hier „Abbildung“) unterhalb des Bildes Platz finden. Die Beschriftung kann mit den entsprechenden Ergänzungspaketen (z. B. `caption2`) angepasst werden.

Nachfolgendes Beispiel 3.76 setzt die Beschriftung unterhalb des Bildes.

```
11 \usepackage[flushleft,footnotesize,nooneline]{caption2}
12 \usepackage[dvips]{graphicx}
13 \usepackage{picins}
14
15 \begin{document}
16
17 \rule{\linewidth}{1pt}
18
19 \piccaptionoutside
20 \piccaption{Ein Bild\label{fig:bild}}
21 \parpic(8em,3em){\includegraphics[width=3em]{bilder_xfig_001}}
22 Dieser Absatz beginnt mit einem Bild, das eine Beschriftung unterhalb
23 des Bildes besitzt. Die Nummerierung (hier~\ref{fig:bild}) wird dabei
24 analog der figure--Umgebung durchgeführt.\\
25
26 \rule[1em]{\linewidth}{1pt}
```

Listing 3.76: Beschriftung des Bildes (source/bsp_picins06.tex)

Abbildung 1: Ein Bild

Dieser Absatz beginnt mit einem Bild, das eine Beschriftung unterhalb des Bildes besitzt. Die Nummerierung (hier 1) wird dabei analog der figure-Umgebung durchgeführt.

Abb. 3.78: Abbildung zu Listing 3.76

Dabei wurde mit dem Ergänzungspaket `caption2` die Schrift der Beschriftung kleiner und linksbündig gesetzt (Zeile 11).

Zu beachten ist, dass in Zeile 21 die Breite des Bildes (hier der Rahmen) deutlich vergrößert worden ist, sodass die Beschriftung Platz hat.

Umrahmte Umgebungen

Zusätzlich stellt das Paket vier Umgebungen zur Verfügung, mit denen sich LaTeX-Befehle bzw. Umgebungen entsprechend einrahmen lassen.

- **frameenv**
  Rahmen
- **dashenv**
  Rahmen (gestrichelt)
- **ovalenv**
  Rahmen (mit angerundeten Ecken)
- **shadowenv**
  Rahmen (mit Schatten)

Der allgemeine Aufruf dabei lautet:

```
\begin{Umgebung}[<Breite>]
  % ...
\end{Umgebung}
```

Dabei kann optional die Breite für die Umgebung festgelegt werden. Wird hier nichts angegeben, so wird die Zeilenbreite verwendet.

Nachfolgendes Beispiel 3.77 zeigt einen Text in zwei Rahmen.

```
\shadowthickness{10pt}
\begin{shadowenv}[6cm]
  \centering
  \begin{ovalenv}[5cm]
    \begin{center}
      Hier steht ein Text, der einen Rahmen mit
      abgerundeten Ecken hat. Dieser ist in einem
      Rahmen mit Schatten platziert.
    \end{center}
  \end{ovalenv}
\end{shadowenv}
```

Listing 3.77: Rahmenumgebung (source/bsp_picins07.tex)

Abb. 3.79: Abbildung zu Listing 3.77

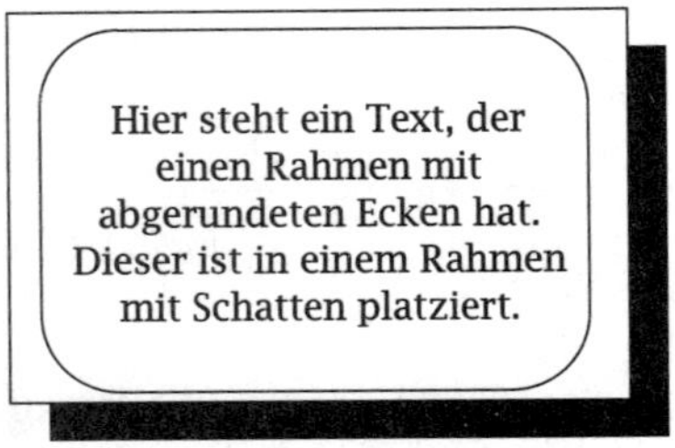

Dabei lassen sich die Rahmen beliebig ineinander verschachteln. Mit den Befehlen \linethickness, \dashlength, \shadowthickness und \boxlength lassen sich die Rahmen wie oben beschrieben ebenfalls beeinflussen.

3.6.2 Bilder und Tabellen im Absatz

Für das Setzen von Bildern und Tabellen in Absätzen gibt es mehrere Pakete, die im Prinzip alle gleich arbeiten, aber den einen oder anderen Vorteil bieten.

picinpar

Das Ergänzungspaket picinpar stellt drei Umgebungen bereit, um Bilder bzw. Tabellen mit Text umfließen zu lassen. Die erste Umgebung hat den Namen window und kann beliebige Objekte aufnehmen. picinpar.sty

Der allgemeine Aufruf dabei lautet:

```
\begin{window}[<Zeilen>,<pos>,<Objekt>,<Beschriftung>]
   % ...
\end{window}
```

Der erste Parameter (hier Zeilen) legt fest, wie viele Zeilen normal gesetzt werden sollen, ab der darauffolgenden Zeile wird das Objekt eingefügt. Die Position wird dabei über pos bestimmt, wo die Werte l für links, r für rechts und c für mittig verwendet werden können. Der Parameter Objekt beschreibt den LaTeX-Befehl, der das Objekt bereitstellt bzw. zeichnet. Sind es mehrere Befehle, so sind diese in geschweifte Klammern ({ ... }) zu setzen. Als letztes kann die Beschriftung des Objekts angegeben werden.

Nachfolgendes Beispiel 3.78 setzt den ersten Buchstaben größer.

```
\begin{window}[0,l,{\fontsize{3em}{3em}\selectfont\textbf{B}},{}]
  ei diesem Beispiel wird der erste Buchstabe größer gesetzt. Dieser
  beginnt in der ersten Zeile und wird links positioniert. Eine Beschriftung
  wird nicht angegeben.
\end{window}
```

Listing 3.78: Erster Buchstabe groß (source/bsp_picinpar01.tex)

B ei diesem Beispiel wird der erste Buchstabe größer gesetzt. Dieser beginnt in der ersten Zeile und wird links positioniert. Eine Beschriftung wird nicht angegeben.

Abb. 3.80: Abbildung zu Listing 3.78

Umgebung für Bilder und Tabellen

Für Bilder und Tabellen stellt das Paket die Umgebung figwindow bzw. tabwindow zur Verfügung. Der Aufruf entspricht dabei der window-Umgebung, jedoch wird das Bild bzw. die Tabelle entsprechend der `figure`- bzw. `table`-Umgebung nummeriert.

Nachfolgendes Beispiel 3.79 zeigt eine Tabelle im Absatz.

```
\begin{tabwindow}[1,r,{%
    \begin{tabular}{|l|l|l|}\hline
      1 & Bayern--München & 23\\\hline
      2 & Borussia Dortmund & 20\\\hline
      3 & 1860--München & 17\\\hline
    \end{tabular}
  },{Spielstand\label{tab:spielstand}}]
  Die Tabelle~\ref{tab:spielstand} zeigt den Spielstand nach dem zehnten
  Spieltag an. In der ersten Spalte ist die Platzierung, in der zweiten
  Spalte der Verein und in der dritten Spalte der Punktestand angegeben.
\end{tabwindow}
```

Listing 3.79: Tabelle im Absatz (source/bsp_picinpar02.tex)

Die Tabelle 1 zeigt den Spielstand nach dem zehnten Spieltag an. In der ersten Spalte ist die Platzierung, in der zweiten Spalte der Verein und in der dritten Spalte der Punktestand angegeben.

1	Bayern-München	23
2	Borussia Dortmund	20
3	1860-München	17

Tabelle 1: Spielstand

Abb. 3.81: Abbildung zu Listing 3.79

wrapfig

wrapfig.sty

Mit dem Ergänzungspaket `wrapfig` lassen sich Bilder und Tabellen im Absatz positionieren. Der Vorteil von diesem Paket ist, dass Tabellen und Bilder auch in den Rand hineinragen können. Das Paket stellt die beiden Umgebungen `wrapfigure` und `wraptable` zur Verfügung.

Der allgemeine Aufruf dabei lautet:

```
\begin{wrapfigure}[<Zeilen>]{<pos>}[<Randüberhang>]{<Breite>}
  % Bild
\end{wrapfigure}
```

Der Aufruf von `wraptable` ist dabei identisch.

Mit dem Parameter `Zeilen` wird festgelegt, wie viele Zeilen um das Bild fließen sollen. Wird hier kein Wert angegeben, so wird dieser aus der Bildhöhe berechnet. Über `pos` wird die Position des Bildes bestimmt. Mögliche Werte sind hier `l` für links, `r` für rechts, `i` für innen und `o` für außen bei doppelseitigem Druck. Zusätzlich sind die Parameter in Großbuchstaben möglich, die dafür sorgen, dass das Bild entsprechend gleitet. Mit `Randüberhang` wird der Wert angegeben, der festlegt, um welchen Wert das Bild in den Rand hineinragen soll. Zuletzt wird die Breite festgelegt.

Nachfolgendes Beispiel 3.80 zeigt ein Bild, das nach außen in den Rand verschoben worden ist und das von Text umflossen ist.

```
\begin{wrapfigure}{L}[1.5cm]{3cm}
  \fbox{\includegraphics[width=3cm,height=1.5cm]{bilder_xfig_001}}
  \caption{viele\newline Linien}
  \label{fig:linien}
\end{wrapfigure}

In nebenstehender Abbildung~\ref{fig:linien} sind viele Linien
zu sehen, die um den Mittelpunkt mit einem Winkel von 15°
gedreht worden sind.

Zusätzlich wurde das Bild auf eine Breite
von~3\,cm und einer Höhe von~1,5\,cm skaliert.
Das Bild wurde um~1,5\,cm nach außen in den Randbereich verschoben.
```

Listing 3.80: Bild nach außen versetzt (source/bsp_wrapfig01.tex)

Abb. 3.82: Abbildung zu Listing 3.80

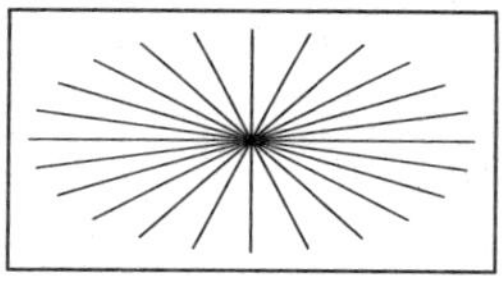

Abbildung 1: viele Linien

In nebenstehender Abbildung 1 sind viele Linien zu sehen, die um den Mittelpunkt mit einem Winkel von 15° gedreht worden sind.

Zusätzlich wurde das Bild auf eine Breite von 3 cm und einer Höhe von 1,5 cm skaliert. Das Bild wurde um 1,5 cm nach außen in den Randbereich verschoben.

floatflt

Das Ergänzungspaket `floatflt` stellt eine weitere Möglichkeit dar, Tabellen und Bilder mit Text umfließen zu lassen. Dazu stellt das Paket zwei Umgebungen zur Verfügung; `floatingfigure` für Bilder und `floatingtable` für Tabellen. floatflt.sty

Das Paket hat dabei folgende optionale Parameter,um das Verhalten der Bilder bzw. Tabellen zu beeinflussen.

- **rflt**
  Die Tabellen bzw. Bilder werden auf die rechte Seite des Absatzes gesetzt.
- **lflt**
  Die Tabellen bzw. Bilder werden auf die linke Seite des Absatzes gesetzt.
- **vflt**
  Die Tabellen bzw. Bilder werden rechts bei ungeraden und links bei geraden Seiten gesetzt (Standard).

Der allgemeine Aufruf der Umgebungen lautet:

```
\begin{floatingfigure}[<Optionen>]{<Breite>}
  % ...
\end{floatingfigure}
```

Der Aufruf von `floatingtable` ist dabei identisch.

Als Optionen stehen dabei folgende Möglichkeiten zur Verfügung:

- **r**
  Tabelle bzw. Bild wird rechts im Absatz angeordnet.
- **l**
  Tabelle bzw. Bild wird links im Absatz angeordnet.
- **p**
  Tabelle bzw. Bild wird bei ungeraden Seiten rechts und bei geraden Seiten links im Absatz angeordnet.
- **v**
  Es wird die aktuelle Paketoption verwendet (`rflt`, `lflt` bzw. `vflt`). Dies ist der Standard.

Mit dem Parameter `Breite` wird die Breite des Objektes angegeben, die Höhe wird selbstständig berechnet. Bei Tabellen wird keine Breite angegeben, sondern es wird direkt die `tabular`-Umgebung als Parameter bei der Breite angegeben (in geschweiften Klammern: `{\begin{tabular} ...\end{tabular}}`).

Nachfolgendes Beispiel 3.81 zeigt eine textumflossene Tabelle.

```
\usepackage{floatflt}

\begin{document}

\begin{floatingtable}[l]{
    \begin{tabular}{@{}llr@{}} \toprule
      Käse       & Herkunftsland     & Preis (Euro) \\
      \cmidrule(r){1-1}\cmidrule(lr){2-2}\cmidrule(l){3-3}
      Edamer     & Deutschland       &  2,23 \\
      Gouda      & Deutschland       &  9,34 \\
      Emmentaler & Allgäu            & 12,34 \\
      \bottomrule
    \end{tabular}
  }
  \caption{Käseübersicht}
  \label{tab:kaese}
\end{floatingtable}

Die Tabelle~\ref{tab:kaese} zeigt eine Übersicht an Käsesorten.
Dabei ist jeweils der Name, das Herkunftsland und der Preis
angegeben.

Wie die einzelnen Käsesorten schmecken, muss erst in
einer praktischen Erprobungsphase ermittelt werden. Erste
Ergebnisse sind erst Ende des Jahres zu erwarten.
```

Listing 3.81: Textumflossene Tabelle (source/bsp_floatflt01.tex)

Käse	Herkunftsland	Preis (Euro)
Edamer	Deutschland	2,23
Gouda	Deutschland	9,34
Emmentaler	Allgäu	12,34

Tabelle 1: Käseübersicht

Die Tabelle 1 zeigt eine Übersicht an Käsesorten. Dabei ist jeweils der Name, das Herkunftsland und der Preis angegeben.

Wie die einzelnen Käsesorten schmecken, muss erst in einer praktischen Erprobungsphase ermittelt werden. Erste Ergebnisse sind erst Ende des Jahres zu erwarten.

Abb. 3.83: Abbildung zu Listing 3.81

Allerdings ergibt sich mit einem so geringen Platz neben der Tabelle Probleme bei der Silbentrennung und dem Satzumbruch. Hier muss von Hand nachgearbeitet werden, was der Randversatz deutlich zeigt.

3.6.3 Initiale ganz einfach

Initiale, wie Sie schon kennen gelernt haben, stellen im Prinzip nichts anderes dar als textumflossene Objekte. Wer nur Initiale benötigt, kann das Ergänzungspaket `dropping` verwenden. dropping.sty

Dieses stellt den Befehl `\dropping` zur Verfügung, der Text um den Faktor n-Zeilen vergrößert.

Der allgemeine Aufruf dabei lautet:

```
\dropping[<Rand>]{<Zeilen>}{<Text>}
```

Mit dem optionalen Parameter Rand kann ein zusätzlicher Rand an der linken Seite eingefügt werden. Mit dem Parameter `Zeilen` wird festgelegt, wie viele Zeilen der Text bzw. der Buchstabe groß sein soll. Als letztes wird der Text angegeben, der vergrößert werden soll. Dieser kann mit zusätzlichen Befehlen fett, kursiv ... gesetzt werden.

Nachfolgendes Beispiel 3.82 zeigt Initiale bei einem Absatz.

```
\usepackage{dropping}

\begin{document}

\rule{\linewidth}{1pt}

\dropping{3}{D}ieser Absatz beginnt mit einem großen Buchstaben und wird
entsprechend
eingerückt. Dabei sollte man aber Fonts verwenden, die optisch
schöner aussehen wie Buchstaben mit besonderen Verzierungen.

\rule[1em]{\linewidth}{1pt}
```

Listing 3.82: Initiale (source/bsp_dropping01.tex)

Dieser Absatz beginnt mit einem großen Buchstaben und wird entsprechend eingerückt. Dabei sollte man aber Fonts verwenden, die optisch schöner aussehen wie Buchstaben mit besonderen Verzierungen.

Abb. 3.84: Abbildung zu Listing 3.82

lettrine.sty

Ein weiteres Paket für Initiale ist `lettrine`. Mehr dazu in der Paketdokumentation auf der Buch-CD-ROM.

4 Aufzählungen, Listen und Texteinbindungen

Will man strukturierte Informationen vermitteln, so empfiehlt es sich, diese in Form von Aufzählungen und Listen anzuordnen. So lassen sich etwa in einem Thesenpapier die einzelnen Pro- und Kontra-Punkte in Listen zusammenfassen, sodass der Leser sofort sieht, wo ein Argument aufhört und das nächste anfängt. Oder aber es lassen sich in technischen Dokumentationen Schritt-für-Schritt-Anweisungen mithilfe von Nummerierungen einfügen, sodass auch der unerfahrene Leser sofort weiß, in welcher Reihenfolge er beispielsweise eine Software installieren oder ein Gerät in Betrieb nehmen muss.

LaTeX bietet für derartige Zwecke verschiedene Umgebungen, mit denen derartige Elemente ganz auf die Wünsche und Bedürfnisse des Autors abgestimmt werden können. Diese lernen Sie im Folgenden kennen.

Im zweiten Teil dieses Kapitels erfahren Sie außerdem, wie Sie Originaltexte in Ihre LaTeX-Dokumente einbinden können, ohne dass deren Formatierung von LaTeX verändert wird. Eine wichtige Anwendung hierfür ist beispielsweise das Einbinden von Listings, wie es auch in diesem Buch praktiziert wurde.

4.1 Auflistungen

Für Auflistungen stellt LaTeX mehrere Möglichkeiten bereit. Diese können mit Punkten, fortlaufenden Nummern oder anderen Merkmalen realisiert werden.

4.1.1 Standardauflistungen

LaTeX stellt drei Standardauflistungen zur Verfügung. Bei der ersten wird die Auflistung mit Punkten bzw. anderen Symbolen dargestellt, bei der zweiten wird eine fortlaufende Nummerierung erzeugt und bei der dritten ein hervorgehobener Text als Aufzählungspunkt gesetzt.

Auflistungen mit Punkten

Die einfachste Auflistung stellt die `itemize`-Umgebung dar. Hier wird vor jeden Eintrag ein Aufzählungspunkt gesetzt.

Der allgemeine Aufruf dabei lautet:

```
\begin{itemize}
\item  ...
\item  ...
\end{itemize}
```

Im nachfolgenden Beispiel 4.1 wird eine einfache Auflistung dargestellt.

```
\begin{itemize}
\item Punkt eins
\item Punkt zwei
\item \dots
\end{itemize}
```

· Punkt eins

· Punkt zwei

· ...

Listing 4.1: Aufzählung mit itemize

Soll als Aufzählungspunkt ein anderes Symbol verwendet werden, so kann der `\item`-Befehl auch mit einem optionalen Parameter aufgerufen werden, der das neue Aufzählungszeichen enthält. Beispiel 4.2 verdeutlicht dies.

```
\begin{itemize}
\item Punkt eins
\item [*] Punkt zwei
\item \dots
\end{itemize}
```

· Punkt eins

* Punkt zwei

· ...

Listing 4.2: Geänderter Aufzählungspunkt

Auflistungen mit fortlaufenden Nummern

Eine Auflistung mit fortlaufenden Nummern ist mit der `enumerate`-Umgebung zu realisieren. Hier wird vor jeden Eintrag eine fortlaufende Nummer gesetzt.

Der allgemeine Aufruf dabei lautet:

```
\begin{enumerate}
\item  ...
\item  ...
\end{enumerate}
```

In Beispiel 4.3) wird eine einfache Auflistung mit fortlaufenden Nummern dargestellt.

```
\begin{enumerate}
\item Punkt eins
\item Punkt zwei
\item \dots
\end{enumerate}
```

1. Punkt eins

2. Punkt zwei

3. ...

Listing 4.3: Aufzählung mit Nummern

Auch hier kann der Aufzählungspunkt geändert werden, wobei die Nummerierung dabei unterbrochen wird und erst mit dem nächsten `item`-Eintrag, der keinen optionalen Parameter besitzt, weitergeführt wird. Beispiel 4.4 verdeutlicht dies.

```
\begin{enumerate}
\item Punkt eins
\item [*] Punkt zwei geändert
\item \dots
\end{enumerate}
```

1. Punkt eins

* Punkt zwei geändert

2. ...

Listing 4.4: Geänderte Aufzählungsnummer

Verweisen auf eine Aufzählungsnummer

Soll auf eine Aufzählungsnummer verwiesen werden, so kann auch hier der `\label`-Befehl verwendet werden. Diese Marke erhält dann die entsprechende Aufzählungsnummer (siehe Listing 4.5).

```
\begin{enumerate}
\item Auto\label{enum:auto}
\item Motorrad
\item \dots
\end{enumerate}
```

1. Auto
2. Motorrad
3. ...

Listing 4.5: Verwendung von \label

Auf die Nummerierung kann dann mit dem `\ref`-Befehl zurückgegriffen werden (siehe Listing 4.6).

```
Das Auto hat die
Aufzählungsnummer~\ref{enum:auto}.
```

Das Auto hat die Aufzählungsnummer 1.

Listing 4.6: Verwendung von \ref

Auflistungen mit Beschreibung

Eine andere Art von Auflistung stellt die `description`-Umgebung dar. Hier wird ein Text anstelle eines Aufzählungspunktes verwendet.

Der allgemeine Aufruf dabei lautet:

```
\begin{description}
\item [Auflistungstext] Text
\item % ...
\end{description}
```

Im nachfolgenden Beispiel 4.7 auf der nächsten Seite wird eine Auflistung mit Text dargestellt.

```
\begin{description}
\item [Auto] Ein Auto hat meist
           vier Räder.
\item [Fahrad] Ein Fahrrad hat
               meist zwei Räder.
\item [LKW] \dots
\end{description}
```

Auto Ein Auto hat meist vier Räder.

Fahrad Ein Fahrrad hat meist zwei Räder.

LKW ...

Listing 4.7: Auflistung mit Text

4.1.2 Verschachtelte Auflistungen

Die verschiedenen Auflistungen lassen sich mehrfach verschachteln und auch mischen. Zur besseren Unterscheidung wird dabei automatisch der Aufzählungspunkt bzw. die Art der Nummerierung verändert.

Im nachfolgenden Beispiel 4.8 werden mehrere Auflistungen miteinander verschachtelt.

```
\begin{itemize}
\item Eins
  \begin{itemize}
  \item Eins-Eins
  \item Eins-Zwei
    \begin{itemize}
    \item Eins-Zwei-Eins
    \item Eins-Zwei-Zwei
    \end{itemize}
  \end{itemize}
\item Zwei
  \begin{enumerate}
  \item Zwei-Eins
  \item Zwei-Zwei
    \begin{enumerate}
    \item Zwei-Zwei-Eins
    \item Zwei-Zwei-Zwei
    \end{enumerate}
  \end{enumerate}
\item \dots
\end{itemize}
```

- Eins
  - Eins-Eins
  - Eins-Zwei
    - ∗ Eins-Zwei-Eins
    - ∗ Eins-Zwei-Zwei
- Zwei
  1. Zwei-Eins
  2. Zwei-Zwei
     a) Zwei-Zwei-Eins
     b) Zwei-Zwei-Zwei
- ...

Listing 4.8: Auflistungen verschachteln (source/bsp_item01.tex)

Aufzählungspunkte ändern

Die Auflistungszeichen (hier mit `\labelitem...`) bzw. die Formatierung der Nummern (hier mit `\labelenum...`) werden mit nachfolgenden Befehlen realisiert. Dabei wird jeweils mit `i`, `ii`, `iii` bzw. `iv` die Ebene angegeben. Für die Nummerierung stehen die Zähler `\enum...` zur Verfügung.

```
\labelitemi        \labelenumi        \enumi
\labelitemii       \labelenumii       \enumii
\labelitemiii      \labelenumiii      \enumiii
\labelitemiv       \labelenumiv       \enumiv
```

Die Markierungen werden über den Befehl `\renewcommand` geändert.

```
\renewcommand{\labelitemi}{+}
```

In Beispiel 4.9 werden die Aufzählungspunkte entsprechend geändert.

```
\renewcommand{\labelitemi}{-}
\renewcommand{\labelitemii}{+}
\renewcommand{\labelitemiii}{*}

\begin{itemize}
\item Eins
  \begin{itemize}
  \item Eins-Eins
  \item Eins-Zwei
    \begin{itemize}
    \item Eins-Zwei-Eins
    \item Eins-Zwei-Zwei
    \end{itemize}
  \end{itemize}
\item \dots
\end{itemize}
```

- Eins

    + Eins-Eins

    + Eins-Zwei

        * Eins-Zwei-Eins
        * Eins-Zwei-Zwei

- ...

Listing 4.9: Aufzählungspunkte geändert (source/bsp_item02.tex)

In Beispiel 4.10 wird die Formatierung der Nummern entsprechend geändert. Die Möglichkeiten der Nummerndarstellung zeigt Tabelle 4.1.

Tabelle 4.1: Nummerierungsmöglichkeiten

Stil	Beispiel	Beschreibung
arabic	1, 2, 3	arabische Ziffern
roman	i, ii, v	kleine römische Ziffern
Roman	I, II, V	große römische Ziffern
alph	a, b ,c	fortlaufende Kleinbuchstaben
Alph	A, B, C	fortlaufende Großbuchstaben

```
\renewcommand{\labelenumi}{\Roman{enumi}}
\renewcommand{\labelenumii}{\Roman{enumi}--\arabic{enumii}}
\renewcommand{\labelenumiii}{\Roman{enumi}--\arabic{enumii}\Alph{enumiii}}

\begin{enumerate}
\item Eins
  \begin{enumerate}
  \item Eins-Eins
  \item Eins-Zwei
    \begin{enumerate}
    \item Eins-Zwei-Eins
    \item Eins-Zwei-Zwei
    \end{enumerate}
  \end{enumerate}
```

```
\item \dots
\end{enumerate}
```

Listing 4.10: Formatierung der Nummern ändern (source/bsp_item03.tex)

I Eins

I-1 Eins-Eins

I-2 Eins-Zwei

I-2A Eins-Zwei-Eins

I-2B Eins-Zwei-Zwei

II ...

Abb. 4.1: Abbildung zu Listing 4.10

4.1.3 Listen selbst definieren

Alle bisher gezeigten Listen-Umgebungen basieren auf der Grundumgebung `list`. Mit dieser lassen sich auch eigene Aufzählungen realisieren.

Der allgemeine Aufruf dabei lautet:

```
\begin{list}{<Standardmarke>}{<Listenerklärungen>}
  \item [<optional>] Text
\end{list}
```

Dabei wird als erster Parameter die Standardmarke, also der Aufzählungspunkt angegeben. Dieser kann bei Bedarf mit dem optionalen `item`-Parameter überschrieben werden. In der Listenerklärung können die Standardeinstellungen für die Liste entsprechend geändert werden. Darunter fallen nicht nur die Formatierung und das Zählen, sondern auch die entsprechenden Abstände, die verwendet werden sollen.

Als Abstände stehen die Werte gemäß Abbildung 4.2 auf der nächsten Seite zur Verfügung. Diese werden z. B. über

```
\setlength{\rightmargin}{1cm}
```

entsprechend gesetzt.

- **\topsep**
  Zwischenraum zwischen vorangegangenem Text und dem ersten Aufzählungspunkt. Zusätzlich wird der Absatzabstand `\parskip` und `\partopsep` addiert.

- **\parskip**
  Normaler Absatzabstand. Dieser wird normalerweise im Dokumentenkopf definiert.

- **\partopsep**
  Ist vor der `list`-Umgebung eine Leerzeile, also ein Absatz wird gewünscht, so wird zusätzlich der Abstand `\partopsep` eingefügt.

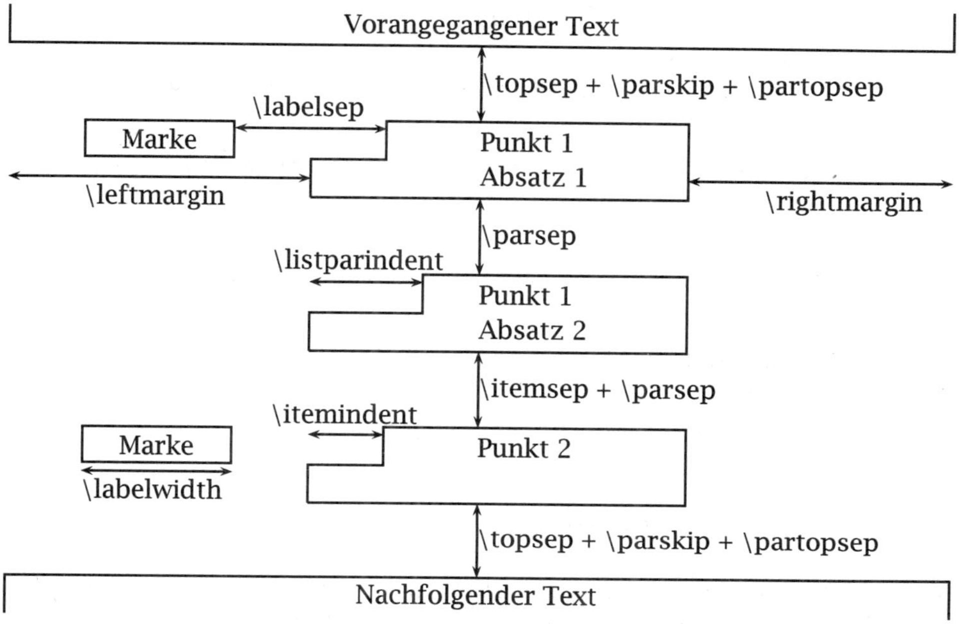

Abb. 4.2: Dimensionen für die list-Umgebung

- **\parsep**
  Abstand zwischen zwei Absätzen in der Aufzählung.

- **\itemsep**
  Abstand zwischen den Listenpunkten. Zusätzlich wird hier `\parsep` addiert.

- **\leftmargin**
  Linker Rand zum Text.

- **\rightmargin**
  Rechter Rand zum Text.

- **\itemindent**
  Abstand, um den die erste Zeile des ersten Absatzes eingerückt werden soll (Erstzeileneinzug).

- **\listparindent**
  Abstand, um den die erste Zeile des zweiten und aller weiterer Absätze eingerückt wird.

- **\labelwidth**
  Breite des Aufzählungspunktes (der Marke).

- **\labelsep**
  Abstand zwischen Aufzählungspunkt und der eingerückten ersten Zeile.

Damit LaTeX die Seite besser einteilen kann, sollten Sie hier im vertikalen Bereich keine festen, sondern elastische Maße definieren. Mehr zu dynamischen Maßen finden Sie in Kapitel 8.1 auf Seite 510.

Um den Aufzählungspunkt bzw. die Marke zu setzen, wird von der `list`-Umgebung der Befehl `\makelabel` aufgerufen. Dieser kann umdefiniert werden, wenn hier das Aussehen entsprechend geändert werden soll.

Im nachfolgenden Beispiel 4.11 wird eine Aufzählungsumgebung mit verändertem Aussehen definiert. Damit ein fortlaufender Zähler verwendet werden kann, muss dieser vorher über

```
\newcounter{neuerzaehler}
```

definiert werden oder es muss ein schon vorhandener Zähler (z.B. `enumi`) verwendet werden. Um den Zähler jeweils automatisch erhöhen zu lassen, muss in der Listenumgebung der Befehl

```
\usecounter{neuerzaehler}
```

verwendet werden.

```
\begin{list}{%
    \textbf{Punkt \arabic{enumi}:}
  }{%
    \usecounter{enumi}
    \setlength{\labelwidth}{3cm}
  }
  \item Essen gehen
  \item Einkaufsliste erstellen
  \item Blumen kaufen
\end{list}
```

Punkt 1: Essen gehen

Punkt 2: Einkaufsliste erstellen

Punkt 3: Blumen kaufen

Listing 4.11: Selbstdefinierte Auflistungsumgebung (source/bsp_item04.tex)

Damit nicht bei jeder Verwendung alle Einstellungen bei der `list`-Umgebung wiederholt werden müssen, macht es Sinn, hier eine neue Umgebung zu schaffen, die auf der `list`-Umgebung basiert. Mehr zu neuen Umgebungen finden Sie in Kapitel 8.6 auf Seite 521.

calc.sty

Im nachfolgenden Beispiel 4.12 wird eine neue Umgebung, die auf der `list`-Umgebung basiert, definiert. Damit auch mit Längen gerechnet werden kann, wird das Ergänzungspaket `calc` eingebunden (mehr zu dem Paket `calc` finden Sie in Kapitel 8.3 auf Seite 512).

Dabei soll die Liste einen Aufzählungspunkt erhalten und bei einem optionalen `item`-Parameter diesen nach dem Aufzählungspunkt setzen. Zusätzlich soll vor dem normalen Text ein Zeilenumbruch erfolgen.

```
\usepackage{calc}
\usepackage{ifthen}

\newcommand{\myitemlabel}{$\Rightarrow$}
\newenvironment{myitem}{%
  \begin{list}{}{%
      \setlength{\labelwidth}{%
                  \widthof{\myitemlabel}}%
      \setlength{\itemsep}{0.3em plus0.3em}%
```

```
19       \setlength{\labelsep}{0.7\labelwidth}%
20       \setlength{\partopsep}{0ex plus0.2ex}%
21       \setlength{\leftmargin}{%
22                 \labelwidth+\labelsep}%
23       \setlength{\rightmargin}{0pt}%
24       \setlength{\topsep}{0pt}%
25       \setlength{\listparindent}{0pt}%
26       \renewcommand{\makelabel}[1]{%
27         \ifthenelse{\equal{##1}{}}{%
28           \myitemlabel%
29         }{%
30           \parbox[b]{\labelwidth}{%
31             \vspace{\parsep}%
32             \myitemlabel
33             \makebox[0pt][l]{%
34               \hspace{\labelsep}%
35               \textbf{\strut##1}}\\\hfill\mbox{}}%
36         }%
37       }%
38     }%
39   }%
40   {%
41   \end{list}%
42 }%
43
44 \begin{document}
45
46 \begin{myitem}
47 \item [Heute] Brot kaufen
48 \item Salat machen
49 \item Wein trinken
50 \item [Morgen] ausschlafen
51 \item nichts tun
52 \end{myitem}
```

Listing 4.12: neue Umgebung (source/bsp_item05.tex)

Abb. 4.3: Abbildung zu Listing 4.12

$\Rightarrow$ **Heute**
Brot kaufen

$\Rightarrow$ Salat machen

$\Rightarrow$ Wein trinken

$\Rightarrow$ **Morgen**
ausschlafen

$\Rightarrow$ nichts tun

Dabei wird in Zeile 10 das Ergänzungspaket `calc` eingebunden, das es ermöglicht, mit Längen zu rechnen. In Zeile 11 wird das Paket `ifthen` eingebunden, welches abfragt, ob ein optionaler Parameter bei dem Befehl `item` angegeben worden ist. ifthen.sty

In Zeile 13 wird ein neuer Befehl erzeugt, der den Aufzählungspunkt enthält. In diesem Beispiel handelt es sich um einen mathematischen Pfeil. In Zeile 14 wird die neue Umgebung mit dem Namen `myitem` definiert. Diese baut auf der `list`-Umgebung auf (siehe Zeile 15). In Zeile 16 wird die Länge für den Aufzählungspunkt festgelegt. Dieser wird mit dem Befehl `\widthof` aus dem `calc`-Paket berechnet (er gibt die Breite des vorher definierten Aufzählungspunktes zurück). In den weiteren Zeilen werden die anderen Werte festgelegt. Der Wert `0ex plus0.2ex` sagt aus, dass die Länge standardmäßig auf „0" gesetzt wird und sich bei Bedarf um den Wert „0.2ex" erhöht.

In Zeile 26 wird der Befehl `\makelabel` neu definiert. Darin wird zuerst mit `\ifthenelse` abgefragt, ob ein Wert (hier der optionale Parameter des `\item`-Befehls) übergeben worden ist. Wenn ja, dann wird der Aufzählungspunkt mit `\myitemlabel` gesetzt, wenn nicht, wird eine Box erzeugt, die die Breite des Aufzählungspunktes besitzt. Dies ist nötig, weil der `\makelabel`-Befehl in einer horizontalen Box platziert wird, die keinen Zeilenumbruch erlaubt. In Zeile 31 wird der entsprechende horizontale Abstand und der Aufzählungspunkt gesetzt. Anschließend wird eine Box der Breite „0" definiert, in der der übergebene Text mit entsprechendem horizontalen Abstand gesetzt wird. Dadurch wird verhindert, dass evtl. eine Meldung über eine „Overfull hbox" erzeugt wird. Anschließend wird der Zeilenumbruch durchgeführt, wobei mit `\hfill\mbox{}` die Zeile aufgefüllt wird, damit keine „Underfull hbox"-Meldung entsteht. Der Befehl `\strut` stellt dabei ein Zeichen mit Höhe und Tiefe dar, das aber keine Breite hat. Dies dient dazu, dass jeweils alle Aufzählungstexte in gleicher Größe gesetzt werden. Andernfalls würden die Texte, die nur kleine Buchstaben (a, m ...) haben, eine kleinere Zeilenhöhe bekommen als große Buchstaben (b, y ...). Siehe hierzu auch Abbildung 4.4.

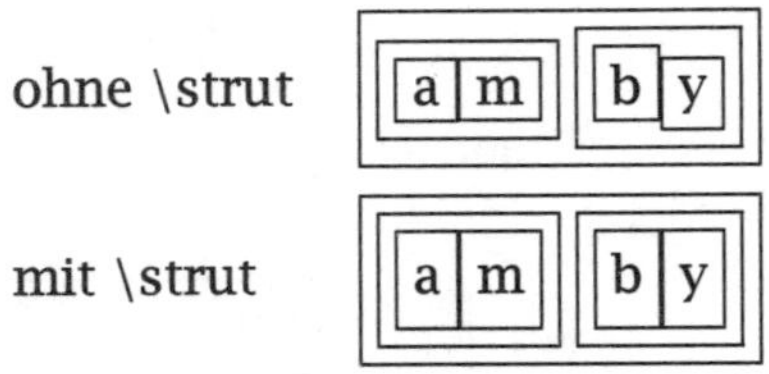

Abb. 4.4: Buchstabengröße und `\strut`

In Zeile 41 wird dann das Ende der neuen Umgebung definiert, was hier das Ende der `list`-Umgebung darstellt.

Angewendet wird dann die neue Umgebung ab Zeile 46.

Listen als Grundlage für andere Umgebungen

LaTeX stellt noch eine weitere Listenumgebung (triviale Liste) bereit, die als Grundlage für andere Umgebungen dient. Diese hat den gleichen Aufbau wie die `list`-Umgebung, besitzt jedoch keine Definition von Standardmarken und Listenparametern.

Der allgemeine Aufruf dabei lautet:

```
\begin{trivlist}
  % Text
\end{trivlist}
```

Die Listenparameter `\leftmargin`, `\itemindent` und `\labelwidth` werden auf 0 pt gesetzt, `\parsep` und `\listparindent` werden vom aktuellen Absatz übernommen. Der Vorteil dieser Umgebung liegt darin, dass diese einen vertikalen Abstand zwischen der Liste und dem vorangegangenen und nachfolgenden Text einfügt. Es lassen sich also Textblöcke absetzen.

Unter anderem setzen die LaTeX-Standardumgebungen `center`, `flushleft` und `flushright` auf die `trivlist`-Umgebung auf.

Im nachfolgenden Beispiel 4.13 wird verdeutlicht, wie die Umgebungen definiert werden.

```
% center
\newenvironment{mycenter}{%
  \begin{trivlist}\centering\item[]%
  }{%
  \end{trivlist}
}
% left
\newenvironment{myleft}{%
  \begin{trivlist}\raggedright\item[]%
  }{%
  \end{trivlist}
}
% right
\newenvironment{myright}{%
  \begin{trivlist}\raggedleft\item[]%
  }{%
  \end{trivlist}
}

\begin{document}

\begin{myleft}
  Essen gehen
\end{myleft}

\begin{mycenter}
  Brot kaufen
\end{mycenter}

\begin{myright}
  Blumen pflanzen
\end{myright}
```

Listing 4.13: Umgebung auf Basis von trivlist (source/bsp_item06.tex)

Essen gehen

Brot kaufen

Blumen pflanzen

Abb. 4.5: Abbildung zu Listing 4.13

4.1.4 Ergänzungspakete

Für Auflistungen gibt es eine Menge an Ergänzungspaketen. Einige davon wollen wir hier vorstellen.

Paket „expdlist"

expdlist.sty

Mit dem Ergänzungspaket `expdlist` wird die `description`-Umgebung um optionale Parameter erweitert.

Der allgemeine Aufruf dabei lautet:

```
\begin{description}[<param>]
\item [<Auflistungstext>] Text
\item % ...
\end{description}
```

Als Parameter stehen dabei folgende Befehle bereit:

- **\setleftmargin{<länge>}**
  Legt die Breite des Randes auf der linken Seite fest.
- **\setlabelphantom{<text>}**
  Berechnet den linken Rand aus der Länge von `text` und addiert den Wert `\labelssep`. Dabei wird eine evtl. Formatierung des Textes berücksichtigt.
- **\setlabelstyle{<schriftstil>}**
  Legt den Stil für die Marken, also den Auflistungstext fest.
- **\breaklabel**
  Der Text wird in der nächsten Zeile fortgeführt, wenn der Auflistungstext länger als die vorgesehene Breite der Marke ist.
- **\compact**
  Zwischen den Aufzählungspunkten (Absätzen) wird kein zusätzlicher vertikaler Leerraum eingefügt.

Im nachfolgenden Beispiel 4.14 wird die Umgebung mit entsprechenden Parametern aufgerufen.

```
\usepackage{expdlist}

\begin{document}

\begin{description}[\setlabelphantom{Fahrrad}\setlabelstyle{\itshape}%
                    \compact\breaklabel]
\item [Auto] Ein Auto hat meist vier Räder.
\item [Fahrrad] Ein Fahrrad hat meist zwei Räder.
\item [Motorrad] Ein Motorrad hat wie ein Fahrrad zwei Räder.
\item [LKW] \dots
\end{description}
```

Listing 4.14: description-Umgebung mit Parametern (source/bsp_item07.tex)

Auto	Ein Auto hat meist vier Räder.
Fahrrad	Ein Fahrrad hat meist zwei Räder.
Motorrad	
	Ein Motorrad hat wie ein Fahrrad zwei Räder.
LKW	...

Abb. 4.6: Abbildung zu Listing 4.14

In diesem Beispiel wird die Breite der Marke mithilfe des Textes „Fahrrad“ berechnet. Alle Auflistungstexte, die länger sind (z. B. „Motorrad“), sorgen dafür, dass der nachfolgende Text erst in der nächsten Zeile beginnt.

Zusätzlich bietet das Paket zwei weitere Befehle:

- **\listpart{<text>}**
  Damit wird ein Text festgelegt, der Teil der Liste ist, aber wie ein normaler Absatz in der Liste formatiert wird. Dadurch ist es möglich, einen Absatz in eine Liste (z. B. als Kommentar) einzufügen, ohne dabei die Umgebung beenden zu müssen.
- **\listpartsep**
  Legt den Abstand zwischen der Liste und dem eingeschobenen Absatz fest.

Im nachfolgenden Beispiel 4.15 wird in die `description`-Umgebung ein Absatz mit `\listpart` eingefügt. Vorher wird der entsprechende Absatzabstand definiert.

```
\begin{description}[\setlabelphantom{Fahrrad}\setlabelstyle{\itshape}%
                    \compact\breaklabel]
\setlength{\listpartsep}{2ex}
\item [Auto] Ein Auto hat meist vier Räder.
\item [Fahrrad] Ein Fahrrad hat meist zwei Räder.
\listpart{Dieser Text erscheint zwischen den Auflistungen und
          wird wie ein normaler Absatz formatiert!}
\item [Motorrad] Ein Motorrad hat wie ein Fahrrad zwei Räder.
\item [LKW] \dots
\end{description}
```

Listing 4.15: description-Umgebung mit Absatz (source/bsp_item08.tex)

Auto Ein Auto hat meist vier Räder.
Fahrrad Ein Fahrrad hat meist zwei Räder.

Dieser Text erscheint zwischen den Auflistungen und wird wie ein normaler Absatz formatiert!

Motorrad
Ein Motorrad hat wie ein Fahrrad zwei Räder.
LKW ...

Abb. 4.7: Abbildung zu Listing 4.15

Paket „paralist“

paralist.sty

Mit dem Ergänzungspaket `paralist` werden einige neue Listenumgebungen zur Verfügung gestellt und die Standard-Listenumgebungen erweitert.

Die Standard-Umgebungen (`itemize` und `enumerate`) werden um einen optionalen Aufrufparameter erweitert.

Der allgemeine Aufruf der `itemize`-Umgebung lautet dann:

```
\begin{itemize}[<label>]
\item ...
\end{itemize}
```

Dabei ist es möglich, global für diese Umgebung das Labelsymbol entsprechend des Eintrags `label` zu ändern.

Außerdem ist ein Eingriff in die Nummerierung der `enumerate`-Umgebung möglich.

Der allgemeine Aufruf der `enumerate`-Umgebung lautet dann:

```
\begin{enumerate}[<format>]
\item ...
\end{enumerate}
```

Dabei kann für `format` jeder beliebige Text und nachfolgende Token bzw. Kürzel (siehe Tabelle 4.2) verwendet werden, um die Nummerierung entsprechend anzupassen.

Token	entspricht	Beispiel	Beschreibung
1	arabic	1, 2, 3	arabische Ziffern
i	roman	i, ii, iii	kleine römische Ziffern
I	Roman	I, II, III	große römische Ziffern
a	alph	a, b ,c	fortlaufende Kleinbuchstaben
A	Alph	A, B, C	fortlaufende Großbuchstaben

Tabelle 4.2: Nummerierungsmöglichkeiten

Beispiele

```
\usepackage{paralist}

\begin{document}

\begin{enumerate}[(i)]
\item Eins
\item Zwei
\end{enumerate}
```

(i) Eins

(ii) Zwei

Listing 4.16: Nummerierung mit römischen Zahlen (source/bsp_paralist01.tex)

Normaler Text, der nicht als Token interpretiert werden soll, muss dabei in geschweifte Klammern (`{Text}`) gesetzt werden.

```
\begin{enumerate}[{Beispiel} a:]
\item Eins
\item Zwei
\end{enumerate}
```

Beispiel a: Eins

Beispiel b: Zwei

Listing 4.17: Nummerierung mit Text (source/bsp_paralist02.tex)

Dabei stellt das Paket folgende Befehle bereit, um die Umgebungen zu beeinflussen:

- **\pointedenum**
  Setzt die Nummerierung auf `1.1`, `1.1.1`, usw. Dabei wird hinter der Nummer ein Punkt gesetzt.

```
\pointedenum
\begin{enumerate}
\item Eins
  \begin{enumerate}
  \item Eins--Eins
  \item Eins--Zwei
  \end{enumerate}
\item Zwei
\end{enumerate}
```

1. Eins

   1.1. Eins-Eins

   1.2. Eins-Zwei

2. Zwei

- **\pointlessnum**
  Wie `\pointedenum`, jedoch ohne Punkt.

```
\pointlessenum
\begin{enumerate}
\item Eins
  \begin{enumerate}
  \item Eins--Eins
  \item Eins--Zwei
  \end{enumerate}
\item Zwei
\end{enumerate}
```

1 Eins

   1.1 Eins-Eins

   1.2 Eins-Zwei

2 Zwei

- **\paradescriptionlabel**
  Legt das Format und Aussehen des Auflistungstextes bei der `description`-Umgebung fest. Standardmäßig wird der Befehl wie folgt definiert und kann über `renewcommand*` neu definiert werden.

```
\newcommand*{\descriptionlabel}[1]{%
  \hspace{\labelsep}\normalfont\bfseries #1}
```

- **\setdefaultitem**
  Legt das Aussehen des Labels für die `itemize`-Umgebung fest. Der Befehl erhält vier Parameter, wobei der erste Parameter das Aufzählungszeichen für die Ebene eins festlegt, der zweite für die Ebene zwei usw.

```
\setdefaultitem{Ebene1}{Ebene2}{Ebene3}{Ebene4}
```

- **\setdefaultenum**
  Legt das Format für die Nummerierung der `enumerate`-Umgebung fest. Der Befehl erhält vier Parameter, wobei der erste Parameter für die Ebene eins

ist, der zweite für die Ebene zwei, usw. Dabei werden die Token aus Tabelle 4.2 auf Seite 212 verwendet.

```
\setdefaultenum{1.}{a}{i.}{A.}
```

- **\setdefaultleftmargin**
  Legt den linken Rand für die einzelnen Ebenen fest.

```
\setdefaultleftmargin{2.5em}{2.2em}{1.87em}{1.7em}{1em}{1em}
```

Zusätzlich stellt das Paket nachfolgende Umgebungen bereit:

- **asparaenum**
  Stellt eine nummerierte Umgebung dar, wobei jede Aufzählung als eigener Absatz formatiert wird. Wird eine Zeile umbrochen, wird diese nicht eingerückt. Optional kann ein Parameter für die Formatierung der Nummer angegeben werden.

```
\begin{asparaenum}
\item Dies ist eine lange Zeile,
      die umbrochen wird.
\item Dies ist Zeile Zwei.
\item Dies ist Zeile Drei.
\end{asparaenum}
```

1. Dies ist eine lange Zeile,
die umbrochen wird.

2. Dies ist Zeile Zwei.

3. Dies ist Zeile Drei.

- **inparaenum**
  Stellt eine nummerierte Umgebung dar, wobei alle Aufzählungen als Absatz (ohne Zeilenumbruch) formatiert werden. Optional kann ein Parameter für die Formatierung der Nummer angegeben werden.

```
\begin{inparaenum}[a)]
\item Dies ist eine lange Zeile,
      die umbrochen wird.
\item Dies ist Zeile Zwei.
\item Dies ist Zeile Drei.
\end{inparaenum}
```

a) Dies ist eine lange Zeile, die umbrochen wird. b) Dies ist Zeile Zwei. c) Dies ist Zeile Drei.

- **compactenum**
  Stellt eine nummerierte Umgebung dar, wobei der Abstand zwischen zwei Auflistungen auf Null gesetzt wird. Optional kann ein Parameter für die Formatierung der Nummer angegeben werden.

```
\begin{compactenum}
\item Dies ist eine lange Zeile,
      die umbrochen wird.
\item Dies ist Zeile Zwei.
\item Dies ist Zeile Drei.
\end{compactenum}
```

1. Dies ist eine lange Zeile,
   die umbrochen wird.
2. Dies ist Zeile Zwei.
3. Dies ist Zeile Drei.

- **asparaitem, inparaitem, compactitem**
  Stellen Aufzählungsumgebungen mit Labeln dar. Dabei verhalten sich diese wie die entsprechenden nummerierten Listen.

- **asparadesc, inparadesc, compactdesc**
  Stellen Aufzählungsumgebungen mit Textauflistungen dar. Dabei verhalten sich diese wie die entsprechenden nummerierten Listen.

- **asparablank, inparablank**
  Stellen Aufzählungsumgebungen dar, bei denen das Label unterdrückt wird. Dabei wird jeder Aufzählungspunkt als eigener Absatz formatiert. Damit diese Umgebungen zur Verfügung stehen, muss der optionale Paketparameter `defblank` verwendet werden.

Mit nachfolgenden optionalen Paketparametern kann das Verhalten beeinflusst werden.

- **newitem / olditem**
  Mit `newitem` (Standard) wird die Umgebung `itemize` umdefiniert, mit `olditem` nicht.

- **newenum / oldenum**
  Mit `newenum` (Standard) wird die Umgebung `enumerate` umdefiniert, mit `oldenum` nicht.

- **alwaysadjust / neveradjust**
  Mit `alwaysadjust` (Standard) wird die Breite der Markierung für das Label auf die Breite des Labels angepasst, bei `neveradjust` nicht.

- **neverdecrease**
  Wenn die Breite des Labels mit `alwaysadjust` angepasst wird, verhindert `neverdecrease` der Verringerung der Breite.

- **defblank**
  Es werden zwei Umgebungen definiert (`inparablank` und `asparablank`), bei denen das Label unterdrückt wird.

- **pointlessenum**
  Wie `\pointlessenum`.

- **pointedenum**
  Wie `\pointedenum`.

- **flushright**
  Die Labels werden rechts ausgerichtet.

- **flushleft**
  Die Labels werden links ausgerichtet.

Paket „mdwlist"

mdwlist.sty

Mit dem Ergänzungspaket `mdwlist` wird im Wesentlichen eine neue `description`-Umgebung zur Verfügung gestellt, die mit zahlreichen Parametern angepasst werden kann. Zusätzlich werden zu den drei Standardlisten (`itemize`, `enumerate` und `description`) kompakte Versionen (mit geringerem Zeilenabstand) zur Verfügung gestellt.

Im Gegensatz zu den Paketen `expdlist` und `paralist` hat `mdwlist` den Vorteil, dass das Paket ein mehrzeiliges Label zur Verfügung stellt.

Der allgemeine Aufruf der neuen `description`-Umgebung lautet:

```
\begin{basedescript}{<befehle>}
\item % ...
\end{basedescript}
```

Dabei kann die Umgebung mit nachfolgenden Befehlen beeinflusst werden:

- **\desclabelwidth{<breite>}**
  Legt die Breite des Labels fest. Der nachfolgende Text wird dann um diesen Wert zuzüglich der Länge von `\labelsep` eingerückt.

- **\desclabelstyle{<stil>}**
  Legt den Stil für das Label fest. Dabei sind folgende Einstellungen möglich:

  - **\nextlinelabel**
    Wenn der Labeltext breiter als die Vorgabe ist, wird der nachfolgende Text in die nächste Zeile geschrieben.
  - **\multilinelabel**
    Der Text wird in einer `\parbox` gesetzt und entsprechend ihrer Länge umbrochen.
  - **\pushlabel**
    Wenn der Labeltext breiter als die Vorgabe ist, wird der nachfolgende Text mit etwas Abstand in derselben Zeile gesetzt.

- **\makelabel**
  Dieser Befehl ist für das Setzen der Label zuständig und kann wie bei den Standardumgebungen umdefiniert werden.

- **\defaultdesc**
  Dieser Befehl legt die Standardformatierung für die Umgebung fest. Standardmäßig ist dieser wie folgt definiert:

```
\providecommand{\defauldesc}{\desclabelstyle{\pushlabel}%
                             \renewcommand{\makelabel}[1]{\bfseries##1}%
                             \setlength{\labelwidth}{0pt}}
```

Im nachfolgenden Beispiel 4.18 auf der nächsten Seite wird die Umgebung `basedescript` angewendet.

```
\usepackage{mdwlist}

\begin{document}

\begin{basedescript}{%
  \desclabelstyle{\nextlinelabel}%
  \desclabelwidth{1cm}}
\item [Label] Dies ist ein kurzes Label.
\item [sehr langes Label] Dies ist ein sehr langes Label.
\end{basedescript}
```

Listing 4.18: basedescript-Umgebung (source/bsp_mdwlist01.tex)

Abb. 4.8: Abbildung zu Listing 4.18

Label Dies ist ein kurzes Label.

sehr langes Label
Dies ist ein sehr langes Label.

Desweiteren steht noch nachfolgender Befehl bereit, um neue kompakte Umgebungen zu erzeugen:

- **\makecompactlist**
  Erstellt eine neue Umgebung, die auf einer bisherigen Umgebung aufbaut, aber den Zeilenabstand zwischen den Auflistungen auf Null setzt. Es werden drei neue Umgebungen vom Paket definiert. Der Aufruf dafür lautet:

```
\makecompactlist{itemize*}{itemize}
\makecompactlist{enumerate*}{enumerate}
\makecompactlist{description*}{description}
```

Im nachfolgenden Beispiel wird die `itemize*`-Umgebung verwendet:

```
\begin{itemize*}
\item Eins
\item Zwei
\end{itemize*}
```

- Eins
- Zwei

Paket „desclist"

desclist.sty

Mit dem Ergänzungspaket `desclist` wird eine neue `description`-Umgebung bereitgestellt.

Der allgemeine Aufruf lautet dabei:

```
\begin{desclist}{<vorspann>}{<nachspann>}[<Text für Breite>]
\item [...] ...
\end{desclist}
```

Dabei wird mit `vorspann` der Text bzw. die Befehle festgelegt, die vor dem Labeltext gesetzt werden und mit `nachspann` der Text bzw. die Befehle, die nach dem Labeltext gesetzt werden. Mit dem optionalen dritten Parameter kann ein Text übergeben werden, mit dessen Hilfe die Breite für den Labeltext berechnet wird.

Nachfolgendes Beispiel 4.19 verdeutlicht dies.

```
\begin{desclist}{\bfseries[}{]}[Zwei]
\item [Eins] Zeile Eins.
\item [Zwei] Zeile Zwei.
\end{desclist}
```

[Eins] Zeile Eins.

[Zwei] Zeile Zwei.

Listing 4.19: desclist-Umgebung (source/bsp_desclist01.tex)

Paket „listliketab“

listlike-tab.sty

Mit dem Ergänzungspaket `listliketab` wird eine Aufzählungsumgebung bereitgestellt, die eine Tabellenfunktion besitzt. Dabei wird auf `itemize` und `enumerate` zurückgegriffen.

Der allgemeine Aufruf dabei lautet:

```
\storestyleof{<umgebung>}
\begin{listliketab}
  \begin{tabular}
    % ...
  \end{tabular}
\end{listliketab}
```

Dabei wird zuerst mit dem Befehl `\storestyleof` festgelegt, auf welcher Umgebung die `listliketab`-Umgebung aufbaut. Anschließend wird die `tabular`-Umgebung verwendet, um die Auflistung in Tabellenform zu setzen (siehe Listing 4.20).

```
\usepackage{listliketab}

\begin{document}

\storestyleof{itemize}
\begin{listliketab}
  \begin{tabular}{Lll}
    \textbullet & Gouda      & 3,23 Euro\\
    \textbullet & Emmentaler & 2,00 Euro\\
    \textbullet & Tilsiter   & 1,45 Euro\\
  \end{tabular}
\end{listliketab}
```

Listing 4.20: listliketab-Umgebung (source/bsp_listliketab01.tex)

•	Gouda	3,23 Euro
•	Emmentaler	2,00 Euro
•	Tilsiter	1,45 Euro

Abb. 4.9: Abbildung zu Listing 4.20

Das Paket definiert zusätzlich zwei neue Spaltentypen (`L` und `R`), die einen kleineren Abstand als ihre kleinen Vertreter (`l` und `r`, siehe `tabular`-Umgebung auf Seite 95) setzen. Anstelle der `tabular`-Umgebung kann auch die `tabularx` und `longtable`-Umgebung verwendet werden. Genauso können alle Formatierungen für Tabellen verwendet werden.

Nachfolgendes Beispiel 4.21 zeigt den Einsatz von Nummern.

```
17 \storestyleof{enumerate}
18 \begin{listliketab}
19   \setcounter{enumi}{0}
20   \newcommand{\nextnum}{\addtocounter{enumi}{1}\theenumi.}
21   \begin{tabularx}{\textwidth}{LXl}
22     \nextnum    & Gouda       & 3,23 \EUR\\
23     \nextnum    & Emmentaler  & 2,00 \EUR\\
24     \nextnum    & Tilsiter    & 1,45 \EUR\\
25   \end{tabularx}
26 \end{listliketab}
```

Listing 4.21: listliketab-Umgebung (source/bsp_listliketab02.tex)

Abb. 4.10: Abbildung zu Listing 4.21

1.	Gouda	3,23 €
2.	Emmentaler	2,00 €
3.	Tilsiter	1,45 €

Dabei wird zuerst in Zeile 19 der Zähler (erste Ebene) der `enumerate`-Umgebung auf Null gesetzt. Anschließend wird ein Befehl (Name `\nextnum`) definiert, der jeweils den Zähler um eins erhöht und dann den Wert (mit dem Befehl `\theenumi`) ausgibt. Dieser kann dann in der `tabularx`-Umgebung verwendet werden.

Paket „eqlist"

Mit dem Ergänzungspaket `eqlist` werden mehrere Umgebungen zur Verfügung gestellt, die sich wie die `description`-Umgebung verhalten, jedoch mehr Einstellmöglichkeiten bieten. eqlist.sty

Das Paket hat den Vorteil, dass die Breite des Labels automatisch berechnet werden kann und so nicht vorher festgelegt werden muss.

Das Paket verwendet intern das Ergänzungspaket `eqparbox`, welches auch installiert sein muss. eqparbox.sty

Dabei stehen folgende Umgebungen zur Verfügung:

- **eqlist**
  Bei der Umgebung `eqlist` wird die Breite des Labels anhand des längsten Eintrages bestimmt.

```
\begin{eqlist}
\item [Erster]  Viel Text.
\item [Zweiter] Viel Text.
\item [Dritter] Viel Text.
\end{eqlist}
```

Erster	Viel Text.
Zweiter	Viel Text.
Dritter	Viel Text.

Optional können Parameter bzw. Befehle übergeben werden, die das Verhalten der Umgebung beeinflussen.

```
\begin{eqlist}[<Parameter/Befehle>]
  % ...
\end{eqlist}
```

- **eqlist***
  Wie `eqlist`, jedoch mit kompakteren Maßen.
- **Eqlist**
  Bei der Umgebung `Eqlist` wird ebenfalls die Breite durch das längste Label bestimmt. Jedoch lassen sich diese zu Gruppen zusammenfassen. Dazu wird ein zusätzlicher Parameter übergeben, der die Gruppe festlegt. Die Breite wird dann aus allen Labeln dieser Gruppe berechnet.

```
\begin{Eqlist}{a}
\item [Erster]  Viel Text.
\item [Zweiter] Viel Text.
\item [Dritter] Viel Text.
\end{Eqlist}

\begin{Eqlist}{a}
\item [I]   Viel Text.
\item [II]  Viel Text.
\item [III] Viel Text.
\end{Eqlist}
```

Erster	Viel Text.
Zweiter	Viel Text.
Dritter	Viel Text.
I	Viel Text.
II	Viel Text.
III	Viel Text.

  Auch hier können optionale Parameter bzw. Befehle übergeben werden, die das Verhalten der Umgebung beeinflussen.

```
\begin{Eqlist}[<Parameter/Befehle>]{<Gruppe>}
  % ...
\end{Eqlist}
```

- **Eqlist***
  Wie `Eqlist`, jedoch mit kompakteren Maßen.

Mit nachfolgenden Befehlen können die Umgebungen angepasst werden.

- **\longitem**
  Es wird ein Label erzeugt, das die Breite nicht beeinflusst.

```
\longitem [Labeltext] Text
```

- **\eqlistinit**
  Dieser Befehl legt die Grundformatierung für `eqlist` und `Eqlist` fest. Er ruft den Befehl `\eqlistinitpar` auf.

- **\eqliststarinit**
  Wie `eqlistinit`, jedoch für `eqlist*` und `Eqlist*`.

- **\eqlistinitpar**
  Setzt die Wert für `\parindent` und `\parskip`.

- **Maße**
  Die Umgebungen verwenden dieselben Maße wie die Standardumgebungen, also `\topsep`, `\itemsep`, `\partopsep`, `\labelwidth`, `\leftmargin` und `\labelsep`. Das Label wird mit dem Befehl `\makelabel` gesetzt.

- **\eqlistlabel**
  Wird von `\makelabel` aufgerufen, um das Label zu setzen.

- **\eqlistauto{<Breite>}**
  Legt die maximale Breite des Labels fest, die berücksichtigt werden soll. Alle größeren Werte bei der Berechnung des reservierten Platzes werden ignoriert.

- **\eqlistnoauto**
  Schaltet die automatische Berechnung der Breite ab.

Beispiel

```
\begin{eqlist}[\eqlistinit%
   \def\makelabel#1{\bfseries#1:}]
\item [Erster]  Viel Text.
\item [Zweiter] Viel Text.
\item [Dritter] Viel Text.
\end{eqlist}
```

Erster: Viel Text.

Zweiter: Viel Text.

Dritter: Viel Text.

Listing 4.22: Label fett (source/bsp_eqlist03.tex)

Paket „enumerate"

enumerate .sty

Mit dem Ergänzungspaket `enumerate` wird die `enumerate`-Umgebung um ein optionales Argument erweitert, welches die Formatierung der Nummer festlegt (siehe hierzu auch das Ergänzungspaket `paralist` in Kapitel 4.1.4 auf Seite 212).

```
\usepackage{enumerate}

\begin{document}

\begin{enumerate}[I)]
\item Eins
\item Zwei
\end{enumerate}
```

I) Eins

II) Zwei

Listing 4.23: enumerate-Umgebung (source/bsp_enumerate01.tex)

Dabei wird die Formatierung über ein Token, wie bei dem Paket `paralist`, realisiert (siehe Tabelle 4.2 auf Seite 212). Normaler Text muss hier in geschweiften Klammern gesetzt werden, damit eine Unterscheidung zwischen Token und Text möglich ist.

Paket „enumcount"

enumcount .sty

Mit dem Ergänzungspaket `enumcount` wird die `enumcount`-Umgebung zur Verfügung gestellt, die die Nummerierung der vorherigen `enumerate`-Umgebung fortführt.

```
\usepackage{enumcount}

\begin{document}

\begin{enumerate}
\item Eins
\item Zwei
\end{enumerate}

Hier kommt Text!

\begin{enumcount}
\item Drei
\item Vier
\end{enumcount}
```

1. Eins
2. Zwei

Hier kommt Text!

3. Drei
4. Vier

Listing 4.24: Fortführung der Nummerierung (source/bsp_enumcount01.tex)

Paket „multienum"

multienum .sty

Mit dem Ergänzungspaket `multienum` wird eine Aufzählungsumgebung (Name `multienumerate`) definiert, in der die Aufzählung in Spalten angeordnet wird. Die Spaltenanzahl kann zwischen einer und vier Spalten variieren. Gesetzt wird die Auflistung mit den Befehlen `\mitem...`, die in Tabelle 4.3 auf der nächsten Seite dargestellt sind.

In Beispiel 4.25 werden drei Einträge pro Zeile vorgenommen, wobei in der zweiten Zeile der mittlere Eintrag ausgelassen wird.

```
\begin{multienumerate}
\mitemxxx{Eins}{Zwei}{Drei}
\mitemxox{--A--}{--C--}
\end{multienumerate}
```

1. Eins	2. Zwei	3. Drei
4. –A–		5. –C–

Listing 4.25: Mehrspaltige Auflistung (source/bsp_multienum01.tex)

Zusätzlich bietet die Umgebung `multienumerate` noch einen optionalen Parameter, der festlegt, ob nur gerade Nummern (Parameter `evenlist`) oder ungerade Nummern (Parameter `oddlist`) gedruckt werden sollen.

Befehl	Beschreibung
\mitemx{ }	Ein Eintrag pro Zeile
\mitemxx{ }{ }	Zwei Einträge pro Zeile
\mitemxxx{ }{ }{ }	Drei Einträge pro Zeile
\mitemxox{ }{ }	Der mittlere Eintrag wird ausgelassen
\mitemxxo{ }{ }	Der rechte Eintrag wird ausgelassen
\mitemxxxx{ }{ }{ }{ }	Vier Einträge pro Zeile
\mitemxoxx{ }{ }{ }	Der zweite Eintrag wird ausgelassen
\mitemxxox{ }{ }{ }	Der dritte Eintrag wird ausgelassen
\mitemxxxo{ }{ }{ }	Der vierte Eintrag wird ausgelassen

Tabelle 4.3: Befehl-Spalten-Zusammenhang

4.2 Einbinden von Text mit Originalformatierung und Listings

LaTeX stellt mehrere Möglichkeiten bereit, Textpassagen mit Originalformatierung oder Listings einzubinden. Standardmäßig werden dabei relativ einfache Möglichkeiten bereitgestellt, diese lassen sich aber mit Ergänzungspakten vielseitig erweitern.

4.2.1 Texte mit der verbatim-Umgebung einbinden

Um Text wie er im Editor erscheint direkt ins Dokument einzubinden, ist in LaTeX die `verbatim`-Umgebung vorgesehen. Dabei wird dieser Text von LaTeX syntaktisch nicht überprüft und auch nicht bearbeitet, was bedeutet, dass hier beliebige Zeichen (auch LaTeX-Befehlszeichen) verwendet werden können, ohne diese besonders kennzeichnen zu müssen.

Der Text erscheint dabei in Schreibmaschinenschrift und so wie er eingegeben worden ist, mit allen Leerzeichen und Zeilenumbrüchen.

Der allgemeine Aufruf dabei lautet:

```
\begin{verbatim}
   beliebiger Text (auch mit Sonderzeichen)
\end{verbatim}
```

Die Umgebung steht auch in der Sternvariante zur Verfügung, bei der alle Leerzeichen mit ␣ dargestellt werden.

Nachfolgendes Beispiel 4.26 auf der nächsten Seite verdeutlicht die Funktion der Umgebung.

```
\begin{verbatim}
  Dies ist ein Text mit
  Sonderzeichen:
  ! " § $ ö ä & \ / %
\end{verbatim}

\begin{verbatim*}
  Dies ist ein Text mit
  Sonderzeichen:
  ! " § $ ö ä & \ / %
\end{verbatim*}
```

```
Dies ist ein Text mit
Sonderzeichen:
! " § $ ö ä & \ / %

␣␣Dies␣ist␣ein␣Text␣mit
␣␣Sonderzeichen:
␣␣!␣"␣§␣$␣ö␣ä␣&␣\␣/␣%
```

Listing 4.26: verbatim-Umgebung (source/bsp_verb01.tex)

Mit dem Befehl `\verb` ist es möglich, solch einen besonderen Text im laufenden Text zu verwenden.

Der allgemeine Aufruf dabei lautet:

```
\verb<|> Text ...<|>
```

Dabei wird der Text standardmäßig nicht in geschweiften Klammern gesetzt, sondern es kann jedes beliebige Zeichen zur Abgrenzung verwendet werden. Der Text wird so lange dem `\verb`-Befehl zugeordnet, bis das Zeichen erneut auftritt.

```
\verb|Text|
\verb+abc | | | abc+
```

Auch hier steht die Sternvariante zur Verfügung, die die Leerzeichen mit ␣ darstellt.

Nachfolgendes Beispiel 4.27 verdeutlicht den `\verb`-Befehl.

```
\LaTeX{} wird mit dem Befehl
\verb|\LaTeX{}| geschrieben.
```

LaTeX wird mit dem Befehl `\LaTeX{}` geschrieben.

Listing 4.27: verb-Befehl (source/bsp_verb02.tex)

> ☞ **Wichtig**
>
> Die `verbatim`-Umgebung und der `\verb`-Befehl dürfen nicht als Argument in einem Befehl verwendet werden!
> Werden in der `verbatim`-Umgebung sehr lange Texte eingegeben, so kann es zu einem TeX-Fehler kommen, weil TeX der Speicher ausgeht. Abhilfe schaffen nachfolgende Ergänzungspakete.

4.2.2 Texteinbindung mit LaTeX-Befehlen

alltt.sty

Das Ergänzungspaket `alltt` stellt die `alltt`-Umgebung bereit, in der Text wie bei der `verbatim`-Umgebung behandelt wird, jedoch LaTeX-Befehle mit

\und {} erlaubt sind und ausgewertet werden. Dadurch lassen sich bestimmte Textstellen mit einer anderen Schrift bzw. Schriftform hervorheben.

Der allgemeine Aufruf dabei lautet:

```
\begin{alltt}
   beliebiger Text (auch mit Sonderzeichen)
   und LaTeX-Befehle
\end{alltt}
```

Verwendet man den Befehl `\input{datei}`, so kann damit auch ein beliebiger Text aus einer Datei eingelesen werden. Soll ein Text im Mathemodus gesetzt werden, so muss anstelle des $-Zeichens ein `\( ... \)` verwendet werden.

Nachfolgendes Beispiel 4.28 verdeutlicht die Verwendung der `alltt`-Umgebung.

```
\usepackage{alltt}

\begin{document}

\begin{alltt}
   beliebiger \emph{Text}
   \textbf{(auch mit Sonderzeichen)}
   / " § $ % & ö ä ü ß #
   und \LaTeX{}-Befehlen!
\end{alltt}
```

```
beliebiger Text
(auch mit Sonderzeichen)
/ " § $ % & ö ä ü ß #
und LaTeX-Befehlen!
```

Listing 4.28: alltt-Umgebung (source/bsp_verb03.tex)

4.2.3 Viele kurze Originaltexte einfach verwenden

Das Ergänzungspaket `shortvrb` stellt zwei Befehle bereit, die es ermöglichen, den `\verb`-Befehl stark zu verkürzen. shortvrb.sty

Der allgemeine Aufruf dabei lautet:

```
\MakeShortVerb{\z}                \DeleteShortVerb{\z}
```

Dabei wird mit `\MakeShortVerb` ein Zeichen (hier z) definiert, welches den Originaltext einschließt (z. B. zOriginaltextz). Dieses Zeichen ist solange gültig, bis es mit `\DeleteShortVerb` wieder gelöscht wird. Listing 4.29 verdeutlicht dies.

```
\usepackage{shortvrb}

\begin{document}

\MakeShortVerb{\|}
\LaTeX{} wird mit |\LaTeX{}|
geschrieben
und heute ist der \today{}
(erzeugt mit |\today{}|).
```

LaTeX wird mit `\LaTeX{}` geschrieben und heute ist der 30. November 2002 (erzeugt mit `\today{}`).

Listing 4.29: MakeShortVerb-Befehl (source/bsp_verb04.tex)

4.2.4 Das verbatim-Paket

verbatim.sty

Mit dem Ergänzungspaket `verbatim` wird die `verbatim`-Umgebung erweitert und das Speicherproblem bei langen Texten behoben.

Zusätzlich stellt das Paket die Umgebung `comment` zur Verfügung, die dafür sorgt, dass ein kompletter Abschnitt von einem Dokument als Kommentar betrachtet und von LaTeX ignoriert wird. Dies hat denselben Effekt, als ob vor jede Zeile ein %-Zeichen gesetzt würde.

Nachfolgendes Beispiel 4.30 verdeutlicht die Funktion der Umgebung `comment`.

```
\usepackage{verbatim}

\begin{document}

Start

\begin{comment}
Hier steht ein Kommentar, der von LaTeX ignoriert wird.
Alle Befehle werden nicht berücksichtigt: \LaTeX \today \dots
\end{comment}

Ende
```

Listing 4.30: comment-Umgebung (source/bsp_verb05.tex)

Start
Ende

Abb. 4.11: Abbildung zu Listing 4.30

Zusätzlich stellt das Paket den Befehl `\verbatiminput` zur Verfügung, der einen Originaltext aus einer Datei einbindet (siehe Listing 4.31).

```
\verbatiminput{bsp_verb06.txt}
```

```
Ein beliebiger Text aus
einer Datei!
```

Listing 4.31: Einlesen einer Textdatei (source/bsp_verb06.tex)

Desweiteren stellt das Paket noch einige Befehle für Paketentwickler bereit, um auf die Funktionalität von `verbatim` zurückzugreifen. Mehr dazu in der Paketdokumentation.

4.2.5 Originaltext als Befehl definieren

verbdef.sty

Mit dem Ergänzungspaket `verbdef` ist es möglich, einen Originaltext als Befehl zu definieren. Die Definition wird dabei mit dem Befehl `\verbdef` bzw. `\verbdef*` (Leerzeichen wird mit ␣ dargestellt) vorgenommen.

Der allgemeine Aufruf dabei lautet:

```
\verbdef\test|Original-Text|
\verbdef*\test*{mit sichtbaren Leerzeichen}
```

Nachfolgendes Beispiel 4.32 erstellt zwei Befehle, die Originaltext ausgeben.

```
\usepackage{verbdef}
\verbdef\test|Original-Text|
\verbdef*\testleer{mit Leerzeichen}

\begin{document}

\test

\testleer
```

```
Original-Text
mit␣Leerzeichen
```

Listing 4.32: Befehle mit Originaltext (source/bsp_verb07.tex)

4.2.6 Texte einbinden mit dem moreverb-Paket

Mit dem Ergänzungspaket `moreverb` werden weitere Umgebungen für das Einbinden von Originaltext zur Verfügung gestellt. moreverb.sty

- **verbatimtab**
  Die `verbatimtab`-Umgebung ersetzt Tab-Zeichen durch Leerzeichen. Die Anzahl kann durch den optionalen Parameter festgelegt werden.

  Der allgemeine Aufruf dabei lautet:

```
\begin{verbatimtab}[<Anzahl Leerzeichen>]
  Text
\end{verbatimtab}
```

- **\verbatimtabinput[<Anzahl Leerzeichen>]{<datei>}**
  Der Befehl arbeitet wie die Umgebung `verbatimtab`, jedoch wird der Text aus einer Datei eingelesen.

  Im nachfolgenden Beispiel wird eine Datei zum Vergleich einmal mit `\verbatiminput` und einmal mit `\verbatimtabinput` eingebunden.

```
\verbatiminput{bsp_moreverb01.txt}

\verbatimtabinput[4]{bsp_moreverb01.txt}
```

```
Ein beliebiger Text mit
Tab-Zeichen.

Ein beliebiger Text mit
    Tab-Zeichen.
```

- **\verbatimtabsize**
  Mit dem Befehl wird die Anzahl der Leerzeichen zur Ersetzung eines Tab-Zeichens global festgelegt.

- **listing**
  Mit der Umgebung `listing` wird der eingebundene Text mit Zeilennummern versehen.

Der allgemeine Aufruf dabei lautet:

```
\begin{listing}[<interval>]{<nummer>}
  Text
\end{listing}
```

Dabei wird mit dem optionalen Parameter `interval` festgelegt, in welchem Intervall die Nummerierung durchgeführt werden soll. Mit `nummer` wird die Startnummer festgelegt.

- **listingcont**
  Mit der Umgebung `listingcont` wird die Nummerierung einer vorherigen `listing`-Umgebung weitergeführt.

- **\listinginput**
  Der Befehl `\listinginput` arbeitet wie die `listing`-Umgebung, bindet jedoch eine Datei ein.

  Der allgemeine Aufruf dabei lautet:

  ```
  \listinginput[<interval>]{<nummer>}{<datei>}
  ```

  Im nachfolgenden Beispiel wird eine Datei eingebunden und mit Zeilennummern versehen.

  ```
  \listinginput{1}{Test.java}
  ```

```
1  class Test {
2      public static void main(String[] args) {
3          System.out.println("Test");
4      }
5  }
```

Abb. 4.12: Text mit Zeilenummern

- **\listinglabel**
  Legt die Formatierung (Schriftart, ...) der Nummer fest.

- **listing***
  Wie `listing`, jedoch mit sichtbaren Leerzeichen.

- **listingcont***
  Wie `listingcont`, jedoch mit sichtbaren Leerzeichen.

- **verbatimwrite**
  Schreibt den angegebenen Text in eine Datei.

  Der allgemeine Aufruf dabei lautet:

  ```
  \begin{verbatimwrite}{<datei>}
    Text ...
  \end{verbatimwrite}
  ```

Im nachfolgenden Beispiel wird eine Datei zuerst geschrieben und anschließend wieder eingebunden.

```
\begin{verbatimwrite}{
    bsp_moreverb03.txt}
Dieser Text wird in
eine Datei geschrieben und
dann wieder gelesen!
\end{verbatimwrite}

{\footnotesize
\verbatiminput{bsp_moreverb03.txt}
}
```

```
Dieser Text wird in
eine Datei geschrieben und
dann wieder gelesen!
```

- **boxedverbatim**
  Damit wird der Text mit einem Rahmen umgeben.

4.2.7 Texte einbinden mit dem sverb-Paket

Mit dem Ergänzungspaket `sverb` werden weitere `verbatim`-Umgebungen zur Verfügung gestellt. Da eine dieser Umgebungen den Namen `listing` besitzt, ist dieses Paket nicht zusammen mit dem Paket `moreverb` zu verwenden.

sverb.sty

- **listing**
  Mit der `listing`-Umgebung werden die Originaltexte dargestellt.

  Der allgemeine Aufruf dabei lautet:

```
\begin{listing}
   Text
\end{listing}
```

- **\listingsize**
  Legt die Schriftgröße für die `listing`-Umgebung fest. Der Standard ist hier `\small`.

- **\listingindent**
  Legt die Einrücktiefe des Textes fest. Die Voreinstellung ist hier 1 em.

  Nachfolgendes Beispiel zeigt die `listing`-Umgebung. Dabei wird die Größe der Schrift auf `\scriptsize` und die Einrücktiefe auf 2 em gesetzt.

```
\usepackage{sverb}

\begin{document}

\renewcommand{\listingindent}{2em}
\renewcommand{\listingsize}{\scriptsize}

$\Leftarrow$ linker Rand
\begin{listing}
Originaltext
\end{listing}
$\Leftarrow$ linker Rand
```

$\Leftarrow$ linker Rand

    Originaltext

$\Leftarrow$ linker Rand

- **listing***
  Mit der Umgebung `listing*` wird mit einem Parameter der End-Befehl festgelegt, der die Umgebung beendet. Somit kann der Befehl `\end{listing}` im Text vorkommen, ohne dass dadurch die Umgebung beendet wird.

```
\begin{listing*}{<end-listing*>}
\begin{listing}
Originaltext
\end{listing}
<end-listing*>
```

```
\begin{listing}
Originaltext
\end{listing}
```

- **verbwrite**
  Mit der Umgebung `verbwrite` wird der Text in einer Datei gespeichert und kann später wieder eingebunden werden.

  Der allgemeine Aufruf dabei lautet:

```
\begin{verbwrite}{<datei>}
Text
\end{verbwrite}
```

- **\verbinput**
  Liest einen Text aus einer Datei ein.

  Nachfolgendes Beispiel schreibt einen Text in eine Datei und liest ihn anschließend wieder ein.

```
\begin{verbwrite}{bsp_sverb03.txt}
Dies ist ein Text, der in einer
Datei gespeichert wird.
\end{verbwrite}

\renewcommand{\listingsize}%
             {\scriptsize}
\verbinput{bsp_sverb03.txt}
```

```
Dies ist ein Text, der in einer
Datei gespeichert wird.
```

- **demo**
  Mit der Umgebung `demo` wird die Möglichkeit geschaffen, einerseits den Originaltext mit Befehlen anzuzeigen und zusätzlich das Ergebnis, das entsteht, wenn die Befehle ausgeführt werden. Zusätzlich werden Linien zur Abgrenzung und ein Titel gezeichnet.

  Der allgemeine Aufruf dabei lautet:

```
\begin{demo}[<typ>]{<Titel>}
Text
\end{demo}
```

  Mit dem Typ `w` (wide) werden die beiden Teile untereinander, mit `n` (narrow) nebeneinander gesetzt.

```
\begin{demo}[w]{Beispiel}
\begin{listing}
Originaltext
\end{listing}
\end{demo}
```

Beispiel

```
Originaltext
```

```
\begin{listing}
Originaltext
\end{listing}
```

- **demo***
  Wie demo, nur wird wie bei listing* der End-Befehl über einen Parameter festgelegt.

- **ignore**
  Mit der ignore-Umgebung wird der darin enthaltene Text ignoriert und somit als Kommentar betrachtet.

4.2.8 Texteinbindung mit Rahmen und Farbe

Das Ergänzungspaket fancyvrb bietet die umfangreichsten Möglichkeiten, Originaltexte einzubinden. Diese können mit Rahmen und einer Überschrift versehen werden und mit Farbe oder Schriftstilen entsprechend angepasst werden. Zusätzlich ist es möglich, \verb-Befehle in einer Fußnote zu verwenden. fancyvrb.sty

Das Paket stellt nachfolgende Befehle bzw. Umgebungen zur Verfügung.

- **\VerbatimFootnotes**
  Nach diesem Befehl ist es möglich, \verb-Befehle in Fußnoten zu verwenden.

```
\VerbatimFootnotes
Hier kommt eine Fußnote\footnote{\verb+% ist ein Kommentar+}
```

- **\DefineShortVerb**
  Definiert ein Zeichen als Kurzsymbol für den \verb-Befehl. Dieses wird dann wieder mit \UndefineShortVerb gelöscht. Diese Funktionalität stellt auch das Paket shortvrb zur Verfügung.

```
\usepackage{fancyvrb}

\begin{document}

\DefineShortVerb{\|}
\LaTeX{} wird mit |\LaTeX{}| geschrieben
und heute ist der \today{} (erzeugt mit |\today{}|).

\end{document}
```

LaTeX wird mit \LaTeX{} geschrieben und heute ist der 18. Februar 2003 (erzeugt mit \today{}).

Abb. 4.13: Zeichen als Kurzsymbol

- **Verbatim**
  Die Umgebung `Verbatim` stellt die Grundumgebung des Paketes dar. Dabei werden alle Einstellungen als optionaler Parameter übergeben. Alternativ können diese Einstellungen auch global über den Befehl `\fvset` definiert werden.

  Der allgemeine Aufruf dabei lautet:

```
\begin{Verbatim}[<param>]
   Text
\end{Verbatim}
```

  Dabei stehen nachfolgende Parameter und Befehle zur Verfügung:

- **commentchar**
  Definiert ein Zeichen, welches einen Kommentar im Originaltext darstellt. Diese Zeile wird dann nicht gedruckt. Dabei müssen alle LaTeX-Sonderzeichen mit einem \ beginnen.

```
\begin{Verbatim}[commentchar=\%]
% Dies ist ein Kommentar
Text
\end{Verbatim}
```

`Text`

- **gobble**
  Definiert die Anzahl an Zeichen, die zu Beginn jeder Zeile unterdrückt werden. Es können hier maximal neun Zeichen unterdrückt werden.

```
\begin{Verbatim}[gobble=3]
   Text
123
   Text
\end{Verbatim}
```

`Text`

`Text`

- **formatcom**
  Definiert einen oder mehrere Befehle, die vor der `Verbatim`-Umgebung ausgeführt werden.

```
\begin{Verbatim}[formatcom=\itshape
    ]
   Text
\end{Verbatim}
```

`Text`

- **\FancyVerbFormatLine**
  Dieser Befehl wird vor jeder Zeile ausgeführt. Wird dieser umdefiniert, so lassen sich z. B. Aufzählungspunkte vor jede Zeile setzen bzw. die Farbe jeder Zeile (oder auch jeder zweiten Zeile) ändern.

```
\renewcommand{\FancyVerbFormatLine}[1]{%
  \makebox[0pt][l]{$\Rightarrow$}#1}
\begin{Verbatim}
   Text 1
   Text 2
   Text 3
\end{Verbatim}

\renewcommand{\FancyVerbFormatLine}[1]{%
  \ifodd\value{FancyVerbLine}%
     \color{red}#1%
  \else%
     #1%
  \fi}
\begin{Verbatim}
   Text 1 (rot)
   Text 2 (schwarz)
   Text 3 (rot)
\end{Verbatim}
```

Abb. 4.14: Befehle vor einer Zeile ausführen

```
⇒ Text 1
⇒ Text 2
⇒ Text 3

   Text 1 (rot)
   Text 2 (schwarz)
   Text 3 (rot)
```

- **fontfamily**
  Definiert die Schriftfamilie. Standardmäßig sind `tt`, `helvetica` und `courier` als Kürzel schon definiert.

- **fontsize**
  Definiert die Schriftgröße. Standardmäßig wird die Einstellung des aktuellen Fonts verwendet. Soll die Größe relativ zur normalen Größe geändert werden, so ist der Befehl `\relsize` aus dem Paket `relsize` zu verwenden.

- **fontshape**
  Definiert die Schriftform wie kursiv, etc. Standardmäßig wird die Einstellung vom aktuellen Font übernommen.

- **fontseries**
  Definiert den Schriftschnitt des Fonts z.B. fett, etc. Standardmäßig wird die Einstellung vom aktuellen Font übernommen.

```
\begin{Verbatim}[fontfamily=courier,%
                 fontsize=\relsize{-2},%
                 fontseries=b]
   Text 1
   Text 2
\end{Verbatim}
```

```
Text 1
Text 2
```

- **frame=none|leftline|bottomline|lines|single**
  Legt fest, ob und wie ein Rahmen um den Text gezeichnet werden soll. Bei `leftline` und `single` wird links eine senkrechte Linie mit einem Abstand von `\fboxsep` zum Text gesetzt.

- **framerule**
  Definiert die Dicke der Linie für den Rahmen. Die Voreinstellung ist hier 0.4 pt.

- **framessep**
  Definiert den Rand zwischen Text und Linie. Der Standard wird durch `\fboxsep` festgelegt.

- **rulecolor**
  Definiert die Linienfarbe. Der Standard ist Schwarz.

- **fillcolor**
  Definiert die Füllfarbe. Der Standard ist `none`, also keine Füllfarbe.

```
\begin{Verbatim}[frame=single,%
                 framerule=2pt,%
                 rulecolor=\color{red}]
Text 1
Text 2
\end{Verbatim}
```

```
Text 1
Text 2
```

- **label={[<Text>]<Text>}**
  Legt die Beschriftung für den Text fest. Wird der optionale Parameter und `labelposition=all` verwendet, so wird der erste Text oben und der zweite Text unten positioniert. Zusätzlich können Befehle integriert werden, die die Schrifteigenschaften ändern.

- **labelposition=none|topline|bottomline|all**
  Legt fest, wo das Label positioniert wird.

```
\begin{Verbatim}[frame=single,%
                 label=\textit{
                     Beschriftung},%
                 labelposition=topline]
Text 1
Text 2
\end{Verbatim}
```

```
     Beschriftung
Text 1
Text 2
```

- **numbers=none|left|right**
  Legt fest, ob und wo eine Zeilennummerierung eingefügt werden soll. Die Zeilennummer wird über den Zähler `FancyVerbLine` definiert.

- **numbersep**
  Legt den Abstand zwischen Nummer und Text fest. Zu beachten ist, dass die Nummer außerhalb der Texte positioniert wird.

- **firstnumber=auto|last|integer**
  Legt die Nummer der ersten Zeile fest. `auto` beginnt dabei bei „1“, `last` führt die Nummerierung der letzten `Verbatim`-Umgebung fort und `integer` ist eine Zahl, die die Zeilennummer festlegt.

- **stepnumber**
  Legt die Schrittweite der Nummerierung fest. Die Voreinstellung ist hier „1“.

- **numberblanklines**
  Legt fest, ob leere Zeilen nummeriert werden sollen. Der Standard ist `true`.

```
\begin{Verbatim}[numbers=left,%
                 numbersep=3pt,%
                 stepnumber=2]
Text 1
Text 2
Text 3
Text 4
Text 5
\end{Verbatim}
```

```
  Text 1
2 Text 2
  Text 3
4 Text 4
  Text 5
```

- **firstline**
  Die Zeile, ab der der Text angezeigt wird.

- **lastline**
  Die Zeile, bis zu der der Text angezeigt wird.

```
\begin{Verbatim}[numbers=left,%
                 numbersep=3pt,%
                 firstline=2,%
                 lastline=4]
Text 1
Text 2
Text 3
Text 4
Text 5
\end{Verbatim}
```

```
2 Text 2
3 Text 3
4 Text 4
```

- **showspaces**
  Legt fest, ob Leerzeichen mit ␣ dargestellt werden sollen. Der voreingestellte Wert ist hier `false`.

- **showtabs**
  Legt fest, ob Tabzeichen angezeigt werden sollen. Voreingestellt ist hier der Wert `false`.

- **obeytabs**
  Legt fest, ob die Tabzeichen zur aktuellen Position dazu addiert werden oder nicht.

```
\begin{Verbatim}[showspaces=true,%
                 showtabs=true,%
                 obeytabs=true]
        Dies ist ein Text mit
        Leerzeichen und Tabs!
```

```
:                     :
\end{Verbatim}
```

```
        ⇥Dies␣ist␣ein␣Text␣mit
        ⇥Leerzeichen␣und␣Tabs!
:␣␣␣␣␣␣␣␣       ⇥␣␣␣     ⇥:
```

Abb. 4.15: Tabzeichen

- **baselinestretch**
  Legt den Streckungsfaktor für den Zeilenabstand fest. Ohne Angabe wird die Einstellung des vorhergehenden Absatzes übernommen.

- **commandchars**
  Legt die Zeichen (drei Stück) fest, die einen LaTeX-Befehl festlegen. Das erste Zeichen ist der Steuercode, das zweite legt den Beginn des Blockes fest und das dritte das Ende des Blockes. Es sollten hier nur Zeichen verwendet werden, die im Text nicht vorkommen. Sonderzeichen müssen mit einem \ beginnen.

```
\begin{Verbatim}[commandchars=\\\{\}]
Dieser \fbox{Text} enthält
\LaTeX{}-Befehle!
\end{Verbatim}
```

```
Dieser [Text] enthält
LaTeX-Befehle!
```

- **xleftmargin**
  Legt einen zusätzlichen Rand vor jeder Zeile (also links) fest. Der Standard ist hier 0.

- **xrightmargin**
  Legt einen zusätzlichen Rand auf der rechten Seite fest. Der voreingestellte Wert ist hier 0.

- **resetmargins=true|false**
  Löscht den linken zusätzlichen Rand. Dies macht nur Sinn, wenn die `Verbatim`-Umgebung in weitere Umgebungen eingebettet ist, die den linken Rand einrücken.

- **hfuzz**
  Legt den Wert für den TeX-Befehl `\hfuzz` fest. Damit kann verhindert werden, dass eine Meldung „Overfull \hbox ...“ erscheint, wenn der Text über den Rand hinausragt. Der Standard ist hier 2 pt.

- **samepage=true|false**
  Legt fest, ob in einer `Verbatim`-Umgebung ein Seitenumbruch erfolgen darf oder nicht. Der Standard ist hier `false`.

- **BVerbatim**
  Wie die `Verbatim`-Umgebung, jedoch wird eine Absatz-Box verwendet. Damit lässt sich die Größe der Box festlegen bzw. die Ausrichtung in einer anderen Umgebung bestimmen. Alle Einstellungen für Linien und Rahmen sind dabei nicht möglich und werden ignoriert.

Zusätzlich stehen folgende Parameter zur Verfügung:

- **boxwidth**
  Legt die Breite der Box fest. Standardmäßig wird diese durch die längste Zeile festgelegt.
- **baseline=b|c|t**
  Legt die Position der Box fest (`b` für unten, `c` für mittig und `t` für oben).

```
\begin{minipage}{\linewidth}
  \begin{minipage}{0.45\linewidth}
    \rule{\linewidth}{0.4pt}

    Hier steht ein normaler \LaTeX--Text, der bzgl.\ der
    minipage--Umgebung mit der BVerbatim--Umgebung mittig
    ausgerichtet wird.

    \rule{\linewidth}{0.4pt}
  \end{minipage}
  \hspace{1cm}
  \begin{BVerbatim}[baseline=c]
    Dieser Text wird in
    einer Box gesetzt!
  \end{BVerbatim}
\end{minipage}
```

Hier steht ein normaler LaTeX-Text, der bzgl. der minipage-Umgebung mit der BVerbatim-Umgebung mittig ausgerichtet wird.	`Dieser Text wird in` `einer Box gesetzt!`

Abb. 4.16: Box mittig setzen

- **LVerbatim**
  Wie die `Verbatim`-Umgebung, jedoch wird eine TeX-LR-Box verwendet.
- **\DefineVerbatimEnvironment**
  Mit diesem Befehl lassen sich neue `Verbatim`-Umgebungen (mit entsprechenden Einstellungen) definieren.

  Der allgemeine Aufruf dabei lautet:

```
\DefineVerbatimEnvironment{<Name>}{<basiert auf>}{<Einstellungen>}
```

  Dabei wird mit dem ersten Parameter der neue Name der Umgebung festgelegt. Der zweite Parameter legt die Grundlage für die Umgebung fest, z. B. die `Verbatim`-Umgebung. Zuletzt werden die entsprechenden Einstellungen festgelegt.
- **\RecustomVerbatimEnvironment**
  Mit diesem Befehl lassen sich vorhandene `Verbatim`-Umgebungen umdefinieren.

```
\DefineVerbatimEnvironment{MyV}%
   {Verbatim}{numbers=left,%
             numbersep=3pt,%
             frame=lines}
\begin{MyV}
Dies ist ein Originaltext
in einer MyV-Umgebung!
\end{MyV}
```

```
Dies ist ein Originaltext
in einer MyV-Umgebung!
```

- **\SaveVerb**
  Damit lassen sich Originaltexte speichern und später mit `\UseVerb` wieder verwenden.

```
\DefineShortVerb{\|}
\SaveVerb{Speicher}|_gespeicherter Text_|
Folgender Text wurde gespeichert:

\UseVerb{Speicher}
```

Folgender Text wurde gespeichert:

`_gespeicherter Text_`

- **\VerbatimInput[<param>]{<datei>}**
  Liest den Text aus der Datei ein und setzt diesen in eine `Verbatim`-Umgebung. Alle Einstellungen können vorher über `\fvset` vorgenommen oder als Parameter eingegeben werden.

- **VerbatimOut**
  Schreibt Texte in einer Datei.

  Der allgemeine Aufruf dabei lautet:

```
\begin{VerbatimOut{<datei>}
Text
\end{VerbatimOut}
```

4.2.9 Listings komfortabel einbinden

listings.sty

Mit dem Ergänzungspaket `listings` (von Carsten Heinz) ist es möglich, Listings und Programmcode einzubinden und diese entsprechend der Art des Source Codes zu formatieren. In diesem Paket enthalten ist eine sehr umfangreiche Dokumentation, weshalb wir hier nicht alle Möglichkeiten aufzeigen.

Das Paket stellt dabei im Wesentlichen vier Befehle und eine Umgebung mit vielen Parametern zur Verfügung.

- **lstlisting**
  Mit der Umgebung `lstlisting` wird das Listing eingebunden.

  Der allgemeine Aufruf dabei lautet:

```
\begin{lstlisting}[key1=wert1,key2=wert2, ....]

  % Listing

\end{lstlisting}
```

  Dabei wird als optionaler Parameter eine Key-Value-Liste mit den entsprechenden Einstellungen übergeben.

- **\lstset{key1=wert1,key2=wert2, ...}**
  Legt für alle nachfolgenden Listingsbefehle die Grundeinstellung fest.

- **\lstinputlisting[key1=wert1,key2=wert2,...]{datei}**
  Das Listing wird aus einer Datei gelesen. Ansonsten verhält sich der Befehl genau wie die `lstlisting`-Umgebung.

- **\lstinline[key1=wert1,key2=wert2,...]<char>Listing<char>**
  Mit diesem Befehl wird Source Code im normalen Text gesetzt. Der Befehl verhält sich wie der `verb`-Befehl, jedoch sind alle entsprechenden Einstellungen des Listingspakets möglich.

- **\lstloadlanguages{sprache1,sprache2, ...}**
  Lädt die entsprechende Sprache, damit diese in der Listingumgebung verwendet werden kann. Wie diese Sprache aktiviert wird, erfahren Sie auf Seite 248.

  Dabei werden folgende Sprachen und Dialekte unterstützt. Die unterstrichenen Dialekte stellen dabei die Grundeinstellung dar (siehe Abbildung 4.17 auf der nächsten Seite).

Einstellungen

Nachfolgend werden die wichtigsten Einstellungen dargestellt.

- **numbers=none|left|right**
  Legt fest, ob und wo Zeilennummern verwendet werden.

- **stepnumber**
  Legt die Schrittweite für die Nummerierung fest.

- **numberstyle**
  Legt den Font (Stil, Größe ...) für die Nummern fest.

- **numbersep**
  Legt den Abstand zwischen Nummern und Listing fest.

- **numberblanklines=true|false**
  Legt fest, ob leere Zeilen nummeriert werden.

- **firstnumber=auto|last|nummer**
  Legt die Nummer für die erste Zeile fest. Standardmäßig wird hier mit der Zeilennummer „1“ (Wert `auto`) begonnen. Bei `last` wird die Nummerierung der vorherigen Umgebung vorgeführt. Soll hier nur die Nummerierung einer bestimmten Umgebung fortgeführt werden, so ist `name` zu verwenden.

- **name**
  Legt den Namen für ein Listing fest. Somit kann später z. B. auf die Nummerierung zurückgegriffen werden.

ABAP (R/2 4.3, R/2 5.0, R/3 3.1, R/3 4.6C, R/3 6.10)
ACSL
Ada (83, 95)
Algol (60, 68)
Assembler (x86masm)
Basic (Visual)
C (ANSI, Objective, Sharp)
C++ (ANSI, GNU, ISO, Visual)
Caml (light, Objective)
Clean
Cobol (1974, 1985, ibm)
Comal 80
csh
Delphi
Eiffel
Elan
Euphoria
Fortran (77, 90, 95)
Haskell
HTML
IDL (empty, CORBA)
Java
ksh
Lisp (empty, Auto)
Logo
make (empty, gnu)
Mathematica (1.0, 3.0)
Matlab
Mercury
Miranda
ML
Modula-2
NASTRAN
Oberon-2
OCL (decorative, OMG)
Octave
Pascal (Borland6, Standard, XSC)
Perl
PHP
PL/I
POV
Prolog
Python
R
S (empty, PLUS)
SAS
SHELXL
Simula (67, CII, DEC, IBM)
SQL
tcl (empty, tk)
TeX (AlLaTeX, common, LaTeX, plain, primitive)
VBScript
VHDL (empty, AMS)
VRML (97)
XML

Abb. 4.17: Sprachen und Dialekte, die vom Listings-Paket unterstützt werden

- **\thelstnumber**
  Gibt die Zeilennummer aus. Standardmäßig wird hier eine arabische Formatierung verwendet.
  `renewcommand*{\thelstnumber}{\arabic{lstnumber}}`

Beispiel

```
\begin{lstlisting}[numbers=left,%
                   numbersep=5pt,%
                   numberstyle=\tiny]
int a=0;

for (int i=0; i<10; i++) {
  a += i;
}
\end{lstlisting}
```

Listing 4.33: Nummerierung (source/bsp_listinga01.tex)

Abb. 4.18: Abbildung zu Listing 4.33

```
int a=0;

for (int i=0; i<10; i++) {
  a += i;
}
```

- **frame=none|leftline|topline|bottomline|lines|single|shadowbox**
  Legt fest, ob und wie ein Rahmen um das Listing gezeichnet werden soll.
- **frame=trblTRBL (Alternativ)**
  Legt fest, ob und wie ein Rahmen um das Listing gezeichnet werden soll (`t` für oben, `r` für rechts, `b` für unten und `l` für links). Die Großbuchstaben erzeugen eine Doppellinie.
- **frameround=t|f t|f t|f t|f**
  Legt fest, ob die jeweiligen Ecken (trbl) abgerundet (hier mit `t`) werden sollen oder nicht (hier mit `f`). Der Radius wird dabei über `framesep` bestimmt.
- **framesep**
  Legt den Abstand zwischen dem Listing und dem Rahmen fest.
- **framerule**
  Legt die Dicke des Rahmens fest.
- **rulesep**
  Abstand der Doppellinie.
- **framexleftmargin**
  Legt einen zusätzlichen linken Rand fest.
- **framexrightmargin**
  Legt einen zusätzlichen rechten Rand fest.
- **framextopmargin**
  Legt einen zusätzlichen oberen Rand fest.
- **framexbottommargin**
  Legt einen zusätzlichen unteren Rand fest.

Beispiel

```
\begin{lstlisting}[frame=TRBL,frameround=tttt,framerule=1pt,rulesep=2pt]
SELECT M_ID,Nachname,Vorname,date_format(Geburtsdatum,'%Y-%m-%d')
       FROM Mitglieder
       ORDER BY Geburtsdatum;
\end{lstlisting}
```

Listing 4.34: Rahmen (source/bsp_listinga02.tex)

- **backgroundcolor**
  Legt die Hintergrundfarbe fest.

```
SELECT M_ID,Nachname,Vorname,date_format(Geburtsdatum,'%Y-%m-%d')
       FROM Mitglieder
       ORDER BY Geburtsdatum;
```

Abb. 4.19: Abbildung zu Listing 4.34

- **rulecolor**
  Legt die Rahmenfarbe fest.
- **fillcolor**
  Legt die Füllfarbe für den Rahmen fest.
- **rulesepcolor**
  Legt die Farbe für den Zwischenraum bei Doppellinien fest.

Beispiel

```
\begin{lstlisting}[frame=shadowbox,framerule=2pt,%
                   rulesepcolor=\color{blue},rulecolor=\color{red},%
                   framexleftmargin=5mm]
SELECT m.M_ID,m.Nachname,m.Vorname,m.Geburtsdatum,
       m.Geschlecht,m.Strasse,p.PLZ,p.Ort,m.Tel,
       a.Sportart,a.Abt_Beitrag
       FROM Mitglieder m , PLZ p,
            Zuord_Mitglieder_Sportart z,
            Sportarten a
       WHERE m.Orts_Nr=p.Ort_ID AND
             m.M_ID=z.Mitglieds_Nr AND
             z.Sport_Nr=a.Sport_ID
       ORDER BY a.Sportart, m.Nachname, m.Vorname;
\end{lstlisting}
```

Listing 4.35: Farbe (source/bsp_listinga03.tex)

```
SELECT m.M_ID,m.Nachname,m.Vorname,m.Geburtsdatum,
       m.Geschlecht,m.Strasse,p.PLZ,p.Ort,m.Tel,
       a.Sportart,a.Abt_Beitrag
       FROM Mitglieder m , PLZ p,
            Zuord_Mitglieder_Sportart z,
            Sportarten a
       WHERE m.Orts_Nr=p.Ort_ID AND
             m.M_ID=z.Mitglieds_Nr AND
             z.Sport_Nr=a.Sport_ID
       ORDER BY a.Sportart, m.Nachname, m.Vorname;
```

Abb. 4.20: Abbildung zu Listing 4.35

- **frameshape={top}{left}{right}{bottom}**
  Ermöglicht es, beliebige Rahmen zu erzeugen.

  - **left-to-right**
    Es wird die Linienfolge von rechts nach links definiert. Dabei bedeutet ein `y`, dass eine Linie gezeichnet wird und `n`, dass keine Linie gezeichnet wird. Die beiden Werte können dabei beliebig oft auftreten.

```
\lstset{frameshape={}{yny}{yyy}{}}
\begin{lstlisting}
for i:= 100 to 0 do
begin
   { mache nichts }
end:
\end{lstlisting}
```

```
for i:= 100 to 0 do
begin
   { mache nichts }
end:
```

  - **left-rule-right**
    Die erste Regel definiert den inneren Rahmen, die zweite den nächsten usw. Dabei hat jede Sequenz drei Zeichen (`y` eine Linie wird gezeichnet, `n` keine Linie wird gezeichet und `r`, abgerundete Ecken werden gezeichnet).

```
\lstset{frameshape={yny}{}{}{rnr}}
\begin{lstlisting}
for i:= 100 to 0 do
begin
   { mache nichts }
end:
\end{lstlisting}
```

```
for i:= 100 to 0 do
begin
   { mache nichts }
end:
```

    Verwendet man alle Einstellungen zusammen, so kann ein Rahmen wie nachfolgend gezeigt, erzeugt werden.

```
\lstset{frameshape={ryrynyyyy}%
        {yny}{yny}{ryrynyyyy}}
\begin{lstlisting}
for i:= 100 to 0 do
begin
   { mache nichts }
end:
\end{lstlisting}
```

```
for i:= 100 to 0 do
begin
   { mache nichts }
end:
```

- **basicstyle**
  Legt den grundlegenden Schrifttyp fest.
  `\footnotesize, \small, \itshape, \ttfamily, ...`

- **identifierstyle**
  Legt den Schrifttyp für Identifier fest (siehe `language`).

- **commentstyle**
  Legt den Schrifttyp für Kommentare fest (siehe `language`).

- **stringstyle**
  Legt den Schrifttyp für Strings fest (siehe `language`).

- **keywordstyle**
  Legt den Schrifttyp für Schlüsselwörter fest (siehe `language`).

- **...**
  Es gibt noch eine Menge an weiteren Formatierungsmöglichkeiten. Lesen Sie dazu die Paketdokumentation.
- **extendedchars=true|false**
  Legt fest, ob die ASCII-Zeichen zwischen 128 und 255 verwendet werden sollen. Sind im Source Code Umlaute enthalten, muss hier `true` verwendet werden.

Beispiel

```
\begin{lstlisting}[basicstyle=\small,extendedchars=true]
<?xml version= "1.0" encoding="ISO-8859-1" ?>
<katalog>
  <produkt>
    <produktname>ST360020A</produktname>
    <hersteller>Seagate</hersteller>
    <beschreibung>
      IDE-Festplatte, Speicherkapazität 60,0GB
    </beschreibung>
    <preis>227,--Euro</preis>
  </produkt>
</katalog>
\end{lstlisting}
```

Listing 4.36: Schriftgröße (source/bsp_listing04.tex)

```
<?xml version= "1.0" encoding="ISO-8859-1" ?>
<katalog>
  <produkt>
    <produktname>ST360020A</produktname>
    <hersteller>Seagate</hersteller>
    <beschreibung>
      IDE-Festplatte , Speicherkapazität 60,0GB
    </beschreibung>
    <preis>227,--Euro</preis>
  </produkt>
</katalog>
```

Abb. 4.21: Abbildung zu Listing 4.36

- **inputencoding=encoding**
  Verwendet der Source Code einen anderen Zeichensatz (z. B. UTF-16 für Unicode), so kann dieser hier festgelegt werden. Dazu wird zusätzlich das Paket `inputenc` benötigt.
- **tabsize**
  Legt die Anzahl an Leerzeichen für ein Tab-Zeichen fest.
- **showtabs=true|false**
  Legt fest, ob Tab-Zeichen sichtbar gemacht werden.

- **tab=token**
  Legt das Zeichen fest, welches für ein Tab-Zeichen gezeichnet wird.
- **showspace=true|flase**
  Legt fest, ob Leerzeichen sichtbar gemacht werden.
- **showstringspace=true|false**
  Legt fest, ob in Strings Leerzeichen sichtbar gemacht werden (siehe `language`).
- **formfeed=token**
  Setzt anstelle eines Seitenvorschubs (form feed) in Listings den `token`.

Beispiel

```
\begin{lstlisting}[extendedchars=true,showspaces=true,%
                  showtabs=true,tabsize=3]
<html>
        <body>
                <h1>Überschrift</h1>
                <p>   Text   </p>
        </body>
</html>
\end{lstlisting}
```

Listing 4.37: Sichtbare Leerzeichen (source/bsp_listing05.tex)

Abb. 4.22: Abbildung zu Listing 4.37

```
<html>
___<body>
______<h1>Überschrift</h1>
______<p>␣␣␣Text␣␣␣</p>
___</body>
</html>
```

- **titel**
  Legt eine Beschriftung (ohne Nummer und Label) für das Listing fest.
- **caption={[<kurz>]<Beschriftung>}**
  Legt die Beschriftung (mit Nummer und Label) für das Listing fest. Die Kurzform wird anstelle der Beschriftung in die Übersicht aufgenommen und kann als Liste ausgegeben werden.
- **label**
  Erzeugt einen Label, mit dem das Listing z. B. über `\ref` referenziert werden kann.
- **\lstlistoflistings**
  Erzeugt die Liste mit allen Beschriftungen.
- **nolol=true|false**
  Es wird ein Eintrag (oder nicht) in der Übersichtsliste vorgenommen (Standard ist `true`).

- **\lstlistlistingname**
  Legt die Überschrift für die Übersichtsliste fest (Standard: `Listings`).

- **\lstlistingname**
  Legt den Label für die Beschriftung fest (Standard: `Listing`).

- **\thelstlisting**
  Legt die Formatierung für die Nummer der Beschriftung fest (Standard `\arabic{lstlisting}`).

- **\lstname**
  Gibt den Namen des aktuellen Listings aus. Der Name kann über `name` bestimmt werden oder ist der Dateiname, wenn das Listing aus einer Datei gelesen worden ist. Damit ist es möglich, die Beschriftung standardmäßig für alle Listings festzulegen.
  `\lstset{caption=\lstname}`

- **captionpos=b|t**
  Legt die Position der Beschriftung fest (`b` für oben und `t` für unten).

- **abovecaptionskip**
  Legt den Abstand zwischen dem Listing und der oberen Beschriftung fest.

- **belowcaptionskip**
  Legt den Abstand zwischen dem Listing und der unteren Beschriftung fest.

```
\begin{lstlisting}[extendedchars=true,label=lst:svg01,%
                   caption={SVG--Grafik},%
                   captionpos=b,basicstyle=\footnotesize,%
                   numbers=left,numbersep=5pt,numberstyle=\tiny]
<?xml version="1.0" encoding="ISO-8859-1"?>
<!DOCTYPE svg
   PUBLIC "-//W3C//DTD SVG 1.0//EN"
   "http://www.w3.org/TR/2001/REC-SVG_20010904/DTD/svg10.dtd">
<svg>
  <path d="M300,200 h-150 a150,150 0 1,0 150,-150 z" fill="red"
        stroke="blue" stroke-width="5" />
  <path d="M275,175 v-150 a150,150 0 0,0 -150,150 z" fill="yellow"
        stroke="blue" stroke-width="5" />
</svg>
\end{lstlisting}
```

Listing 4.38: Beschriftung (source/bsp_listing06.tex)

- **linewidth**
  Legt die Breite einer Zeile fest. Standardmäßig wird hier der Wert von `\linewidth` übernommen.

- **xleftmargin**
  Legt einen zusätzlichen linken Rand fest.

- **xrightmargin**
  Legt einen zusätzlichen rechten Rand fest.

```
<?xml version="1.0" encoding="ISO-8859-1"?>
<!DOCTYPE svg
   PUBLIC "-//W3C//DTD SVG 1.0//EN"
   "http://www.w3.org/TR/2001/REC-SVG_20010904/DTD/svg10.dtd">
<svg>
  <path d="M300,200 h-150 a150,150 0 1,0 150,-150 z" fill="red"
        stroke="blue" stroke-width="5" />
  <path d="M275,175 v-150 a150,150 0 0,0 -150,150 z" fill="yellow"
        stroke="blue" stroke-width="5" />
</svg>
```

Listing 1: SVG-Grafik

Abb. 4.23: Abbildung zu Listing 4.38

- **resetmargins=true|false**
  Wird hier `true` angegeben, werden die Einrückungen (z. B. bei `itemize` oder `enumerate`) zurückgesetzt.
- **breaklines=true|false**
  Legt fest, ob überlange Zeilen automatisch umbrochen werden (Standard ist `false`).
- **prebreak=befehle**
  Legt fest, welche Befehle unmittelbar vor dem Zeilenumbruch ausgeführt werden sollen.
- **postbreak=befehle**
  Legt fest, welche Befehle unmittelbar nach dem Zeilenumbruch ausgeführt werden sollen.
- **breakindent**
  Legt fest, um wie viel die Zeile nach dem Zeilenumbruch eingerückt werden soll.
- **breakautoindent=true|false**
  Wird hier `true` verwendet, so wird das Einrücken einer umbrochenen Zeile (diese kann auch mehrfach umbrochen sein) automatisch vorgenommen. Somit erhält man eine Art „Verschachtelung".

Beispiel

```
\begin{lstlisting}[extendedchars=true,label=lst:svg01,%
                   caption={SVG--Grafik},%
                   captionpos=b,basicstyle=\footnotesize,%
                   numbers=left,numbersep=5pt,numberstyle=\tiny,%
                   breaklines=true,linewidth=9cm,frame=single]
<?xml version="1.0" encoding="ISO-8859-1"?>
<!DOCTYPE svg PUBLIC "-//W3C//DTD SVG 1.0//EN" "http://www.w3.org/TR/2001/
REC-SVG_20010904/DTD/svg10.dtd">
<svg>
  <path d="M300,200 h-150 a150,150 0 1,0 150,-150 z" fill="red" stroke="blue
  " stroke-width="5" />
```

```
  <path d="M275,175 v-150 a150,150 0 0,0 -150,150 z" fill="yellow" stroke="
  blue" stroke-width="5" />
</svg>
\end{lstlisting}
```

Listing 4.39: Zeilenumbruch und Breite (source/bsp_listing07.tex)

```
<?xml version="1.0" encoding="ISO-8859-1"?>
<!DOCTYPE svg PUBLIC "-//W3C//DTD SVG 1.0//EN" "http
    ://www.w3.org/TR/2001/REC-SVG_20010904/DTD/svg10.
    dtd">
<svg>
  <path d="M300,200 h-150 a150,150 0 1,0 150,-150 z"
      fill="red" stroke="blue" stroke-width="5" />
  <path d="M275,175 v-150 a150,150 0 0,0 -150,150 z"
      fill="yellow" stroke="blue" stroke-width="5" />
</svg>
```

Listing 1: SVG-Grafik

Abb. 4.24: Abbildung zu Listing 4.39

- **language=[dialect]language**
  Legt eine Sprache und optional den entsprechenden Dialekt fest. Damit werden die Sprachelemente, Kommentare, Strings ... entsprechend hervorgehoben. Eine Auswahl an unterstützten Sprachen und Dialekten finden Sie in Abbildung 4.17 auf Seite 240.

Beispiel

```
12 \lstloadlanguages{HTML}
13
14 \begin{document}
15
16 \begin{lstlisting}[extendedchars=true,language=HTML]
17 <!-- Dies ist ein Kommentar -->
18 <html>
19   <body>
20     <h1>Überschrift</h1>
21       <p>Text</p>
22   </body>
23 </html>
24 \end{lstlisting}
```

Listing 4.40: Formatierung entsprechend der Sprache (source/bsp_listing08.tex)

Dabei muss zunächst die entsprechende Sprache geladen werden (siehe Zeile 12). Diese kann dann über den Parameter `language` aktiviert werden. Als Ergebnis wird der Source Code entsprechend formatiert, was hier bedeutet, dass Kommentare kursiv und HTML-Tags fett gesetzt werden.

Was für die einzelnen Sprachen definiert ist und wie man solche Definitionen selbst erstellen kann (z. B. wenn die Sprache nicht unterstützt wird bzw. wenn

Abb. 4.25: Abbildung zu Listing 4.40

```
<!-- Dies ist ein Kommentar -->
<html>
  <body>
    <h1>Überschrift</h1>
      <p>Text</p>
  </body>
</html>
```

man Änderungen wünscht) finden Sie in der ausführlichen Paketdokumentation. Definieren Sie selbst Sprachen, so freut sich der Autor Carsten Heinz darüber, wenn Sie ihm die Sprachdefinition zukommen lassen, sodass diese in der nächsten Listings-Version allen zur Verfügung gestellt wird.

Damit die Hervorhebungen für die einzelnen Elemente deutlich werden, wird im nächsten Beispiel 4.41 für die einzelnen Elemente Farbe verwendet. Hier wird der Parameter `language` mit `basicstyle`, `identifierstyle`, `commentstyle`, `stringstyle` ... kombiniert. Da im Graudruck leider nicht alle Farben immer deutlich werden, schauen Sie auf jeden Fall das Beispiel direkt an.

```
\usepackage{listings}
\usepackage[dvips]{color}
\lstloadlanguages{XML}

\lstset{extendedchars=true,
        basicstyle=\ttfamily\small,
        identifierstyle=\color{yellow}\bfseries,
        commentstyle=\color{blue},
        stringstyle=\color{green},
        keywordstyle=\color{cyan},
        ndkeywordstyle=\color{magenta},
        usekeywordsinside=true,
        breaklines=true,
        numbers=left,
        numbersep=2pt,
        numberstyle=\tiny}

\begin{document}

\begin{lstlisting}[extendedchars=true,language=XML]
<!-- Dies ist ein Kommentar -->
<?xml version= "1.0" encoding="ISO-8859-1" ?>
<katalog>
  <produkt>
    <produktname>ST360020A</produktname>
    <hersteller>Seagate</hersteller>
    <beschreibung>
      IDE-Festplatte, Speicherkapazität 60,0GB
    </beschreibung>
    <preis>227,--Euro</preis>
  </produkt>
</katalog>
\end{lstlisting}
```

Listing 4.41: Formatierung mit Farbe (source/bsp_listing08a.tex)

```
<!-- Dies ist ein Kommentar -->
<?xml version= "1.0" encoding="ISO-8859-1" ?>
<katalog>
  <produkt>
    <produktname>ST360020A</produktname>
    <hersteller>Seagate</hersteller>
    <beschreibung>
      IDE-Festplatte, Speicherkapazität 60,0GB
    </beschreibung>
    <preis>227,--Euro</preis>
  </produkt>
</katalog>
```

Abb. 4.26: Abbildung zu Listing 4.41

- **float=*|t|b|p|h oder float**
  Damit wird das Listing eine `float`-Umgebung wie `figure` oder `table`. Die Parameter für die Position entsprechen dabei den LaTeX-Standardvorgaben.

- **floatplacement=*|t|b|p|h**
  Definiert die Vorgaben für `float`, wenn hier keine Werte angegeben sind.

- **aboveskip**
  Legt den Abstand vom vorherigen Text zum Listing fest (Standard ist hier `\mediaskipamount`).

- **belowskip**
  Legt den Abstand vom Listing zum nachfolgenden Text fest (Standard ist hier `\mediaskipamount`).

- **print=true|flase**
  Legt fest, ob das Listing gedruckt werden soll oder nicht (Standard ist hier `true`). Damit ist es möglich, einen schnelleren LaTeX-Lauf zu erreichen, wenn man sich in der Entwurfsphase befindet (siehe hierzu auch den Paketparameter `draft` bzw. `final`).

- **firstline**
  Legt die erste zu druckende Zeile fest.

- **lastline**
  Legt die letzte zu druckende Zeile fest.

- **showlines=true|false**
  Legt fest, ob Leerzeilen am Ende der Datei gedruckt werden sollen (Standard ist hier `false`).

- **emptylines**
  Legt die maximale Anzahl an Leerzeilen fest, die gedruckt werden sollen. Mit dem optionalen Stern wird dafür gesorgt, dass die Leerzeilen ihre Nummer behalten. Andernfalls werden leere Zeilen nicht hochgezählt.

- **gobble**
  Legt fest, wie viele Zeichen auf der linken Seite „abgeschnitten" werden sollen. Werden mehr Zeichen abgeschnitten, als Code in der Zeile vorhanden ist, wird die Zeile als Leerzeile betrachtet.

Beispiel

```
\begin{lstlisting}[basicstyle=\small,extendedchars=true,%
                   numbers=left,numbersep=3pt,numberstyle=\tiny,%
                   language=XML,gobble=2,%
                   firstline=3,lastline=10]
<?xml version= "1.0" encoding="ISO-8859-1" ?>
<katalog>
  <produkt>
    <produktname>ST360020A</produktname>
    <hersteller>Seagate</hersteller>
    <beschreibung>
      IDE-Festplatte, Speicherkapazität 60,0GB
    </beschreibung>
    <preis>227,--Euro</preis>
  </produkt>
</katalog>
\end{lstlisting}
```

Listing 4.42: Druckbereich festlegen (source/bsp_listing09.tex)

Abb. 4.27: Abbildung zu Listing 4.42

```
3  <produkt>
4    <produktname>ST360020A</produktname>
5    <hersteller>Seagate</hersteller>
6    <beschreibung>
7      IDE−Festplatte , Speicherkapazität 60,0GB
8    </beschreibung>
9    <preis>227,−−Euro</preis>
10 </produkt>
```

Es gibt noch eine Menge weiterer Parameter für z. B. Indizierung, Spaltenausrichtung, Sprachendefinition, Schnittstellen zu anderen Ergänzungspakete bzw. zu LaTeX, das Erzeugen neuer Umgebungen nach eigenen Bedürfnissen und vieles mehr. Leider würde dies aber den Rahmen dieses Buches sprengen. Daher lesen Sie hier bitte die ausführliche Paketdokumentation mit vielen Beispielen und Anregungen, es lohnt sich.

Paketparameter

Das Listingspaket hat noch folgende Paketparameter, mit denen sich das Verhalten beinflussen lässt.

- **0.21**
  Das Listings-Paket verhält sich wie die frühere Version 0.21.

- **draft**
  Die Listings werden nur mit der Beschriftung und dem Label angezeigt (Entwurfsmodus). Dadurch wird der LaTeX-Lauf deutlich beschleunigt. Eine Einstellung von der übergeordneten Klasse wird dabei übernommen.

- **final**
  Alles wird angezeigt.

- **savemem**
  Es wird versucht, TeX-Speicher zu sparen.

4.2.10 Zusammenfassung

Mit den Umgebungen und Befehlen, die Sie in diesem Kapitel kennen gelernt haben, lassen sich vielfältigste Varianten zur Einbindung von verschiedenen Originaltexten aus verschiedenen Bereichen in LaTeX-Dokumente realisieren. Für ganz spezielle Zwecke, die hier aus Platzgründen nicht aufgenommen wurden, finden sich sicherlich zahlreiche Beispiele im CTAN-Archiv und in den Dokumentationen zu den jeweiligen Ergänzungspaketen.

5 Texte mit mathematischen Formeln

Ein Bereich, in dem LaTeX deutliche Stärken gegenüber gängigen DTP-Programmen aufweist, ist das Setzen mathematischer Formeln. Egal, wie kompliziert und verschachtelt eine Formel auch ist, das Druckergebnis ist immer einwandfrei, wie man es aus Mathematikbüchern kennt. Damit LaTeX eine Formel als solche erkennt und dementsprechend setzt, muss diese in eine Mathematikumgebung eingefügt werden. Im ersten Teil dieses Kapitels lernen Sie die mathematischen LaTeX-Standardbefehle kennen. Da diese in manchen Bereichen immer noch verbessert oder erweitert werden können, um auch absolute Profis zufrieden zu stellen, behandelt der zweite Teil die Befehle der Amerikanischen Mathematischen Gesellschaft (AMS).

5.1 Mathematische Umgebungen

Mathematische Formeln können innerhalb einer Textzeile auftreten, oder aber auch in einer eigenen Zeile vom Text abgesetzt werden. Dafür stehen unterschiedliche Umgebungen zur Verfügung.

Soll eine Formel innerhalb des Textes stehen, so wird folgende Umgebung verwendet:

```
\begin{math}
  Formel
\end{math}
```

```
\begin{math}
  1 + 2 = 3
\end{math}
```

Um diese Schreibweise abzukürzen kann man aber auch das Dollarzeichen verwenden:

```
$Formel$
```

Um eine Formel vom umgebenden Text abzusetzen und ihr einen eigenen Absatz zuzuweisen, stehen zwei Umgebungen zur Verfügung:

```
\begin{displaymath}
  Formel
\end{displaymath}
```

```
\begin{equation}
  Formeltext
\end{equation}
```

Der Unterschied zwischen den beiden besteht darin, dass bei der `equation`-Umgebung zusätzlich eine fortlaufende Formelnummer ausgegeben wird.

Für die `displaymath`-Umgebung gibt es außerdem wieder eine Kurzschreibweise mit eckigen Klammern.

```
\[Formel\]
```

☞ Vorsicht: Befehle für abgesetzte Formeln

Oft sieht man auch abgesetzte Formeln, die mit doppelten Dollarzeichen in den Text eingefügt werden. Dies ist jedoch kein LaTeX-Befehl, sondern ein TeX-Kommando. Dies führt dazu, dass die Abstände zum umgebenden Text anders gesetzt werden als beim LaTeX-Befehl `\[Formel\]`. Daher sollten diese in einem LaTeX-Dokument nicht verwendet werden.

Nachfolgende Beispiele verdeutlichen die Unterschiede zwischen Formeln im Text und abgesetzten Formeln:

```
Dies ist die 1. binomische Formel $(
a + b)^2 = a^2 + 2ab + b^2$
innerhalb des Textes.
```

Dies ist die 1. binomische Formel $(a+b)^2 = a^2 + 2ab + b^2$ innerhalb des Textes.

Listing 5.1: Formel im Text mit $

```
Dies ist ein abgesetztes Integral \[\int^b_a f(x)\,dx\]
```

Listing 5.2: Abgesetzte Formel mit

...

Dies ist ein abgesetztes Integral

$$\int_a^b f(x)\,dx$$

Abb. 5.1: Abbildung zu Listing 5.2

```
Dies ist ein Integral mit Formelnummer:
\begin{equation}
  \int^b_a f(x)\,dx
  \label{equ:math_integral}
\end{equation}
```

Listing 5.3: Abgesetzte Formel mit Nummer (source/bsp_math01.tex)

Dies ist ein Integral mit Formelnummer:

$$\int_a^b f(x)\,dx \tag{1}$$

Abb. 5.2: Abbildung zu Listing 5.3

Wird zusätzlich in der Umgebung der `\label`-Befehl verwendet, so kann über den Befehl `\ref` die Nummer (hier 1) im Text ausgegeben werden. Mehr zu den Verweisen in Kapitel 2.1.14 auf Seite 63.

> ☞ **Hinweis: Höhe der Formeln**
>
> Werden Formeln in den Text eingebunden, so werden sie an die jeweilige Texthöhe angepasst. Bei Formeln, die eigentlich höher sind, wie Integrale und Summenzeichen, werden die Zeichen so weit zusammengestaucht, damit sie ungefähr gleich hoch sind wie der sie umgebende Text. $\int_a^b f(x)\,dx$ Dies sieht teilweise sehr unschön aus. Außerdem kann sich auch der Abstand zum umgebenden Text ändern, was den Lesefluss stört. Derartige Formeln sollten besser abgesetzt werden.

Standardmäßig werden abgesetzte Formeln horizontal zentriert. Besitzen die Formeln eine Formelnummer, so erscheint diese rechtsbündig. Man kann dieses Aussehen aber auch verändern.

Wird bei der Dokumentenklasse der Parameter `fleqn` verwendet, so werden alle Formeln linksbündig mit Einzug angeordnet, wobei mit dem Befehl

```
\setlength{\mathindent}{<einrücktiefe>}
```

die Einrückungstiefe bestimmt wird. Mit dem Dokumentklassen-Parameter `leqno` werden die Formelnummern für das ganze Dokument linksbündig ausgerichtet.

Das Setzen im mathematischen Modus unterscheidet sich vom Textmodus vor allem durch folgende Punkte:

- Leerzeilen sind verboten (mathematische Formeln müssen innerhalb eines Absatzes stehen).
- Leerstellen und Zeilenwechsel haben bei der Eingabe keine Bedeutung, alle Abstände werden nach der Logik der mathematischen Ausdrücke automatisch bestimmt oder müssen mit speziellen Befehlen wie `\,` oder `\qquad` angegeben werden.
- Jeder einzelne Buchstabe wird als Name einer Variablen betrachtet und entsprechend gesetzt (kursiv mit zusätzlichem Abstand). Will man innerhalb eines mathematischen Textes normalen Text (in aufrechter Schrift, mit Wortabständen) setzen, muss man diesen in `\textnormal{...}` einschließen.

```
$\textnormal{Fläche}ABCD$
```

Fläche$ABCD$

Listing 5.4: Formel mit Text

5.2 Die Elemente von Formeln

Die wichtigsten Elemente einer Formel sind Konstanten und Variablen sowie Operatoren, die diese miteinander verknüpfen. LaTeX setzt automatisch den weltweiten Standard um, nach dem in mathematischen Formeln Konstanten (Zahlen) in der Schriftart Roman und Variablen kursiv gesetzt werden.

Direkt über die Tastatur können folgende mathematischen Symbole eingegeben werden:

```
+ - = / : ! ' | [ ] ( ).
```

Sollen in einer Formel geschweifte Klammern verwendet werden, muss diesen ein Backslash vorangestellt werden, damit diese angezeigt werden.

5.2.1 Klammersymbole

Um Formeln zu strukturieren, müssen sehr oft Klammern verwendet werden. Dabei reichen die über die Tastatur erreichbaren runden und eckigen Klammern nicht immer aus. LaTeX verfügt deshalb über weitere Befehle für die Klammersymbole. Diese finden Sie in Tabelle 5.1.

Tabelle 5.1: Klammersymbole

Symbol	Eingabe	Symbol	Eingabe
$($	`(`	$)$	`)`
$\langle$	`\langle`	$\rangle$	`\rangle`
$[$	`[`	$]$	`]`
$\vert$	`|`	$\Vert$	`\\|`
$\lceil$	`\lceil`	$\rceil$	`\rceil`
$\lfloor$	`\lfloor`	$\rfloor$	`\rfloor`
$\{$	`\{`	$\}$	`\}`
$\backslash$	`\backslash`		

Setzt man den Befehl `\left` vor öffnende und `\right` vor schließende Klammern, so wird automatisch die richtige Größe gewählt.

```
\[ y + \left( \frac{1}{1+x^{3}}\right) ^2 \]
```

$$y + \left(\frac{1}{1+x^{3}}\right)^2$$

Listing 5.5: Klammersetzung

Die Befehle `\left` und `\right` dürfen nur paarweise auftreten. Allerdings müssen die Klammersymbole dabei nicht zwingend zusammenpassen. Es ist nicht verboten, eine öffnende runde Klammer mit einer schließenden eckigen Klammer zu kombinieren, auch wenn dies nicht sehr sinnvoll ist. Manchmal benötigt man jedoch nur eine öffnende Klammer. Dann kann man die schließende Klammer „unsichtbar" werden lassen, indem man den Befehl `\right` vor einen Punkt „." stellt.

```
\[ y =  \left\{
   \begin{array}{r@{\quad:\quad}l}
   -1 & x<0 \\
   0  & x=0 \\
   +1 & x>0
   \end{array}
\right. \]
```

$$y = \left\{ \begin{array}{r@{\quad:\quad}l} -1 & x<0 \\ 0 & x=0 \\ +1 & x>0 \end{array} \right.$$

Listing 5.6: Nur öffnende Klammer verwenden (source/bsp_math02.tex)

In diesem Beispiel wurde eine `array`-Umgebung verwendet, die ähnlich wie Tabellen funktioniert. Hier wird ein zweispaltiges Array eingesetzt, bei dem die Spalten durch einen Doppelpunkt mit dem Abstand `\quad` auf beiden Seiten getrennt werden.

Es besteht aber auch die Möglichkeit, die Größe der Klammern selbst zu beeinflussen. Dazu muss der Befehl `\left` durch einen der Befehle `\bigl`, `\Bigl`, `\biggl` oder `\Biggl` ersetzt werden, analog lauten die Befehle für die schließende Klammer `\bigr`, `\Bigr`, `\biggr` und `\Biggr`. Dabei stellt `\bigl` die kleinste Größe dar, gefolgt von `\Bigl`, `\biggl` und `\Biggl` als größte Möglichkeit. Analog natürlich bei den schließenden Klammern.

```
\[ \Bigl( (x+1)(2x-1)\Bigr) ^2  \]
```

$$\Bigl((x+1)(2x-1)\Bigr)^2$$

Listing 5.7: Klammergröße selbst beeinflussen

5.2.2 Hoch- und Tiefstellen von Zeichen

Der Mathematikmodus erlaubt es, Exponenten und Indizes sehr einfach in eine Formel zu integrieren. Dabei wird automatisch die Schriftgröße verringert. Es ist auch möglich, Exponenten und Indizes miteinander zu kombinieren, dabei ist es gleichgültig, ob zuerst der Exponent oder der Index angegeben wird. Ein Exponent wird durch das Zeichen „^“ erzeugt, ein Index durch „_“.

```
$x^2$
```

x^2

Listing 5.8: Hochstellen

```
$x_i$
```

x_i

Listing 5.9: Tiefstellen

```
$x_i^n$
```

x_i^n

Listing 5.10: Tief- und hochstellen

Will man verhindern, dass die hochgestellte und tiefgestellte Zahl direkt übereinander stehen, so kann man nach der tiefgestellten Zahl auch geschweifte Klammern einfügen. Dadurch wird die hochgestellte Zahl hinter der tiefgestellten gesetzt, wie im nachfolgenden Beispiel.

```
$x_i{}^n$
```

$x_i{}^n$

Listing 5.11: Tief- und hochstellen hintereinander

Soll ein Exponent oder Index aus mehr als einem Zeichen bestehen, so müssen alle Bestandteile in geschweifte Klammern gesetzt werden.

```
$x^{2y+3}$
```

x^{2y+3}

Listing 5.12: Mehrere Zeichen hochstellen

```
$x_{n+1}$
```

x_{n+1}

Listing 5.13: Mehrere Zeichen tiefstellen

```
$x^{3n}_{ij}$
```

x^{3n}_{ij}

Listing 5.14: Mehrere Zeichen hoch- und tiefstellen

Die Strukturen lassen sich auch beliebig ineinander verschachteln, wobei aber auf die Verwendung der geschweiften Klammern geachtet werden muss.

```
$x^{2^y}$
```

x^{2^y}

Listing 5.15: Verschachtelung

```
$x_{y_i}$
```

x_{y_i}

Listing 5.16: Verschachtelung

```
$x^{n_i}_{m_1}$
```

$x^{n_i}_{m_1}$

Listing 5.17: Verschachtelung

5.2.3 Wurzeln und Brüche

Eine Wurzel wird durch den allgemeinen Befehl `\sqrt` erstellt.

Der allgemeine Aufruf dabei lautet:

```
\sqrt[<n>]{<arg>}
```

Dabei gibt `n` den Grad der Wurzel an, `arg` die Argumente unter der Wurzel. Für eine einfache Quadratwurzel muss der Parameter `n` nicht angegeben werden. Die Höhe und Länge des Wurzelzeichens wird von LaTeX automatisch an die Argumente angepasst.

```
$\sqrt{64}$
```

$\sqrt{64}$

Listing 5.18: Wurzel

```
$\sqrt[3]{27} = 3$
```

$\sqrt[3]{27} = 3$

Listing 5.19: Wurzel

Für Brüche existiert ebenfalls ein spezieller Befehl:

```
\frac{<zähler>}{<nenner>}
```

Dabei richtet sich die Länge des Bruchstrichs nach der Länge des jeweils längeren Arguments.

```
$\frac{1}{2x+1} + \frac{2x+1}{3}$
```

$\frac{1}{2x+1} + \frac{2x+1}{3}$

Listing 5.20: Bruch

Der Bruchstrich wird vertikal zentriert zum umgebenden Text gesetzt. Werden Brüche ineinander geschachtelt, so wird automatisch die Schriftgröße angepasst.

```
$\frac{1-\frac{2a+b}{a-2b}}{\frac{2a
+1}{b^2}}$
```

$\frac{1-\frac{2a+b}{a-2b}}{\frac{2a+1}{b^2}}$

Listing 5.21: Bruch mit angepasster Schriftgröße

Natürlich lassen sich auch Wurzeln und Brüche beliebig kombinieren.

```
$\sqrt[3]{\frac{1}{\sqrt{4x+2}}}$
```

$\sqrt[3]{\frac{1}{\sqrt{4x+2}}}$

Listing 5.22: Bruch und Wurzel

```
$\sqrt{x^2+\sqrt{y}}$
```

$\sqrt{x^2+\sqrt{y}}$

Listing 5.23: Ineinander geschachtelte Wurzeln

5.2.4 Summen und Integrale

Summen- und Integralzeichen werden durch die Befehle `\sum` und `\int` erzeugt. Die Grenzen werden wie bei Exponenten und Indizes mit „^" bzw. „_" angegeben. Dabei ist aber zu beachten, dass diese Zeichen unterschiedliche Größen besitzen, je nachdem, ob sie in einem Text oder als abgesetzte Formel verwendet werden.

```
$\sum_{i=1}^n$
```

$\sum_{i=1}^n$

Listing 5.24: Summenzeichen in Fließtextdarstellung

```
\[\sum_{i=1}^n\]
```

$$\sum_{i=1}^n$$

Listing 5.25: Summenzeichen in abgesetzter Formel

```
$\int_0^\infty$
```

$\int_0^\infty$

Listing 5.26: Integral in Fließtextdarstellung

```
\[\int_0^\infty\]
```

$$\int_0^\infty$$

Listing 5.27: Integral in abgesetzter Formel

Manche Mathematiker schreiben die Grenzen des Integrals lieber direkt unter bzw. über das Integralzeichen. Auch dies ist möglich, indem man den Befehl `\limits` verwendet.

```
\[\int\limits_{x=0}^{x=\infty}\]
```

$$\int\limits_{x=0}^{x=\infty}$$

Listing 5.28: Integral mit Grenzen

Der Formeltext vor und hinter dem Summen- und Integralzeichen wird vertikal mittig zum Zeichen ausgerichtet.

```
\[2 \int_0^\infty f_1(x)\,dx\]
```

$$2 \int_0^\infty f_1(x)\,dx$$

Listing 5.29: Integral

```
\[\sum_{i=1}^n a_i\]
```

$$\sum_{i=1}^n a_i$$

Listing 5.30: Summe

5.2.5 Fortsetzungspunkte

Manche Formeln beinhalten auch Fortsetzungspunkte, wenn Zwischenwerte ausgelassen werden. Dies ist zum Beispiel auch bei größeren Matrizen der Fall. Fortsetzungspunkte werden durch vier verschiedene Befehle erzeugt. Würden die Punkte einfach eingegeben, wäre ihr Zwischen- Abstand zu klein. Tabelle 5.2 fasst die vier Befehle zusammen.

Tabelle 5.2: Fortsetzungspunkte

Name	Eingabe	Ausgabe
low dots	`\ldots`	$\ldots$
center dots	`\cdots`	$\cdots$
vertical dots	`\vdots`	$\vdots$
diagonal dots	`\ddots`	$\ddots$

```
$a_0, a_1, \ldots, a_i$
```

$a_0, a_1, \ldots, a_i$

Listing 5.31: Fortsetzungspunkte

```
$a_0 + a_1 + \cdots + a_i$
```

$a_0 + a_1 + \cdots + a_i$

Listing 5.32: Fortsetzungspunkte

☞ Hinweis: Fortsetzungspunkte

Beachten Sie, dass außer dem Befehl `\ldots` die Befehle für die Fortsetzungspunkte nur im Mathematikmodus erlaubt sind.

5.3 Mathematische Symbole

Formeln können neben den bereits verwendeten Konstanten, Variablen und Zeichen noch sehr viele andere Symbole enthalten. Die am häufigsten verwendeten sind sicherlich die griechischen Buchstaben z. B. für die Angabe von Winkeln.

5.3.1 Griechische Buchstaben

Die meisten griechischen Buchstaben werden dadurch erzeugt, dass ihrem Namen ein Backslash vorangestellt wird. Wird der Name klein geschrieben, entsteht ein kleiner griechischer Buchstabe, bei Großschreibung ein griechischer Großbuchstabe. Einige Großbuchstaben unterscheiden sich jedoch nicht von der lateinischen Schrift, sodass diese direkt über die Tastatur eingegeben werden können. Tabelle 5.3 auf der nächsten Seite fasst das griechische Alphabet zusammen.

Griechische Buchstaben sind nur im Mathematikmodus erlaubt. Sollen sie in normalem Text verwendet werden, müssen sie in Dollarzeichen eingebettet werden.

Ein wichtiges Einsatzgebiet von griechischen Buchstaben ist die Beschriftung bei Winkeln. Um eine korrekte Gradangabe zu erhalten, benötigt man noch den Befehl, der das Grad-Zeichen darstellt.

Eine vollständige Winkelangabe hat dann folgendes Aussehen:

```
$\alpha = 45^\circ$
```

$\alpha = 45^\circ$

Listing 5.33: Gradzeichen

> **Tipp: Gradzeichen**
>
> Das Gradzeichen wird mit dem Befehl `^\circ` dargestellt. Eine elegantere Variante, das Gradzeichen zu erzeugen, funktioniert mit dem Befehl `\text{\textdegree}`. Dieser erfordert jedoch das Einbinden der Pakete `textcomp` und `amsmath`. Mehr zu letzterem Paket finden Sie in Kapitel 5.9 auf Seite 289.

5.3.2 Relationen und deren Negierung

Für die Darstellung der mathematischen Vergleichsoperatoren, wie sie in Ungleichungen oder Relationen vorkommen, stellt LaTeX im Mathematikmodus einige Befehle zur Verfügung, wobei es bei einigen eine Kurzfassung des Befehls gibt. Um die mit * gekennzeichneten Befehle benutzen zu können, wird das Paket `latexsym` benötigt. Tabelle 5.4 auf Seite 263 fasst die Befehle für die Vergleichsoperatoren zusammen. latexsym.sty

Tabelle 5.3: Das griechische Alphabet

Buchstabe	Eingabe	Buchstabe	Eingabe
α	`\alpha`	A	`A`
β	`\beta`	B	`B`
γ	`\gamma`	Γ	`\Gamma`
δ	`\delta`	Δ	`\Delta`
ϵ	`\epsilon`	E	`E`
ε	`\varepsilon`	E	`E`
ζ	`\zeta`	Z	`Z`
η	`\eta`	H	`H`
θ	`\theta`	Θ	`\Theta`
ϑ	`\vartheta`	Θ	`\Theta`
ι	`\iota`	I	`I`
κ	`\kappa`	K	`K`
λ	`\lambda`	Λ	`\Lambda`
μ	`\mu`	M	`M`
ν	`\nu`	N	`N`
ξ	`\xi`	Ξ	`\Xi`
o	`o`	O	`O`
π	`\pi`	Π	`\Pi`
ϖ	`\varpi`	Π	`\Pi`
ρ	`\rho`	P	`P`
ϱ	`\varrho`	P	`P`
σ	`\sigma`	Σ	`\Sigma`
ς	`\varsigma`	Σ	`\Sigma`
τ	`\tau`	T	`T`
υ	`\upsilon`	Υ	`\Upsilon`
ϕ	`\phi`	Φ	`\Phi`
φ	`\varphi`	Φ	`\Phi`
χ	`\chi`	X	`X`
ψ	`\psi`	Ψ	`\Psi`
ω	`\omega`	Ω	`\Omega`

Es existieren auch einige negierte Vergleichsoperatoren, die sich von den bereits beschriebenen dadurch unterscheiden, dass sie mit einem diagonalen Strich versehen sind, um die Negation zu symbolisieren. Die Befehle für diese Symbole beginnen alle mit `\not`. Negationen gibt es jedoch nicht für alle der in Tabelle 5.4 auf der nächsten Seite aufgeführten Operatoren. Tabelle 5.5 auf der nächsten Seite führt alle negierten Vergleichsoperatoren auf.

☞ Hinweis: Nicht Element von

Um dieses Zeichen darzustellen, existieren zwei Befehle: `\not\in` und `\notin`. Das Aussehen der durch diese Befehle erzeugten Zeichen unterscheidet sich jedoch nur minimal.

Tabelle 5.4: Vergleichsoperatoren

Operator	Eingabe	Operator	Eingabe
$<$	<	$>$	>
$\leq$	\le, \leq	$\geq$	\ge, \geq
$=$	=	$\neq$	\ne, \neq
$\ll$	\ll	$\gg$	\gg
$\subset$	\subset	$\supset$	\supset
$\subseteq$	\subseteq	$\supseteq$	\supseteq
$\sqsubset$*	\sqsubset	$\sqsupset$*	\sqsupset
$\sqsubseteq$	\sqsubseteq	$\sqsupseteq$	\sqsupseteq
$\in$	\in	$\ni$	\ni
$\vdash$	\vdash	$\dashv$	\dashv
$\models$	\models	$\perp$	\perp
$\sim$	\sim	$\simeq$	\simeq
$\doteq$	\doteq	$\approx$	\approx
$\asymp$	\asymp	$\cong$	\cong
$\smile$	\smile	$\frown$	\frown
$\equiv$	\equiv	$\propto$	\propto
$\prec$	\prec	$\succ$	\succ
$\preceq$	\preceq	$\succeq$	\succeq
$\parallel$	\parallel, |	$\mid$	\mid,	
$\bowtie$	\bowtie	$\Join$*	\Join

Tabelle 5.5: Negierte Vergleichsoperatoren

Operator	Eingabe	Operator	Eingabe
$\not<$	\not<	$\not>$	\not>
$\not\le$	\not\le	$\not\ge$	\not\ge
$\not=$	\not=	$\not\approx$	\not\approx
$\not\subset$	\not\subset	$\not\supset$	\not\supset
$\not\subseteq$	\not\subseteq	$\not\supseteq$	\not\supseteq
$\not\sqsubset$	\not\sqsubset	$\not\sqsupset$	\not\sqsupset
$\not\sqsubseteq$	\not\sqsubseteq	$\not\sqsupseteq$	\not\sqsupseteq
$\not\in$	\not\in	$\notin$	\notin
$\not\sim$	\not\sim	$\not\simeq$	\not\simeq
$\not\asymp$	\not\asymp	$\not\cong$	\not\cong
$\not\equiv$	\not\equiv	$\not\prec$	\not\prec
$\not\succ$	\not\succ	$\not\preceq$	\not\preceq
$\not\succeq$	\not\succeq		

5.3.3 Binäre Operatoren

Um zwei mathematische Größen zu verknüpfen, gibt es zahlreiche binäre Operatoren. Tabelle 5.6 auf der nächsten Seite fasst die LaTeX-Befehle zur Erzeugung dieser Operatoren zusammen. Auch hier sind die Befehle, die das Paket latexsym benötigen, speziell gekennzeichnet.

latexsym.sty

Tabelle 5.6: Binäre Operatoren

Operator	Eingabe	Operator	Eingabe
$+$	`+`	$-$	`-`
$\pm$	`\pm`	$\mp$	`\mp`
$\div$	`\div`	$\setminus$	`\setminus`
$\cdot$	`\cdot`	$\times$	`\times`
$\ast$	`\ast`	$\star$	`\star`
$\diamond$	`\diamond`	$\circ$	`\circ`
$\bullet$	`\bullet`	$\bigcirc$	`\bigcirc`
$\cap$	`\cap`	$\cup$	`\cup`
$\uplus$	`\uplus`	$\wr$	`\wr`
$\sqcap$	`\sqcap`	$\sqcup$	`\sqcup`
$\triangleleft$	`\triangleleft`	$\triangleright$	`\triangleright`
$\lhd$*	`\lhd`	$\rhd$*	`\rhd`
$\unlhd$*	`\unlhd`	$\unrhd$*	`\unrhd`
$\bigtriangleup$	`\bigtriangleup`	$\bigtriangledown$	`\bigtriangledown`
$\vee$	`\vee`	$\wedge$	`\wedge`
$\oplus$	`\oplus`	$\ominus$	`\ominus`
$\otimes$	`\otimes`	$\oslash$	`\oslash`
$\odot$	`\odot`	$\amalg$	`\amalg`
$\dagger$	`\dagger`	$\ddagger$	`\ddagger`

5.3.4 Mathematische Akzente

Es gibt viele Beispiele, wo mathematische Zeichen einen Akzent erhalten, also einen Zusatz oberhalb des Zeichens. Das bekannteste ist wohl das Vektorsymbol mit dem Pfeil ($\vec{a}$). Tabelle 5.7 fasst alle Akzente zusammen.

Tabelle 5.7: Mathematische Akzente

Operator	Eingabe	Operator	Eingabe
$\hat{a}$	`\hat a`	$\tilde{a}$	`\tilde a`
$\vec{a}$	`\vec a`	$\bar{a}$	`\bar a`
$\dot{a}$	`\dot a`	$\ddot{a}$	`\ddot a`
$\acute{a}$	`\acute a`	$\grave{a}$	`\grave a`
$\check{a}$	`\check a`	$\breve{a}$	`\breve a`

☞ **Tipp: Akzente auf i und j**

Sollen diese beiden Buchstaben mit einem Vektorpfeil oder einer Tilde versehen werden, stört der Punkt. Deshalb sollten besser die mathematischen Symbole `\imath` und `\jmath` verwendet werden.

```
$\vec{\imath} \qquad \tilde{\jmath}$
```

$\vec{\imath} \qquad \tilde{\jmath}$

Listing 5.34: Akzente über i und j

Für die Akzente `\hat` und `\tilde` gibt es auch breitere Varianten, sodass diese Akzente auch über mehrere Zeichen reichen können. Die Befehle heißen `\widehat` bzw. `\widetilde`.

```
$\widehat{1+x} \qquad \widetilde{abc}$
```

$\widehat{1+x} \qquad \widetilde{abc}$

Listing 5.35: Breite Varianten des Daches und der Tilde

> **Hinweis: Der Befehl \qquad**
>
> Der in den letzten beiden Beispielen verwendete Befehl dient hier nur dazu, den Abstand zwischen den beiden Beispielen zu verbreitern. Wie man Abstände in Formeln variieren kann erfahren Sie genauer in Kapitel 5.4.5 auf Seite 270.

Manchmal ist es auch nötig ein oder mehrere Zeichen zu über- bzw. zu unterstreichen. Dazu dienen die Befehle `\overline` und `\underline`. Beispiel hierfür ist die Länge einer Strecke:

```
Gegeben ist die Länge der Strecke $\
overline{AB} = 5$ cm.
```

Gegeben ist die Länge der Strecke $\overline{AB} = 5$ cm.

Listing 5.36: Überstreichungen

Manche Formeln erfordern es auch, Zeichengruppen durch eine waagerechte Klammer zusammenzufassen. Der Befehl `\overbrace` liefert eine Klammer über der Formel, `\underbrace` unterhalb der Formel.

```
\[\underbrace{a+b+\cdots+z}_{26}\]
```

$$\underbrace{a+b+\cdots+z}_{26}$$

Listing 5.37: Waagerechte Klammern

5.3.5 Operatoren in zwei Größen

Wie Sie bereits beim Summen- und Integralzeichen gesehen haben, werden diese in zwei verschiedenen Größen verwendet. Es gibt aber noch weitere Operatoren, die in zwei Größen vorhanden sind, wie Tabelle 5.8 auf der nächsten Seite zeigt.

5.3.6 Verschiedene sonstige Symbole

In der Mathematik werden auch einige sehr spezielle Zeichen verwendet, etwa das Symbol für die Zahl Unendlich (∞). Tabelle 5.9 auf der nächsten Seite fasst diese Symbole zusammen. Diejenigen Symbole, die das Paket `latexsym` benötigen, sind mit * gekennzeichnet.

Tabelle 5.8: Operatoren in zwei Größen

Operator		Eingabe	Operator		Eingabe
$\textstyle\sum$	$\displaystyle\sum$	`\sum`	$\textstyle\bigcap$	$\displaystyle\bigcap$	`\bigcap`
$\textstyle\bigodot$	$\displaystyle\bigodot$	`\bigodot`	$\textstyle\prod$	$\displaystyle\prod$	`\prod`
$\textstyle\bigcup$	$\displaystyle\bigcup$	`\bigcup`	$\textstyle\bigotimes$	$\displaystyle\bigotimes$	`\bigotimes`
$\textstyle\coprod$	$\displaystyle\coprod$	`\coprod`	$\textstyle\bigsqcup$	$\displaystyle\bigsqcup$	`\bigsqcup`
$\textstyle\bigoplus$	$\displaystyle\bigoplus$	`\bigoplus`	$\textstyle\int$	$\displaystyle\int$	`\int`
$\textstyle\bigvee$	$\displaystyle\bigvee$	`\bigvee`	$\textstyle\biguplus$	$\displaystyle\biguplus$	`\biguplus`
$\textstyle\oint$	$\displaystyle\oint$	`\oint`	$\textstyle\bigwedge$	$\displaystyle\bigwedge$	`\bigwedge`

Tabelle 5.9: Verschiedene sonstige Symbole

Symbol	Eingabe	Symbol	Eingabe
$\aleph$	`\aleph`	$\hbar$	`\hbar`
$\imath$	`\imath`	$\jmath$	`\jmath`
ℓ	`\ell`	$\wp$	`\wp`
$\Re$	`\Re`	$\Im$	`\Im`
∂	`\partial`	∞	`\infty`
$\mho$*	`\mho`	$\prime$	`\prime`
$\emptyset$	`\emptyset`	∇	`\nabla`
$\surd$	`\surd`	$\top$	`\top`
$\bot$	`\bot`	$\Diamond$*	`\Diamond`
$\Box$*	`\Box`	$\triangle$	`\triangle`
$\angle$	`\angle`	$\forall$	`\forall`
$\exists$	`\exists`	$\neg$	`\neg`
$\flat$	`\flat`	$\natural$	`\natural`
$\sharp$	`\sharp`	$\clubsuit$	`\clubsuit`
$\blacklozenge$	`\diamondsuit`	$\heartsuit$	`\heartsuit`
$\spadesuit$	`spadesuit`		

5.3.7 Pfeil- und Zeigersymbole

Immer wieder tauchen in mathematischen Texten und Formeln Pfeilsymbole, so genannte Zeiger, auf. LaTeX bietet eine große Auswahl dieser Symbole, wobei einige Symbole durch zwei verschiedene Befehle aufgerufen werden können. Diese Befehle stehen in Tabelle 5.10 auf der nächsten Seite gleichberechtigt nebeneinander.

Dabei haben die beiden Befehle `\Longleftrightarrow` und `\iff` zwar beide das gleiche Symbol, allerdings mit einem winzigen Unterschied. Wird der Befehl `\iff` verwendet, wird vor und nach dem Pfeil ein zusätzlicher Leerraum eingefügt, der bei `\Longleftrightarrow` fehlt.

Symbol	Eingabe	Symbol	Eingabe
$\leftarrow$	`\leftarrow, \gets`	$\Leftarrow$	`\Leftarrow`
$\rightarrow$	`\rightarrow, \to`	$\Rightarrow$	`\Rightarrow`
$\leftrightarrow$	`\leftrightarrow`	$\Leftrightarrow$	`\Leftrightarrow`
$\mapsto$	`\mapsto`	$\hookleftarrow$	`\hookleftarrow`
$\leftharpoonup$	`\leftharpoonup`	$\leftharpoondown$	`\leftharpoondown`
$\rightleftharpoons$	`\rightleftharpoons`	$\leadsto$ *	`\leadsto`
$\longleftarrow$	`\longleftarrow`	$\Longleftarrow$	`\Longleftarrow`
$\longrightarrow$	`\longrightarrow`	$\Longrightarrow$	`\Longrightarrow`
$\longleftrightarrow$	`\longleftrightarrow`	$\Longleftrightarrow$	`\Longleftrightarrow, \iff`
$\longmapsto$	`\longmapsto`	$\hookrightarrow$	`\hookrightarrow`
$\rightharpoonup$	`\rightharpoonup`	$\rightharpoondown$	`\rightharpoondown`
$\uparrow$	`\uparrow`	$\Uparrow$	`\Uparrow`
$\downarrow$	`\downarrow`	$\Downarrow$	`\Downarrow`
$\updownarrow$	`\updownarrow`	$\Updownarrow$	`\Updownarrow`
$\nearrow$	`\nearrow`	$\searrow$	`\searrow`
$\swarrow$	`\swarrow`	$\nwarrow$	`\nwarrow`

Tabelle 5.10: Pfeil-Symbole

5.4 Komplexe mathematische Strukturen

Neben den Symbolen und Operatoren benötigt man für kompliziertere mathematische Sachverhalte weitere Elemente.

5.4.1 Funktionsnamen

Damit LaTeX Funktionsnamen als solche erkennt und richtig setzen kann, dürfen diese nicht direkt eingegeben werden, sondern müssen durch LaTeX-Befehle erzeugt werden. Nur so ist gewährleistet, dass die Funktionsnamen in Normalschrift und nicht wie Variablen kursiv gesetzt werden. LaTeX kennt folgende Funktionsnamen, die Tabelle 5.11 auf der nächsten Seite zusammenfasst.

Einige der Funktionen wie beispielsweise die Grenzwertfunktion `lim` benötigen noch zusätzliche Angaben über ihre Grenzen. Diese werden einfach wie die Indizes tiefergestellt, wobei das genaue Aussehen sich danach richtet, ob es eine Formel in der Zeile oder abgesetzt sein soll.

```
$\lim_{x\to\infty}\frac{1}{x^2}=0$
```

$\lim_{x\to\infty}\frac{1}{x^2}=0$

Listing 5.38: Limesfunktion im Text

```
\[\lim_{x\to\infty}\frac{1}{x^2}=0\]
```

$$\lim_{x\to\infty}\frac{1}{x^2}=0$$

Listing 5.39: Limesfunktion in abgesetzter Formel

Funktion	Eingabe	Funktion	Eingabe
arccos	`\arccos`	arcsin	`\arcsin`
arctan	`\arctan`	arg	`\arg`
cos	`\cos`	cosh	`\cosh`
cot	`\cot`	coth	`\coth`
csc	`\csc`	deg	`\deg`
det	`\det`	dim	`\dim`
exp	`\exp`	gcd	`\gcd`
hom	`\hom`	inf	`\inf`
ker	`\ker`	lg	`\lg`
lim	`\lim`	lim inf	`\liminf`
lim sup	`\limsup`	ln	`\ln`
log	`\log`	max	`\max`
min	`\min`	Pr	`\Pr`
sec	`\sec`	sin	`\sin`
sinh	`\sinh`	sup	`\sup`
tan	`\tan`	tanh	`\tanh`

Tabelle 5.11: Mathematische Funktionen

Die weiteren Funktionen, die eine derartige Grenzangabe erlauben, sind: `\det`, `\gcd`, `\inf`, `\lim`, `\liminf`, `\limsup`, `\max`, `\min`, `\Pr`, `\sup`.

Die Modulo-Funktion

Bei der Funktion für den Rest der Division gibt es eine Besonderheit: Um die Modulo-Funktion zu definieren stehen zwei verschiedene Funktionsbefehle zur Verfügung, `\bmod` und `\pmod{args}`.

```
$723 \bmod 5$
```

$723 \bmod 5$

Listing 5.40: Modulo mit \bmod

```
$y\pmod{a+b}$
```

$y \pmod{a+b}$

Listing 5.41: Modulo mit \pmod

5.4.2 Pfeile über und unter mathematischen Ausdrücken

Mit den Befehlen `\overrightarrow`, `\overleftarrow`, `\underrightarrow` und `\underleftarrow` können Sie beliebig lange Pfeile über oder unter mathematische Ausdrücke setzen.

```
\[ \overrightarrow{\Psi_\alpha(y)\beta_yt}\]
```

$$\overrightarrow{\Psi_\alpha(y)\beta_yt}$$

Listing 5.42: Pfeil über mathematischen Ausdrücken

```
\[ \underleftarrow{\Psi_\alpha(y)\beta_yt}\]
```

$$\underleftarrow{\Psi_\alpha(y)\beta_yt}$$

Listing 5.43: Pfeil unter mathematischen Ausdrücken

5.4.3 Matrizen

Um Matrizen mit LaTeX zu schreiben verwendet man die `array`-Umgebung. Diese funktioniert ähnlich wie die Tabellenumgebung `tabular` (siehe Kapitel 3.1.2 auf Seite 95). So wird auch hier durch einen doppelten Backslash `\\` das Zeilenende definiert und die Spalten werden durch das „&" voneinander getrennt. Die horizontale Ausrichtung wird dabei wie bei einer Tabelle festgelegt. Die Begrenzer für die Matrix werden erzeugt mit den Befehlen `\left` bzw. `\right`, gefolgt von dem gewünschten Begrenzungszeichen. Die beiden Befehle müssen immer paarweise auftreten und bewirken, dass die Begrenzungszeichen genau auf die Größe der jeweiligen Matrix angepasst werden.

```
\begin{math}
   \left(
      \begin{array}{llll}
        a_{11} & a_{12} & \ldots & a_{1n} \\
        a_{21} & a_{22} & \ldots & a_{2n} \\
        \vdots & \vdots & \ddots & \vdots \\
        a_{n1} & a_{n2} & \ldots & a_{nn} \\
      \end{array}
   \right)
\end{math}
```

$$\left(\begin{array}{llll} a_{11} & a_{12} & \ldots & a_{1n} \\ a_{21} & a_{22} & \ldots & a_{2n} \\ \vdots & \vdots & \ddots & \vdots \\ a_{n1} & a_{n2} & \ldots & a_{nn} \end{array}\right)$$

Listing 5.44: Matrix mit runden Klammern (source/bsp_math03.tex)

Natürlich lassen sich die `array`-Umgebungen auch ineinander verschachteln.

```
\begin{math}
 \left(
    \begin{array}{c}
      \left|
         \begin{array}{cc}
           x_{11} & x_{12} \\
           x_{21} & x_{22} \\
         \end{array}
      \right| \\
      y \\
      z \\
    \end{array}
 \right)
\end{math}
```

$$\left(\begin{array}{c} \left|\begin{array}{cc} x_{11} & x_{12} \\ x_{21} & x_{22} \end{array}\right| \\ y \\ z \end{array}\right)$$

Listing 5.45: Ineinander verschachtelte Matrizen (source/bsp_math05.tex)

5.4.4 Binomialkoeffizienten

Binomialkoeffizienten können in der Form `{...\choose ...}` gesetzt werden. Sollen keine Klammern gesetzt werden, wird der Befehl `\atop` verwendet.

Die nachfolgenden Beispiele zeigen den Unterschied:

```
\[ { i \choose k } \]
```

$$\binom{i}{k}$$

Listing 5.46: Binomialkoeffizienten mit Klammern

```
\[ {x \atop y-1 }\]
```

$$\genfrac{}{}{0pt}{}{x}{y-1}$$

Listing 5.47: Binomialkoeffizienten ohne Klammern

5.4.5 Abstände in Formeln variieren

Wenn man mit den von LaTeX gewählten Abständen innerhalb von Formeln nicht zufrieden ist, kann man sie mit expliziten Befehlen verändern. Die wichtigsten sind `\,` für einen kleinen Abstand, `\␣` für einen mittleren, `\quad` und `\qquad` für große Abstände sowie `\!` für die Verkleinerung eines Abstandes. Welche Abstände wo am besten aussehen ist Ansichtssache, das sollten Sie für sich selbst ausprobieren.

```
\[ F_{n} = F_{n-1} + F_{n-2} \qquad
    n \ge 2 \]
```

$$F_{n} = F_{n-1} + F_{n-2} \qquad n \ge 2$$

Listing 5.48: Abstand zwischen zwei Formelteilen

```
\[ \int\!\!\!\int_{D} dx\,dy\]
```

$$\int\!\!\!\int_{D} dx\,dy$$

Listing 5.49: Abstand bei Integralen

Schreibt man das letzte Beispiel ohne die Abstandsangaben zwischen den Integralzeichen sowie zwischen dx und dy, fällt auf, wie viel besser die Ausgabe mit den definierten Abständen ausfällt.

```
\[ \int\int_{D} dxdy\]
```

$$\int\int_{D} dxdy$$

Listing 5.50: Integrale ohne Abstandsangaben

Tabelle 5.12 auf der nächsten Seite fasst alle möglichen Abstandseinstellungen zusammen.

Befehl	Aussehen	Breite	Beispiel
`\negthickspace`	sehr kleiner Zwischenraum		$\|\negthickspace\|$
`\negmedspace`	kleiner Zwischenraum		$\|\negmedspace\|$
`\negthinspace, \!`	verkleinerter Zwischenraum	-3/18 \quad	$\|\!\|$
`\thinspace, \,`	schmaler Zwischenraum	3/18 \quad	$\|\,\|$
`\medspace, \:`	mittlerer Zwischenraum	4/18 \quad	$\|\:\|$
`\␣`	normaler Zwischenraum		$\|\ \|$
`\thickspace, \;`	breiter Zwischenraum	5/18 \quad	$\|\;\|$
`\quad`	breiterer Zwischenraum	1em	$\|\quad\|$
`\qquad`	sehr breiter Zwischenraum	2em	$\|\qquad\|$

Tabelle 5.12: Befehle für den Abstand innerhalb von Formeln

5.4.6 Mehrzeilige Formeln und Gleichungssysteme

Für mehrzeilige Formeln und Gleichungssysteme stehen in LaTeX zwei verschiedene Umgebungen zur Verfügung. Bei `eqnarray` erhält jede Zeile des Gleichungssystems eine Gleichungsnummer, diese wird bei `eqnarray*` unterdrückt. Diese Umgebungen werden anstelle von `equation` oder `displaymath` verwendet. Beide Umgebungen haben einen Aufbau wie eine Tabelle, bei der die erste Spalte rechtsbündig, die zweite zentriert und die dritte Spalte linksbündig ausgerichtet ist. Dabei repräsentiert das Gleichheitszeichen die zweite Spalte, an diesem richten sich die Gleichungen aus, sodass alle Gleichheitszeichen direkt untereinander stehen, was das Lesen erleichtert. Auch hier werden die Spalten wieder durch das & getrennt, die Zeilen durch den doppelten Backslash.

```
\begin{eqnarray}
f(x) & = & \cos x \\
f'(x) & = & -\sin x \\
\int_{0}^{x} f(y)\,dy & = & \sin x
\end{eqnarray}
```

$$f(x) = \cos x \quad (1)$$
$$f'(x) = -\sin x \quad (2)$$
$$\int_{0}^{x} f(y)\,dy = \sin x \quad (3)$$

Listing 5.51: Gleichungssystem (source/bsp_math06.tex)

Ist eine Formel zu lang für eine Zeile, so kann LaTeX diese nicht automatisch umbrechen. Vielmehr muss dem System genau gesagt werden, wo umbrochen werden soll und wie die nächste Zeile positioniert werden muss.

```
\begin{eqnarray}
\sin x & = & x-\frac{x^3}{3!}+
\frac{x^5}{5!}- {} \nonumber \\
& &{} -\frac{x^7}{7!} + \cdots
\end{eqnarray}
```

$$\sin x = x - \frac{x^3}{3!} + \frac{x^5}{5!} -$$
$$- \frac{x^7}{7!} + \cdots \quad (1)$$

Listing 5.52: Mehrzeilige Formel (source/bsp_math07.tex

```
\begin{eqnarray}
\lefteqn { \cos x  =  1-
\frac{x^2}{2!}+ {} } \nonumber \\
& &{} +\frac{x^4}{4!}-
\frac{x^6}{6!} + \cdots
\end{eqnarray}
```

$$\cos x = 1 - \frac{x^2}{2!} + \\ + \frac{x^4}{4!} - \frac{x^6}{6!} + \cdots \qquad (1)$$

Listing 5.53: Mehrzeilige Formel mit anderer Ausrichtung (source/bsp_math08.tex)

Der Befehl \nonumber bewirkt, dass in dieser Zeile keine Gleichungsnummer gesetzt wird. Der Befehl \lefteqn verändert die Spaltenausrichtung, sodass die zweite Zeile nun unter dem Gleichheitszeichen und nicht unter dem ersten Zeichen des Terms in der ersten Zeile beginnt.

5.4.7 Fallunterscheidungen

In einigen Fällen werden in Formeln auch so genannte Fallunterscheidungen berücksichtigt. Hierfür eignet sich die cases-Umgebung, die ähnlich wie eine zweispaltige array-Umgebung aufgebaut ist.

```
\[
f(x) =
\begin{cases}
   \frac{3}{5}          &
   \textnormal{für } x>2\\
   \frac{x^2+1}{x^3-1} &
   \textnormal{für } x\le 2
\end{cases}
\]
```

$$f(x) = \begin{cases} \frac{3}{5} & \text{für } x > 2 \\ \frac{x^2+1}{x^3-1} & \text{für } x \le 2 \end{cases}$$

Listing 5.54: Fallunterscheidung (source/bsp_math09.tex)

5.4.8 „Gestapelte“ Symbole

LaTeX verfügt auch über einen Befehl, der es ermöglicht, Symbole zentriert übereinander zu setzen. Der Befehl \stackrel erwartet zwei Argumente, nämlich das Relationszeichen und das, was darüber oder darunter gesetzt werden soll.

Allgemein lautet der Aufruf des Befehls:

```
\stackrel{<oberes Symbol>}{<unteres Symbol>}
```

Dabei wird automatisch für das obere Symbol eine kleinere Schriftart gewählt.

```
\[ \vec{x} \stackrel{\textnormal{def
}}{=} (x_1, \ldots, x_n)\]
```

$$\vec{x} \stackrel{\text{def}}{=} (x_1, \ldots, x_n)$$

Listing 5.55: Symbole übereinander

5.4.9 Sätze, Definitionen

In jedem Mathematikbuch findet man zahlreiche Beispiele, Definitionen, Lehrsätze, Lemmata und Axiome. Um diese leichter zu finden und um sich im Text darauf beziehen zu können, werden diese üblicherweise durchnummeriert. LaTeX bietet hierfür drei verschiedene Umgebungen:

- `\newtheorem{<name>}{<marke>}`
- `\newtheorem{<name2>}[<name>]{<marke>}`
- `\newtheorem{<name3>}{<marke3>}[<section>]`

Im Prinzip funktionieren alle drei Umgebungen sehr ähnlich. Sie definieren den Namen einer neuen Umgebung und die Marke, die jeweils für die Zählung verwendet werden soll. Die zweite Variante ermöglicht es, den Zähler einer bereits definierten Umgebung weiter zu benutzen. Als dritte Variante können Sie bestimmen, dass in die Nummerierung Ihrer Umgebung die Kapitelnummer einbezogen wird. Beim Eintritt in die so definierten Umgebungen können Sie als Option noch einen Text angeben, der automatisch fett und in Klammern ausgegeben wird.

Als Beispiel dient ein Auszug aus dem „Taschenbuch der Mathematik" von Bronstein und Semendjajew (siehe Listing 5.56 und Abbildung 5.3 auf Seite 275).

```
\newtheorem{Def}{Definition}
\newtheorem{Bsp}{Beispiel}
\newtheorem{BSP}[Bsp]{Weitere Beispiele}
\newtheorem{Sa}{Satz}[section]

\minisec{Stetige Funktionen einer Variablen}

\begin{Def}
  Eine Funktion $f$ heißt an der Stelle $x_0 \in D(f) $ \emph{stetig},
  wenn es zu jeder beliebig vorgegebenen Zahl $\epsilon > 0$
  eine Zahl $\delta > 0$ gibt, so dass für alle
  $x$ mit $|x-x_0| < \delta$ und $x \in D(f)$ gilt:
  \[|f(x) - f(x_0)| < \epsilon\]
\end{Def}

\begin{Bsp}
  Die Funktion $f(x) = c (c \in \mathbb{R}), D(f) = \mathbb{R}$ ist
  in $x_0 \in \mathbb{R}$ stetig. Gibt man sich $\epsilon > 0$
  beliebig vor, dann gilt für ein beliebiges positives $\delta$
  und für alle $x$ mit $|x - x_0| < \delta$:
  \[|f(x) - f(x_0)| = |c -c| = 0 < \epsilon.\]
\end{Bsp}

\begin{Bsp}
  Die Funktion $f(x) = x, D(f) = \mathbb{R}$ ist in
  $x_0 \in \mathbb{R}$ stetig. Setzt man $\delta = \epsilon$, wobei
  $\epsilon > 0$ beliebig vorgegeben ist, dann gilt für alle $x$ mit
  $|x - x_0| < \delta$:
  \[|f(x) - f(x_0)| = |x -x_0| < \delta = \epsilon.\]
\end{Bsp}
```

```
Zwischen der Stetigkeit einer Funktion $f$ in $x_0$ und der Existenz
des Grenzwertes von $f$ in $x_0$ besteht der folgende Zusammenhang:

\begin{Sa}[Stetigkeit]
  Eine Funktion $f$, die in einer Umgebung von $x_0$ definiert sei,
  ist in $x_0$ genau dann stetig, wenn $f$ in $x_0$ den Grenzwert
  $f(x_0)$ hat, d.h., wenn gilt:
  \[ \lim_{x\to x_0} f(x) = f(x_0).\]
\end{Sa}

Damit erhält man ferner:

\begin{Sa}[Stetigkeit II]
  Eine Funktion $f$ ist in $x_0 \in D(f)$ genau dann stetig, wenn
  für alle Zahlenfolgen $\{x_n\}$ mit $x_n \in D(f)$ und
  $\lim_{n\to\infty} x_n = (x_0)$ gilt:
  \[ \lim_{n\to\infty} f(x_n) = f(x_0).\]
\end{Sa}

\begin{BSP}
  Die Funktion $f(x) =
  \begin{cases}
    1  & \textnormal{für } x\geq0 \\
    0  & \textnormal{für } x<0
  \end{cases}$
  ist an der Stelle 0 unstetig.
\end{BSP}

\begin{Bsp}
  Die Funktion $f(x) = \frac{1}{x}$, ist in $x_0 = 0$ unstetig.
\end{Bsp}

\begin{Bsp}
  Die Funktion $f(x) =
  \begin{cases}
    x\sin \frac{1}{x}  & \textnormal{für } x\neq0 \\
    0                  & \textnormal{für } x=0
  \end{cases}$
  ist in $x_0 =  0$ stetig.
\end{Bsp}
```

Listing 5.56: Ein umfassendes Beispiel für Lehrsätze (source/bsp_math10.tex)

5.4.10 Normaler Text in Formeln

Bisher wurde in allen Beispielen Text mit dem Befehl `\textnormal` in Formeln eingefügt.

```
\[
\left( \frac{SO}{SO_1} \right)^2 =
\frac{\textnormal{Fläche}ABCDEF}
{\textnormal{Fläche}
A_1B_1C_1D_1E_1F_1}
\]
```

$$\left(\frac{SO}{SO_1} \right)^2 = \frac{\textnormal{Fläche}ABCDEF}{\textnormal{Fläche}A_1B_1C_1D_1E_1F_1}$$

Listing 5.57: Text in mathematischen Formeln mit \textnormal

Stetige Funktionen einer Variablen

Definition 1 *Eine Funktion f heißt an der Stelle $x_0 \in D(f)$* stetig, *wenn es zu jeder beliebig vorgegebenen Zahl $\epsilon > 0$ eine Zahl $\delta > 0$ gibt, so dass für alle x mit $|x - x_0| < \delta$ und $x \in D(f)$ gilt:*

$$|f(x) - f(x_0)| < \epsilon$$

Beispiel 1 *Die Funktion $f(x) = c (c \in \mathbb{R}), D(f) = \mathbb{R}$ ist in $x_0 \in \mathbb{R}$ stetig. Gibt man sich $\epsilon > 0$ beliebig vor, dann gilt für ein beliebiges positives δ und für alle x mit $|x - x_0| < \delta$:*

$$|f(x) - f(x_0)| = |c - c| = 0 < \epsilon.$$

Beispiel 2 *Die Funktion $f(x) = x, D(f) = \mathbb{R}$ ist in $x_0 \in \mathbb{R}$ stetig. Setzt man $\delta = \epsilon$, wobei $\epsilon > 0$ beliebig vorgegeben ist, dann gilt für alle x mit $|x - x_0| < \delta$:*

$$|f(x) - f(x_0)| = |x - x_0| < \delta = \epsilon.$$

Zwischen der Stetigkeit einer Funktion f in x_0 und der Existenz des Grenzwertes von f in x_0 besteht der folgende Zusammenhang:

Satz 0.1 (Stetigkeit) *Eine Funktion f, die in einer Umgebung von x_0 definiert sei, ist in x_0 genau dann stetig, wenn f in x_0 den Grenzwert $f(x_0)$ hat, d.h., wenn gilt:*

$$\lim_{x \to x_0} f(x) = f(x_0).$$

Damit erhält man ferner:

Satz 0.2 (Stetigkeit II) *Eine Funktion f ist in $x_0 \in D(f)$ genau dann stetig, wenn für alle Zahlenfolgen $\{x_n\}$ mit $x_n \in D(f)$ und $\lim_{n \to \infty} x_n = (x_0)$ gilt:*

$$\lim_{n \to \infty} f(x_n) = f(x_0).$$

Weitere Beispiele 3 *Die Funktion $f(x) = \begin{cases} 1 & \text{für } x \geq 0 \\ 0 & \text{für } x < 0 \end{cases}$ ist an der Stelle 0 unstetig.*

Beispiel 4 *Die Funktion $f(x) = \frac{1}{x}$, ist in $x_0 = 0$ unstetig.*

Beispiel 5 *Die Funktion $f(x) = \begin{cases} x \sin \frac{1}{x} & \text{für } x \neq 0 \\ 0 & \text{für } x = 0 \end{cases}$ ist in $x_0 = 0$ stetig.*

Abb. 5.3: Ein umfassendes Beispiel für Lehrsätze

Man kann Text aber auch über den Befehl `\mbox` einfügen, dies liefert eine identische Anzeige. Es bleibt also jedem selbst überlassen, welchen Befehl er verwenden will. Allerdings ist es empfehlenswert, in einem Dokument kontinuierlich nur eine Schreibweise zu verwenden.

```
\[
\left( \frac{SO}{SO_1} \right)^2 =
\frac{\mbox{Fläche}ABCDEF}
{\mbox{Fläche}A_1B_1C_1D_1E_1F_1}
\]
```

$$\left(\frac{SO}{SO_1} \right)^2 = \frac{\mbox{Fläche}ABCDEF}{\mbox{Fläche}A_1B_1C_1D_1E_1F_1}$$

Listing 5.58: Text in mathematischen Formeln mit \mbox

5.4.11 Unterschiedliche Schriftgrößen

Die Schriftgröße für Formelelemente wird von LaTeX selbst gewählt. Dabei werden im Text eingebettete Formeln platzsparender gesetzt als abgesetzte Formeln, wie bereits am Integralzeichen verdeutlicht. Auch für Zähler und Nenner in Brüchen sowie Exponenten und Indizes werden automatisch kleinere Schriftgrößen gewählt. Dies kann bei Doppelbrüchen und ähnlich verschachtelten Strukturen dazu führen, dass der Text kaum noch lesbar ist, wie nachfolgendes Beispiel deutlich zeigt.

$$\frac{\frac{\frac{1-x}{3x}}{\frac{x^2}{2x-2}}}{\frac{x^2}{\frac{2x}{x^4}}}$$

Die automatische Schriftgrößenwahl von LaTeX kann umgangen werden, indem die Schriftgröße im Mathematikmodus explizit eingestellt wird. Hierfür stehen vier Befehle zur Verfügung, die Tabelle 5.13 zusammenstellt.

Befehl	Größe	Beispiel
`\displaystyle`	Schriftgrad in Absatzformeln	12345
`\textstyle`	Schriftgrad in Textformeln	12345
`\scriptstyle`	Schriftgrad für einfache Umstellung	12345
`\scriptscriptstyle`	Schriftgrad für mehrfache Umstellungen	12345

Tabelle 5.13: Befehle für die Schriftgröße von Formeln

```
$ \sqrt[3] {4\pi \cdot \frac{3}{4}}$
```

$\sqrt[3] {4\pi \cdot \frac{3}{4}}$

Listing 5.59: Automatische Schriftgröße

```
$ \sqrt[\textstyle 3] {\displaystyle
 4\pi \cdot \frac{\displaystyle 3}{\
displaystyle 4}}$
```

$\sqrt[\textstyle 3] {\displaystyle 4\pi \cdot \frac{\displaystyle 3}{\displaystyle 4}}$

Listing 5.60: Schriftgröße selbst bestimmen

5.5 Verschiedene Schriften für Formeln

Der Mathematikmodus verfügt über eine Reihe von Befehlen, mit denen ein unterschiedliches Schriftbild für die Formeln erzeugt wird. So lassen sich Formeln fett, kursiv oder serifenlos schreiben, indem spezielle Schriftarten oder Schriftschnitte verwendet werden. Die nachfolgenden Beispiele sollen die Unterschiede zwischen den verschiedenen Schriftarten verdeutlichen.

```
\[ \mathnormal{A = \sum_{i=0}^5 2i+3}\]
```

$$\mathnormal{A = \sum_{i=0}^5 2i+3}$$

Listing 5.61: Normale Mathematikschrift

```
\[ \mathcal{A = \sum B+C}\]
```

$$\mathcal{A = \sum B+C}$$

Listing 5.62: Kalligraphische Mathematikschrift

```
\[ \mathrm{A = \sum_{i=0}^5 2i+3}\]
```

$$\mathrm{A = \sum_{i=0}^5 2i+3}$$

Listing 5.63: Roman-Mathematikschrift

```
\[ \mathbf{A = \sum_{i=0}^5 2i+3}\]
```

$$\mathbf{A = \sum_{i=0}^5 2i+3}$$

Listing 5.64: Fette Mathematikschrift

```
\[ \mathsf{A = \sum_{i=0}^5 2i+3}\]
```

$$\mathsf{A = \sum_{i=0}^5 2i+3}$$

Listing 5.65: Serifenlose Mathematikschrift

```
\[ \mathtt{A = \sum_{i=0}^5 2i+3}\]
```

$$\mathtt{A = \sum_{i=0}^5 2i+3}$$

Listing 5.66: Type-Writer-Mathematikschrift

```
\[ \mathit{A = \sum_{i=0}^5 2i+3}\]
```

$$\mathit{A = \sum_{i=0}^5 2i+3}$$

Listing 5.67: Kursive Mathematikschrift

Die kalligraphische Schrift (mit `\mathcal`) besitzt nur Großbuchstaben. Die Anwendung zeigen die nachfolgenden Beispiele.

```
Für die Nebenbedingungen $g_i(\alpha;\mathbf{t}) \ge 0$,
$i=1,\dots,n-p$, bezeichne $\mathcal{I}:= \left\{ i \in \{ 1, \dots,
n-p \} \, | \, g_i ( \alpha; \mathbf{t}) = 0 \right\}$ die Indexmenge
der aktiven Restriktionen.
```

Listing 5.68: Anwendung kalligraphischer Buchstaben (source/bsp_math11.tex)

Für die Nebenbedingungen $g_i(\alpha;\mathbf{t}) \ge 0$, $i = 1,\dots,n-p$, bezeichne $\mathcal{I} := \left\{ i \in \{1,\dots,n-p\} \,|\, g_i(\alpha;\mathbf{t}) = 0 \right\}$ die Indexmenge der aktiven Restriktionen.

Abb. 5.4: Abbildung zu Listing 5.68

```
Die Menge $\mathcal{S}_{k,\tau} := \left\{ \sum_j B_{j,k,\tau}
\alpha_j \, , \, \alpha_j \in \mathbb{R} \right\}$ heißt Splineraum
der Ordnung $k$ bezüglich der Knotenfolge $\tau$.
```

Listing 5.69: Anwendung kalligraphischer Buchstaben (source/bsp_math12.tex)

Die Menge $\mathcal{S}_{k,\tau} := \left\{ \sum_j B_{j,k,\tau} \alpha_j \, , \, \alpha_j \in \mathbb{R} \right\}$ heißt Splineraum der Ordnung k bezüglich der Knotenfolge τ.

Abb. 5.5: Abbildung zu Listing 5.69

Hinweis: Der Befehl \mathbb

Um diesen Befehl wie im letzten Beispiel der kalligraphischen Buchstaben nutzen zu können, muss das AMS-Paket `amsmath.sty` eingebunden sein. Mehr dazu in Kapitel 5.9 auf Seite 289.

5.6 Gestaltung von Formeln

Für die Gestaltung von Formeln stehen neben den Schrifteigenschaften noch weitere Möglichkeiten zur Verfügung, die die Positionierung und die Umrahmung betreffen.

5.6.1 Nebeneinander stehende Formeln

Abgesetzte Formeln oder Formelgruppen lassen sich mithilfe von vertikalen Boxen nebeneinander positionieren. Dazu werden `\parbox`- oder `\minipage`-Umgebungen mit geeigneter Breite verwendet. Innerhalb der jeweiligen Box sind die Formeln je nach der gewählten Dokumentklassenoption horizontal zentriert oder linksbündig angeordnet, wobei mit dem Befehl `\mathindent` die gewünschte Einrücktiefe eingestellt werden kann.

```
\parbox{3.0cm}{\begin{eqnarray*}\dot{x_1} & = & x_2\\ \dot{x_2} & = & u \end
{eqnarray*}}
\parbox{4.0cm}{\[x_1(0) = x_2(0) = 0\]}
\parbox{4.0cm}{\[x_1(1) = x_2(1) = 1\]}
```

Listing 5.70: Nebeneinander stehende Formeln (source/bsp_math13.tex)

$$\begin{aligned}\dot{x_1} &= x_2\\ \dot{x_2} &= u\end{aligned} \qquad x_1(0) = x_2(0) = 0 \qquad x_1(1) = x_2(1) = 1$$

Abb. 5.6: Abbildung zu Listing 5.70

Derartige Boxen können auch hilfreich sein, wenn Formelnummern zwischen zwei Zeilen eines Gleichungssystems positioniert werden sollen. Dazu erzeugt man zwei vertikale Boxen, in der ersten wird das Gleichungssystem definiert, die zweite enthält eine leere `eqnarray`-Umgebung, sodass hier lediglich eine Formelnummer erzeugt wird. Diese steht dann durch die vertikal zentrierte Ausrichtung der Box genau zwischen den beiden Zeilen des Gleichungssystems.

```
\parbox{11.0cm}{\begin{eqnarray*} P(x)&=&a_0+a_1x+a_2x^2+\cdots+a_nx^n \\
    P(-x)&=&a_0-a_1x+a_2x^2+\cdots+(-1)^na_nx^n \end{eqnarray*}}
\parbox{8mm}{\begin{eqnarray}\end{eqnarray}}
```

Listing 5.71: Formelnummer zwischen zwei Zeilen eines Gleichungssystems (source/bsp_math14.tex)

$$\begin{aligned}P(x) &= a_0 + a_1x + a_2x^2 + \cdots + a_nx^n\\ P(-x) &= a_0 - a_1x + a_2x^2 + \cdots + (-1)^n a_nx^n\end{aligned} \qquad (1)$$

Abb. 5.7: Abbildung zu Listing 5.71

5.6.2 Gerahmte Formeln

Um abgesetzte Formeln noch zusätzlich hervorzuheben, bietet es sich an, diese einzurahmen. Dazu müssen diese wiederum in eine `\parbox`-Umgebung eingebettet werden. Diese wird dann ihrerseits in einer `\fbox` eingeschlossen.

```
\fbox{\parbox{6.0cm}{\[\int_0^\infty \frac{\cos ax - \cos bx}{x}\,dx =\ln \
frac{b}{a}\]}}
```

Listing 5.72: Eingerahmte Formel (source/bsp_math15.tex)

Allerdings hat diese Vorgehensweise den Nachteil, dass man die Breite der Box selbst definieren muss. Das ist bei komplexeren Formeln nicht so einfach und der richtige Breitenparameter muss oft durch Ausprobieren gefunden werden. Es besteht jedoch die Möglichkeit, durch die in Kapitel 5.4.11 auf Seite 276 vorgestellten Befehle für die Schriftgröße den Rahmen an die Formel anzupassen.

$$\int_0^\infty \frac{\cos ax - \cos bx}{x}\,dx = \ln\frac{b}{a}$$

Abb. 5.8: Abbildung zu Listing 5.72

Je nachdem, ob eine Formelnummer mit ausgegeben werden soll, muss dazu die mathematische Umgebung `displaymath` oder `equation` verwendet werden. Innerhalb dieser Umgebungen wird dann eine `\fbox` definiert, die den Formeltext enthält. Allgemein lautet dann diese Konstruktion:

```
\begin{displaymath}
   \fbox{$ \displaystyle <
       Formeltext>$}
\end{displaymath}
```

```
\begin{equation}
   \fbox{$ \displaystyle <
       Formeltext>$}
\end{equation}
```

Unter Verwendung dieser Konstruktion stellt sich die Formel oben dann folgendermaßen dar:

```
\begin{equation}
   \fbox{$ \displaystyle \int_0^\infty \frac{\cos ax - \cos bx}{x}\,dx =\ln
    \frac{b}{a}$}
\end{equation}
```

Listing 5.73: Gerahmte Formel mit Formelnummer (source/bsp_math16.tex)

$$\boxed{\int_0^\infty \frac{\cos ax - \cos bx}{x}\,dx = \ln\frac{b}{a}} \qquad (1)$$

Abb. 5.9: Abbildung zu Listing 5.73

5.6.3 Mathematische Stilparameter

Wie bereits mehrfach in diesem Kapitel erwähnt, nimmt LaTeX die Formatierung von Formeln weitestgehend automatisch vor. Dabei bedient sich das System diverser Stilparameter, die sich auch manuell einstellen lassen. Dies sollte man jedoch nur an den Stellen tun, an denen das automatische Layout gravierende Mängel aufweist. Dazu verwendet man den bereits bekannten Befehl `\setlength`. Die Stilparameter werden nachfolgend beschrieben, Abbildung 5.10 auf der nächsten Seite zeigt die grafische Übersicht.

- **\arraycolsep**
  Die halbe Breite des Spaltenzwischenraums zwischen benachbarten Spalten in der `array`-Umgebung (siehe ①).

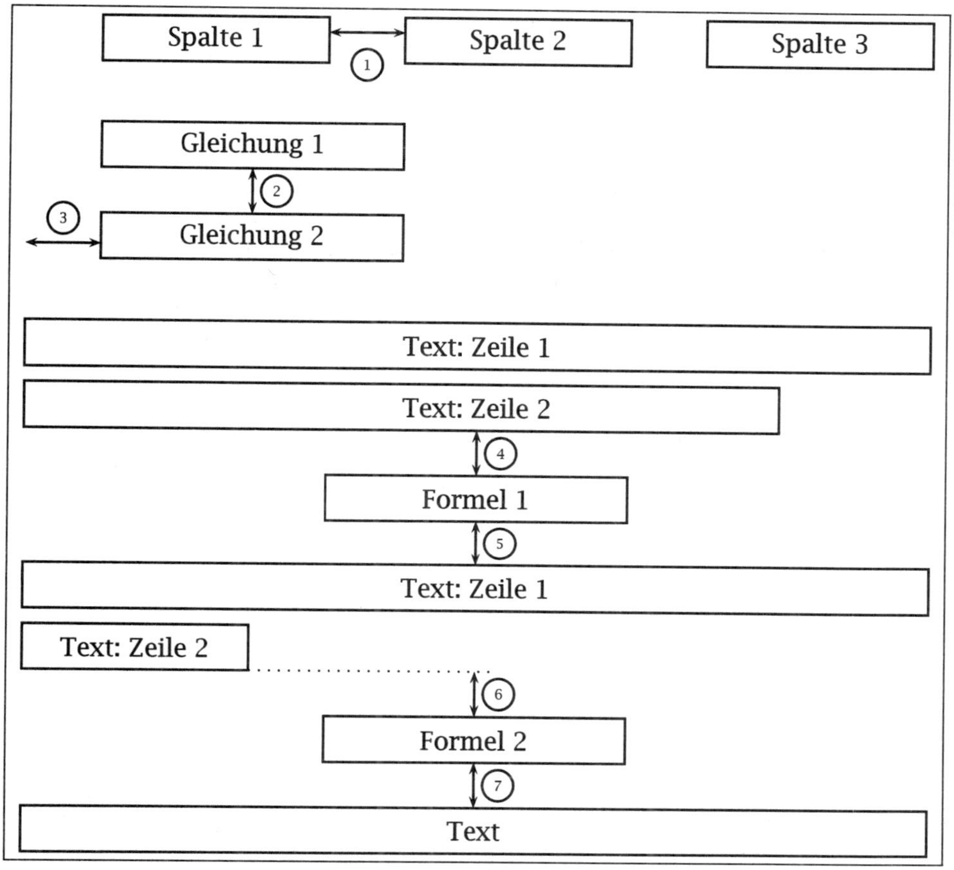

Abb. 5.10: Mathematische Stilparameter

- **\jot**
  Der vertikale Zwischenraum, der bei den Umgebungen für Gleichungssysteme `eqnarray` bzw. `eqnarray*` zwischen den Zeilen zusätzlich eingefügt wird (siehe ②).

- **\mathindent**
  Der Betrag, um den die Formeln links eingerückt werden, wenn die Dokumentklassenoption `fleqn` aktiviert ist (siehe ③).

- **\abovedisplayskip**
  Wenn der linke Rand einer abgesetzten Formel vor dem Ende der vorangegangenen Textzeile liegt, wird dieser zusätzliche vertikale Abstand oberhalb der Formel eingefügt, um die Absetzung zu verdeutlichen (siehe ④).

- **\belowdisplayskip**
  Wenn der linke Rand einer abgesetzten Formel vor dem Ende der vorangegangenen Textzeile liegt, wird dieser zusätzliche vertikale Abstand unterhalb der Formel eingefügt, um die Absetzung zu verdeutlichen (siehe ⑤).

- **\abovedisplayshortskip**
  Wenn der linke Rand einer abgesetzten Formel hinter dem Ende der vorangegangenen Textzeile liegt, wird dieser zusätzliche vertikale Abstand zwischen Text und Formel eingefügt, um die Absetzung zu verdeutlichen (siehe ⑥).

- **\belowdisplayshortskip**
  Wenn der linke Rand einer abgesetzten Formel hinter dem Ende der vorangegangenen Textzeile liegt, wird dieser zusätzliche vertikale Abstand zwischen Formel und nachfolgendem Text eingefügt, um die Absetzung zu verdeutlichen (siehe ⑦).

- **\topset**
  Die vier vorangegangenen Zwischenräume werden bei dem Dokumentklassenparameter `fleqn` nicht verwendet. Hier wird stattdessen in allen Fällen `\topset` benutzt.

5.7 Das polynom-Paket

Speziell für die Darstellung von Polynomen und deren Division existiert ein Zusatzpaket von Carsten Heinz. Dieses wird über den Befehl

```
\usepackage{polynom}
```

eingebunden.

Das `polynom`-Paket enthält Makros, um Polynome zu bearbeiten, zum Beispiel kann es Polynomdivisionen durchführen und setzen. Dabei ist es möglich, die komplette Rechnung darzustellen oder sie auf ihre einzelnen Schritte aufzuteilen.

Mit dem Befehl `\polylongdiv` wird eine vollständige Polynomdivision erzeugt, bei der die einzelnen Rechenschritte untereinander ausgerichtet sind. So stehen dann immer die Potenzen gleicher Ordnung direkt untereinander, sodass sofort ersichtlich ist, was gerade gerechnet wird. Das Ergebnis wird dabei ganz oben notiert. Der allgemeine Aufbau des Befehls lautet:

```
\polylongdiv{<1. Polynom>}{<2. Polynom>}
```

In nachfolgendem Beispiel 5.74 wird das Polynom $(x^3 + x^2 - 1)$ durch das Polynom $(x - 1)$ geteilt, was zum Ergebnis $(x^2 + 2x + 2)$ führt.

```
\usepackage{polynom}

\begin{document}

\polylongdiv{x^3+x^2-1}{x-1}
```

Listing 5.74: Vollständige Polynomdivision (source/bsp_polynom01.tex)

Abb. 5.11: Abbildung zu Listing 5.74

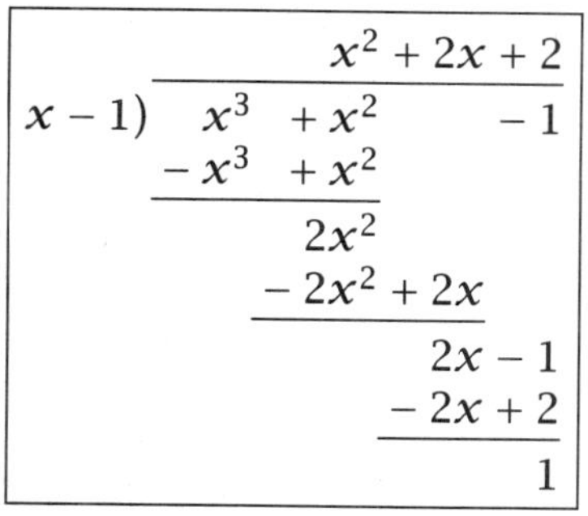

Soll die Polynomdivision, beispielsweise zur besseren Erläuterung auf einem Arbeitsblatt für den Mathematikunterricht, in einzelne Schritte aufgeteilt werden, wird der Befehl durch den zusätzlichen Parameter `[stage]` ergänzt.

```
\polylongdiv[<stage=num>]{<1. Polynom mit ausgeklammertem Teiler>}{<2.
    Polynom>}
```

Auch hier wird wieder das vorherige Beispielpolynom verwendet. Die LaTeX-Datei ist unter „source/bsp_polynom02.tex“ zu finden.

.... Schritt 1 ....

```
\polylongdiv[stage=1]{(x-1)(x^2+2x+2)+1}{x-1}
```

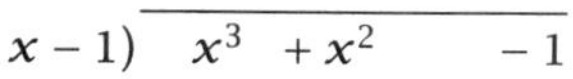

.... Schritt 2 ....

```
\polylongdiv[stage=2]{(x-1)(x^2+2x+2)+1}{x-1}
```

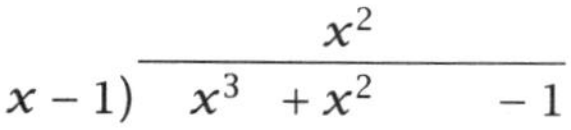

.... Schritt 3 ....

```
\polylongdiv[stage=3]{(x-1)(x^2+2x+2)+1}{x-1}
```

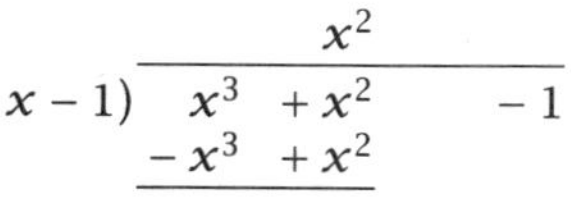

.... Schritt 4 ....

```
\polylongdiv[stage=4]{(x-1)(x^2+2x+2)+1}{x-1}
```

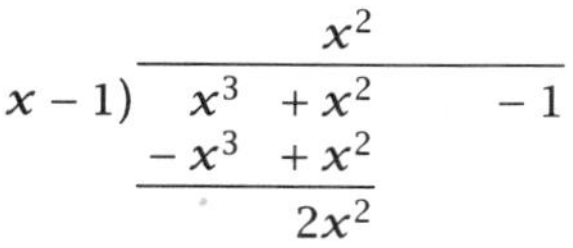

.... Schritt 5 ....

```
\polylongdiv[stage=5]{(x-1)(x^2+2x+2)+1}{x-1}
```

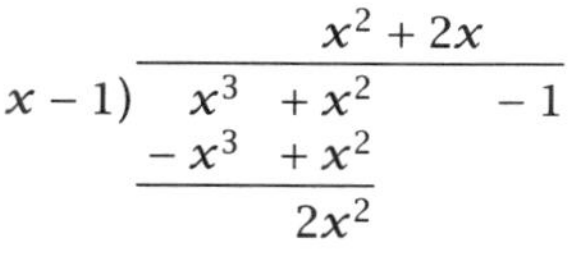

.... Schritt 6 ....

```
\polylongdiv[stage=6]{(x-1)(x^2+2x+2)+1}{x-1}
```

$$
\begin{array}{rllll}
 & & x^2 & +2x & \\ \cline{2-5}
x-1) & x^3 & +x^2 & & -1 \\
 & -x^3 & +x^2 & & \\ \cline{2-3}
 & & 2x^2 & & \\
 & & -2x^2 & +2x & \\ \cline{3-4}
\end{array}
$$

.... Schritt 7 ....

```
\polylongdiv[stage=7]{(x-1)(x^2+2x+2)+1}{x-1}
```

$$
\begin{array}{rllll}
 & & x^2 & +2x & \\ \cline{2-5}
x-1) & x^3 & +x^2 & & -1 \\
 & -x^3 & +x^2 & & \\ \cline{2-3}
 & & 2x^2 & & \\
 & & -2x^2 & +2x & \\ \cline{3-4}
 & & & 2x & -1
\end{array}
$$

.... Schritt 8 ....

```
\polylongdiv[stage=8]{(x-1)(x^2+2x+2)+1}{x-1}
```

$$
\begin{array}{rllll}
 & & x^2 & +2x & +2 \\ \cline{2-5}
x-1) & x^3 & +x^2 & & -1 \\
 & -x^3 & +x^2 & & \\ \cline{2-3}
 & & 2x^2 & & \\
 & & -2x^2 & +2x & \\ \cline{3-4}
 & & & 2x & -1
\end{array}
$$

.... Schritt 9 ....

```
\polylongdiv[stage=9]{(x-1)(x^2+2x+2)+1}{x-1}
```

$$
\begin{array}{rllll}
 & & x^2 & +2x & +2 \\ \cline{2-5}
x-1) & x^3 & +x^2 & & -1 \\
 & -x^3 & +x^2 & & \\ \cline{2-3}
 & & 2x^2 & & \\
 & & -2x^2 & +2x & \\ \cline{3-4}
 & & & 2x & -1 \\
 & & & -2x & +2 \\ \cline{4-5}
\end{array}
$$

.... Schritt 10 ....

```
\polylongdiv[stage=10]{(x-1)(x^2+2x+2)+1}{x-1}
```

$$
\begin{array}{rllll}
 & & x^2 & +2x & +2 \\ \cline{2-5}
x-1) & x^3 & +x^2 & & -1 \\
 & -x^3 & +x^2 & & \\ \cline{2-3}
 & & 2x^2 & & \\
 & & -2x^2 & +2x & \\ \cline{3-4}
 & & & 2x & -1 \\
 & & & -2x & +2 \\ \cline{4-5}
 & & & & 1
\end{array}
$$

In diesem Beispiel werden insgesamt 10 Schritte benötigt, bis am Ende die vollständige Polynomdivision wie in Beispiel 5.74 auf Seite 282 angezeigt wird. Beachten Sie im Listing, dass bei der schrittweisen Anzeige der Teiler bereits einmal ausgeklammert werden muss, damit die Rechnung vorschriftsmäßig mit dem vorangestellten Teiler angezeigt wird. Dies dient der Übersichtlichkeit, weil man sofort erkennt, was gerechnet wird.

Das polynom-Paket kann aber nicht nur Polynome dividieren, wenn die Rechnung aufgeht, sondern auch, wenn ein Rest bleibt. Das Endergebnis der Rechnung ist dann das Ergebnis der Polynomdivision multipliziert mit dem Teiler und dazu wird der Rest addiert. Mathematisch ausgedrückt:
$P(x) = Q(x) \cdot T(x) + R(x)$
Im Idealfall ist $R(x) = 0$, wenn die Polynomdivision aufgeht.

```
\polylongdiv{3x^4-10x^3+22x^2-24x+10}{3x^2-4x+5}
```

Listing 5.75: Polynomdivision mit Rest (source/bsp_polynom03.tex)

Abb. 5.12: Abbildung zu Listing 5.75

$$
\begin{array}{r}
x^2 \quad - 2x \quad + 3 \\
3x^2 - 4x + 5) \quad 3x^4 - 10x^3 + 22x^2 - 24x + 10 \\
- 3x^4 \quad + 4x^3 \quad - 5x^2 \qquad\qquad\qquad \\
- 6x^3 + 17x^2 - 24x \qquad \\
6x^3 \quad - 8x^2 + 10x \qquad \\
9x^2 - 14x + 10 \\
- 9x^2 + 12x - 15 \\
- 2x \quad - 5
\end{array}
$$

Analog zu der Formel oben lautet also die komplette Lösung aus Beispiel 5.75:

$$3x^4 - 10x^3 + 22x^2 - 24x + 10 = (x^2 - 2x + 3)(3x^2 - 4x + 5) + (-2x - 5)$$

Die Division mit Rest kann man auch dazu verwenden, den größten gemeinsamen Teiler zweier Polynome zu bestimmen. Diese Vorgehensweise wird auch „Euklidischer Algorithmus“ genannt. Für diesen Algorithmus verfügt das polynom-Paket über einen speziellen Befehl. Um den größten gemeinsamen Teiler zweier Polynome zu bestimmen, müssen die beiden Ausgangspolynome in einzelne Polynomfaktoren zerlegt werden. Deshalb ist es dem Befehl `\polylonggcd` egal, ob die beiden Ausgangspolynome in ihrer ursprünglichen Schreibweise oder bereits in Faktoren zerlegt angegeben werden. In beiden Fällen ist dann der letzte Rest, der nicht Null ist, der größte gemeinsame Teiler.

```
\polylonggcd{(x-1)(x-1)(x^2+1)}{(x-1)(x+1)(x+1)}
```

Listing 5.76: Euklidischer Algorithmus (faktorisierte Polynome) (source/bsp_polynom04.tex)

```
\polylonggcd{x^4-2x^3+2x^2-2x+1}{x^3+x^2-x-1}
```

Listing 5.77: Euklidischer Algorithmus (source/bsp_polynom05.tex)

Beide Listings erzeugen die identische Ausgabe aus Abbildung 5.13 auf der nächsten Seite:

$$
\begin{aligned}
x^4 - 2x^3 + 2x^2 - 2x + 1 &= \left(x^3 + x^2 - x - 1\right) \cdot \left(x - 3\right) + \left(6x^2 - 4x - 2\right) \\
x^3 + x^2 - x - 1 &= \left(6x^2 - 4x - 2\right) \cdot \left(\tfrac{1}{6}x + \tfrac{5}{18}\right) + \left(\tfrac{4}{9}x - \tfrac{4}{9}\right) \\
6x^2 - 4x - 2 &= \left(\tfrac{4}{9}x - \tfrac{4}{9}\right) \cdot \left(\tfrac{27}{2}x + \tfrac{9}{2}\right) + 0
\end{aligned}
$$

Abb. 5.13: Bestimmung des größten gemeinsamen Teilers

Aber auch diejenigen, die nicht an der genauen Berechnung der Polynomdivision, sondern nur an deren Ergebnis interessiert sind, können vom `polynom`-Paket profitieren. Mit dem Befehl `\polyfactorize` lassen sich Polynome in Faktoren zerlegen, bzw. umgekehrt bereits faktorisierte Polynome, die gleiche Faktoren besitzen, zusammenfassen.

```
\polyfactorize{(x-1)(x-1)(x^2+1)}
```

Listing 5.78: Faktorisierung eines Polynoms (source/bsp_polynom06.tex)

$$\left(x^2+1\right)\left(x-1\right)^2$$

Abb. 5.14: Abbildung zu Listing 5.78

```
\polyfactorize{120x^5-274x^4+225x^3-85x^2+15x-1}
```

Listing 5.79: Faktorisierung eines Polynoms (source/bsp_polynom07.tex)

$$120\left(x-1\right)\left(x-\tfrac{1}{2}\right)\left(x-\tfrac{1}{3}\right)\left(x-\tfrac{1}{4}\right)\left(x-\tfrac{1}{5}\right)$$

Abb. 5.15: Abbildung zu Listing 5.79

Neben den bis jetzt gezeigten „High-level"-Befehlen verfügt das `polynom`-Paket aber auch über „Low-level"-Befehle, mit denen die vier Grundrechenarten auf Polynome angewendet sowie der Rest bestimmt werden können, der größte gemeinsame Teiler ausgegeben und das Polynom angezeigt werden kann. Tabelle 5.14 auf der nächsten Seite fasst diese Befehlsgruppe zusammen. Bis auf die beiden Befehle `\polyremainder` und `\polyprint` muss bei allen ein LaTeX-Befehl angegeben werden, in dem das Ergebnis der Rechnung gespeichert wird. Um dieses dann anzuzeigen, muss der Befehl `\polyprint` verwendet werden.

Einschränkungen des polynom-Pakets

Leider hat das `polynom`-Paket auch einige Einschränkungen. So werden beispielsweise Funktionen wie $\sin(x)$ oder $\exp(x)$ nicht unterstützt, ebenso wie Wurzeln oder Exponenten, die keine ganzen Zahlen sind, wie etwa $\sqrt{\pi}$ oder e^x. Allerdings lässt sich dieses Manko leicht umgehen. So lassen sich derartige Konstrukte so umdefinieren, dass man sie für die Polynomdivision verwenden kann. Wie das funktioniert zeigt das nachfolgende Beispiel (siehe Listing 5.80 auf Seite 288).

Aktion	Befehl	Beispiel	Anzeige
Addition	`\polyadd \ergebnis {poly1}{poly2}`	`\polyadd \polya {x^2+x+1}{x-1}`	$x^2 + 2x$
Subtraktion	`\polysub \ergebnis {poly1}{poly2}`	`\polysub \polyb {x^2+x+1}{x-1}`	$x^2 + 2$
Multiplikation	`\polymul \ergebnis {poly1}{poly2}`	`\polymul \polyc {x^2+x+1}{x-1}`	$x^3 - 1$
Division	`\polydiv \ergebnis {poly1}{poly2}`	`\polydiv \polyd {x^2+x+1}{x-1}`	$x + 2$
Rest der Division	`\polyremainder`	`\polyremainder`	3
Größter gemeinsamer Teiler	`\polygcd \ergebnis {poly1}{poly2}`	`\polygcd \polye {x^2+x+1}{x^3-1}`	$x^2 + x + 1$
Ausdruck	`\polyprint{poly}`	`\polyprint \polye`	$x^2 + x + 1$

Tabelle 5.14: Grundrechenarten mit Polynomen

```
\newcommand{\epowerx}{e^x}
\[\polylongdiv[style=B]{\epowerx x^3-\epowerx x^2+\epowerx x-\epowerx}{x
-1}\]
```

Listing 5.80: Neudefinition der Polynomsymbole (source/bsp_polynom09.tex)

$$
\begin{array}{l}
e^x x^3 - e^x x^2 + e^x x - e^x = \big(x - 1\big)\,\big(e^x x^2 + e^x\big) \\
\underline{- e^x x^3 + e^x x^2} \\
\qquad\qquad\qquad e^x x - e^x \\
\qquad\qquad\qquad \underline{- e^x x + e^x} \\
\qquad\qquad\qquad\qquad\quad 0
\end{array}
$$

Abb. 5.16: Abbildung zu Listing 5.80

Wie Sie in dem Beispiel oben sehen, wird hier der Parameter `style=B` verwendet. Dadurch wird das Aussehen der Polynomdivision beeinflusst. Anders als in Beispiel 5.74 auf Seite 282 werden bei `style=B` der Quotient und der Rest neben Dividend und Divisor geschrieben und nicht darunter. Wird anstelle von `style=B` `style=C` verwendet, wird die Polynomdivision mit Geteilt-Zeichen angezeigt.

Dies sind jedoch nicht alle Möglichkeiten, wie sich das Aussehen der Polynomdivision beeinflussen lässt. Mit dem Befehl `\polyset` lassen sich noch andere Einstellungen vornehmen:

- **vars=<Zeichenkette>**
  Ermöglicht die Verwendung beliebiger Zeichen als Variable für die Polynome. Standardmäßig stellt das `polynom`-Paket nur X und x als Variablen zur Verfügung.
- **style=<A|B|C>**
  Definiert einen der drei zu verwendenden Stile der Darstellung für die Polynomdivision.
- **div=<Zeichen>**
  Definiert das verwendete Divisionszeichen für eine Typ-C-Polynomdivision.
- **stage=<Nummer>**
  Legt fest, wie viele Schritte der Polynomdivision angezeigt werden sollen.
- **delims={<left>}{<right>}**
  Legt die verwendeten Klammern fest. Standardmäßig werden runde Klammern verwendet.

Beispiel 5.81 zeigt einige Möglichkeiten. Hier wird als Variable der griechische Buchstabe ξ verwendet, der verwendete Stil ist Typ C und es werden eckige Klammern verwendet.

```
\polyset{vars=XYZ\xi,style=C,delims={[}{]}}
\polylongdiv{(\xi-1)(\xi^2+2\xi+2)+1}{\xi-1}
```

Listing 5.81: Variation der Polynomdivision (source/bsp_polynom10.tex)

$$
\begin{array}{llll}
[\ \xi^3 & +\xi^2 & & -1] \div [\xi - 1] = \xi^2 + 2\xi + 2 + \frac{1}{\xi - 1} \\
\underline{-\xi^3 \ +\xi^2} & & & \\
 & 2\xi^2 & & \\
 & \underline{-2\xi^2 + 2\xi} & & \\
 & & 2\xi - 1 & \\
 & & \underline{-2\xi + 2} & \\
 & & 1 &
\end{array}
$$

Abb. 5.17: Abbildung zu Listing 5.81

Die vorangegangenen Beispiele haben Ihnen die Möglichkeiten des `polynom`-Pakets aufgezeigt. Wer sich in mathematischen Abhandlungen oder zu Unterrichtszwecken mit der Polynomdivision beschäftigt, sollte sich auf jeden Fall mit den Möglichkeiten des `polynom`-Pakets vertraut machen. Wo sonst bekommt man das Ganze nicht nur ordentlich gesetzt, sondern zugleich auch berechnet?

5.8 Das permute-Paket

Auch für die Darstellung von Permutationen existiert ein Zusatzpaket von Carsten Heinz. Dieses wird über den Befehl

```
\usepackage{permute}
```

eingebunden.

Dieses Paket erlaubt es, Permutationen einzugeben, auszugeben und zusammenzusetzen. Zum Beispiel erzeugt die Eingabe

```
$\pmt{(123)}\circ\pmt{(321)} = \pmt{(123)(321)}$
```

den Ausdruck

$(123) \circ (132) = id$

Da dieses Paket jedoch sehr speziell ist, wird hier auf eine genaue Beschreibung verzichtet. Sie finden es jedoch zusammen mit der Dokumentation auf der Buch-CD.

5.9 Professioneller Formelsatz mit AMS-LaTeX

Die Amerikanische Gesellschaft für Mathematik (AMS) hat für den professionellen Satz komplexer mathematischer Formeln ein eigenes LaTeX-Ergänzungspaket entwickelt. Dieses ermöglicht es auch den LaTeX-Nutzern, die sehr amsmath.sty umfangreichen Formatierungsmöglichkeiten des ursprünglichen $\mathcal{AMS}$-TEX anzuwenden. Die aktuelle Version des $\mathcal{AMS}$-LATEX-Pakets ist Versionsnummer 2.13 vom 18. Juli 2000. Wie das Paket installiert wird, entnehmen Sie dem Anhang 11.3.2 auf Seite 577.

Das $\mathcal{AMS}$-LATEX-Paket stellt fünf Klassenfiles zu Verfügung, von denen üblicherweise jedoch nur drei genutzt werden. Die anderen beiden dienen der Aufbereitung oder Erstellung von AMS-Dokumentationen. Die drei wichtigsten Klassendateien sind

- `amsbook.cls`
- `amsart.cls`
- `amsproc.cls`

und entsprechen den LATEX-Standardklassen `book`, `article` und `proc`. Der Vorteil der Verwendung der AMS-spezifischen Klassen besteht darin, dass diese die Layoutvorgaben und Erweiterungen des AMS-Paketes nutzen.

Bei der Installation entstehen neben den eben erwähnten Klassenfiles folgende Ergänzungspakete:

- **amsmath.sty**
  ist das Hauptergänzungspaket für AMS-LATEX, das die meisten Zusatzbefehle zum Formellayout bereitstellt.

- **amsgen.sty**
  wird von einigen der nachfolgenden Ergänzungspakete implizit eingelesen und definiert einige Makros, die dort vorausgesetzt werden.

- **amstext.sty**
  wird von `amsmath.sty` implizit eingelesen. Es stellt den Umschaltbefehl `\text{text}` zur Einbindung kurzer Textpassagen innerhalb von mathematischen Formeln bereit.

- **amsbsy.sty**
  wird von `amsmath.sty` implizit eingelesen. Es stellt die Schriftumschaltbefehle `\boldsymbol` und `\pmb` bereit.

- **amsopn.sty**
  wird von `amsmath.sty` implizit eingelesen. Es stellt den Definitionsbefehl `\DeclareMathOperator` zur Einrichtung von Funktionsnamen (Befehle) wie `\sin` oder `\log` bereit.

- **amsthm.sty**
  stellt die `proof`-Umgebung für Beweise sowie Erweiterungen für den Befehl `\newtheorem` bereit.

- **amscd.sty**
  stellt die CD-Umgebung zur Erzeugung kommutativer Diagramme bereit.

- **amsxtra.sty**
  dient zur Kompatibilitätssicherung mit Version 1.1 des AMS-LATEX-Pakets.

- **upref.sty**
  bewirkt, dass Kreuzbezüge unabhängig von der momentan aktiven Schrift stets mit `\normalfont` erscheinen.

- **amstex.sty**
  ist dem AMS-LaTeX-Paket aus Gründen der Rückwärtskompatibilität beigefügt. Für neue Dokumente sollte es nicht mehr benutzt werden.

Mit dem Befehl `\usepackage` werden diese Pakete in das jeweilige Dokument eingebunden. Dies ist bei den Paketen `amstext`, `amsbsy` und `amsopn` jedoch nicht mehr nötig, da diese implizit vom AMS-LaTeX-Hauptpaket `amsmath.sty` eingebunden werden.

5.10 Das AMS-LaTeX-Hauptergänzungspaket amsmath.sty

Um das AMS-LaTeX-Paket in LaTeX-Dokumenten verwenden zu können, wird es mit dem allgemeinen Befehl

```
\usepackage[<parameter-liste>]{amsmath}
```

eingebunden, wobei in der Parameterliste verschiedene Parameter angegeben werden können.

Die möglichen Parameter im Einzelnen:

- **centertags und tbtags**
  Die beiden Parameter dienen der Ausrichtung der Formelnummer bei mehrzeiligen Formeln, die mit der `split`-Umgebung erzeugt werden (mehr zu dieser Umgebung in Kapitel 5.10.1 auf Seite 296). Die Standardeinstellung `centertags` richtet die Formelnummer vertikal zentriert über alle dazugehörenden Zeilen aus. Die Alternative `tbtags` richtet die Formelnummer dagegen an der ersten Zeile (in Verbindung mit dem Parameter `leqno` für linksbündige Formelnummern) bzw. an der letzten Zeile (in Verbindung mit dem Parameter `reqno` für rechtsbündige Formelnummern) aus.

- **sumlimits und nosumlimits**
  Mit diesen beiden Parametern lässt sich die Positionierung der Grenzangaben in abgesetzten Formeln beeinflussen. Diese Parameter gelten für folgende Zeichen: $\sum$, $\prod$, $\coprod$, $\bigcup$, $\biguplus$, $\bigcap$, $\bigsqcup$, $\bigvee$, $\bigwedge$, $\bigodot$, $\bigotimes$ und $\bigoplus$. Die Standardeinstellung `sumlimits` schreibt die Grenzangaben direkt über bzw. unter das Zeichen, `nosumlimits` dahinter, wie die Abbildungen 5.18 auf der nächsten Seite und 5.19 auf der nächsten Seite zeigen. Erzeugt werden beide Abbildungen durch folgenden Code:

```
\[ \sum_{n=0}^{\infty} \frac{2^n}{n!};\; \prod_{i=1}^{10} n^i \]
```

$$\sum_{n=0}^{\infty} \frac{2^n}{n!}; \prod_{i=1}^{10} n^i$$

Abb. 5.18: Mit sumlimits

$$\textstyle\sum_{n=0}^{\infty} \frac{2^n}{n!}; \prod_{i=1}^{10} n^i$$

Abb. 5.19: Mit nosumlimits

- **intlimits und nointlimits**
  Vielleicht haben Sie im letzten Punkt das Integralzeichen vermisst? Dafür gibt es diese beiden Parameter. Standardmäßig schreibt man bei Integralen die Grenzangaben hinter das Zeichen mit dem Parameter `nointlimits`. Die Abbildungen 5.20 und 5.21 zeigen den Unterschied. Erzeugt werden beide Abbildungen durch folgenden Code:

```
\[ \int_0^\infty f_1(x)\,dx\] \[ \int_0^{\pi /2} \sin 2x\,dx\]
```

$$\int\limits_0^\infty f_1(x)\,dx$$

$$\int\limits_0^{\pi/2} \sin 2x\,dx$$

Abb. 5.20: Mit intlimits

$$\int_0^\infty f_1(x)\,dx$$

$$\int_0^{\pi/2} \sin 2x\,dx$$

Abb. 5.21: Mit nointlimits

- **namelimits und nonamelimits**
  Einige Funktionen benötigen zusätzliche Angaben, deren Anordnung diese beiden Parameter festlegen. Mit der Standardeinstellung `namelimits` werden die Grenzangaben direkt unter dem Funktionsnamen angeordnet, andernfalls tiefgestellt dahinter. Dieses Parameterpaar gilt für die Funktionen `\det`, `\gcd`, `\inf`, `\lim`, `\liminf`, `\limsup`, `\max`, `\min`, `\Pr` und `\sup`. Die Abbildungen 5.22 und 5.23 zeigen den Unterschied. Erzeugt werden beide Abbildungen durch folgenden Code:

```
\[\lim_{x\to\infty}\frac{1}{x^2}=0\]
```

  Die soeben beschriebenen Einstellungen gelten jeweils für das gesamte Dokument. Sollen einzelne Symbole anders formatiert werden, so lässt sich die Wirkung mit dem Befehl `\limits` bzw. `\nolimits` umschalten, wie es auch bei Standard-LaTeX möglich ist.

$$\lim_{x\to\infty} \frac{1}{x^2} = 0$$

Abb. 5.22: mit namelimits

$$\lim\nolimits_{x\to\infty} \frac{1}{x^2} = 0$$

Abb. 5.23: mit nonamelimits

Das Aussehen bzw. die Positionierung ganzer Formeln und der dazugehörigen Formelnummern lässt sich ebenfalls für das ganze Dokument mit dem Befehl `\usepackage` festlegen. Dazu dienen insgesamt drei Parameter:

- **leqno und reqno**
  Diese beiden Parameter dienen der Ausrichtung der Formelnummer. Die Einstellung `leqno` stellt die Formelnummer links vor die Formel, bei der Standardeinstellung `reqno` folgt die Nummerierung rechts nach der Formel.

- **fleqn**
  Diese Einstellung sorgt dafür, dass alle abgesetzten Formeln linksbündig angeordnet werden, wobei durch den Parameter `mathindent` der Einzug festgelegt wird.

> ☞ **Parameter zur Formelausrichtung**
>
> Die drei Parameter `leqno`, `reqno` und `fleqn` werden häufig direkt durch das verwendete Klassenfile festgelegt bzw. von dort weitergereicht, so dass eine explizite Angabe im `\usepackage`-Befehl nicht nötig ist.

5.10.1 Darstellung einzelner Formeln

Die Möglichkeiten, die das `amsmath`-Paket zur Formeldarstellung bietet, erweitern die Möglichkeiten von Standard-LaTeX erheblich. Dabei werden alle Umgebungen mit `\begin {umgebung}` und `\end {umgebung}` definiert. Tabelle 5.15 fasst alle Umgebungen für Formeln zusammen.

Umgebung	Beschreibung
equation	zentrierte Formeln mit Formelnummer
equation*	zentrierte Formeln ohne Formelnummer
gather	zentrierte Formeln mit Formelnummer
gather*	zentrierte Formeln ohne Formelnummer
align	ausgerichtete Formeln mit Formelnummern
align*	ausgerichtete Formeln ohne Formelnummern
flalign	ausgerichtete Formeln mit Formelnummern
flalign*	ausgerichtete Formeln ohne Formelnummern
alignat	mehrfach ausgerichtete Formeln mit Formelnummern
alignat*	mehrfach ausgerichtete Formeln ohne Formelnummern
multline	mehrzeilige Formeln mit Formelnummern
multline*	mehrzeilige Formeln ohne Formelnummern
split	mehrzeilige Formeln innerhalb einer anderen Umgebung

Tabelle 5.15: Umgebungen für die Darstellung von Formeln

Die nachfolgenden Beispiele sollen die Unterschiede zwischen den verschiedenen Umgebungen verdeutlichen, anschließend werden die einzelnen Varianten im Detail besprochen.

```
\begin{equation}
  a=b
\end{equation}
```

$$a = b \qquad (1)$$

Listing 5.82: equation-Umgebung (source/bsp_amsmath08.tex)

```
\begin{equation*}
  a=b
\end{equation*}
```

$$a = b$$

Listing 5.83: equation*-Umgebung (source/bsp_amsmath07.tex)

```
\begin{gather}
a_1=b_1+c_1\\
a_2=b_2+c_2-d_2+e_2
\end{gather}
```

$$a_1 = b_1 + c_1 \qquad (1)$$
$$a_2 = b_2 + c_2 - d_2 + e_2 \qquad (2)$$

Listing 5.84: gather-Umgebung (source/bsp_amsmath11.tex)

```
\begin{align}
a_1=b_1+c_1\\
a_2=b_2+c_2-d_2+e_2
\end{align}
```

$$a_1 = b_1 + c_1 \qquad (1)$$
$$a_2 = b_2 + c_2 - d_2 + e_2 \qquad (2)$$

Listing 5.85: align-Umgebung (source/bsp_amsmath12.tex)

```
\begin{align}
  a_{11} & = b_{11} &
  a_{12} & = b_{12}\\
  a_{21} & = b_{21} &
  a_{22} & = b_{22}+c_{22}
\end{align}
```

$$a_{11} = b_{11} \qquad a_{12} = b_{12} \qquad (1)$$
$$a_{21} = b_{21} \qquad a_{22} = b_{22} + c_{22} \qquad (2)$$

Listing 5.86: align-Umgebung (source/bsp_amsmath13.tex)

```
\begin{flalign*}
  a_{11} & = b_{11} &
  a_{12} & = b_{12}\\
  a_{21} & = b_{21} &
  a_{22} & = b_{22}+c_{22}
\end{flalign*}
```

$$a_{11} = b_{11} \qquad a_{12} = b_{12}$$
$$a_{21} = b_{21} \qquad a_{22} = b_{22} + c_{22}$$

Listing 5.87: flalign*-Umgebung (source/bsp_amsmath14.tex)

```
\begin{multline}
a+b+c+d+e+f\\
+i+j+k+l+m+n
\end{multline}
```

$$a + b + c + d + e + f$$
$$+ i + j + k + l + m + n \qquad (1)$$

Listing 5.88: multline-Umgebung (source/bsp_amsmath10.tex)

```
\begin{equation}
  \begin{split}
    a & = b+c-d\\
      & \quad +e-f\\
      & =g+h\\
      & =i
  \end{split}
\end{equation}
```

$$\begin{split} a &= b + c - d \\ &\quad + e - f \\ &= g + h \\ &= i \end{split} \tag{1}$$

Listing 5.89: split-Umgebung (source/bsp_amsmath09.tex)

Mehrzeilige Formeln ohne Ausrichtung

Die `multline`-Umgebung ist eine Variation der `equation`-Umgebung, die für Gleichungen verwendet wird, die nicht in eine Zeile passen. Die erste Zeile der Gleichung wird dabei am linken Rand ausgerichtet, die letzte Zeile am rechten Rand, es sei denn die Einrücktiefe wird mit dem Befehl `\multlinegap` fest definiert. Alle übrigen Zeilen dazwischen werden unabhängig voneinander innerhalb der Anzeigebreite zentriert, wenn nicht der Parameter `fleqn` gesetzt ist.

Es ist auch möglich, die mittleren Zeilen nach rechts oder links zu rücken, indem die Befehle `\shoveright` oder `\shoveleft` vorangestellt werden. Diese Befehle erhalten als Argument die vollständige Formelzeile ohne den abschließenden Zeilenwechsel mit `\\`.

Die Positionierung der Formelzeilen soll das nachfolgende Beispiel mithilfe von rechteckigen Kästen verdeutlichen.

```
\begin{multline}
  \framebox[.65\columnwidth]{A}\\
  \framebox[.5\columnwidth]{B}\\
  \shoveright{\framebox[.55\columnwidth]{C}}\\
  \framebox[.65\columnwidth]{D}
\end{multline}
```

Listing 5.90: Mehrzeilige Formeln ohne Ausrichtung (source/bsp_amsmath15.tex)

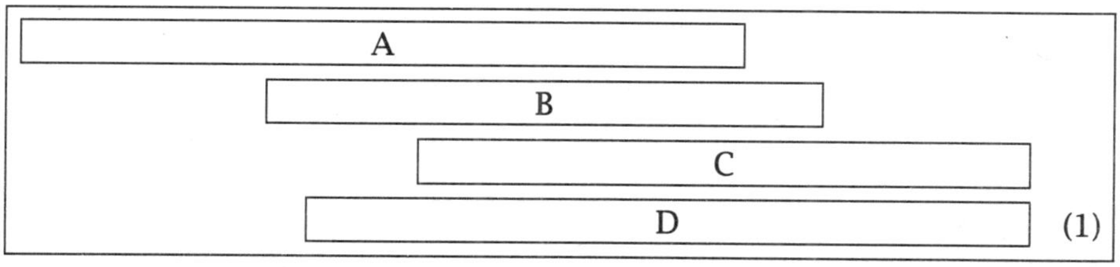

Abb. 5.24: Abbildung zu Listing 5.90

Wie bei `equation` besitzt auch die `multline`-Umgebung nur eine Formelnummer. Ist der Parameter `reqno` gesetzt, so steht diese am Ende der letzten Zeile der Gleichung, mit `leqno` zu Beginn der ersten Formelzeile. Will man eine vertikal zentrierte Formelnummer, muss man jedoch die Umgebung `split` verwenden (siehe Kapitel 5.10.1 auf der nächsten Seite).

Mehrzeilige Formeln mit Ausrichtung

Wie die multline-Umgebung dient auch die split-Umgebung der Darstellung mehrzeiliger Formeln. Allerdings unterscheidet sich diese Umgebung dadurch von der vorangegangen, dass sie die Möglichkeit bietet, die Ausrichtung durch das Setzen von Ausrichtungspunkten (mit dem Zeichen &) zu beeinflussen. Eine weitere Besonderheit dieser Umgebung ist es, dass sie selbst keine Formelnummerierung zur Verfügung stellt und nur in andere Umgebungen wie equation, align oder gather eingebettet verwendet werden kann. Die Formelnummer wird dabei durch die äußere Umgebung generiert und vertikal zentriert.

```
\begin{equation}\label{e:barwq}
  \begin{split}
    H_c&=\frac{1}{2n} \sum^n_{l=0}(-1)^{l}(8n-{l})^{p-2}
    \sum_{l_1+\dots+l_p=l}\prod^p_{i=1} \binom{n_i}{l_i}\\
    &\quad\cdot[(n-1)-(n_i-l_i)]^{n_i-l_i}\cdot
    \Bigl[(n-l)^2-\sum^p_{j=1}(n_i-l_i)^2\Bigr]
  \end{split}
\end{equation}
```

Listing 5.91: Mehrzeilige Formeln mit Ausrichtung (source/bsp_amsmath16.tex)

$$\begin{split} H_c &= \frac{1}{2n} \sum^n_{l=0}(-1)^{l}(8n-l)^{p-2} \sum_{l_1+\dots+l_p=l}\prod^p_{i=1} \binom{n_i}{l_i}\\ &\quad\cdot[(n-1)-(n_i-l_i)]^{n_i-l_i}\cdot \Bigl[(n-l)^2-\sum^p_{j=1}(n_i-l_i)^2\Bigr] \end{split} \tag{1}$$

Abb. 5.25: Abbildung zu Listing 5.91

> **☞ Label für split-Umgebungen**
>
> Soll eine split-Umgebung ein Label besitzen, so muss dieses bei der äußeren Umgebung angegeben werden. Die split-Umgebung selbst enthält nur die einzubettende Formelstruktur!

Gleichungssysteme ohne Ausrichtung

Die gather-Umgebung wird verwendet, wenn eine Reihe von Gleichungen ohne Ausrichtungspunkte untereinander angeordnet werden sollen. Die Zeilen werden dabei zentriert untereinander gesetzt. Die einzelnen Zeilen werden durch \\ getrennt. Innerhalb der gather-Umgebung kann auch eine split-Umgebung eingebaut werden, wie das nachfolgende Beispiel verdeutlicht.

```
\begin{gather}
  \text{erste Gleichung}\\
  \begin{split}
```

```
    \text{zweite } &\text{Gleichung}\\
           & \text{in zwei Zeilen}
  \end{split}
  \\\text{dritte Gleichung}
\end{gather}
```

Listing 5.92: Gleichungssystem ohne Ausrichtung (source/bsp_amsmath17.tex)

Abb. 5.26: Abbildung zu Listing 5.92

$$\text{erste Gleichung} \tag{1}$$
$$\begin{split}\text{zweite } &\text{Gleichung}\\ &\text{in zwei Zeilen}\end{split} \tag{2}$$
$$\text{dritte Gleichung} \tag{3}$$

Gleichungssysteme mit Ausrichtung

Oft genügt es nicht, die Zeilen eines Gleichungssystems zentriert untereinander zu setzen. Sollen die Zeilen ausgerichtet werden, verwendet man die `align`-Umgebung. Bei dieser Umgebung werden die Zeilen vertikal zueinander ausgerichtet, meistens an den Binäroperatoren wie beispielsweise dem Gleichheitszeichen.

Durch die Verwendung zusätzlicher Spaltentrennzeichen (&) lassen sich mehrere Formeln nebeneinander in Spalten anordnen, wie im nachfolgenden Beispiel aufgezeigt. Der erste Ausrichtungspunkt wird dabei mit & markiert, jeder weitere mit &&.

```
\begin{align}
   x&=y         & X&=Y        & a&=b+c \\
   x'&=y'       & X'&=Y'      & a'&=b \\
   x+x'&=y+y'   & X+X'&=Y+Y'  & a'b&=c'b
\end{align}
```

Listing 5.93: Gleichungssystem mit Ausrichtung (source/bsp_amsmath18.tex)

$$\begin{aligned} x&=y & X&=Y & a&=b+c \quad (1)\\ x'&=y' & X'&=Y' & a'&=b \quad (2)\\ x+x'&=y+y' & X+X'&=Y+Y' & a'b&=c'b \quad (3)\end{aligned}$$

Abb. 5.27: Abbildung zu Listing 5.93

Innerhalb der `align`-Umgebung lassen sich auch Textpassagen einbinden. Dazu wird der Befehl `\text` verwendet, der dem Standard-LaTeX-Befehl `\textnormal` entspricht:

```
\begin{align}
  x&=y_1-y_2+y_3-y_5+y_8-\dots\\
  &=y'\circ y^* &=y(0)y' && \text{durch Axiom 1}
\end{align}
```

Listing 5.94: Gleichungssystem mit integriertem Text (source/bsp_amsmath19.tex)

$$x = y_1 - y_2 + y_3 - y_5 + y_8 - \dots \quad (1)$$
$$= y' \circ y^* \qquad = y(0)y' \quad \text{durch Axiom 1} \quad (2)$$

Abb. 5.28: Abbildung zu Listing 5.94

In manchen Fällen ist es nötig, mehrzeilige Formeln und Gleichungssysteme durch kurze Zwischentexte zu unterbrechen, indem eine Zeile normaler Text eingeschoben wird. Damit aber die Formelnummerierung nach dieser Zeile richtig weitergeht und nicht wieder bei 1 anfängt, muss der Text innerhalb einer Formelumgebung eingebettet werden. Dies geschieht mit dem Befehl `\intertext`. Ein besonderer Vorteil dieses Befehls liegt auch darin, dass er die Ausrichtung der Formelumgebung beibehält, sodass der in der Regel ein- bis zweizeilige Zwischentext das Aussehen der Formel nicht zu sehr beeinträchtigt. Der Befehl kann nur nach einem \\oder * verwendet werden.

```
\begin{align}
  A_1&=N_0(\lambda;\Omega')-\phi(\lambda;\Omega'),\\
  A_2&=\phi(\lambda;\Omega')-\phi(\lambda;\Omega),\\
  \intertext{sowie}
  A_3&=\mathcal{N}(\lambda;\omega).
\end{align}
```

Listing 5.95: Gleichungssystem mit Zwischentext (source/bsp_amsmath23.tex)

$$A_1 = N_0(\lambda;\Omega') - \phi(\lambda;\Omega'), \quad (1)$$
$$A_2 = \phi(\lambda;\Omega') - \phi(\lambda;\Omega), \quad (2)$$

sowie

$$A_3 = \mathcal{N}(\lambda;\omega). \quad (3)$$

Abb. 5.29: Abbildung zu Listing 5.95

Die Variante `alignat` bietet zusätzlich die Möglichkeit, den horizontalen Abstand zwischen den Spalten explizit anzugeben. Diese Umgebung benötigt ein Argument, die Zahl der „Gleichungsspalten“. Um diese zu bestimmen, wird die maximale Anzahl an &s in jeder Zeile genommen, 1 dazu gezählt und dann durch 2 geteilt. In unserem Beispiel enthält die letzte Zeile 3 &s, 1 dazu ist 4, geteilt durch 2, ergibt das Argument {2}.

```
\begin{alignat}{2}
   x&=y_1 -y_2 + y_3 - y_5 + y_8 -\dots \\
    &=y'\circ y^* \\
    &=y(0)y' &\quad& \text{durch Axiom 1}
\end{alignat}
```

Listing 5.96: Gleichungssystem mit Spaltenabstand (source/bsp_amsmath20.tex)

$$\begin{aligned} x &= y_1 - y_2 + y_3 - y_5 + y_8 - \dots && (1)\\ &= y' \circ y^* && (2)\\ &= y(0)y' \quad \text{durch Axiom 1} && (3)\end{aligned}$$

Abb. 5.30: Abbildung zu Listing 5.96

Bildung von Formelgruppen

Wie die Umgebung `equation` sind auch die Umgebungen für die mehrzeiligen Formeln `multline`, `align` und `alignat` darauf ausgerichtet, die gesamte Textbreite auszunutzen. Dadurch ist es schwierig, diese Strukturen mit Klammern zu umgeben. Aus diesem Grund gibt es die Umgebungen `gathered`, `aligned` und `alignedat`. Deren Breite wird durch die tatsächliche Länge der jeweiligen Formel bestimmt, sodass es möglich ist, Klammern um die Formelgruppe zu setzen oder Text daneben zu schreiben. Wie für die `array`-Umgebung lässt sich mit den Parametern `[t]` bzw. `[b]` die vertikale Ausrichtung oben oder unten definieren.

```
\begin{equation*}
  \left.\begin{aligned}
      B'&=-\partial\times E, \\
      E'&=\partial\times B - 4 \pi j,
    \end{aligned}
  \right\}
  \qquad \text{Maxwell'sche Gleichungen}
\end{equation*}
```

Listing 5.97: Formelgruppen (source/bsp_amsmath21.tex)

$$\left.\begin{aligned} B' &= -\partial \times E,\\ E' &= \partial \times B - 4\pi j,\end{aligned}\right\} \qquad \text{Maxwell'sche Gleichungen}$$

Abb. 5.31: Abbildung zu Listing 5.97

Zwar ließen sich auf diese Art auch Fallunterscheidungen realisieren, allerdings enthält $\mathcal{A}_\mathcal{M}\mathcal{S}$-LaTeX hierfür die Umgebung `cases`, die Sie in ähnlicher Form auch schon kennen gelernt haben.

```
\begin{equation}
  P_{r-j}=\begin{cases}
    0& \text{wenn $r-j$ ungerade ist}, \\
    r!\,(-1)^{(r-j)/2}& \text{wenn $r-j$ gerade ist}.
  \end{cases}
\end{equation}
```

Listing 5.98: Fallunterscheidung (source/bsp_amsmath22.tex)

Beachten Sie, wie in diesem Beispiel die mathematische Notation der Variablen (mit Dollarzeichen umgeben) in den Text eingebettet wurde.

$$P_{r-j} = \begin{cases} 0 & \text{wenn } r-j \text{ ungerade ist,} \\ r!\,(-1)^{(r-j)/2} & \text{wenn } r-j \text{ gerade ist.} \end{cases} \qquad (1)$$

Abb. 5.32: Abbildung zu Listing 5.98

5.10.2 Fein-Tuning für Nummerierung und mehrzeilige Formeln

Die Platzierung der Formelnummerierung bei mehrzeiligen Formeln kann hin und wieder ein sehr komplexes Problem sein. Die Umgebungen des AMS-LaTeX-Pakets sind so ausgelegt, dass die Formelnummer nicht von den Formelinhalten überschrieben wird. Notfalls werden die Formelnummern dazu auch in eine separate Zeile nach oben oder unten verschoben. In sehr seltenen Fällen ist es nötig, dies von Hand zusätzlich zu beeinflussen. Mit dem Befehl `\raisetag` lässt sich die vertikale Position der Formelnummer genau festlegen, wenn diese aus ihrer eigentlichen Position verschoben wurde. Als Argument muss diesem Befehl eine Längenangabe übergeben werden, so verschiebt der Befehl

```
\raisetag{6pt}
```

die Formelnummer um 6 Punkte nach oben.

> ☞ **\raisetag erst zum Schluss!**
>
> Der Befehl `\raisetag` gehört wie Zeilen- und Seitenumbrüche in die Kategorie Fein-Tuning für ein Dokument und sollte deshalb erst dann eingefügt werden, wenn das Dokument schon fast fertig ist. So muss man die Einstellungen nicht immer wieder neu vornehmen, falls sich im Dokument noch etwas ändert.

Manchmal wünscht sich der Autor zwischen den Zeilen einer mehrzeiligen Formel mehr Abstand als AMS-LaTeX standardmäßig vorsieht. Wie in LaTeX lässt sich der vertikale Abstand mit dem Befehl `\\[laenge]` beeinflussen. Normalerweise erlaubt AMS-LaTeX auch keine automatischen Seitenumbrüche innerhalb einer mehrzeiligen Formel. Der Gedanke dahinter ist der, dass es dem Autor überlassen sein soll, ob er eine Formel auseinander reißen oder aber für das bessere Verständnis auf einer Seite belassen will. Um einen individuellen Seitenumbruch in eine Gleichung einzubauen, gibt es den Befehl `\displaybreak`. Dieser wird am besten vor dem Zeilenumbruch `\\` platziert, wo der Seitenumbruch stattfinden soll. Wie der Befehl `\pagebreak` im Standard-LaTeX kann auch `\displaybreak` einen optionalen Parameter mit den Werten zwischen 0 und 4 erhalten. Dieser Parameter bestimmt, wie dringlich der Seitenumbruch ist, wobei `\displaybreak[0]` bedeutet „Hier kann ein Seitenumbruch vorgenommen werden“, während `\displaybreak[4]` einen Seitenumbruch definitiv erzwingt. Auch wenn der Parameter nicht angegeben wird, wird der Seitenumbruch erzwungen.

Wer es bevorzugt, die Seitenumbrüche so einzustellen, dass umbrochen wird, wenn es gerade notwendig ist, auch mitten in einer Formel, der sollte im Vorspann seines Dokuments den Befehl `\allowdisplaybreaks[1]` einbauen. Dessen optionaler Parameter kann die Werte 1 bis 4 annehmen, wobei der Wert 1 bedeutet, dass der Seitenumbruch erlaubt ist, aber so weit wie möglich vermieden werden sollte. Je höher der Wert des Parameters, umso zwingender ist der Seitenumbruch!

> ☞ **Seitenumbruch in mehrzeiligen Formeln**
>
> Die Umgebungen `split`, `gathered`, `aligned` und `alignedat` umgeben ihren Inhalt mit einer imaginären Box, in der kein Seitenumbruch möglich ist. Die Befehle `\displaybreak` und `\allowdisplaybreak` bleiben deshalb bei diesen Umgebungen ohne Wirkung.

Will man unter LaTeX in die Formelnummerierung die jeweilige Kapitelnummer mit einbeziehen, geschieht dies mithilfe des Befehls `\theequation`:

```
\renewcommand{\theequation}{\thesection.\arabic{equation}}
```

Dies funktioniert zwar sehr gut, allerdings wird der Zähler `equation` im nachfolgenden Kapitel nicht automatisch auf Null gesetzt. Dies muss mit Hilfe des Befehls `\setcounter` selbst erledigt werden.

Mithilfe des AMS-LaTeX-Pakets ist die Nummerierung wesentlich komfortabler durchzuführen. Der Befehl `\numberwithin` bindet ebenfalls die Kapitelnummer mit ein, setzt den Zähler aber zu Beginn jedes neuen Kapitels wieder auf Null zurück, ohne dass sich der Autor einbringen muss.

Der Befehl lautet hierfür:

```
\numberwithin{<equation>}{<section>}
```

> ☞ **\numberwithin**
>
> Der Einsatz des Befehls `\numberwithin` ist nicht nur auf Formelnummern beschränkt. Vielmehr kann der Befehl auf jede Art von Zähler angewendet werden.

Um Querverweise auf Formelnummern zu vereinfachen, stellt das AMS-LaTeX-Paket den Befehl `\eqref` zur Verfügung. Dieser generiert auch automatisch die Klammern um die Formelnummer. Das Ergebnis eines derartigen Verweises hätte dann beispielsweise die Form „siehe Formel (2.8)“. Mit dem normalen `\ref`-Befehl würden die Klammern fehlen: „siehe Formel 2.8“.

Allgemein lautet der Aufruf des Befehls:

```
\eqref{<labelname>}
```

Das amsmath-Paket ermöglicht es auch, Formelgruppen mit untergeordneten Nummern zu erzeugen, sodass deutlicher wird, dass diese Formeln zusammen gehören. Die Umgebung `subequations` erzeugt Formelnummern der Art (1.2a), (1.2b) ... Dabei wird die generelle Durchnummerierung innerhalb des Kapitels eingehalten.

```
\begin{subequations}
  \begin{align}
    A_1&=N_0(\lambda;\Omega')-\phi(\lambda;\Omega'),\\
    A_2&=\phi(\lambda;\Omega')-\phi(\lambda;\Omega),\\
    \intertext{sowie}
    A_3&=\mathcal{N}(\lambda;\omega).
  \end{align}
\end{subequations}
```

Listing 5.99: Formelnummerierung mit Unternummern (source/bsp_amsmath24.tex)

$$A_1 = N_0(\lambda;\Omega') - \phi(\lambda;\Omega'), \qquad (1a)$$
$$A_2 = \phi(\lambda;\Omega') - \phi(\lambda;\Omega), \qquad (1b)$$

sowie

$$A_3 = \mathcal{N}(\lambda;\omega). \qquad (1c)$$

Abb. 5.33: Abbildung zu Listing 5.99

Wird direkt nach dem Befehl `\begin{subequations}` ein Label eingefügt, so wird für den Verweis die Hauptnummer verwendet, der Verweis würde also lauten „siehe Formel (1.2)“ und nicht „siehe Formel (1.2a)“.

Soll für die Unternummerierung etwas anderes als Kleinbuchstaben verwendet werden, können die üblichen LaTeX-Kommandos zur Änderung des Nummernstils verwendet werden. Beispielsweise erzeugt der nachfolgende Befehl eine Nummerierung mit römischen Ziffern:

```
\renewcommand{\theequation}{\theparentequation \roman{equation}}
```

5.10.3 Zusätzliche Schriftbefehle

Neben den bereits durch LaTeX bereitgestellten Befehlen zur Schriftumstellung innerhalb von mathematischen Umgebungen bietet AMS-LaTeX weitere Möglichkeiten.

amsbsy.sty

Das amsmath-Paket, beziehungsweise das von diesem implizit aufgerufene Paket amsbsy, ergänzt die bereits in Kapitel 5.5 auf Seite 277 beschriebenen Schriftbefehle um zwei weitere Befehle, die Symbole fett setzen können.

Dies sind die Befehle

```
\boldsymbol{symbol}          \pmb{symbol}
```

Beide Befehle stellen einen idealen Ersatz für den LaTeX-Befehl \mathbf dar, der nur lateinische Buchstaben, Ziffern und griechische Großbuchstaben fett darstellen kann, alles andere bleibt von diesem Befehl unberührt. Zum Vergleich:

```
$ \mathbf{\nabla(C_1X + C_2Y) = C_1
 \nabla X + C_2 \nabla Y}$
```

$$\nabla(\mathbf{C_1X + C_2Y) = C_1}\nabla\mathbf{X + C_2}\nabla\mathbf{Y}$$

Listing 5.100: Fette Mathematikschrift

```
$ \boldsymbol{\nabla(C_1X + C_2Y) =
C_1 \nabla X + C_2 \nabla Y}$
```

$$\boldsymbol{\nabla(C_1X + C_2Y) = C_1 \nabla X + C_2 \nabla Y}$$

Listing 5.101: Verbesserte fette Mathematikschrift

Während bei der Verwendung von \mathbf der Nabla-Operator nicht fett gedruckt wird, ist dies bei \boldsymbol der Fall. Außerdem fällt bei der ersten Schreibweise auf, dass die fett gedruckten Buchstaben nicht kursiv sind, wie es eigentlich für Variablen üblich ist. Auch dieser Standard wird im zweiten Beispiel durchgängig eingehalten.

Allerdings kann der Befehl \boldsymbol nur solche Zeichen fett drucken, für die es auch einen fetten Zeichensatz gibt. Dies ist beispielsweise für die Operatoren in zwei verschiedenen Größen, wie dem Summenzeichen, nicht der Fall. Hier schafft der Befehl \pmb Abhilfe. Er simuliert den Fettdruck, indem die Zeichen minimal versetzt mehrfach gedruckt werden. Dies funktioniert bei beiden Größen der jeweiligen Operatoren, sowohl innerhalb des Textes, als auch in abgesetzten Formeln.

```
$\sum\;\int\;\bigcup\;\triangle$
```

$\sum\;\int\;\bigcup\;\triangle$

Listing 5.102: Einige Symbole in Normalschrift

```
$ \pmb{\sum\;\int\;\bigcup\;\triangle}$
```

$\pmb{\sum\;\int\;\bigcup\;\triangle}$

Listing 5.103: Einige Symbole in Fettschrift

Kursive griechische Buchstaben

Mit den üblichen LaTeX-Befehlen ist es nicht möglich, griechische Buchstaben, die als Variablen verwendet werden, wie andere Variablen auch kursiv darzustellen. Abhilfe schaffen hier die in Tabelle 5.16 auf der nächsten Seite zusammengefassten Zusatzbefehle des amsmath-Paketes.

5.10.4 Fortsetzungspunkte

Mit einigen Befehlen aus dem $\mathcal{A}_\mathcal{M}\mathcal{S}$-LaTeX-Paket lassen sich Fortsetzungspunkte noch besser in ihre Umgebung einpassen als das mit den LaTeX-Befehlen \ldots und \cdots möglich ist (siehe Tabelle 5.17 auf der nächsten Seite).

Befehl	Anzeige	Befehl	Anzeige
\varGamma	$\mathit{\Gamma}$	\varDelta	$\mathit{\Delta}$
\varTheta	$\mathit{\Theta}$	\varLambda	$\mathit{\Lambda}$
\varXi	$\mathit{\Xi}$	\varPi	$\mathit{\Pi}$
\varSigma	$\mathit{\Sigma}$	\varUpsilon	$\mathit{\Upsilon}$
\varPhi	$\mathit{\Phi}$	\varPsi	$\mathit{\Psi}$
\varOmega	$\mathit{\Omega}$		

Tabelle 5.16: Kursive griechische Buchstaben

Befehl	Beschreibung
\dotsc	Punkte mit Kommas
\dotsb	Punkte mit Binäroperatoren
\dotsm	Multiplikationspunkte
\dotsi	Punkte mit Integralzeichen
\dotso	andere Punkte (keines der vorangegangenen)

Tabelle 5.17: Spezialisierte Fortsetzungspunkte

```
Gegeben ist die Reihe $A_1, A_2, \dotsc$.
```

Listing 5.104: Fortsetzungspunkte bei Komma (source/bsp_amsmath25.tex)

Gegeben ist die Reihe $A_1, A_2, \dotsc$.

Abb. 5.34: Abbildung zu Listing 5.104

```
Gegeben ist die Summe $A_1 + A_2 + \dotsb$.
```

Listing 5.105: Fortsetzungspunkte mit Binäroperatoren (source/bsp_amsmath25.tex)

Gegeben ist die Summe $A_1 + A_2 + \dotsb$.

Abb. 5.35: Abbildung zu Listing 5.105

```
Gegeben ist das Produkt $A_1 A_2 \dotsm$.
```

Listing 5.106: Fortsetzungspunkte bei der Multiplikation (source/bsp_amsmath25.tex)

Gegeben ist das Produkt $A_1 A_2 \dotsm$.

Abb. 5.36: Abbildung zu Listing 5.106

```
Gegeben ist das unendliche Integral $\int A_1 \int A_2 \dotsi$.
```

Listing 5.107: Fortsetzungspunkte bei Integralen (source/bsp_amsmath25.tex)

Gegeben ist das unendliche Integral $\int A_1 \int A_2 \dotsi$.

Abb. 5.37: Abbildung zu Listing 5.107

5.10.5 Darstellung von Brüchen und ähnlichen Konstrukten

Wie bereits beim Befehl `\frac`, dem LaTeX-Standardbefehl, erwähnt, wird die Schriftgröße, vor allem bei geschachtelten Brüchen automatisch verkleinert. Bei sehr komplizierten Verschachtelungen kann das dazu führen, dass die Brüche sehr schwer zu lesen sind. Aus diesem Grund enthält das amsmath-Paket die beiden Befehle `\dfrac` und `\tfrac`. Diese beiden Befehle sind praktische Kurzformen für die Befehle `\displaystyle\frac` bzw. `\textstyle \frac`. Für einfache Brüche kann jedoch weiterhin der Standardbefehl `\frac` verwendet werden. Die zwei nachfolgenden Beispiele verdeutlichen den Unterschied zwischen den verschiedenen Befehlen. Während `\frac` und `\tfrac` gleich groß gesetzt werden, ist der mit `\dfrac` gesetzte Bruch größer:

```
$\frac{1}{n}\log_2 c(f) \quad \tfrac{1}{n}\log_2 c(f)$
```

Listing 5.108: Verschiedene Befehle für Brüche (source/bsp_amsmath26.tex)

Abb. 5.38: Abbildung zu Listing 5.108

$\frac{1}{n}\log_2 c(f) \quad \tfrac{1}{n}\log_2 c(f)$

```
$\sqrt{\frac{1}{n}\log_2 c(f)} \quad \sqrt{\dfrac{1}{n}\log_2 c(f)}$
```

Listing 5.109: Verschiedene Schriftgrößen bei Brüchen (source/bsp_amsmath26.tex)

Abb. 5.39: Abbildung zu Listing 5.109

$\sqrt{\frac{1}{n}\log_2 c(f)} \quad \sqrt{\dfrac{1}{n}\log_2 c(f)}$

Eine ähnliche Struktur wie Brüche haben auch die Binomialkoeffizienten der Art $\binom{n}{k}$. Analog zu den Brüchen gibt es auch hier drei Befehle:

`\binom`, `\dbinom` und `\tbinom`

```
$\sum_{k=0}^n \binom{n}{k}=2^n$
```

$\sum_{k=0}^n \binom{n}{k}=2^n$

Listing 5.110: Schriftgröße bei Binomialkoeffizienten (source/bsp_amsmath27.tex)

```
$\sum_{k=0}^n \dbinom{n}{k}=2^n$
```

$\sum_{k=0}^n \dbinom{n}{k}=2^n$

Listing 5.111: Schriftgröße bei Binomialkoeffizienten (source/bsp_amsmath27.tex)

```
$\sum_{k=0}^n \tbinom{n}{k}=2^n$
```

$\sum_{k=0}^n \tbinom{n}{k}=2^n$

Listing 5.112: Schriftgröße bei Binomialkoeffizienten (source/bsp_amsmath27.tex)

Auch wenn es möglich ist, Kettenbrüche mit dem Befehl `\frac` zu erzeugen, ist dies bei komplexeren Strukturen sehr aufwändig und unübersichtlich. Eine Arbeitserleichterung stellt hier der Befehl `\cfrac` dar. Mit diesem werden derartige Konstrukte wesentlich übersichtlicher, wie das nachfolgende Beispiel verdeutlicht.

```
\[
\cfrac{1}{\sqrt{5}+
  \cfrac{1}{\sqrt{5}+
    \cfrac{1}{\sqrt{5}+\dotsb
    }}}
\]
```

$$\cfrac{1}{\sqrt{5}+\cfrac{1}{\sqrt{5}+\cfrac{1}{\sqrt{5}+\dotsb}}}$$

Listing 5.113: Kettenbrüche (source/bsp_amsmath28.tex)

Die Verwendung des `\cfrac`-Befehls hat den Vorteil, dass die Größe bei allen Brüchen gleich bleibt und nicht wie bei `\frac` bei jeder Verschachtelung kleiner und unleserlicher wird.

Außerdem bietet der `\cfrac`-Befehl die Möglichkeit, die standardmäßig mittig gesetzte Ausrichtung des Zählers zu ändern, indem der Parameter `[l]` oder `[r]` für die links- bzw. rechtsbündige Ausrichtung gesetzt wird.

```
\[
\cfrac{1}{\sqrt{5}+
  \cfrac[l]{1}{\sqrt{5}+
    \cfrac[r]{1}{\sqrt{5}+\dotsb
    }}}
\]
```

$$\cfrac{1}{\sqrt{5}+\cfrac[l]{1}{\sqrt{5}+\cfrac[r]{1}{\sqrt{5}+\dotsb}}}$$

Listing 5.114: Ausrichtung bei Kettenbrüchen (source/bsp_amsmath29.tex)

5.10.6 Wurzeln feinjustieren

Solange man Wurzelausdrücke verwendet, bei denen der Wurzelexponent als Zahl angegeben ist, beispielsweise $\sqrt[5]{x}$, hat der LaTeX-Standardbefehl `\sqrt` damit keinerlei Probleme. Handelt es sich jedoch beim Wurzelexponenten um eine Variable, die die Grundlinie unterschreitet, z.B. p oder β, so ist die Positionierung nicht einwandfrei, weil das Wurzelzeichen und die Variable zu dicht aneinander liegen.

Mit $\mathcal{AMS}$-LaTeX ist es möglich, die Positionierung so zu beeinflussen, dass der Wurzelexponent vom Wurzelzeichen ein wenig abgesetzt wird, was die Lesbarkeit deutlich verbessert. Dazu müssen vor die Angabe des Wurzelexponenten die Befehle `\leftroot` und `\uproot` gesetzt werden. Bei einem positiven Wert wird die Gradangabe nach links bzw. oben verschoben, bei negativen Werten nach rechts bzw. unten.

Das Ergebnis zeigt das nachfolgende Beispiel.

```
$\sqrt[\beta]{k+1} +
 \sqrt[p]{25}$\\
$\sqrt[\leftroot{-2}\uproot{2}\beta]{k+1} +
 \sqrt[\leftroot{-2}\uproot{2}p]{25}$
```

$\sqrt[\beta]{k+1} + \sqrt[p]{25}$
$\sqrt[\leftroot{-2}\uproot{2}\beta]{k+1} + \sqrt[\leftroot{-2}\uproot{2}p]{25}$

Listing 5.115: Positionierung des Wurzelgrades (source/bsp_amsmath30.tex)

5.10.7 Positionierung von Formelteilen

Der Befehl `\smash` wird dazu benutzt, um einen Teil einer Formel im Bezug auf die umgebenden Formelteile genauer zu positionieren. Die Parameter `[t]` und `[b]` richten den Formelteil oben oder unten aus. Ein typisches Beispiel für die Anwendung dieses Befehls sind Wurzeln, deren Argumente unterschiedliche Höhe haben. Hier kann durch die Verwendung von `\smash` ein wesentlich homogeneres Schriftbild erreicht werden, wie das nachfolgende Beispiel zeigt:

```
$\sqrt{x} + \sqrt{y} + \sqrt{z}$
```

$\sqrt{x} + \sqrt{y} + \sqrt{z}$

Listing 5.116: Wurzeln ohne \smash

```
$\sqrt{x} + \sqrt{\smash[b]{y}} + \sqrt{z}$
```

$\sqrt{x} + \sqrt{\smash[b]{y}} + \sqrt{z}$

Listing 5.117: Wurzeln mit \smash

5.10.8 Umgebungen für Matrizen

Auch für die Darstellung von Matrizen stellt das `amsmath`-Paket einige Umgebungen zur Verfügung, die komfortabler zu verwenden sind als die Standard-Umgebung `array`. Mussten bei dieser Umgebung die verwendeten Klammern explizit angegeben werden, so sind diese in den jeweiligen Umgebungen des `amsmath`-Paketes bereits eingebaut. Tabelle 5.18 auf der nächsten Seite zeigt die verschiedenen Möglichkeiten.

Alle diese Umgebungen richten die Spalten horizontal zentriert aus und zeigen einen ökonomischeren Umgang mit dem in der Breite benötigten Platz als die vergleichsweise verschwenderische `array`-Umgebung. Außerdem entfällt die bei der `array`-Umgebung notwendige Deklaration der Spalten. Standardmäßig kann eine derartige Matrix bis zu zehn Spalten haben.

Um Matrizen in verkleinerter Form auch direkt in den Text einzubinden, existiert die Umgebung `smallmatrix`. Anders als bei ihren großen Schwestern muss hier wieder die Klammersetzung selbst vorgenommen werden. So erzeugt der Code

```
$
\bigl(
  \begin{smallmatrix}
     a & b \\
     d & e
  \end{smallmatrix}
\bigr)
$
```

die Ausgabe $\bigl(\begin{smallmatrix} a & b \\ d & e \end{smallmatrix}\bigr)$, die sich sehr gut an die Texthöhe anpasst.

Code	Ausgabe	Code	Ausgabe

`\[`
`\begin{matrix}`
`a & b & c\\`
`d & e & f\\`
`g & h & i`
`\end{matrix}`
`\]`
	$\begin{matrix} a & b & c\\ d & e & f\\ g & h & i \end{matrix}$	`\[`
		`\begin{pmatrix}`
		`a & b & c\\`
		`d & e & f\\`
		`g & h & i`
		`\end{pmatrix}`
		`\]`
			$\begin{pmatrix} a & b & c\\ d & e & f\\ g & h & i \end{pmatrix}$

`\[`
`\begin{bmatrix}`
`a & b & c\\`
`d & e & f\\`
`g & h & i`
`\end{bmatrix}`
`\]`
	$\begin{bmatrix} a & b & c\\ d & e & f\\ g & h & i \end{bmatrix}$	`\[`
		`\begin{Bmatrix}`
		`a & b & c\\`
		`d & e & f\\`
		`g & h & i`
		`\end{Bmatrix}`
		`\]`
			$\begin{Bmatrix} a & b & c\\ d & e & f\\ g & h & i \end{Bmatrix}$

`\[`
`\begin{vmatrix}`
`a & b & c\\`
`d & e & f\\`
`g & h & i`
`\end{vmatrix}`
`\]`
	$\begin{vmatrix} a & b & c\\ d & e & f\\ g & h & i \end{vmatrix}$	`\[`
		`\begin{Vmatrix}`
		`a & b & c\\`
		`d & e & f\\`
		`g & h & i`
		`\end{Vmatrix}`
		`\]`
			$\begin{Vmatrix} a & b & c\\ d & e & f\\ g & h & i \end{Vmatrix}$

Tabelle 5.18: Die Umgebungen für Matrizen im amsmath-Paket

> ☞ **Spaltenanzahl erhöhen**
>
> Die maximale Spaltenanzahl in einer Matrix wird durch den Zähler `MaxMatrixCols` bestimmt, der den Standardwert 10 hat. Benötigt man eine größere Matrix, so lässt sich dieser Zähler mit den LaTeX-Befehlen `\setcounter` oder `\addtocounter` nach oben setzen.

5.10.9 Zusätzliche Pfeilsymbole

Neben den beiden LaTeX-Standardbefehlen `\overrightarrow` und `\overleftarrow` stellt das amsmath-Paket weitere Pfeile zur Verfügung, die über bzw. unter mathematischen Symbolen angeordnet werden können. Tabelle 5.19 auf der nächsten Seite zeigt die Möglichkeiten.

```
$\text{Vektor} \quad \overrightarrow{P_1P_2}$
```

Vektor $\overrightarrow{P_1P_2}$

Listing 5.118: Pfeil über mathematischen Symbolen

Ein weiteres Feature sind die Befehle für dehnbare Pfeile. Die Befehle `\xleftarrow` und `\xrightarrow` erzeugen Pfeile, deren Länge sich nach der jeweiligen Beschriftung richtet. Dabei muss ein Parameter für die Beschriftung über

Befehl	Ausgabe	Befehl	Ausgabe
`\overleftarrow`	$\overleftarrow{ab}$	`\underleftarrow`	$\underleftarrow{ab}$
`\overrightarrow`	$\overrightarrow{ab}$	`\underrightarrow`	$\underrightarrow{ab}$
`\overleftrightarrow`	$\overleftrightarrow{ab}$	`\underleftrightarrow`	$\underleftrightarrow{ab}$

Tabelle 5.19: Befehle für Pfeile über und unter anderen Symbolen

dem Pfeil angegeben werden. Will man keine derartige Beschriftung, kann der Parameter leer bleiben. Zusätzlich kann noch ein Parameter für die Beschriftung unterhalb des Pfeils angegeben werden.

```
\[A \xleftarrow{n+\mu-1} B %
  \xrightarrow[T]{n\pm i-1} C\]
```

$$A \xleftarrow{n+\mu-1} B \xrightarrow[T]{n\pm i-1} C$$

Listing 5.119: Pfeile mit flexibler Länge

```
\[A \xleftarrow{n+\mu-1} B %
  \xrightarrow[T]{} C\]
```

$$A \xleftarrow{n+\mu-1} B \xrightarrow[T]{} C$$

Listing 5.120: Pfeile mit flexibler Länge

5.10.10 Verbesserte Klammersymbole

Die automatische Größenzuweisung bei Klammern, wie sie das LaTeX-Standardpaket mit den Befehlen `\left` und `\right` bereitstellt, ist nicht vollkommen perfekt. Dies liegt vor allem daran, dass die Sprünge zwischen den einzelnen Klammergrößen mit 3 pt teilweise sehr groß sind, so dass bei Klammerinhalten, die nur minimal größer sind als die Klammer, die nächstgrößere, viel zu große Klammer gewählt wird. Auch die manuelle Größenangabe über die Befehle `\big` ... funktioniert nicht bei allen Schriftgrößen perfekt.

In $\mathcal{AMS}$-LaTeX lassen sich die Klammergrößen besser an den jeweiligen Inhalt anpassen. Tabelle 5.20 auf der nächsten Seite zeigt Ihnen die Möglichkeiten.

Einsatzgebiete dieser Klammerbefehle sind verschachtelte Operatoren, die Grenzangaben oben und unten besitzen, wie etwa das nachfolgende Beispiel:

```
\[\left[\sum_i a_i\left\lvert\sum_j
x_{ij}\right\rvert^p\right]^{1/p}\]
```

$$\left[\sum_i a_i\left\lvert\sum_j x_{ij}\right\rvert^p\right]^{1/p}$$

Listing 5.121: Klammersetzung

Wenn man die beiden Ergebnisse vergleicht, fällt sofort auf, dass die Klammern mit `\left` und `\right` im Verhältnis zu den Summenzeichen zu groß sind. Die Größenverhältnisse in Beispiel 5.122 auf der nächsten Seite passen wesentlich besser zusammen.

Befehl	Anzeige
(,)	$(b)(\frac{c}{d})$
\left, \right	$\left(b\right)\left(\frac{c}{d}\right)$
\bigl, \bigr	$\bigl(b\bigr)\bigl(\frac{c}{d}\bigr)$
\Bigl, \Bigr	$\Bigl(b\Bigr)\Bigl(\frac{c}{d}\Bigr)$
\biggl, \biggr	$\biggl(b\biggr)\biggl(\frac{c}{d}\biggr)$
\Biggl, \Biggr	$\Biggl(b\Biggr)\Biggl(\frac{c}{d}\Biggr)$

Tabelle 5.20: Befehle für verschiedene Klammergrößen

```
\[\biggl[\sum_i a_i\Bigl\lvert\sum_j
 x_{ij}\Bigr\rvert^p\biggr]^{1/p}\]
```

$$\biggl[\sum_i a_i\Bigl\lvert\sum_j x_{ij}\Bigr\rvert^p\biggr]^{1/p}$$

Listing 5.122: Verbesserte Klammersetzung

Bessere Ergebnisse erhält man auch bei verschachtelten Klammern. Verwendet man die Standard-LaTeX-Befehle `\left` und `\right`, so sind alle Klammern gleich groß, was die Lesbarkeit nicht sehr fördert. Klammern in geringfügig verschiedenen Größen machen die Verschachtelung sehr viel deutlicher.

```
\[\left((a_1 b_1) - (a_2 b_2)\right)\left((a_2 b_1) + (a_1 b_2)\right)\]
```

Listing 5.123: Verschachtelte Klammern (source/bsp_amsmath32.tex)

$$\left((a_1 b_1) - (a_2 b_2)\right)\left((a_2 b_1) + (a_1 b_2)\right)$$

Abb. 5.40: Abbildung zu Listing 5.123

```
\[\bigl((a_1 b_1) - (a_2 b_2)\bigr)\bigl((a_2 b_1) + (a_1 b_2)\bigr)\]
```

Listing 5.124: verbesserte verschachtelte Klammern (source/bsp_amsmath32.tex)

$$\bigl((a_1 b_1) - (a_2 b_2)\bigr)\bigl((a_2 b_1) + (a_1 b_2)\bigr)$$

Abb. 5.41: Abbildung zu Listing 5.124

Das dritte wichtige Anwendungsgebiet der AMS-Klammerbefehle besteht in Klammerkonstruktionen innerhalb des laufenden Textes, die minimal größer sind als die normale Texthöhe, wie etwa $\left(\frac{b'}{d'}\right)$. Dabei wird durch die Verwendung von `\left` und `\right` der Zeilenabstand unbeabsichtigt größer. Ersetzt man `\left` und `\right` durch `\bigl` bzw. `\bigr`, wird der Klammerausdruck nur geringfügig größer als die umgebende Textgröße, was im Ergebnis dazu führt, dass der Zeilenabstand nicht verändert wird: $\bigl(\frac{b'}{d'}\bigr)$.

Auch für senkrechte Striche bietet AMS-LaTeX einige Verbesserungen. Senkrechte Striche haben in der Mathematik verschiedene Bedeutungen, die bei der jeweiligen Positionierung berücksichtigt werden müssen. Sollen die senkrechten Striche ein Symbol einrahmen, so sollten für einfache Striche die Befehle `\lvert` bzw. `\rvert`, für doppelte senkrechte Striche analog die Befehle `\lVert` bzw. `\rVert` verwendet werden.

Werden die senkrechten Striche häufiger paarweise benötigt, so ist es laut einer Empfehlung der AMS besser, sich dafür eigene LaTeX-Befehle zu definieren, was die Verwendung vereinfacht.

Dies könnte beispielsweise folgendermaßen lauten:

```
\newcommand{\abs}[1]{\lvert#1\rvert}
\newcommand{\norm}[1]{\lVert#1\rVert}
```

Sobald die derart definierten Befehle verwendet werden, erzeugen sie die gewünschte Ausgabe: so liefert `\abs{-24}` die Ausgabe $|-24|$, analog wird $\|v\|$ durch die Eingabe `\norm{v}` erzeugt.

5.10.11 Mathematische Mehrfachsymbole

In mathematischen Formeln kann es durchaus vorkommen, dass Symbole doppelt oder mehrfach vorkommen, etwa bei Mehrfachintegralen, oder bei Grenzangaben eines Summenzeichens, die nicht nur aus einer Zeile bestehen. Um derartige Gebilde je nach mathematischer Bedeutung korrekt darzustellen, bietet das Paket `amsmath.sty` einige hilfreiche Befehle.

Für Mehrfachintegrale stehen in $\mathcal{A}_\mathcal{M}\mathcal{S}$-LaTeX folgende spezielle Befehle zur Verfügung:

```
\[\iint f(x) dx\]
```

$$\iint f(x)dx$$

Listing 5.125: Zweifachintegral

```
\[\iiint f(x) dx\]
```

$$\iiint f(x)dx$$

Listing 5.126: Dreifachintegral

```
\[\iiiint f(x) dx\]
```

$$\iiiint f(x)dx$$

Listing 5.127: Vierfachintegral

```
\[\idotsint f(x) dx\]
```

$$\idotsint f(x)dx$$

Listing 5.128: Mehrfachintegral

Diese Mehrfachintegrale können wie einfache Integrale auch mit Grenzen versehen werden, wobei die Grenzangabe mit dem Befehl `\limits` erfolgt und dann in abgesetzten Formeln so über und unter die Integralzeichen gesetzt wird, dass die untere Grenze genau vertikal zentriert ist und die obere Grenze genau über der unteren steht.

```
\[\iint\limits_0^\infty f(x) dx\]
```

$$\iint\limits_0^\infty f(x) dx$$

Listing 5.129: Grenzen für Zweifachintegrale

```
\[\iiint\limits_0^\infty f(x) dx\]
```

$$\iiint\limits_0^\infty f(x) dx$$

Listing 5.130: Grenzen für Dreifachintegrale

```
\[\iiiint\limits_0^\infty f(x) dx\]
```

$$\iiiint\limits_0^\infty f(x) dx$$

Listing 5.131: Grenzen für Vierfachintegrale

```
\[\idotsint\limits_0^\infty f(x) dx\]
```

$$\idotsint\limits_0^\infty f(x) dx$$

Listing 5.132: Grenzen für Mehrfachintegrale

☞ Positionierung der Grenzen für Mehrfachintegrale

Ist im `\usepackage`-Befehl für das $\mathcal{A}\!\mathcal{M}\!\mathcal{S}$-LaTeX-Paket der Parameter `intlimits` gesetzt, so kann der Befehl `\limits` entfallen.

Um mehrzeilige Grenzangaben – etwa bei Summen – zu erzeugen, kann der Befehl `\substack` verwendet werden.

```
\[\sum_{\substack{0\le i\le m\\ 0<j<n}}P(i,j)\]
```

$$\sum_{\substack{0\le i\le m\\ 0<j<n}}P(i,j)$$

Listing 5.133: Mehrzeilige Grenzangabe

Sind die Zeilen der Grenzangabe unterschiedlich lang, ist es jedoch besser, den Befehl `\substack` durch eine `subarray`-Umgebung zu ersetzen, da bei dieser die Zeilen nicht nur zentriert, sondern auch linksbündig ausgerichtet werden können.

```
\[\sum_{\begin{subarray}{l}
    i\in\Lambda\\ 0<j<n
  \end{subarray}}
P(i,j)\]
```

$$\sum_{\begin{subarray}{l} i\in\Lambda\\ 0<j<n \end{subarray}} P(i,j)$$

Listing 5.134: Mehrzeilige Grenzangabe mit Ausrichtung

Ein weiterer Befehl des $\mathcal{A}\mathcal{M}\mathcal{S}$-LaTeX-Paketes dient einem sehr speziellen Zweck. Mit dem Befehl `\sideset` lassen sich in den Ecken großer Operatorsymbole wie Summen- oder Produktzeichen Beschriftungen wie etwa ein Ableitungszeichen vornehmen. Der Befehl besitzt zwei Argumente, einmal für die linke Seite des Operators, einmal für die rechte Seite. Soll nur auf einer Seite eine Beschriftung erscheinen, so muss das zweite Argument leer bleiben, wie in nachfolgendem Beispiel gezeigt:

```
\[\sideset{}{'}\sum_{n<k,\;\text{$n$ gerade}}
nE_n\]
```

$$\sideset{}{'}\sum_{n<k,\;\text{n gerade}} nE_n$$

Listing 5.135: Beschriftung an Operatoren

Beschriftungen lassen sich mithilfe des `\sideset`-Befehls an allen vier Ecken des Operators anbringen, auch wenn dazu nur zwei Argumente notwendig sind:

```
\[\sideset{_*^*}{_*^*}\prod\]
```

$$\sideset{_*^*}{_*^*}\prod$$

Listing 5.136: Beschriftung an allen Ecken eines Operators

5.10.12 Umrahmte Formeln

Auch das $\mathcal{A}\mathcal{M}\mathcal{S}$-LaTeX-Paket besitzt einen speziellen Befehl, der es erlaubt, Formeln einzurahmen, um sie vom Text besser abzusetzen. Der Befehl `\boxed` benötigt dabei keine zusätzliche mathematische Umgebung, sondern generiert diese selbst, sodass Variablen kursiv gesetzt werden etc.

```
\boxed{\varGamma(x) = \lim_{n\to\infty} n^x \frac{(n-1)!}{x(x+1)(x+2)\ldots(
x+n-1)}\qquad (x>0)}
```

Listing 5.137: Umrahmte Formel linksbündig ausgerichtet (source/bsp_amsmath34.tex)

⇐ ⇒

$$\boxed{\varGamma(x) = \lim_{n\to\infty} n^x \frac{(n-1)!}{x(x+1)(x+2)\ldots(x+n-1)}\qquad (x>0)}$$

Abb. 5.42: Abbildung zu Listing 5.137

Allerdings wird die Formelbox dann nicht zentriert. Setzt man jedoch die Box in eine zusätzliche mathematische Umgebung für abgesetzte Formeln (mit \[), so wird die Box zentriert.

```
\[\boxed{\varGamma(x) = \lim_{n\to\infty} n^x \frac{(n-1)!}{x(x+1)(x+2)\
ldots(x+n-1)}\qquad (x>0)}\]
```

Listing 5.138: Umrahmte Formel zentriert (source/bsp_amsmath34.tex)

⇐ ⇒

$$\boxed{\Gamma(x) = \lim_{n\to\infty} n^x \frac{(n-1)!}{x(x+1)(x+2)\dots(x+n-1)} \qquad (x > 0)}$$

Abb. 5.43: Abbildung zu Listing 5.138

5.11 Zusammenfassung

In diesem Kapitel haben Sie sehr viele Beispiele gesehen, wie sich mathematische Formeln mit LaTeX setzen lassen. Für den Einsteiger und nicht so anspruchsvollen Anwender genügen dabei sicherlich die Befehle des Standard-LaTeX. Benötigt man erweiterte Fähigkeiten, wird man über kurz oder lang das AMS-LaTeX-Paket für sich entdecken. Für sehr spezielle Anwendungen lohnt es sich auch, im CTAN-Archiv zu forschen. So gibt es noch einige Ergänzungspakete für bestimmte Zwecke, wie Sie stellvertretend für alle anderen an den Paketen `polynom` und `permute` gesehen haben. Ein weiteres Beispiel ist das Paket `gauss.sty`, ein Paket zur Visualisierung des Gaußschen Eliminationsverfahrens bei Matrizen (zu finden unter CTAN:`macros/latex/contrib/other/gauss/gauss.sty`).

Wenn Sie also ein mathematisches Problem haben, das sich mit der Grundausstattung an LaTeX-Befehlen nicht lösen lässt, dann bietet das Durchforsten des CTAN-Archives vielleicht genau für dieses Problem die maßgeschneiderte Lösung.

6 Bilder und Zeichnungen selbst erstellen

LaTeX bietet nicht nur die Möglichkeit, Bilder und Zeichnungen als externe Datei einzubinden, sondern diese selbst zu erstellen. Dadurch kann auf komfortable Weise eine Zeichnung mit einfachen Befehlen erstellt werden, ohne dabei Zusatzprogramme zu verwenden. Zusätzlich lässt sich die so erstellte Zeichnung mit den in LaTeX zur Verfügung stehenden Fonts beschriften, sodass Schriftmischungen vermieden werden.

Dazu bietet LaTeX eine Menge an Möglichkeiten. Wir wollen hier zwei verschiedene Varianten vorstellen.

- Die `picture`-Umgebung für einfache Grafiken.
- Das Paket `PSTricks`, mit dem umfangreiche PostScript-Zeichnungen erstellt werden können (auf Seite 331).

Zusätzlich wollen wir Ihnen einige Tools nennen, mit denen die Formate oben mit einem Grafik- bzw. Rechenprogramm erzeugt werden können (auf Seite 456).

6.1 Die picture-Umgebung

Für einfache Zeichnungen stellt LaTeX die Umgebung `picture` zur Verfügung. Dabei müssen keine zusätzlichen Ergänzungspakete eingebunden werden.

Der allgemeine Aufruf lautet dabei:

```
\begin{picture}(<x>,<y>)
  % Befehle ...
\end{picture}
```

Dabei wird mit `x` die Breite und mit `y` die Höhe der Zeichnung angegeben.

Die verwendete Längeneinheit wird vor der `picture`-Umgebung festgelegt.

```
\setlength{\unitlength}{<LE>}
```

Dieser eingestellte Wert gilt so lange, bis der Wert erneut gesetzt wird.

Wollen Sie zum Beispiel, dass die Längeneinheit 1 Zentimeter entspricht, und eine Zeichnung mit der Breite 5 cm und der Höhe von 3 cm erstellen, lautet der Aufruf wie folgt:

```
\setlength{\unitlength}{1cm}
\begin{picture}(5,3)
  % Befehle ...
\end{picture}
```

Stellen Sie nach der Erstellung der Zeichnung fest, dass die Größe nicht passt (zu klein oder zu groß), so können Sie mit der Anpassung der Längeneinheit die Zeichnung verkleinern bzw. vergrößern. Tragen Sie hier zum Beispiel einen Wert von 2 cm ein, so wird die Zeichnung doppelt so groß.

6.1.1 Das Koordinatensystem

Damit die Elemente auch platziert werden können, ist ein Koordinatensystem notwendig. Dabei wird das Koordinatensystem mit einem Bezugspunkt (linke untere Ecke), einer Breite und einer Höhe definiert (siehe Abbildung 6.1).

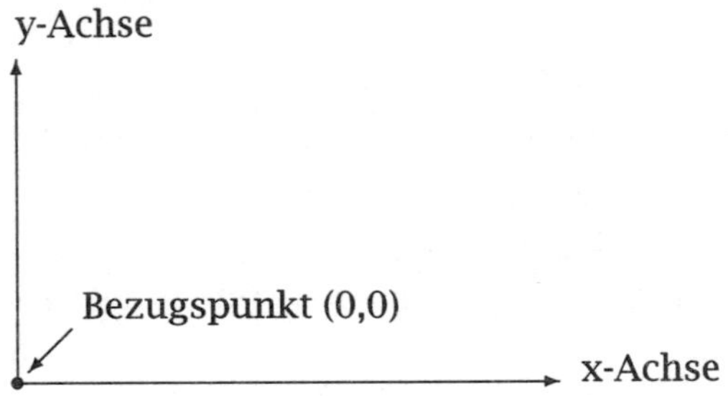

Abb. 6.1: picture-Koordinatensystem

Es ist aber auch möglich, negative Längeneinheiten zu verwenden. In diesem Fall bleibt der Bezugspunkt an der linken unteren Ecke, erhält aber nicht mehr die Koordinatenpunkte `(0,0)`. Um die Lage des Bezugspunktes zum Nullpunkt anzugeben, muss ein entsprechender Offset verwendet werden. Dieser Offest wird als zusätzlicher Parameter bei der `picture`-Umgebung angegeben.

```
\begin{picture}(<x>,<y>)(<offset_x>,<offset_y>)
  % Befehle ...
\end{picture}
```

Soll das Koordinatensystem negative Werte von `(-2,-1)` bis `(4.5,2.5)` anzeigen können, so lautet der Aufruf wie folgt:

```
\begin{picture}(6.5,3.5)(-2,-1)
  % Befehle ...
\end{picture}
```

Dabei werden für die effektive Breite und Höhe die absoluten Werte addiert, was dazu führt, dass hier `(6.5,3.5)` angegeben werden muss (siehe Abbildung 6.2 auf der nächsten Seite).

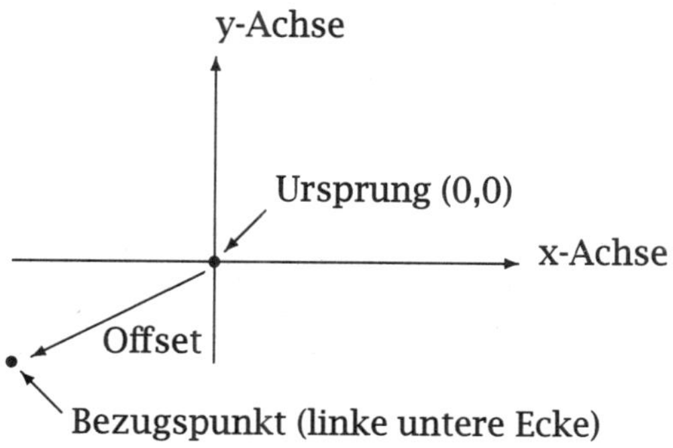

Abb. 6.2:
picture-Koordinatensystem mit negativen Längeneinheiten

6.1.2 Elemente positionieren

Um Elemente zu positionieren, wird der Befehl `\put` verwendet.

Der allgemeine Aufruf lautet:

```
\put(<x>,<y>){<Element>}
```

Dabei werden mit `(x,y)` die Koordinaten des Punktes festgelegt und mit `Element` das zu zeichnende Objekt. Die einfachste Möglichkeit ist die Angabe eines Textes (siehe Listing 6.1).

```
\setlength{\unitlength}{1cm}
\begin{picture}(4,1.5)
  \put(0,0){Text an Position (0,0)}
  \put(0.5,1){Text an Position (0.5,1)}
\end{picture}
```

Text an Position (0.5,1)

Text an Position (0,0)

Listing 6.1: Text zeichnen

6.1.3 Geraden zeichnen

Mit dem Befehl `\line` lassen sich gerade Linien zeichnen.

Der allgemeine Aufruf dabei lautet:

```
\line(<delta_x>,<delta_y>){<länge>}
```

Dabei wird mit `(delta_x,delta_y)` die Steigung der Linie und mit `länge` die Länge der Linie bestimmt. Der Anfangspunkt wird mit dem Befehl `\put` gesetzt.

Dabei gibt es für die Steigung folgende Einschränkungen:

- Die verwendeten Zahlenwerte müssen ganzzahlig sein.
- Es sind nur die Zahlenwerte 0, 1, 2, 3, 4, 5, 6 erlaubt, sie können aber positives oder negatives Vorzeichen besitzen.
- Das Zahlenpaar darf keinen gemeinsamen Teiler enthalten.
  Nicht erlaubt sind z. B. `(2,4)`.

- Schräge Geraden müssen eine Mindestlänge besitzen (10 pt bzw. 3.6 mm).

Im nachfolgenden Beispiel 6.2 wird ein Dreieck mithilfe des `\line`-Befehls gezeichnet.

```
\setlength{\unitlength}{1cm}
\begin{picture}(4,2)
  \put(0,0){\line(1,0){4}}
  \put(4,0){\line(0,1){2}}
  \put(0,0){\line(2,1){4}}
\end{picture}
```

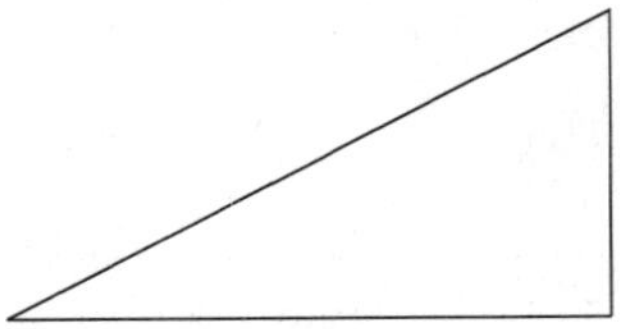

Listing 6.2: Geraden zeichnen

Dabei wird zuerst der Anfangspunkt mit dem Befehl `\put` gesetzt und dann von diesem Punkt aus die Gerade mit der entsprechenden Steigung gezeichnet.

> ☞ **Der Längenparameter „länge"**
>
> Bei geneigten Geraden bedeutet die Länge eine Projektion der Linie auf die x-Achse. Deutlich wird dies bei der geneigten Geraden in Listing 6.2. Hier wird eine Länge von „5" angegeben. Tatsächlich hat die Hypotenuse aber eine Länge von $\sqrt{5^2 + 3^2} = 5.831$. Diese Projektion hat den Vorteil, dass bei geneigten Geraden die Länge nicht umständlich berechnet werden muss.

6.1.4 Pfeile zeichnen

Mit dem Befehl `\vector` lassen sich Pfeile zeichnen. Der Befehl ist dabei dem Befehl `\line` sehr ähnlich und unterliegt denselben Beschränkungen.

Der allgemeine Aufruf dabei lautet:

```
\vector(delta_x,delta_y){<länge>}
```

Die Pfeilspitze wird dabei immer am Ende der Linie gezeichnet.

Im nachfolgenden Beispiel 6.3 wird ein Dreieck mit Pfeilen gezeichnet.

```
\setlength{\unitlength}{1cm}
\begin{picture}(5,2)
  \put(5,0){\vector(-1,0){5}}
  \put(0,0){\vector(1,2){1}}
  \put(1,2){\vector(2,-1){4}}
\end{picture}
```

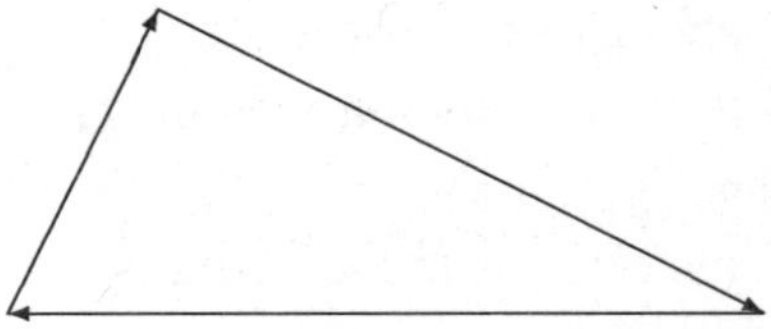

Listing 6.3: Pfeile zeichnen

6.1.5 Kreise zeichnen

Mit dem Befehl `\circle` lassen sich Kreise zeichnen.

Der allgemeine Aufruf dabei lautet:

```
\circle{<durchmesser>}
\circle*{<durchmesser>}
```

Die Variante `\circle*` füllt den Kreis mit der Zeichenfarbe aus.

> **Kreisdurchmesser**
>
> LaTeX kennt in der `picture`-Umgebung nur eine bestimmte Anzahl von Kreisen mit unterschiedlichem Durchmesser. Der Durchmesser des Kreises wird so gewählt, dass er dem angegebenen Parameter „durchmesser" am nächsten kommt.
>
> Kreise ohne Füllung können einen Durchmesser von 1 pt bis 16 pt in Stufen von 1 pt haben. Größere Kreise sind bis 40 pt in Stufen von 4 pt möglich. Gefüllte Kreise gibt es für Durchmesser von 1 pt bis 15 pt in Stufen von 1 pt.

Im nachfolgenden Beispiel 6.4 werden drei Kreise gezeichnet.

```
\setlength{\unitlength}{1cm}
\begin{picture}(2,2)
  \put(1,1){\circle*{0.2}}
  \put(1,1){\circle{1}}
  \put(1,1){\circle{2}}
\end{picture}
```

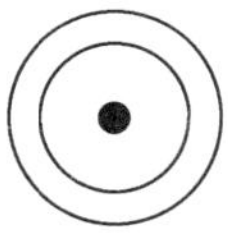

Listing 6.4: Kreise zeichnen

Sie erkennen hier, dass der Kreisdurchmesser bei größeren Kreisen nur annähernd getroffen wird.

> **Kreis als Bézier-Kurve**
>
> Kreise lassen sich auch als Bézier-Kurve definieren. Die `picture`-Umgebung erlaubt bei Bézier-Kurven beliebige Durchmesser. Wie man mit Bézier-Kurven einen Kreis zeichnet, erfahren Sie auf Seite 324.

6.1.6 Rechtecke zeichnen

Die in LaTeX schon bekannten Boxen (`\framebox` und `\makebox`) sind in der `picture`-Umgebung auch möglich. Jedoch wurde hier die Syntax deutlich erweitert. Hinzugekommen ist der Befehl `\dashbox`.

Der allgemeine Aufruf dabei lautet:

```
\makebox(<x>,<y>)[<pos>]{<text>}
\framebox(<x>,<y>)[<pos>]{<text>}
\dashbox{<dash_dim>}(<x>,<y>)[<pos>]{<text>}
```

Der Befehl `\makebox` erzeugt dabei ein Rechteck ohne Rahmen, `\framebox` mit Rahmen und `\dashbox` mit gestricheltem Rahmen. Dabei wird mit `(x,y)` die Breite und Höhe des Rechtecks bestimmt. Der Parameter `pos` bestimmt die Positionierung des eingetragenen Textes innerhalb des Rechtecks. Dabei können folgende Werte verwendet werden:

- **t** (top)

```
\begin{picture}(3.1,1.1)
  \put(0,0){\framebox(3,1)[t]{Text}}
\end{picture}
```

Der Text erscheint horizontal zentriert, unterhalb des oberen Randes.

- **b** (bottom)

```
\begin{picture}(3.1,1.1)
  \put(0,0){\framebox(3,1)[b]{Text}}
\end{picture}
```

Der Text erscheint horizontal zentriert, oberhalb des unteren Randes.

- **l** (left)

```
\begin{picture}(3.1,1.1)
  \put(0,0){\framebox(3,1)[l]{Text}}
\end{picture}
```

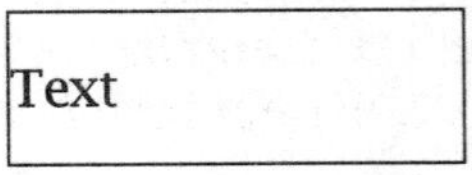

Der Text erscheint vertikal zentriert, am linken Rand.

- **r** (right)

```
\begin{picture}(3.1,1.1)
  \put(0,0){\framebox(3,1)[r]{Text}}
\end{picture}
```

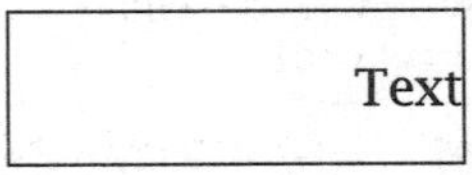

Der Text erscheint vertikal zentriert, am rechten Rand.

- **s** (stretched)

```
\begin{picture}(3.1,1.1)
  \put(0,0){\framebox(3,1)[s]{
      Dies ist ein Text}}
\end{picture}
```

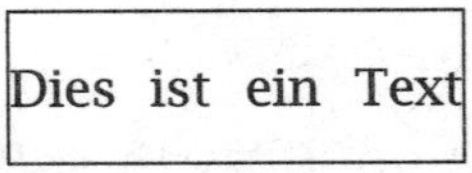

Der Text erscheint vertikal zentriert und wird über die gesamte Breite des Rechtecks gedehnt.

- - (ohne)

```
\begin{picture}(3.1,1.1)
  \put(0,0){\framebox(3,1){Text}}
\end{picture}
```

Die Positionierungsparameter lassen sich auch paarweise kombinieren.

- **tl** (top-left)

```
\begin{picture}(3.1,1.1)
  \put(0,0){\framebox(3,1)[tl]{Text}}
\end{picture}
```

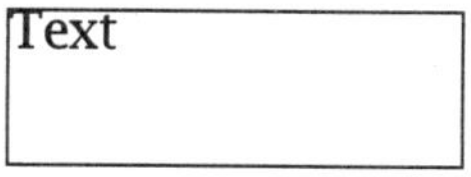

- **tr** (top-right)

```
\begin{picture}(3.1,1.1)
  \put(0,0){\framebox(3,1)[tr]{Text}}
\end{picture}
```

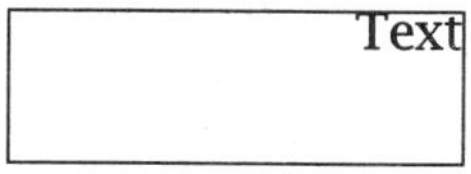

- **bl** (bottom-left)

```
\begin{picture}(3.1,1.1)
  \put(0,0){\framebox(3,1)[bl]{Text}}
\end{picture}
```

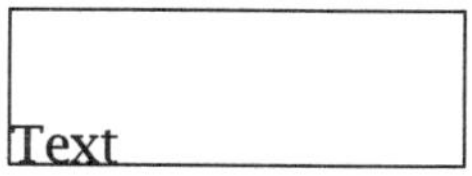

- **br** (bottom-right)

```
\begin{picture}(3.1,1.1)
  \put(0,0){\framebox(3,1)[br]{Text}}
\end{picture}
```

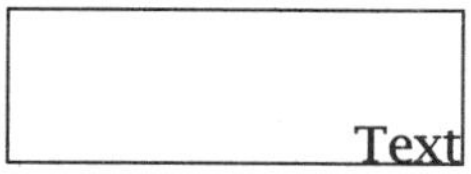

Strichlinie

Will man dagegen einen Rahmen mit einer Strichlinie, so muss anstelle des Befehls `\framebox`, der Befehl `\dashbox` verwendet werden. Hier kommt zusätzlich der Parameter `dash_dim` hinzu.

Im nachfolgenden Beispiel 6.5 wird ein gestrichelter Rahmen gezeichnet.

```
\setlength{\unitlength}{1cm}
\begin{picture}(3.1,1.1)
  \put(0,0){\dashbox{0.3}(3,1){Text}}
\end{picture}
```

Listing 6.5: Gestrichelte Rahmen zeichnen

Wird für den Parameter `dash_dim` ein ganzzahliger Teiler der Breite und Höhe verwendet, so sieht das Ergebnis an den Ecken deutlich besser aus,weil dann jede Kante mit einem Strich beginnt und endet (siehe Listing 6.6).

```
\setlength{\unitlength}{1cm}
\begin{picture}(3.1,1.1)
  \put(0,0){\dashbox{0.2}(3,1){Text}}
\end{picture}
```

Listing 6.6: Rahmen mit sauberen Ecken

6.1.7 Ovale und gerundete Ecken zeichnen

Ein Oval ist in der `picture`-Umgebung ein Rechteck, dessen Ecken durch Viertelkreise ersetzt worden sind.

Der allgemeine Aufruf lautet:

```
\oval(<x>,<y>)[<teil>]
```

Der zugehörige Positionierungsbefehl bezieht sich diesmal auf den Mittelpunkt des Ovals.

Im nachfolgenden Beispiel 6.7 wird ein Oval mit der Breite und Höhe `(4,2)` gezeichnet. Dabei wird zusätzlich der Bezugspunkt `(2,1)` angegeben.

```
\setlength{\unitlength}{1cm}
\begin{picture}(4,2)
  \put(2,1){\oval(4,2)}
  \put(2,1){\circle*{0.1}}
  \put(2.1,0.9){(2,1)}
\end{picture}
```

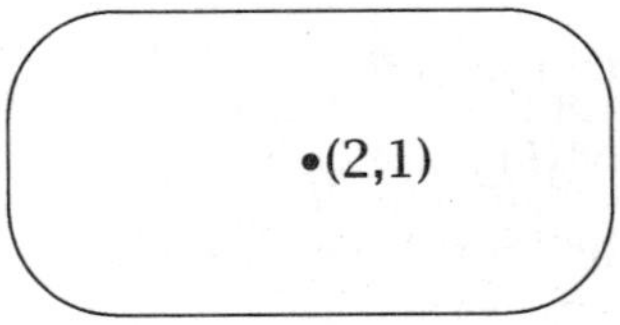

Listing 6.7: Ovale zeichnen

Mit dem optionalen Parameter `teil` kann festgelegt werden, welcher Teil des Ovals gezeichnet werden soll. Dabei sind folgende Parameter möglich:

- **b** (bottom)

```
\begin{picture}(4,1.5)
  \put(2,1){\oval(2,1)[b]}
  \put(2,1){\circle*{0.1}}
\end{picture}
```

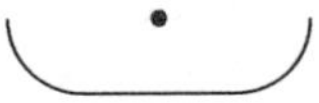

- **t** (top)

```
\begin{picture}(4,1.5)
  \put(2,1){\oval(2,1)[t]}
  \put(2,1){\circle*{0.1}}
\end{picture}
```

- **l** (left)

```
\begin{picture}(4,1.5)
  \put(2,1){\oval(2,1)[l]}
  \put(2,1){\circle*{0.1}}
\end{picture}
```

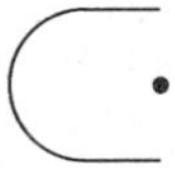

- **r** (right)

```
\begin{picture}(4,1.5)
  \put(2,1){\oval(2,1)[r]}
  \put(2,1){\circle*{0.1}}
\end{picture}
```

Die Positionierungsparameter lassen sich auch paarweise kombinieren.

- **br** (bottom-right)

```
\begin{picture}(4,1.5)
  \put(2,1){\oval(2,1)[br]}
  \put(2,1){\circle*{0.1}}
\end{picture}
```

- **bl** (bottom-left)

```
\begin{picture}(4,1.5)
  \put(2,1){\oval(2,1)[bl]}
  \put(2,1){\circle*{0.1}}
\end{picture}
```

- **tr** (top-right)

```
\begin{picture}(4,1.5)
  \put(2,1){\oval(2,1)[tr]}
  \put(2,1){\circle*{0.1}}
\end{picture}
```

- **tl** (top-left)

```
\begin{picture}(4,1.5)
  \put(2,1){\oval(2,1)[tl]}
  \put(2,1){\circle*{0.1}}
\end{picture}
```

Ovale mit Text

Möchten Sie Ovale mit Text kombinieren, so verwenden Sie den Befehl `\oval` zusammen mit dem Befehl `\makebox`. Zu beachten ist dabei, dass `\makebox` den Bezugspunkt unten links hat und `\oval` in der Mitte. Die Koordinaten müssen also entsprechend angepasst werden.

```
\setlength{\unitlength}{1cm}
\begin{picture}(4,2)
  \put(2,1){\oval(4,2)}
  \put(0,0){\makebox(4,2){Dies ist ein Text}}
\end{picture}
```

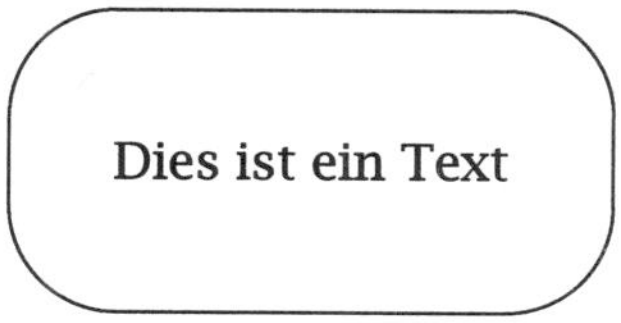

Listing 6.8: Ovale mit Text zeichnen

6.1.8 Bézier-Kurven zeichnen

Durch drei Punkte lassen sich quadratische Bézier-Kurven definieren.

Der allgemeine Aufruf lautet dabei:

```
\qbezier[<num>](<x1>,<y1>)(<x2>,<y2>)(<x3>,<y3>)
```

Der Anfang der Kurve wird durch `(x1,y1)` definiert, das Ende mit `(x3,y3)`. Der Punkt `(x2,y2)` stellt dabei den Kontrollpunkt für die Konstruktion dar. Dabei werden die Kurventangenten $\overline{12}$ und $\overline{23}$ verwendet.

Der Parameter `num` bestimmt die Anzahl der Kurvenpunkte, die verwendet werden sollen.

Im nachfolgenden Beispiel 6.9 wird eine Bézier-Kurve gezeichnet.

```
\setlength{\unitlength}{1cm}
\begin{picture}(4,2)
  \qbezier(0,0)(2,2)(4,1)
  \put(0,0){\circle*{0.1}}
  \put(2,2){\circle*{0.1}}
  \put(4,1){\circle*{0.1}}
\end{picture}
```

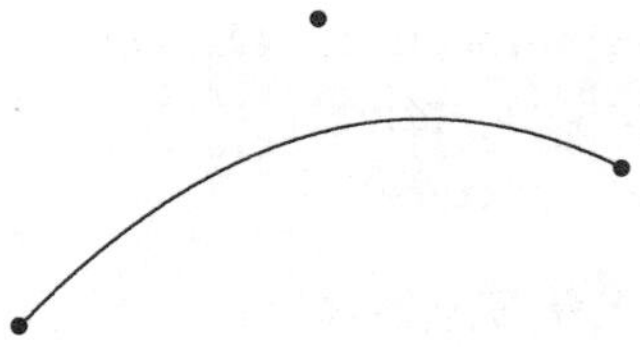

Listing 6.9: Bézier-Kurve zeichnen

Wird zusätzlich der Parameter `num` verwendet, so wird die Bézier-Kurve mit einer bestimmten Anzahl von Punkten gezeichnet, was zu einer Strichkurve führt (siehe Listing 6.10).

```
\setlength{\unitlength}{1cm}
\begin{picture}(4,2)
  \qbezier[50](0,0)(2,2)(4,1)
  \put(0,0){\circle*{0.1}}
  \put(2,2){\circle*{0.1}}
  \put(4,1){\circle*{0.1}}
\end{picture}
```

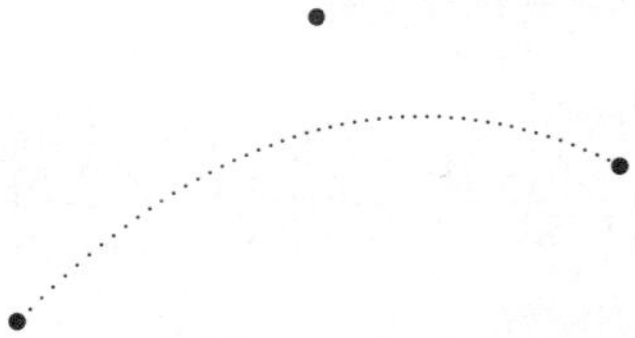

Listing 6.10: Gestrichelte Bézier-Kurve zeichnen

Kreise mit Bézier-Kurven zeichnen

Verwendet man vier Bézier-Kurven, so lässt sich damit annähernd ein Kreis zeichnen, was Listing 6.11 zeigt.

```
\setlength{\unitlength}{1cm}
\begin{picture}(2,2)
  \qbezier(0,1)(0,0)(1,0)
  \qbezier(1,0)(2,0)(2,1)
  \qbezier(2,1)(2,2)(1,2)
  \qbezier(1,2)(0,2)(0,1)
\end{picture}
```

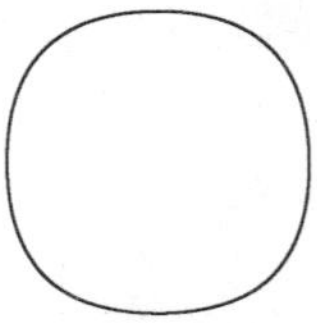

Listing 6.11: Kreis mit Bézier-Kurven

Werden mehr Bézier-Kurven verwendet, so wird der Kreis immer genauer. Mit acht Bézier-Kurven erhält man schon einen sehr anschaulichen Kreis (siehe Listing 6.12).

```
\setlength{\unitlength}{0.5cm}
\begin{picture}(6,6)
  \qbezier(3,0)(1.76,0)(0.88,0.88)
  \qbezier(0.88,0.88)(0,1.76)(0,3)
  \qbezier(0,3)(0,4.24)(0.88,5.22)
  \qbezier(3,6)(1.76,6)(0.88,5.22)
  \qbezier(3,6)(4.24,6)(5.22,5.22)
  \qbezier(5.22,5.22)(6,4.24)(6,3)
  \qbezier(6,3)(6,1.76)(5.22,0.88)
  \qbezier(5.22,0.88)(4.24,0)(3,0)
\end{picture}
```

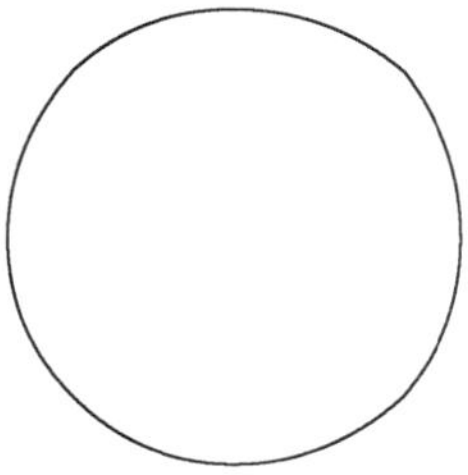

Listing 6.12: Kreis mit Bézier-Kurven

Um so einen Kreis zu konstruieren, wird als geometrische Hilfsfigur ein Achteck verwendet.

6.1.9 Strichstärke festlegen

Bis jetzt wurden alle Striche mit einer Dicke von 0,4 pt gezeichnet. Für die Befehle `\circle`, `\oval`, `\vector` und geneigte Geraden stehen zwei Strichstärken zur Verfügung, `\thinlines` für dünne Linien (0,4 pt) und `\thicklines` für dicke Linien (0,8 pt).

```
\thicklines
\thinlines
```

Im nachfolgenden Beispiel 6.13 werden Linien mit unterschiedlichen Strichstärken gezeichnet.

```
\setlength{\unitlength}{1cm}
\begin{picture}(4,1)
  \thicklines
  \put(0,0){\line(1,0){4}}
  \thinlines
  \put(0,0.5){\line(1,0){4}}
  \thicklines
  \put(0,1){\line(1,0){4}}
\end{picture}
```

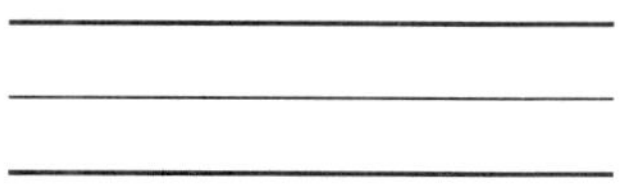

Listing 6.13: Unterschiedliche Strichstärken

Für horizontale und vertikale Linien sowie für Bézier-Kurven können beliebige Strichstärken definiert werden.

```
\linethickness{<strichdicke>}
```

Nachfolgend werden mehrere Linien (von 1 pt bis 5 pt) gezeichnet (siehe Listing 6.14 auf der nächsten Seite).

```
\setlength{\unitlength}{1cm}
\begin{picture}(4,2)
  \linethickness{1pt}
  \put(0,0){\line(1,0){4}}
  \linethickness{2pt}
  \put(0,0.5){\line(1,0){4}}
  \linethickness{3pt}
  \put(0,1){\line(1,0){4}}
  \linethickness{4pt}
  \put(0,1.5){\line(1,0){4}}
  \linethickness{5pt}
  \put(0,2){\line(1,0){4}}
\end{picture}
```

Listing 6.14: Unterschiedliche Strichstärken

6.1.10 Figuren mehrmals zeichnen

Mit dem `\put`-Befehl wurden die Bildobjekte an der entsprechenden Stelle positioniert. Hierzu gibt es einen erweiterten Befehl, der die Bildobjekte mehrmals zeichnet.

```
\multiput(<x>,<y>)(<delta_x>,<delta_y>){<anzahl>}{<Befehle>}
```

Die Parameter `(x,y)` legen den Anfangspunkt fest. Nach jedem gezeichneten Objekt wird der Anfangspunkt um die Werte `(delta_x,delta_y)` verändert. Der Parameter `anzahl` legt fest, wie oft das Objekt gezeichnet werden soll.

Im nachfolgenden Beispiel 6.15 wird auf diese Weise ein Gitternetz gezeichnet.

```
\setlength{\unitlength}{1cm}
\begin{picture}(3,3)
  \multiput(0,0)(0.5,0){7}{\line(0,1){3}}
  \multiput(0,0)(0,0.5){7}{\line(1,0){3}}
\end{picture}
```

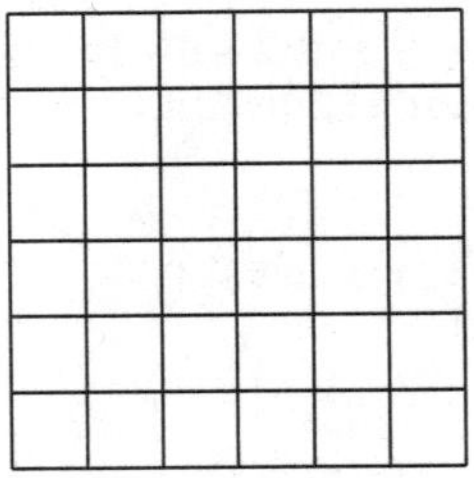

Listing 6.15: Mehrere Objekte zeichnen

6.1.11 Text im Bild setzen

Möchten Sie, dass im Bild Text eingetragen wird und dieser entsprechend den Regeln formatiert wird, so muss hier der `\parbox`-Befehl verwendet werden.

Im nachfolgenden Beispiel 6.16 auf der nächsten Seite wird ein Text im Bild gezeichnet. Dabei wird der Bezugspunkt unten links definiert (mit dem optionalen Parameter `b` von `\parbox`).

```
\setlength{\unitlength}{1cm}
\begin{picture}(4.5,3)
  \put(0.5,1){\parbox[b]{2.5cm}{Heute ist
  Montag und das Wetter ist sehr schön!}}
  \put(0,0){\vector(1,2){0.5}}
\end{picture}
```

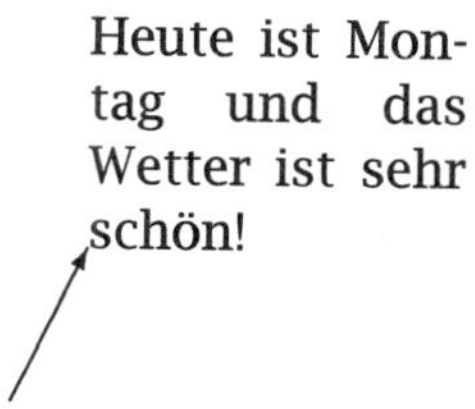

Listing 6.16: Text im Bild

Soll dagegen der Bezugspunkt mittig links sein, so ist kein Parameter anzugeben (Standard ist hier `center`).

```
\setlength{\unitlength}{1cm}
\begin{picture}(4.5,3)
  \put(0.5,1){\parbox{2.5cm}{Heute ist Montag
   und das Wetter ist sehr schön!}}
  \put(0,0){\vector(1,2){0.5}}
\end{picture}
```

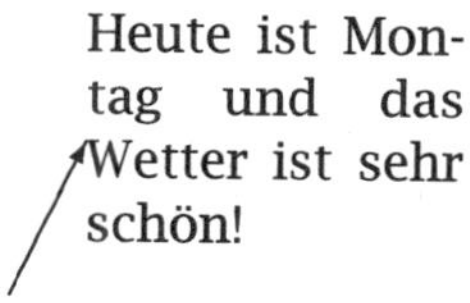

Listing 6.17: Text im Bild

Soll der Bezugspunkt links in der ersten Zeile sein, so muss als Parameter `t` angegeben werden.

```
\setlength{\unitlength}{1cm}
\begin{picture}(4.5,3)
  \put(0.5,1){\parbox[t]{2.5cm}{Heute ist
  Montag und das Wetter ist sehr schön!}}
  \put(0,0){\vector(1,2){0.5}}
\end{picture}
```

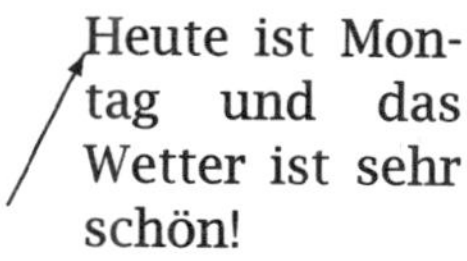

Listing 6.18: Text im Bild

Text vertikal aufstocken

Bei manchen Beschriftungen ist es sinnvoll, den Text vertikal übereinander aufzustocken. Dazu stellt die `picture`-Umgebung den Befehl `\shortstack` zur Verfügung.

Der allgemeine Aufruf lautet dabei:

```
\shortstack[<pos>]{<Text>}
```

Mit dem Parameter `pos` wird dabei die Ausrichtung des Textes bestimmt. Hier stehen drei Werte zur Auswahl: **l** für links, **r** für rechts und **c** für center (Standard). Der Zeilenumbruch des Textes wird wie bei der Tabelle mit

\\ bestimmt. Im nachfolgenden Beispiel 6.19 wird der Text neben der Linie gezeichnet.

```
\setlength{\unitlength}{1cm}
\begin{picture}(3,3)
  \put(1,0.5){\line(0,1){2.5}}
  \put(0.7,0.5){\shortstack{L\\i\\n\\i\\e}}
  \put(1.1,1.5){\shortstack[l]{L\\i\\n\\i\\e
  }}
\end{picture}
```

Listing 6.19: Text im Bild

6.1.12 Bilder verschachteln

Die beiden Befehle `\put` und `\multiput` lassen es zu, dass als Bildobjekt eine weitere `picture`-Umgebung verwendet wird. Dadurch lassen sich schon fertige Bilder in einem anderen Bild verwenden, bei denen auch die Längeneinheit verändert werden kann.

Dabei befindet sich der Bezugspunkt auf der linken unteren Ecke des eingeschachtelten Bildes.

```
\setlength{\unitlength}{1cm}
\begin{picture}(5,2)
  \put(1.8,1.5){Gesamtbild}
  \put(0,0){\line(0,1){2}}
  \put(0,0){\line(1,0){5}}
  \put(0,2){\line(1,0){5}}
  \put(5,0){\line(0,1){2}}
  \put(0.1,0.1){
    \setlength{\unitlength}{0.5cm}
    \begin{picture}(4,2)
      \put(0,0){\line(1,0){4}}
      \put(4,0){\line(0,1){2}}
      \put(0,0){\line(2,1){4}}
    \end{picture}
  }
  \put(2.2,0.1){
    \setlength{\unitlength}{0.5cm}
    \begin{picture}(5,2)
      \put(5,0){\vector(-1,0){5}}
      \put(0,0){\vector(1,2){1}}
      \put(1,2){\vector(2,-1){4}}
    \end{picture}
  }
\end{picture}
```

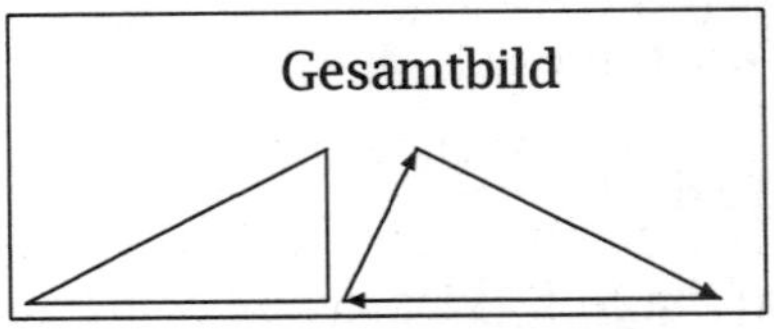

Listing 6.20: Text im Bild

6.1.13 Bildobjekte für die Wiederverwendung speichern

Oft verwendete Bildobjekte lassen sich auch unter einem eigenen Namen speichern, so dass sie mehrfach verwendet werden können. Dazu stellt die `picture`-Umgebung drei Befehle zur Verfügung.

```
\newsavebox{<\name_Teilbild>}
\savebox{<\name_Teilbild>}(<x>,<y>)[<pos>]{<Teilbild>}
\usebox{<\name_Teilbild>}
```

Dabei wird mit dem Befehl `\newsavebox` ein neuer Name für ein Teilbild erstellt. Mit `\savebox` wird dann das Teilbild abgespeichert. Die Parameter entsprechen dabei dem `\makebox`-Befehl (siehe Seite 319). Mit `(x,y)` wird die Breite und Höhe festgelegt und mit dem Parameter `pos` die Ausrichtung. Soll das Teilbild verwendet werden, so wird der Befehl `\usebox` verwendet.

Die Befehle `\newsavebox` und `\savebox` können auch außerhalb der `picture`-Umgebung verwendet werden, sodass damit auf einfache Weise Bildbibliotheken erstellt werden können, die dann in jeder `picture`-Umgebung zum Einsatz kommen können.

Im nachfolgenden Beispiel 6.21 wird ein Pfeil erstellt, der dann beliebig wiederverwendet werden kann. Dieser wird dann mit dem Befehl `pfeilrechts` aufgerufen.

```
\setlength{\unitlength}{1cm}
\newsavebox{\pfeilrechts}
\savebox{\pfeilrechts}(0,0){
  \put(0,0.5){\line(1,0){2}}
  \put(0,0.5){\line(0,1){1}}
  \put(0,1.5){\line(1,0){2}}
  \put(2,0.5){\line(0,-1){0.5}}
  \put(2,1.5){\line(0,1){0.5}}
  \put(2,0){\line(1,2){0.5}}
  \put(2,2){\line(1,-2){0.5}}
}
\begin{picture}(3,2)
  \put(0,0){\usebox{\pfeilrechts}\makebox
  (2,0){Ausgang}}
\end{picture}
```

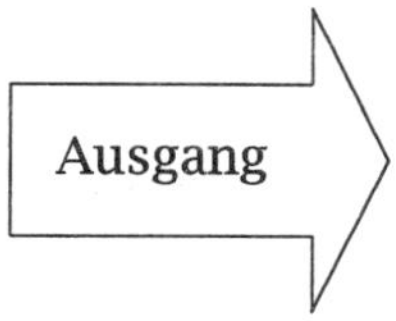

Listing 6.21: Bildobjekte abspeichern

Durch die Breite und Höhe von `(0,0)`, also eine `\makebox` mit Breite und Höhe Null, wird der Bezugspunkt in die Mitte des gespeicherten Bildes gelegt (wichtig für den `\put`-Befehl).

6.1.14 Erweiterung der picture-Umgebung

graphpap.sty

Mit dem Paket `graphpap` lässt sich die `picture`-Umgebung um einen Befehl erweitern, der Gitternetze zeichnet. Dazu muss das Paket über

```
\usepackage{graphpap}
```

eingebunden werden.

Der allgemeine Aufruf lautet:

```
\graphpaper[<num>](<x>,<y>)(<xb>,<yb>)
```

Mit `(x,y)` wird dabei die linke untere Ecke bestimmt, mit `(xb,yb)` die Breite und Höhe des Gitternetzes. Der Parameter `num` legt fest, bei wie vielen Längeneinheiten jeweils ein Gitterstrich gezeichnet werden soll. Wird hier kein Wert angegeben, so werden zehn Koordinateneinheiten verwendet. Bei dem Gitter wird automatisch jede fünfte Linie verstärkt gezeichnet, um Koordinaten besser ablesen zu können.

Im nachfolgenden Beispiel 6.22 wird ein Gitternetz gezeichnet.

```
\setlength{\unitlength}{0.25mm}
\begin{picture}(500,200)(-20,-40)
  \graphpaper(50,0)(400,150)
\end{picture}
```

Listing 6.22: Gitternetz zeichnen

Dabei wird die Längeneinheit auf 0.25 mm festgelegt. Das Gitter beginnt bei den Koordinaten `(50,0)` und hat eine Breite bzw. Höhe von `(400,150)` (siehe Abbildung 6.3).

Beachten Sie bei der Größe des Bildes, dass links und unterhalb noch die Beschriftungen gezeichnet werden. Es muss hier also mehr Platz berücksichtigt und der Ursprung verschoben werden.

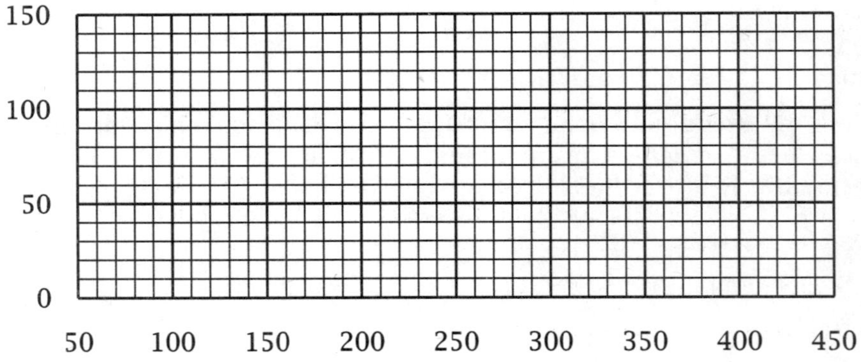

Abb. 6.3: Gitternetz zeichnen

6.1.15 Ausblick

Die `picture`-Umgebung ist für einfache Zeichnungen geeignet. Durch die Einschränken gerade bei Linien und Kreisen (Strichstärke, Steigung und Kreisdurchmesser) kommt man allerdings sehr schnell an die Grenzen der Umgebung. Eine bessere Alternative bietet hier das Paket `PSTricks`.

Mit dem Ergänzungspaket `pspicture` wird die `picture`-Umgebung so umdefiniert, dass PostScript-Befehle verwendet werden. Dies sorgt dafür, dass die Zeichnungen bei Verwendung von PostScript etwas besser ausehen. Allerdings funktioniert das Paket nicht zusammen mit PDFLaTeX. pspicture.sty

6.2 Das Paket PSTricks

Mithilfe des Paketes `PSTricks` ist es möglich, komplexe und genaue Zeichnungen zu erstellen. Dabei werden die Befehle intern in PostScript-Kommandos umgewandelt. `PSTricks` ist dabei sehr leistungstark und bietet viele Möglichkeiten, von denen die wichtigsten erläutert werden.

Da `PSTricks` direkt PostScript-Befehle verwendet, funktioniert es nicht direkt mit PDFLaTeX (wie man aber trotzdem PDFLaTeX verwenden kann, erfahren Sie in Kapitel 6.2.35 auf Seite 456).

6.2.1 PSTricks-Pakete einbinden

Um `PSTricks` verwenden zu können, müssen folgende Pakete eingebunden werden:

pst-all.sty

multido.sty

```
\usepackage{pst-all}
\usepackage{multido}
```

Danach stehen die `PSTricks`-Befehle, die meist mit `ps` beginnen, zur Verfügung.

6.2.2 Längeneinheit festlegen

Wie bei der `picture`-Umgebung wird auch bei `PSTricks` mit einem Befehl die entsprechende Längeneinheit definiert. Dabei ist es jedoch möglich, für x und y verschiedene Maßeinheiten zu verwenden.

Der allgemeine Aufruf dabei lautet:

```
\psset{param1=wert1,param2=wert2, ...}
```

Dabei sind die Einstellungen so lange gültig, bis der Befehl mit dem entsprechenden Parameter erneut aufgerufen worden ist oder durch eine lokale Einstellung überschrieben wird.

Für die Längeneinheiten sind nachfolgende Parameter (siehe Tabelle 6.1) vorhanden.

Parameter	Beschreibung	Standardwert
xunit=dim	Legt die Längeneinheit für die X-Achse fest.	1 cm
yunit=dim	Legt die Längeneinheit für die Y-Achse fest.	1 cm
runit=dim	Legt die Längeneinheit für die Radialrichtung bei Polarkoordinaten fest.	1 cm

Tabelle 6.1: Längeneinheiten

Es gibt aber noch sehr viele weitere Parameter (wie z. B. Zeichenfarbe ...), die später noch beschrieben werden.

Wollen Sie z. B. die Längeneinheit auf zwei Zentimeter in allen drei Bereichen festlegen, so lautet der Aufruf wie folgt:

```
\psset{xunit=2cm,yunit=2cm,runit=2cm}
```

6.2.3 Umgebung festlegen

Alle PSTricks-Befehle können direkt im Text platziert werden. Jedoch ändern diese Befehle nicht den aktuellen Punkt von LaTeX, was zu einer Box mit den Dimensionen Null führt, d.h. die Zeichnung und ein evtl. Text teilen sich den gleichen Platz und liegen übereinander. Um dies zu verhindern, stellt PSTricks eine entsprechende Umgebung zur Verfügung.

Der allgemeine Aufruf dabei lautet:

```
\begin{pspicture}(<x0>,<y0>)(<x1>,<y1>)
   % Befehle ...
\end{pspicture}
```

Dabei wird ein Bild mit der pspicture-Umgebung definiert. Die linke untere Ecke wird mit (x0,y0) festgelegt. Wird dieser Parameter nicht angegeben, so wird (0,0) verwendet. Die Breite und Höhe wird mit (x1,y1) festgelegt.

Als Koordinatensystem wird dasselbe System verwendet wie bei der picture-Umgebung (siehe Kapitel 6.1.1 auf Seite 316). Wie andere Koordinatensysteme verwendet werden, finden Sie in Kapitel 6.2.15 auf Seite 362.

Im nachfolgenden Beispiel wird ein Bild mit einer Breite von 5 cm und einer Höhe von 3 cm definiert.

```
\psset{xunit=1cm,yunit=1cm,runit=1cm}
\begin{pspicture}(5,3)
   % Befehle ...
\end{pspicture}
```

6.2.4 Linien, Polygone und Rechtecke zeichnen

Linien werden mit dem Befehl `\psline` gezeichnet.

Der allgemeine Aufruf lautet:

```
\psline[<param>]{<arrows>}(<x0>,<y0>)(<x1>,<y1>) ... (<xn>,<yn>)
```

Dabei wird ein Polygonzug zwischen den angegebenen Punkten gezeichnet. Mit `param` werden entsprechende Parameter (siehe Tabelle 6.2) angegeben. Diese können auch global über den Befehl `\psset` festgelegt werden. Die komplette Liste der Linienparameter finden Sie in Kapitel 6.2.5.

Parameter	Beschreibung	Standardwert
linewidth=dim	Legt die Dicke einer Linie fest.	0.8 pt
linecolor=color	Legt die Zeichenfarbe fest.	black
linearc=dim	Legt den Radius an den Eckpunkten für die Befehle `\psline` und `\pspolygon` fest.	0 pt

Tabelle 6.2: Linienparameter

Mit dem Wert `arrows` wird jeweils der Anfangs- und Endpunkt der Linie genauer festgelegt. Eine Linie ohne besondere Endpunkte wird über „-“ festgelegt. Mehr darüber in Kapitel 6.2.6 auf Seite 340.

Im nachfolgenden Beispiel 6.23 wird eine Linie mit drei Koordinaten festgelgt.

Damit die Zeichnung besser nachvollzogen werden kann, wird zusätzlich ein Gitternetz mit Koordinaten mit dem Befehl `\psgrid` über die Zeichnung gelegt. Mehr zu diesem Befehl in Kapitel 6.2.13 auf Seite 360.

```
\psset{xunit=1cm,yunit=1cm,runit=1cm}
\begin{pspicture}(-0.5,-0.5)(4,2)
  \psgrid[subgriddiv=1,%
          griddots=10,%
          gridlabels=7pt](0,0)(4,2)
  \psline[linewidth=2pt]{-}%
         (0,0)(2,2)(4,0)
\end{pspicture}
```

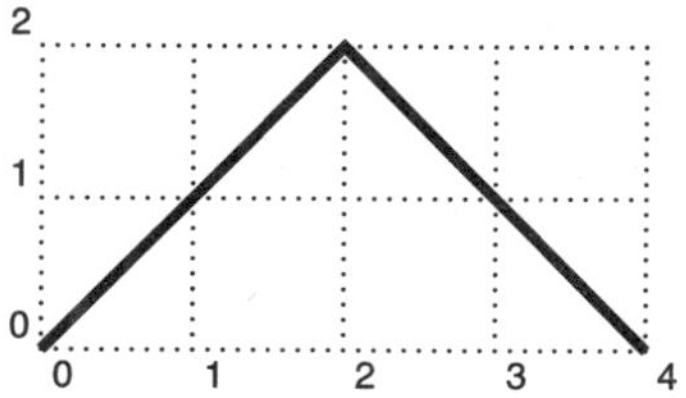

Listing 6.23: Linien zeichnen

> ☞ **Zeilenumbruch bei Befehlen**
>
> Wenn Sie einen Zeilenumbruch bei Befehlen durchführen wollen, um diese besser zu strukturieren, so müssen Sie am Zeilenende ein ’%’-Zeichen setzen. So wird beim Durchlauf das Zeilenende als Kommentar gesehen und nicht interpretiert.

Gitternetz mit Koordinaten

Das Gitternetz mit Koordinaten wird mit dem Befehl `\psgrid` und vielen Parametern gezeichnet. Damit man nicht so viel eingeben muss, wird dazu ein eigener Befehl definiert (mehr zur Gitternetzen auf Seite 360).

```
\newcommand{\mypsgrid}[1]{\psgrid[subgriddiv=1,griddots=10,
                                  gridlabels=7pt]#1}
```

Der Aufruf lautet dann: `\mypsgrid{(0,0)(4,2)}`

Gekrümmte Linien

Verwendet man zusätzlich den Parameter `linearc`, so wird jeder Knick durch einen Kreisbogen gerundet (siehe Listing 6.24).

```
\psset{xunit=1cm,yunit=1cm,runit=1cm}
\begin{pspicture}(-0.5,-0.5)(4,2)
  \mypsgrid{(0,0)(4,2)}
  \psline[linearc=0.3,%
          linewidth=2pt]{-}%
         (0,0)(2,2)(4,0)
\end{pspicture}
```

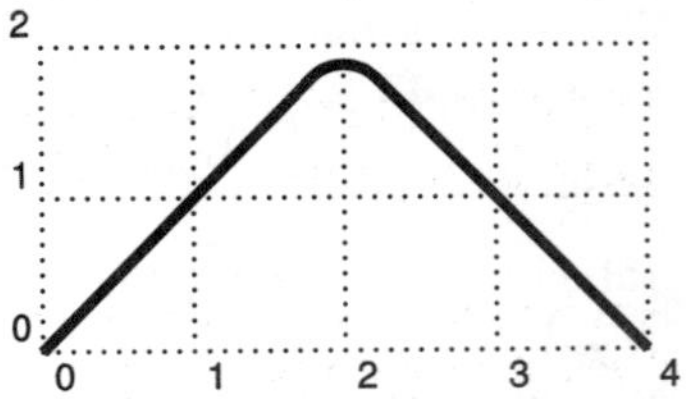

Listing 6.24: Gebogene Linie zeichnen

Linienobjekt füllen

Verwendet man die Sternvariante von `\psline`, so wird das gezeichnete Objekt zu einem geschlossenen Zug ergänzt und mit der Zeichenfarbe ausgefüllt (siehe Listing 6.25).

```
\psset{xunit=1cm,yunit=1cm,runit=1cm}
\begin{pspicture}(-0.5,-0.5)(4,2)
  \mypsgrid{(0,0)(4,2)}
  \psline*[linearc=0.3,linewidth=2pt,%
          linecolor=lightgray]%
          {-}(0,0)(2,2)(4,0)
\end{pspicture}
```

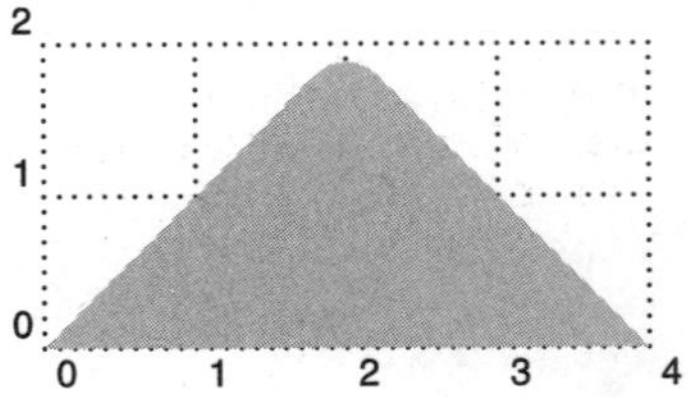

Listing 6.25: Gefülltes Linienobjekt

Gerade Linien

Für einfache Linien bietet `PSTricks` noch den Befehl `\qline` an.

Der allgemeine Aufruf dabei lautet:

```
\qline(<x0>,<y0>)(<x1>,<y1>)
```

Dabei werden die Standardeinstellungen über `\psset` verwendet und es wird nur eine Linie (Gerade) gezeichnet.

```
\psset{xunit=1cm,yunit=1cm,runit=1cm}
\begin{pspicture}(-0.5,-0.5)(4,2)
  \mypsgrid{(0,0)(4,2)}
  \qline(0,0)(4,2)
\end{pspicture}
```

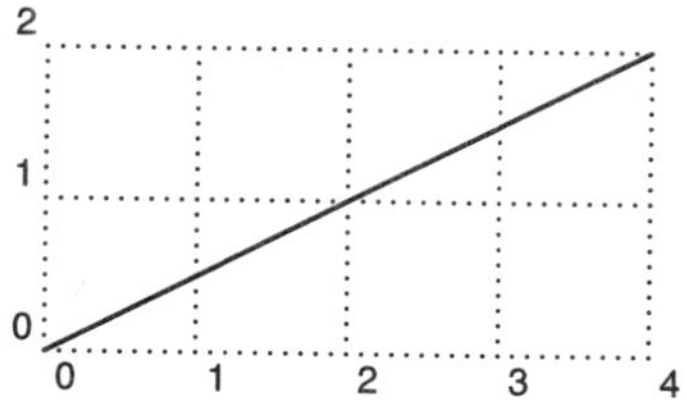

Listing 6.26: Einfache Geraden zeichnen

Polygone zeichnen

Polygone werden mit dem Befehl `\pspolygon` gezeichnet.

Der allgemeine Aufruf lautet:

```
\pspolygon[<param>](<x0>,<y0>)(<x1>,<y1>)\dots (<xn>,<yn>)
```

Der Befehl verhält sich wie der Befehl `\psline`, jedoch wird eine geschlossene Linie gezeichnet (siehe Listing 6.27).

```
\psset{xunit=1cm,yunit=1cm,runit=1cm}
\begin{pspicture}(-0.5,-0.5)(4,2)
  \mypsgrid{(0,0)(4,2)}
  \pspolygon[linearc=0.1,%
             linewidth=2pt]%
             (0.5,0.5)(2,2)(4,2)(3,1)
\end{pspicture}
```

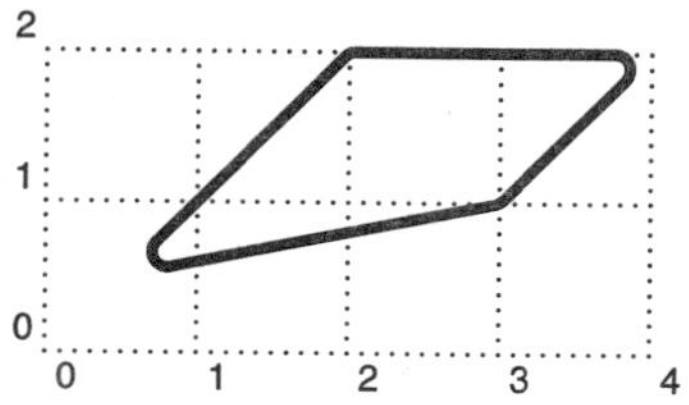

Listing 6.27: Polygon zeichnen

Wie beim `\psline`-Befehl wird auch hier mit der Sternvariante der Innenraum der geschlossenen Linie ausgemalt (siehe Listing 6.28).

```
\psset{xunit=1cm,yunit=1cm,runit=1cm}
\begin{pspicture}(-0.5,-0.5)(4,2)
  \mypsgrid{(0,0)(4,2)}
  \pspolygon*[linearc=0.2,linewidth=2pt,%
              linecolor=lightgray]%
              (0.1,0)(0.1,2)%
              (3.9,0)(3.9,2)
\end{pspicture}
```

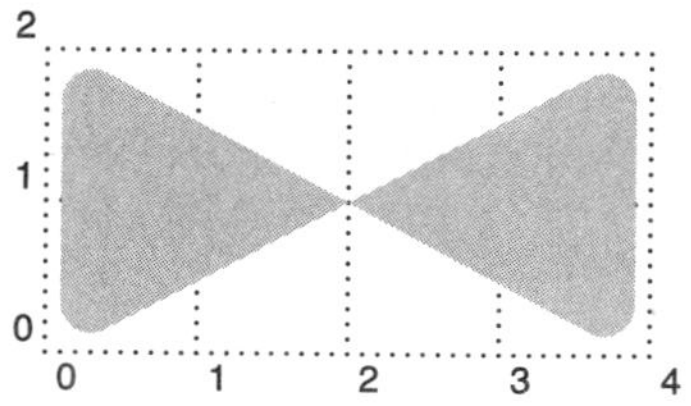

Listing 6.28: Gefülltes Polygon zeichnen

Es steht ein Ergänzungspaket zur Verfügung, mit dem komplexere Polygone gezeichnet werden können. Mehr dazu in Kapitel 6.2.34 auf Seite 448.

Rechtecke zeichnen

Rechtecke werden mit dem Befehl `\psframe` gezeichnet.

Der allgemeine Aufruf lautet:

```
\psframe[<param>](<x0>,<y0>)(<x1>,<x2>)
```

Dabei wird mit dem ersten Wert die linke untere Ecke und mit dem zweiten Wert die rechte obere Ecke angegeben.

Im nachfolgenden Beispiel 6.29 werden zwei Rechtecke ineinander gezeichnet.

```
\psset{xunit=1cm,yunit=1cm,runit=1cm}
\begin{pspicture}(0,0)(4,2)
  \psframe[linewidth=2pt]%
          (0,0)(4,2)
  \psframe(0.5,0.5)(3.5,1.5)
\end{pspicture}
```

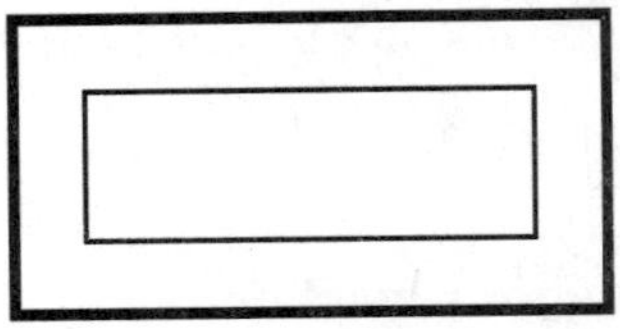

Listing 6.29: Rechtecke zeichnen

Zusätzlich können hier weitere Parameter verwendet werden (siehe Tabelle 6.3). Die komplette Liste der Füllparameter finden Sie in Kapitel 6.2.7 auf Seite 343.

Parameter	Beschreibung	Standardwert
fillstyle	Legt den Typ für die Füllung von Objekten fest.	none
fillcolor	Legt die Füllfarbe fest.	white
framearc	Legt den Eckradius für den Rahmen fest.	0

Tabelle 6.3: Füllparameter

Die Sternvariante füllt den umschlossenen Bereich mit der Linienfarbe aus (siehe Listing 6.30).

```
\psset{xunit=1cm,yunit=1cm,runit=1cm}
\begin{pspicture}(0,0)(4,2)
  \psframe[linewidth=2pt,%
           framearc=0.2,%
           fillstyle=solid,%
           fillcolor=lightgray]%
          (0,0)(4,2)
  \psframe*[linecolor=white]%
           (0.5,0.5)(3.5,1.5)
\end{pspicture}
```

Listing 6.30: Rechtecke zeichnen

Rauten zeichnen

Rauten werden mit dem Befehl `\psdiamond` gezeichnet.

Der allgemeine Aufruf lautet:

```
\psdiamond[<param>](<x0>,<y0>)(<x1>,<y1>)
```

Dabei legt `(x0,y0)` den Mittelpunkt fest, `x1` den horizontalen Abstand neben dem Mittelpunkt und `y1` den vertikalen Abstand über dem Mittelpunkt. Die beiden anderen Ecken werden spiegelbildlich erzeugt (siehe Listing 6.31 auf der nächsten Seite). Verwendet man die Sternvariante, so wird der Inhalt mit der Linienfarbe gefüllt.

```
\psset{xunit=1cm,yunit=1cm,runit=1cm}
\begin{pspicture}(-0.5,-0.5)(4,2)
  \mypsgrid{(0,0)(4,2)}
  \psdiamond[fillstyle=solid,%
             fillcolor=lightgray]%
            (2,1)(2,1)
  \psdiamond*(2,1)(0.5,0.5)
\end{pspicture}
```

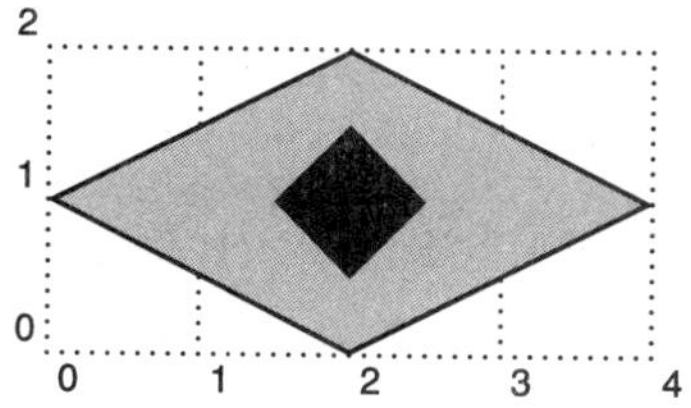

Listing 6.31: Rauten zeichnen

Mit dem Parameter `gangle` ist es möglich, die Raute um einen entsprechenden Winkel zu drehen (siehe Listing 6.32).

```
\psset{xunit=1cm,yunit=1cm,runit=1cm}
\begin{pspicture}(-0.5,-0.5)(4,2)
  \mypsgrid{(0,0)(4,2)}
  \psdiamond[gangle=30,%
             fillstyle=solid,%
             fillcolor=lightgray]%
            (2,1)(1.5,0.5)
\end{pspicture}
```

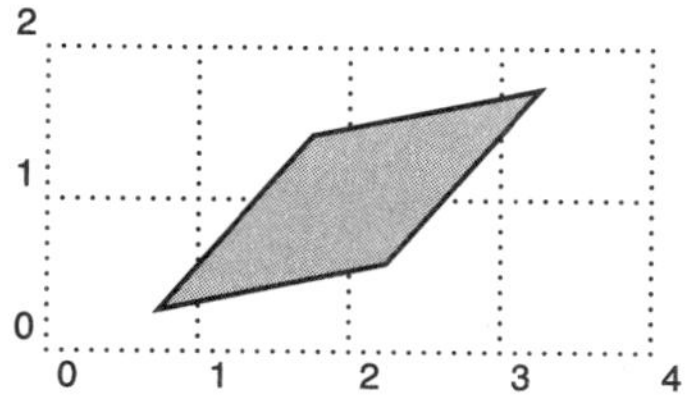

Listing 6.32: Raute drehen

Dreiecke zeichnen

Dreiecke werden mit dem Befehl `\pstriangle` gezeichnet.

Der allgemeine Aufruf lautet:

```
\pstriangle[<param>](<x0>,<y0>)(<x1>,<y1>)
```

Dabei legt `(x0,y0)` den Mittelpunkt der Basislinie fest, mit `x1` wird die Breite und mit `y1` die Höhe bestimmt (siehe Listing 6.33). Verwendet man die Sternvariante, so wird der Inhalt mit der Linienfarbe gefüllt.

```
\psset{xunit=1cm,yunit=1cm,runit=1cm}
\begin{pspicture}(-0.5,-0.5)(4,2)
  \mypsgrid{(0,0)(4,2)}
  \pstriangle[linewidth=2pt]%
             (2,0.5)(3.5,1)
\end{pspicture}
```

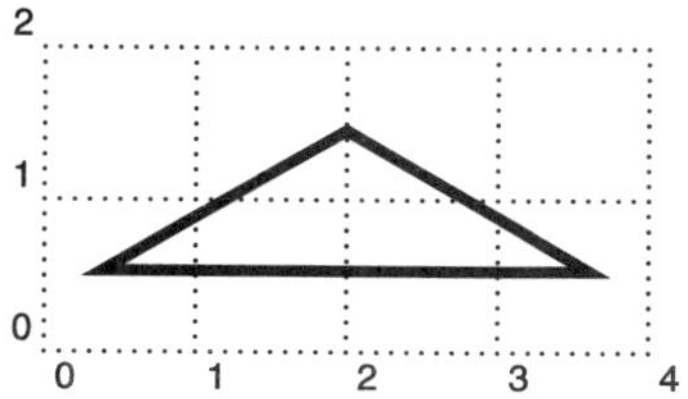

Listing 6.33: Dreieck zeichnen

Auch hier kann man mit dem Parameter `gangle` das Dreieck um einen entsprechenden Winkel drehen (siehe Listing 6.34).

```
\psset{xunit=1cm,yunit=1cm,runit=1cm}
\begin{pspicture}(-0.5,-0.5)(4,2)
  \mypsgrid{(0,0)(4,2)}
  \pstriangle*[gangle=10,%
               linecolor=lightgray]%
               (2,0.5)(3.5,1)
\end{pspicture}
```

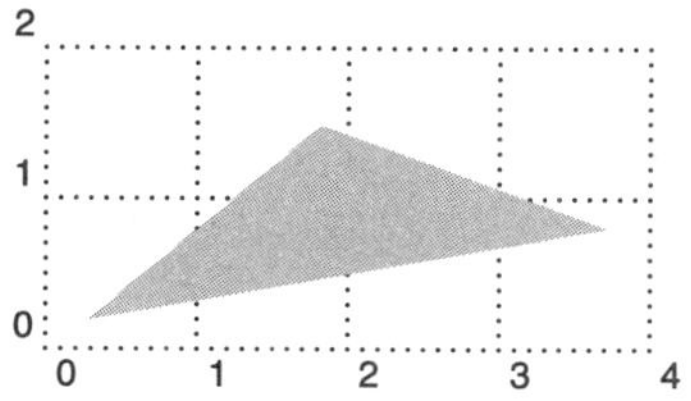

Listing 6.34: Dreieck drehen

6.2.5 Linientypen

Bis jetzt haben Sie schon einige Parameter kennengelernt, mit denen man Linien beeinflussen kann. Es gibt jedoch noch viel mehr Möglichkeiten.

- **linestyle=style**
  Legt den zu verwendenden Linientyp fest.
  - **none**
    `\psline[linestyle=none]{-}(0,0)(5,0)`
    Es wird keine Linie gezeichnet.
  - **solid**
    `\psline[linestyle=solid]{-}(0,0)(5,0)`
    Es wird eine durchgezogene Linie gezeichnet (Standard).
  - **dashed**
    `\psline[linestyle=dashed]{-}(0,0)(5,0)`
    Es wird eine gestrichelte Linie gezeichnet.
  - **dotted**
    `\psline[linestyle=dotted]{-}(0,0)(5,0)`
    Es wird eine gepunktete Linie gezeichnet.
- **dash=dim1 dim2**
  Legt die Längen (Strich - Leerraum) für gestrichelte Linien fest. Der Standard ist hier 5 pt und 3 pt.
  `\psline[linestyle=dashed,dash=10pt 3pt]{-}(0,0)(5,0)`
- **dotsep=dim**
  Legt den Punktabstand bei einer Punktlinie fest. Der Standard ist hier 3 pt.
  `\psline[linestyle=dotted,dotsep=10pt]{-}(0,0)(5,0)`
- **border=dim**
  Legt den Rand um ein Objekt fest. Dadurch lassen sich z. B. Linien optisch über andere Linien legen. Der Standard ist hier 0 pt.

```
\psset{xunit=1cm,yunit=1cm,runit=1cm}
\begin{pspicture}(0,0)(3,2)
  \psline(0,0)(3,2)
  \psline[border=2pt](0,2)(3,0)
\end{pspicture}
```

- **bordercolor=color**
  Legt die Farbe für den Rahmen fest. Der Standardwert ist hier `white`.

```
\psset{xunit=1cm,yunit=1cm,runit=1cm}
\begin{pspicture}(0,0)(3,2)
  \psframe*[linecolor=gray](0,0)(3,2)
  \psset{linecolor=white,linewidth=2pt}
  \psline(0.5,0.5)(2.5,1.5)
  \psline[bordercolor=gray,border=4pt
      ] (0.5,1.5)(2.5,0.5)
\end{pspicture}
```

- **doubleline=true/false**
  Legt fest, ob eine Doppellinie gezeichnet werden soll. Der Standard ist hier `false`.

```
\psline[doubleline=true]{-}(0,0)(5,0)
```

- **doublesep=dim**
  Legt den Abstand bei einer Doppellinie fest. Der Standard ist hier das 1.25-fache der Liniendicke.

```
\psline[doubleline=true,doublesep=3pt]{-}(0,0)(5,0)
```

- **doublecolor**
  Legt die Farbe für den Zwischenraum einer Doppellinie fest. Der Standard ist `white`.

```
\psset{xunit=1cm,yunit=1cm,runit=1cm}
\begin{pspicture}(0,0)(3,2)
  \psframe*[linecolor=lightgray](0,0)(3,2)
  \psline[doubleline=true,linewidth=2pt,%
          doublesep=3pt,doublecolor=white]%
          {->}(0.2,0.2)(2.8,1.8)
\end{pspicture}
```

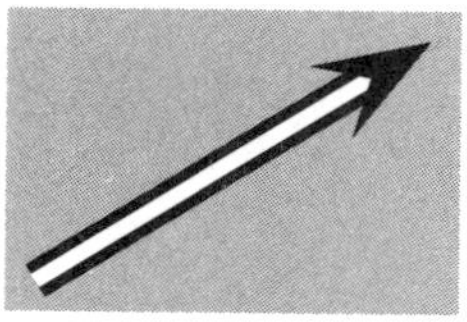

- **shadow=true/false**
  Legt fest, ob eine Linie einen Schatten haben soll. Der Standard ist hier `false`. Mit einem Zusatzpaket kann der Schatten noch genauer bestimmt werden (siehe dazu Kapitel 6.2.21 auf Seite 379).

```
\psline[linewidth=1pt,shadow=true]{-}(0,0)(5,0)
```

- **shadowsize=dim**
  Legt den Abstand zum Original fest. Der Standard ist hier 3 pt.

```
\psline[linewidth=1pt,shadow=true,
      shadowsize=5pt]{-}(0,0)(5,0)
```

- **shadowangle=angle**
  Legt den Winkel für den Schatten fest. Der Standard ist hier -45°.

```
\psline[linewidth=1pt,shadow=true,shadowangle=45]{-}(0,0)(5,0)
```

- **shadowcolor=color**
  Legt die Farbe für den Schatten fest. Der Standard ist hier `darkgray`.

```
\psline[linewidth=2pt,shadowsize=5pt,shadow=true,
      shadowcolor=lightgray]{-}(0,0)(5,0)
```

- **dimen=outer/inner/middle**
  Damit wird festgelegt, ob bei geschlossenen Objekten die Maßeinheiten für Innen, Außen oder die Mitte der Linie gelten. Der Standard ist hier `outer`.

```
\psset{xunit=1cm,yunit=1cm,runit=1cm,%
       linecolor=gray}
\begin{pspicture}(-0.5,-0.5)(4,7)
  \mypsgrid{(0,0)(4,7)}
  \psset{linewidth=5pt}
  \psframe[dimen=middle](1,5)(3,6)
  \psframe[dimen=outer](1,3)(3,4)
  \psframe[dimen=inner](1,1)(3,2)
\end{pspicture}
```

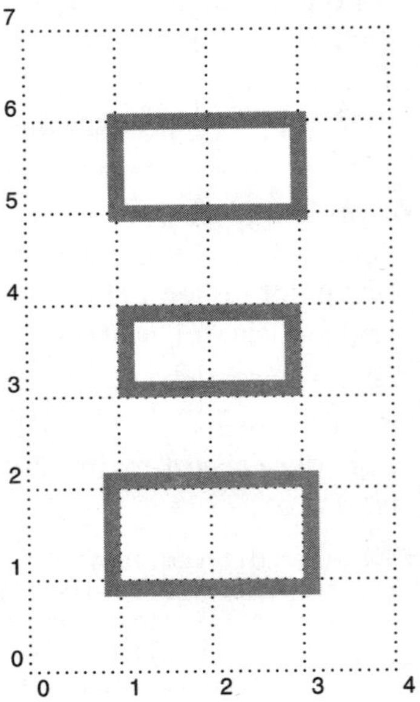

6.2.6 Linienendungen

Eine Linie kann auf verschiedene Weise abgeschlossen werden, etwa durch einen Pfeil, eine Rundung oder viele andere Darstellungsformen. Mit dem Parameter `arrows` bzw. mit den entsprechenden Parametern bei `\psline` wird die Endung festgelegt. Tabelle 6.4 auf der nächsten Seite zeigt die verschiedenen Möglichkeiten, die auch untereinander kombiniert werden können.

Nachfolgende beiden Befehle sind identisch:

```
\psline[arrows=->](0,0)(1,1)
\psline{->}(0,0)(1,1)
```

Wie Rundungen etc. am Linienende verwendet werden, zeigt Beispiel 6.35 auf Seite 342.

<table>
<tr><th>Wert</th><th>Beispiel</th><th>Code</th><th>Beschreibung</th></tr>
<tr><td>-</td><td></td><td>\psline{-}(0,0)(2,0)</td><td>keine Endung</td></tr>
<tr><td>-></td><td></td><td>\psline{->}(0,0)(2,0)</td><td>Pfeil rechts</td></tr>
<tr><td><-</td><td></td><td>\psline{<-}(0,0)(2,0)</td><td>Pfeil links</td></tr>
<tr><td><-></td><td></td><td>\psline{<->}(0,0)(2,0)</td><td>Pfeil an beiden Endungen</td></tr>
<tr><td>>-<</td><td></td><td>\psline{>-<}(0,0)(2,0)</td><td>Pfeil nach Innen</td></tr>
<tr><td><<->></td><td></td><td>\psline{<<->>}(0,0)(2,0)</td><td>Doppelpfeil</td></tr>
<tr><td>>>-<<</td><td></td><td>\psline{>>-<<}(0,0)(2,0)</td><td>Doppelpfeil nach Innen</td></tr>
<tr><td>|-|</td><td></td><td>\psline{|-|}(0,0)(2,0)</td><td>T-Abschluss; am Endpunkt ausgerichtet</td></tr>
<tr><td>|*-|*</td><td></td><td>\psline{|*-|*}(0,0)(2,0)</td><td>T-Abschluss; mittig am Endpunkt ausgerichtet</td></tr>
<tr><td>|<->|</td><td></td><td>\psline{|<->|}(0,0)(2,0)</td><td>T-Abschluss mit Pfeil; am Endpunkt ausgerichtet</td></tr>
<tr><td>|<*->|*</td><td></td><td>\psline{|<*->|*}(0,0)(2,0)</td><td>T-Abschluss mit Pfeil; mittig am Endpunkt ausgerichtet</td></tr>
<tr><td>[-]</td><td></td><td>\psline{[-]}(0,0)(2,0)</td><td>Eckige Klammern</td></tr>
<tr><td>(-)</td><td></td><td>\psline{(-)}(0,0)(2,0)</td><td>Runde Klammern</td></tr>
<tr><td>o-o</td><td></td><td>\psline{o-o}(0,0)(2,0)</td><td>Kreise; mittig am Endpunkt ausgerichtet</td></tr>
<tr><td>*-*</td><td></td><td>\psline{*-*}(0,0)(2,0)</td><td>Kreise mit Füllung; mittig am Endpunkt ausgerichtet</td></tr>
<tr><td>oo-oo</td><td></td><td>\psline{oo-oo}(0,0)(2,0)</td><td>Kreise; am Endpunkt ausgerichtet</td></tr>
<tr><td>**-**</td><td></td><td>\psline{**-**}(0,0)(2,0)</td><td>Kreise mit Füllung; am Endpunkt ausgerichtet</td></tr>
</table>

Tabelle 6.4: Linienendungen

```
\psset{xunit=1cm,yunit=1cm,runit=1cm,%
      linewidth=0.5cm,linecolor=gray}
\begin{pspicture}(-0.5,-0.5)(4,2)
  \mypsgrid{(0,0)(4,2)}
  \psline{-}(0.5,0.5)(0.5,1.5)
  \psline{c-c}(1.5,0.5)(1.5,1.5)
  \psline{cc-cc}(2.5,0.5)(2.5,1.5)
  \psline{C-C}(3.5,0.5)(3.5,1.5)
\end{pspicture}
```

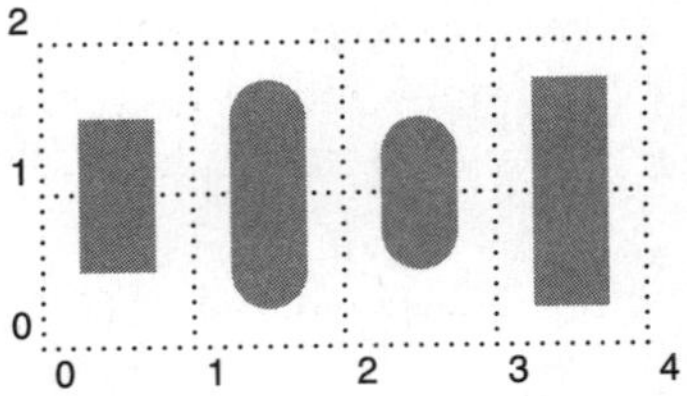

Listing 6.35: Rundungen etc. am Linienende

Folgende Parameter beeinflussen die Darstellung der Endpunkte:

- **arrowsize=dim „num“**
  Legt die Breite des Pfeiles fest. Wird der Parameter `num` zusätzlich verwendet, so wird `num x linewidth` dazu addiert.

- **arrowlength=num**
  Legt die Länge des Pfeiles fest.

- **arrowinset=num**
  Legt den Abstand des Einrückens des Pfeiles fest.

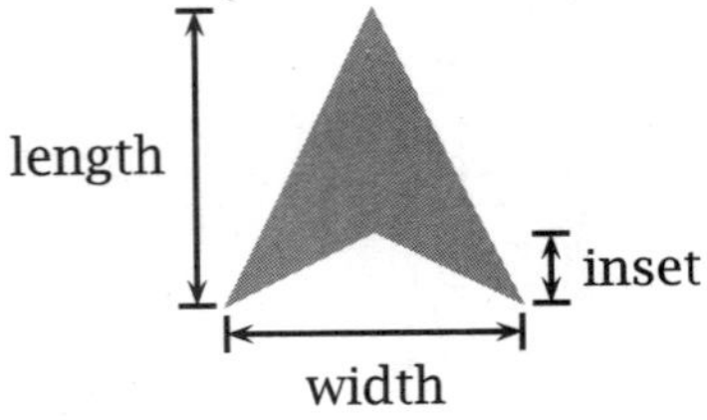

$$\begin{aligned} \text{arrowsize} &= \text{dim num} \\ \text{width} &= \text{num} \times \text{linewidth} + \text{dim} \\ \text{length} &= \text{arrowlength} \times \text{width} \\ \text{inset} &= \text{arrowinset} \times \text{height} \end{aligned}$$

- **tbarsize=dim „num“**
  Legt die Breite eines T-Abschlusses (bzw. eckige oder runde Klammern) fest. Wird der Parameter `num` zusätzlich verwendet, so wird `num x linewidth` dazu addiert.

  `\psline{[-]}(0,0)(2,0)`   `\psline[[tbarsize=15pt]{[-]}(0,0)(2,0)`

- **bracketlength=num**
  Legt die Länge des eckigen Abschlusses fest.

  `\psline{[-]}(0,0)(2,0)`   `\psline[[bracketlength=2]{[-]}(0,0)(2,0)`

- **rbracketlength=num**
  Legt die Länge des runden Abschlusses fest.

  `\psline{(-)}(0,0)(2,0)`   `\psline[[rbracketlength=2]{(-)}(0,0)(2,0)`

- **dotsize=dim „num“**
  Legt den Durchmesser des Kreises für den Abschluss fest. Wird der Parameter num zusätzlich verwendet, so wird num x linewidth hinzu addiert.

```
\psline{oo-oo}(0,0)(2,0)
```

```
\psline[[dotsize=10pt]{oo-oo}(0,0)(2,0)
```

- **arrowscale=num1 „num2“**
  Dies streckt die Breite des Pfeiles mit dem Wert num1 und die Länge (Höhe) mit dem Wert num2. Wird num2 nicht angegeben, so wird in beide Richtungen mit num1 gestreckt.

```
\psline{<->}(0,0)(2,0)
```

```
\psline[arrowscale=3]{<->}(0,0)(2,0)
```

6.2.7 Füllstile

Für geschlossene Objekte lassen sich auch Füllstile definieren.

- **fillstyle=style**
  Legt den zu verwendenden Linientyp fest. Mögliche Werte sind none, solid, vlines*, hlines, crosshatch und crosshatch*. Für die Werte vlines, hlines und crosshatch müssen zusätzlich die vier Parameter hatchwidth, hatchsep, hatchcolor und hatchangle beachtet werden.

- **none**
  Es wird keine Füllung verwendet (Standard).

```
\psset{xunit=1cm,yunit=1cm,runit=1cm}
\begin{pspicture}(0,0)(4,2)
  \psset{linewidth=2pt}
  \psframe[linewidth=2pt,%
          fillstyle=none]%
        (0,0)(4,2)
\end{pspicture}
```

- **solid**
  Es wird eine einheitliche Füllung verwendet. Dazu muss zusätzlich eine Füllfarbe angegeben werden.

```
\psset{xunit=1cm,yunit=1cm,runit=1cm}
\begin{pspicture}(0,0)(4,2)
  \psset{linewidth=2pt}
  \psframe[linewidth=2pt,%
          fillstyle=solid,%
          fillcolor=lightgray]%
        (0,0)(4,2)
\end{pspicture}
```

- **fillcolor=color**
  Legt die Farbe für die Füllung fest.

- **hatchwidth=dim**
  Legt die Dicke der Fülllinien fest. Der Standard ist hier 0.8 pt.

- **hatchsep=dim**
  Legt den Abstand zwischen den Linien fest. Der Standard ist hier 4 pt.

- **hatchcolor=color**
  Legt die Farbe der Linien fest. Der Standard ist hier `black`.

- **hatchangle=rot**
  Legt den Winkel in Grad fest, wie die Linien gedreht werden. Der Standard ist hier 45°. Bei dem Wert `vlines` bedeutet die Standardeinstellung, dass die Linien von rechts unten nach links oben im 45°- Winkel liegen.

- **vlines**
  Es werden vertikale Linien als Füllung verwendet.

```
\psset{xunit=1cm,yunit=1cm,runit=1cm}
\begin{pspicture}(0,0)(4,2)
  \psset{linewidth=2pt}
  \psframe[linewidth=2pt,%
           hatchangle=0,%
           fillstyle=vlines]%
          (0,0)(4,2)
\end{pspicture}
```

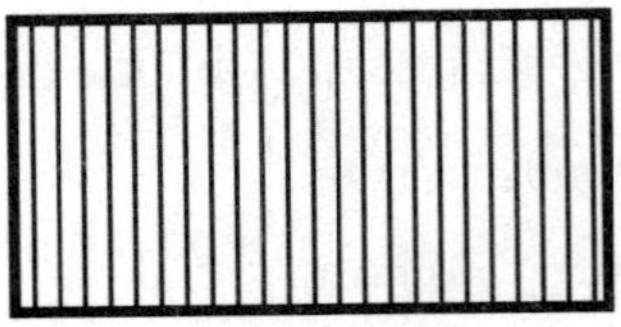

- **vlines***
  Es werden vertikale Linien als Füllung verwendet, dabei wird das Objekt mit der Hintergrundfarbe gefüllt, wie bei der Einstellung `solid`.

```
\psset{xunit=1cm,yunit=1cm,runit=1cm}
\begin{pspicture}(0,0)(4,2)
  \psset{linewidth=2pt}
  \psframe[linewidth=2pt,%
           hatchangle=0,%
           fillcolor=lightgray,%
           fillstyle=vlines*]%
          (0,0)(4,2)
\end{pspicture}
```

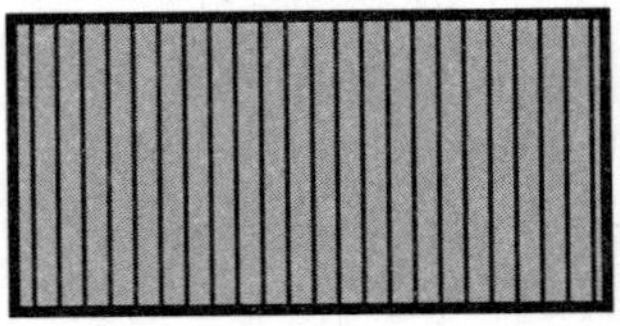

- **vlines mit Angabe eines Drehwinkels**
  Es werden vertikale Linien (gedreht) als Füllung verwendet.

```
\psset{xunit=1cm,yunit=1cm,runit=1cm}
\begin{pspicture}(0,0)(4,2)
  \psset{linewidth=2pt}
  \psframe[linewidth=2pt,%
           hatchangle=30,%
           fillstyle=vlines]%
          (0,0)(4,2)
\end{pspicture}
```

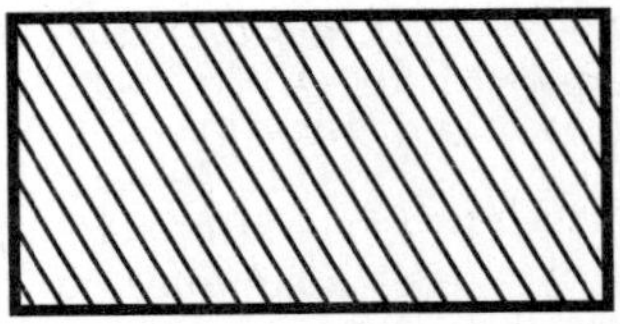

- **hlines**
  Es werden horizontale Linien als Füllung verwendet.

```
\psset{xunit=1cm,yunit=1cm,runit=1cm}
\begin{pspicture}(0,0)(4,2)
  \psset{linewidth=2pt}
  \psframe[linewidth=2pt,%
           hatchangle=0,%
           fillstyle=hlines]%
          (0,0)(4,2)
\end{pspicture}
```

- **hlines***
  Es werden horizontale Linien als Füllung verwendet, dabei wird das Objekt mit der Hintergrundfarbe wie bei der Einstellung `solid` gefüllt.

```
\psset{xunit=1cm,yunit=1cm,runit=1cm}
\begin{pspicture}(0,0)(4,2)
  \psset{linewidth=2pt}
  \psframe[linewidth=2pt,%
           hatchangle=0,%
           fillcolor=lightgray,%
           fillstyle=hlines*]%
          (0,0)(4,2)
\end{pspicture}
```

- **hlines mit Angabe eines Drehwinkels**
  Es werden horizontale Linien (gedreht) als Füllung verwendet.

```
\psset{xunit=1cm,yunit=1cm,runit=1cm}
\begin{pspicture}(0,0)(4,2)
  \psset{linewidth=2pt}
  \psframe[linewidth=2pt,%
           hatchangle=30,%
           fillstyle=hlines]%
          (0,0)(4,2)
\end{pspicture}
```

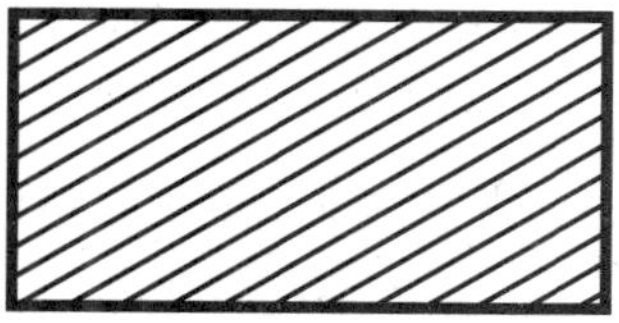

- **crosshatch**
  Es wird ein Gitternetz als Füllung verwendet.

```
\psset{xunit=1cm,yunit=1cm,runit=1cm}
\begin{pspicture}(0,0)(4,2)
  \psset{linewidth=2pt}
  \psframe[linewidth=2pt,%
           hatchangle=0,%
           fillstyle=crosshatch]%
          (0,0)(4,2)
\end{pspicture}
```

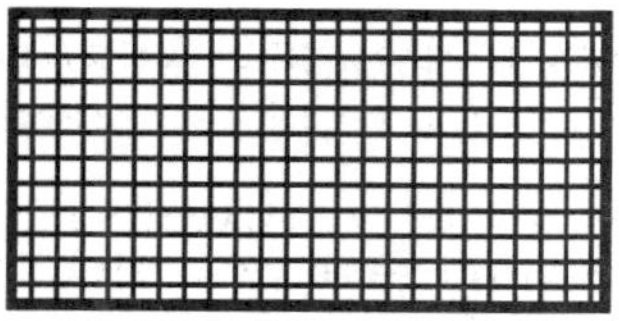

- **crosshatch***
  Es wird ein Gitternetz als Füllung verwendet, dabei wird das Objekt mit der Hintergrundfarbe wie bei der Einstellung `solid` gefüllt.

```
\psset{xunit=1cm,yunit=1cm,runit=1cm}
\begin{pspicture}(0,0)(4,2)
  \psset{linewidth=2pt}
  \psframe[linewidth=2pt,%
          hatchangle=0,%
          fillcolor=lightgray,%
          fillstyle=crosshatch*]%
         (0,0)(4,2)
\end{pspicture}
```

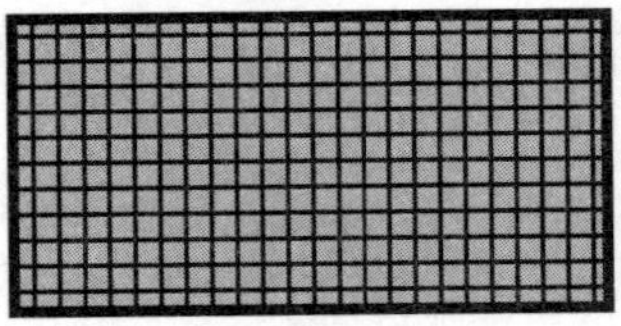

- **crosshatch mit Angabe eines Drehwinkels**
  Es wird ein Gitternetz (gedreht) als Füllung verwendet.

```
\psset{xunit=1cm,yunit=1cm,runit=1cm}
\begin{pspicture}(0,0)(4,2)
  \psset{linewidth=2pt}
  \psframe[linewidth=2pt,%
          hatchangle=45,%
          fillstyle=crosshatch]%
         (0,0)(4,2)
\end{pspicture}
```

Füllungen mit Farbverlauf

`PSTricks` stellt auch Füllstile mit Farbverlauf zur Verfügung. Der Farbverlauf wird dabei über nachfolgende Parameter bestimmt.

- **gradbegin=color**
  Legt die Start-Farbe fest.

- **gradend=color**
  Legt die End-Farbe beim Mittelpunkt fest (siehe `gradmidpoint`).

- **gradlines=int**
  Legt die Anzahl an Übergängen fest. Der Standard ist hier 500. Werden mehr Übergänge verwendet, so wird der Farbverlauf genauer, aber der Rechenaufwand und die Zeit zum Ausdrucken erhöht sich deutlich.

- **gradmidpoint=num**
  Legt die Position des Farbendpunktes fest. Der Standard ist hier 0.9. Der Wert muss zwischen 0 und 1 liegen.

- **gradangle=angle**
  Legt den Drehwinkel des Verlaufs fest. Der Standard ist hier 0°.

Im nachfolgenden Beispiel 6.36 auf der nächsten Seite wird ein Farbverlauf von hellem Grau zu dunklem Grau dargestellt. Der Farbmittelpunkt wird dabei auf die Mitte des Rechtecks gelegt und der Verlauf um 45° gedreht.

```
\psset{xunit=1cm,yunit=1cm,runit=1cm}
\begin{pspicture}(0,0)(4,3)
  \psframe[fillstyle=gradient,%
          gradangle=45,%
          gradbegin=lightgray,%
          gradend=darkgray,%
          gradmidpoint=0.5]%
          (0,0)(4,3)
\end{pspicture}
```

Listing 6.36: Farbverlauf mit zwei Farben

Als Verlaufsfarbe kann jede beliebige Farbe (Grauwerte, RGB ...) verwendet werden.

Soll ein Farbverlauf mit drei Farben verwendet werden, so muss der Bereich in zwei Teile geteilt und jeweils zweimal ein Farbverlauf angegeben werden (siehe Listing 6.37).

```
\psset{xunit=1cm,yunit=1cm,runit=1cm}
\begin{pspicture}(0,0)(4,3)
  \psframe[linestyle=none,%
          fillstyle=gradient,%
          gradangle=90,%
          gradbegin=lightgray,%
          gradend=white,%
          gradmidpoint=1]%
          (0,0)(2,3)
  \psframe[linestyle=none,%
          fillstyle=gradient,%
          gradangle=90,%
          gradbegin=white,%
          gradend=black,%
          gradmidpoint=1]%
          (2,0)(4,3)
  \psframe[linewidth=2pt](0,0)(4,3)
\end{pspicture}
```

Listing 6.37: Farbverlauf mit drei Farben

☞ Weitere Füllmöglichkeiten

Mit den Ergänzungspaketen pst-fill und pst-slpe ergeben sich weitere Möglichkeiten, Bereiche zu füllen. Mehr dazu in Kapitel 6.2.34 auf Seite 439 bzw. auf Seite 452.

6.2.8 Farben und Grauwerte

In `PSTricks` sind schon bestimmte Farben und Grauwerte vordefiniert. Diese sind:

black	white	
gray	lightgray	darkgray
green	blue	yellow
cyan	magenta	red

Desweiteren stellt `PSTricks` vier Befehle zur Verfügung, mit denen Farben bzw. Grauwerte erzeugt werden können.

Farbdefinition mit dem RGB-Modell

Über den Befehl `\newrgbcolor` lassen sich beliebige Farben über die Grundfarben (Rot, Grün und Blau) erzeugen.

Der allgemeine Aufruf dabei lautet:

```
\newrgbcolor{<farbe>}{<r> <g> <b>}
```

Dabei müssen jeweils für `r`, `g` und `b` Werte zwischen 0 und 1 verwendet werden.

Im nachfolgenden Beispiel 6.38 wird eine neue Farbe definiert und eine Linie mit dieser Farbe gezeichnet.

```
\psset{xunit=1cm,yunit=1cm,runit=1cm}
\newrgbcolor{orange}{1 0.6 0.4}
\begin{pspicture}(-0.5,-0.5)(4,2)
  \psline[linewidth=20pt,%
          linecolor=orange]{-}%
         (0,1)(4,1)
\end{pspicture}
```

Listing 6.38: Farben definieren

Grauwerte

Mit dem Befehl `\newgray` lassen sich Grauwerte erzeugen.

Der allgemeine Aufruf dabei lautet:

```
\newgray{<farbe>}{<num>}
```

Dabei muss für `num` ein Wert zwischen 0 (Schwarz) und 1 (Weiß) gewählt werden. Ein Beispiel dazu finden Sie auf Seite 385.

Farbdefinition mit dem HSB-Modell

Mit dem Befehl `\newhsbcolor` lassen sich Farben nach der HSB-Spezifikation erzeugen.

Der allgemeine Aufruf dabei lautet:

```
\newhsbcolor{<farbe>}{<h> <s> <b>}
```

Für die drei Farbkomponenten müssen Werte zwischen 0 und 1 angegeben werden.

> **Farbschema HSB**
> Das HSB-Farbschema (hue-saturation-brightness) stellt Farben mithilfe von Farbton, Sättigung und Helligkeit dar.

Farbdefinition mit dem CMYK-Modell

Mit dem Befehl `\newcmykcolor` lassen sich Farben nach der CMYK-Spezifikation (Cyan, Magenta, Yellow und Schwarzanteil) erzeugen. Dabei werden die Komplementärfarben zu Rot Grün und Blau verwendet.

Der allgemeine Aufruf dabei lautet:

```
\newcmykcolor{<farbe>}{<c> <m> <y> <k>}
```

Die Werte für `c`, `m`, `y` und `k` müssen zwischen 0 und 1 liegen.

6.2.9 Kreise und Ellipsen zeichnen

Kreise werden mit dem Befehl `\pscircle` gezeichnet. Der allgemeine Aufruf dabei lautet:

```
\pscircle[<param>](<x0>,<y0>){<radius>}
```

Der Mittelpunkt wird mit `(x0,y0)` und der Radius über `radius` festgelegt. Wird die Sternvariante verwendet, so wird der Kreis mit der Linienfarbe gefüllt. Im nachfolgenden Beispiel 6.39 werden zwei Kreise gezeichnet.

```
\psset{xunit=1cm,yunit=1cm,runit=1cm}
\begin{pspicture}(-0.5,-0.5)(3,2)
  \mypsgrid{(0,0)(3,2)}
  \pscircle[linewidth=2pt](1.5,1){1cm}
  \pscircle*[linecolor=gray](1.5,1){0.5cm}
\end{pspicture}
```

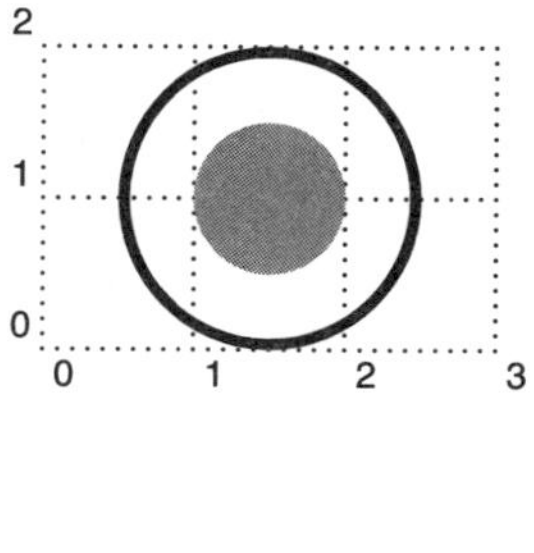

Listing 6.39: Kreise zeichnen

Wie beim `\psline`-Befehl gibt es auch hier eine Kurzvariante mit dem Namen `\qdisk`, die einen gefüllten Kreis (wie `\pscircle*`) zeichnet. Alle Parameter müssen vorher über `\psset` gesetzt werden.

Der allgemeine Aufruf dabei lautet:

```
\qdisk(<x0>,<y0>){<radius>}
```

Im nachfolgenden Beispiel 6.40 wird ein einfacher Kreis (gefüllt) gezeichnet.

```
\psset{xunit=1cm,yunit=1cm,runit=1cm,%
      linecolor=gray}
\begin{pspicture}(-0.5,-0.5)(3,2)
  \mypsgrid{(0,0)(3,2)}
  \qdisk(1.5,1){1cm}
\end{pspicture}
```

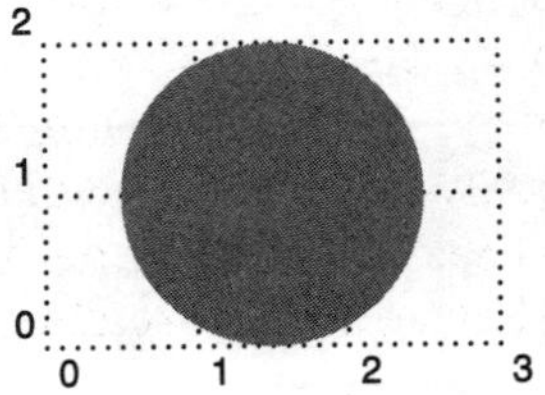

Listing 6.40: Einfache Kreise zeichnen

Kreissektoren zeichnen

Mit dem Befehl `\pswedge` können Kreissektoren gezeichnet werden. Der allgemeine Aufruf dabei lautet:

```
\pswedge[<param>](<x0>,<y0>){<radius>}{<angle1>}{<angle2>}
```

Dabei wird wie beim Kreis der Mittelpunkt mit `(x0,y0)` und der Radius mit `radius` festgelegt. Mit `angle1` wird der Startwinkel für den Sektor und mit `angle2` der Endwinkel festgelegt (gegen den Uhrzeigersinn). Im nachfolgenden Beispiel 6.41 wird ein Kreisabschnitt mit einem Winkel von 70° gezeichnet.

```
\psset{xunit=1cm,yunit=1cm,runit=1cm}
\begin{pspicture}(-0.5,-0.5)(3,2)
  \mypsgrid{(0,0)(3,2)}
  \pswedge[linewidth=2pt](0,0)%
           {2cm}{0}{70}
\end{pspicture}
```

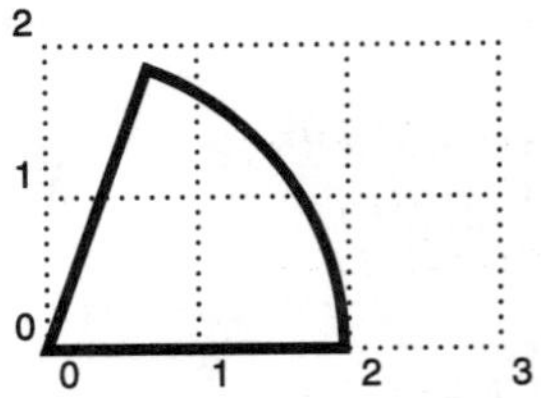

Listing 6.41: Kreissektor zeichnen

Wird die Sternvariante verwendet, so wird der Kreissektor mit der Linienfarbe gefüllt (siehe Listing 6.42).

```
\psset{xunit=1cm,yunit=1cm,runit=1cm}
\begin{pspicture}(-0.5,-0.5)(3,2)
  \mypsgrid{(0,0)(3,2)}
  \pswedge*[linecolor=gray](0,0){2cm}{0}{70}
\end{pspicture}
```

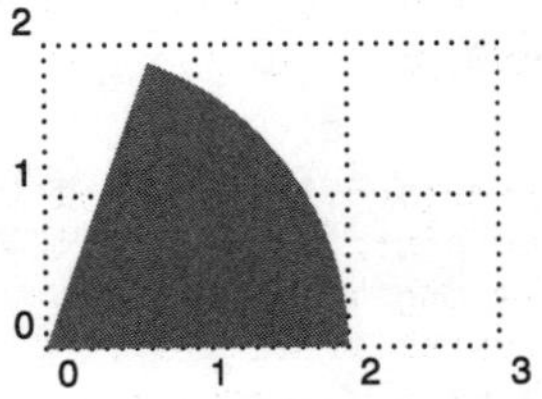

Listing 6.42: Kreissektor mit Füllung zeichnen

Will man stattdessen einen Kreisbogen oder ein Kreissegment ohne Einbezug des Mittelpunktes zeichnen, so hilft der Befehl `\psarc`.

Der allgemeine Aufruf dabei lautet:

```
\psarc[<param>]{<arrows>}(<x0>,<y0>){<radius>}{<angle1>}{<angle2>}
```

Dabei ist es mit dem optionalen Parameter `arrows` möglich, Pfeilspitzen oder Endungen (siehe Kapitel 6.2.6 auf Seite 340) zu verwenden. Mit `(x0,y0)` wird dabei wie beim Kreis der Mittelpunkt und mit `radius` der Kreisradius festgelegt. Der Kreisbogen beginnt bei `angle1` und endet bei `angle2`. Wird die Sternvariante verwendet, so wird aus dem Kreisbogen ein Kreissegment, das mit der Linienfarbe gefüllt ist. Im nachfolgenden Beispiel 6.43 werden mehrere Kreisbögen gezeichnet.

```
\psset{xunit=1cm,yunit=1cm,runit=1cm}
\begin{pspicture}(-0.5,-0.5)(3,2)
  \mypsgrid{(0,0)(3,2)}
  \qdisk(1.5,1){2pt}
  \psarc(1.5,1){1cm}{215}{0}
  \psarc{<->}(1.5,1){1cm}{20}{170}
\end{pspicture}
```

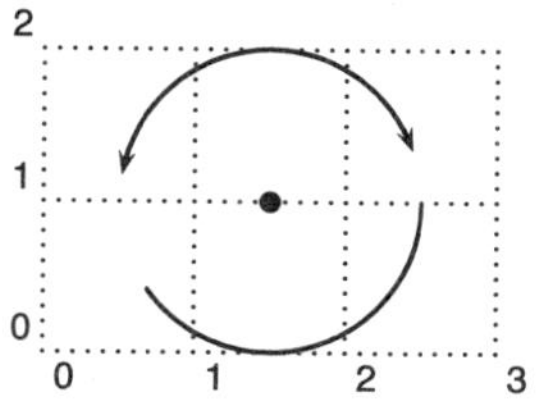

Listing 6.43: Kreisbogen zeichnen

Als Parameter können hier zusätzliche Einstellungen übergeben werden (siehe Tabelle 6.5).

Parameter	Beschreibung	Standardwert
showpoints=true/false	Legt fest, ob vom Mittelpunkt zu den Endungen Strichlinien gezeichnet werden.	false
arcsepA=dim	Legt den zusätzlichen Abstand vom Startpunkt fest.	0 pt
arcsepB=dim	Legt den zusätzlichen Abstand vom Endpunkt fest.	0 pt
arcsep=dim	Legt den zusätzlichen Abstand vom Start- und Endpunkt fest.	0 pt

Tabelle 6.5: Kreisabschnittsparameter

Im nachfolgenden Beispiel 6.44 wird vom Mittelpunkt eine zusätzliche, gestrichelte Hilfslinie gezeichnet.

```
\psset{xunit=1cm,yunit=1cm,runit=1cm}
\begin{pspicture}(-0.5,-0.5)(3,2)
  \mypsgrid{(0,0)(3,2)}
  \qdisk(1.5,1.8){2pt}
  \psarc*[showpoints=true,linecolor=gray]%
        (1.5,1.8){1.5cm}{215}{0}
\end{pspicture}
```

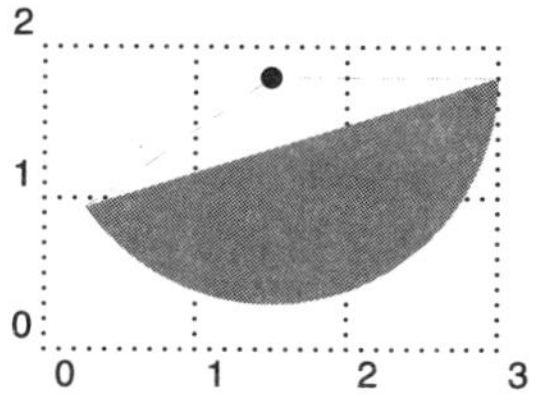

Listing 6.44: Kreissegment füllen

Soll mit `\psarc` ein Winkelabschnitt bemaßt werden, so ist es sinnvoll, wenn die Pfeilspitze einen kleinen Abstand zur Linie hat (siehe Listing 6.45 auf der nächsten Seite). Dazu wird der Parameter `arcsepB` verwendet.

```
\psset{xunit=1cm,yunit=1cm,runit=1cm}
\begin{pspicture}(-0.5,-0.5)(3,2)
  \mypsgrid{(0,0)(3,2)}
  \psline[linewidth=2pt]{-}%
        (3,0)(0,0)(2,2)
  \psarc[linewidth=1pt,%
        arcsepB=3pt]{->}%
       (0,0){2cm}{0}{45}
\end{pspicture}
```

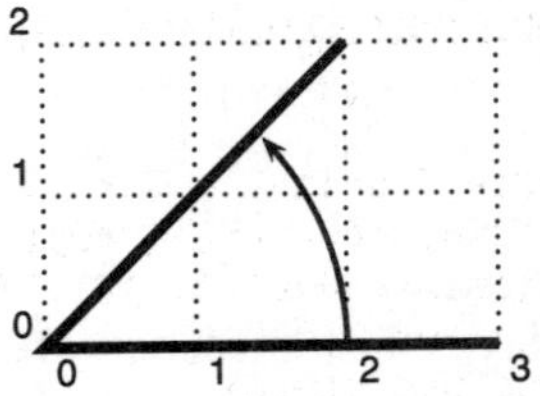

Listing 6.45: Winkel bemaßen

Drehsinn ändern

Bei Kreisabschnitten wird der Winkel immer gegen den Uhrzeigersinn dargestellt, also im mathematischen Drehsinn. Bei manchen Anwendungen kann es aber sinnvoll sein, wenn die Drehrichtung im Uhrzeigersinnn verläuft. Um dies zu ermöglichen, gibt es den Befehl `\psarcn`. Er arbeitet genau wie der Befehl `\psarc`, jedoch mit anderer Drehrichtung.

Ellipsen zeichnen

Mit dem Befehl `\psellipse` wird eine Ellipse gezeichnet. Der allgemeine Aufruf dabei lautet:

```
\psellipse[<param>](<x0>,<y0>)(<x1>,<y1>)
```

Dabei wird mit `(x0,y0)` der Mittelpunkt und mit `(x1,y1)` jeweils die horizontale bzw. vertikale Halbachse der Ellipse festgelegt. Verwendet man auch hier die Sternvariante, so wird die Ellipse mit der Linienfarbe gefüllt. Im nachfolgenden Beispiel 6.46 werden zwei Ellipsen gezeichnet.

```
\psset{xunit=1cm,yunit=1cm,runit=1cm}
\begin{pspicture}(-0.5,-0.5)(3,2.5)
  \mypsgrid{(0,0)(3,2)}
  \psellipse(1.5,1)(1.5,1)
  \psellipse*[linecolor=gray](1.5,1)
  (0.75,0.5)
\end{pspicture}
```

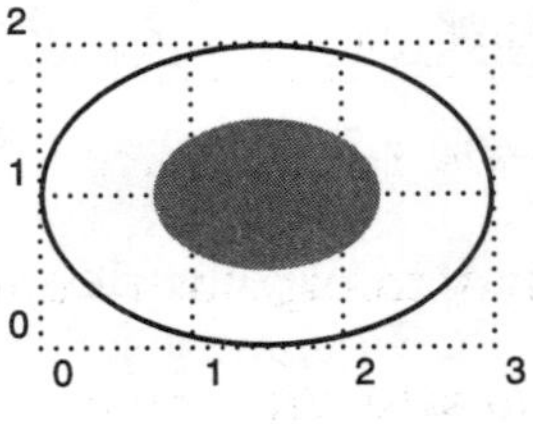

Listing 6.46: Ellipsen zeichnen

6.2.10 Punkte zeichnen

Einzelne Punkte werden mit dem Befehl `\psdot` bzw. mehrere Punkte mit `\psdots` gezeichnet.

Der allgemeine Aufruf dabei lautet:

```
\psdot[<param>](<x0>,<y0>)
\psdots[<param>](<x0>,<y0>)(<x1>,<y1>) ... (<xn>,<yn>)
```

Im nachfolgenden Beispiel 6.47 werden einige Punkte gezeichnet.

```
\psset{xunit=1cm,yunit=1cm,runit=1cm}
\begin{pspicture}(0,0)(3,2)
  \psdots(0,0)(1,1)(1,2)(2,1)
  \psdot(3,2)
\end{pspicture}
```

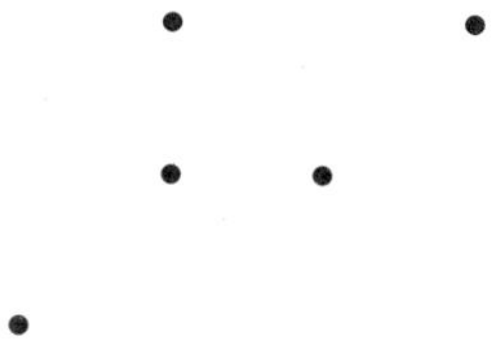

Listing 6.47: Punkte zeichnen

Wie die Punkte gezeichnet werden, legt der Parameter `dotstyle` fest. Tabelle 6.6 zeigt die möglichen Werte.

Stil	Beispiel	Code
*	● ● ●	`\psdots[dotstyle=*](0,0)(0.5,0)(1,0)`
o	○ ○ ○	`\psdots[dotstyle=o](0,0)(0.5,0)(1,0)`
+	+ + +	`\psdots[dotstyle=+](0,0)(0.5,0)(1,0)`
x	× × ×	`\psdots[dotstyle=x](0,0)(0.5,0)(1,0)`
asterisk	∗ ∗ ∗	`\psdots[dotstyle=asterisk](0,0)(0.5,0)(1,0)`
oplus	⊕ ⊕ ⊕	`\psdots[dotstyle=oplus](0,0)(0.5,0)(1,0)`
otimes	⊗ ⊗ ⊗	`\psdots[dotstyle=otimes](0,0)(0.5,0)(1,0)`
|	| | |	`\psdots[dotstyle=|](0,0)(0.5,0)(1,0)`
square	□ □ □	`\psdots[dotstyle=square](0,0)(0.5,0)(1,0)`
square*	■ ■ ■	`\psdots[dotstyle=square*](0,0)(0.5,0)(1,0)`
diamond	◇ ◇ ◇	`\psdots[dotstyle=diamond](0,0)(0.5,0)(1,0)`
diamond*	◆ ◆ ◆	`\psdots[dotstyle=diamond*](0,0)(0.5,0)(1,0)`
triangle	△ △ △	`\psdots[dotstyle=triangle](0,0)(0.5,0)(1,0)`
triangle*	▲ ▲ ▲	`\psdots[dotstyle=triangle*](0,0)(0.5,0)(1,0)`
pentagon	⬠ ⬠ ⬠	`\psdots[dotstyle=pentagon](0,0)(0.5,0)(1,0)`
pentagon*	⬟ ⬟ ⬟	`\psdots[dotstyle=pentagon*](0,0)(0.5,0)(1,0)`

Tabelle 6.6: Punktstile

Mit nachfolgenden Parametern lassen sich die Punkte noch beinflussen.

- **dotsize=dim „num"**
  Legt den Durchmesser des Punktes bzw. des Objektes fest. Wird zusätzlich der optionale Parameter `num` verwendet, so wird `num x linewidth` dazu addiert.

  `\psdot(0,0))` `\psdot[dotsize=10pt](0,0)`

- **dotscale=num1 „num2"**
  Streckt die Punkte horizontal um `num1` und vertikal um `num2`. Wird der optionale Parameter `num2` nicht angegeben, so gilt `num1` für beide Richtungen.

```
\psdot(0,0))
```

```
\psdot[dotscale=5](0,0)
```

- **dotangle=angle**
  Dreht den Punkt bzw. das Objekt um den Winkel `angle`.

```
\psdot[dotstyle=triangle,
      dotscale=5](0,0)
```

```
\psdot[dotstyle=triangle,
      dotscale=5,
      dotangle=30](0,0)
```

6.2.11 Kurven zeichnen

`PSTricks` bietet mehrere Befehle, um Kurven zu zeichnen.

Bézier-Kurven

Mit dem Befehl `\psbezier` werden kubische Bézier-Kurven durch Angabe von Anfangs- und Endpunkt sowie zweier Kontrollpunkte gezeichnet.

Der allgemeine Aufruf dabei lautet:

```
\psbezier[<param>]{<arrows>}(<x0>,<y0>)(<x1>,<y1>)(<x2>,<y2>)(<x3>,<y3>)
```

Dabei wird über `arrows` festgelegt, wie der Beginn bzw. das Ende der Linie (z. B. Pfeile) aussehen soll. Im nachfolgenden Beispiel 6.48 wird eine Bézier-Kurve gezeichnet. Dabei werden die Kontrollpunkte mit dem Parameter `show-points` angezeigt.

```
\psset{xunit=1cm,yunit=1cm,runit=1cm}
\begin{pspicture}(0,0)(3,2)
  \psbezier[showpoints=true,%
           linewidth=2pt]{-}%
          (0,0)(1,2)(2,0.5)(3,2)
\end{pspicture}
```

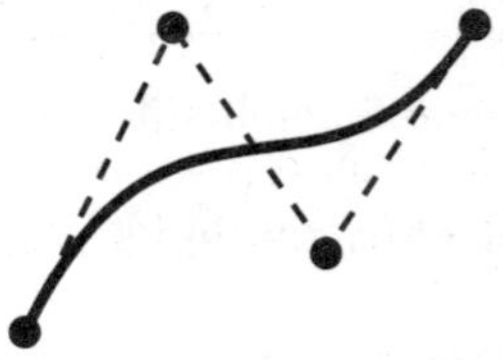

Listing 6.48: Bézierkurve zeichnen

Verwendet man die Sternvariante von `\psbezier`, so wird die Kurve mit der Linienfarbe gefüllt. Dabei wird eine virtuelle Linie zwischen dem ersten und dem letzten Punkt gezogen, der den Füllbereich begrenzt (siehe Listing 6.49).

```
\psset{xunit=1cm,yunit=1cm,runit=1cm}
\begin{pspicture}(0,0)(3,2)
  \psbezier*[linecolor=gray]%
          (0,0)(1,2)(2,0.5)(3,2)
\end{pspicture}
```

Listing 6.49: Gefüllte Bézier-Kurve zeichnen

Parabeln zeichnen

Mit dem Befehl \parabola werden Parabeln gezeichnet. Der allgemeine Aufruf dabei lautet:

```
\parabola[<param>]{<arrows>}(<x0>,<y0>)(<x1>,<y1>)
```

Es wird eine Parabel gezeichnet, die bei (x0,y0) beginnt und den Scheitelpunkt (x1,y1) besitzt. Dabei wird über arrows festgelegt, wie der Beginn bzw. das Ende der Linie (z. B. Pfeile) aussehen soll. Verwendet man die Sternvariante, so wird die Parabel mit der Linienfarbe gefüllt. Im nachfolgenden Beispiel 6.50 werden zwei Parabeln gezeichnet.

```
\psset{xunit=1cm,yunit=1cm,runit=1cm}
\begin{pspicture}(0,0)(3,2)
  \mypsgrid{(0,0)(3,2)}
  \parabola*[linecolor=gray](1,1)(1.5,2)
  \parabola{<->}(0,2)(1.5,0)
\end{pspicture}
```

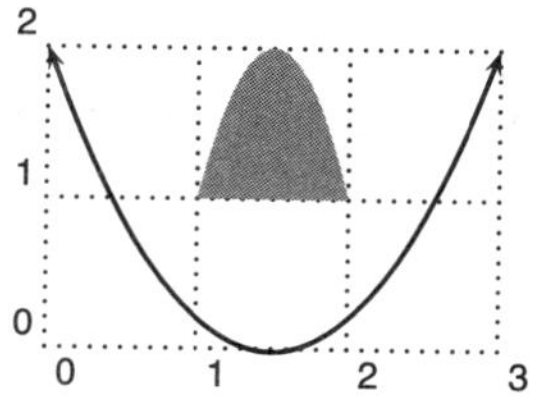

Listing 6.50: Parabeln zeichnen

Komplexere Kurven zeichnen

Um beliebige Kurven anhand einer Folge von Punktdefinition zu zeichnen, dienen die Befehle \pscurve, \psecurve und \psccurve.

Der allgemeine Aufruf dabei lautet:

```
\pscurve[<param>]{<arrows>}(<x0>,<y0>)(<x1>,<y1>) ... (<xn>,<yn>)
\psecurve[<param>]{<arrows>}(<x0>,<y0>)(<x1>,<y1>) ... (<xn>,<yn>)
\psccurve[<param>]{<arrows>}(<x0>,<y0>)(<x1>,<y1>) ... (<xn>,<yn>)
```

Mit \pscurve wird dabei interpoliert über die entsprechenden Punkte eine offene Kurve gezeichnet (siehe Listing 6.51). Dabei werden wiederum mit dem Parameter showpoints die Kontrollpunkte gezeichnet. Die Enden werden über arrows definiert.

```
\psset{xunit=1cm,yunit=1cm,runit=1cm}
\begin{pspicture}(0,0)(3,2)
  \mypsgrid{(0,0)(3,2)}
  \pscurve[showpoints=true]{-}%
          (0,1)(0.5,2)(2,0)(3,1)(2,2)(0.5,0)
\end{pspicture}
```

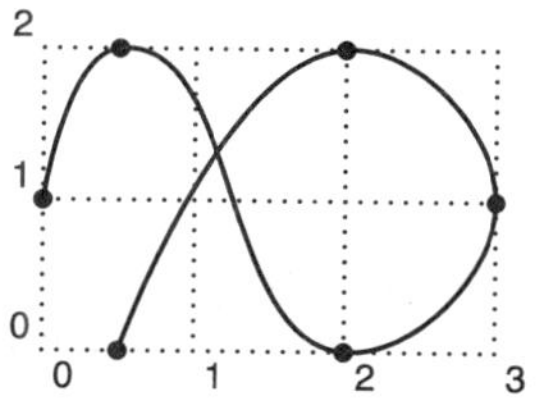

Listing 6.51: Beliebige Kurven zeichnen

Der Befehl \psecurve arbeitet wie der Befehl \pscurve, jedoch werden der erste und der letzte Punkt nur als Kontrollpunkte genommen, aber nicht gezeichnet („e“ steht hier für „endpoints“). Dadurch lässt sich das Verhalten der Kurven an den sichtbaren Endpunkten besser kontrollieren (siehe Listing 6.52 auf der nächsten Seite).

```
\psset{xunit=1cm,yunit=1cm,runit=1cm}
\begin{pspicture}(0,0)(3,2)
  \mypsgrid{(0,0)(3,2)}
  \psecurve[showpoints=true]{-}%
        (0,1)(0.5,2)(2,0)(3,1)(2,2)(0.5,0)
\end{pspicture}
```

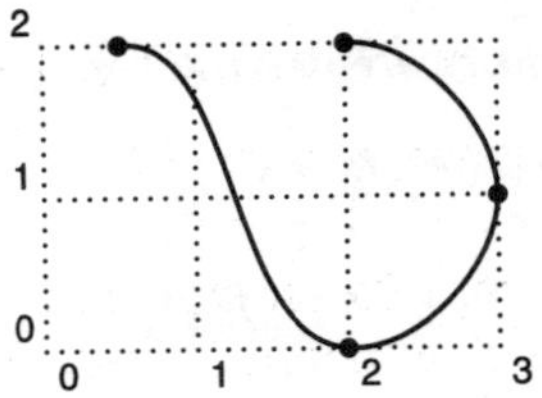

Listing 6.52: Beliebige Kurven zeichnen

Der Befehl `\psccurve` arbeitet wie der Befehl `\pscurve` („c" steht hier für „closed"), jedoch wird eine geschlossene Linie gezeichnet (siehe Listing 6.53).

```
\psset{xunit=1cm,yunit=1cm,runit=1cm}
\begin{pspicture}(0,0)(3,2)
  \mypsgrid{(0,0)(3,2)}
  \psccurve[showpoints=true]%
        (0,1)(0.5,2)(2,0)(3,1)(2,2)(0.5,0)
\end{pspicture}
```

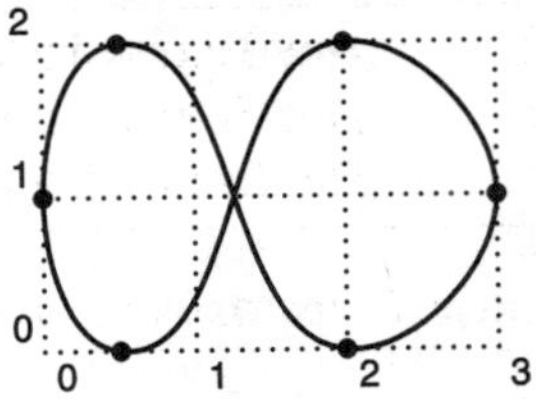

Listing 6.53: Beliebige Kurven zeichnen

Die Kurve wird dabei über den Parameter „`curvature=num1 num2 num3`" kontrolliert. Die Kurve wird bei jedem Punkt abhängig von dem Winkel ABC gezeichnet, wobei B der eigentliche Punkt ist und A bzw. C die benachbarten Punkte sind. Dabei haben die Werte `num1`, `num2` und `num3` folgende Bedeutung:

- **num1**
  Kleinere Werte von `num1` machen die Kurve schmaler (d. h. die Krümmung nimmt zu).
- **num2**
  Kleinere Werte von `num2` machen die Kurve schmaler, wenn der Winkel ABC größer als 45° ist.
- **num3**
  `num3` bestimmt die Steigung in jedem Punkt. Wenn `num3` gleich Null ist, ist die Kurve im Punkt B senkrecht zur Winkelhalbierenden von ABC. Ist `num3` gleich 1, ist die Kurve im Punkt B parallel zur Strecke AB. Nur mit diesem Wert werden die Koordinaten so berechnet, dass die Kurve proportional ist. Trotzdem können positive Werte mit irregulären Koordinaten besser aussehen. Werte kleiner als -1 oder größer als +2 werden jedoch in -1 und 2 umgewandelt.

6.2.12 Gestalten von Text

PSTricks bietet auch die Möglichkeit, Text zu gestalten. Die erste Variante ist dabei, einen Text entlang einer Kurve auszurichten und die zweite Möglichkeit, die Buchstaben eines Textes entsprechend zu verändern.

Text an einer Kurve ausrichten

Um mit PSTricks einen Text entlang von Kurven auszurichten, wird der Befehl `\pstextpath` zur Verfügung gestellt.

Der allgemeine Aufruf dabei lautet:

```
\pstextpath[<pos>](<x>,<y>){<objekt>}{<text>}
```

Mit dem Parameter `pos` wird dabei die Position des Textes bzgl. der Kurve festgelegt (siehe Tabelle 6.7). Als Text darf nur reiner Text verwendet werden, irgendwelche LaTeX-Ausdrücke oder Befehle führen zu einem Fehler.

Position	Beschreibung
l	Der Text wird zu Beginn der Kurve positioniert.
c	Der Text wird mittig zur Kurve positioniert.
r	Der Text wird am Ende der Kurve positioniert.

Tabelle 6.7: Positionierungsparameter

Im nachfolgenden Beispiel 6.54 wird ein Text entlang einer Kurve ausgerichtet (mit `\pscurve`). Ist dabei die Krümmung zu groß, so überlagern sich die einzelnen Buchstaben.

```
\psset{xunit=1cm,yunit=1cm,runit=1cm}
\begin{pspicture}(0,0)(4,3)
  \pstextpath(0,0){%
     \pscurve(0,0)(1,2.5)(2,1)(4,3)}{%
     Heute ist ein schöner Tag zum Wandern!}
\end{pspicture}
```

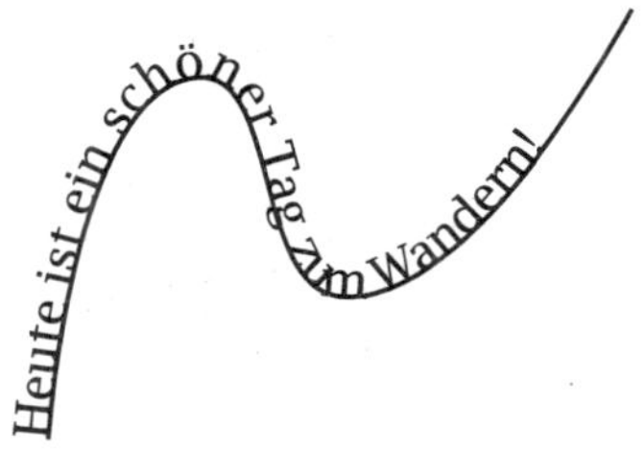

Listing 6.54: Ausrichtung von Text

Soll die Kurve nicht sichtbar sein, so muss zusätzlich der Parameter „`linestyle=none`" verwendet werden (siehe Listing 6.55).

```
\psset{xunit=1cm,yunit=1cm,runit=1cm}
\begin{pspicture}(0,0)(4,3)
  \pstextpath[c](0,0){%
     \psarc[linestyle=none](2,3)
     {2}{180}{0}}{%
     \small Happy Birthday!}
\end{pspicture}
```

Listing 6.55: Ausrichtung von Text (Kurve nicht sichtbar)

> ☞ **Länge des Textes**
>
> Achten Sie darauf, dass der Text nicht länger ist als die zugehörige Kurve zum Ausrichten. Das Ergebnis ist nicht abschätzbar.

Buchstaben ansprechend gestalten

Die zweite Möglichkeit, die `PSTricks` bietet, ist das Gestalten der einzelnen Buchstaben eines Textes. Mit dem Befehl `\pscharpath` werden die Buchstaben entsprechend den Parametern `linestyle` und `fillstyle` gezeichnet.

Der allgemeine Aufruf dabei lautet:

```
\pscharpath[<param>]{<text>}
```

Beachten Sie bei dem Befehl `\pscharpath`, dass dieser nur bei PostScript-Fonts angewendet werden kann!

Im nachfolgenden Beispiel 6.56 wird ein Text mit einer entsprechenden Linienstärke und mit einer Füllfarbe gezeichnet.

> ☞ **Font hlx**
>
> Der Font `hlx` stammt aus dem Schriftpaket `lucida` und ist im Standard-LaTeX-Paket nicht enthalten. Sie können auch die Standardschrift Courier mit `pcr` bzw. Helvetica mit `phv` aktivieren.

```
\psset{xunit=1cm,yunit=1cm,runit=1cm}
\begin{pspicture}(0,0)(10,4)
  % auf PS-Font umschalten
  \fontfamily{hlx}\selectfont
  \rput[bl](0,0){
    \pscharpath[fillstyle=solid,%
                fillcolor=lightgray,%
                linewidth=2pt]{%
                \fontsize{4cm}{4cm}%
                \selectfont \LaTeX}
  }
\end{pspicture}
```

Listing 6.56: Text mit Füllfarbe

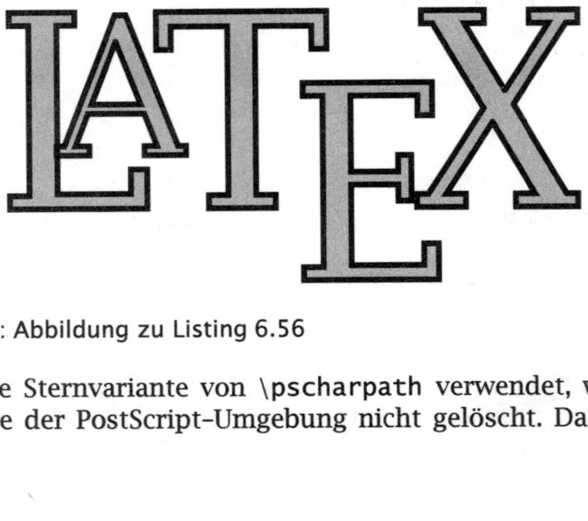

Abb. 6.4: Abbildung zu Listing 6.56

Wird die Sternvariante von `\pscharpath` verwendet, wird der Zeichenpfad am Ende der PostScript-Umgebung nicht gelöscht. Dadurch ist es möglich,

`\pscharpath*` als ersten Parameter für `\pstextpath` zu verwenden, um so Text an dem Verlauf von Buchstaben auszurichten.

Alternativ zu dem Befehl `\pscharpath` stellt PSTricks die Umgebung pscharclip zur Verfügung.

Der allgemeine Aufruf dabei lautet:

```
\begin{pscharclip}[<param>]{<text>}
  ...
\end{pscharclip}
```

Im nachfolgenden Beispiel 6.57 wird in einem Text ein anderer Text (um 90° gedreht) gezeichnet. Dieser Text wird mit einer Schleife 200 mal geschrieben. Damit die Schrift in der Größe verändert werden kann, wird der entsprechende Font über den Befehl `\DeclareFixedFont` definiert. Damit alle Größen aufeinander abgestimmt sind, wird mit GR die Größe zu Beginn festgelegt.

```
\psset{xunit=1cm,yunit=1cm,runit=1cm}

% Größe für Font und Text
\newcommand{\GR}{6cm}

% Font definieren
\DeclareFixedFont{\gross}{T1}{hlst}{b}{n}{\GR}
\DeclareFixedFont{\klein}{T1}{hls}{m}{n}{4mm}

% Zähler  (der Name Maximilian soll 200x geschrieben werden)
\newcounter{mycounter}
\setcounter{mycounter}{200}

\begin{pspicture}(0,0)(12,4)
  \begin{pscharclip}[fillstyle=solid,fillcolor=lightgray]
                   {\rput[bl](0,0){\gross MAXI}}
    \rput[tl]{90}(0,0){%
    % Text wird in einer Box gesetzt und
    % dabei um 90° gedreht
    \parbox{\GR}{
      \klein% Schrift umschalten
      \raggedright% links ausrichten
      % Zählerschleife
      \whiledo{\value{mycounter}>0}%
        {%
          \addtocounter{mycounter}{-1}
          Maximilian\hspace{1em}%
      }}%
    }%
  \end{pscharclip}
\end{pspicture}
```

Listing 6.57: Bild mit pscharclip (source/bsp_pstricks01.tex)

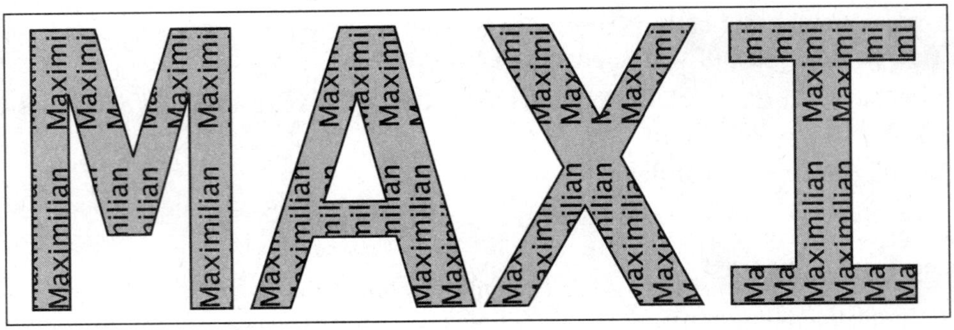

Abb. 6.5: Abbildung zu Listing 6.57

6.2.13 Gitter zeichnen

Mit dem Befehl `\psgrid` lassen sich umfangreiche Gitter, sowie Koordinatensysteme mit Achsenbeschriftung zeichnen.

Der allgemeine Aufruf dabei lautet:

```
\psgrid[<param>](<x0>,<y0>)(<x1>,<y1>)(<x2>,<y2>)
```

Dabei werden mit `(x1,y1)` und `(x2,y2)` die Ecken festgelegt. Mit `(x0,y0)` wird der Startpunkt bestimmt, von wo aus die Achsen beschriftet werden sollen. Wird `(x0,y0)` nicht angegeben, so wird `(x0,y0)` mit `(x1,y1)` gleichgesetzt. Die Koordinaten werden immer als kartesische Koordinaten interpretiert. Im nachfolgenden Beispiel 6.58 wird ein einfaches Koordinatensystem gezeichnet.

```
\psset{xunit=1cm,yunit=1cm,runit=1cm}
\begin{pspicture}(-1,-1)(2,1)
  \psgrid(0,0)(-1,-1)(2,1)
\end{pspicture}
```

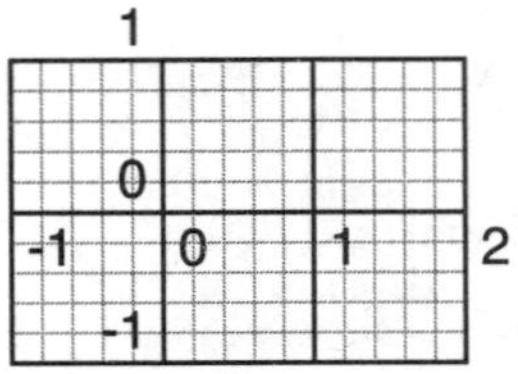

Listing 6.58: Koordinatensystem mit Beschriftung

Mit nachfolgenden Parametern wird das Aussehen der Gitters beeinflusst.

- **gridwidth=dim**
  Legt die Breite der Gitternetzlinien fest (Standard: 0.8pt).

- **gridcolor=color**
  Legt die Farbe der Gitternetzlinien fest (Standard: black).

- **griddots=num**
  Legt die Anzahl der Punkte pro Teileinheit fest (Standard: 0).

- **gridlabels=dim**
  Legt die Größe der Zahlen fest, die für die Beschriftung verwendet werden (Standard: 10pt).

- **gridlabelcolor=color**
  Legt die Farbe der Beschriftung fest (Standard: black).
- **subgriddiv=int**
  Legt die Anzahl an Teilstrichen fest (Standard: 5).
- **subgridwidth=dim**
  Legt die Breite der Teilstriche fest (Standard: 0.4pt).
- **subgridcolor=color**
  Legt die Farbe der Teilstriche fest (Standard: gray).
- **subgriddots=num**
  Legt die Anzahl der Punkte pro Teileinheit für die Teilstriche fest (Standard: 0).

Im nachfolgenden Beispiel 6.59 wird ein Gitter gezeichnet, bei dem u.a. keine Teilstriche verwendet werden.

```
\psset{xunit=1cm,yunit=1cm,runit=1cm}
\begin{pspicture}(-1,-1)(2,1)
  \psgrid[subgriddiv=1,%
          griddots=10,%
          gridlabels=6pt]%
          (-1,-1)(2,1)
\end{pspicture}
```

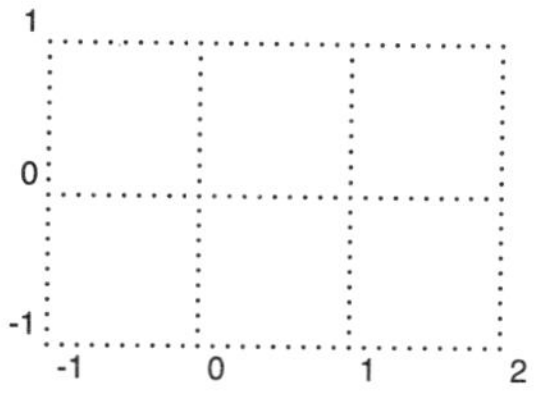

Listing 6.59: Koordinatensystem ohne Teilstriche

6.2.14 Achsen zeichnen

Mit dem Achsenbefehl `\psaxes` ist es möglich, beliebige Achsen für Koordinatensysteme zu zeichnen.

Der allgemeine Aufruf dabei lautet:

```
\psaxes[<param>]{<arrows>}(<x0>,<y0>)(<x1>,<y1>)(<x2>,<y2>)
```

Die Syntax des Befehls `\psaxes` ist mit der des Befehls `\psgrid` identisch.

Im nachfolgenden Beispiel 6.60 werden die Achsen eines Koordinatensystems gezeichnet.

```
\psset{xunit=1cm,yunit=1cm,runit=1cm}
\begin{pspicture}(-0.5,-0.5)(3,2)
  \psaxes{->}(0,0)(3,2)
\end{pspicture}
```

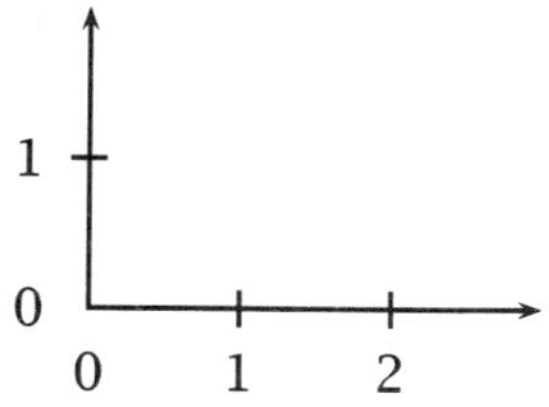

Listing 6.60: Achsen zeichnen

Mit nachfolgenden Parametern wird die Beschriftung (Teilstriche und Zahlen) der Achsen beeinflusst.

- **Ox=num Oy=num**
  Beschriftung im Ursprung (x und y) (Standard: 0).
- **Dx=num Dy=num**
  Zählschritte für die Beschriftung (x und y) (Standard: 1).
- **dx=dim dy=dim**
  Abstand zwischen den Beschriftungen (x und y) (Standard: 0pt).
- **labels=all/x/y/none**
  Legt fest, welche Achsen beschriftet werden sollen (Standard: all).
- **showorigin=true/false**
  Legt fest, ob der Ursprung beschriftet werden soll (Standard: true).
- **ticks=all/x/y/none**
  Legt fest, welche Achsen mit Teilstrichen beschriftet werden sollen (Standard: all).
- **tickstyle=full/top/bottom**
  Legt fest, ob die Teilstriche oberhalb, unterhalb oder auf beiden Seiten der Achsen sein sollen (Standard: full).
- **ticksize=dim**
  Abstand der Teilstriche von der Achse (Standard: 3pt).
- **labelsep=dim**
  Legt den Abstand zwischen Teilstrichen und Beschriftung fest.
- **axesstyle=axes/frame/none**
  Legt fest, ob die Achsen als Achsen, als Rahmen oder gar nicht gezeichnet werden sollen (Standard: axes).

Mit den beiden Befehlen `\psxlabel` und `\psylabel` wird der jeweilige Font für die Achsenbeschriftung festgelegt.

6.2.15 Koordinatensysteme

Standardmäßig verwendet `PSTricks` das kartesische Koordinatensystem, in dem die Punkte über `(x,y)` definiert werden. Mit dem Befehl `SpecialCoor` lässt sich auf eine andere Darstellung umschalten. Dabei werden folgende Systeme unterstützt:

- **(x,y)**
  Es werden kartesische Koordinaten verwendet.
- **(r;a)**
  Es werden Polarkoordinaten (Radius `r` und Winkel `a`) verwendet.
- **(node)**
  Es wird der Mittelpunkt eines Objektes `node` verwendet.

- **([param]node)**
  Es wird die Position relativ zu einem Objekt `node` verwendet. Dabei werden folgende Parameter verwendet: `angle`, `nodesep` und `offset`.
  z. B. `([angle=45]A)`

- **(!ps)**
  Es wird nativer PostScript-Code verwendet.

- **(coor1|coor2)**
  Es wird die x-Koordinate von `coor1` und die y-Koordiante von `coor2` verwendet. Dabei können für `coor1` bzw. `coor2` beliebige andere Systeme verwendet werden.
  z. B. `(A|2cm;25)`

- **num**
  Ein beliebiger Winkel. Die Anzahl an Winkeleinheiten (pro Einheitskreis) wird über den Befehl `\degrees` festgelegt.
  z. B. `\degrees[100]` oder z. B. `\degrees[360]`

  Soll mit Radianten gerechnet werden, so hilft der Befehl `\radians`, der für `\degrees[6.28319]` steht.

  Nachfolgend wird ein Kreisbogen (über Start- und Endwinkel) gezeichnet.

```
\SpecialCoor
\psarc(0,0){1.5cm}{0}{135}
```

- **(coor)**
  Legt die Koordinate fest, die als Basis für einen Winkel steht.

  Nachfolgend wird ein Kreisausschnitt (über Startwinkel und Endpunkt) gezeichnet.

```
\SpecialCoor
\psarc(0,0){1.5cm}{0}{(-1,1)}
```

Mithilfe des Befehls `\NormalCoor` werden die Einstellungen von `\SpecialCoor` wieder aufgehoben.

Ursprung verschieben

Mit dem Parameter `origin={coor}` kann der Ursprung eines Grafikobjekts verschoben werden. Der Standard ist bei `0pt, 0pt`.

Achsen vertauschen

Mit dem Parameter `swapaxes=true/false` lassen sich die beiden Achsen x und y vertauschen. Der Standard ist hier `false`.

6.2.16 Linien plotten

Will man Kurven zeichnen, die aus Messdaten entstanden sind, so bietet PS-`Tricks` die Möglichkeit, aus Zahlenkolonnen, die z. B. aus einem Berechnungsprogramm stammen, entsprechende Kurven zu erzeugen.

Daten aus einer Datei holen

Mit dem Befehl `\fileplot` lassen sich die Zahlenpaare aus einer Datei auslesen und werden dann entsprechend gezeichnet. Dabei können die Zahlenpaare über runde Klammern „( )“, geschweifte Klammern „{ }“, Kommas „,“ oder Leerzeichen (auch Whitespaces) oder durch eckige Klammern „[ ]“ getrennt werden. Die schnellste Variante für TEX sind dabei die eckigen Klammern, mit der Einschränkung, dass die öffnende Klammer am Zeilenanfang stehen muss.

Der allgemeine Aufruf dabei lautet:

```
\fileplot[<param>]{<dateiname>}
```

In Listing 6.61 ist die Datendatei zu sehen. Diese wird dann in Listing 6.62 verwendet, um die Daten zu plotten.

```
[0 0]
[0.5 0.2]
[1 1]
[1.5 2]
[2 1]
[2.5 0.2]
[3 0]
```

Listing 6.61: Plotdaten

Über den Parameter `plotstyle` kann festgelegt werden, wie die Kurve zu zeichnen ist. Mögliche Werte für den Befehl `\fileplot` sind `line`, `polygon` und `dots`.

```
\psset{xunit=1cm,yunit=1cm,runit=1cm}
\begin{pspicture}(-0.5,-0.5)(3,2)
  \mypsgrid{(0,0)(3,2)}
  \fileplot[plotstyle=polygon,%
           linewidth=1pt]%
           {plot01.dat}
\end{pspicture}
```

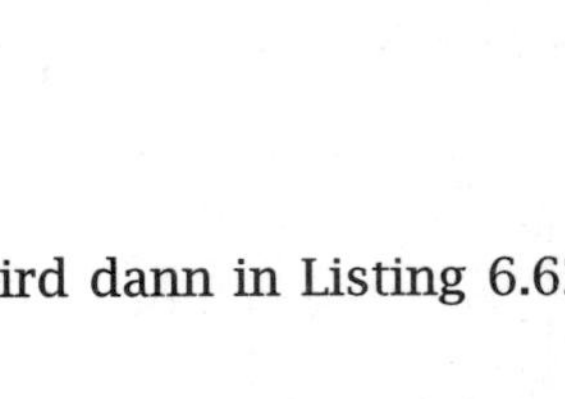

Listing 6.62: Daten aus einer Datei plotten

Möchten Sie aus den Datenpunkten Kurven mit entsprechenden Rundungen zeichnen, so ist der Befehl `\listplot` bzw. `\dataplot` zu verwenden.

Daten plotten

Der Befehl \dataplot dient auch zum Plotten von Daten. Diese müssen aber vorher mit den Befehlen \savedata bzw. \readdata erzeugt bzw. gelesen werden.

Mit dem Befehl \readdata werden die Daten aus einer Datei gelesen und mit einem Namen abgespeichert.

Der allgemeine Aufruf dabei lautet:

```
\readdata{<command>}{<dateiname>}
```

Mithilfe des Befehls \dataplot wird dann die Kurve gezeichnet.

Der allgemeine Aufruf dabei lautet:

```
\dataplot[<param>]{<commands>}
```

Für die Datendatei gelten dieselben Regeln wie beim Befehl \fileplot. Der Vorteil ist, dass mehrere vorher eingelesene commands auf einmal gezeichnet werden können. Für den Parameter plotstyle können jetzt zusätzlich curve, ecurve und ccurve verwendet werden (siehe auch Kapitel 6.2.11 auf Seite 355).

> **Geschwindigkeit**
>
> Die Verwendung der Befehle \readdata und \dataplot ist deutlich schneller als der Befehl \fileplot. Jedoch benötigt \fileplot deutlich weniger Speicher. Sollten Sie genügend Speicher besitzen, sollten Sie die schnellere Variante verwenden.

Im nachfolgenden Beispiel 6.63 werden die Daten aus der Datei (Dateiname „plot01.dat“) mithlfe des Befehls \readdata gelesen und anschließend mit \dataplot gezeichnet.

```
\psset{xunit=1cm,yunit=1cm,runit=1cm}
\begin{pspicture}(-0.5,-0.5)(3,2)
  \mypsgrid{(0,0)(3,2)}
  \readdata{\mydata}{plot01.dat}
  \dataplot[linewidth=1pt,%
            plotstyle=curve]%
           {\mydata}
\end{pspicture}
```

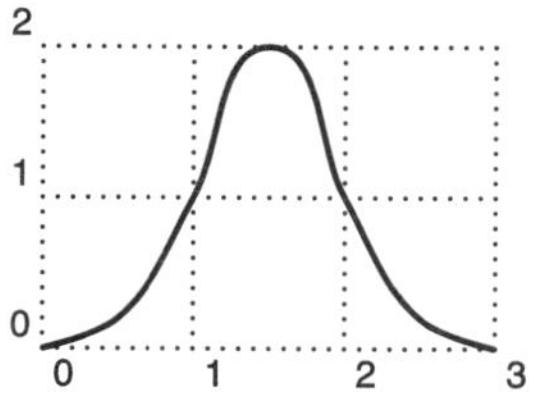

Listing 6.63: Daten aus einer Datei plotten (mit dataplot)

Sollen dagegen die Daten direkt eingegeben werden, so ist der Befehl \savedata zu verwenden. Mit diesem werden die Daten direkt im LaTeX-File eingegeben.

Der allgemeine Aufruf dabei lautet:

```
\savedata{<command>}[<data>]
```

Im nachfolgenden Beispiel 6.64 werden die Daten direkt eingegeben.

```
\psset{xunit=1cm,yunit=1cm,runit=1cm}
\begin{pspicture}(-0.5,-0.5)(3,2)
  \mypsgrid{(0,0)(3,2)}
  \savedata{\mydata}[(0 0), (0.5 1),%
           (1 2), (1.5 1.5), (2 2)%
           (2.5 1.5), (3 2)]
  \dataplot[linewidth=1pt,%
           plotstyle=curve]%
          {\mydata}
\end{pspicture}
```

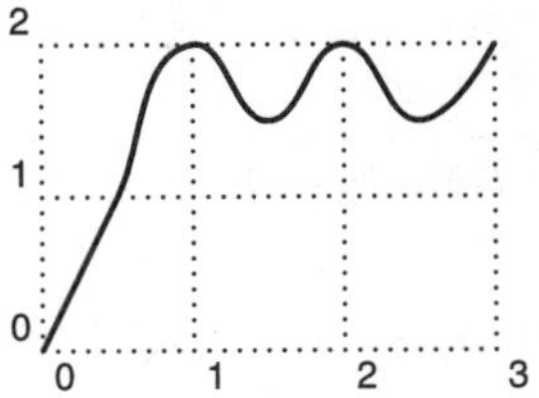

Listing 6.64: Daten erzeugen und plotten

`PSTricks` stellt noch einen weiteren Befehl für das Plotten von Daten zur Verfügung. Mit dem Befehl `\listplot` wird eine Liste von Daten geplottet (durch Leerzeichen bzw. Whitespace getrennt). Dabei werden die Daten vorher von TEX bearbeitet und dann an PostScript weitergeleitet.

Der allgemeine Aufruf dabei lautet:

```
\listplot[<param>]{<list>}
```

Dabei kann `list` als Datenmenge vorher mit `\savedata` bzw. `\readdata` eingelesen werden bzw. ein PostScript-Programm sein, das im Stack eine Datenliste zurückliefert. Nachfolgendes Beispiel 6.65 verhält sich wie Listing 6.64.

```
\psset{xunit=1cm,yunit=1cm,runit=1cm}
\begin{pspicture}(-0.5,-0.5)(3,2)
  \mypsgrid{(0,0)(3,2)}
  \savedata{\mydata}[(0 0), (0.5 1),%
           (1 2), (1.5 1.5), (2 2)%
           (2.5 1.5), (3 2)]
  \listplot[linewidth=1pt,%
           plotstyle=curve]%
          {\mydata}
\end{pspicture}
```

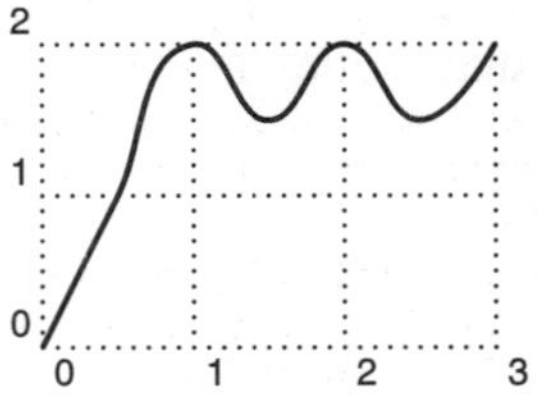

Listing 6.65: Daten erzeugen und plotten (mit listplot)

6.2.17 Mathematische Funktionen berechnen lassen

Da PostScript eine Programmiersprache darstellt, lassen sich damit auch mathematische Funktionen berechnen und somit auch zeichnen. `PSTricks` stellt dafür zwei Befehle zur Verfügung.

Mit dem Befehl `psplot` können Funktionen $f(x)$ mit der entsprechenden PostScript-Syntax geplottet werden.

Der allgemeine Aufruf dabei lautet:

```
\psplot[<param>]{<xmin>}{<xmax>}{<function>}
```

Dabei wird mit `xmin` das Minimum für `x` und mit `xmax` das Maximum festgelegt. Die Funktion wird mit der mathematischen Syntax von PostScript in `function` beschrieben. Dabei wird die „Umgekehrte Polnische Notation" verwendet (auch UPN genannt).

☞ Notation

Bei der UPN werden zuerst die Parameter (Variablen) angegeben, gefolgt von der Rechenoperation, die durchgeführt werden soll.
Die Multiplikation $a \cdot b$ wird zu $ab\cdot$ umgewandelt.

Im nachfolgenden Beispiel 6.66 wird die Funktion $f(x) = \sin(x)$ berechnet.

```
\psset{xunit=1cm,yunit=1cm,runit=1cm}
\begin{pspicture}(-0.5,-1.7)(4,1.7)
  \psset{xunit=0.01cm,yunit=1cm}% Werte neu setzen für plot
  % Achsen
  \psline[linewidth=1pt]{->}(0,-1.4)(0,1.5)
  \psline[linewidth=1pt]{->}(-2,0)(400,0)
  % Hilfslinien
  \psline[linestyle=dotted](0,1)(370,1)
  \psline[linestyle=dotted](0,-1)(370,-1)
  \psline[linestyle=dotted](90,-1.1)(90,1.1)
  \psline[linestyle=dotted](180,-1.1)(180,1.1)
  \psline[linestyle=dotted](270,-1.1)(270,1.1)
  \psline[linestyle=dotted](360,-1.1)(360,1.1)
  % Beschriftung
  \uput[-135](400,0){\textbf{x}}
  \uput[135](0,1.1){\textbf{y}}
  \uput[190](0,1){\footnotesize 1}
  \uput[-190](0,-1){\footnotesize -1}
  \uput[180](0,0){\footnotesize 0}
  \uput[-90](90,-1){\footnotesize 90}
  \uput[-90](180,-1){\footnotesize 180}
  \uput[-90](270,-1){\footnotesize 270}
  \uput[-90](360,-1){\footnotesize 360}
  % Funktionsplot
  \psplot{0}{380}{x sin}
\end{pspicture}
```

Listing 6.66: Funktionen plotten

Dabei werden zuerst die Achsen und die Hilfslinien gezeichnet. Wie diese effektiver gezeichnet werden können, erfahren Sie in Kapitel 6.2.23 auf Seite 382. Anschließend werden die Linien entsprechend beschriftet. Am Ende kann dann die Funktion geplottet werden. Zu beachten ist dabei, dass hier der Maßstab für `xunit` entsprechend angepasst worden ist, sodass eine Darstellung entsprechend 360° möglich ist.

☞ Fehler

Zu beachten ist, dass bei der Berechnung der Funktionsgleichung keine Fehler angezeigt werden. Tritt ein Fehler auf, wird überhaupt kein Graph gezeichnet.

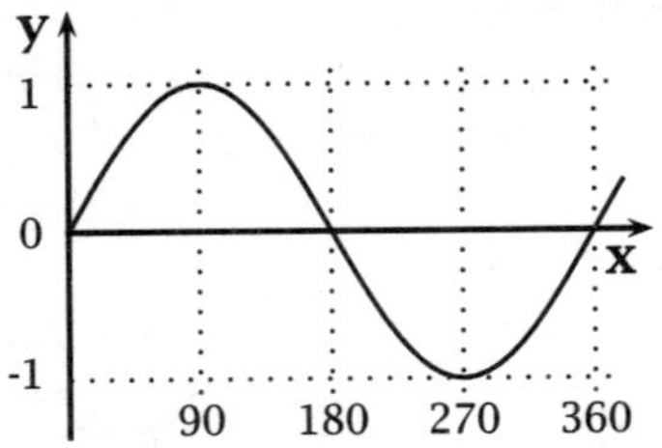

Abb. 6.6: Funktionen plotten $f(x) = \sin(x)$

Auch hier kann die Kurve mit dem Parameter `plotstyle` beeinflusst werden. Mit dem Parameter `plotpoints` wird festgelegt, wie viele Kontrollpunkte für die Kurve berechnet werden. Ein höherer Wert erhöht die Genauigkeit der Kurve, erhöht aber auch deutlich die benötigte Zeit, um die Kurve zu berechnen. Der Standardwert ist hier 50.

PostScript-Funktionen

In Tabelle 6.8 sind die mathematischen PostScript-Funktionen zusammengefasst.

Funktion	Beschreibung	Anwendung	Beispiel	=
abs	Absolutwert	`<z> abs`	`-5 abs`	5
add	Addition	`<z1> <z2> add`	`3 4.3 add`	7.3
atan	Arcustangens (1)	`<z1> <z2> atan`	`2 45 atan`	5.08...
cos	Cosinus (2)	`<z> cos`	`90 cos`	0
cvi	Real nach Integer	`<z> cvi`	`4.3 cvi`	4
cvr	Integer nach Real	`<z> cvr`	`4 cvr`	4.00
div	Division	`<z1> <z2> div`	`5 2 div`	2.5
dup	Dupliziere	`<z> dup`	`5 dup`	5 5
exch	Austausch	`<z1> <z2> exch`	`7 2 exch`	2 7
exp	Potenz	`<z1> <z2> exp`	`2 4 exp`	16
idiv	ganzzahlige Division	`<z1> <z2> idiv`	`50 7 idiv`	7
ln	nat. Logarithmus	`<z> ln`	`10 ln`	2.3...
log	Zehner-Logarithmus	`<z> log`	`100 log`	2
mod	Modulo (Restwert)	`<z1> <z2> mod`	`5 2 mod`	1
mul	Multiplikation	`<z1> <z2> mul`	`4 2.5 mul`	10
neg	Vorzeichen negieren	`<z> neg`	`3 neg`	-3
round	Runden	`<z> round`	`2.7 round`	3
sin	Sinus (2)	`<z> sin`	`30 sin`	0.5
sqrt	Quadratwurzel	`<z> sqrt`	`9 sqrt`	3
sub	Subtraktion	`<z1> <z2> sub`	`5 2 sub`	3
truncate	Komma abschneiden	`<z> truncate`	`2.5 truncate`	2

Tabelle 6.8: PostScript-Funktionen

Anmerkungen zu Tabelle 6.8 auf der vorherigen Seite

1. entspricht $\alpha = \arctan \frac{z1}{z2}$
2. Es wird im Gradmaß (0..360°) gerechnet.

Im nachfolgenden Beispiel 6.67 werden zwei Funktion gezeichnet, wobei unterschiedliche Parameter verwendet werden. Es werden folgende Funktionen geplottet:

$f(x) = \sin^2(x)$ $\quad$ $f(x) = \sin(x)\cos((\frac{x}{2})^2)$

```
\psset{xunit=1cm,yunit=1cm,
runit=1cm}
\begin{pspicture}(0,-1)(3,3)
  \psset{xunit=0.04cm}
  \psline{->}(0,0)(100,0)
  \psline{->}(0,-1)(0,1)
  \psplot{0}{90}%
         {x sin dup mul}
  \psplot[plotpoints=200,%
         plotstyle=curve
         ]{0}{90}%
    {x sin x 2 div 2 exp cos
    mul}
\end{pspicture}
```

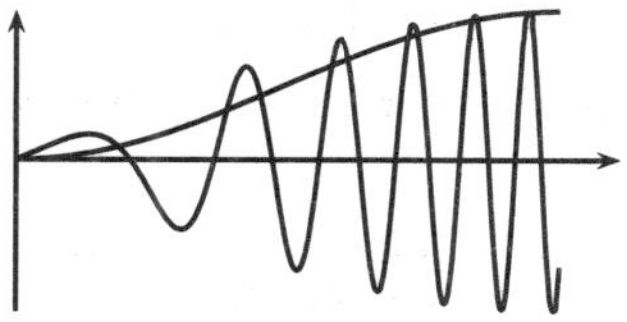

Listing 6.67: Kurven plotten

Gleichungen in Parameterform

Mit dem Befehl `\parametricplot` lassen sich Gleichungen in Parameterform $(x(t); y(t))$ zeichnen.

Der allgemeine Aufruf dabei lautet:

```
\parametricplot[<param>]{<tmin>}{<tmax>}{<function>}
```

Dabei bestimmt `tmin` das Minimum von `t` und `tmax` das Maximum.

Im nachfolgenden Beispiel 6.68 wird die Exponential-Funktion punktweise gezeichnet.

```
\psset{xunit=1cm,yunit=1cm,runit=1cm}
\begin{pspicture}(-0.5,-0.5)(3,3)
  \mypsgrid{(0,0)(3,3)}
  \parametricplot[plotpoints=15,%
                  plotstyle=dots]{-6}{6}%
               {1.2 t exp 1.2 t neg exp}
\end{pspicture}
```

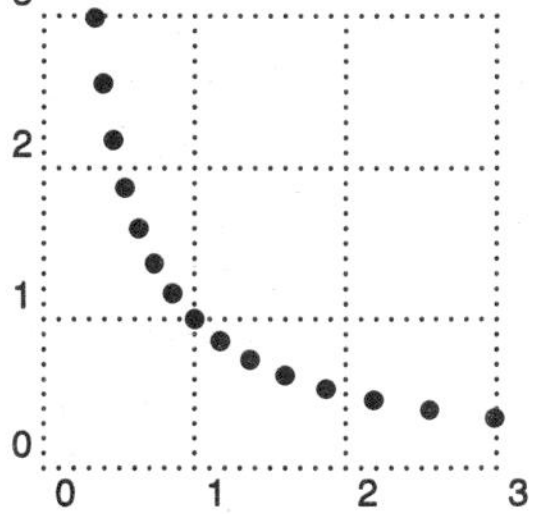

Listing 6.68: Gleichungen in Parameterform plotten

Auch Lissajous-Figuren lassen sich auf diese Weise sehr einfach zeichnen (siehe Listing 6.69).

$x = \sin 1.5t \qquad y = \sin(3t + \frac{\pi}{3})$

```
\psset{xunit=1.5cm,yunit=1.5cm,runit=1.5cm}
\begin{pspicture}(-1,-1)(1,1)
  \mypsgrid{(-1,-1)(1,1)}
  \parametricplot[plotpoints=200,%
                  plotstyle=curve]%
                  {-360}{360}%
    {t 1.5 mul sin t 3 mul 60 add sin}
\end{pspicture}
```

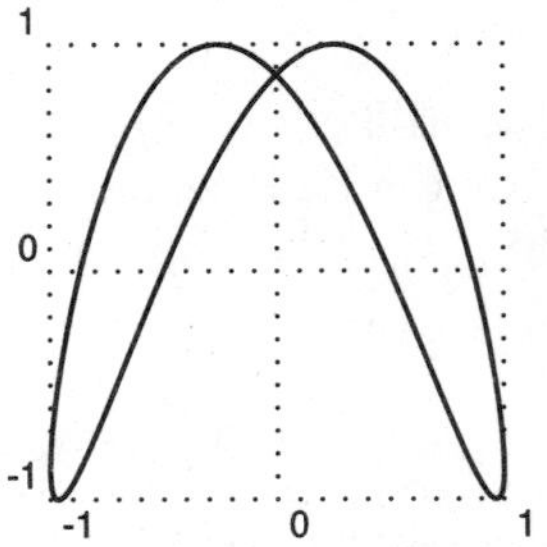

Listing 6.69: Lissajous-Figuren

6.2.18 Objekte positionieren und drehen

Um Objekte zu positionieren, bietet `PSTricks` eine Vielzahl von Befehlen.

Positionierung über einen Referenzpunkt

Mit dem Befehl `\rput` lassen sich Objekte über einen Referenzpunkt positionieren und drehen.

Der allgemeine Aufruf dabei lautet:

```
\rput[<refpunkt>]{<rotation>}(<x>,<y>){<objekte>}
```

Dabei legt `refpoint` den Referenzpunkt für das Objekt fest. Standardmäßig ist dies der Mittelpunkt einer Box bzw. des Objekts. Mit den Werten in Tabelle 6.9 kann der Referenzpunkt beliebig geändert werden. Die eigentliche Positionierung erfolgt über `(x,y)`. Über `rotation` wird der Winkel festgelegt, um den das Objekt gedreht werden soll.

Parameter	Beschreibung
l	Der Referenzpunkt wird nach links gelegt (left).
r	Der Referenzpunkt wird nach rechts gelegt (right).
t	Der Referenzpunkt wird nach oben gelegt (top).
b	Der Referenzpunkt wird nach unten gelegt (bottom).
B	Der Referenzpunkt wird auf die Grundlinie gelegt (Baseline).

Tabelle 6.9: Referenzpunkte

Diese Parameter für den Referenzpunkt lassen sich auch beliebig kombinieren, wie Abbildung 6.7 auf der nächsten Seite zeigt.

Im nachfolgenden Beispiel 6.70 auf der nächsten Seite wird ein Rechteck um einen bestimmten Winkel gedreht und an der Ecke mit einer Beschriftung versehen.

Abb. 6.7: Kombination der Referenzparameter

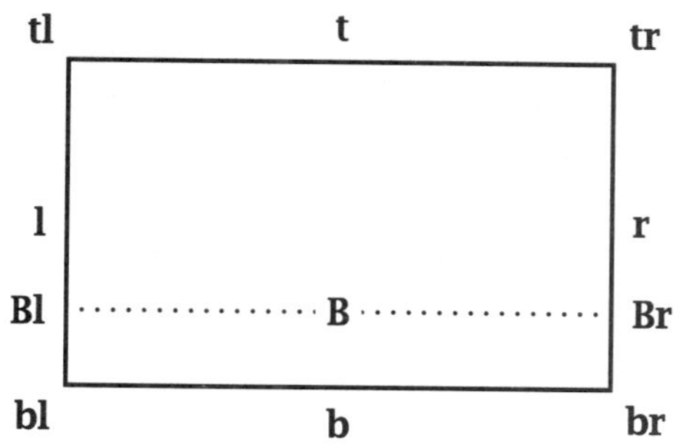


```
\psset{xunit=1cm,yunit=1cm,runit=1cm}
\begin{pspicture}(0,0)(2.5,2)
  \rput[bl]{30}(0,0){%
    \psframe(0,0)(2,1)
    \rput[bl]{*0}(2,1){\textbf{Punkt}}
  }
\end{pspicture}
```

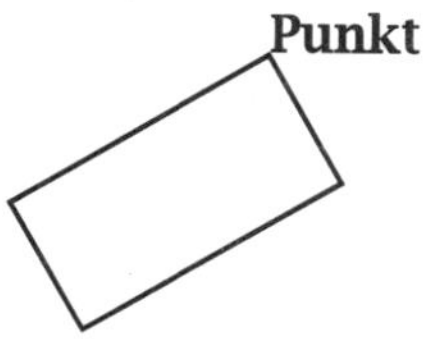

Listing 6.70: Positionierung über \rput

Die Winkel lassen sich auch über Kürzel (siehe Tabelle 6.10) angeben.

Tabelle 6.10: Kürzel für Winkel (rotation)

Kürzel	steht für	Winkel
U	up	0
L	left	90
D	down	180
R	right	270
N	north	*0
W	west	*90
S	south	*180
E	east	*270

Wird beim Winkel ein * verwendet, so wird zuerst die Drehung ausgeführt und erst dann alle anderen Zeichenbefehle.

Beschriftungen positionieren

Oft will man Zeichnungen mit entsprechenden Beschriftungen versehen. PS-Tricks stellt hierzu den Positionierungsbefehl \uput zur Verfügung.

Der allgemeine Aufruf dabei lautet:

```
\uput{<labelsep>}[<refangle>]{<rotation>}(<x>,<y>){<objekte>}
```

Dabei wird mit `labelsep` ein zusätzlicher Abstand definiert, um z. B. zu verhindern, dass ein Text direkt an einer Linie „klebt". Der Parameter kann auch über „`labelsep=dim`" mithilfe von `\psset` festgelegt werden. Der Standard ist hier 5 pt. Mithilfe des Winkels `refangle` kann bestimmt werden, ob bezogen auf `(x,y)` ein Text z. B. direkt neben dem Bezugspunkt und um einen

Winkel (z. B. 45°) versetzt wird. In Kapitel 6.2.18 auf Seite 370 wird gezeigt, wie mithilfe der \put-Befehle umrandete Textboxen gesetzt werden.

```
\psset{xunit=1cm,yunit=1cm,runit=1cm}
\begin{pspicture}(0,-0.5)(4,2)
  \psframe(0,0)(2,1)
  \uput[45](2,1){Ecke oben}
  \uput{10pt}[0](2,0){Ecke unten}
\end{pspicture}
```

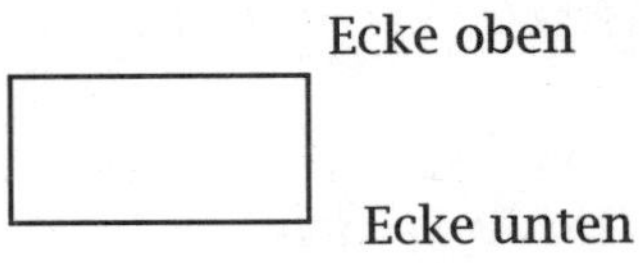

Listing 6.71: Beschriftung positionieren

> **☞ Parameter bei \uput**
>
> Beachten Sie bitte, dass bei dem Befehl `\uput` keine zusätzlichen Parameter vorgesehen sind. Sollen diese verwendet werden, so müssen diese vorher über `\psset` definiert werden.

Für den Befehl `\uput` ist es auch möglich, für den Winkel Abkürzungen zu verwenden (siehe Tabelle 6.11).

Kürzel	steht für	Winkel
r	right	0
u	up	90
l	left	180
d	down	270
ur	up-right	45
ul	up-left	135
dl	down-left	225
dr	down-right	315

Tabelle 6.11: Kürzel für Winkel (refangle)

6.2.19 Boxen mit Inhalt zeichnen

Eine weitere Funktionalität von `PSTricks` ist das Zeichnen von Boxen (mit und ohne Rahmen), in denen z. B. Text positioniert werden kann.

Einfache Boxen zeichnen

Mithilfe des Befehls `\psframebox` lassen sich einfache Boxen mit Inhalt zeichnen.

Der allgemeine Aufruf dabei lautet:

```
\psframebox[<param<]{<objekte>}
```

Wird die Sternvariante verwendet, so wird die Box mit der Farbe `fillcolor` gefüllt.

Achtung: Füllfarbe

Beachten Sie bitte, dass beim Befehl `\psframebox*` entgegengesetzt der bisherigen Regeln als Füllfarbe `fillcolor` verwendet wird und nicht wie üblich bei Sternbefehlen die Farbe `linecolor`.

Der Befehl `\psframebox` kann zusätzlich mit nachfolgenden Parametern beeinflusst werden.

- **framesep=dim**
  Legt den zu verwendenden Abstand zwischen dem Rahmen und dem eingebetteten Objekt fest (Standard: 3 pt).

- **boxsep=true/false**
  Mit dem Parameter wird festgelegt, wie die Größe der Box bzgl. des eingebetteten Objekts ist. Wird hier `true` verwendet, so hat die Box die Größe des Frames bzw. die Größe des umgebenden Objekts. Wird `false` verwendet, so wird die Größe auf das eingebettete Objekt beschränkt, was bedeutet, dass der Rahmen für LaTeX keinen zusätzlichen Platz beansprucht (Standard: `true`).

Im nachfolgenden Beispiel 6.72 wird eine Boxbeschriftung in einem Kreis verwendet. Dabei wird die Sternvariante verwendet, damit ein weißer Hintergrund (Der Standardwert für `fillcolor` ist white) verwendet wird.

```
\psset{xunit=1cm,yunit=1cm,runit=1cm}
\begin{pspicture}(0,0)(3,3)
  \pscircle*[linecolor=gray]%
           (1.5,1.5){1.5}
  \rput(1.5,1.5){%
    \psframebox*[framearc=0.3]%
             {Kreis}
  }
\end{pspicture}
```

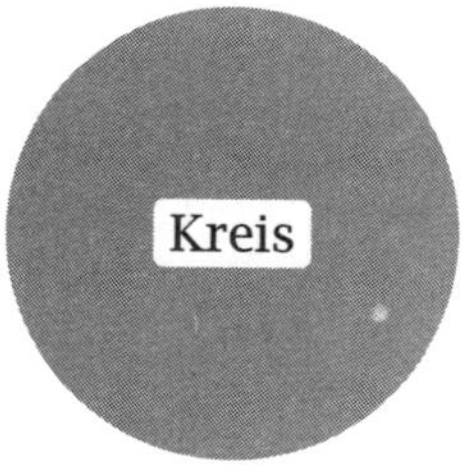

Listing 6.72: einfache Boxen

Boxen mit doppeltem Rahmen

Mithilfe des Befehls `\psdblframebox` lassen sich Boxen mit einem doppelten Rahmen zeichnen.

Der allgemeine Aufruf dabei lautet:

```
\psdblframebox[<param>]{<objekte>}
```

Der Befehl verhält sich genau wie der Befehl `\psframebox` mit dem zusätzlichen Parameter „`doublesep=\pslinewidth`“.

Im nachfolgenden Beispiel 6.73 auf der nächsten Seite wird eine Doppellinie um einen Text gezeichnet. Der eigentliche Text wird dabei mit einer `\parbox` gesetzt. Mit Hilfe der Sternvariante wird auch hier die Box mit der Farbe `fillcolor` gefüllt.

```
\psset{xunit=1cm,yunit=1cm,runit=1cm}
\begin{pspicture}(0,0)(3,3)
  \rput(1.5,1.5){%
    \psdblframebox[linewidth=2pt]{%
      \parbox[c]{2cm}{\raggedright%
        {\small Hier kann ein %
          beliebiger Text stehen!}
      }
    }
  }
\end{pspicture}
```

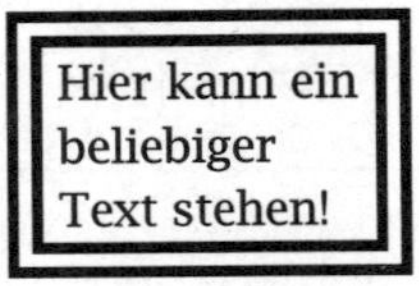

Listing 6.73: Boxen mit doppeltem Rahmen

Boxen mit Schatten

Mit dem Befehl `\psshadowbox` lassen sich Boxen mit Schatteneffekt zeichnen.

Der allgemeine Aufruf dabei lautet:

```
\psshadowbox[<param>]{<objekte>}
```

Im nachfolgenden Beispiel 6.74 wird ein Schatten um einen Text gezeichnet. Der eigentliche Text wird dabei mit einer `\parbox` gesetzt. Mithilfe der Sternvariante wird auch hier die Box mit der Farbe `fillcolor` gefüllt.

```
\psset{xunit=1cm,yunit=1cm,runit=1cm}
\begin{pspicture}(0,0)(3,3)
  \rput(1.5,1.5){%
    \psshadowbox[linewidth=2pt]{%
      \parbox[c]{2cm}{\raggedright%
        {\small Hier kann ein %
          beliebiger Text stehen!}
      }
    }
  }
\end{pspicture}
```

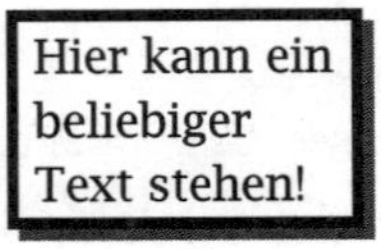

Listing 6.74: Boxen mit Schatten

Weitere Schattenmöglichkeiten finden Sie in Kapitel 6.2.21 auf Seite 379.

Kreisförmige Boxen

Mithilfe des Befehls `\pscirclebox` lassen sich kreisförmige Boxen zeichnen.

Der allgemeine Aufruf dabei lautet:

```
\pscirclebox[<param>]{<objekte>}
```

Im nachfolgenden Beispiel 6.75 auf der nächsten Seite wird ein Kreis um einen Text gezeichnet. Mithilfe der Sternvariante wird auch hier die Box mit der Farbe `fillcolor` gefüllt.

```
\psset{xunit=1cm,yunit=1cm,runit=1cm}
\begin{pspicture}(0,0)(3,3)
  \rput(1.5,1.5){%
    \pscirclebox[linewidth=1pt]%
                {Text}
  }
\end{pspicture}
```

Listing 6.75: Kreisförmige Boxen

Positionierte Kreisbox

Um eine Kreisbox direkt zu positionieren, wurden in `PSTricks` die beiden Befehle `\rput` und `\pscirclebox` zu dem Befehl `\cput` kombiniert.

Der allgemeine Aufruf dabei lautet:

```
\cput[<param>]{<angle>}(<x>,<y>){<objekte>}
```

Im nachfolgenden Beispiel 6.76 wird ein Kreis um einen Text gezeichnet und gleichzeitig positioniert.

```
\psset{xunit=1cm,yunit=1cm,runit=1cm}
\begin{pspicture}(0,0)(3,3)
  \cput[linewidth=1pt,%
        doubleline=true]%
        (1.5,1.5){Text}
\end{pspicture}
```

Listing 6.76: Positionierter Kreis

Mithilfe der Sternvariante wird auch hier der Kreis mit der Farbe `fillcolor` gefüllt. Zusätzlich wird der Text um einen Winkel gedreht (siehe Listing 6.77).

```
\psset{xunit=1cm,yunit=1cm,runit=1cm}
\begin{pspicture}(0,0)(3,3)
  \cput*[fillcolor=lightgray]%
        {30}(1.5,1.5){\Huge Text}
\end{pspicture}
```

Listing 6.77: Positionierter Kreis mit Füllung

Ovale Boxen

Mithilfe des Befehls `\psovalbox` lassen sich ovale Boxen zeichnen.

Der allgemeine Aufruf dabei lautet:

```
\psovalbox[<param>]{<objekte>}
```

Im nachfolgenden Beispiel 6.78 wird ein Oval um einen Text gezeichnet. Mithilfe der Sternvariante wird auch hier die Box mit der Farbe `fillcolor` gefüllt.

```
\psset{xunit=1cm,yunit=1cm,runit=1cm}
\begin{pspicture}(0,0)(3,2)
  \rput(1,1){%
    \psovalbox[linewidth=1pt]%
                {Text}
  }
\end{pspicture}
```

Listing 6.78: Ovale Boxen

Rautenförmige Boxen

Mithilfe des Befehls `\psdiabox` lassen sich Boxen mit der Form einer Raute zeichnen.

Der allgemeine Aufruf dabei lautet:

```
\psdiabox[<param>]{<objekte>}
```

Im nachfolgenden Beispiel 6.79 wird ein Text in einer Raute gezeichnet. Mithilfe der Sternvariante kann auch hier die Box mit der Farbe `fillcolor` gefüllt werden.

```
\psset{xunit=1cm,yunit=1cm,runit=1cm}
\begin{pspicture}(0,0)(3,3)
  \rput(1.5,1.5){%
    \psdiabox[linewidth=1pt,%
              shadow=true]%
             {\Large richtig?}
  }
\end{pspicture}
```

Listing 6.79: Rautenförmige Boxen

Dreieckige Boxen

Mithilfe des Befehls `\pstribox` lassen sich dreieckige Boxen zeichnen.

Der allgemeine Aufruf dabei lautet:

```
\pstribox[<param>]{<objekte>}
```

Im nachfolgenden Beispiel 6.80 auf der nächsten Seite wird ein Dreieck um einen Text gezeichnet. Mithilfe der Sternvariante wird auch hier die Box mit der Farbe `fillcolor` gefüllt.

```
\psset{xunit=1cm,yunit=1cm,runit=1cm}
\begin{pspicture}(0,0)(3,3)
  \rput(1.5,1.5){%
    \pstribox[linewidth=1pt]%
             {\Large Start}
  }
\end{pspicture}
```

Listing 6.80: Dreieckige Boxen

Dabei kann mit dem Parameter `trimode` das Dreieck beeinflusst werden. In Tabelle 6.12 werden mögliche Werte dargestellt, die bestimmen, wohin die Pfeilspitze zeigen soll.

Tabelle 6.12: Parameter für die Dreiecksdarstellung

Kürzel	Pfeilspitze zeigt nach
U	oben (up) Standard
D	unten (down)
R	rechts (right)
L	links (left)
* + ...	Es wird ein gleichseitiges Dreieck gezeichnet.

Im nachfolgenden Beispiel 6.81 zeigt die Dreicksspitze nach rechts (Parameter R).

```
\psset{xunit=1cm,yunit=1cm,runit=1cm}
\begin{pspicture}(0,0)(3,3)
  \rput(1.5,1.5){%
    \pstribox[linewidth=1pt,%
              trimode=R]%
             {\Large Start}
  }
\end{pspicture}
```

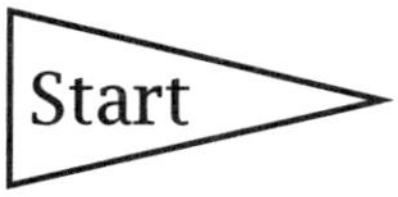

Listing 6.81: Dreieckige Boxen (mit Parametern)

Wird bei `trimode` zusätzlich der * verwendet, so wird ein gleichseitiges Dreieck gezeichnet (siehe Listing 6.82).

```
\psset{xunit=1cm,yunit=1cm,runit=1cm}
\begin{pspicture}(0,0)(3,3)
  \rput(1.5,1.5){%
    \pstribox[linewidth=1pt,%
              trimode=*]%
             {\Large Start}
  }
\end{pspicture}
```

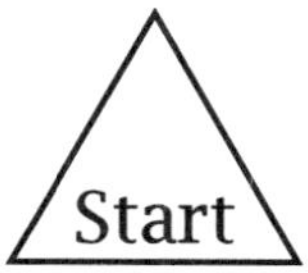

Listing 6.82: Dreieckige Boxen mit gleichseitigem Dreieck

Wird zusätzlich zu dem * ein Richtungsparameter verwendet, so wird damit die Ausrichtung der Spitze definiert, in die der Text zeigt.

```
\psset{xunit=1cm,yunit=1cm,runit=1cm}
\begin{pspicture}(0,0)(3,3)
  \rput(1.5,1.5){%
    \pstribox[linewidth=1pt,%
              trimode=*L]%
             {\Large Ende}
  }
\end{pspicture}
```

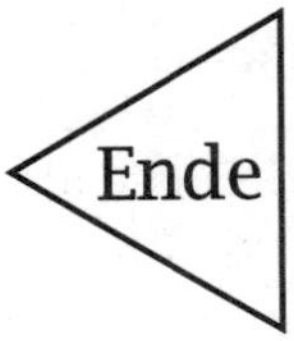

Listing 6.83: Dreieckige Boxen mit gleichseitigem Dreieck

6.2.20 Boxen skalieren und drehen

`PSTricks` stellt Befehle zur Verfügung, um beliebige Objekte (in Boxenform) zu dehnen, zu drehen bzw. zu spiegeln.

Der allgemeine Aufruf für die Drehung bzw. Spiegelung lautet dabei:

```
\rotateleft{<objekte>}
\rotateright{<objekte>}
\rotatedown{<objekte>}
```

Dabei wird mit dem Befehl `\rotateleft` eine 90° Drehung nach links und mit `\rotateright` eine 90° Drehung nach rechts durchgeführt. Mit dem Befehl `\rotatedown` wird das Objekt um 180° gedreht, sodass es auf dem Kopf steht. Im nachfolgenden Beispiel 6.84 wird Text in verschiedenen Richtungen gedreht bzw. gespiegelt.

```
\psset{xunit=1cm,yunit=1cm,runit=1cm}
\begin{pspicture}(0,0)(4,4)
  \rput[bl](0,1){
    \rotateleft{links gedreht}\hspace{1em}
    \rotatedown{um 180° gedreht}\hspace{1em}
    \rotateright{rechts gedreht}
  }
\end{pspicture}
```

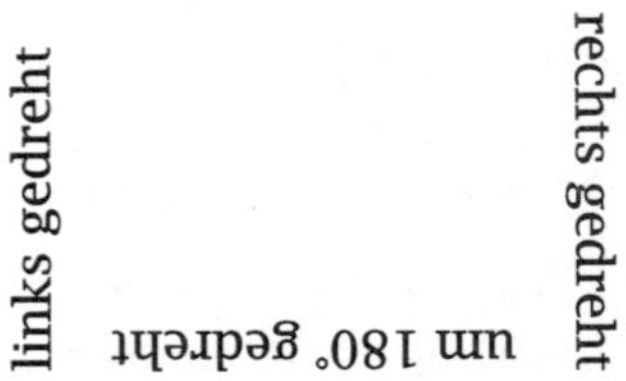

Listing 6.84: Text drehen bzw. spiegeln

Um zwischen den Texten mehr Abstand zu haben, wurde zusätzlich der Befehl `\hspace` verwendet.

Objekte skalieren

Mit dem Befehl `\scalebox` bzw. `\scaleboxto` lässt sich ein Objekt dehnen.

Der allgemeine Aufruf dabei lautet:

```
\scalebox{<num1> <num2>}{<objekte>}
\scaleboxto(<x>,<y>){<objekte>}
```

Im ersten Fall wird dabei das Objekt um den Faktor num1 in x-Richtung und um den Faktor num2 in y-Richtung gedehnt. Wird num2 nicht angegeben, so wird num1 für beide Richtungen verwendet. Im zweiten Fall wird der Dehnungsparameter als Koordinatenpaar angegeben. In Beispiel 6.85 wird ein Text in beide Richtungen gedehnt.

```
\psset{xunit=1cm,yunit=1cm,runit=1cm}
\begin{pspicture}(0,0)(2,1.5)
  \rput[bl](0,0){\scaleboxto(2,1.5){LaTeX}}
\end{pspicture}
```

Listing 6.85: Text dehnen

6.2.21 Schatten

pst-blur.sty

Mit dem Zusatzpaket pst-blur ist es möglich, ausgefeiltere Schatten mit Farbübergang zu erzeugen. Dazu muss das Paket am Anfang des LaTeX-Dokuments eingebunden werden.

```
\usepackage{pst-blur}
```

Es stehen nun für jedes Objekt nachfolgende Parameter zur Verfügung, mit denen der Schatten beeinflusst werden kann. Einen Teil dieser Parameter kennen Sie schon vom Standardschatten. Diese werden zur Vollständigkeit hier noch einmal kurz erläutert.

- **shadow=true/false**
  Legt fest, ob eine Linie einen Schatten haben soll. Der Standard ist hier false.

- **blur=true/false**
  Legt fest, ob die erweiterten Schattenfunktion verwendet werden sollen. Der Standard ist hier false.

```
\psset{xunit=1cm,yunit=1cm,runit=1cm}
\begin{pspicture}(0,0)(4,2)
  \rput[bl](1,1){
    \pscircle[shadow=true,%
              blur=true](0,0){1}
  }
\end{pspicture}
```

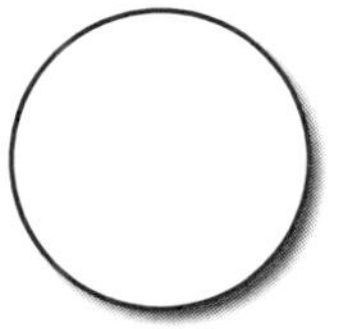

Listing 6.86: Schatten mit pst-blur

- **shadowsize=dim**
  Legt den Abstand zum Urbild fest. Der Standard ist hier 3 pt.

- **shadowangle=angle**
  Legt den Winkel für den Schatten fest. Der Standard ist hier $-45°$.

- **shadowcolor=color**
  Legt die Farbe für den Schatten fest. Der Standard ist hier darkgray.

- **blurbg=color**
  Legt die Hintergrundfarbe für den Schattenverlauf fest.

- **blurradius=dim**
  Legt den Radius für den Schattenkreis fest (siehe auch Abbildung 6.8).

- **blurstep=num**
  Legt die Anzahl an Farbschritten zwischen der Schattenfarbe und der Hintergrundfarbe fest.

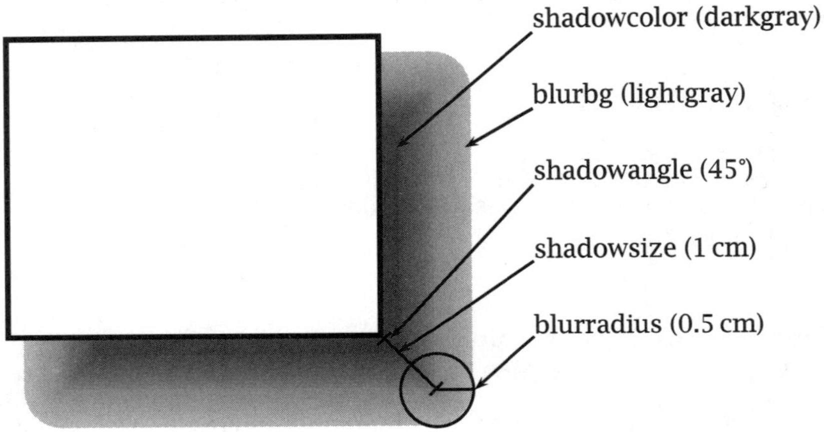

Abb. 6.8: Bedeutung der pst-blur-Parameter

Zusätzlich stellt das Paket den Befehl `\psblurbox` zur Verfügung, der ähnlich wie der Befehl `\psshadowbox` arbeitet.

Der allgemeine Aufruf dabei lautet:

```
\psblurbox[<param>]{<objekte>}
```

Im nachfolgenden Beispiel 6.87 wird ein Text in einer Schattenbox dargestellt.

```
\psset{xunit=1cm,yunit=1cm,runit=1cm}
\begin{pspicture}(0,0)(3,3)
  \rput(1.5,1.5){%
    \psblurbox[linewidth=2pt,%
              shadowsize=0.5cm]{%
      \parbox[c]{2cm}{\raggedright%
        {\small Hier kann ein %
          beliebiger Text stehen!}
      }
    }
  }
\end{pspicture}
```

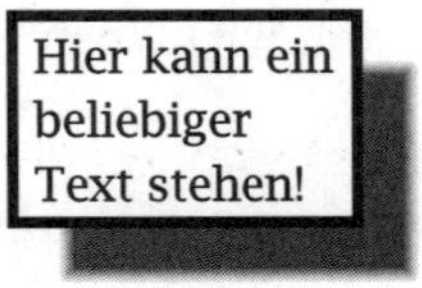

Listing 6.87: Box mit extra Schatten

6.2.22 Clipping

PSTricks bietet die Möglichkeit, Bereiche mit bestimmten Figuren (Objekten) auszuschneiden.

Der allgemeine Aufruf dabei lautet:

```
\psclip{<grafik>} ... \endpsclip
```

Dabei wird mit `grafik` die Figur bestimmt, die für das Ausschneiden zuständig ist, gefolgt von dem eigentlichen Inhalt, der ausgeschnitten werden soll. Das Ende dieses Bereiches definiert der Befehl `\endpsclip` (siehe Listing 6.88).

```
\psset{xunit=1cm,yunit=1cm,runit=1cm}
\begin{pspicture}(0,0)(3.5,3.5)
  \rput[bl](0,1){
    \parbox[b]{3cm}{\raggedright%
      \psclip{\pscircle(1.5,0){1.5cm}}
        Hier könnte ein langer
        Text stehen!
      \endpsclip
    }
  }
\end{pspicture}
```

Listing 6.88: Clipping mit einem Kreis

Dabei wird mit der `\parbox` der eigentliche Text in einer Breite von 3 cm gezeichnet. Der Kreis bestimmt nun, welcher Bereich des gesetzten Textes sichtbar ist. Wenn das eigentliche Clippingobjekt nicht sichtbar sein soll, muss der Parameter `linestyle` auf `none` gesetzt werden (siehe Listing 6.89).

```
\psset{xunit=1cm,yunit=1cm,runit=1cm}
\begin{pspicture}(0,0)(3.5,3.5)
  \rput[bl](0,1){
    \parbox[b]{3cm}{\raggedright%
      \psclip{\pscircle[linestyle=none]%
                      (1.5,0){1.5cm}}
        Hier könnte ein langer
        Text stehen!
      \endpsclip
    }
  }
\end{pspicture}
```

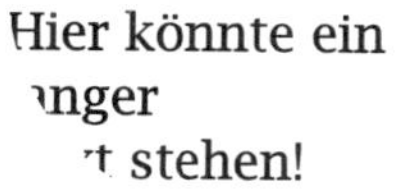

Listing 6.89: Clipping mit einem Kreis (nicht sichtbar)

Schnittmengen bilden

Eine andere Möglichkeit für den Befehl `\psclip` besteht darin, eine Schnittmenge zwischen zwei Objekten quasi herauszuschneiden. Im nachfolgenden Beispiel 6.90 auf der nächsten Seite wird der Clippingbereich durch zwei sich überlappende Kreise bestimmt. Die entsprechende Fläche stellt dabei die Schnittmenge der beiden Kreise dar. Durch den Parameter `linestyle=none` werden die Kreise nicht gezeichnet. Anschließend kann dann ein gefülltes

Rechteck gezeichnet werden, welches die Schnittmenge entsprechend einfärbt. Zur besseren Veranschaulichung werden zum Schluss die beiden Kreise gezeichnet, was aber für die Schnittmengendarstellung nicht notwendig wäre.

```
\psset{xunit=1cm,yunit=1cm,runit=1cm}
\begin{pspicture}(0,0)(3.5,3.5)
  \psclip{%
    \pscircle[linestyle=none]%
            (1,1){0.75cm}
    \pscircle[linestyle=none]%
            (2,1){0.75cm}
  }
  \psframe*[linecolor=gray]%
          (0,0)(3,3)
  \endpsclip
  \pscircle(1,1){0.75cm}
  \pscircle(2,1){0.75cm}
\end{pspicture}
```

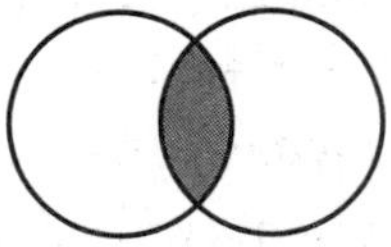

Listing 6.90: Schnittmengen bestimmen

6.2.23 Befehle mehrfach anwenden

multido.sty

In vielen Zeichnungen ist es sinnvoll, Objekte mehrfach zu verwenden. PS-Tricks stellt für diesen Zweck mehrere Befehle zur Verfügung.

> ☞ **Paket „multido"**
>
> Um die nachfolgenden Befehle verwenden zu können, muss das Paket `multido.sty` eingebunden werden.

Objekte mehrmals positionieren

Mit dem Befehl `\multirput` lassen sich Objekte mehrfach positionieren.

Der allgemeine Aufruf dabei lautet:

```
\multirput[<refpoint>]{<angle>}(<x0>,<y0>)(<x1>,<y1>){<int>}{<objekte>}
```

Der Befehl `\multirput` arbeitet ähnlich wie der Befehl `\rput`, wobei `int` Kopien erstellt werden, die jeweils um `(x1,y1)` von vorherigen Punkt verschoben werden. Mit `refpoint` wird der Bezugspunkt für das entsprechende Objekt festgelegt und mit `angle` kann das Objekt um einem bestimmten Winkel gedreht werden.

Im nachfolgenden Beispiel 6.91 auf der nächsten Seite wird ein Rechteck mehrfach nebeneinander gezeichnet.

```
\psset{xunit=1cm,yunit=1cm,runit=1cm}
\begin{pspicture}(0,0)(3,1)
  \multirput(0,0)(0.75,0){4}{%
    \psframe(0,0)(0.5,0.5)
  }
\end{pspicture}
```

Listing 6.91: Objekte mehrfach positionieren und zeichnen (mit \multirput)

Mehrfach positionieren

Mit dem Befehl `\multips` stellt `PSTricks` eine einfachere Variante von `\multirput` zur Verfügung.

Der allgemeine Aufruf dabei lautet:

```
\multips{<angle>}(<x0>,<y0>)(<x1>,<y1>){<int>}{<objekte>}
```

Der Befehl verhält sich genauso wie `\multirput`, jedoch wird als Referenzpunkt immer der Nullpunkt verwendet. Im nachfolgenden Beispiel wird eine Zickzacklinie gezeichnet (siehe Listing 6.92).

```
\psset{xunit=1cm,yunit=1cm,runit=1cm}
\begin{pspicture}(0,0)(3,1)
  \multips(0,0)(0.5,0){6}{%
    \psline(0,0)(0.25,0.5)(0.5,0)
  }
\end{pspicture}
```

Listing 6.92: Objekte mehrfach positionieren und zeichnen (mit multips)

Objekte mit Schleifen zeichnen

Mit dem Befehl `\multido` lassen sich Befehle in einer „Schleife" ausführen.

Der allgemeine Aufruf dabei lautet:

```
\multido{<variablen>}{<int>}{<befehle>}
```

Mit `variablen` werden die Variablen definiert. Diese werden über Kommas voneinander getrennt. Mit `int` wird festgelegt, wie oft die `befehle` wiederholt werden sollen.

Die Variablen werden dabei wie folgt definiert:

```
variable = <startwert> + <schrittweite>
```

Dabei stellt `\multido` nachfolgende Variablentypen zur Verfügung. Der Variablenname beginnt immer mit dem entsprechenden Typ, gefolgt von einem optionalen Namen.

- **Dimension (d oder D)**
  Damit werden Längeneinheiten definiert.
  z. B. `\dx=2cm+2pt`

- **Nummern (n oder N)**
  Damit werden Zahlen (8 Stellen vor und nach dem Komma) definiert.
  z. B. `\Nx=5.5+0.5`

- **Integer (i oder I)**
  Damit werden ganze Zahlen definiert.
  z. B. `\I=1+1`

- **Real (r oder R)**
  Damit werden reelle Zahlen (4 Stellen vor und nach dem Komma) definiert.
  z. B. `\ry=2.14+0.1`

Mit Zahlen rechnen

Damit auch mit den Zahlen gerechnet (Addition und Subtraktion) werden kann, stellt `\multido` zwei Befehle zur Verfügung.

```
\FPadd{<num1>}{<num2>}{\ergebnis}
\FPsub{<num1>}{<num2>}{\ergebnis}
```

Dabei werden mit `\FPadd` die zwei Zahlen `num1` und `num2` addiert und in `\ergebnis` abgespeichert. Mit `\FPsub` werden diese subtrahiert. Listing 6.93 zeigt ein entsprechendes Beispiel.

```
\FPadd{1.5}{0.2}{\erg}
Das Ergebnis ist \erg.
```

Das Ergebnis ist 1.7.

Listing 6.93: Zahlen addieren

Soll nur mit Längeneinheiten gerechnet werden, so stellt `PSTricks` die beiden Befehle `\pssetlength` (Längeneinheit definieren) und `\psaddtolength` (Längeneinheit addieren) zur Verfügung.

Der allgemeine Aufruf dabei lautet:

```
\pssetlength{<befehl>}{<dim>}
\psaddtolength{<befehl>}{<dim>}
```

> ☞ **Der Befehl „multido“**
>
> Der Befehl `\multido` lässt sich nicht nur für `PSTricks` verwenden, sondern für jeden beliebigen LaTeX-Befehl.

Im nachfolgenden Beispiel 6.94 auf der nächsten Seite werden Kreissektoren mit unterschiedlichen Graustufen gezeichnet. Dabei wird das Standardkoordinatensystem umgeschaltet. Mit dem Befehl `\degrees` werden die Winkeleinheiten des Kreises auf `1.1` reduziert, dass somit elf Segmente (von 0.0 bis 1.0) entstehen.

```
\psset{xunit=1cm,yunit=1cm,runit=1
cm}
\begin{pspicture}(-2.5,-2.5)
(2.5,2.5)
  \SpecialCoor
  \degrees[1.1]
  \multido{\n=0.0+0.1}{11}{%
    \newgray{mygray}{\n}
    \rput{\n}{%
      \pswedge[fillstyle=solid,%
               fillcolor=mygray]%
               {2}{-0.05}{0.05}
    }
    \uput{2.2}[\n](0,0){\tiny\n}
  }
\end{pspicture}
```

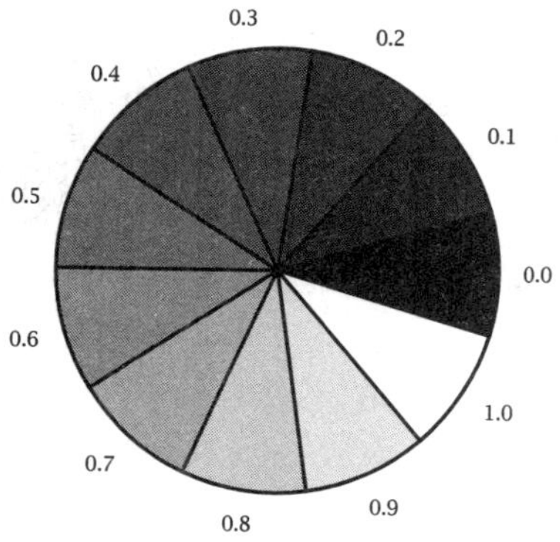

Listing 6.94: Befehle mit einer Schleife mehrfach ausführen

6.2.24 Eigene Stile und Objekte definieren

Mit `PSTricks` ist es auch möglich, eigene Stile zu definieren. Mit dem Befehl `\newpsstyle` wird ein neuer Stil definiert.

Der allgemeine Aufruf dabei lautet:

```
\newpsstyle{<name>}{param1=wert1, ...}
```

Der Stil wird dann über den Parameter `style` aufgerufen.

In nachfolgenden Beispiel 6.95 wird für eine Linie ein neuer Stil definiert.

```
\psset{xunit=1cm,yunit=1cm,runit=1cm}
\newpsstyle{myline}{linewidth=2pt,%
                    linestyle=dotted,%
                    linecolor=lightgray}
\begin{pspicture}(-0.5,-0.5)(3,2)
  \psline[style=myline]{-}(0,1)(3,1)
\end{pspicture}
```


Listing 6.95: Neuen Stil definieren

Eigene Objekte über Parameter definieren

Will man dagegen ein neues Objekt definieren, das auf einem vorhandenen Befehl aufbaut und dessen Parameter anpasst, so wird der Befehl `\newpsobject` verwendet.

Der allgemeine Aufruf dabei lautet:

```
\newpsobject{<name>}{<object<}{param1=wert1,...}
```

In nachfolgendem Beispiel 6.96 wird eine neue Linie definiert.

```
\psset{xunit=1cm,yunit=1cm,runit=1cm}
\newpsobject{gline}{psline}%
                   {linewidth=5pt,%
                    linecolor=green}
\begin{pspicture}(-0.5,-0.5)(3,2)
  \gline{-}(0,1)(3,1)
\end{pspicture}
```

Listing 6.96: Neues Objekt definieren

Eigene Grafikobjekte erzeugen

Um komplexere Grafiken zu erzeugen, die auf mehreren Befehlen und Objekten aufbauen, stellt `PSTricks` den Befehl `\pscustom` zur Verfügung.

Der allgemeine Aufruf dabei lautet:

```
\pscustom[<param>]{<befehle>}
```

Dabei kann der zusätzliche Parameter „`linetype=int`“ verwendet werden, der die Kurve genauer bestimmt. Die Bedeutung der Werte ist in Tabelle 6.13 zu finden.

Wert	Beschreibung
0	Offene Kurve ohne Endungen bzw. Pfeile (Standard).
-1	Offene Kurve mit einer Endung am Anfang.
-2	Offene Kurve mit einer Endung am Ende.
-3	Offene Kurve mit einer Endung an beiden Seiten.
1	Geschlossene Kurve ohne spezieller Symmetrie.
n>1	Geschlossene Kurve mit `n` symmetrischen Segmenten.

Tabelle 6.13: Kurveneinstellungen

Verwendung der Standardgrafikobjekte

Die Grafikbefehle lassen sich in drei Gruppen aufteilen, wobei nicht alle Gruppen in `\pscustom` verwendet werden können.

- **Special**
  Die speziellen Grafikbefehle wie `\psgrid`, `\psdots`, `\qline` und `\qdisk` dürfen nicht verwendet werden, da diese auf Grundfiguren aufsetzen.

- **Closed**
  Es ist prinzipiell erlaubt, alle geschlossenen Grafikobjekte zu verwenden, jedoch kann das erwartete Aussehen unter Umständen nicht auftreten. Geschickter ist es, ein offenes Grafikobjekt mit dem Befehl `\closepath` zu verwenden.

- **Open**
  Die offenen Grafikbefehle lassen sich ohne Einschränkung verwenden. Standardmäßig wird bei offenen Kurven eine Verbindungslinie zwischen dem aktuellen Punkt (falls dieser existiert) und dem Startpunkt der nächsten Kurve gezeichnet.

Im nachfolgenden Beispiel 6.97 wird eine komplexere Grafik erzeugt. Dabei werden die beiden Befehle mit einer Verbindungslinie verbunden.

```
\psset{xunit=1cm,yunit=1cm,runit=1cm}
\begin{pspicture}(-0.5,-0.5)(3,3)
  \mypsgrid{(0,0)(3,3)}
  \pscustom[linewidth=1pt]{%
    \psarc(0,0){1}{3}{85}
    \psline{->}(0.5,2.8)(2.5,0.5)
  }
\end{pspicture}
```

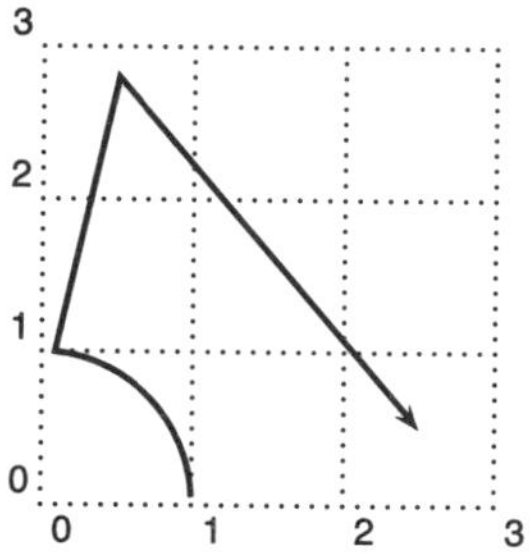

Listing 6.97: Komplexes Objekt erzeugen

Um den aktuellen Punkt und dessen Verhalten zu kontrollieren, dient der zusätzliche Parameter „`liftpen=0/1/2`“.

- **liftpen=0 (Standard)**
  Hier wird wie in Beispiel 6.97 der aktuelle Punkt mit einer Verbindungslinie mit dem Startpunkt des nächsten Grafikobjekts verbunden.

```
\psset{xunit=1cm,yunit=1cm,runit=1cm}
\begin{pspicture}(-0.5,-0.5)(4,3)
  \mypsgrid{(0,0)(4,3)}
  \pscustom[linewidth=2pt,%
            fillstyle=solid,%
            fillcolor=lightgray]{%
    \pscurve(0,2)(1,2.5)(2,1.5)(3.5,3)
    \pscurve(3.5,1)(3,0.5)(2,1)(0,0.2)
  }
\end{pspicture}
```

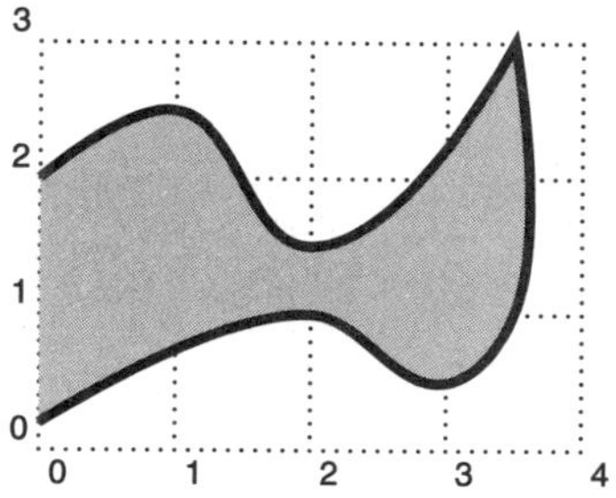

- **liftpen=1**
  Die Kurve verwendet den aktuellen Punkt nicht als erste Koordinate (ausgenommen bei dem Befehl `\psbezier`).

```
\psset{xunit=1cm,yunit=1cm,runit=1cm}
\begin{pspicture}(-0.5,-0.5)(4,3)
  \mypsgrid{(0,0)(4,3)}
  \pscustom[linewidth=2pt,%
            fillstyle=solid,%
            fillcolor=lightgray]{%
    \pscurve(0,2)(1,2.5)(2,1.5)(3.5,3)
    \pscurve[liftpen=1]%
            (3.5,1)(3,0.5)(2,1)(0,0.2)
  }
\end{pspicture}
```

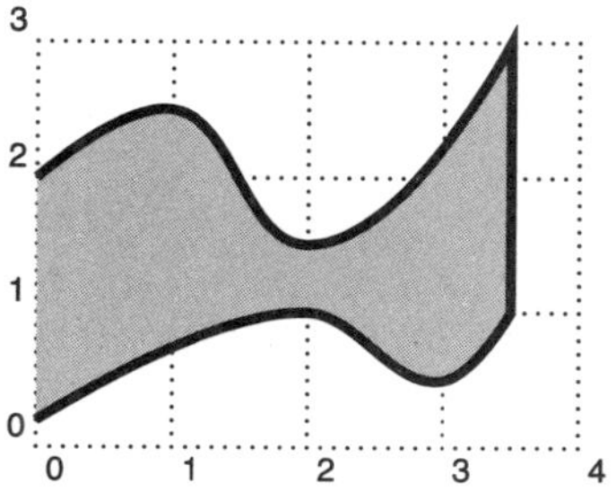

- **liftpen=2**
  Die Kurve verwendet den aktuellen Punkt nicht als erste Koordinate und es wird keine Verbindungslinie gezeichnet.

```
\psset{xunit=1cm,yunit=1cm,runit=1cm}
\begin{pspicture}(-0.5,-0.5)(4,3)
  \mypsgrid{(0,0)(4,3)}
  \pscustom[linewidth=2pt,%
            fillstyle=solid,%
            fillcolor=lightgray]{%
    \pscurve(0,2)(1,2.5)(2,1.5)(3.5,3)
    \pscurve[liftpen=2]%
            (3.5,1)(3,0.5)(2,1)(0,0.2)
  }
\end{pspicture}
```

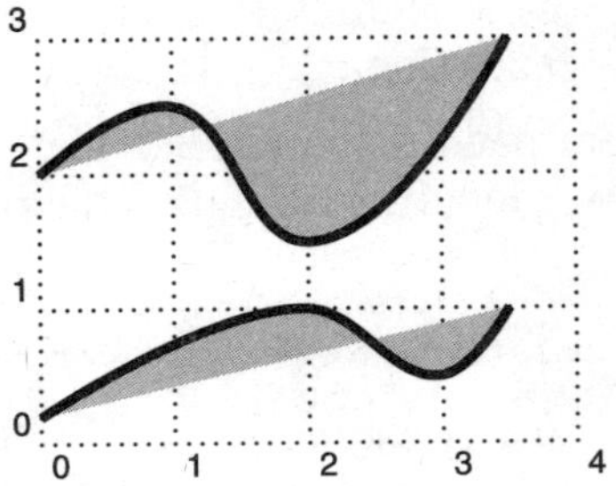

Zusätzliche Befehle

Für den Befehl `\pscustom` gibt es noch zusätzliche Befehle, die das Verhalten der Grafik beinflussen. Diese dürfen nur im Befehl `\pscustom` verwendet werden.

- **\newpath**
  Der Pfad und der aktuelle Punkt werden gelöscht.

```
\psset{xunit=1cm,yunit=1cm,runit=1cm}
\begin{pspicture}(-0.5,-0.5)(4,3)
  \mypsgrid{(0,0)(4,3)}
  \pscustom[linewidth=2pt,%
            fillstyle=solid,%
            fillcolor=lightgray]{%
    \pscurve(0,2)(1,2.5)(2,1.5)(3.5,3)
    \newpath
    \pscurve(3.5,1)(3,0.5)(2,1)(0,0.2)
  }
\end{pspicture}
```

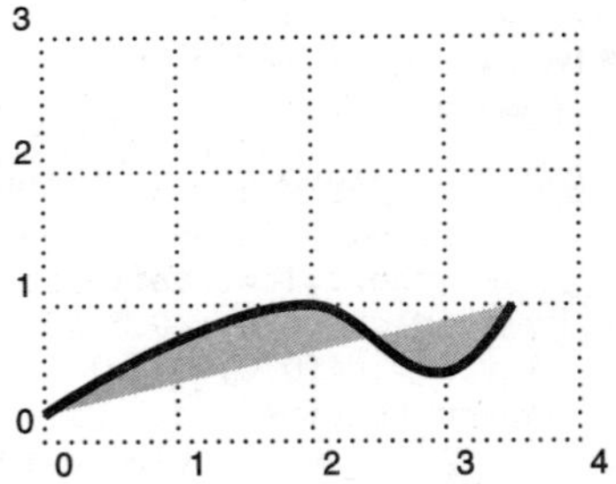

- **\moveto(coor)**
  Der aktuelle Punkt wird auf die Koordinaten `(coor)` verschoben.

```
\psset{xunit=1cm,yunit=1cm,runit=1cm}
\begin{pspicture}(-0.5,-0.5)(4,3)
  \mypsgrid{(0,0)(4,3)}
  \pscustom[linewidth=2pt,%
            fillstyle=solid,%
            fillcolor=lightgray]{%
    \pscurve(0,2)(1,2.5)(2,1.5)(3.5,3)
    \moveto(3,1.5)
    \pscurve(3.5,1)(3,0.5)(2,1)(0,0.2)
  }
\end{pspicture}
```

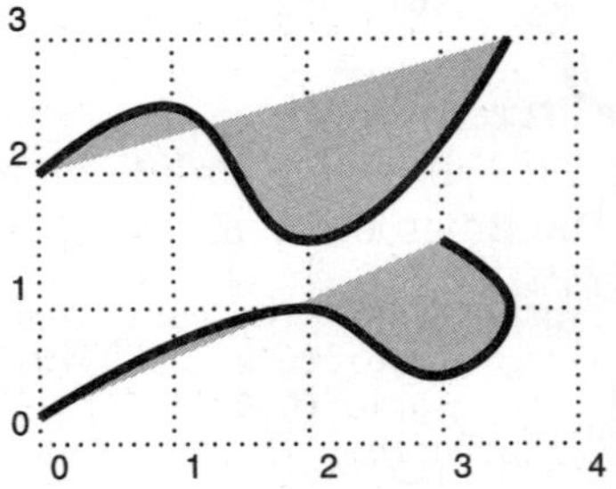

- **\closepath**
  Der Pfad wird geschlossen.

```
\psset{xunit=1cm,yunit=1cm,runit=1cm}
\begin{pspicture}(-0.5,-0.5)(4,3)
  \mypsgrid{(0,0)(4,3)}
  \pscustom[linewidth=2pt,%
            fillstyle=solid,%
            fillcolor=lightgray]{%
    \pscurve(0,2)(1,2.5)(2,1.5)(3.5,3)
    \closepath
    \pscurve(3.5,1)(3,0.5)(2,1)(0,0.2)
  }
\end{pspicture}
```

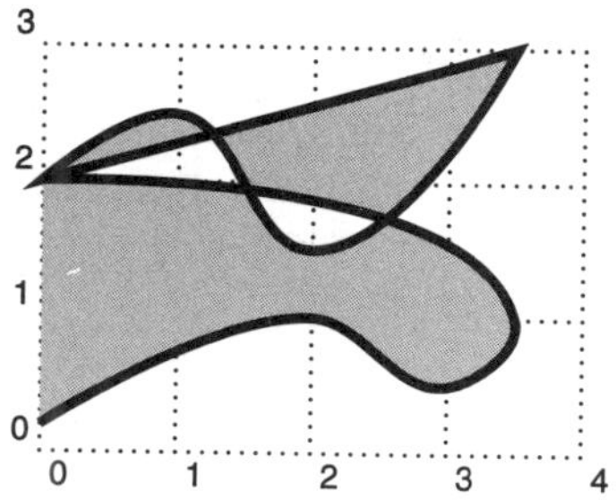

- **\stroke[<param>]**
  Die Linienart des Pfades wird festgelegt. Normalerweise macht dies PS-Tricks automatisch. Will man aber zum Beispiel eine Doppellinie mit weißem Hintergrund zeichnen, so muss mithilfe von `\stroke` eingegriffen werden.

```
\psset{xunit=1cm,yunit=1cm,runit=1cm}
\begin{pspicture}(-0.5,-0.5)(4,3)
  \mypsgrid{(0,0)(4,3)}
  \psline[linewidth=2pt]%
         (0.5,2.5)(3.5,0.5)
  \pscustom[linewidth=2pt,%
            linecolor=white]{%
    \psline(0.5,0.5)(3.5,2.5)
    \stroke[linewidth=12pt]
    \stroke[linewidth=6pt,%
            linecolor=black]
  }
\end{pspicture}
```

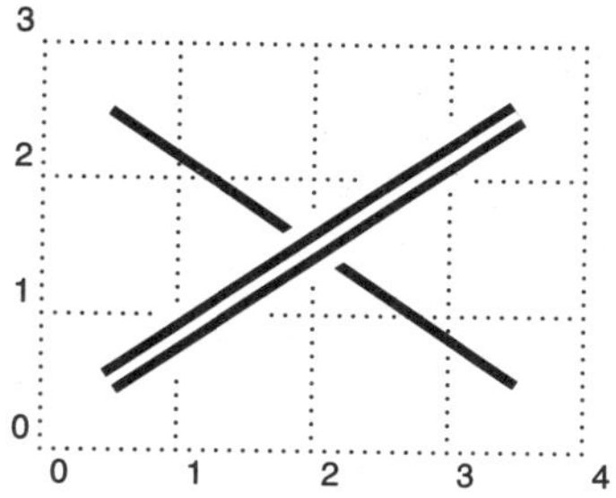

- **\fill[<param>]**
  Die Parameter für die Füllung werden festgelegt.

```
\psset{xunit=1cm,yunit=1cm,runit=1cm}
\begin{pspicture}(-0.5,-0.5)(4,3)
  \mypsgrid{(0,0)(4,3)}
  \pscustom[linewidth=2pt,%
            fillstyle=solid,%
            fillcolor=lightgray]{%
    \pscurve(0,2)(1,2.5)(2,1.5)(3.5,3)
    \closepath
    \fill[fillcolor=gray]
    \pscurve(3.5,1)(3,0.5)(2,1)(0,0.2)
  }
\end{pspicture}
```

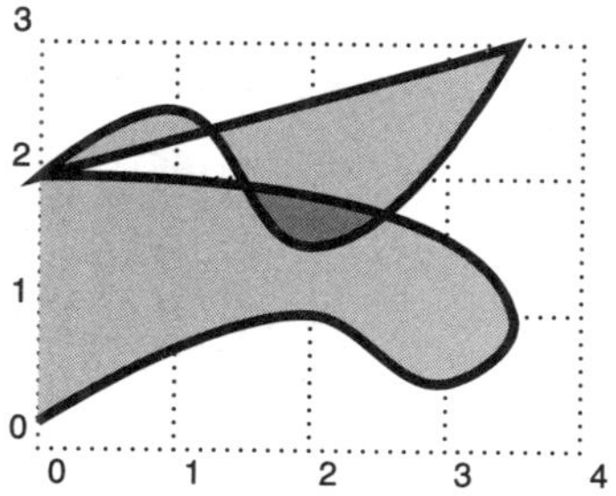

- **\gsave**
  Der aktuelle Grafikstatus wird gesichert (Pfad, Farbe, Linientyp ...).

- **\grestore**
  Der gesicherte Grafikstatus wird wieder hergestellt.

- **\translate(<coor>)**
  Alle nachfolgenden Koordinaten werden um `(coor)` verschoben.

- **scale{<num1> <num2>}**
  Skaliert die Koordinaten in x-Richtung um `num1` und in y-Richtung um `num2`. Wird `num2` nicht angegeben, so wird in beide Richtungen mit `num1` skaliert.

- **\rotate{<angle>}**
  Dreht die Koordinaten um den Winkel `angle`.

- **\swapaxes**
  Vertauscht die beiden Achsen.

- **\msave**
  Speichert das aktuelle Koordinatensystem.

- **\mrestore**
  Stellt das gespeicherte Koordinatensystem wieder her.

- **\openshadow[<param>]**
  Der aktuelle Pfad wird mit einem Schatten mit den entsprechenden Parametern versehen.

- **\closedshadow[<param>]**
  Der Bereich, den der aktuelle Pfad umschließt, wird mit einem Schatten mit den entsprechenden Parametern versehen.

- **\movepath(<coor>)**
  Verschiebt den aktuellen Pfad um `(coor)`. Soll der aktuelle Punkt erhalten bleiben, so muss `\gsave` und `\grestore` verwendet werden.

- **\lineto(<coor>)**
  Es wird eine Linie vom aktuellen Punkt zu `(coor)` gezeichnet.

```
\psset{xunit=1cm,yunit=1cm,runit=1cm}
\begin{pspicture}(-0.5,-0.5)(4,3)
  \mypsgrid{(0,0)(4,3)}
  \pscustom[linewidth=2pt,%
            fillstyle=solid,%
            fillcolor=lightgray]{%
    \pscurve(0,2)(1,2.5)(2,1.5)(3.5,3)
    \lineto(0,0)
  }
\end{pspicture}
```

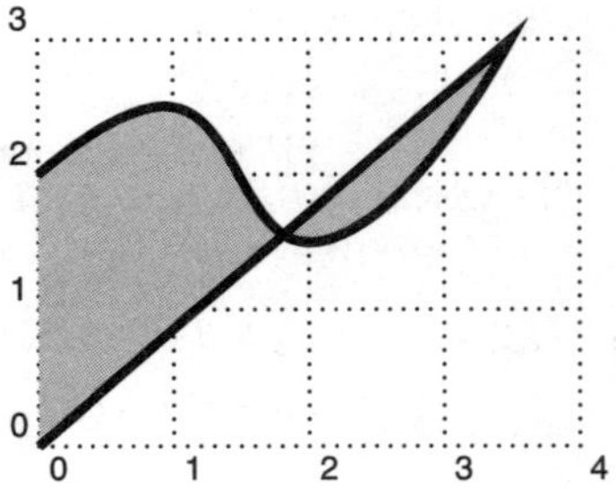

- **\rlineto(<coor>)**
  Es wird eine Linie vom aktuellen Punkt zu den relativen Koordinaten `(coor)` gezeichnet.

```
\psset{xunit=1cm,yunit=1cm,runit=1cm}
\begin{pspicture}(-0.5,-0.5)(4,3)
  \mypsgrid{(0,0)(4,3)}
  \pscustom[linewidth=2pt,%
            fillstyle=solid,%
            fillcolor=lightgray]{%
    \pscurve(0,2)(1,2.5)%
            (2,1.5)(3.5,3)
    \rlineto(0,-2)
  }
\end{pspicture}
```

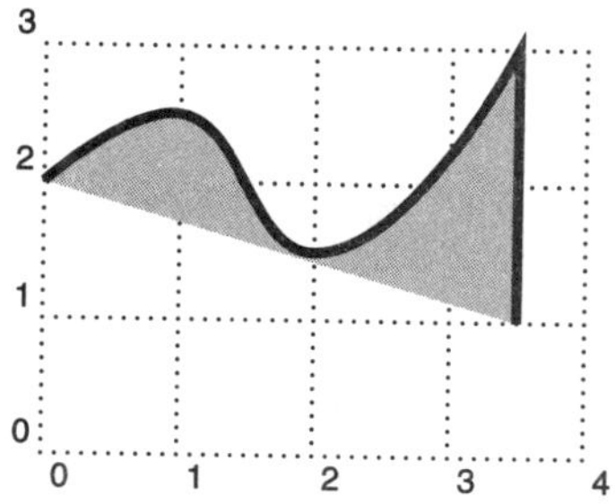

Weitere Befehle, die direkt auf PostScript einwirken

Es gibt noch weitere Befehle, um den Befehl `pscustom` zu erweitern. Bei diesen ist aber besondere Vorsicht anzuwenden, weil sie PostScript-Errors erzeugen können.

- **\code{<code>}**
  Es wird PostScript-Code direkt eingefügt.
- **\dim{<dim>}**
  Es wird die entsprechende `PSTricks`-Größeneinheit in pt umgerechnet und in den PostScript-Code eingefügt.
- **\coor(<x1>,<y1>)(<x2>,<y2>)(<xn>,<yn>)**
  Wandelt die `PSTricks`-Koordinaten in Paare von pt um und fügt diese direkt in den PostScript-Code ein.
- **\rcoor(<x1>,<y1>)(<x2>,<y2>)(<xn>,<yn>)**
  Wandelt die `PSTricks`-Koordianten (in umgekehrter Reihenfolge) in Paare von pt um und fügt diese direkt in den PostScript-Code ein.
- **\file{<file>}**
  Es wird der PostScript-Code aus der Datei `file` direkt in den PostScript-Code eingefügt. Kommentare (mit „%") werden dabei übernommen.
- **\arrows{<arrows>}**
  Definiert die Pfeilendungen für `ArrowsA` und `ArrowsB`. Diese sind dann wie folgt aufgebaut:
  `x2 y2 x1 y1 ArrowA`
  `x2 y2 x1 y1 ArrowB`
  Die Spitze ist dabei bei `(x1,y1)` und der Ausgangspunkt ist `(x2,y2)` (Der Punkt, an dem der Pfeil auf der Verbindungslinie aufsetzt).
- **\color{<color>}**
  Die Farbe wird auf `color` gesetzt.

6.2.25 Mit Knoten und Knotenverbindungen arbeiten

Viele Zeichnungen bestehen aus einzelnen Objekten (auch Knoten bzw. Nodes genannt), die untereinander verbunden werden sollen. Verschiebt man später ein Objekt, so müssen die Verbindungslinien angepasst werden. PSTricks stellt eine Vielzahl von Möglichkeiten zur Verfügung, um hier eine Automatik einzubauen. Auch die Wahl und das Aussehen der Verbindungslinien kann auf vielseitige Weise beeinflusst werden.

Knoten erzeugen

PSTricks stellt eine Menge Befehle für die Erzeugung von Knoten bereit, die nachfolgend beschrieben werden.

Der einfachste Knoten wird mit dem Befehl \rnode erzeugt.

Der allgemeine Aufruf dabei lautet:

```
\rnode[<refpoint>]{<name>}{<objekt(e)>}
```

Dabei wird mit refpoint der Bezugspunkt (wie beim Befehl rput in Kapitel 6.2.18 auf Seite 370) festgelegt. Mit name wird der Name des Knotens bestimmt. Dieser wird dann für evtl. Knotenverbindungen benötigt. Der Inhalt des Knotens wird dann über entsprechende Figuren bzw. Objekte festgelegt.

Im nachfolgenden Beispiel 6.98 werden zwei Knoten gezeichnet (über rput positioniert und mit \pscirclebox gezeichnet), die über eine einfache Linie verbunden werden. Für die Verbindung wird der Befehl \ncline verwendet, der später noch ausführlicher beschrieben wird. Dieser sorgt dafür, dass Knoten A direkt mit Knoten B verbunden wird.

```
\psset{xunit=1cm,yunit=1cm,runit=1cm}
\begin{pspicture}(0,0)(3,3)
  \rput(0.5,0.5){\rnode{A}{\pscirclebox{A}}}
  \rput(2.5,2.5){\rnode{B}{\pscirclebox{B}}}
  \ncline{A}{B}
\end{pspicture}
```

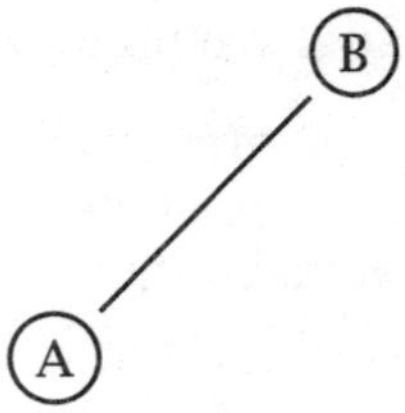

Listing 6.98: Knoten mit rnode

Eine weitere Möglichkeit einen Knoten zu erzeugen ist der Befehl \Rnode.

Der allgemeine Aufruf dabei lautet:

```
\Rnode[<param>]{<name>}{<objekte>}
```

Dieser verhält sich ähnlich wie der Befehl \rnode, jedoch die Positionierung funktioniert etwas anders, was nachfolgendes Beispiel verdeutlicht (siehe Listing 6.99 auf der nächsten Seite).

```
\psset{xunit=1cm,yunit=1cm,runit=1cm}
\begin{pspicture}(0,0)(3,2)
  \huge
  \rput(1,1.5){\rnode{A}{sp}%
     \hspace{1cm}\rnode{B}{GROSS}}
  \ncline{A}{B}

  \rput(1,0.5){\Rnode{C}{sp}%
     \hspace{1cm}\Rnode{D}{GROSS}}
  \ncline{C}{D}
\end{pspicture}
```

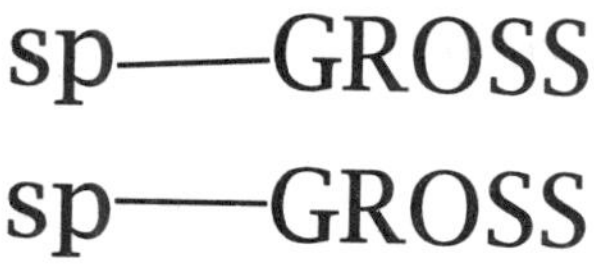

Listing 6.99: Knoten mit Rnode

Bei dem Befehl `\rnode` wird jeweils der Mittelpunkt des Objektes genommen, sodass dieser bei verschiedenen Buchstaben unterschiedlich ausfällt. Der Befehl `\Rnode` dagegen geht von der Grundlinie aus, was zur Folge hat, dass der Mittelpunkt bei allen Buchstaben derselbe ist.

Zusätzlich kann der Befehl `\Rnode` über die nachfolgenden Parameter beeinflusst werden:

- **href=num**
  Legt die horizontale Ausrichtung vom Mittelpunkt zum Rand fest. Der Standard ist hier 0. Wird z. B. der Wert „-1“ genommen, wird der Mittelpunkt auf die linke Seite verschoben, bei „+1“ auf die rechte Seite.
- **vref=dim**
  Legt einen zusätzlichen Abstand (vertikal) vom Mittelpunkt fest. Der Standard ist hier 0.7ex. Da bei jedem Ausführen von `Rnode` dieser Abstand erneut berechnet wird, kann mithilfe von `ex` genau auf die verwendete Schrfit eingegangen werden.

Knoten ohne Größe

Will man eine Linie (ohne sichtbaren Bezugspunkt) zu einem Knoten legen, so kann ein Knoten ohne Größe und Aussehen mit dem Befehl `\pnode` erzeugt werden.

Der allgemeine Aufruf dabei lautet:

```
\pnode(<x>,<y>){<name>}
```

Nachfolgendes Beispiel 6.100 verdeutlicht diesen Sachverhalt.

```
\psset{xunit=1cm,yunit=1cm,runit=1cm}
\begin{pspicture}(0,0)(3,3)
  \pnode(0.5,0.5){A}
  \rput(2,2){\rnode{B}{\pscirclebox{B}}}
  \ncline{->}{A}{B}
\end{pspicture}
```

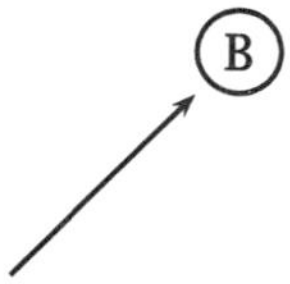

Listing 6.100: Knoten ohne sichtbaren Bezug

Kreisförmige Knoten

Mithilfe des Befehls \cnode wurde der Befehl \pnode und \pscircle zusammengefasst. Es lässt sich damit ein Kreis als Knoten zeichnen.

Der allgemeine Aufruf dabei lautet:

```
\cnode[<param>](<x>,<y>){<radius>}{<name>}
```

Dabei können alle Parameter, die beim Kreis sinnvoll sind, mit param angegeben werden. Der Mittelpunkt wird über (x,y) und der Name des Knotens über name bestimmt. Wird die Stern-Variante verwendet, so wird der Kreis mit der Linienfarbe ausgefüllt.

Im nachfolgenden Beispiel 6.101 werden zwei Kreise miteinander verbunden.

```
\psset{xunit=1cm,yunit=1cm,runit=1cm}
\begin{pspicture}(0,0)(3,3)
  \cnode(0.5,1){5pt}{A}
  \cnode*(2,2){5pt}{B}
  \ncline{A}{B}
\end{pspicture}
```

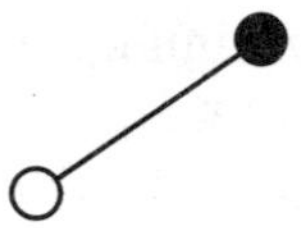

Listing 6.101: Knoten mit Kreis

Sollen sehr viele Kreisknoten gezeichnet werden, so schafft der Befehl \Cnode eine Vereinfachung.

Der allgemeine Aufruf dabei lautet:

```
\Cnode[param](x,y){name}
```

Der Befehl verhält sich genauso wie \cnode, jedoch wird der Radius über den Parameter radius=dim festgelegt, der über param oder vorher mit dem Befehl \psset festgelegt wird (siehe Listing 6.102). Die Stern-Variante füllt auch hier den Kreis mit der Linienfarbe.

```
\psset{xunit=1cm,yunit=1cm,runit=1cm,%
       radius=5pt}
\begin{pspicture}(0,0)(3,3)
  \Cnode(1,1){A}
  \Cnode*(2,2){B}
  \Cnode(3,1){C}
  \ncline{A}{B}
  \ncline{B}{C}
\end{pspicture}
```

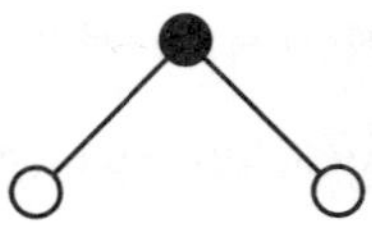

Listing 6.102: Knoten mit einheitlichen Kreisen

Soll in den Kreisen auch Text enthalten sein, wie in Beispiel 6.98 auf Seite 392, so vereint der Befehl \circlenode den Befehl \rnode und \pscirclebox.

Der allgemeine Aufruf dabei lautet:

```
\circlenode[<param>]{<name>}{<objekte>}
```

Im nachfolgenden Beispiel 6.103 werden drei Knoten mit Inhalt gezeichnet.

```
\psset{xunit=1cm,yunit=1cm,runit=1cm}
\begin{pspicture}(0,0)(3,3)
  \rput(1,1){\circlenode{A}{A}}
  \rput(2,2){\circlenode{B}{B}}
  \rput(3,1){\circlenode{C}{C}}
  \ncline{A}{B}
  \ncline{B}{C}
\end{pspicture}
```

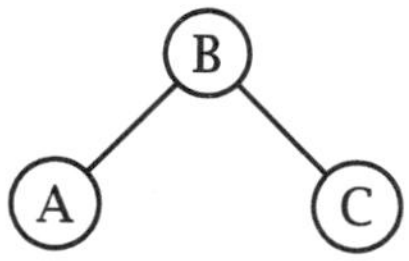

Listing 6.103: Knoten mit Kreisen und Text als Inhalt

Um eine noch einfachere Variante für die Kombination der Befehle `\rput` und `\circlenode` zu erhalten, stellt `PSTricks` den Befehl `\cnodeput` zur Verfügung.

Der allgemeine Aufruf dabei lautet:

```
\cnodeput[<param>]{<angle>}(<x>,<y>){<name>}{<objekte>}
```

Nachfolgend wird Beispiel 6.103 mithilfe des Befehls `\cnodeput` dargestellt (siehe Listing 6.104).

```
\psset{xunit=1cm,yunit=1cm,runit=1cm}
\begin{pspicture}(0,0)(3,3)
  \cnodeput(1,1){A}{A}
  \cnodeput(2,2){B}{B}
  \cnodeput(3,1){C}{C}
  \ncline{A}{B}
  \ncline{B}{C}
\end{pspicture}
```

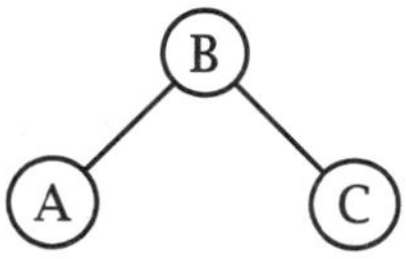

Listing 6.104: Knoten mit Kreisen und Text als Inhalt (mit \cnodeput)

Ovale Knoten

Soll anstelle eines Kreises ein Oval gezeichnet werden, so wird statt des Befehls `\circlenode` der Befehl `\ovalnode` verwendet.

Der allgemeine Aufruf dabei lautet:

```
\ovalnode[<param>]{<name>}{<objekte>}
```

Im nachfolgenden Beispiel 6.105 werden drei Ovale mit Text gezeichnet.

```
\psset{xunit=1cm,yunit=1cm,runit=1cm}
\begin{pspicture}(0,0)(3,3)
  {\small
    \rput(0.5,1){\ovalnode{A}{Sohn}}
    \rput(1.5,2){\ovalnode{B}{Mutter}}
    \rput(2.5,1){\ovalnode{C}{Tochter}}
    \ncline{A}{B}\ncline{B}{C}}
\end{pspicture}
```

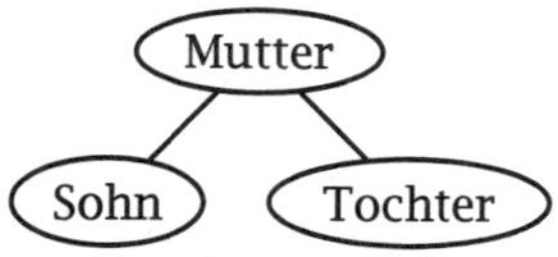

Listing 6.105: Ovale Knoten

Ihnen ist jetzt sicher aufgefallen, dass die Ovale jeweils unterschiedlich groß sind. Für manche Darstellung ist so ein Verhalten aber unerwünscht. Sollen alle Ovale gleich groß sein, unabhängig vom Text, so muss als Objekt eine `\parbox` verwendet werden (siehe Listing 6.106). In der `\parbox` wird der Text jeweils horizontal und vertikal zentriert.

```
\psset{xunit=1cm,yunit=1cm,runit=1cm}
\newcommand{\boxovaltext}[5]{%
  \rput(#1){\rnode{#2}{\psovalbox{%
    \parbox[c][#3][c]{#4}{\centering#5}}}}
}

\begin{pspicture}(0,0)(4,4)
  {\scriptsize
    \boxovaltext{1,1}{A}{0.5cm}{1cm}{Sohn}
    \boxovaltext{2,3}{B}{0.5cm}{1cm}{Mutter}
    \boxovaltext{3,1}{C}{0.5cm}{1cm}{Tochter}
    \ncline{A}{B}\ncline{B}{C}}
\end{pspicture}
```

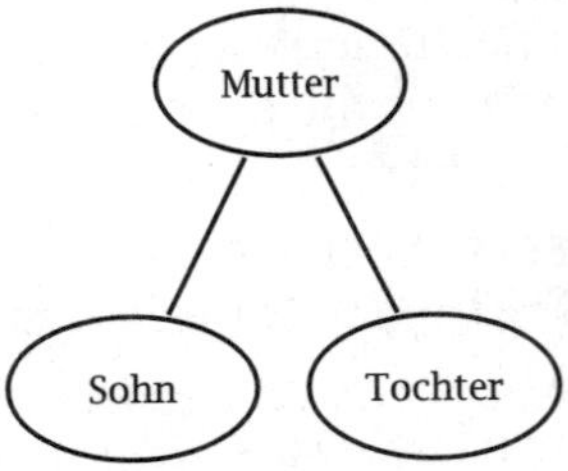

Listing 6.106: Knoten mit gleich großen Ovalen

Für die einfache Handhabung wird dazu ein neuer Befehl (Name `\boxovaltext`) erzeugt, der die entsprechenden Parameter aufnimmt. Der Aufruf dabei lautet:

```
\boxovaltext{x,y}{name}{hoehe}{breite}{text}
```

> ☞ **Befehle selbst erzeugen**
>
> Wenn Sie sich nicht mehr sicher sind, wie ein Befehl erzeugt wird, so sehen Sie in Kapitel 8.5 auf Seite 515 nach.

Rautenförmige Knoten

Mithilfe des Befehls `\dianode` lassen sich Knoten als Rauten zeichnen. Hierzu wird auf den Befehl `\diabox` zurückgegriffen.

Der allgemeine Aufruf dabei lautet:

```
\dianode[<param>]{<name>}{<objekte>}
```

Im nachfolgenden Beispiel 6.107 wird eine Raute und ein Oval gezeichnet.

```
\psset{xunit=1cm,yunit=1cm,runit=1cm}
\begin{pspicture}(0,0)(3,2.5)
  \rput(1.5,2){\dianode{A}{Start}}
  \rput(1.5,0.5){\ovalnode{B}{Stop}}
  \ncline{A}{B}
\end{pspicture}
```

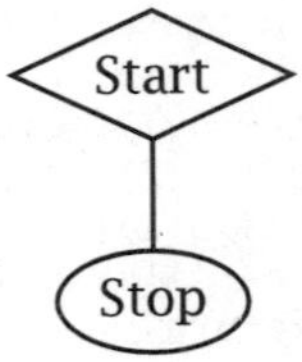

Listing 6.107: Knoten mit Rauten

Dreieckige Knoten

Mithilfe des Befehls `\trinode` lassen sich Knoten als Dreiecke zeichnen. Hierzu wird auf den Befehl `\tribox` zurückgegriffen.

Der allgemeine Aufruf dabei lautet:

```
\trinode[<param>]{<name>}{<objekte>}
```

Im nachfolgenden Beispiel 6.108 werden zwei Dreiecke gezeichnet. Die Parameter für die eigentliche `\tribox` finden Sie auf Seite 377.

```
\psset{xunit=1cm,yunit=1cm,runit=1cm}
\begin{pspicture}(0,0)(3,1.5)
  \rput(0,0.5){\trinode[trimode=R]{A}{Start}}
  \rput(2,0.5){\trinode[trimode=L]{B}{Stop}}
  \ncline{A}{B}
\end{pspicture}
```

Listing 6.108: Knoten mit Dreiecken

Knoten mit Punkten

Mithilfe des Befehls `\dotnode` lassen sich Knoten als Punkte mit verschiedenen Symbolen darstellen.

Der allgemeine Aufruf dabei lautet:

```
\dotnode[<param>](<x>,<y>){<name>}
```

Im nachfolgenden Beispiel 6.109 werden drei Punkte mit unterschiedlichen Symbolen gezeichnet. Die Parameter für die Punkt-Symbole finden Sie auf Seite 353.

```
\psset{xunit=1cm,yunit=1cm,runit=1cm}
\begin{pspicture}(0,0)(3,2)
  \dotnode[dotscale=3](1,1){A}
  \dotnode[dotstyle=asterisk,%
           dotscale=3](2,2){B}
  \dotnode[dotstyle=diamond*,%
           dotscale=3](3,1){C}
  \ncline{A}{B}
  \ncline{B}{C}
\end{pspicture}
```

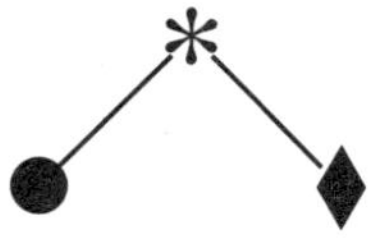

Listing 6.109: Knoten mit Dreiecken

Knoten mit Rahmen

Mithilfe des Befehls `\fnode` lassen sich Knoten als Rahmen darstellen.

Der allgemeine Aufruf dabei lautet:

```
\fnode[<param>](<x>,<y>){<name>}
```

Im Beispiel 6.109 auf der vorherigen Seite werden zwei Rahmen gezeichnet. Verwendet man die Stern-Variante, so wird der Rahmen ausgefüllt.

```
\psset{xunit=1cm,yunit=1cm,runit=1cm}
\begin{pspicture}(0,0)(3,3)
  \fnode(1,1){A}
  \fnode*[framesize=2 5pt](2,2){B}
  \ncline{A}{B}
\end{pspicture}
```

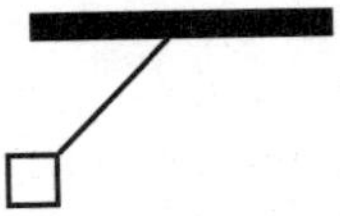

Listing 6.110: Knoten mit Rahmen

Über den Parameter „`framesize=dim1 dim2`“ werden Breite und Höhe des Rahmens bestimmt. Wird `dim2` nicht angegeben, so wird ein Quadrat mit der Kantenlänge von `dim1` gezeichnet. Der Standardwert für `dim1` ist 10 pt. Bei diesem Beispiel wird eine Breite von 2 cm und eine Höhe von 5 pt verwendet.

Knotenverbindungen

Die einfachste Knotenverbindung haben Sie schon kennen gelernt. Mit dem Befehl `\ncline` wird eine direkte Linie zwischen den beiden Knoten gezeichnet.

Der allgemeine Aufruf dabei lautet:

```
\ncline[<param>]{<arrows>}{<nodeA>}{<nodeB>}
```

Die Linienendungen werden durch `arrows` wie bei `\psline` bestimmt. Der Startknoten ist nodeA und der Endknoten nodeB.

Dabei kann die Knotenverbindung mit nachfolgenden Parametern beeinflusst werden.

- **nodesep=dim**
  Legt den zusätzlichen Abstand um die Verbindungslinie fest. Der Standardwert ist hier 0 pt.

- **offset=dim**
  Legt den zusätzlichen Abstand von der Verbindungslinie zum Knoten fest. Der Standardwert ist hier 0 pt.

Im nachfolgenden Beispiel 6.111 werden zwei Textknoten mit einem Pfeil verbunden.

```
\psset{xunit=1cm,yunit=1cm,runit=1cm}
\begin{pspicture}(0,0)(3,2)
  \rput[bl](0.5,0){\rnode{A}{Text1}}
  \rput[tr](2.5,2){\rnode{B}{Text2}}
  \ncline[nodesep=4pt]{<->}{A}{B}
\end{pspicture}
```

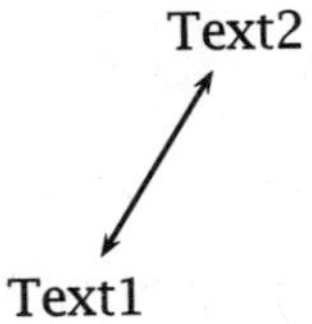

Listing 6.111: Knotenverbindungen mit \ncline

Dabei wird über den `refpoint` bei `\rput` bestimmt, an welcher Stelle bzw. zu welcher Stelle der Pfeil zeigen soll.

> **Knoten nicht gefunden**
>
> Wird ein Knoten nicht gefunden, so wird entweder keine Verbindung bzw. eine unsinnige Verbindung gezeichnet. LaTeX gibt hier keine Fehlermeldung aus, weil LaTeX den entstehenden PostScript-Code nicht verarbeitet.

Mit dem Parameter „`offset=dim`“ kann ein zusätzlicher Versatz vorgegeben werden, der es ermöglicht, z. B. zwei Pfeile (für den Hin- und Rückweg) auf einer Knotenverbindungslinien nebeneinander zu zeichnen (siehe dazu Listing 6.112). Dabei wird der Startpunkt jeweils um den Wert `offset` nach oben verschoben (wenn die Linie von links nach rechts geht) bzw. nach unten (wenn die Linie von rechts nach links geht). Soll nur der Start- bzw. Endpunkt verschoben werden, so kann `offsetA` bzw. `offsetB` verwendet werden.

```
\psset{xunit=1cm,yunit=1cm,runit=1cm}
\begin{pspicture}(0,0)(3,2.5)
  \rput[bl](0.5,0.5){\rnode{A}{Text1}}
  \rput[tr](2.5,2.5){\rnode{B}{Text2}}
  \psset{nodesep=4pt,offset=4pt,arrows=->}
  \ncline{A}{B}
  \ncline{B}{A}
\end{pspicture}
```

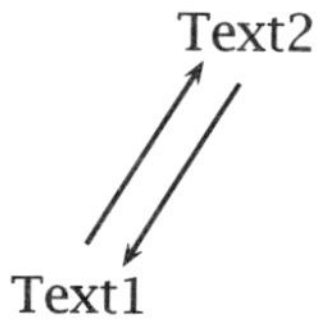

Listing 6.112: Knotenverbindungen mit \ncline und offset

Kreise bzw. Kreislinie als Knotenverbindung

Sollen die Knoten über einen Kreis bzw. Kreislinie verbunden werden, so wird der Befehl `\ncarc` verwendet.

Der allgemeine Aufruf dabei lauet:

```
\ncarc[<param>]{<arrows>}{<nodeA>}{<nodeB>}
```

Im nachfolgenden Beispiel 6.113 werden zwei Knoten durch Kreislinien mit Pfeilspitzen verbunden.

```
\psset{xunit=1cm,yunit=1cm,runit=1cm,%
       nodesep=3pt}
\begin{pspicture}(0,0)(3,2.5)
  \cnodeput(0.5,0.5){A}{A}
  \cnodeput(2.5,2.5){B}{B}
  \ncarc{->}{A}{B}
  \ncarc{->}{B}{A}
\end{pspicture}
```

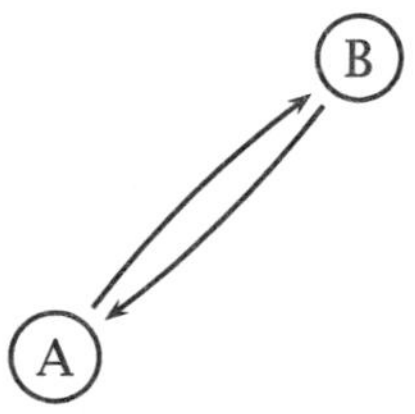

Listing 6.113: Knotenverbindungen mit \ncarc

Wie Sie sehen, wird für den Hin- bzw. Rückweg jeweils ein spiegelverkehrter Kreispfeil verwendet.

Nachfolgende Parameter bestimmen dabei den Verlauf des Kreispfeiles.

- **arcangle=angle**
  Legt bei `\ncarc` den Winkel zwischen der Kreislinie und der direkten Verbindung zwischen den Netzknoten fest. Der Standardwert ist hier 8.

- **arm=dim**
  Legt den Abstand von Netzknoten fest, bevor die Verbindungslinie z. B. gekrümmt bzw. gebogen wird. Mit `armA` bzw. `armB` wird jeweils nur ein Node angesprochen. Der Standardwert ist hier 10 pt.

- **angle=angle**
  Legt bei einigen Verbindungslinien den Winkel zwischen dem Netzknoten und der Verbindungslinie fest. Mit `angleA` bzw. `angleB` wird jeweils nur ein Node angesprochen. Der Standardwert ist hier 0.

Im nachfolgenden Beispiel 6.114 wird für die eine Kreislinie ein Winkel von 45° über den Parameter `arcangle` festgelegt.

```
\psset{xunit=1cm,yunit=1cm,runit=1cm,%
       nodesep=3pt}
\begin{pspicture}(0,0)(3,2.5)
  \cnodeput(0.5,0.5){A}{A}
  \cnodeput(2.5,2.5){B}{B}
  \ncarc[arcangle=45]{->}{A}{B}
  \ncarc{->}{B}{A}
\end{pspicture}
```

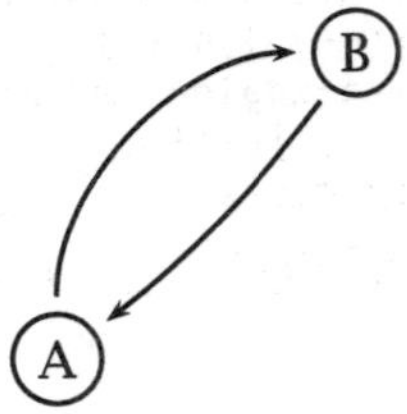

Listing 6.114: Knotenverbindungen mit \ncarc und festgelegtem Winkel

Knotenverbindung mit geschwungenen Ecklinien

Sollen die Verbindungslinien geradlinig den Knoten verlassen und dann mit geschwungenen Ecklinien zu dem anderen Knoten führen, so wird der Befehl `ncdiag` verwendet.

Der allgemeine Aufruf dabei lautet:

```
\ncdiag[<param>]{<arrows>}{<nodeA>}{<nodeB>}
```

Mit dem Parameter `angleA` bzw. `angleB` wird der Winkel festgelegt, unter dem die Verbindungslinie den Knoten verlassen soll.

Im nachfolgenden Beispiel 6.115 auf der nächsten Seite verlässt die Verbindungslinie den Knoten A oben (entspricht 90°) und tritt unten (entspricht -90°) bei Knoten B ein.

```
\psset{xunit=1cm,yunit=1cm,runit=1cm}
\begin{pspicture}(0,0)(3,2.5)
  \rput(0.5,0.5){\rnode{A}{
       \psframebox{Knoten A}}}
  \rput(2.2,2.5){\rnode{B}{
       \psovalbox{Knoten B}}}
  \ncdiag[angleA=90,%
          angleB=-90,%
          arm=0.5,%
          linearc=0.2]{A}{B}
\end{pspicture}
```

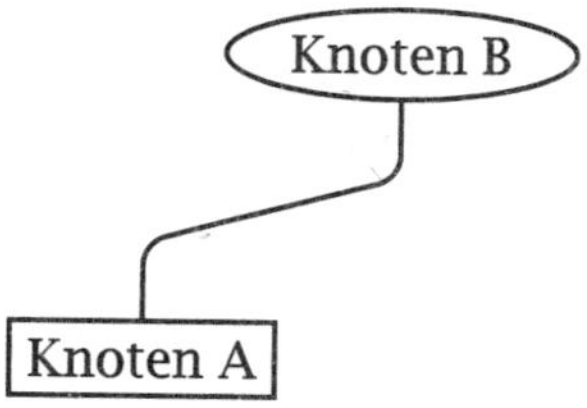

Listing 6.115: Knotenverbindungen mit geschwungenen Ecklinien

Wird der Parameter `arm` auf 0 gesetzt, so erhält man eine Gerade, die bei dem entsprechenden Winkel aus dem Knoten austritt (siehe Listing 6.116). Auf diese Weise kann der Ein- bzw. Austrittswinkel genau bestimmt werden.

```
\psset{xunit=1cm,yunit=1cm,runit=1cm}
\begin{pspicture}(0,0)(3,2.5)
  \rput[l](0,1.5){\ovalnode{K}{Klasse}}
  \cnodeput(3,2){A}{X}
  \cnodeput(3,1){B}{Y}
  \ncdiag[angleB=180,arm=0]{->}{K}{A}
  \ncline{->}{K}{B}
  \ncdiag[angleA=-90,angleB=-90,arm=0]%
        {-}{K}{B}
\end{pspicture}
```

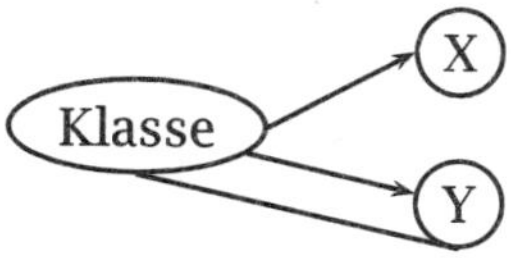

Listing 6.116: arm wird auf 0 gesetzt

Knotenverbindung mit eckigen Linien

Soll die Verbindungslinie den Knoten geradlinig verlassen und dann mit kantigen Ecklininen zu dem anderen Knoten führen, so wird der Befehl `\ncdiagg` verwendet.

Der allgemeine Aufruf dabei lautet:

```
\ncdiagg[<param>]{<arrows>}{<nodeA>}{<nodeB>}
```

Der Befehl `\ncdiagg` ist dabei dem Befehl `\ncdiag` sehr ähnlich, zeigt aber immer auf den Mittelpunkt des Knotens. Im nachfolgenden Beispiel werden zwei Kreise verbunden (siehe Listing 6.117).

```
\psset{xunit=1cm,yunit=1cm,runit=1cm}
\begin{pspicture}(0,0)(3,2.5)
  \cnodeput(2.5,2){A}{A}
  \cnodeput(0.5,0.5){B}{B}
  \ncdiagg[angleA=180, armA=1]{A}{B}
\end{pspicture}
```

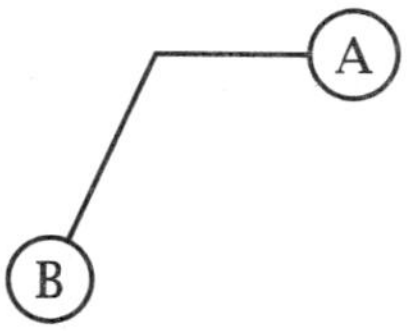

Listing 6.117: Eckige Verbindungslinien

Dabei wird mit dem Parameter `angleA` festgelegt, dass der Ausgangspunkt bei A bei 180° erfolgenden und mit dem Parameter `armA` eine gerade Länge von 1 cm haben soll.

Knotenverbindung mit drei geraden Segmenten

Eine andere Variante stellt der Befehl `\ncbar` dar. Dieser knickt nach dem Node umittelbar ab und führt geradlinig zum zweiten Node und knickt auch hier wieder unmittelbar vor diesem ein. Dabei werden immer drei Segmente gebildet, wobei das erste und das dritte Segment gleich lang sind. Damit lassen sich z. B. sehr gut Verbindungen in Sätzen herstellen.

Der allgemeine Aufruf dabei lautet:

```
\ncbar[<param>]{<arrows>}{<nodeA>}{<nodeB>}
```

Im nachfolgenden Beispiel 6.118 werden zwei Worte in einem Satz verbunden.

```
\psset{xunit=1cm,yunit=1cm,runit=1cm}
\begin{pspicture}(0,0)(4,2)
  \rput[bl](0,1){
    \rnode{A}{Dies} ist ein \rnode{B}{Text}!
    \ncbar[angle=-90,nodesep=4pt]%
          {**->}{B}{A}
  }
\end{pspicture}
```

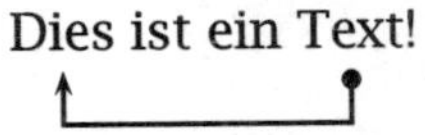

Listing 6.118: Worte in einem Satz verbinden

Sollen von einem Text zwei Verbindungslinien ausgehen und diese nicht am selben Punkt starten, so kann mit den Parametern `offsetA` bzw. `offsetB` ein Versatz eingebaut werden (siehe Listing 6.119).

```
\psset{xunit=1cm,yunit=1cm,runit=1cm}
\begin{pspicture}(0,0)(4,2)
  \rput[bl](0,1){
    \rnode{A}{Dies} ist \rnode{B}%
          {ein} \rnode{C}{Text}!
    \ncbar[angle=-90,nodesep=4pt,%
          offsetB=4pt]{->}{A}{B}
    \ncbar[angle=-90,nodesep=4pt,%
          offsetA=4pt]{->}{B}{C}
  }
\end{pspicture}
```

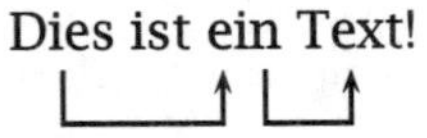

Listing 6.119: Worte in einem Satz verbinden (zwei Pfeile)

Aber auch beliebige Objekte lassen sich damit verbinden (siehe Listing 6.120 auf der nächsten Seite).

```
\psset{xunit=1cm,yunit=1cm,runit=1cm}
\begin{pspicture}(0,0)(4,2)
  \rput[bl](0,0.5){
    \cnodeput(2.5,1){A}{A}
    \cnodeput(0.5,1){B}{B}
    \ncbar[angle=-90, nodesep=4pt]%
          {**->}{A}{B}
  }
\end{pspicture}
```

Listing 6.120: Verbindungen von Kreisen mit \ncbar

Eine weitere Möglichkeit, zwei Knoten mit drei Segmenten zu verbinden, stellt der Befehl `\ncangle` dar. Dabei wird der Winkel zwischen dem ersten Segment (Node A) und dem zweiten Segment mit 90° festgelegt. Die einzelnen Segmente können dabei unterschiedliche Längen besitzen.

Der allgemeine Aufruf dabei lautet:

```
\ncangle[<param>]{<arrows>}{<nodeA>}{<nodeB>}
```

Im nachfolgenden Beispiel 6.121 werden zwei Kreise über drei Segmente mit einem 90° Winkel bei A verbunden.

```
\psset{xunit=1cm,yunit=1cm,runit=1cm}
\begin{pspicture}(0,-1)(3,2)
  \cnodeput(2.5,1.5){A}{A}
  \cnodeput(0.5,0){B}{B}
  \ncangle[angleA=-90, angleB=90]{A}{B}
\end{pspicture}
```

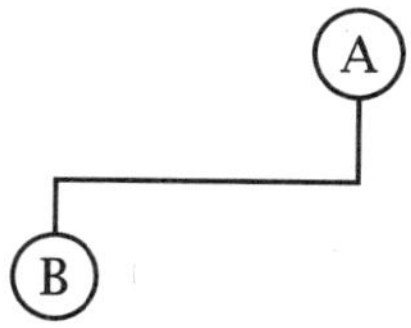

Listing 6.121: Verbindungen mit drei Segmenten und 90°-Winkel

Verändert man den Winkel (oder beide) zum Node entsprechend, wird automatisch der fehlende Winkel zwischen den Segmenten bei Node B berechnet. Der Winkel zwischen den Segmenten bei Node A bliebt weiterhin 90° (siehe Listing 6.122).

```
\psset{xunit=1cm,yunit=1cm,runit=1cm}
\begin{pspicture}(0,-1)(3,2)
  \cnodeput(2.5,1.5){A}{A}
  \cnodeput(0.5,0){B}{B}
  \ncangle[angleA=-110, angleB=90]{A}{B}
\end{pspicture}
```

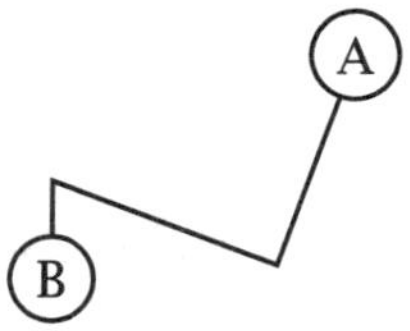

Listing 6.122: Verbindungen mit drei Segmenten

Will man keinen Knick beim rechten Winkel, sondern einen Bogen, so ist der Bogenradius mit dem Parameter `linearc` einzustellen. Zusätzlich kann man auch die Länge des Segmentes bei Node B auf 0 setzen (mit armB), was bewirkt, dass man nur eine Verbindung mit zwei Segmenten und einem rechten Winkel hat (siehe Listing 6.123 auf der nächsten Seite).

```
\psset{xunit=1cm,yunit=1cm,runit=1cm}
\begin{pspicture}(0,-1)(3,2)
  \cnodeput(2.5,1.5){A}{A}
  \cnodeput(0.5,0){B}{B}
  \ncangle[angleA=-90, armB=0,%
          linearc=0.5]{A}{B}
\end{pspicture}
```

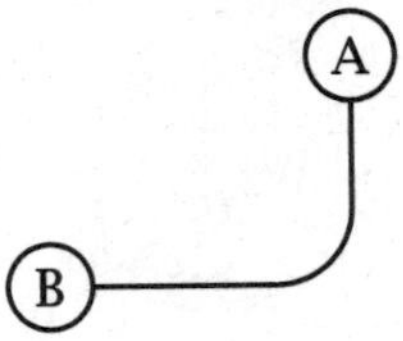

Listing 6.123: Verbindungen mit zwei Segmenten und rechtem Winkel

Knotenverbindung mit vier geraden Segmenten

Mit dem Befehl `\ncangles` ist es möglich, eine Verbindung mit vier geraden Segmenten zu realisieren.

Der allgemeine Aufruf dabei lautet:

```
\ncangles[<param>]{<arrows>}{<nodeA>}{<nodeB>}
```

Der Befehl verhält sich dabei ähnlich wie der Befehl `\ncangle`, jedoch mit vier Segmenten. Auch hier ist es möglich, die Ecken mit entsprechenden Rundungen zu versehen (siehe Listing 6.124).

```
\psset{xunit=1cm,yunit=1cm,runit=1cm}
\begin{pspicture}(0,-1)(3,2)
  \cnodeput(2.5,1.5){A}{A}
  \cnodeput(0.5,0){B}{B}
  \ncangles[angleA=-90, angleB=180,%
          linearc=0.1]{A}{B}
\end{pspicture}
```

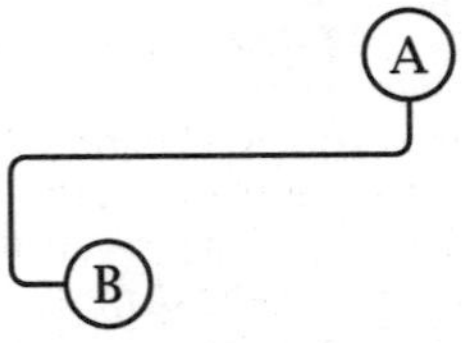

Listing 6.124: Verbindungen mit vier Segmenten und rechtem Winkel

Knotenverbindung mit fünf geraden Segmenten

Mit dem Befehl `\ncloop` ist es möglich, eine Verbindung mit fünf geraden Segmenten zu realisieren.

Der allgemeine Aufruf dabei lautet:

```
\ncloop[<param>]{<arrows>}{<nodeA>}{<nodeB>}
```

Dabei macht der Befehl `\ncloop` eine 90°-Drehung nach links und bildet somit eine Schleife. Dabei wird die Schleifenhöhe über den Parameter „`loopsize=dim`“ bestimmt (siehe Listing 6.125 auf der nächsten Seite).

```
\psset{xunit=1cm,yunit=1cm,runit=1cm}
\begin{pspicture}(0,-1)(3,2)
  \cnodeput(2.5,0){A}{A}
  \cnodeput(0.5,0){B}{B}
  \ncloop[angleB=180]{->}{A}{B}
\end{pspicture}
```

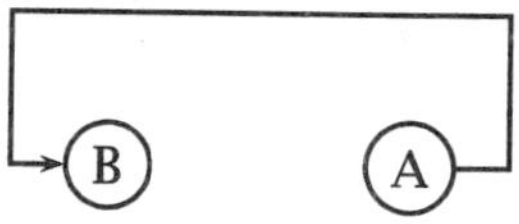

Listing 6.125: Verbindungen mit Schleife

Man kann eine Schleife auch nur über einen Node legen (siehe Listing 6.126).

```
\psset{xunit=1cm,yunit=1cm,runit=1cm}
\begin{pspicture}(0,0)(3,3)
  \rput(1.5,1){\rnode{A}{
       \psframebox{\large Schleife}}}
  \ncloop[angleB=180, loopsize=1,%
          arm=0.5, linearc=0.2]{->}{A}{A}
\end{pspicture}
```

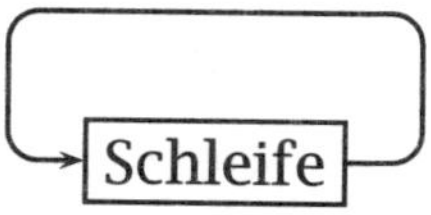

Listing 6.126: Verbindungen mit Schleife bei einem Node

Auch eine offene Schleife ist möglich (siehe Listing 6.127).

```
\psset{xunit=1cm,yunit=1cm,runit=1cm}
\begin{pspicture}(0,0)(4,3)
  \rput(1.5,2.5){\rnode{A}{
       \psframebox{Start}}}
  \rput(2.5,0.5){\rnode{B}{
       \psframebox{Ende}}}
  \ncloop[angleA=180, loopsize=1,%
          arm=0.5, linearc=0.2]{->}{A}{B}
\end{pspicture}
```

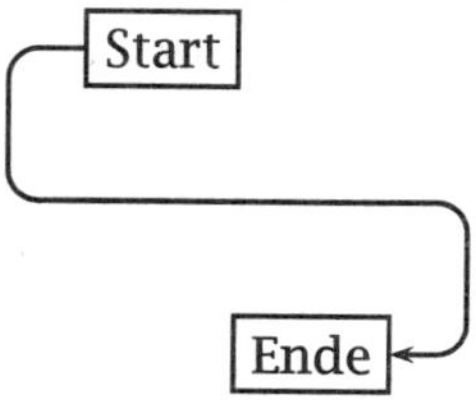

Listing 6.127: Verbindungen mit offener Schleife

Knotenverbindung mit Bézier-Kurven

Mit dem Befehl `\nccurve` ist es möglich, eine Verbindung mit einer Bézier-Kurve zu realisieren.

Der allgemeine Aufruf dabei lautet:

```
\nccurve[<param>]{<arrows>}{<nodeA>}{<nodeB>}
```

Dabei wird über `angleA` bzw. `angleB` bestimmt, in welchem Winkel jeweils der entsprechende Node verlassen wird (siehe Listing 6.128 auf der nächsten Seite).

```
\psset{xunit=1cm,yunit=1cm,runit=1cm}
\begin{pspicture}(0,0)(4,3)
  \rput(1,2.5){\rnode{A}{
       \psframebox{Start}}}
  \rput(3,0.5){\rnode{B}{
       \psframebox{Ende}}}
  \nccurve[angleB=180]{->}{A}{B}
\end{pspicture}
```

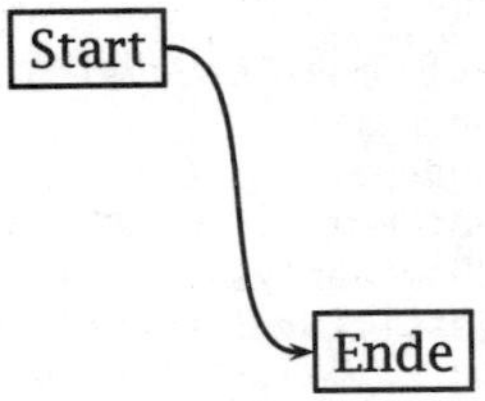

Listing 6.128: Verbindungen mit einer Bézier-Kurve

Der Abstand zum Kontrollpunkt wird dabei über den Parameter „ncurv=dim“ bzw. ncurvA oder ncurvB bestimmt (siehe Listing 6.129).

```
\psset{xunit=1cm,yunit=1cm,runit=1cm}
\begin{pspicture}(0,0)(4,3)
  \rput(1,2.5){\rnode{A}{
       \psframebox{Start}}}
  \rput(3,0.5){\rnode{B}{
       \psframebox{Ende}}}
  \nccurve[angleB=180,ncurv=2]{->}{A}{B}
\end{pspicture}
```

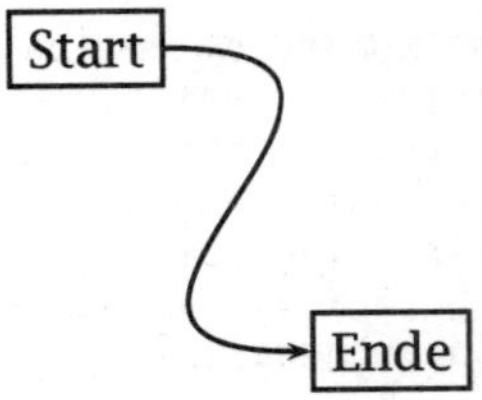

Listing 6.129: Verbindungen mit einer Bézier-Kurve und Kontrollpunkt

Knoten mit Kreisverbindung versehen

Mit dem Befehl \nccircle ist es möglich, eine Verbindung mit einem Kreis zu realisieren bzw. einen Kreis um einen Node zu zeichnen.

Der allgemeine Aufruf dabei lautet:

```
\nccircle[<param>]{<arrows>}{<node>}{<radius>}
```

Dabei wird ein Kreis (bzw. ein Teil eines Kreises) mit dem Radius radius um den Node gezeichnet (siehe Listing 6.130).

```
\psset{xunit=1cm,yunit=1cm,runit=1cm}
\begin{pspicture}(0,0)(3,2)
  \rput(1.5,0.5){\rnode{A}{
       \psframebox{\large Kreis}}}
  \nccircle{->}{A}{1}
\end{pspicture}
```

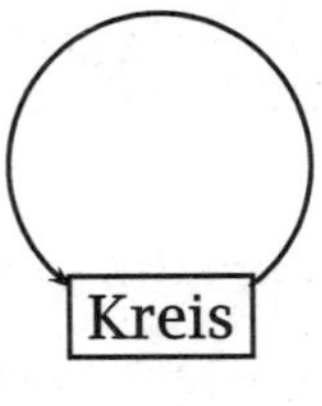

Listing 6.130: Node mit Kreis

Knotenverbindung mit Rahmen

Mit dem Befehl \ncbox ist es möglich, zwei Nodes mit einem Rahmen zu umgeben.

Der allgemeine Aufruf dabei lautet:

```
\ncbox[<param>]{<nodeA>}{<nodeB>}
```

Im nachfolgenden Beispiel 6.131 werden die beiden Nodes (A und B) mit einem Rahmen umschlossen.

```
\psset{xunit=1cm,yunit=1cm,runit=1cm}
\begin{pspicture}(0,0)(3,2)
  \rput(1,1.5){\rnode{A}{\large A}}
  \rput(2,0.5){\rnode{B}{\large B}}
  \ncbox{A}{B}
\end{pspicture}
```

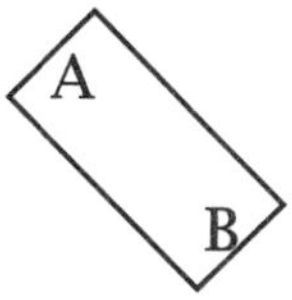

Listing 6.131: Rahmen um zwei Knoten

Dabei können alle Parameter des Befehls `\psframe` verwendet werden. Zusätzlich wird mit dem Parameter „`boxsize=dim`“ der Abstand um den Knoten festgelegt (siehe Listing 6.132).

```
\psset{xunit=1cm,yunit=1cm,runit=1cm}
\begin{pspicture}(0,0)(3,2)
  \rput(1,1.5){\rnode{A}{\large A}}
  \rput(2,0.5){\rnode{B}{\large B}}
  \ncbox[nodesep=0.5,%
         boxsize=0.6,%
         linearc=0.2,%
         linestyle=dashed]{A}{B}
\end{pspicture}
```

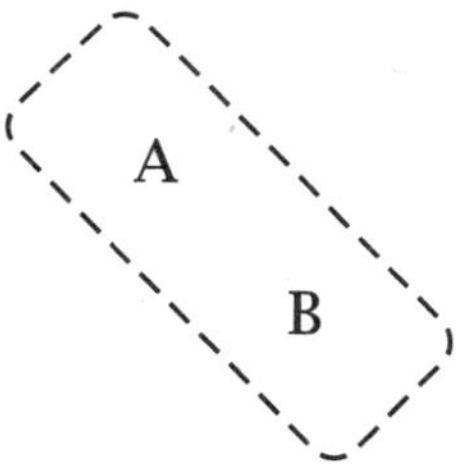

Listing 6.132: Rahmen um zwei Knoten (mit zusätzlichen Einstellungen)

Eine andere Art von Rahmen ist mit dem Befehl `\ncarcbox` möglich.

Der allgemeine Aufruf dabei lautet:

```
\ncarcbox[<param>]{<nodeA>}{<nodeB>}
```

Dabei wird eine geschlossene Kurve um beide Knoten gezeichnet (siehe Listing 6.133).

```
\psset{xunit=1cm,yunit=1cm,runit=1cm}
\begin{pspicture}(0,0)(3,2)
  \rput(1,1.5){\rnode{A}{\large A}}
  \rput(2,0.5){\rnode{B}{\large B}}
  \ncarcbox[nodesep=0.2, boxsize=0.4,%
            arcangle=50]{A}{B}
\end{pspicture}
```

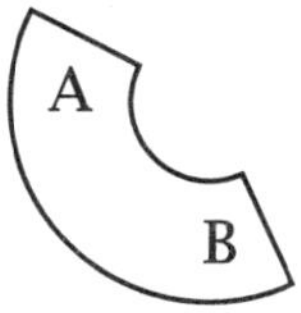

Listing 6.133: Rahmen mit geschlossener Kurve

Dabei wird zusätzlich mit `arcangle` der Winkel der Kurve bzgl. der Nodes bestimmt. Verwendet man den Parameter `linearc`, so erhält der Rahmen eine komplett runde Kurve (siehe Listing 6.134 auf der nächsten Seite).

```
\psset{xunit=1cm,yunit=1cm,runit=1cm}
\begin{pspicture}(0,0)(3,2)
  \rput(1,1.5){\rnode{A}{\large A}}
  \rput(2,0.5){\rnode{B}{\large B}}
  \ncarcbox[nodesep=0.3, boxsize=0.3,%
            linearc=0.3, arcangle=50]{A}{B}
\end{pspicture}
```

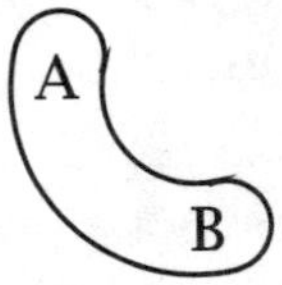

Listing 6.134: Rahmen mit geschlossener Kurve (rund)

Weitere Knotenverbindungen

PSTricks stellt noch weitere Knotenverbindungen dar, die aus bereits bekannten Befehlen zusammengesetzt werden.

Aus der Befehlsfolge:

```
\pnode(1,0.5){A}
\pnode(3,1.5){B}
\ncarc{<->}{A}{B}
```

wird:

```
\pcarc{<->}(1,1)(3,2)
```

Listing 6.135 verdeutlich dies.

```
\psset{xunit=1cm,yunit=1cm,runit=1cm}
\begin{pspicture}(0,0)(3,2)
  \pcarc{<->}(1,1)(3,2)
\end{pspicture}
```

Listing 6.135: Vereinfachung mit \pcarc

Tabelle 6.14 zeigt, welche weiteren Befehle noch zur Verfügung stehen und auf welchen Befehlen diese aufbauen.

Befehl	basiert auf
`\pcline{<arrow>}(<x1>,<y1>)(<x2>,<y2>)`	`\ncline`
`\pccurve{<arrow>}(<x1>,<y1>)(<x2>,<y2>)`	`\nccurve`
`\pcarc{<arrow>}(<x1>,<y1>)(<x2>,<y2>)`	`\ncarc`
`\pcbar{<arrow>}(<x1>,<y1>)(<x2>,<y2>)`	`\ncbar`
`\pcdiag{<arrow>}(<x1>,<y1>)(<x2>,<y2>)`	`\ncdiag`
`\pcangle{<arrow>}(<x1>,<y1>)(<x2>,<y2>)`	`\ncangle`
`\pcloop{<arrow>}(<x1>,<y1>)(<x2>,<y2>)`	`\ncloop`
`\pcbox(<x1>,<y1>)(<x2>,<y2>)`	`\ncbox`
`\pcarcbox(<x1>,<y1>)(<x2>,<y2>)`	`\ncarcbox`

Tabelle 6.14: Weitere Befehle für Knotenverbindungen

6.2.26 Knoten bzw. Knotenverbindungen beschriften

Eine weitere wichtige Aufgabe von `PSTricks` ist das Beschriften von Knoten bzw. Knotenverbindungen. Für die grundlegende Beschriftung stellt `PSTricks` drei Befehle zur Verfügung.

Der allgemeine Aufruf dabei lautet:

```
\ncput[<param>]{<objekte>}
\naput[<param>]{<objekte>}
\nbput[<param>{<objekte>}
```

wobei der Befehl `\ncput` die Beschriftung auf der Linie, der Befehl `\naput` über der Linie und der Befehl `\nbput` unterhalb der Linie zeichnet (siehe Listing 6.136). Zu beachten ist, dass der Beschriftungsbefehl unmittelbar nach dem Knotenverbindungsbefehl gesetzt wird. Verwendet man die Sternvariante, so wird die Fläche unterhalb des Textes mit der Füllfarbe (Standard ist weiß) gefüllt.

```
\psset{xunit=1cm,yunit=1cm,runit=1cm,%
       nodesep=3pt,linewidth=1pt}
\begin{pspicture}(0,-1)(4,4)
  \cnode(0.5,1.5){0.4cm}{M}
  \cnode*(3.5,3){5pt}{A}
  \cnode*(3.5,1.5){5pt}{B}
  \cnode*(3.5,0){5pt}{C}
  \ncline{M}{A}
  \naput{über}
  \ncline{M}{B}
  \ncput*{auf}
  \ncline{M}{C}
  \nbput{unter}
\end{pspicture}
```

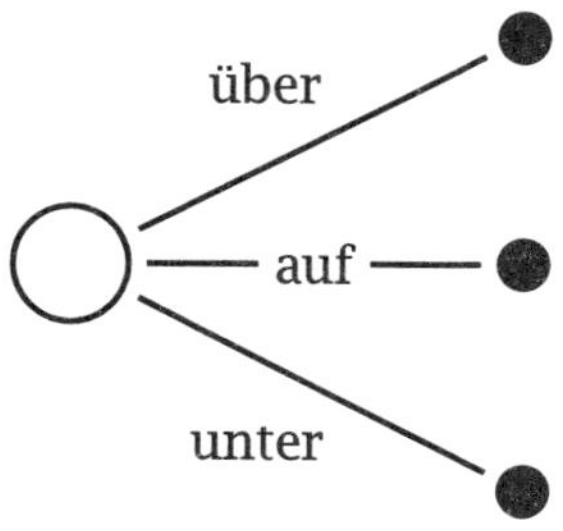

Listing 6.136: Knotenbeschriftung

Mit nachfolgenden Parametern kann das Verhalten beeinflusst werden:

- **ref=ref**
  Legt den Referenzpunkt für die Beschriftung fest (wie bei dem Befehl `\rput`). Der Standard ist hier „c".

- **nrot=rot**
  Legt den Drehwinkel für die Drehung fest (wie bei dem Befehl `\rput`). Es kann auch die Form `{:angle}` verwendet werden (siehe Tabelle 6.10 auf Seite 371). Der Standard ist hier „0".

Im nachfolgenden Beispiel 6.137 auf der nächsten Seite wird eine Seite bei einem Dreieck beschriftet.

```
\psset{xunit=1cm,yunit=1cm,runit=1cm}
\begin{pspicture}(0,-0.5)(4,3)
  \pspolygon(0,0)(4,2.5)(4,0)
  \pcline[offset=10pt]{|-|}(0,0)(4,2.5)
  \ncput*[nrot=:U]{Länge}
\end{pspicture}
```

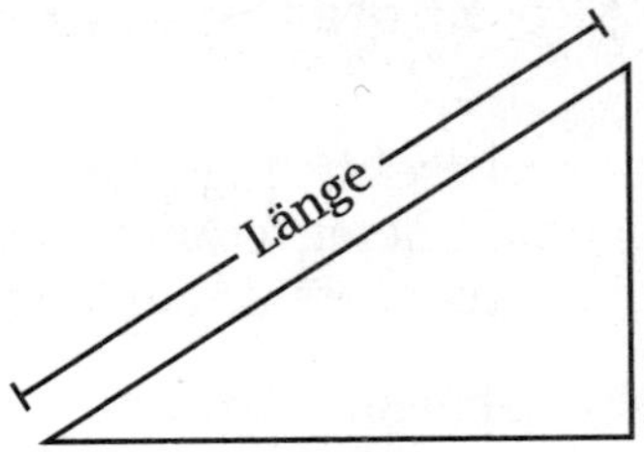

Listing 6.137: Bemasung von Figuren

Dabei wird mit dem Befehl `\pcline` eine Verbindungslinie zwischen zwei unsichtbaren Knoten gezeichnet. Mit `\ncput` wird dann die Beschriftung entsprechend der Linie durchgeführt.

Soll von Beispiel 6.136 auf der vorherigen Seite die Beschriftung auch entsprechend der Linie gedreht werden, so ist zusätzlich der Parameter `nrot` zu verwenden (siehe Listing 6.138).

```
\psset{xunit=1cm,yunit=1cm,runit=1cm,%
       nodesep=3pt,linewidth=1pt,nrot=:U}
\begin{pspicture}(0,-1)(4,4)
  \cnode(0.5,1.5){0.4cm}{M}
  \cnode*(3.5,3){5pt}{A}
  \cnode*(3.5,1.5){5pt}{B}
  \cnode*(3.5,0){5pt}{C}
  \ncline{M}{A}
  \naput{über}
  \ncline{M}{B}
  \ncput*{auf}
  \ncline{M}{C}
  \nbput{unter}
\end{pspicture}
```

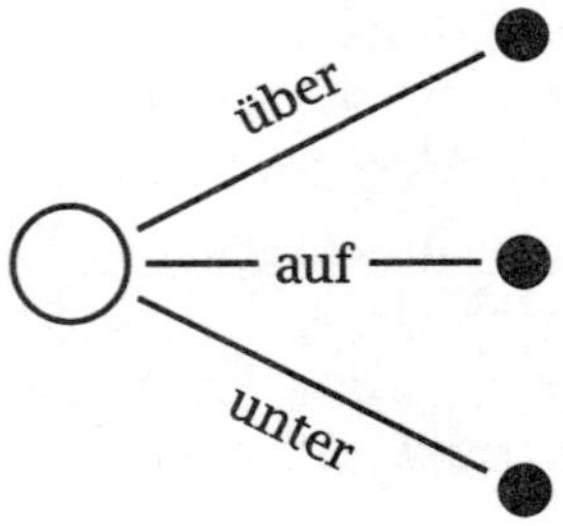

Listing 6.138: Knotenbeschriftung (an Linie ausgerichtet)

Position für Beschriftung festlegen

Mit dem Parameter „`npos=num`“ wird die Position für die Beschriftung genauer festgelegt. Dabei hat jeder Knotenverbindungsbefehl seinen eigenen Standardwert für die Position. Tabelle 6.15 auf der nächsten Seite zeigt die möglichen Werte.

Nachfolgendes Beispiel 6.139 auf der nächsten Seite zeigt die Möglichkeiten am Beispiel des Befehls `\ncangles`.

Tabelle 6.15: Positionierungsparameter

Befehl	Segmente	Bereich	Standard
\ncline	1	$0 \leq pos \leq 1$	0.5
\nccurve	1	$0 \leq pos \leq 1$	0.5
\ncarc	1	$0 \leq pos \leq 1$	0.5
\ncbar	3	$0 \leq pos \leq 3$	1.5
\ncdiag	3	$0 \leq pos \leq 3$	1.5
\ncdiagg	2	$0 \leq pos \leq 2$	0.5
\ncangle	3	$0 \leq pos \leq 3$	1.5
\ncangles	4	$0 \leq pos \leq 4$	1.5
\ncloop	5	$0 \leq pos \leq 5$	2.5
\nccircle	1	$0 \leq pos \leq 1$	0.5
\ncbox	4	$0 \leq pos \leq 4$	0.5
\ncarcbox	4	$0 \leq pos \leq 4$	0.5

```
\psset{xunit=1cm,yunit=1cm,runit=1cm}
\begin{pspicture}(0,-1)(3,2)
  \cnodeput(2.5,1.5){A}{A}
  \cnodeput(0.5,0){B}{B}
  \ncangles[angleA=-90, angleB=180,%
          linearc=0.1]{A}{B}
  \ncput*{\small Standard}
  \nbput[nrot=:D,npos=2.5]{\small hier}
\end{pspicture}
```

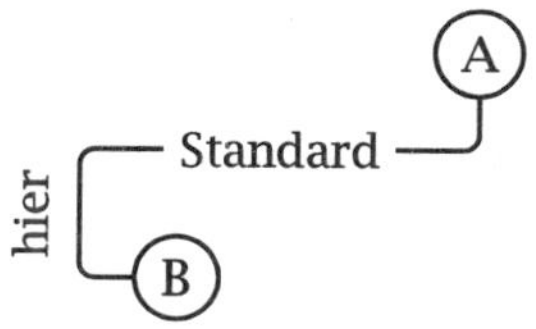

Listing 6.139: Beschriftungspositionierung

Verkürzung der Schreibweise

Mithilfe des Parameters „shortput=none/nab/tablr/tab“ ist es möglich, die Schreibweise für die Beschriftung zu vereinfachen. Wird der Parameter auf nab gesetzt, kann nach dem Knotenverbindungsbefehl „^“anstelle von naput und „_“anstelle von nbput verwendet werden (siehe Listing 6.140).

```
\psset{xunit=1cm,yunit=1cm,runit=1cm,%
      nodesep=3pt,linewidth=1pt,%
      nrot=:U, shortput=nab}
\begin{pspicture}(0,0)(4,2)
  \cnode(0.5,1){0.4cm}{M}
  \cnode*(3.5,2){5pt}{A}
  \cnode*(3.5,0){5pt}{C}
  \ncline{M}{A}^{über}
  \ncline{M}{C}_{unter}
\end{pspicture}
```

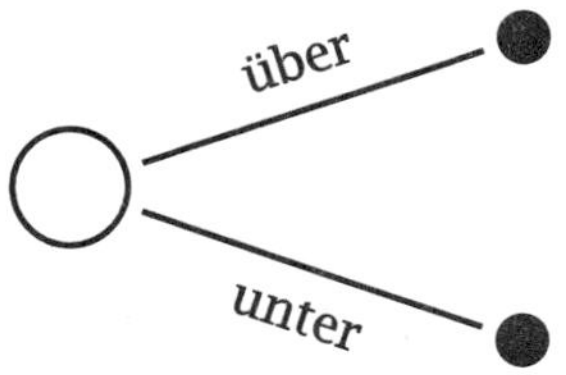

Listing 6.140: Knotenbeschriftung verkürzt

Mithilfe des Befehls \MakeShortNab lassen sich die entsprechenden Verkürzungszeichen austauschen.

Der allgemeine Aufruf dabei lautet:

```
\MakeShortNab{char1}{char2}
```

Die anderen Werte für den Parameter werden auf Seite 413 und 426 beschrieben.

Weitere Beschriftungsbefehle

PSTricks stellt weitere Beschriftungsbefehle zur Verfügung. Der Unterschied zu den \n*put-Befehlen liegt darin, dass diese den Beschriftungspunkt zwischen den beiden Knotenmittelpunkten (sowohl horizontal als auch vertikal) selbst finden. Dies eignet sich besonders für das Zeichnen von Bäumen und mathematischen Diagrammen.

Der allgemeine Aufruf dabei lautet (Das „t"am Anfang steht dabei für „tree"):

```
\tvput[<param>]{<objekte>}
\tlput[<param>]{<objekte>}
\trput[<param>]{<objekte>}
\thput[<param>]{<objekte>}
\taput[<param>]{<objekte>}
\tbput[<param>]{<objekte>}
```

Die einzelnen Befehle haben dabei folgende Bedeutung (siehe Tabelle 6.16):

Befehl	Ausrichtung	Positionierung
\tvput	vertikal	mittig
\tlput	vertikal	links
\trput	vertikal	rechts
\thput	horizontal	mittig
\taput	horizontal	über
\tbput	horizontal	unter

Tabelle 6.16: Bedeutung der Positionierungsbefehle

Zusätzlich kann die Position über den Parameter „tpos=num" gesetzt werden (Standard ist hier 0.5). Dabei verwenden die Befehle \tvput, \tlput und \trput den Parameter \tpos für die verikale Ausrichtung (von unten nach oben) und die Befehle \thput, taput und \tbput für die horizontale Ausrichtung (von links nach rechts).

In der PSTricks-Dokumentation findet sich dazu nachfolgendes Beispiel (siehe Listing 6.141 auf der nächsten Seite).

Dabei wird zuerst eine Tabelle mit den einzelnen Einträgen erstellt. Zusätzlich wird mit !{\hspace{1.5cm}} ein Abstand zwischen den Spalten von 1.5 cm vorgegeben. Anschließend wird für die Beschriftung (im speziellen für jede PSTricks-Box) eine kleine Schriftgröße definiert. Zum Schluss können dann die Knoten entsprechend verbunden werden.

```
\psset{xunit=1cm,yunit=1cm,runit=1cm,%
       nodesep=5pt,arrows=->}
\begin{tabular}{c!{\hspace{1.5cm}} c}
  \Rnode{a}{$(X-A)$} & \Rnode{b}{$A$}
  \\[1.5cm]
  \Rnode{c}{$x$}     & \Rnode{d}{$\tilde{X}$}
\end{tabular}

% Schriftgröße für jede Box
\everypsbox{\scriptsize}

\ncline{a}{c}\tlput{r}
\ncline{a}{b}\taput{u}
\ncline[linestyle=dashed]{c}{d}\tbput{b}
\ncline{b}{d}\trput{s}
```

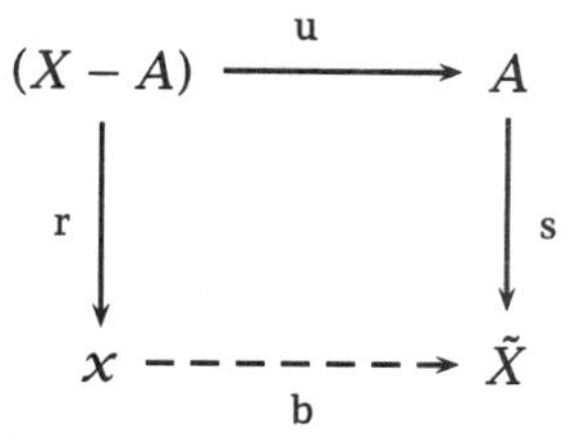

Listing 6.141: Knotenbeschriftungen

Auch hier ist es möglich, die Schreibweise zu verkürzen. Wird der Parameter „`shortput=tablr`" gesetzt, so lassen sich die Positionierungsbefehle wie folgt abkürzen (siehe Tabelle 6.17).

Tabelle 6.17: Verkürzungszeichen

Zeichen	steht für
^	`\taput`
_	`\tbput`
<	`\tlput`
>	`\trput`

Mithilfe des Befehls `\MakeShortTablr` lassen sich die entsprechenden Verkürzungszeichen austauschen.

Der allgemeine Aufruf dabei lautet:

```
\MakeShortTablr{<char1>}{<char2>}{<char3>}{<char4>}
```

Knoten beschriften

Mithilfe des Befehls `\nput` kann ein Knoten auch direkt beschriftet werden.

Der allgemeine Aufruf dabei lautet:

```
\nput[<param>]{<refangle>}{<node>}{<objekte>}
```

In der Dokumentation von `PSTricks` ist dazu ein anschauliches Beispiel zu finden (siehe Listing 6.142 auf der nächsten Seite).

Zusätzlich kann mit dem Parameter „`rot=rot`" der Knoten gedreht werden (siehe hierzu auch den `rput`-Befehl auf Seite 370).

```
\psset{xunit=1cm,yunit=1cm,runit=1cm}
\begin{pspicture}(0,0)(4,4)
  \rput[br](4,0){\ovalnode{B}{Knoten B}}
  \rput[tl](0,3){\rnode{A}{%
       \psframebox{Knoten A}}}
  \nput[labelsep=0]{-70}{A}{%
    \psarcn(0,0){0.4cm}{0}{-70}
    \uput{0.4cm}[-35](0,0){{\tt WinkelA}}
  }
  \ncangle[angleA=-70,angleB=90,armB=1cm,%
         linewidth=1.2pt]{A}{B}
  \ncput[nrot=:U,npos=1]{
    \psframe[dimen=middle](0,0)(0.35,0.35)
  }
\end{pspicture}
```

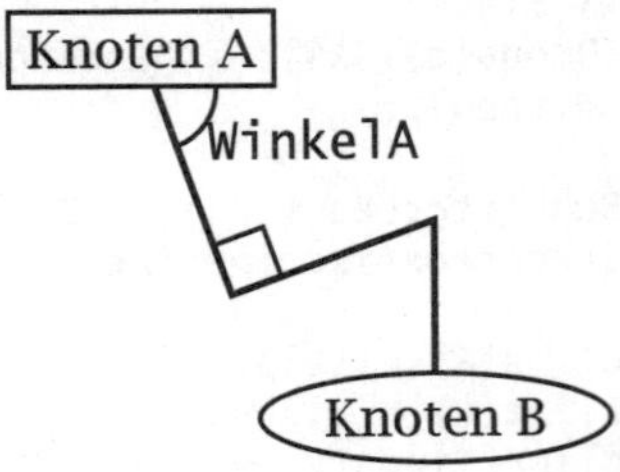

Listing 6.142: Knotenbeschriftung

6.2.27 Mathematische Diagramme und Graphen

Für mathematische Matrizen ist es sinnvoll, wenn man die Knoten in einer Tabelle anordnet. Dazu stellt `PSTricks` den Befehl `\psmatrix` zur Verfügung. Der allgemeine Aufruf dabei lautet:

```
\psmatrix
   a & b & c \\
   d & e & f \\
   ...
\endpsmatrix
```

Dabei wird die Matrix wie eine Tabelle angegeben, d. h. jede Spalte wird mit dem „&" getrennt und die Zeile mit „\\" beendet. Die Breite bzw. Höhe einer Spalte wird mit den Parametern `rowsep` bzw. `colsep` festgelegt. Im nachfolgenden Beispiel 6.143 wird eine einfache Knotenmatrix dargestellt.

```
\psmatrix[colsep=0.3cm,rowsep=0.3cm]
  A & B & C\\
  D & E & F\\
    & G &
\endpsmatrix
```

A	B	C
D	E	F
	G	

Listing 6.143: einfache Matrix

Da es sich bei den einzelnen Einträgen der Matrix um Knoten handelt, lassen sich diese auch wie alle anderen Knoten in ihrem Aussehen verändern und mit Verbindungslinien versehen. Dazu stehen verschiedene Parameter zur Verfügung:

- **mnode=type**
  Definiert das Aussehen der Knoten. Der Standard ist hier „R". Tabelle 6.18 auf der nächsten Seite zeigt die möglichen Werte.

- **emnode=type**
  Definiert das Aussehen leerer Knoten. Der Standard ist hier „none“. Ansonsten können die selben Werte wie bei `mnode` verwendet werden.

Tabelle 6.18: Werte für mnode und emnode

Wert	steht für
`R`	`\Rnode`
`r`	`\rnode`
`C`	`\Cnode`
`f`	`\fnode`
`p`	`\pnode`
`circle`	`\circlenode`
`oval`	`\ovalnode`
`dia`	`\dianode`
`tri`	`\trinode`
`dot`	`\dotnode`
`none`	`kein Knoten`

- **name=name**
  Definiert einen Namen für einen Knoten.
- **nodealign=true/false**
  Legt bei `true` die Grundlinie der Knoten durch die Mitte. Der Standard ist hier „false“.
- **mcol=l/r/c**
  Legt die horizontale Ausrichtung der Knoten fest. Möglich sind eine linksbündige, eine rechtsbündige oder eine mittige Ausrichtung. Der Standard ist hier „c“.
- **rowsep=dim**
  Legt den Abstand zwischen den Zeilen der Matrix fest. Der Standard ist hier „1.5cm“.
- **colsep=dim**
  Legt den Abstand zwischen den Spalten der Matrix fest. Der Standard ist hier „1.5cm“.
- **mnodesize=dim**
  Weist einem Knoten eine feste Breite zu, sofern ein positiver Wert angegeben wird. Der Standard ist hier „-1pt“.
- **radius=dim**
  Definiert den Radius eines kreisförmigen Knotens (in Verbindung mit `mnode=circle`. Der Standard ist hier „2pt“.

Im nachfolgenden Beispiel 6.144 auf der nächsten Seite wird ein Kreis um den ersten Knoten gezeichnet. Um die Knoten für die Verbindungslinien eindeutig identifizieren zu können, werden diese mit der jeweiligen Position in der Matrix angegeben, z. B. {2,1} steht für das Element in der 2. Zeile und der 1. Spalte.

```
\psset{xunit=1cm,yunit=1cm,runit=1cm}
\begin{pspicture}(0,0)(3,2)
\rput[bl](0,0){
  \psmatrix[colsep=1]
      & [mnode=circle]A \\
    B & C
  \endpsmatrix
  \psset{nodesep=3pt,arrows=->}
  \ncline{1,2}{2,1}
  \ncline{1,2}{2,2}
  \ncline[linestyle=dotted]{2,1}{2,2}
}
\end{pspicture}
```

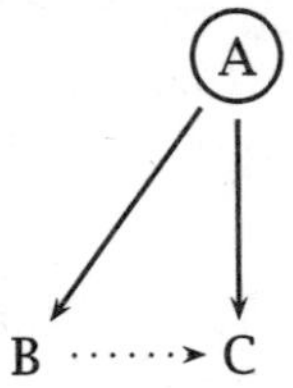

Listing 6.144: Matrix mit Knoten und Verbindungslinien

6.2.28 Bäume zeichnen

Sie haben nun die Möglichkeiten der Knoten und deren Verbindungen kennen gelernt. Mithilfe der Knoten lassen sich auf einfache Weise auch Baumstrukturen darstellen. PSTricks hat hierzu eine Menge an Befehlen, die das Zeichnen deutlich erleichtern.

Um einen Baum zu erzeugen, wird der Befehl \pstree verwendet. Der allgemeine Aufruf dabei lautet:

```
\pstree{<root-knoten>}{<weitere-baeume-und-knoten>}
```

Dabei wird als erster Parameter der Hauptknoten (root-Knoten) angegeben. Als zweiter Parameter wird die Unterstruktur des Baumes angegeben. Dies können weiterere Bäume bzw. Knoten sein. Im nachfolgenden Beispiel 6.145 wird ein einfacher Baum gezeichnet.

```
\psset{xunit=1cm,yunit=1cm,runit=1cm}
\begin{pspicture}(0,0)(3,2)
  \rput(2,1){
    \pstree{\Toval{root}}{\TC* \TC \TC*}
  }
\end{pspicture}
```

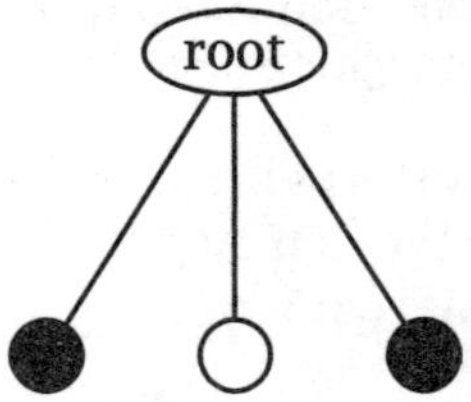

Listing 6.145: einfacher Baum

Dabei wird von \pstree eine komplette Box gezeichnet, die z. B. mit \rput positioniert werden kann (ohne Angabe mittig ausgerichtet). Die einzelnen Befehle für die Baum- bzw. Knotenerstellung werden nachfolgend erläutert.

Baumeinträge erzeugen

Um Baumeinträge zu erzeugen, stellt PSTricks eine Reihe von Befehlen zur Verfügung (diese beginnen mit einem T).

Nachfolgend werden die einzelnen Befehle an Beispielen erläutert.

- **\Tp[<param>]**
  Als Baumeintrag wird ein Punkt (nicht sichtbar) verwendet.

```
\psset{xunit=1cm,yunit=1cm,runit=1cm}
\begin{pspicture}(0,0)(3,2)
  \rput(2,1){
    \pstree{\Toval{root}}{\Tp \Tp \Tp}
  }
\end{pspicture}
```

- **\TC[<param>]**
  Als Baumeintrag wird ein Kreis verwendet. Bei der Sternvariante wird dieser mit der Linienfarbe gefüllt.

```
\psset{xunit=1cm,yunit=1cm,runit=1cm}
\begin{pspicture}(0,0)(3,2)
  \rput(2,1){
    \pstree{\Toval{root}}{\TC \TC* \TC}
  }
\end{pspicture}
```

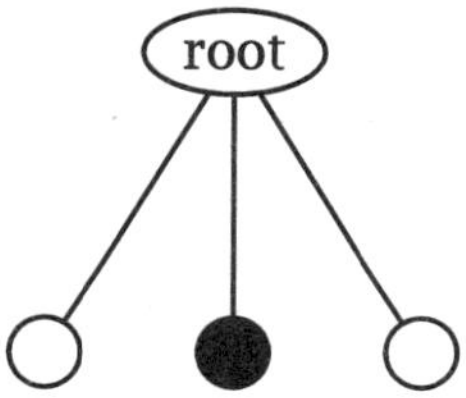

- **\Tc[<param>]{<dim>}**
  Als Baumeintrag wird ein Kreis mit einem bestimmten Durchmesser verwendet. Bei der Sternvariante wird dieser mit der Linienfarbe gefüllt.

```
\psset{xunit=1cm,yunit=1cm,runit=1cm}
\begin{pspicture}(0,0)(3,2)
  \rput(2,1){
    \pstree{\Toval{root}}{\Tc{3pt} \Tc*{3pt
         }%
           \Tc{3pt}}
  }
\end{pspicture}
```

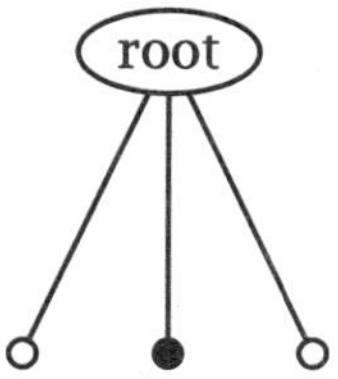

- **\Tf[<param>]**
  Als Baumeintrag wird ein Rechteck verwendet. Bei der Sternvariante wird dieses mit der Linienfarbe gefüllt.

```
\psset{xunit=1cm,yunit=1cm,runit=1cm}
\begin{pspicture}(0,0)(3,2)
  \rput(2,1){
    \pstree{\Toval{root}}{\Tf \Tf* \Tf}
  }
\end{pspicture}
```

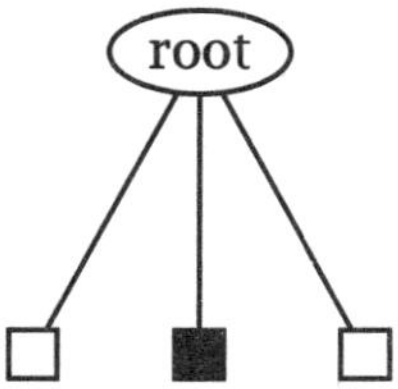

- **\Tdot[<param>]**
  Als Baumeintrag wird ein „dicker" Punkt verwendet.

```
\psset{xunit=1cm,yunit=1cm,runit=1cm}
\begin{pspicture}(0,0)(3,2)
  \rput(2,1){
    \pstree{\Toval{root}}{\Tdot \Tdot \Tdot}
  }
\end{pspicture}
```

- **\Tr[<param>]{<objekte>}**
  Als Baumeintrag wird `objekt` verwendet, welches Text oder andere Figuren darstellen kann. Die Ausrichtung wird wie bei dem Befehl `\rnode` durchgeführt.

```
\psset{xunit=1cm,yunit=1cm,runit=1cm}
\begin{pspicture}(0,0)(3,2)
  \rput(2,1){
    \pstree[nodesepB=3pt]{\Toval{root}}%
      {\Tr{$\overline{X}$} \Tr{y} \Tr{p}}
  }
\end{pspicture}
```

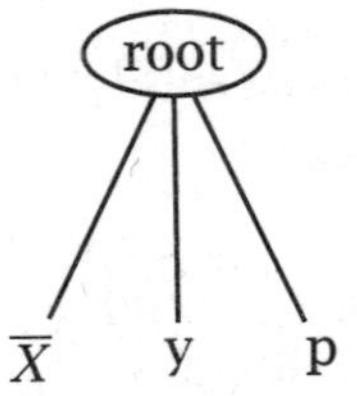

- **\TR[<param>]{<objekte>}**
  Als Baumeintrag wird `objekt` verwendet, welches Text oder andere Figuren darstellen kann. Die Ausrichtung wird wie bei dem Befehl `\Rnode` durchgeführt, d. h. die Texte werden an der Baseline ausgerichtet.

```
\psset{xunit=1cm,yunit=1cm,runit=1cm}
\begin{pspicture}(0,0)(3,2)
  \rput(2,1){
    \pstree[nodesepB=3pt]{\Toval{root}}%
      {\TR{$\overline{X}$} \TR{y} \TR{p}}
  }
\end{pspicture}
```

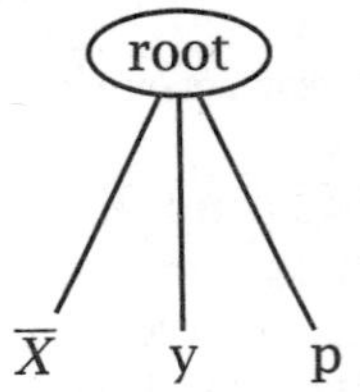

- **\Tcircle[<param>]{<objekte>}**
  Als Baumeintrag wird ein Kreis mit Inhalt verwendet. Wird die Sternvariante verwendet, so wird der Kreis mit der Füllfarbe ausgemalt.

```
\psset{xunit=1cm,yunit=1cm,runit=1cm}
\begin{pspicture}(0,0)(3,2)
  \rput(2,1){
    \pstree{\Toval{root}}%
           {\Tcircle{X}%
            \Tcircle*[fillcolor=gray]{Y}}
  }
\end{pspicture}
```

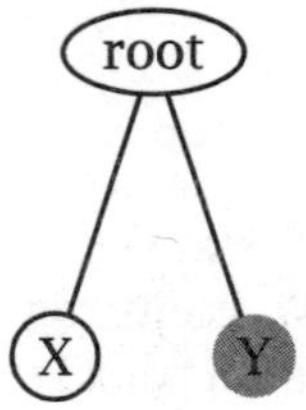

- **\Toval[<param>]{<objekte>}**
  Als Baumeintrag wird ein Oval mit Inhalt verwendet. Wird die Sternvariante verwendet, so wird das Oval mit der Füllfarbe ausgemalt.

```
\psset{xunit=1cm,yunit=1cm,runit=1cm}
\begin{pspicture}(0,0)(3,2)
  \rput(2,1){
    \pstree{\Toval{root}}%
           {\Toval{Mann}%
            \Toval*[fillcolor=gray]{Frau}}
  }
\end{pspicture}
```

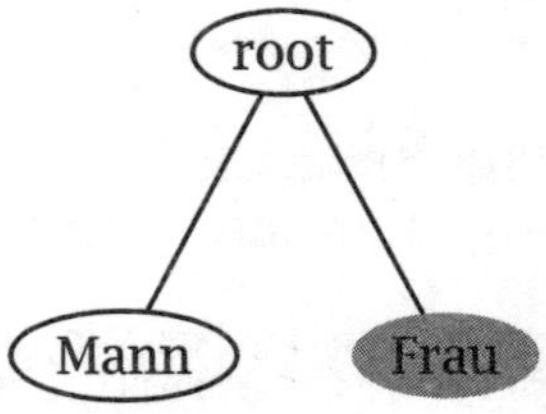

- **\Tdia[<param>]{<objekte>}**
  Als Baumeintrag wird eine Raute mit Inhalt verwendet. Wird die Sternvariante verwendet, so wird die Raute mit der Füllfarbe ausgemalt.

```
\psset{xunit=1cm,yunit=1cm,runit=1cm}
\begin{pspicture}(0,0)(3,2)
  \rput(2,1){
    \pstree{\Toval{root}}%
           {\Tdia{Mo}%
            \Tdia*[fillcolor=gray]{Di}}
  }
\end{pspicture}
```

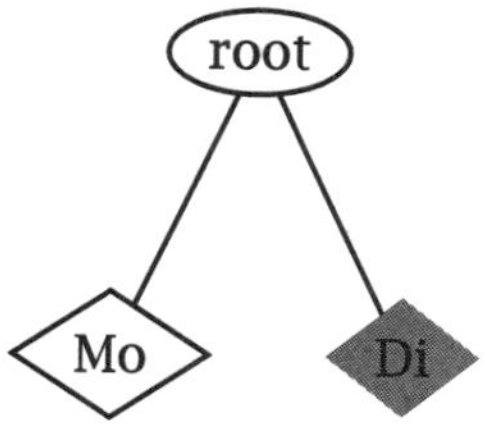

- **\Ttri[<param>]{<objekte>}**
  Als Baumeintrag wird ein Dreieck mit Inhalt verwendet. Wird die Sternvariante verwendet, so wird das Dreieck mit der Füllfarbe ausgemalt.

```
\psset{xunit=1cm,yunit=1cm,runit=1cm}
\begin{pspicture}(0,0)(3,2)
  \rput(2,1){
    \pstree{\Toval{root}}%
           {\Ttri{Mo}%
            \Ttri*[fillcolor=gray]{Di}}
  }
\end{pspicture}
```

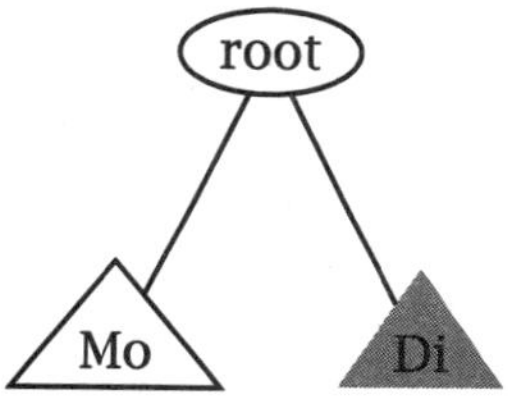

Baumeinträge verknüpfen

Als Baumeintrag kann nicht nur ein Knoten, sondern auch ein weiterer Baum verwendet werden (siehe Listing 6.146).

```
\psset{xunit=1cm,yunit=1cm,%
       runit=1cm}
\begin{pspicture}(0,0)(5,4.5)
  \rput[bl](2,0){
    \pstree{\Toval{root}}{%
            \TC%
            \pstree{\TC}{%
              \Tdot \Tdot \Tdot}%
            \TC}
  }
\end{pspicture}
```

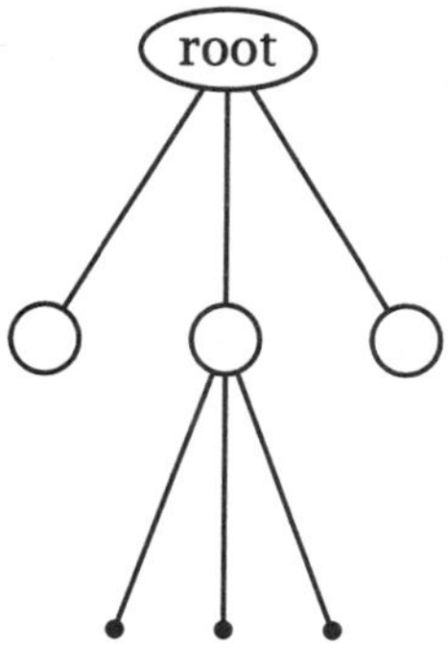

Listing 6.146: Ein weiterer Baum als Knoteneintrag

Besondere Baumeinträge

Damit auch komplexere Bäume gezeichnet werden können, stellt PSTricks mit dem Befehl \Tn einen Platzhalter zur Verfügung, um das Aussehen eines Baumes zu verbessern (siehe Listing 6.147 auf der nächsten Seite).

```
\psset{xunit=1cm,yunit=1cm,runit=1cm}
\begin{pspicture}(0,-2.5)(4,2.5)
  \rput(2,0){
    \pstree{\TC}{%
           \pstree{\TC}{\Tdot \Tn}%
           \pstree{\TC}{\Tdot \Tdot}%
    }
  }
\end{pspicture}
```

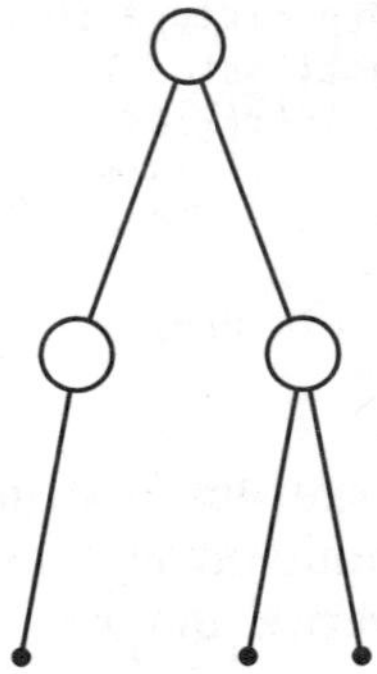

Listing 6.147: Baum mit Platzhalter

PSTricks stellt noch einen weiteren Baumknoten bereit, der sich deutlich von den anderen Knoten unterscheidet. Der Befehl \Tfan erzeugt ein Dreieck (beginnend am oberen Knoten), das eine vorgegebene Breite hat. Die Breite wird über den Parameter „fansize=dim" festgelegt (der Standardwert ist 1 cm.). Ein Baumknoten, der mit \Tfan erzeugt worden ist, darf nicht als root-Knoten verwendet werden.

Der allgemeine Aufruf dabei lautet:

```
\Tfan[<param>]
```

Wird die Sternvariante verwendet, so wird das Dreieck mit der Linienfarbe gefüllt (siehe Listing 6.148).

```
\psset{xunit=1cm,yunit=1cm,runit=1cm}
\begin{pspicture}(0,0)(4,3)
  \rput[bl](0,0){
    \pstree{\Toval{root}}%
           {\Tfan%
            \Tdot
            \Tfan*[fansize=5pt]
            \Tfan[linestyle=dashed]}
  }
\end{pspicture}
```

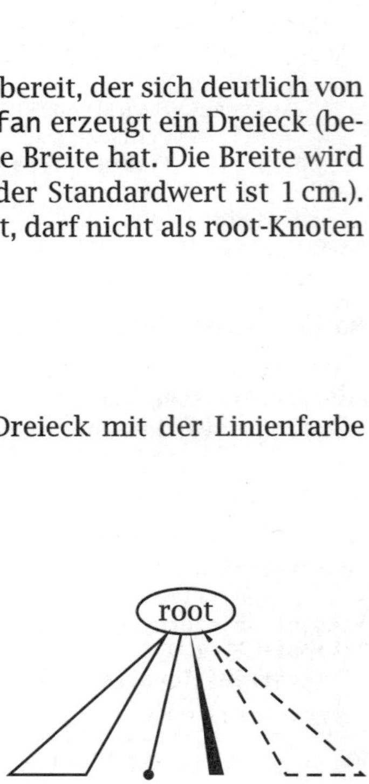

Listing 6.148: Baumeintrag mit \Tfan

Baum anpassen

PSTricks stellt für den Befehl \pstree eine Vielzahl von Parametern zur Verfügung, die das Aussehen des Baumes beeinflussen. Nachfolgend werden die einzelnen Parameter an separaten Beispielen erläutert. Diese Parameter wirken sich auf alle Knoten mit Ausnahme des root-Knotens aus.

- **treemode=R/L/U/D**
  Damit wird die Richtung des Baumes festgelegt (R=rechts, L=links, U=oben und D=unten).

```
\psset{xunit=1cm,yunit=1cm,runit=1cm}
\begin{pspicture}(0,0)(3,3)
  \rput[bl](0,0){
    \pstree[treemode=R]{\Toval{root}}{\TC \
        TC* \TC}
  }
\end{pspicture}
```

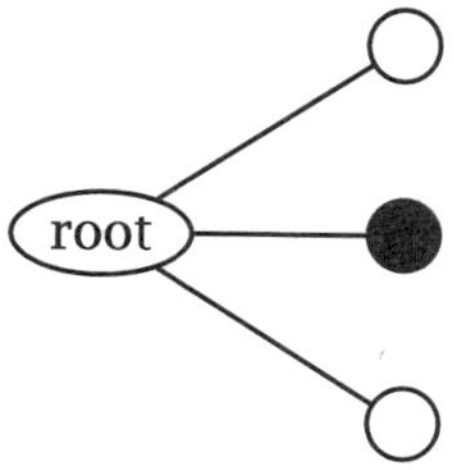

- **treeflip=true/false**
  Damit wird die Reihenfolge der Knoten geändert.

```
\psset{xunit=1cm,yunit=1cm,runit=1cm}
\begin{pspicture}(0,0)(3,3)
  \rput[bl](0,0){
    \pstree[treeflip=true]{\Toval{root}}{%
      \Tcircle{1}%
      \Tcircle{2}%
      \Tcircle{3}}
  }
\end{pspicture}
```

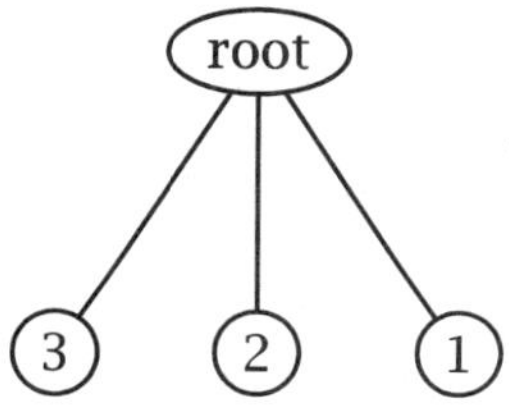

- **treesep=dim**
  Damit wird der Abstand zwischen den einzelnen Knoten (horizontal) festgelegt. Der Standardwert ist 0.75 cm.

```
\psset{xunit=1cm,yunit=1cm,runit=1cm}
\begin{pspicture}(0,0)(3,3)
  \rput[bl](0,0){
    \pstree[treesep=0.3cm]{\Toval{root}}{%
      \Tcircle{1}%
      \Tcircle{2}%
      \Tcircle{3}}
  }
\end{pspicture}
```

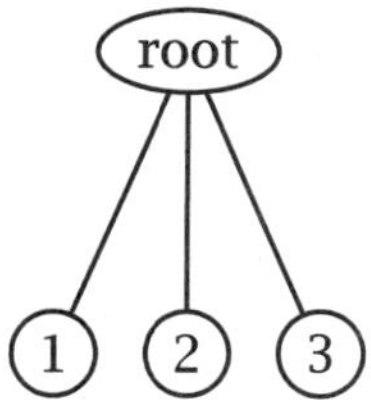

- **levelsep=dim**
  Damit wird der Abstand zwischen den einzelnen Ebenen (vertikal) festgelegt. Der Standardwert ist 2 cm.

```
\psset{xunit=1cm,yunit=1cm,runit=1cm}
\begin{pspicture}(0,0)(3,3)
  \rput[bl](0,0){
    \pstree[levelsep=1cm]{\Toval{root}}{%
      \Tcircle{1}%
      \Tcircle{2}%
      \Tcircle{3}}
  }
\end{pspicture}
```

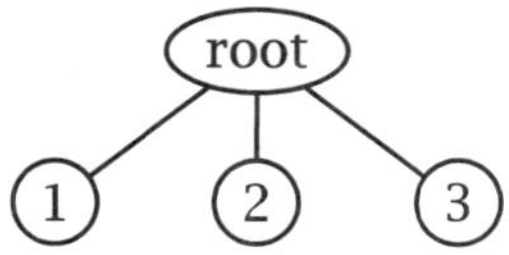

- **levelsep=*dim**
  Damit wird die Gesamtgröße des Baumes (bzw. des Baumanteils, in dem der Parameter verwendet worden ist) um den Wert `dim` vergrößert. Für diesen Zweck schreibt `PSTricks` den Wert (die aktuelle Höhe) in die Datei „\jobname.aux" um diesen beim nächsten LaTeX-Lauf wieder einzubinden

und um den Wert `dim` zu erhöhen. Aus diesem Grund sind für diese Funktion mindestens zwei LaTeX-Läufe notwendig.

```
\psset{xunit=1cm,yunit=1cm,runit=1cm}
\begin{pspicture}(0,0)(3,3)
  \rput[bl](0,0){
    \pstree[levelsep=*1cm]{\Toval{root}}{%
      \Tcircle{1}%
      \Tcircle{2}%
      \Tcircle{3}}
  }
\end{pspicture}
```

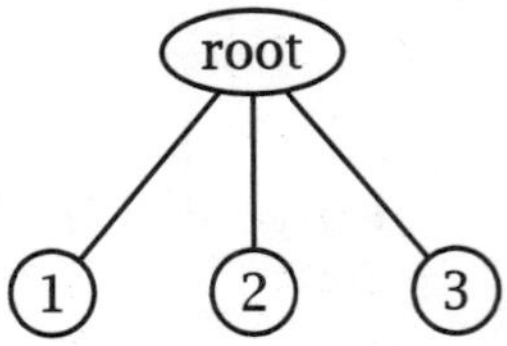

- **treenodesize=dim**
  PSTricks hat für den Abstand (vertikal und horizontal) feste Werte vorgesehen, was dazu führen kann, dass z. B. mittlere Knotenlinien schief verlaufen.

```
\psset{xunit=1cm,yunit=1cm,runit=1cm}
\begin{pspicture}(0,0)(3,3)
  \rput[bl](0,0){
    \pstree[nodesepB=4pt]{\Toval{root}}{%
      \TR{$i$}%
      \TR{$k_2$}%
      \TR{$x>y$}}
  }
\end{pspicture}
```

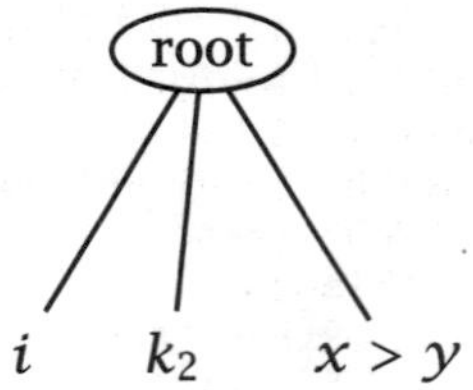

Wird der Parameter `treenodesize` verwendet (ein positiver Wert), so hat PSTricks für die Abstände einen zusätzlichen Spielraum von `dim`, sodass eine bessere Möglichkeit besteht, z. B. mittlere Knotenlinien senkrecht zu zeichnen. Der Standardwert ist -1 pt.

```
\psset{xunit=1cm,yunit=1cm,runit=1cm}
\begin{pspicture}(0,0)(3,3)
  \rput[bl](0,0){
    \pstree[nodesepB=4pt,treenodesize=10pt]%
      {\Toval{root}}{%
         \TR{$i$}%
         \TR{$k_2$}%
         \TR{$x>y$}}
  }
\end{pspicture}
```

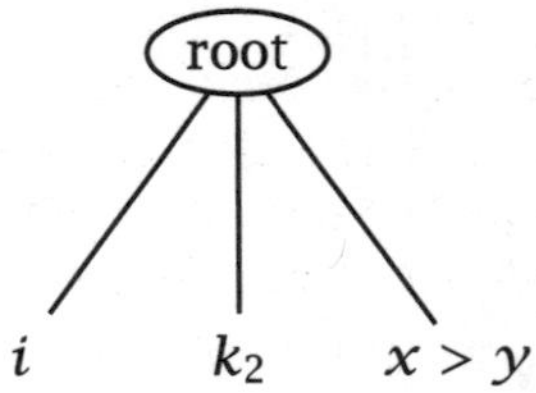

- **treefit=tight/loose**
  Damit wird festgelegt, wie die einzelnen Bäume zueinander gesetzt werden. Standardmäßig werden diese dicht (Wert `tight`) nebeneinander gesetzt.

```
\psset{xunit=1cm,yunit=1cm,runit=1cm,%
       levelsep=1cm}
\begin{pspicture}(0,0)(3,3)
  \rput[bl](0,0){
    \pstree[treefit=tight]{\Toval{root}}{%
      \Tdot%
      \pstree{\Tdot}{%
        \pstree{\Tdot}{%
          \Tdot%
          \Tdot%
          \Tdot
        }
        \Tdot%
        \Tdot%
        \Tdot%
      }
    }
  }
\end{pspicture}
```

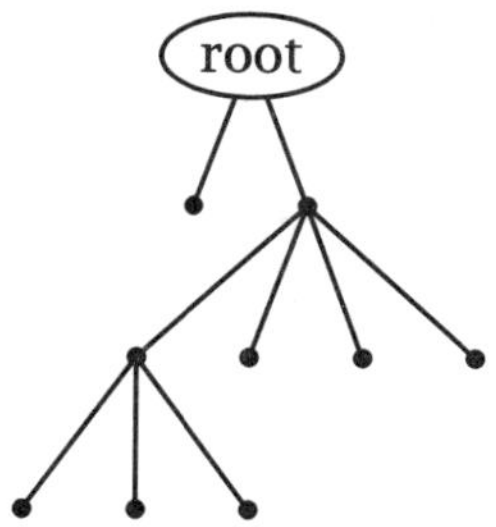

Dies kann aber bei größeren Bäumen mit mehreren Ästen zu einem unschönen Ausehen führen. Mit der Einstellung `loose` wird der gesamte Baum „lockerer" gezeichnet.

```
\psset{xunit=1cm,yunit=1cm,%
       runit=1cm,levelsep=1cm}
\begin{pspicture}(0,0)(3,3)
  \rput[bl](0,0){
    \pstree[treefit=loose]{%
      \Toval{root}}{%
        \Tdot%
        \pstree{\Tdot}{%
          \pstree{\Tdot}{%
            \Tdot%
            \Tdot%
            \Tdot
          }
          \Tdot%
          \Tdot%
          \Tdot}}}
\end{pspicture}
```

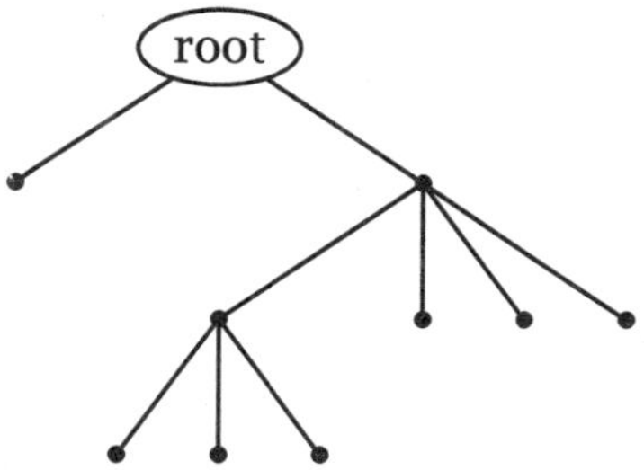

- **thistreesep, thistreenodesize, thistreefit, thislevelsep**
  Am Anfang dieses Bereiches haben Sie erfahren, dass alle Parameter für den entsprechenden Baum und alle seine Unterelemente gelten. `PSTricks` stellt vier Parameter zur Verfügung, die dafür sorgen, dass diese Einstellungen nur für den aktuellen Baum gelten, aber nicht für die Unterelemente. Ansonsten verhalten sich die Parameter genauso wie ihre globalen Varianten.

Hintergrundwissen zu \pstree

Wird mit `\pstree` ein Baum gezeichnet, so greift `PSTricks` auf entsprechende Knotenbefehle und die dazugehörigen Einstellmöglichkeiten zurück. Wenn ein Baumknoten einen neuen Knoten erzeugt, so erhält man mit dem Befehl

\pssucc den Namen des neuen Knotens und mit dem Befehl \pspred den Namen des entsprechenden übergeordneten Baumknotens. Um den neuen Eintrag endgültig zu erzeugen, ruft PSTricks nachfolgenden Befehl auf:

```
\psedge{\pspred}{\pssucc}
```

Durch Veränderung des Befehls \psedge, gerade im Bezug auf seine Parameter, lässt sich auf einfache Weise das Aussehen eines Baumes verändern.

Im nachfolgenden Beispiel 6.149 wird die Verbindungslinie nicht wie standardmäßig über den Befehl \ncline sondern über \ncdiag realisiert. Dazu wird der Befehl \psedge neu definiert und mit entsprechenden Parametern versehen.

```
\psset{xunit=1cm,yunit=1cm,runit=1cm}
\renewcommand{\psedge}{\ncdiag[armA=0,%
               angleB=180,armB=1cm]}
\begin{pspicture}(0,0)(4,4)
  \rput[bl](0,0){
    \pstree[treemode=R,%
            levelsep=3cm]{\Toval{root}}{%
      \Tcircle{1}%
      \Tcircle{2}%
      \Tcircle{3}%
      \Tcircle{4}%
    }}
\end{pspicture}
```

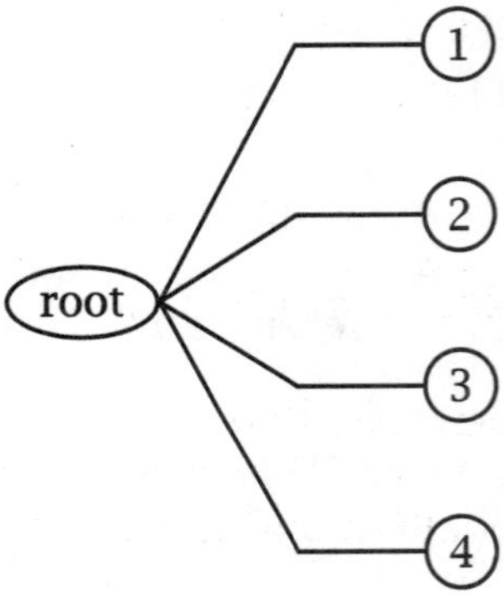

Listing 6.149: Knotenverbindungen im Baum mit \ncdiag

Genauso können sie geschwungene Verbindungen mit dem Befehl \nccurve erzeugen (siehe Listing 6.150).

```
\psset{xunit=1cm,yunit=1cm,runit=1cm}
\renewcommand{\psedge}{\nccurve[angleB=180]}
\begin{pspicture}(0,0)(4,4)
  \rput[bl](0,0){
    \pstree[treemode=R,%
            levelsep=3cm]{\Toval{root}}{%
      \Tcircle{1}%
      \Tcircle{2}%
      \Tcircle{3}%
      \Tcircle{4}%
    }}
\end{pspicture}
```

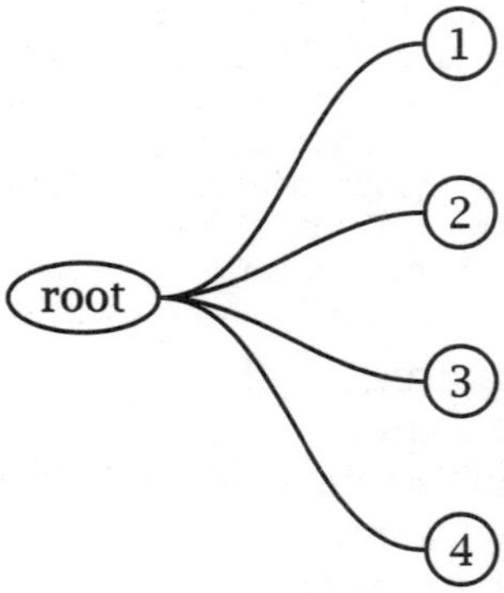

Listing 6.150: Knotenverbindungen im Baum mit \nccurve

Eine weitere Möglichkeit, das Zeichnen des Baumes zu beeinflussen, stellt der Parameter „edge=command" dar. Mit diesem Parameter wird der Befehl festgelegt, der die Knotenverbindung zeichnet. Der Standard ist hier \ncline. Im nachfolgenden Beispiel werden zwei neue Befehle definiert, die dann mit dem Parameter edge an den Knoten übergeben werden (siehe Listing 6.151 auf der nächsten Seite).

```
\psset{xunit=1cm,yunit=1cm,runit=1cm}
\newcommand{\myncdotline}%
     {\ncdiag[linestyle=dotted,%
              linewidth=2pt,angleB=180]}
\newcommand{\myncarrline}%
     {\ncline[arrows=->,angleB=180]}
\begin{pspicture}(0,0)(4,4)
  \rput[bl](0,0){
    \pstree[treemode=R,%
            levelsep=3cm]{\Toval{root}}{%
      \Tcircle[edge=\myncarrline]{1}%
      \Tcircle[edge=\myncdotline]{2}%
      \Tcircle[edge=\myncdotline]{3}%
      \Tcircle[edge=\myncarrline]{4}%
    }}
\end{pspicture}
```

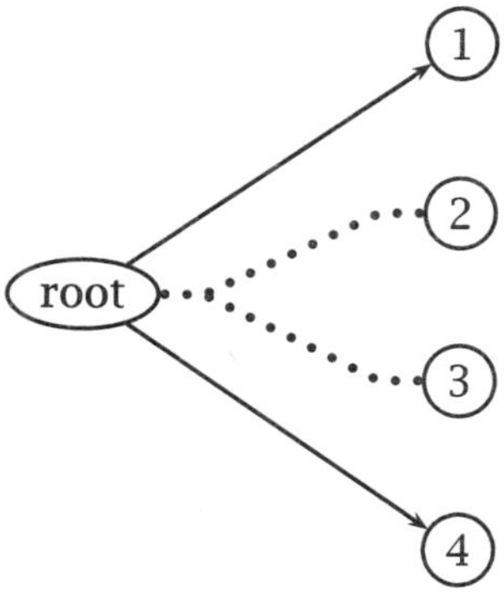

Listing 6.151: Knotenverbindungen mit eigenen Befehlen

Knoten einen Namen geben

Sollen zwei Knoten verbunden werden, die nicht direkt voneinander abhängig (Vater-Sohn) sind, so muss den Knoten mithilfe des Parameters `name` ein expliziter Name gegeben werden (siehe Listing 6.152).

```
\psset{xunit=1cm,yunit=1cm,runit=1cm,%
      levelsep=1.5cm}
\begin{pspicture}(0,0)(3,3)
  \rput[bl](0,0){
    \pstree{\Toval{root}}{%
      \pstree{\Tc[name=A]{4pt}}{%
        \Tdot \Tdot}
      \pstree{\Tc[name=B]{4pt}}{%
        \Tdot \Tdot}
    }
    \ncline[linestyle=dashed]{A}{B}
  }
\end{pspicture}
```

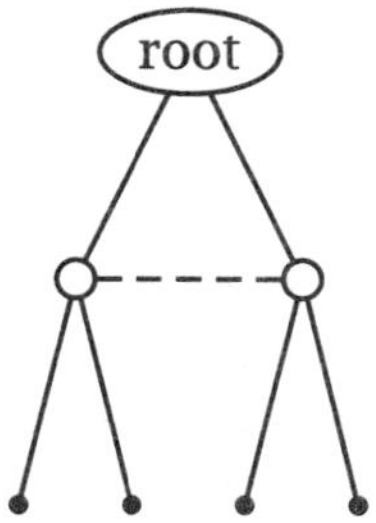

Listing 6.152: Knoten mit Namen versehen

Knoten bzw. Knotenlinien im Baum beschriften

`PSTricks` bietet auch die Möglichkeit, Knoten bzw. Knotenlinien in einem Baum zu beschriften. Dazu können die bereits bekannten Befehle `\ncput`, `\naput`, `\nbput`, `\tlput`, `\trput`, `\taput` und `\tbput` verwendet werden. Diese Befehle müssen unmittelbar nach dem Knotenbefehl folgen. Listing 6.153 auf der nächsten Seite zeigt ein entsprechendes Beispiel.

```
\psset{xunit=1cm,yunit=1cm,runit=1cm,%
      levelsep=3cm}
\begin{pspicture}(0,0)(4,3.5)
  \rput[bl](0,0){
    \pstree[treemode=R]{\Toval{root}}{%
      \Tcircle{1} \taput{zu 1}
      \Tcircle{2} \ncput*{zu 2}
      \Tcircle{3} \tbput{zu 3}
    }
  }
\end{pspicture}
```

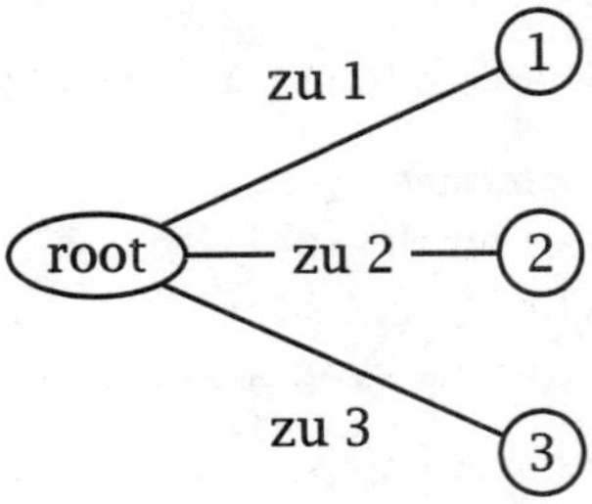

Listing 6.153: Knotenlinien beschriften

Auch hier ist es möglich, die Schreibweise zu verkürzen. Wird der Parameter `shortput` auf `tab` gesetzt, kann nach dem Knotenbefehl „^"und „_"verwendet werden (siehe Listing 6.154). Siehe hierzu auch Seite 411.

```
\psset{xunit=1cm,yunit=1cm,runit=1cm,%
      levelsep=3cm,shortput=tab}
\begin{pspicture}(0,0)(4,2)
  \rput[bl](0,0){
    \pstree[treemode=R]{\Toval{root}}{%
      \Tcircle{1}^{zu 1}
      \Tcircle{2}_{zu 2}
    }
  }
\end{pspicture}
```

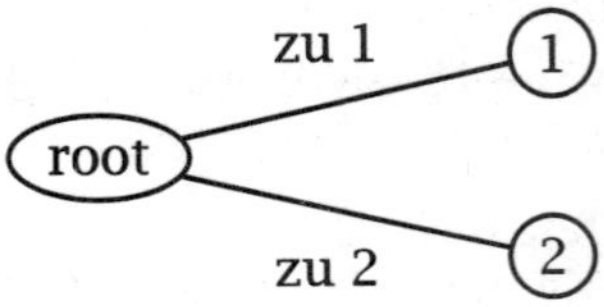

Listing 6.154: Knotenlinien in Kurzform beschriften

Mithilfe des Befehls `\MakeShortTab` lassen sich die entsprechenden Verkürzungszeichen austauschen. Der allgemeine Aufruf dabei lautet:

```
\MakeShortTab{<char1>}{<char2>}
```

Um den Knoten zu beschriften, stellt `PSTricks` nachfolgende Abkürzung bereit:

```
~*[<param>]{<objekte>}
```

Im nachfolgenden Beispiel 6.155 werden die Knoten entsprechend beschriftet.

```
\psset{xunit=1cm,yunit=1cm,runit=1cm}
\begin{pspicture}(0,0)(4,2)
  \rput[bl](0,0){
    \pstree[treemode=R]{\Toval{root}}{%
      \Tcircle{1}~*{zu 1}
      \Tcircle{2}~*{zu 2}
    }
  }
\end{pspicture}
```

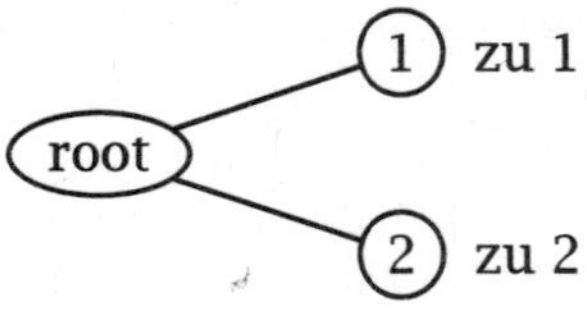

Listing 6.155: Knoten im Baum beschriften

Mithilfe des Befehls `\MakeShortTnput` lässt sich das entsprechende Verkürzungszeichen austauschen. Der allgemeine Aufruf dabei lautet:

```
\MakeShortTnput{<char>}
```

Parameter für Beschriftungen einstellen

Mit nachfolgenden Parametern lässt sich die Beschriftung beeinflussen.

- **tnpos=l/r/a/b**
  Der Parameter legt die Position (l=links, r=rechts, a=oben, b=unten) der Beschriftung fest. Wird der Parameter nicht angegeben, versucht PSTricks die beste Position automatisch zu ermitteln.

```
\psset{xunit=1cm,yunit=1cm,runit=1cm}
\begin{pspicture}(0,0)(3,3)
  \rput[bl](0,0){
    \pstree[treemode=R]{\Toval{root}}{%
      \Tcircle{1}~*[tnpos=a]{zu 1}
      \Tcircle{2}~*[tnpos=b]{zu 2}
    }
  }
\end{pspicture}
```

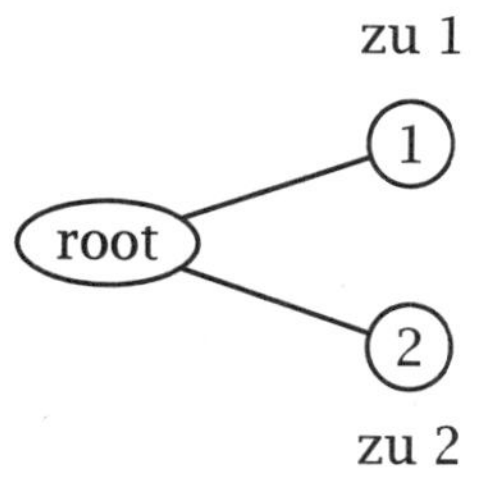

- **tnsep=dim**
  Bestimmt den Abstand zwischen Knoten und Beschriftung. Wird der Parameter nicht angegeben, verwendet PSTricks den Wert von labelsep.

```
\psset{xunit=1cm,yunit=1cm,runit=1cm}
\begin{pspicture}(0,0)(3,3.5)
  \rput[bl](0,0){
    \pstree[treemode=R]{\Toval{root}}{%
      \Tcircle{1}~*[tnpos=a,tnsep=20pt]%
                 {zu 1}
      \Tcircle{2}~*[tnpos=a]{zu 2}
    }}
\end{pspicture}
```

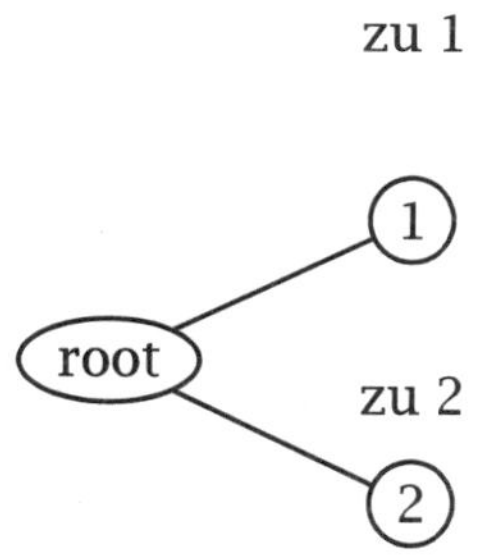

- **tnheight=dim**
  Bestimmt die minimale Größe der Beschriftung. Dadurch kann erreicht werden, dass Beschriftungen auf einer Ebene mit unterschiedlicher Größe (z. B. anderer Font) ausgerichtet werden. Wird der Parameter nicht angegeben, verwendet PSTricks den Wert \ht\strutbox.

```
\psset{xunit=1cm,yunit=1cm,runit=1cm}
\begin{pspicture}(0,0)(3,3.5)
  \rput[bl](0,0){
    \pstree{\Toval{root}}{%
      \Tcircle{1}~*[tnpos=b]{zu 1}
      \Tcircle{2}~*[tnpos=b,%
                   tnheight=20pt]{zu 2}
    }
  }
\end{pspicture}
```

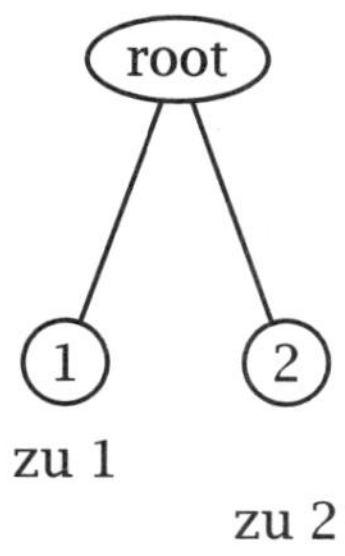

- **tndepth=dim**
  Legt den horizontalen Referenzpunkt der Beschriftung fest. Standardmäßig wird hier der Wert von href verwendet.

- **tnyref=num**
  Legt den vertikalen Referenzpunkt der Beschriftung fest. Standardmäßig wird hier der Wert von `vref` verwendet.

psTree-Umgebung

`PSTricks` stellt speziell für den Baum eine eigene Umgebung bereit. Der allgemeine Aufruf dabei lautet:

```
\begin{psTree}{<root-knoten>}
  knoten-1
  knoten-2
  ...
\end{psTree}
```

Der root-Knoten wird dabei direkt nach der Umgebung angegeben, gefolgt von beliebig vielen Knoten bzw. weiteren Baumeinträgen. Eine Größenangabe ist dabei nicht notwendig, da LaTeX den Baum zum Positionieren in eine eigene Box setzt (siehe Listing 6.156).

```
\psset{xunit=1cm,yunit=1cm,runit=1cm}
\begin{psTree}{\Toval{root}}
    \Tcircle{1}
    \Tcircle{2}
    \Tcircle{3}
\end{psTree}
```

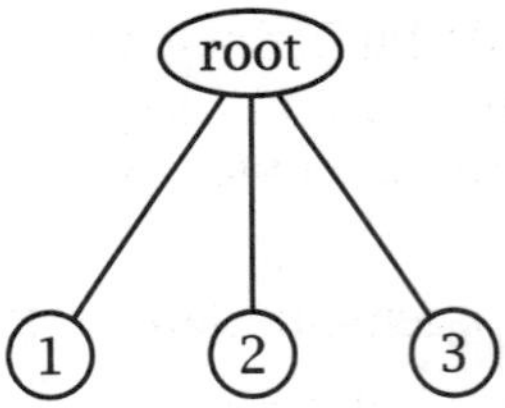

Listing 6.156: Die Umgebung psTree

Um die Größe der von LaTeX bestimmten Box nach eigenen Vorstellungen zu verändern, stellt `PSTricks` nachfolgende Parameter zur Verfügung:

- **bbl=dim**
  Legt den linken Abstand vom Mittelpunkt der Box fest.

- **bbr=dim**
  Legt den rechten Abstand vom Mittelpunkt der Box fest.

- **bbh=dim**
  Legt die Höhe (oberhalb) vom Mittelpunkt der Box fest.

- **bbd=dim**
  Legt die Tiefe (unterhalb) vom Mittelpunkt der Box fest.

- **xbbl=dim**
  Wie `bbl`, jedoch wird der Wert `dim` dazugezählt.

- **xbbr=dim**
  Wie `bbr`, jedoch wird der Wert `dim` dazugezählt.

- **xbbh=dim**
  Wie `xbbh`, jedoch wird der Wert `dim` dazugezählt.

- **bbd=dim**
  Wie xbbd, jedoch wird der Wert dim dazugezählt.

Um die von LaTeX bestimmte Box bzw. Boxen von Unterobjekten anzeigen zu lassen, stellt PSTricks den Parameter „showbbox=true/false" zur Verfügung (siehe Listing 6.157).

```
\psset{xunit=1cm,yunit=1cm,runit=1cm,%
       showbbox=true}
\begin{psTree}{\Toval{root}}
    \Tcircle{1}
    \Tcircle{2}
    \Tcircle{3}
\end{psTree}
```

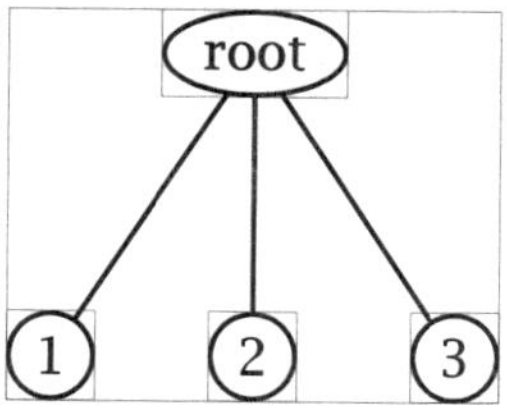

Listing 6.157: Die Umgebung psTree mit Box

6.2.29 Spiralen zeichnen

Gerade im Bereich der Physik sind Spiralen (z. B. für die Darstellung von Federn) und Zickzacklinien eine wichtige Sache. Auch in diesem Bereich hat PSTricks einige Befehle zu bieten. Diese sind \pscoil, \psCoil und \pszigzag.

Der allgemeine Aufruf dabei lautet:

```
\pscoil[<param>]{<arrows>}(<x0>,<y0>)(<x1>,<y1>)
\psCoil[<param>]{<angle1>}{<angle2>}
\pszigzag[<param>]{<arrows>}(<x0>,<y0>)(<x1>,<y1>)
```

Mit \pscoil wird eine Spirale und mit \pszigzag eine Zickzacklinie von dem Punkt (x0,y0) bis zu dem Punkt (x1,y1) gezeichnet. Mit \psCoil wird dagegen eine Spirale gezeichnet, die beim Winkel angle1 beginnt und beim Winkel angle2 aufhört.

Dabei wird über nachfolgende Parameter das Aussehen festgelegt.

- **coilwidth=dim**
  Legt die Breite einer Spiralwindung bzw. eines Zickzacks fest. Der Standardwert ist 1 cm.

```
\psset{xunit=1cm,yunit=1cm,runit=1cm}
\begin{pspicture}(0,0)(2.5,2.5)
  \pscoil[coilwidth=0.5cm,%
          coilheight=0.5]{->}(0,0)(2.5,2.5)
\end{pspicture}
```

- **coilheight=num**
  Legt die Höhe einer Spiralwindung bzw. eines Zickzacks fest. Der Standardwert ist 1.

```
\psset{xunit=1cm,yunit=1cm,runit=1cm}
\begin{pspicture}(0,0)(2.5,2.5)
  \pszigzag[coilwidth=0.5cm,%
            coilheight=1]{->}(2.5,0)(0,2.5)
\end{pspicture}
```

- **coilarm=dim**
  Legt den Abstand vom Start- bzw. Endpunkt bis zur eigentlichen Spirale bzw. Zickzacklinie fest. Mit `coilarmA` bzw. `coilarmB` wird jeweils nur eine Seite berücksichtigt. Der Standardwert ist 0.5 cm.

```
\psset{xunit=1cm,yunit=1cm,runit=1cm}
\begin{pspicture}(0,0)(2.5,2.5)
  \pscoil[coilarm=1cm,%
         coilwidth=0.5cm,%
         coilheight=0.5]{|->}(0,0.5)
             (2.5,2.5)
\end{pspicture}
```

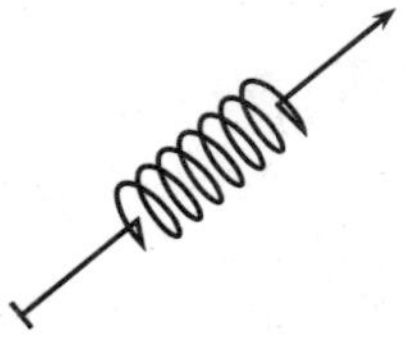

- **coilaspect=angle**
  Legt den Betrachtungswinkel fest (nur bei der Spirale).
  Der Standardwert ist 45°.

```
\psset{xunit=1cm,yunit=1cm,runit=1cm}
\begin{pspicture}(0,0)(2.5,2.5)
  \pscoil[coilaspect=0,%
         coilwidth=0.5cm,%
         coilheight=0.5]{->}(0,0.5)
             (2.5,2.5)
\end{pspicture}
```

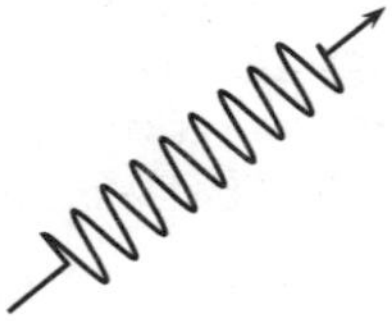

- **coilinc=angle**
  Legt den Winkel für die Punkte fest, die berechnet werden, um die Spirale mit dem `\lineto`-Befehl zu zeichnen. Je kleiner der Winkel ist, desto genauer wird die Spirale berechnet, desto höher ist aber die Rechenzeit (nur bei der Spirale). Der Standardwert ist 10°.

Nachfolgendes Beispiel 6.158 zeichnet eine Spirale mit `\psCoil`. Dabei wird die Positionierung über den Befehl `\rput` realisiert.

```
\psset{xunit=1cm,yunit=1cm,runit=1cm}
\begin{pspicture}(0,0)(2.5,2.5)
  \rput{45}(0,1){
    \psCoil[coilaspect=0,%
            coilwidth=0.5cm,%
            coilheight=1]{0}{1440}
  }
\end{pspicture}
```

Listing 6.158: Spiralen mit Start- und Endwinkel

Die Spirale beginnt bei einem Winkel von 0° (α) und dreht sich so lange, bis ein Winkel von 1440° (β) erreicht worden ist. Die Länge `l` berechnet sich wie folgt:

$l = \frac{\beta-\alpha}{360^\circ} \cdot \text{coilwidth} = \frac{1440^\circ-0^\circ}{360^\circ} \cdot 0.5\,\text{cm} = 2\,\text{cm}$

Spiralen und Zickzacklinien als Knotenverbindungen

`PSTricks` bietet auch die Möglichkeit, Knoten mit Spiralen bzw. Zickzacklinien zu verbinden. Der allgemeine Aufruf dabei lautet:

```
\nccoil[<param>]{<arrows>}{<nodeA>}{<nodeB>}
\nczigzag[<param>]{<arrows>}{<nodeA>}{<nodeB>}
\pccoil[<param>]{<arrows>}(<x0>,<y0>)(<x1>,<y1>)
\pczigzag[<param>]{<arrows>}(<x0>,<y0>)(<x1>,<y1>)
```

Dabei wird eine Knotenverbindung zwischen zwei Knoten mit `\nccoil` bzw. `\nczigzag` realisiert. Eine Knotenverbindung ohne Namen wird über `\pccoil` bzw. `\pczigzag` realisiert. Im nachfolgenden Beispiel 6.159 werden zwei Knoten miteinander verbunden.

```
\psset{xunit=1cm,yunit=1cm,runit=1cm}
\begin{pspicture}(0,0)(3,3)
  \cnodeput(0.5,0.5){A}{A}
  \cnodeput(2.5,2.5){B}{B}
  \nccoil[coilwidth=0.5,%
          coilheight=0.5]{<->}{A}{B}
\end{pspicture}
```

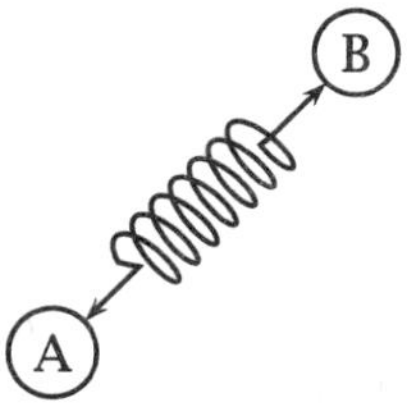

Listing 6.159: Spirale als Knotenverbindung

6.2.30 Überlagerungen

`PSTricks` bietet die Möglichkeit, Objekte zu überlagern. Dies ist vor allem bei Präsentationsfolien interessant (diese Möglichkeit nutzt das Paket „`seminar.sty`"). Dazu wird die Umgebung `overlaybox` zur Verfügung gestellt. Der allgemeine Aufruf dabei lautet:

```
\begin{overlaybox}
   ...
\end{overlaybox}
```

Die Überlagerungen werden in einer gemeinsamen `\hbox` realisiert, in der jedes Mal ein anderer Inhalt gezeichnet wird. Dabei werden die Inhalte mit dem Befehl `\psoverlay` definiert. Der allgemeine Aufruf dabei lautet:

```
\psoverlay{<string>}
```

Dabei wird der jeweilige Bereich immer dem Bereich `string` zugeordnet. Einzige Ausnahme stellt `all` dar, der für alle Bereiche gilt, sozusagen die globalen Definitionen.

Mit dem Befehl `\putoverlaybox` wird dann die Box gezeichnet. Der allgemeine Aufruf dabei lautet:

```
\putoverlaybox{<string>}
```

Im nachfolgenden Beispiel 6.160 wird eine Box erstellt, die einen Haupttext hat und Platz für den zweiten Text lässt, diesen aber nicht anzeigt. Der zweite Text wird dann in der Box daneben angezeigt.

```
\psset{xunit=1cm,yunit=1cm,runit=1cm}
\begin{pspicture}(0,0)(11,4.5)
\begin{overlaybox}
  \psoverlay{all}
  \psframebox[framearc=0.2,framesep=0.5cm,linewidth=1pt]{%
    \psoverlay{eins}
    \parbox{4.5cm}{\raggedright
      \textbf{\LaTeX{} kennt mehrere Aufzählungsumgebungen:}%
      {%
        \psoverlay{zwei}
        \begin{itemize}
        \item itemize
        \item enumerate
        \item \dots
        \end{itemize}
      }
      siehe Buch S.\,12
    }}
\end{overlaybox}
\rput[bl](0,0){\putoverlaybox{eins}}
\rput[bl](6,0){\putoverlaybox{zwei}}
\end{pspicture}
```

Listing 6.160: Zwei Boxen mit overlaybox (source/bsp_pstricks02.tex)

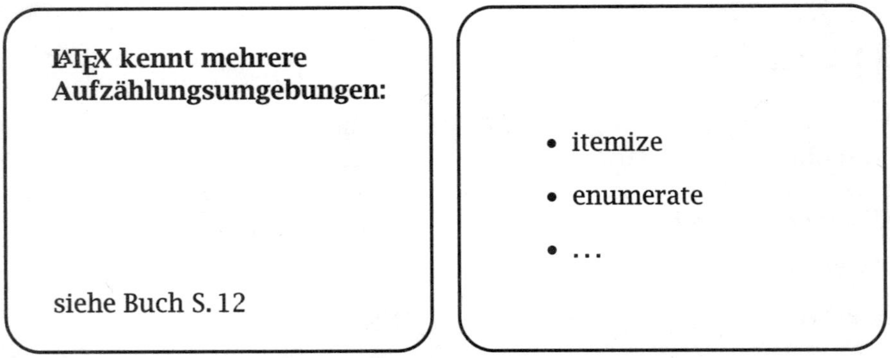

Abb. 6.9: Abbildung zu Listing 6.160

Werden die beiden Boxen übereinander gezeichnet, so erhält man das vollständige Bild (siehe Abbildung 6.10 auf der nächsten Seite).

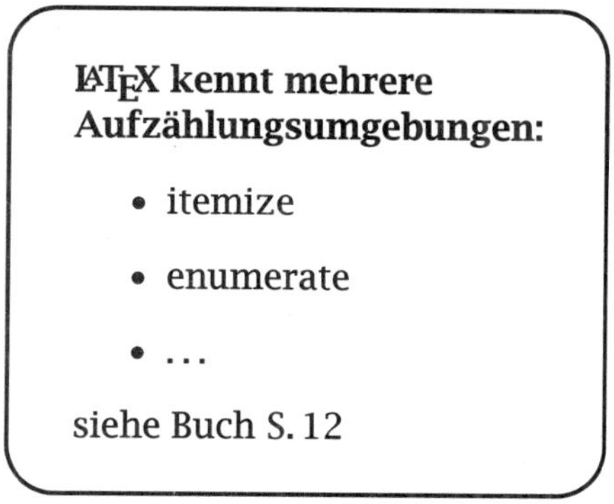

Abb. 6.10: Box übereinander gelegt

6.2.31 Bilder einbinden

PSTricks kann selbst keine Bilder einbinden! Man kann aber die Möglichkeiten von LaTeX nutzen und diese damit einzubinden. Diese Bilder lassen sich dann mit dem Befehl \rput positionieren. Dazu wird der Befehl \includegraphics aus dem Paket graphicx.sty verwendet.

Im nachfolgenden Beispiel 6.161 wird ein Bild vom Wallberg (am Tegernsee in Bayern) eingebunden und beschriftet.

```
\psset{xunit=1cm,yunit=1cm,runit=1cm}
\begin{pspicture}(0,1)(11,-8)
  \rput[tl](0,0){\psframebox[linewidth=2pt,framesep=0pt,boxsep=false]{%
      \includegraphics[width=10cm]{wallberg}}}

  \psline[linewidth=1pt]{->}(3.5,0.5)(4.5,-1.5)
  \rput[br](3.5,0.5){Blauberge}
  \psline[linewidth=1pt]{->}(6.5,0.5)(6.5,-1.6)
  \rput[bl](6.5,0.5){Setzberg}
  \psline[linewidth=1pt]{->}(10.5,-2.5)(8.3,-3.6)
  \rput[tl]{90}(10.5,-2.5){Wallfahrtskirche}
  \psline[linewidth=1pt]{->}(10.5,-4)(5.7,-4.3)
  \rput[tr]{90}(10.5,-4){Panoramarestaurant}

  \rput[c](5,-8){\sffamily\large\textbf{Blick vom Wallberggipfel}}

  % nur für die Positionierung
  %\mypsgrid{(0,1)(11,-8)}
\end{pspicture}
```

Listing 6.161: Einbinden von Bildern

Damit die Positionen für die Beschriftungen einfacher zu ermitteln sind, sollten Sie nach der Zeichnung ein Koordinatensystem über das Bild legen. Dann können Sie die entsprechenden Werte sehr leicht ablesen.

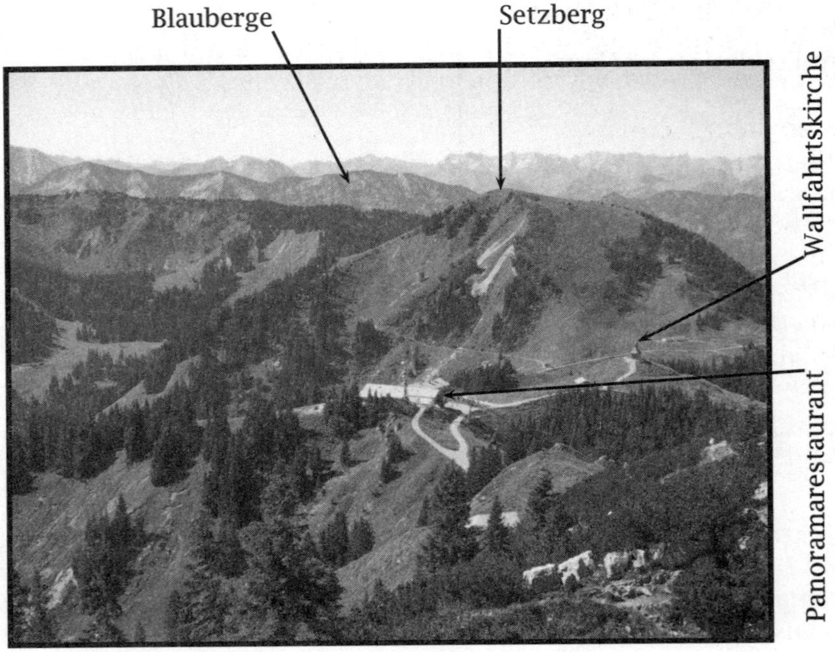

Abb. 6.11: Abbildung zu Listing 6.161

6.2.32 Bilder exportieren

PSTricks bietet die Möglichkeit, Grafikelemente (ohne Text) mit dem Befehl PSTtoEPS als EPS-Datei abzuspeichern. Der allgemeine Aufruf dabei lautet:

```
\PSTtoEPS[<param>]{<file>}{<grafik-objekte>}
```

Mit nachfolgenden Parametern lässt sich die so erzeugte EPS-Datei beeinflussen.

- **bbllx=dim**
  Legt den X-Punkt für die linke untere Ecke der Bounding-Box fest. Der Standard ist -1 pt.
- **bblly=dim**
  Legt den Y-Punkt für die linke untere Ecke der Bounding-Box fest. Der Standard ist -1 pt.
- **bburx=dim**
  Legt die Breite der Bounding-Box fest. Der Standard ist 1 pt.
- **bbury=dim**
  Legt die Höhe der Bounding-Box fest. Der Standard ist 1 pt.

- **headerfile={file1,file2,filen}**
  Hiermit können PostScript-Header aus Dateien eingelesen werden. Diese werden durch Kommas getrennt.

- **headers=none/all/user**
  Der Parameter legt fest, wie PostScript-Headerdateien behandelt werden. Mit `none` werden keine Dateien eingebunden (Standard). Mit `all` werden die Headerinformationen von `PSTricks` und den angegebenen Dateien verwendet. Bei `user` werden nur die Headerdateien verwendet. Sollen die so erzeugten EPS-Dateien mehrfach in LaTeX-Dokumente eingebunden werden oder verwendet das LaTeX-Dokument selbst `PSTricks`-Kommandos, so sollte als Wert hier `none` oder `user` verwendet werden, um Überschneidungen zu vermeiden.

Im nachfolgenden Beispiel 6.162 wird ein Rechteck mit zwei diagonalen Linien als Datei gespeichert.

```
\psset{xunit=1cm,yunit=1cm,runit=1cm}
\PSTtoEPS[bbllx=-1pt,bblly=-1pt,%
          bburx=2cm,bbury=2cm]%
          {eps_out.eps}{%
  \psframe(0,0)(2,2)
  \psline(0,0)(2,2)
  \psline(0,2)(2,0)
}
```

Listing 6.162: Speichern von Bildern als EPS-Datei

Der Header der erzeugten EPS-Datei sieht wie folgt aus:

```
%!PS-Adobe-3.0 EPSF-3.0
%%Creator: PSTricks
%%Title: eps_out.eps
%%CreationDate: 2002/8/4
%%BoundingBox: 0 0 85 85
%%EndComments
%%BeginSetup
```

Listing 6.163: Header der erzeugten EPS-Datei (Auszug)

Anschließend kann die so exportierte Datei wieder als Grafik eingebunden werden (siehe Listing 6.164).

```
\psset{xunit=1cm,yunit=1cm,runit=1cm}
\begin{pspicture}(0,0)(3,3)
  \rput[c](1.5,1.5){%
    \includegraphics[scale=0.6]{eps_out.eps}}
\end{pspicture}
```

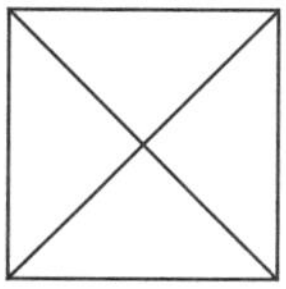

Listing 6.164: Einbinden von gespeicherten EPS-Bildern

☞ **Laden von Bildern**

TeX sucht die Bilder im aktuellen Verzeichnis bzw. in allen Verzeichnissen, die im `texmf`-Baum eingebunden sind. Sollen die Bilder aus einem Unterverzeichnis eingebunden werden, so ist es am einfachsten, über die Umgebungsvariable `TEXINPUTS` zusätzlich das entsprechende Verzeichnis einzubinden. TeX sucht dann ebenfalls dort und es muss beim Befehl `\includegraphics` kein Verzeichnis angegeben werden. So kann das Dokument bzw. Teile davon auch woanders verwendet bzw. das Bildverzeichnis kann jederzeit umbenannt werden, ohne dass dazu das TeX- bzw. LaTeX-Dokument geändert werden müsste.

Welchen Vorteil hat das Speichern von Bildelementen als EPS-Datei?

- Die so erzeugte Grafik kann mehrmals eingebunden werden.
- Die erzeugte Grafik kann in anderen Programmen bzw. Dokumenten verwendet werden.
- Erzeugt man die EPS-Dateien in einem anderen Dokument und startet nur bei Veränderungen einen LaTeX-Lauf, so kann man sich gerade bei komplexen Grafiken (z.B. mit `\fileplot`) sehr viel Rechenzeit sparen, da nur fertige EPS-Bilder im eigentlichen Dokument eingebunden werden, die nicht mehr berechnet werden müssen.

Exportieren von Text und Bildern

Das Exportieren von Bildern mit Text ist nicht mehr ganz so einfach, da ja immer der entsprechende Font eingebunden werden muss. Hier bietet `PS-Tricks` nur die Möglichkeit, von TeX- bzw. LaTeX-Dateien mithilfe des Programms `dvips` ganze Seiten bzw. den sichtbaren Bereich aus einer solchen Seite als EPS-Datei zu speichern.

Dazu wird am besten in einer eigenen LaTeX-Datei das entsprechende Bild gezeichnet (siehe Listing 6.165). Hier wurde als Grundlage das Listing 6.160 auf Seite 432 verwendet.

Wichtig dabei ist, dass im Kopf der LaTeX-Datei alle entsprechenden Pakete (vor allem die für den Font) eingebunden werden. Das eigentliche `PSTricks`-Bild wird dann zwischen den Befehlen `TeXtoEPS` und `endTeXtoEPS` eingebunden.

```
\TeXtoEPS
\psset{xunit=1cm,yunit=1cm,runit=1cm}
\begin{pspicture}(0,1)(11,-8)
  \rput[tl](0,0){\psframebox[linewidth=2pt,framesep=0pt,boxsep=false]{%
      \includegraphics[width=10cm]{wallberg}}}

  \psline[linewidth=1pt]{->}(3.5,0.5)(4.5,-1.5)
  \rput[br](3.5,0.5){Blauberge}
  \psline[linewidth=1pt]{->}(6.5,0.5)(6.5,-1.6)
  \rput[bl](6.5,0.5){Setzberg}
  \psline[linewidth=1pt]{->}(10.5,-2.5)(8.3,-3.6)
```

```
  \rput[tl]{90}(10.5,-2.5){Wallfahrtskirche}
  \psline[linewidth=1pt]{->}(10.5,-4)(5.7,-4.3)
  \rput[tr]{90}(10.5,-4){Panoramarestaurant}

  \rput[c](5,-8){\sffamily\large\textbf{Blick vom Wallberggipfel}}
\end{pspicture}
\endTeXtoEPS
```

Listing 6.165: LaTeX-Datei für den EPS-Export

Nun kann die Datei wie folgt übersetzt werden:

```
latex eps_tex.tex
dvips -E -o eps_tex.eps eps_tex.dvi
```

Der Parameter `-E` bewirkt dabei, dass als Größe nicht `A4` wie im Kopf angegeben, verwendet wird, sondern eine entsprechende Bounding-Box berechnet wird. Als Ausgabeformat wird dann EPS verwendet.

Als Ergebnis erhält man die Datei `eps_tex.eps`, die dann wiederum über den Befehl `\includegraphics` eingebunden werden kann. Das Ergebnis ist identisch mit Beispiel 6.161 auf Seite 433.

☞ TeXtoEPS

Wie Sie schon gelesen haben, gibt es neben LaTeX auch das PDF-Gegenstück PDFLaTeX. Dieses ist leider nicht in der Lage, Grafiken mit `PSTricks` zu erzeugen. Es gibt aber das Zusatzpaket `pdftricks.sty`, welches genau nach diesem Prinzip arbeitet. Hier wird automatisch der `PSTricks`-Code in eine eigene LaTeX-Datei geschrieben, diese mit LaTeX übersetzt und dann ein EPS-Bild mit `dvips` erzeugt. Dieses wird dann mithilfe von `ps2pdf` in ein PDF-Bild umgewandelt, was dann von pdflatex eingebunden werden kann.
Sie werden sicherlich der Auffassung sein, dass dieser Weg sehr aufwändig ist, aber er lässt sich über das Skript oben voll automatisieren und hat den großen Vorteil, dass auch unter PDFLaTeX die hervorragenden Möglichkeiten von `PSTricks` zur Verfügung stehen und das rechtfertigt den Aufwand. Mehr zu `pdftricks` auf Seite 456.

6.2.33 Was PSTricks sonst noch bietet

Nachfolgend wird noch kurz erläutert, was `PSTricks` noch an weiteren Möglichkeiten bietet.

Boxen

Von TeX bzw. LaTeX wissen Sie, dass Text in so genannten L-R-Boxen (Boxen, in denen der Text von links nach rechts geschrieben wird) positioniert wird. `PSTricks` nutzt ebenfalls diesen Mechanismus, um Text zu setzen und ihn anschließend zu drehen oder dergleichen.

Sollten Sie mit PSTricks mathematische Formeln in einem Bild zeichnen wollen und dasselbe Verhalten wie bei einer normalen L-R-Box wünschen, so können Sie dies über den Befehl `\psmathboxtrue` ein- bzw. über `\psmathbox false` ausschalten.

Sollen automatisch bestimmte Befehle bei jeder L-R-Box von PSTricks ausgeführt werden, so können diese über den Befehl `\everypsbox` definiert werden. Der allgemeine Aufruf dazu lautet:

```
\everypsbox{<befehle>}
```

PSTricks stellt auch die Möglichkeit zur Verfügung, eigene Boxen zu definieren, die als Umgebung benutzt werden können. Der allgemeine Aufruf dabei lautet:

```
\pslongbox{<name>}{<befehle>}
```

Im nachfolgenden Beispiel 6.166 wird eine neue Umgebung (Name `myframe`) definiert, die den Inhalt mit einem Rahmen umgibt. Auf diese Weise lassen sich immer wiederkehrende Konstrukte auf einfache Weise in eine neue Umgebung integrieren.

```
\psset{xunit=1cm,yunit=1cm,runit=1cm}
\pslongbox{myframe}{%
  \psframebox[linewidth=3pt,framesep=5pt]}

\begin{myframe}
  Dies ist ein Text!
\end{myframe}
```

Dies ist ein Text!

Listing 6.166: Boxen selbst erstellen

PSTricks bietet auch die Möglichkeit, Verbatim-Text in eine L–R-Box zu integrieren, was normalerweise in LaTeX nicht möglich ist (siehe Listing 6.167).

```
\psset{xunit=1cm,yunit=1cm,runit=1cm}
\pslongbox{myframe}{%
  \psframebox[linewidth=3pt,framesep=5pt]}

\begin{myframe}
  \verb| \LaTeX{} |
\end{myframe}
```

`\LaTeX{}`

Listing 6.167: Verbatim-Boxen selbst erstellen

Mit dem Befehl `\psverbboxtrue` sorgt PSTricks dafür, dass das Verbatim-Verhalten in jeder L-R-Box möglich ist. Mit `\psverbboxfalse` wird dieses Verhalten wieder ausgeschaltet. Beachten Sie jedoch, dass dieses besondere Verbatim-Verhalten in bestimmten Situationen zu einem unerwünschten Effekt führen kann. Zum Beispiel werden bei einer Standardumgebung Leerzeichen am Ende der Zeile ignoriert, bei `\psverbboxtrue` dagegen nicht.

PSTricks-Befehle ausschalten

PSTricks stellt mit dem Befehl \PSTricksOff die Möglichkeit bereit, alle weiteren PSTricks-Befehle zu ignorieren, sodass auch ein DVI-Betrachter verwendet werden kann, der kein PostScript unterstützt.

6.2.34 Ergänzungspakete

Für PSTricks gibt es eine Vielzahl von Ergänzungspaketen. Einige davon werden hier kurz mit einigen Beispielen dargestellt, da sonst der Umfang dieses Buches gesprengt würde. Schauen Sie sich auf jeden Fall die entsprechende Paketdokumentation an. Aktuelle Informationen über PSTricks können Sie unter http://www.tug.org/applications/PSTricks/ finden.

Das Paket „pst-fill"

pst-all.sty

pst-fill.sty

Dieses Ergänzungspaket wird standardmäßig bei PSTricks (über das Paket pst-all.sty) eingebunden und bietet viele Möglichkeiten, Bereiche zu füllen bzw. zu kacheln.

Um die Möglichkeiten nutzen zu können, wird der Parameter fillstyle auf den Wert boxfill gesetzt. Mit dem Befehl \psboxfill wird dann das Füllmuster bestimmt.

Mit nachfolgenden Parametern kann dann der Füllstil genauer definiert werden.

- **fillangle=angle**
  Legt den Winkel für die Füllung fest. Der Standard ist 0°.

```
\psset{xunit=1cm,yunit=1cm,runit=1cm}
\begin{pspicture}(0,0)(3,3)
  \newcommand{\Rechteck}{%
    \begin{pspicture}(0,0)(0.5,0.5)
      \psframe(0,0)(0.5,0.5)
    \end{pspicture}
  }
  \psboxfill{\Rechteck}
  \psframe[fillstyle=boxfill,%
           fillangle=45]%
           (0,0)(3,3)
\end{pspicture}
```

  Dabei wird zunächst ein neuer Befehl erzeugt (hier \Rechteck), der das eigentliche Füllmuster enthält (hier ein Rechteck). Mit dem Befehl \psboxfill wird dann dieses Muster als Füllmuster gesetzt.

- **fillsep=dim**
  Legt den Abstand (vertikal und horizontal) zwischen den einzelnen Teilen des Füllmusters fest. Der Standard ist 0.

- **fillsepx=dim**
  Legt den Abstand (nur horizontal) zwischen den einzelnen Teilen des Füllmusters fest. Der Standard ist 0.

- **fillsepy=dim**
  Legt den Abstand (nur vertikal) zwischen den einzelnen Teilen des Füllmusters fest. Der Standard ist 0.

```
\psset{xunit=1cm,yunit=1cm,runit=1cm}
\begin{pspicture}(0,0)(3,3)
  \newcommand{\Rechteck}{%
    \begin{pspicture}(0,0)(0.5,0.5)
      \psframe(0,0)(0.5,0.5)
    \end{pspicture}
  }
  \psboxfill{\Rechteck}
  \psframe[fillstyle=boxfill,%
           fillangle=45,fillsep=0.3cm]%
           (0,0)(3,3)
\end{pspicture}
```

- **fillcyclex=num**
  Legt den Verschiebungskoeffizienten nach jeder Reihe fest. Der Standard ist 0. Dabei wird der Faktor immer mit $\frac{1}{x}$ berechnet. Eine 2 bedeutet dann einen Faktor von 0.5, eine 3 von 0.33, usw.

- **fillcycley=num**
  Legt den Verschiebungskoeffizienten nach jeder Spalte fest. Der Standard ist 0.

- **fillcycle=num**
  Legt den Verschiebungskoeffizienten nach jeder Spalte und Reihe fest. Der Standard ist 0.

```
\psset{xunit=1cm,yunit=1cm,runit=1cm}
\begin{pspicture}(0,0)(3,3)
  \newcommand{\Rechteck}{%
    \begin{pspicture}(0,0)(0.5,0.5)
      \psframe(0,0)(0.5,0.5)
    \end{pspicture}
  }
  \psboxfill{\Rechteck}
  \psframe[fillstyle=boxfill,%
           fillcyclex=3]%
           (0,0)(3,3)
\end{pspicture}
```

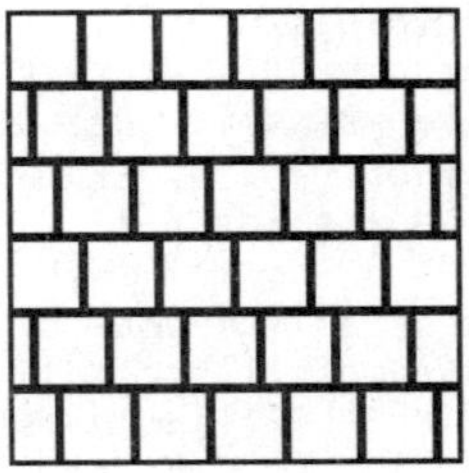

- **fillmovex=dim**
  Legt den Wert für die horizontale Verschiebung zwischen den Mustern fest. Der Standard ist 0.

- **fillmovey=dim**
  Legt den Wert für die vertikale Verschiebung zwischen den Mustern fest. Der Standard ist 0.

- **fillmove=dim**
  Legt den Wert für die horizontale und vertikale Verschiebung zwischen den Mustern fest. Der Standard ist 0.

```
\psset{xunit=1cm,yunit=1cm,runit=1cm}
\begin{pspicture}(0,0)(3,3)
  \newcommand{\Rechteck}{%
    \begin{pspicture}(0,0)(0.5,0.5)
      \psframe(0,0)(0.5,0.5)
    \end{pspicture}
  }
  \psboxfill{\Rechteck}
  \psframe[fillstyle=boxfill,%
           fillmove=4pt]%
           (0,0)(3,3)
\end{pspicture}
```

- **fillsize=auto/{(dim,dim)(dim,dim)}**
  Legt fest, in welcher Größe der Bereich gefüllt werden soll. Bei `auto` wird von `PSTricks` der maximale zur Verfügung stehende Bereich verwendet, ansonsten muss der Bereich manuell bestimmt werden. Der Standard ist `auto`.

- **fillloopaddx=dim**
  Legt fest, wie oft das Muster links und rechts zusätzlich positioniert wird. Der Standard ist 0.

  Dieser Parameter wird dann wichtig, wenn das Muster nicht ganzzahlig in den Bereich eingefügt werden kann. Dies führt dazu, dass hier der obere Bereich nicht mehr gefüllt wird. Mit dem Parameter `fillloopadd` kann hier zusätzlich bestimmt werden, wie oft das Muster zusätzlich positioniert werden soll. Somit kann der ganze Bereich gefüllt werden.

- **fillloopaddy=dim**
  Legt fest, wie oft das Muster oben und unten zusätzlich positioniert wird. Der Standard ist 0.

- **fillloopadd=dim**
  Legt fest, wie oft das Muster links, rechts, oben und unten zusätzlich positioniert wird. Der Standard ist 0.

```
\psset{xunit=1cm,yunit=1cm,runit=1cm}
\begin{pspicture}(0,0)(3,3)
  \newcommand{\Sechseck}{%
    \begin{pspicture}(0,0)(0.866,0.75)
      \SpecialCoor %Polarkoordinaten
      \pspolygon(0.5;30)(0.5;90)(0.5;150)%
           (0.5;210)(0.5;270)(0.5;330)
    \end{pspicture}
  }
  \psboxfill{\Sechseck}
  \psframe[fillstyle=boxfill,%
           fillcyclex=2]%
           (0,0)(3,3)
\end{pspicture}
```

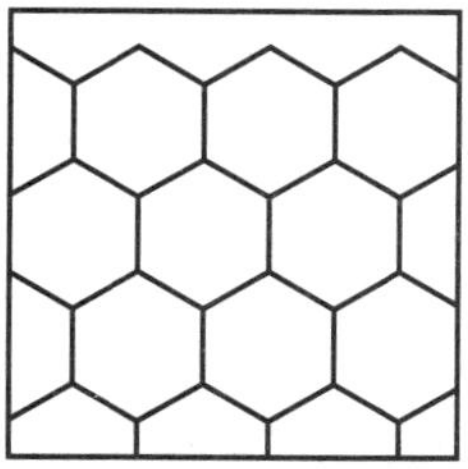

```
\psset{xunit=1cm,yunit=1cm,runit=1cm}
\begin{pspicture}(0,0)(3,3)
  \newcommand{\Sechseck}{%
    \begin{pspicture}(0,0)(0.866,0.75)
      \SpecialCoor %Polarkoordinaten
      \pspolygon(0.5;30)(0.5;90)(0.5;150)%
                (0.5;210)(0.5;270)(0.5;330)
    \end{pspicture}
  }
  \psboxfill{\Sechseck}
  \psframe[fillstyle=boxfill,%
           fillcyclex=2,fillloopaddy=1]%
           (0,0)(3,3)
\end{pspicture}
```

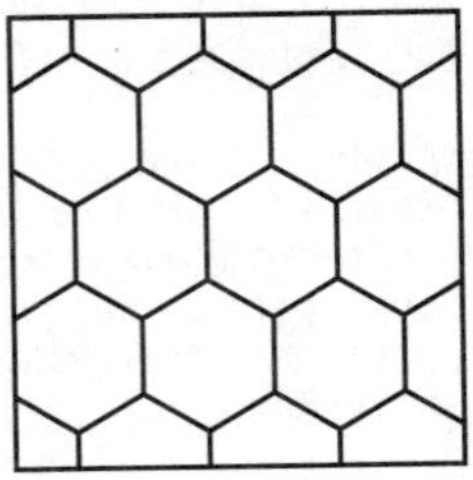

- **PstDebug=0/1**
  Damit wird der Debug-Modus festgelegt. Dadurch wird das komplette Muster gezeichnet, ohne dabei den Bereich zuzuschneiden. Der Standard ist 0.

Abschließend noch ein Beispiel, wie ein Bild als Füllmuster verwendet werden kann (siehe Listing 6.168).

```
\psset{xunit=1cm,yunit=1cm,runit=1cm}
\begin{pspicture}(0,0)(3,3)
  \newcommand{\Bild}{%
    \begin{pspicture}(0,0)(0,1)
      \includegraphics[width=1cm]{yy_out}
    \end{pspicture}
  }
  \psboxfill{\Bild}
  \psframe[fillstyle=boxfill,%
           fillloopadd=2](0,0)(3,3)
\end{pspicture}
```

Listing 6.168: Bilder als Füllmuster

Sie sollten aber auf jeden Fall die Dokumentation lesen, da hier sehr viele Beispiele enthalten sind.

Das Paket „pst-gr3d"

pst-gr3d.sty

Mit dem Paket `pst-gr3d` lassen sich dreidimensionale Gitter zeichnen. Eingebunden wird es über:

```
\usepackage{pst-gr3d}
```

Anschließend steht der Befehl `\PstGridThreeD` für die 3D-Gitter zur Verfügung. Der allgemeine Aufruf dabei lautet:

```
\PstGridThreeD[<param>](<x>, <y>, <z>)
```

Dabei wird mit `x`, `y` und `z` die Länge des Gitters in der jeweiligen Richtung festgelegt. Im nachfolgenden Beispiel (siehe Listing 6.169 auf der nächsten Seite) wird ein einfaches 3D-Gitter gezeichnet.

```
\psset{xunit=1cm,yunit=1cm,runit=1cm}
\begin{pspicture}(0,0)(3,2)
  \rput[bl](0,0){
    \PstGridThreeD(1, 3, 1)
  }
\end{pspicture}
```

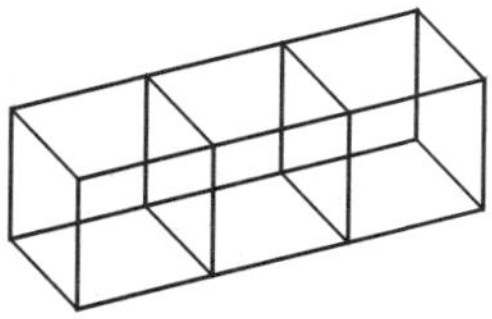

Listing 6.169: 3D-Gitter

Dabei kann mit den Parametern des Befehls `\psgrid` (siehe Kapitel 6.2.13 auf Seite 360) und nachfolgenden Parametern bzw. Befehlen das 3D-Gitter beeinflusst werden.

- **viewpoint=x y z**
  Legt den Betrachtungspunkt für das 3D-Gitter fest.
  Der Standard ist (1.2 -0.6 0.8).

- **unit=dim**
  Legt die Größenordnung einer Kantenlänge fest, wenn nichts anderes festgelegt ist.

```
\psset{xunit=1cm,yunit=1cm,runit=1cm}
\begin{pspicture}(0,0)(4,3)
  \rput[bl](0,0){
    \PstGridThreeD[viewpoint=1.2 -1.5 0.4,%
                   unit=1.5cm](1, 3, 1)
  }
\end{pspicture}
```

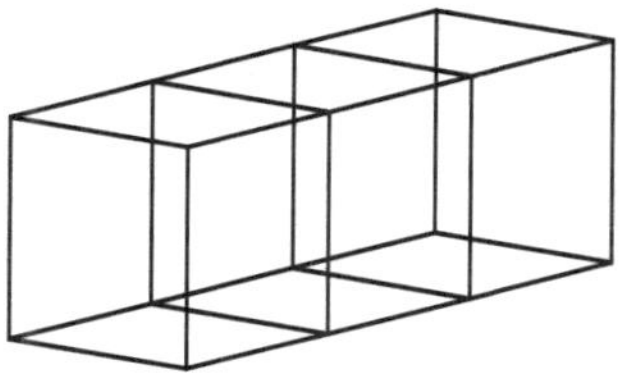

- **PstDebug=0/1**
  Damit wird der Debug-Modus festgelegt. Der Standard ist 0.

- **PstPicture=true/flase**
  Es wird für das Gitter eine `pspicture`-Umgebung definiert. Der Standard ist `true`.

- **GridThreeDXUnit=int**
  Längeneinheit in X-Richtung. Der Standard ist 1.

- **GridThreeDYUnit=int**
  Längeneinheit in Y-Richtung. Der Standard ist 1.

☞ **Installation von `pst-gr3d.sty`**

Das Ergänzungspaket ist bei den meisten Standardpaketen nicht enthalten. Es muss daher von Hand in den `texmf`-Baum kopiert werden. Dazu müssen die beiden Dateien `pst-gr3d.sty` und `pst-gr3d.tex` in das Verzeichnis `<texmf>/tex/generic/pstricks` kopiert werden. Anschließend muss die Dateidatenbank wieder aufgefrischt werden (siehe Kapitel 11.3.2 auf Seite 578).

- **GridThreeDZUnit=int**
  Längeneinheit in Z-Richtung. Der Standard ist 1.

```
\psset{xunit=1cm,yunit=1cm,runit=1cm}
\begin{pspicture}(0,0)(4,3)
  \rput[bl](0,0){
    \PstGridThreeD[GridThreeDXUnit=2,%
                   GridThreeDYUnit=2]%
                   (1, 2, 1)
  }
\end{pspicture}
```

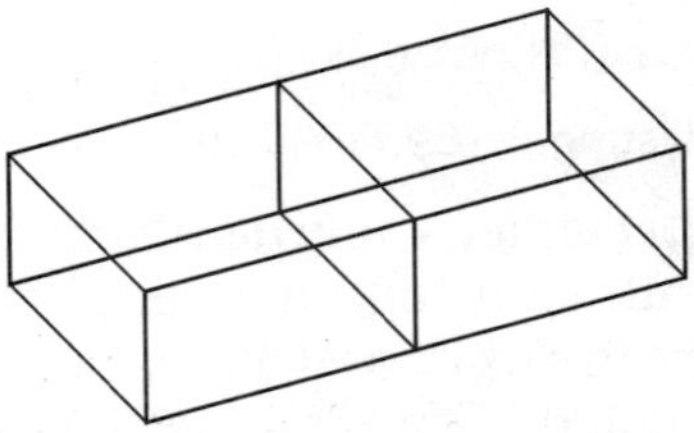

Mit nachfolgenden Parametern ist es möglich, einem Gitterteil ein bestimmtes Aussehen zu geben, indem dieser Teil entsprechend neu gezeichnet wird.

- **GridThreeDXPos=int**
  Bestimmt die X-Position. Der Standard ist 0.

- **GridThreeDYPos=int**
  Bestimmt die Y-Position. Der Standard ist 0.

- **GridThreeDZPos=int**
  Bestimmt die Z-Position. Der Standard ist 0.

- **\PstGridThreeDHookEnd**
  Mit diesem Befehl wird festgelegt, was am Ende ausgeführt werden soll, wenn das Gitter gezeichnet worden ist. Damit lässt sich das Gitterteil festlegen, welches verändert werden soll. Dazu muss der Befehl über `\renewcommand` neu definiert werden.

```
\psset{xunit=1cm,yunit=1cm,runit=1cm}
\begin{pspicture}(0,0)(4,3)
  \renewcommand{\PstGridThreeDHookEnd}{%
    \PstGridThreeD[PstPicture=false,%
                   GridThreeDXPos=1,%
                   gridwidth=0.1]%
                   (0, 2, 1)
  }
  \rput[bl](0,0){
    \PstGridThreeD(2, 2, 2)
  }
\end{pspicture}
```

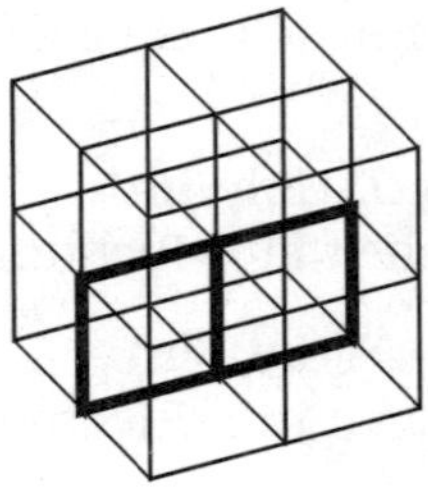

- **GridThreeDNodes=true/false**
  Bestimmt, ob an jedem Gitterpunkt ein Knoten eingerichtet werden soll, der später z. B. über `\rput` angesprochen werden kann. Die Knoten stehen dann über `Gr3dNodeXYZ` zur Verfügung, wobei jeweils `X`, `Y` bzw. `Z` mit der entsprechenden Zahl ersetzt werden muss, die den Gitterpunkt beschreibt. Wichtig ist dabei, dass die entsprechenden Punkte als Polarkoordinaten zur Verfügung stehen, was bedeutet, dass man vorher mit `SpecialCoor` das Koordinatensystem umschalten muss. Der Standard ist `false`.

```
\psset{xunit=1cm,yunit=1cm,runit=1cm}
\begin{pspicture}(0,0)(4,3)
  \rput[bl](0,0){
    \PstGridThreeD[GridThreeDNodes=true]%
                  (1, 3, 1)
    \SpecialCoor
    \rput*(Gr3dNode000){\tiny 000}
    \rput*(Gr3dNode130){\tiny 130}
  }
\end{pspicture}
```

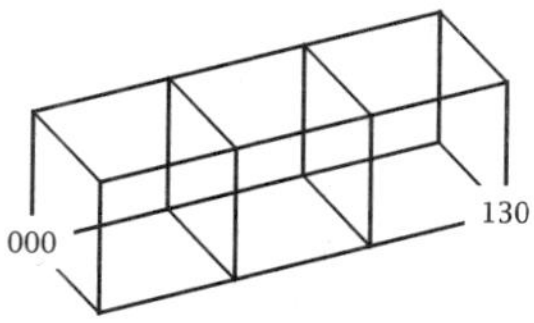

- **\PstGridThreeDHookNode**
  Mit diesem Befehl wird festgelegt, was an den Gitterpunkten gezeichnet werden soll. Dazu muss der Befehl über `\renewcommand` neu definiert werden.

```
\psset{xunit=1cm,yunit=1cm,runit=1cm}
\renewcommand{\PstGridThreeDHookNode}{%
  \begin{pspicture}(-0.1,-0.1)(0.1,0.1)
    \pscircle*(0,0){0.1}
  \end{pspicture}
}
\begin{pspicture}(0,0)(4,3)
  \rput[bl](0,0){
    \PstGridThreeD(1, 3, 1)
  }
\end{pspicture}
```

- **\PstGridThreeDHookXFace**
  Mit diesem Befehl wird festgelegt, was vor dem Zeichnen der X-Einheiten ausgeführt werden soll. Dazu muss der Befehl über `\renewcommand` neu definiert werden.
- **\PstGridThreeDHookYFace**
  Mit diesem Befehl wird festgelegt, was vor dem Zeichnen der Y-Einheiten ausgeführt werden soll. Dazu muss der Befehl über `\renewcommand` neu definiert werden.
- **\PstGridThreeDHookZFace**
  Mit diesem Befehl wird festgelegt, was vor dem Zeichnen der Z-Einheiten ausgeführt werden soll. Dazu muss der Befehl über `\renewcommand` neu definiert werden.

```
\psset{xunit=1cm,yunit=1cm,runit=1cm}
\renewcommand{\PstGridThreeDHookXFace}{%
  \psframe*[linecolor=lightgray](0,0)(3,1)
}
\begin{pspicture}(0,-1)(4,2)
  \rput[bl](0,0){
    \PstGridThreeD(1, 3, 1)
  }
\end{pspicture}
```

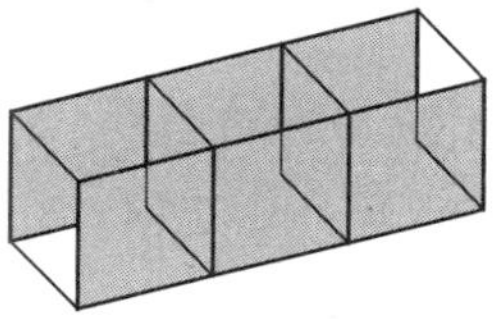

Im Beispiel oben wurden die Flächen in X-Richtung grau eingefärbt. Soll nur die hintere Fläche eingefärbt werden, so ist eine `if`-Bedingung einzubauen.

Dabei stellt \multidocount die Zählvariable dar, mit der die Ebenen nummeriert werden.

```
\psset{xunit=1cm,yunit=1cm,runit=1cm}
\renewcommand{\PstGridThreeDHookXFace}{%
  \ifnum\multidocount=1%
    \psframe*[linecolor=lightgray](0,0)(3,1)
  \fi}
\begin{pspicture}(0,-1)(4,2)
  \rput[bl](0,0){
    \PstGridThreeD(1, 3, 1)
  }
\end{pspicture}
```

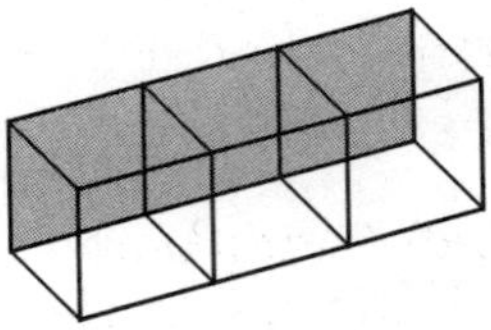

Sie sollten aber auf jeden Fall die Dokumentation lesen, da hier sehr viele Beispiele enthalten sind.

Das Paket „pst-lens"

pst-lens.sty

Mit dem Paket pst-lens lassen sich Lupeneffekte erzielen. Eingebunden wird es über:

```
\usepackage{pst-lens}
```

Anschließend steht mit dem Befehl \PstLens eine Lupe zur Verfügung. Der allgemeine Aufruf dabei lautet:

```
\PstLens[<param>](<x>,<y>){<objekte>}
```

Dabei wird über (x,y) die Position der Lupe bestimmt und mit objekte die eigentliche Zeichnung, die vergrößert werden soll.

Dabei kann mit den nachfolgenden Parametern bzw. Befehlen das Aussehen beeinflusst werden.

- **LensMagnification=num**
  Legt den Vergrößerungsfaktor fest. Der Standard ist 1, keine Vergrößerung.

```
\psset{xunit=1cm,yunit=1cm,runit=1cm}
\newcommand{\MyText}{%
  \rput[c](2,2){%
    \Large
    \parbox{3cm}{%
      \centering
      Alles Gute\\ zum\\ Geburtstag!
}}}
\begin{pspicture}(0,-1)(4,3)
  \MyText
  \PstLens[LensMagnification=2]%
        (1,1.3){\MyText}
\end{pspicture}
```

- **LensSize=num**
  Legt die Größe (den Radius) der Lupe fest. Der Standard ist 1.

- **LensRotation=angle**
  Dreht die Lupe um den Winkel `angle`. Der Standard ist 1°.

- **LensHandle=true/false**
  Legt fest, ob ein Griff gezeichnet werden soll. Der Standard ist `true`.

- **LensHandleWidth=num**
  Legt die Dicke des Lupengriffes fest. Der Standard ist 0.2.

- **LensHandleHeight=num**
  Legt die Höhe des Lupengriffes fest. Der Standard ist 2.5.

- **LensStyleHandle=style**
  Legt den Stil des Lupengriffes fest. Dieser wird über den Befehl `\newpsstyle` festgelegt. Siehe auch Kapitel 6.2.24 auf Seite 385.

- **LensShadow=true/false**
  Legt fest, ob die Lupe einen Schatten erhalten soll. Der Standard ist `true`.

- **LensStyleGlass=style**
  Legt den Stil des Lupenglases fest.

```
\psset{xunit=1cm,yunit=1cm,runit=1cm}
\newcommand{\MyText}{%
  \rput[c](2,2){%
    \Large
    \parbox{3cm}{%
      \centering
      Alles Gute\\ zum\\ Geburtstag!
}}}
\newpsstyle{mycross}{%
  fillstyle=crosshatch*,fillcolor=white}
\newpsstyle{myglass}{%
  fillstyle=solid,fillcolor=white,%
  shadow=true,shadowcolor=darkgray,%
  shadowsize=0.2}

\begin{pspicture}(0,-1)(4,3)
  \MyText
  \PstLens[LensMagnification=2,%
           LensStyleHandle=mycross,%
           LensHandleHeight=3,%
           LensHandleWidth=0.5,%
           LensRotation=170,%
           LensStyleGlass=myglass]%
          (1,1.3){\MyText}
\end{pspicture}
```

- **\PstLensShape**
  Mit dem Befehl wird das Aussehen der Lupe bestimmt. Will man dieses ändern, so muss der Befehl über `\renewcommand` überschrieben werden.

```
\psset{xunit=1cm,yunit=1cm,runit=1cm}
\newcommand{\MyText}{%
  \rput[c](2,2){%
    \Large
    \parbox{3cm}{%
      \centering
      Alles Gute\\ zum\\ Geburtstag!
}}}
\renewcommand{\PstLensShape}{%
  \psellipse(0,0)(2,1)}

\begin{pspicture}(0,-1)(4,3)
  \MyText
  \PstLens[LensMagnification=2]%
        (2,1.3){\MyText}
\end{pspicture}
```

Sie sollten aber auf jeden Fall die Dokumentation lesen, da hier sehr viele Beispiele enthalten sind.

Das Paket „pst-poly

pst-poly.sty

Mit dem Paket `pst-poly` lassen sich umfangreiche Polygone darstellen. Eingebunden wird es über:

```
\usepackage{pst-poly}
```

Anschließend steht der Befehl `PstPolygon` zur Verfügung. Der allgemeine Aufruf dabei lautet:

```
\PstPolygon[<param>]
```

Wird die Sternvariante verwendet, wird das Polygon mit der Linienfarbe gefüllt.

Dabei kann mit den nachfolgenden Parametern das Aussehen beeinflusst werden.

- **PstPicture=true/flase**
  Es wird für das Polygon eine `pspicture`-Umgebung definiert. Der Standard ist `true`.

- **PolyRotation=angle**
  Legt den Drehwinkel für das Polygon fest. Der Standard ist 0°.

- **PolyNbSides=int**
  Legt die Anzahl der Seiten fest. Der Standard ist 5.

```
\psset{xunit=1cm,yunit=1cm,runit=1cm}
\begin{pspicture}(0,0)(4,3)
  \rput[c](2,1.5){%
    \PstPolygon[fillstyle=solid,%
                fillcolor=lightgray,%
                linewidth=2pt,%
                PolyNbSides=6]
  }
\end{pspicture}
```

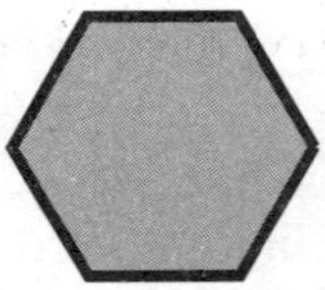

- **PolyOffset=int**
  Legt die Anzahl der Ecken fest, die bei den Verbindungen jeweils übersprungen werden. Der Standard ist 1.

```
\psset{xunit=1cm,yunit=1cm,runit=1cm}
\begin{pspicture}(0,0)(4,3)
  \rput[c](2,1.5){%
    \PstPolygon[PolyOffset=4,%
                PolyNbSides=9]
  }
\end{pspicture}
```

- **PolyIntermediatePoint=num**
  Legt die Position des Mittelpunktes zwischen zwei Ecken fest.

```
\psset{xunit=1cm,yunit=1cm,runit=1cm}
\begin{pspicture}(0,0)(4,3)
  \rput[c](2,1.5){%
    \PstPolygon[PolyIntermediatePoint=0.38]
  }
\end{pspicture}
```

- **PolyCurves=true/false**
  Legt fest, ob die Verbindung zwischen den Ecken eine Linie (mit `false`) oder eine Kurve (mit `true`) ist. Der dritte Kurvenpunkt wird dabei über `PolyIntermediatePoint` festgelegt. Der Standard ist `false`.

```
\psset{xunit=1cm,yunit=1cm,runit=1cm}
\begin{pspicture}(0,0)(4,3)
  \rput[c](2,1.5){%
    \PstPolygon[PolyCurves=true,%
                PolyNbSides=7,%
                PolyIntermediatePoint=0.38]
  }
\end{pspicture}
```

- **PolyEpicycloid=true/false**
  Legt fest, ob ein Polygon (mit `false`) oder ein Epizykloid (mit `true`) gezeichnet wird (ein Epizykloid entsteht, wenn ein Punkt einer Kreislinie auf einem anderen Kreis abgerollt wird). Der Standard ist `false`.

```
\psset{xunit=1cm,yunit=1cm,runit=1cm}
\begin{pspicture}(0,0)(4,3)
  \rput[c](2,1.5){%
    \PstPolygon[PolyEpicycloid=true,%
                PolyNbSides=72,%
                PolyOffset=4,%
                linewidth=0.1pt]
  }
\end{pspicture}
```

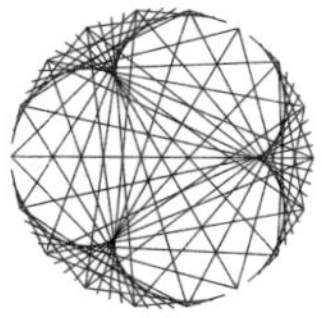

- **PolyName=string**
  Legt den Namen eines Polygons fest, damit Knotenverbindungen erstellt werden können. Die einzelnen Ecken lassen sich dann über „<name><nr>“ z. B. „A1“ ansprechen.

  Im nachfolgenden Beispiel werden die Ecken von zwei Polygonen miteinander verbunden. Um die Ecken einfach zu verbinden, wird eine Schleife mit dem Befehl `\multido` realisiert, wobei der Schleifenzähler `i` jeweils für die entsprechende Ecke (1 bis 6) steht. Mehr zu `\multido` finden Sie in Kapitel 6.2.23 auf Seite 382.

```
\psset{xunit=1cm,yunit=1cm,runit=1cm}
\begin{pspicture}(0,0)(4,3)
  \rput[c](2,1.5){%
    \PstPolygon[PolyName=A,%
                PolyNbSides=6,%
                PstPicture=false]
    \PstPolygon[PolyName=B,%
                PolyNbSides=6,%
                PstPicture=false,%
                unit=1.5]}
  \multido{\i=1+1}{6}{\ncline{A\i}{B\i}}
\end{pspicture}
```

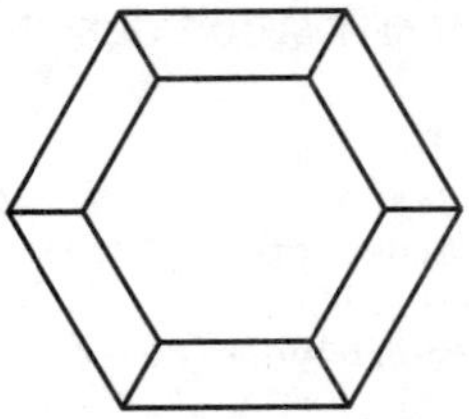

Vordefinierte Polygone

Das Paket stellt Befehle für vordefinierte Polygone bereit.

\PstTriangle

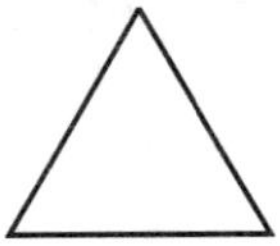

\PstSquare

\PstPentagon

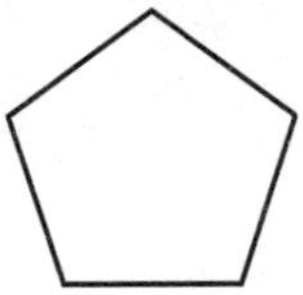

\PstHexagon

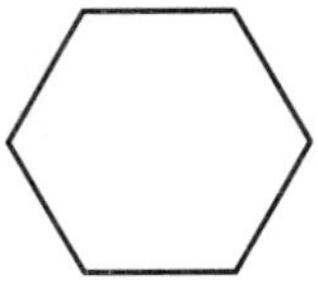

\PstHeptagon

\PstOctogon

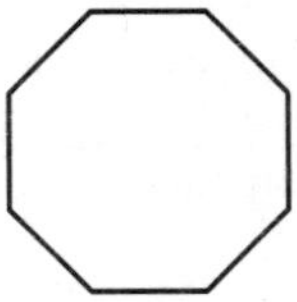

\PstNonagon

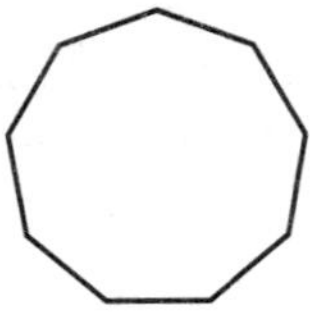

\PstDecagon

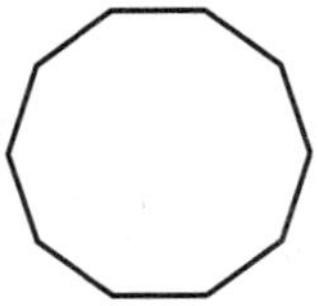

\PstDodecagon

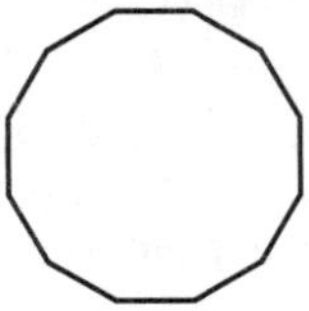

\PstStarFiveLines

\PstStarFive

Knotenverbindungen

Zusätzlich stellt das Paket den Befehl `\PstPolygonNode` bereit, welcher bei jedem Knoten ausgeführt wird. Dabei wird der Zähler über `\INode` (beginnend bei 0) angesprochen. Dadurch ist es möglich, z. B. Kreise an den Ecken zu zeichnen (siehe Listing 6.170).

```
\psset{xunit=1cm,yunit=1cm,runit=1cm}
\begin{pspicture}(0,0)(4,3)
  \newcommand{\PstPolygonNode}{%
    \psdots[dotsize=0.2](1;\INode)}
  \rput[c](2,1.5){\PstPentagon}
\end{pspicture}
```

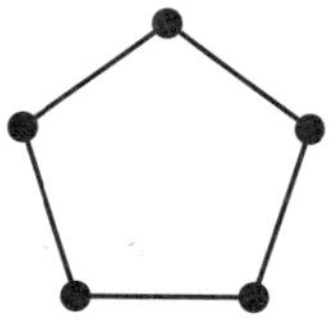

Listing 6.170: Knoten mit Kreisen zeichnen

Auch lassen sich die Ecken entsprechend beschriften (siehe Listing 6.171). Sollen die Zahlen bei 1 anstelle von 0 beginnen, so ist `\multidocount` (dieser beginnt bei 1) zu verwenden.

```
\psset{xunit=1cm,yunit=1cm,runit=1cm}
\begin{pspicture}(0,0)(4,3)
  \newcommand{\PstPolygonNode}{%
    \psdots[dotsize=0.2](1;\INode)
    \rput{*0}(1.3;\INode){\small \INode}}
  \rput[c](2,1.5){\PstPentagon}
\end{pspicture}
```

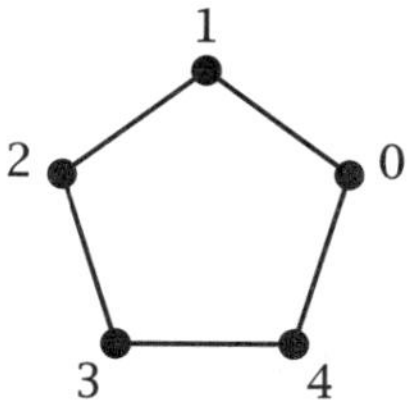

Listing 6.171: Knoten mit Beschriftung

Sollen statt der Zahlen Buchstaben verwendet werden, so muss zuerst ein Zähler mit `\newcounter` erzeugt werden. Dieser wird dann mit der Zählvariablen `\multidocount` gefüllt. Anschließend kann dann der Buchstabe entsprechend der Nummer mit `\Alph` erzeugt werden.

```
\psset{xunit=1cm,yunit=1cm,runit=1cm}
\newcounter{buchstabe}
\begin{pspicture}(0,0)(4,3)
  \newcommand{\PstPolygonNode}{%
    \psdots[dotsize=0.2](1;\INode)
    \setcounter{buchstabe}{\the\multidocount}
    \rput{*0}(1.3;\INode){\small%
      \Alph{buchstabe}}}
  \rput[c](2,1.5){\PstPentagon}
\end{pspicture}
```

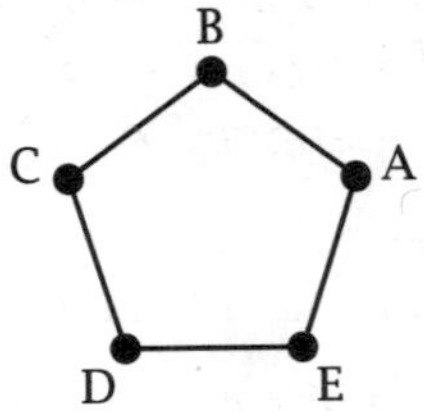

Listing 6.172: Knoten mit Buchstabenbeschriftung

Sie sollten aber auf jeden Fall die Dokumentation lesen, da hier sehr viele Beispiele enthalten sind.

Das Paket „pst-slpe“

pst-slpe.sty

Mit dem Paket `pst-slpe` lassen sich weitere Füllmuster erzeugen. Eingebunden wird es über:

```
\usepackage{pst-slpe}
```

Anschließend stehen nachfolgende Füllmuster für den Parameter `fillstyle` zur Verfügung.

\slope

\slopes

\ccslope

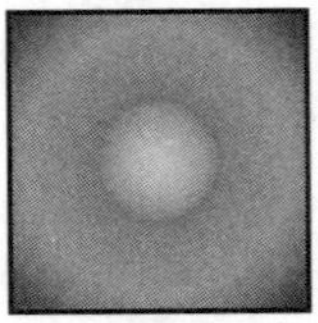

\ccslopes

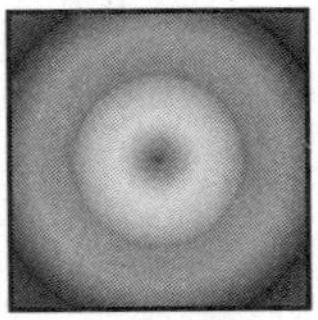

\radslope

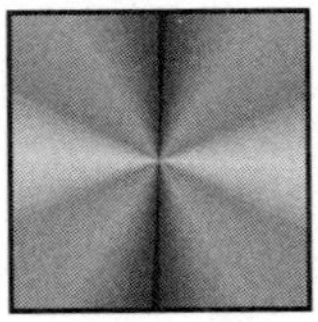

\radslopes

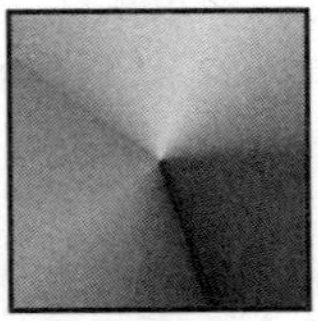

Der Farbverlauf kann über nachfolgende Parameter bestimmt werden.

- **slopebegin=color**
  Legt die Startfarbe fest.

- **slopeend=color**
  Legt die Endfarbe fest.

- **slopecolor**
  Legt den Farbverlauf bei mehr als zwei Farben fest (von links nach rechts). Dabei wird die Farbskala in Abschnitte unterteilt (z.B. 0 bis 30). Für jeden Abschnitt kann dann eine RGB-Farbe definiert werden.

z.B. slopecolor= 0 1 1 0.9 | 10 0.5 1 0.5 | 30 0 0.5 0.5

Der Parameter ist mit jeweils einer Vierer-Gruppe aufgebaut, die sich wie folgt zusammensetzt: <Abschnitt> <rot> <grün> <blau> ...

- **slopesteps=int**
  Legt die Anzahl an Farbschritten fest. Der Standard ist 100.
- **slopeangle=angle**
  Legt den Winkel für den Farbverlauf fest (gegen den Uhrzeigersinn).
- **slopecenter=num1 num2**
  Legt den Mittelpunkt des jeweiligen Farbverlaufs fest (bei cc... und rad...).
- **sloperadius=num**
  Legt den Radius für den Farbverlauf fest (bei cc... und rad...).

```
\psset{xunit=1cm,yunit=1cm,runit=1cm}
\begin{pspicture}(0,0)(4,4)
  \rput[bl](0,0){%
    \pscircle[fillstyle=radslope,%
              slopebegin=red,%
              slopeend=green,%
              slopeangle=45,%
              sloperadius=1.5]%
              (2,2){1.5}}
\end{pspicture}
```

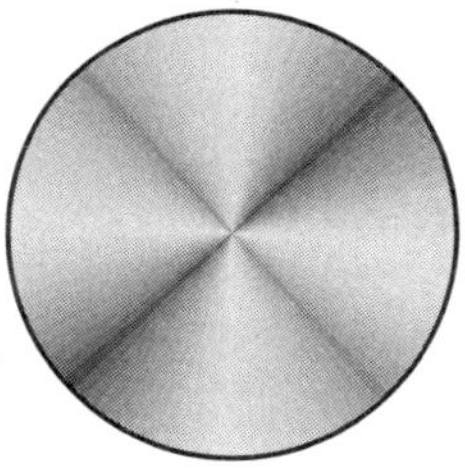

Sie sollten aber auf jeden Fall die Dokumentation lesen, da hier sehr viele Beispiele enthalten sind.

Das Paket „pst-fr3d"

Mit dem Paket pst-fr3d lassen sich 3D-Rahmen um einen Text zeichnen. Eingebunden wird es über: pst-fr3d.sty

```
\usepackage{pst-fr3d}
```

Anschließend steht der Befehl \PstFrameBoxThreeD zur Verfügung. Der allgemeine Aufruf dabei lautet:

```
\PstFrameBoxThreeD[<param>]{<objekte>}
```

Dabei lassen sich die Standardparameter von \psframebox verwenden.

Standard **\doublesep=0.3** **\framesep=0.4**

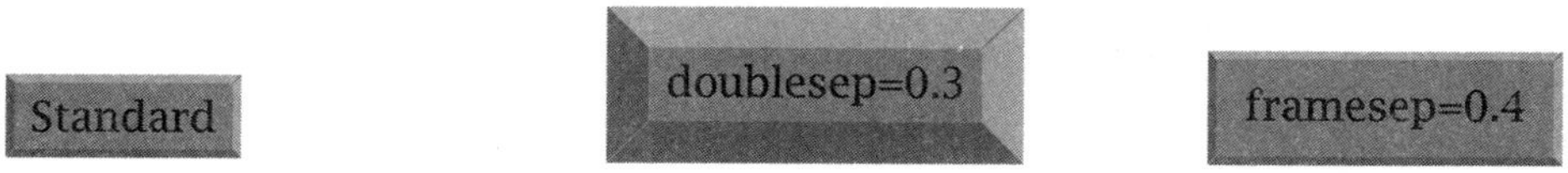

Mit nachfolgenden Parametern lässt sich das Aussehen weiter beeinflussen.

- **FrameBoxThreeDColorHSB=h s b**
  Legt die HSB-Farbe für die 3D-Box fest.

```
\PstFrameBoxThreeD[%
  FrameBoxThreeDColorHSB=0.9 0.5 0.8,%
  doublesep=0.3]{%
  \psovalbox[fillstyle=solid,%
             fillcolor=white]{Ein Text!}}
```

- **FrameBoxThreeDOpposite=true/false**
  Legt fest, ob rechts und links dieselbe Farbe verwendet werden soll. Der Standard ist `false`.
- **FrameBoxThreeDBrightnessDistance=real**
  Legt den Helligkeitsabstand im Inneren der Box fest. Der Wert muss zwischen -1 und 1 sein. Der Standard ist 0.15.
- **FrameBoxThreeDOn=true/false**
  Legt fest, ob die hellen und dunklen Randfarben ausgetauscht werden sollen. Dies hat denselben Effekt wie ein negativer Wert bei `FrameBoxThreeDBrightnessDistance`. Der Standard ist `true`.

```
\PstFrameBoxThreeD[%
  FrameBoxThreeDColorHSB=0.6 0.3 0.5,%
  FrameBoxThreeDBrightnessDistance=0.5,%
  doublesep=0.3]{%
  \psovalbox[fillstyle=solid,%
             fillcolor=white]{Ein Text!}}
```

Sie sollten aber auf jeden Fall die Dokumentation lesen, da hier sehr viele Beispiele enthalten sind.

Weitere Pakete

Es gibt noch eine Menge weiterer Pakete, deren Erläuterung hier den Rahmen sprengen würde. Nachfolgend werden noch einige Pakete aufgelistet, die für den einen oder anderen interessant sein können. Die Beispiele sind dabei aus der Paketdokumentation entnommen.

- **pst-osci**

pst-osci.sty

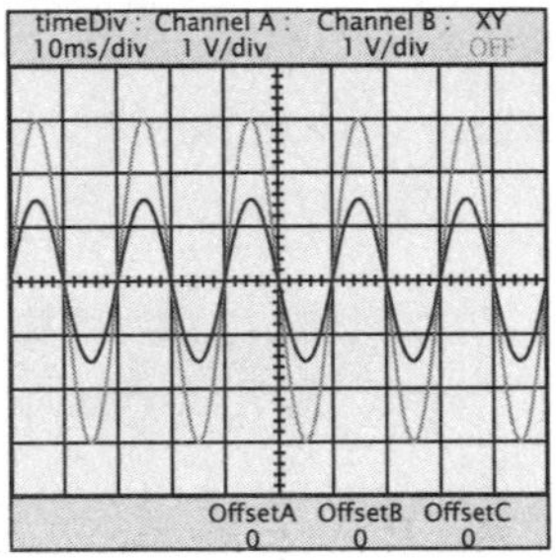

Ein `PSTricks`-Ergänzungspaket, um Oszilloskop-Bilder mit Kurven zu erstellen.

- **pst-uml**

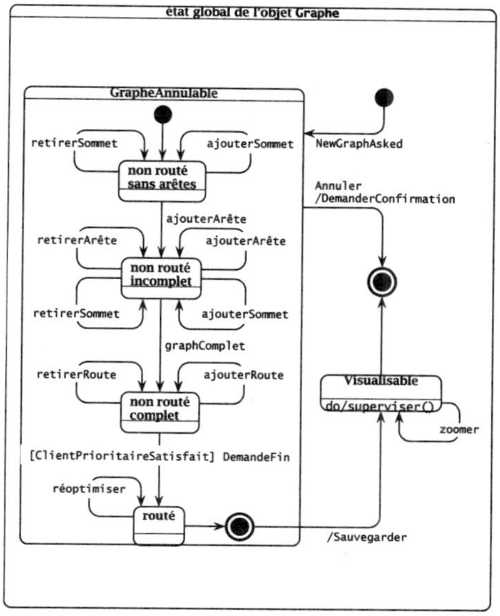

Ein PSTricks-Ergänzungspaket, um UML-Diagramme zu erstellen.

pst-uml.sty

- **dbicons**

Ein PSTricks-Ergänzungspaket, um ER-Diagramme zu erstellen.

dbicons.sty

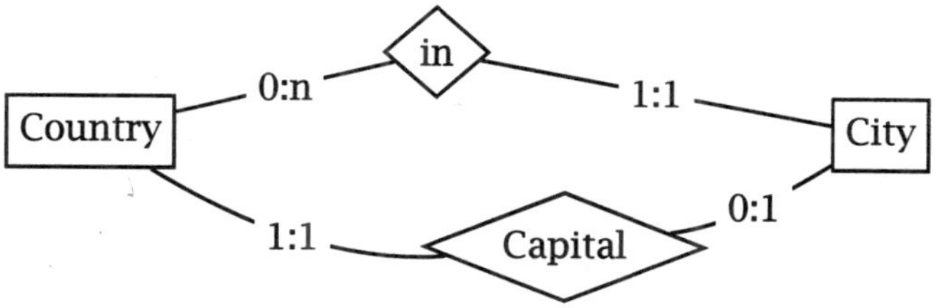

- **pst-optic**

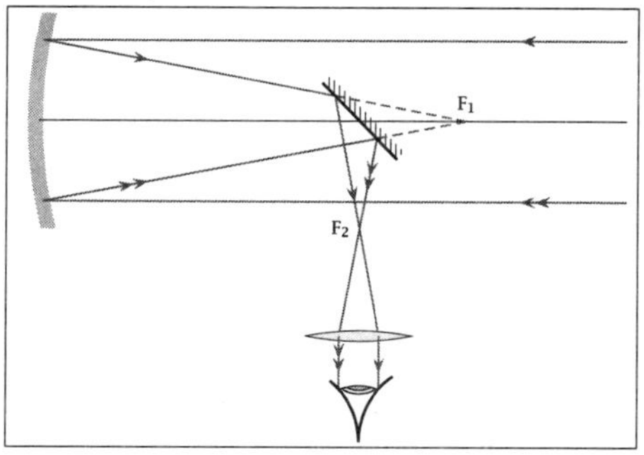

Ein PSTricks-Ergänzungspaket, um Linsen, Strahlengänge etc. zu zeichnen.

pst-optic.sty

Viele weitere Möglichkeiten, Beispiele, Dokumentation etc. finden Sie auf der Seite `http://www.tug.org/applications/PSTricks/index.html`.

6.2.35 PSTricks und PDFLaTeX

pdftricks.sty

Mit dem Paket `pdftricks` ist es möglich, das `PSTricks`-Paket mit PDFLaTeX zu verwenden. Dabei wendet das Paket einen Trick an. Der eigentliche `PSTricks`-Code wird in eine eigene Umgebung (Name `pdfpic`) integriert. Diese wird vom Paket mit zusätzlichen Informationen in eine eigene LaTeX-Datei geschrieben. Diese kann nun mit LaTeX ganz normal übersetzt werden. Mit dem Programm `dvips` und dem Parameter `-E` wird dann eine EPS-Datei erzeugt, die dann in PDF umgewandelt wird (siehe hierzu auch Kapitel 6.2.32 auf Seite 436).

Ist eine solche PDF-Datei vorhanden, so wird diese von der Umgebung `pdfpic` als Grafik eingebunden. Somit erscheint der eigentliche `PSTricks`-Code für PDFLaTeX nur als PDF-Grafik.

Der Aufwand wirkt auf den ersten Blick sehr groß, aber er ermöglicht es, die umfangreichen Funktionen von `PSTricks` auch in PDFLaTeX zu verwenden. Das rechtfertigt diese Vorgehensweise.

Zu dem Paket gibt es eine ausführliche Dokumentation und ein Beispiel (zu finden auf der Buch-CD-ROM), daher verzichten wir hier auf eine ausführliche Beschreibung.

6.3 Tools

Manche Zeichnungen lassen sich leichter mit einem grafischen Tool erstellen, als wenn diese komplett mit Befehlen gezeichnet werden.

Es gibt daher einige Tools, die als Output die LaTeX-Grafikbefehle erzeugen und so eingebunden werden können. Ein Nachbearbeitung von Hand ist dann sehr leicht möglich.

- **XFig**
  XFig ist ein grafisches Zeichentool um Vektorzeichnungen zu erstellen (siehe `http://www.xfig.org/`). Primär ist es für die UNIX-Welt entwickelt worden, läuft aber mit Cygwin auch unter Windows. Im nachfolgenden Bild wird XFig mit einer mitgelieferten Beispielgrafik angezeigt.

  Dabei bietet XFig eine Menge an Export-Möglichkeiten an.

  - EPS, PDF
  - `picture`-Befehle (mit und ohne Ergänzungspakete)
  - MetaPost, MetaFont,
  - JPEG, PNG, …

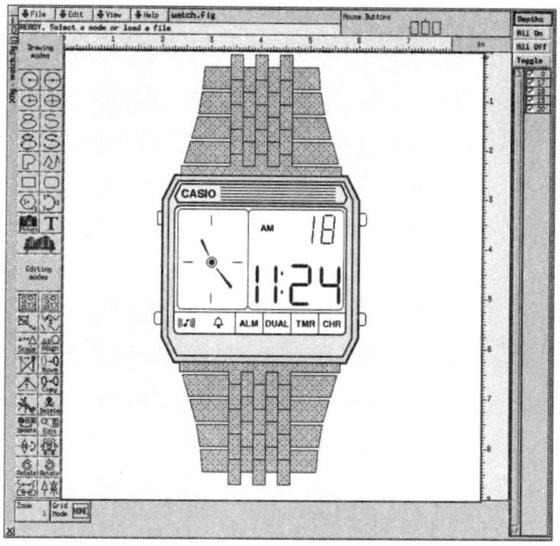

XFig gibt es auch als Java-Version (es wird dann JFig genannt) und läuft somit auf jeder Plattform, die Java unterstützt (siehe `http://tech-www.informatik.uni-hamburg.de/applets/jfig/editor.html`).

Einige der Grafiken in diesem Buch wurden mit XFig erstellt.

- **gnuplot**
  `gnuplot` ist ein Prgramm, um Graphen aus Funktionen etc. zu erzeugen (siehe `http://www.gnuplot.info/`). Als Ausgabeformat können hier neben vielen Grafikformaten auch `picture`-Befehle oder `PSTricks`-Befehle verwendet werden.

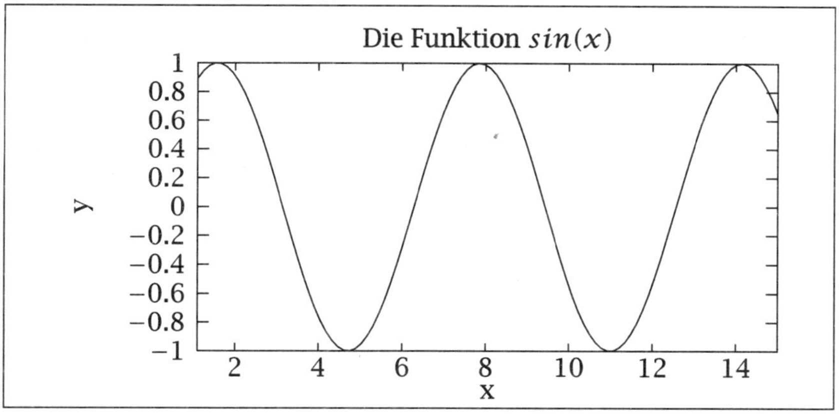

- **Weitere Tools**
  Eine Übersicht über weitere Tools, die `PSTricks`-Befehle erzeugen, finden Sie unter `http://www.tug.org/applications/PSTricks/Links.html`.

7 Bücher, Diplomarbeiten und große Dokumente schreiben

Bücher, Diplomarbeiten und andere große Dokumente stellen besondere Anforderungen an die Werkzeuge, mit denen sie erstellt werden. So ist es wünschenswert, dass sich Inhaltsverzeichnis, Tabellen- und Abbildungsverzeichnisse, Index und Literaturverzeichnis automatisch erstellen lassen und auch automatisch gepflegt werden können, wenn sich etwas ändert. Auch muss es möglich sein, das Dokument in kleine Teildokumente aufzuspalten, die besser zu bearbeiten sind, ohne dass die durchgängige Nummerierung der Kapitel etc. dabei verloren geht. LaTeX ist für all diese Anforderungen bestens gerüstet.

7.1 Verzeichnisse

Jedes größere Dokument, sei es ein Buch oder eine Diplomarbeit kommt nicht ohne die verschiedenen Verzeichnisse aus, die dem Leser einen schnellen Überblick über den Inhalt, die beinhalteten Bilder und Tabellen, oder aber auch über die verwendete Referenzliteratur gewähren. LaTeX bietet viele Möglichkeiten, Verzeichnisse zu erstellen.

7.1.1 Inhaltsverzeichnis

Aufgrund von Kapitelüberschriften (`\chapter`, `\section`, ...) im Dokument kann LaTeX ein Inhaltsverzeichnis erstellen. Dieses Inhaltsverzeichnis wird mit dem Befehl `\tableofcontents` erzeugt.

Um das Inhaltsverzeichnis zu erstellen, schreibt LaTeX bei jedem Kapitel- bzw. Überschriftsbefehl dessen Inhalt und die dazugehörige Seitenzahl in eine eigene Datei (mit der Dateiendung `.toc` „table of contents"). Damit die Einträge mit den aktuellen Seitenzahlen übereinstimmen, ist es erforderlich, mindestens zwei LaTeX-Läufe durchzuführen.

Listing 7.1 zeigt ein Dokument, das nur Überschriften enthält.

```
\begin{document}

\tableofcontents

\chapter{Einleitung}
```

```
12
13 \section{Geschichte von \LaTeX}
14 \subsection{vor 1990}
15 \subsection{nach 1990}
16
17 \section{Zukunftsaussichten}
18
19 \chapter{Was ist \LaTeX?}
20 \section{Einführung}
21 \section{Die wichtigsten Befehle}
22 \section{Der \LaTeX--Lauf}
23 \subsection{latex}
24 \subsection{dvips}
25 \subsection{ps2pdf}
26
27 \chapter{LaTeX anwenden}
28
29 \chapter{Anhang}
30
31 \end{document}
```

Listing 7.1: Einfaches Dokument mit Inhaltsverzeichnis (source/bsp_inhalt01.tex)

Dabei wird in Zeile 9 das Inhaltsverzeichnis eingebunden. Durch das Ergänzungspaket ngerman wird automatisch als Überschrift der Text „Inhaltsverzeichnis“ verwendet.

Als Ergebnis (nach einem zweimaligen LaTeX-Lauf) erhält man das Inhaltsverzeichnis, wie in Abbildung 7.1 auf der nächsten Seite gezeigt.

Aufbau der toc-Datei

Die von LaTeX erzeugte toc-Datei hat dabei folgendes Aussehen:

```
\contentsline {chapter}{\numberline {1}Einleitung}{2}
\contentsline {section}{\numberline {1.1}Geschichte von \LaTeX }{2}
\contentsline {subsection}{\numberline {1.1.1}vor 1990}{2}
\contentsline {subsection}{\numberline {1.1.2}nach 1990}{2}
\contentsline {section}{\numberline {1.2}Zukunftsaussichten}{2}
\contentsline {chapter}{\numberline {2}Was ist \LaTeX ?}{3}
\contentsline {section}{\numberline {2.1}Einf\"uhrung}{3}
\contentsline {section}{\numberline {2.2}Die wichtigsten Befehle}{3}
\contentsline {section}{\numberline {2.3}Der \LaTeX --Lauf}{3}
\contentsline {subsection}{\numberline {2.3.1}latex}{3}
\contentsline {subsection}{\numberline {2.3.2}dvips}{3}
\contentsline {subsection}{\numberline {2.3.3}ps2pdf}{3}
\contentsline {chapter}{\numberline {3}LaTeX anwenden}{4}
\contentsline {chapter}{\numberline {4}Anhang}{5}
```

Listing 7.2: toc-Datei

Die toc-Datei besteht dabei aus vielen \contentsline-Befehlen, die folgenden Aufbau haben:

```
\contentsline{<Gliederungsname>}{\numberline{<Gliederungsnummer>}
              <Gliederungstext>}{<Seitennummer>}
```

Inhaltsverzeichnis

Abb. 7.1: Inhaltsverzeichnis

Der Gliederungsname steht dabei für den entsprechenden Überschriftenbefehl (z.B. `chapter`, `section`, ..., aber ohne führenden „\"). Die Gliederungsnummer stellt dabei die automatisch erzeugte Nummerierung der Überschrift dar, gefolgt von dem eigentlichen Text der Überschrift. Ist bei der Überschrift die Kurzform angegeben worden, so wird diese hier verwendet. Zuletzt folgt die Seitennummer des entsprechenden Eintrages. Diese Nummer ist erst nach mindestens zwei LaTeX-Läufen korrekt.

Nummerierungstiefe festlegen

Je nach verwendeter Dokumentklasse wird die maximale Nummerierungstiefe unterschiedlich gestaltet (siehe Tabelle 7.1).

Dokumentklasse	Nummerierung bis	tocdepth
book bzw. scrbook	`\subsection`	2
report bzw. scrreprt	`\subsection`	2
article bzw. scrartcl	`\subsubsection`	3
proc	`\subsubsection`	3

Tabelle 7.1: Nummerierungstiefe

Mit dem Zähler `tocdepth` kann die Nummerierungstiefe beliebig angepasst werden.

Der allgemeine Aufruf dabei lautet:

```
\setcounter{tocdepth}{<nummer>}
```

Der Zähler verhält sich ähnlich wie der Zähler `secnumdepth`, der festlegt, bis zu welcher Ebene die Überschriften nummeriert werden. Normalerweise werden bei den Klassen `book` bzw. `scrbook` und `report` bzw. `scrreprt` die Gliederungsebenen `\part` bis `\subsection` und bei der Klasse `article` bzw. `scrartcl` die Ebenen `\part` bis `\subsubsection` nummeriert. Dabei steht der Wert `-1` für `\part`, `0` für `\chapter` und so weiter. Da bei `article` bzw. `scrartcl` die Ebene `\chapter` nicht existiert, beginnt bei dieser Klasse die Zählung mit `\part` bei `0`.

Im nachfolgenden Beispiel 7.3 wird für das Inhaltsverzeichnis die Nummerierungstiefe auf den Wert 1 gesetzt, womit das Inhaltsverzeichnis Überschriften bis `\section` aufnimmt.

```
\setcounter{tocdepth}{1}
\tableofcontents
```

Listing 7.3: Inhaltsverzeichnis bis \section (source/bsp_inhalt02.tex)

Abbildung 7.2 zeigt das entsprechende Inhaltsverzeichnis.

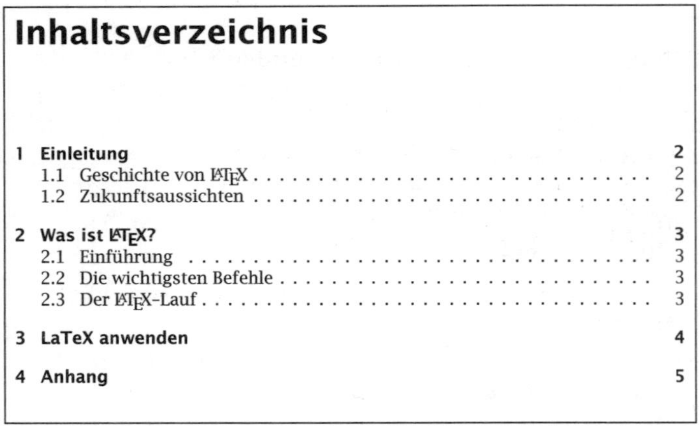

Inhaltsverzeichnis

Abb. 7.2: Inhaltsverzeichnis bis \section

Zusätzliche Einträge

Verwendet man für die Überschrift die Sternvariante, so wird kein Eintrag in der `toc`-Datei vorgenommen. Möchte man aber trotzdem einen Eintrag vornehmen, so ist das mit dem Befehl `\addcontentsline` bzw. `\addtocontents` möglich.

Der allgemeine Aufruf dabei lautet:

```
\addcontentsline{toc}{<Gliederungsname>}{<Text>}
\addtocontents{toc}{<Eintragstext>}
```

Mit dem ersten Befehl wird ein Text bezüglich einer bestimmten Gliederungsebene in die toc-Datei geschrieben. Soll zusätzlich wie beim normalen Inhaltsverzeichnis eine Gliederungsnummer erscheinen, so sollte der Eintrag wie folgt vorgenommen werden:

```
\protect\numberline{<Gliederungsnummer>}{<Text>}
```

Der Befehl \protect sorgt dafür, dass der nachfolgende Befehl geschützt wird (er wird also nicht zu früh aufgelöst).

Der zweite Befehl erlaubt es, einen beliebigen Befehl in die toc-Datei zu schreiben, um z. B. einen Seitenumbruch zu erzeugen. Auch hier muss der Befehl \protect vorangestellt werden.

```
\addtocontents{toc}{\protect\newpage}
```

Im Beispiel 7.4 werden zusätzliche Einträge und ein Seitenumbruch vorgenommen.

```
\chapter{LaTeX anwenden}

\addtocontents{toc}{\protect\newpage}
\chapter{Anhang}

\addcontentsline{toc}{section}{\protect\numberline{A}{Befehle}}
\addcontentsline{toc}{section}{\protect\numberline{B}{Umgebungen}}
\addcontentsline{toc}{section}{\protect\numberline{C}{Sonstiges}}
```

Listing 7.4: Inhaltsverzeichnis erweitern (source/bsp_inhalt03.tex)

Die entsprechende toc-Datei enthält nun zusätzlich folgende Einträge:

```
\contentsline {chapter}{\numberline {3}LaTeX anwenden}{5}
\newpage
\contentsline {chapter}{\numberline {4}Anhang}{6}
\contentsline {section}{\numberline {A}{Befehle}}{6}
\contentsline {section}{\numberline {B}{Umgebungen}}{6}
\contentsline {section}{\numberline {C}{Sonstiges}}{6}
```

Das Inhaltsverzeichnis besteht jetzt aus zwei Seiten (siehe Abbildung 7.3 und 7.4 auf der nächsten Seite).

Inhaltsverzeichnis

1 Einleitung **3**
1.1 Geschichte von LaTeX 3
1.1.1 vor 1990 3
1.1.2 nach 1990 3
1.2 Zukunftsaussichten 3

2 Was ist LaTeX? **4**
2.1 Einführung 4
2.2 Die wichtigesten Befehle 4
2.3 Der LaTeX-Lauf 4
2.3.1 latex 4
2.3.2 dvips 4
2.3.3 ps2pdf 4

3 LaTeX anwenden **5**

Abb. 7.3: Inhaltsverzeichnis (Teil 1)

4 Anhang **6**
A Befehle 6
B Umgebungen 6
C Sonstiges 6

Abb. 7.4: Inhaltsverzeichnis (Teil 2)

Eigene Gestaltung des Inhaltsverzeichnisses

Mit Koma-Script

Standardmäßig wird das Inhaltsverzeichnis so formatiert, dass jede Gliederungsebene unterschiedlich weit eingerückt wird. Dieses Verhalten des Koma-Scripts entspricht dem Standard-LaTeX-Verhalten und wird mit der Klassenoption `tocindent` festgelegt.

Werden sehr viele Gliederungspunkte verwendet, so bleibt nur noch sehr wenig Platz für den eigentlichen Text. Abhilfe schafft hier die Klassenoption `tocleft`, die dafür sorgt, dass unterschiedliche Gliederungsebenen nicht unterschiedlich weit eingezogen werden.

```
\documentclass[10pt,tocleft]{scrreprt}
...
```

Daraus ergibt sich das Inhaltsverzeichnis in Abbildung 7.5 auf der nächsten Seite.

Mit Standardmitteln

Die Standard-LaTeX-Möglichkeiten scheinen auf den ersten Blick etwas aufwändig zu sein, erlauben aber eine schnelle Anpassung für einfache Formatierungen. In Kapitel 7.1.1 auf Seite 470 werden einige Ergänzungspakete genannt, mit denen man komplexere Inhaltsverzeichnisse erstellen kann.

- **Gliederungsnummer**
  Die Gliederungsnummer wird mit dem Befehl `\numberline` gesetzt. Wird

Abb. 7.5: Inhaltsverzeichnis, links ausgerichtet

Inhaltsverzeichnis

1	**Einleitung**	**2**
1.1	Geschichte von LaTeX	2
1.1.1	vor 1990	2
1.1.2	nach 1990	2
1.2	Zukunftsaussichten	2
2	**Was ist LaTeX?**	**3**
2.1	Einführung	3
2.2	Die wichtigsten Befehle	3
2.3	Der LaTeX-Lauf	3
2.3.1	latex	3
2.3.2	dvips	3
2.3.3	ps2pdf	3
3	**LaTeX anwenden**	**4**
4	**Anhang**	**5**

dieser entsprechend umdefiniert, so kann die Gliederungsnummer anders formatiert werden.

```
\renewcommand{\numberline}[1]{\makebox[1.5em][l]{\textbf{#1}}
```

Hier wird eine Box mit der Breite 1.5 em erzeugt. Darin wird die Gliederungsnummer links positioniert und dabei fett gesetzt.

- **Seitennummer**
  Für die Seitennummer wird eine Box mit der Breite 1.55 em festgelegt. Bei manchen Schriften und großen Seitenzahlen kann dieser Platz evtl. zu klein sein und man erhält die Fehlermeldung „overfull \hbox". Mit nachfolgendem Befehl wird der entsprechende Platz angepasst.

```
\renewcommand{\@pnumwidth}{2em}
```

- **Gliederungstext**
  Der Gliederungstext wird je nach Bereich mit nachfolgenden Befehlen gesetzt:

```
\l@part[2]
\l@chapter[2]
\l@section[2]
\l@subsection[2]
\l@subsubsection[2]
\l@paragraph[2]
\l@subparagraph[2]
```

Dabei ist der erste Parameter der Gliederungstext und der zweite Parameter die Seitenzahl.

Soll zum Beispiel die Einrücktiefe geändert werden, so kann man die Definition im LaTeX-Kern entsprechend anpassen.

```
\renewcommand*\l@section{\@dottedtocline{1}{1.5em}{2.3em}}
\renewcommand*\l@subsection{\@dottedtocline{2}{3.8em}{3.2em}}
\renewcommand*\l@subsubsection{\@dottedtocline{3}{7.0em}{4.1em}}
```

Dabei wird der Befehl `\dottedtocline` aufgerufen, dem zusätzlich die beiden Parameter (Gliederungstext und Seitenzahl) übergeben werden. Der Befehl selbst erhält als ersten Parameter die Gliederungsebene, gefolgt von der Einrücktiefe und der Breite der Gliederungsnummer (Einrücktiefe und Breite der Gliederungsnummer ergeben die Breite der nächsten Ebene). Vom Befehl wird zuerst die Gliederungsnummer mit dem Befehl `\numberline` gesetzt, dann entsprechender Leerraum gefolgt vom Gliederungstext. Der Raum bis zur Seitenzahl wird mit Punkten automatisch aufgefüllt.

Beispiel 1

Das nachfolgende Inhaltsverzeichnis (siehe Abbildung 7.6) soll im Bereich `chapter` eine Linie unterhalb des Textes über die gesamte Textbreite besitzen und der Text soll dabei größer und fett gesetzt werden. Alle anderen Ebenen (hier `\section` und `\subsection`) sollen entsprechend eingerückt werden. Alle Seitenzahlen sollen dabei ganz rechts gesetzt werden.

Inhaltsverzeichnis

1	**Einleitung**		**2**
	1.1	Geschichte von LaTeX	2
		1.1.1 vor 1990	2
		1.1.2 nach 1990	2
	1.2	Zukunftsaussichten	2
2	**Was ist LaTeX?**		**3**
	2.1	Einführung	3
	2.2	Die wichtigsten Befehle	3
	2.3	Der LaTeX-Lauf	3
		2.3.1 latex	3
		2.3.2 dvips	3
		2.3.3 ps2pdf	3
3	**LaTeX anwenden**		**4**
4	**Anhang**		**5**

Abb. 7.6: Inhaltsverzeichnis, umgestaltet

Der entsprechende Code sieht wie folgt aus:

```
\makeatletter
% Gliederungsnummer
\renewcommand{\numberline}[1]{%
  \makebox[0.9cm][l]{#1}\hspace{1mm}}

% chapter
\renewcommand{\l@chapter}[2]{%
  \addvspace{2ex}%                    vert. Abstand
  \pagebreak[3]%                      Seitenumbruch hier erlauben
  \noindent%                          nicht einrücken
```

```
17   \makebox[0pt][l]{%                       Box für Linie
18     \rule[-3pt]{\textwidth}{0.5pt}}%       Linie über Textbreite
19   {\large\textbf{#1}}\hfill#2%             Text +  Nummer
20   \par%                                    Zeilenumbruch
21   \nopagebreak%                            Seitenumbruch nicht erlauben
22   \addvspace{1ex}%                         vert. Abstand
23 }
24
25 % section
26 \renewcommand{\l@section}[2]{%
27   \addvspace{0.5ex}%                       vert. Abstand
28   \noindent\hspace{1cm}%                   hor. Einrücken (2em)
29   #1\hfill#2%                              Text + Nummer
30   \par%                                    Zeilenumbruch
31   \nopagebreak[2]%                         möglichst kein Seitenumbruch
32 }
33
34 % subsection
35 \renewcommand{\l@subsection}[2]{%
36   \addvspace{0.2ex}%                       vert. Abstand
37   \noindent\hspace{2cm}%                   hor. Einrücken (5em)
38   #1\hfill#2%                              Text + Nummer
39   \par%                                    Zeilenumbruch
40 }
41 \makeatother
```

Listing 7.5: Inhaltsverzeichnis, selbst geschrieben (source/bsp_inhalt05.tex)

Da Befehle neu definiert werden, die das @-Zeichen enthalten, muss der Code in `\makeatletter` (Zeile 7) und `\makeatother` (Zeile 41) gesetzt werden.

In Zeile 9 wird der Befehl für die Gliederungsnummer neu definiert. Dabei wird eine Box mit einer Breite von 0.9 cm erzeugt, gefolgt von einem Zwischenraum von 1 mm.

In Zeile 13 wird der Befehl für die Ebene `chapter` neu definiert. Dieser erzeugt zuerst einen vertikalen Abstand und teilt LaTeX mit, dass vor dem Kapitel ein Seitenumbruch möglich ist, falls dies notwendig ist. Anschließend wird eine Box mit der Breite 0 pt erzeugt, die die horizontale Linie über die gesamte Textbreite zeichnet. Die Linie selbst wird dabei um 3 pt unterhalb der Baseline (Grundlinie der Buchstaben) gezeichnet. Im Anschluss kann dann der Gliederungstext in der entsprechenden Formatierung gesetzt werden. Mithilfe des Befehls `\hfill` wird die Seitennummer ganz rechts gesetzt. Anschließend muss LaTeX noch mitgeteilt werden, dass hier an dieser Stelle kein Seitenumbruch erfolgen soll, gefolgt von einem vertikalen Abstand zur nächsten Ebene.

In Zeile 26 wird der Befehl für die Ebene `\section` neu definiert. Dabei wird bis auf den Seitenumbruch, die horizonale Linie und die Formatierung identisch vorgegangen. Genauso wird der Befehl für die Ebene `\subsection` neu definiert.

Beispiel 2

Im nachfolgenden Beispiel 7.7 wird das Inhaltsverzeichnis in einem Rahmen und zweispaltig gesetzt.

Inhaltsverzeichnis

1	**Einleitung**	**2**
1.1	Geschichte von LaTeX	2
1.1.1	vor 1990	2
1.1.2	nach 1990	2
1.2	Zukunftsaussichten	2
2	**Was ist LaTeX?**	**3**
2.1	Einführung	3
2.2	Die wichtigsten Befehle	3
2.3	Der LaTeX-Lauf	3
2.3.1	latex	3
2.3.2	dvips	3
2.3.3	ps2pdf	3
3	**LaTeX anwenden**	**4**
4	**Anhang**	**5**

Abb. 7.7: Individuelle Gestaltung des Inhaltsverzeichnisses

Der entsprechende Code sieht wie folgt aus:

```
\usepackage{multicol}
\usepackage{framed}

\makeatletter
% tableofcontent
\renewcommand*\tableofcontents{%
  \chapter*{Inhaltsverzeichnis}%           Überschrift (ohne Eintrag in toc)
  \columnseprule 0.5pt%                    Dicke der Zwischenlinie
  \columnsep 2em%                          Spaltenabstand
  \begin{framed}%                          Rahmen
    \begin{multicols}{2}%                  zwei Spalten
      \parskip\z@ \@plus .3\p@\relax%      Absatzabstand
      \@starttoc{toc}%                     toc-Liste ausgeben
    \end{multicols}
  \end{framed}
}

% Gliederungsnummer
\renewcommand{\numberline}[1]{%
  \makebox[1cm][l]{#1}\hspace{1mm}}

% chapter
\renewcommand{\l@chapter}[2]{%
  \addvspace{2ex}%                          vert. Abstand
  \pagebreak[3]%                            Seitenumbruch hier erlauben
  \noindent%                                nicht einrücken
  \makebox[0pt][l]{%                        Box für Linie
    \rule[-3pt]{\linewidth}{0.5pt}}%        Linie über Textbreite
  {\large\textbf{#1}}\hfill#2%              Text +  Nummer
  \par%                                     Zeilenumbruch
  \nopagebreak%                             Seitenumbruch nicht erlauben
  \addvspace{1ex}%                          vert. Abstand
}
```

```
39
40 \renewcommand*\l@section{\@dottedtocline{1}{0pt}{1.1cm}}
41 \renewcommand*\l@subsection{\@dottedtocline{2}{0pt}{1.1cm}}
42 \renewcommand*\l@subsubsection{\@dottedtocline{3}{0pt}{1.1cm}}
43 \makeatother
```

Listing 7.6: Inhaltsverzeichnis, selbst geschrieben (source/bsp_inhalt06.tex)

Dazu muss zuerst das Ergänzungspaket `multicol` geladen werden, damit mehrere Spalten erzeugt werden können. Mit dem Ergänzungspaket `framed` wird der Rahmen um das Inhaltsverzeichnis gezeichnet.

In Zeile 11 wird der Befehl `\tableofcontents` neu definiert. Darin wird zuerst eine Kapitelüberschrift (ohne Nummer) erzeugt und dann die Parameter für die Spalten festgelegt. In der Umgebung `framed` wird eine zweispaltige Umgebung erzeugt. Darin wird der Absatzabstand neu definiert (hier mit einem dynamischen Maß) und dann die Einträge der `toc`-Liste ausgegeben.

Alle weiteren Befehle werden ähnlich wie im letzten Beispiel definiert, wobei bei `\section` usw. die vordefinierte Punktlinie verwendet wird.

Inhaltsverzeichnis pro Kapitel

Mit dem Ergänzungspaket `minitoc` ist es unter anderem möglich, pro Kapitel ein Inhaltsverzeichnis zu erzeugen. minitoc.sty

In nachfolgendem Beispiel 7.7 wird nach dem Kapitel eine Inhaltsangabe (ein kleines Inhaltsverzeichnis, welches auf das jeweilige Kapitel beschränkt ist) eingefügt.

```
\usepackage[german]{minitoc}

\begin{document}
\dominitoc
\tableofcontents

\chapter{Einleitung}

\section{Geschichte von \LaTeX}
\subsection{vor 1990}
\subsection{nach 1990}

\section{Zukunftsaussichten}

\chapter{Was ist \LaTeX?}
\minitoc

\section{Einführung}
\section{Die wichtigsten Befehle}
\section{Der \LaTeX--Lauf}
\subsection{latex}
\subsection{dvips}
\subsection{ps2pdf}

\chapter{LaTeX anwenden}
```

```
31
32 \chapter{Anhang}
33
34 \end{document}
```

Listing 7.7: Inhaltsverzeichnis pro Kapitel (source/bsp_inhalt07.tex)

Dazu wird das Paket `minitoc` in Zeile 6 eingebunden. Als Option wird das Sprachmodul eingebunden, welches die Texte für die Beschriftung festlegt. In Zeile 9 wird mit dem Befehl `\dominitoc` das Erstellen der Inhaltsangaben aktiviert. Wie beim großen Inhaltsverzeichnis werden die Einträge in gesonderten Dateien abgelegt. Diese haben dann die Dateiendung `.mtc<nr>`, wobei `<nr>` die entsprechende Kapitelnummer darstellt.

An der Stelle, wo die Inhaltsangabe platziert werden soll, muss der Befehl `\minitoc` gesetzt werden.

Betrachtet man die Seite 3 des Beispieldokuments, so erhält man die Abbildung 7.8.

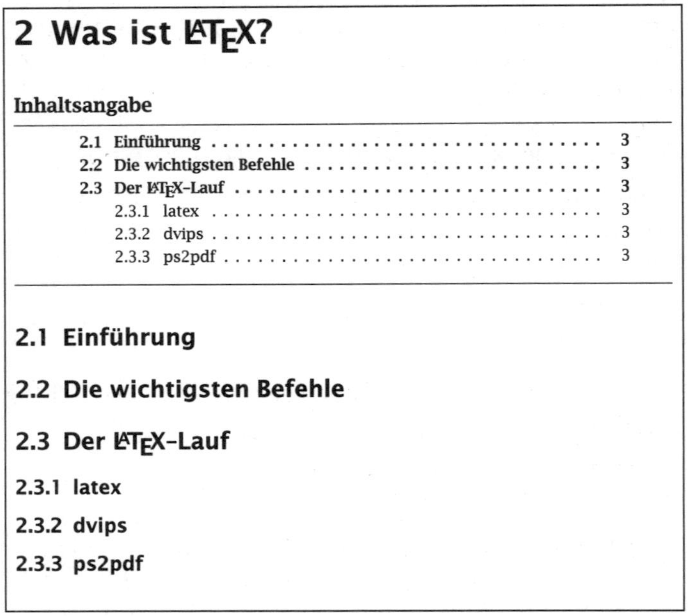
2 Was ist LaTeX?

Inhaltsangabe

2.1 Einführung

2.2 Die wichtigsten Befehle

2.3 Der LaTeX-Lauf

2.3.1 latex

2.3.2 dvips

2.3.3 ps2pdf

Abb. 7.8: Inhaltsverzeichnis pro Kapitel

Das Paket bietet aber noch mehr Möglichkeiten, die allerdings den Rahmen dieses Buches sprengen würden. Lesen Sie dazu die Paketdokumentation.

Weitere Ergänzungspakete

shorttoc.sty

- **shorttoc**
  Mit dem Ergänzungspaket `shorttoc` ist es möglich, ein weiteres Inhaltsverzeichnis mit einer anderen Gliederungsebene zu erzeugen und an beliebiger Stelle einzubinden.

- **tocloft**
  Mit dem Ergänzungspaket `tocloft` lässt sich das Inhaltsverzeichnis auf komfortable Weise formatieren. Damit lässt sich die evtl. etwas komplizierte Art von Standard-LaTeX vereinfachen.

tocloft.sty

- **titlesec und titletoc**
  Die beiden Ergänzungspakete dienen dazu, das komplette Aussehen einer Seite, von Überschriften und Inhaltsverzeichnissen anzupassen.

titletoc.sty

titlesec.sty

Weitere Informationen entnehmen Sie der jeweiligen Paketdokumentation.

7.1.2 Tabellen- und Abbildungsverzeichnis

Tabellen- und Abbildungsverzeichnisse werden nach demselben Prinzip wie das Inhaltsverzeichnis erstellt. Bei jedem `\caption`-Befehl in einer `figure`- oder `table`-Umgebung wird ein Eintrag (gleicher Aufbau wie beim Inhaltsverzeichnis) in eine Datei geschrieben. Dabei erzeugt `\listoffigures` eine Datei mit der Dateiendung `.lof` (list of figures) und zeigt ein Abbildungsverzeichnis an, `\listoftables` ist eine Datei mit der Dateiendung `.lot` (list of tables) und zeigt ein Tabellenverzeichnis an.

Auch hier können Einträge mit dem Befehl `\addcontentsline` und `\addtocontens` hinzugefügt werden, jedoch muss für den Dateityp `lof` bzw. `lot` und für den Gliederungsnamen `figure` bzw. `table` verwendet werden.

```
\addcontentsline{lot}{table}{<Text>}
\addtocontents{lot}{<Eintragstext>}

\addcontentsline{lof}{figure}{<Text>}
\addtocontents{lof}{<Eintragstext>}
```

Die Ansicht kann wie beim Inhaltsverzeichnis angepasst werden. Die beiden Befehle werden dabei im LaTeX-Kern wie folgt definiert.

```
\newcommand*\l@figure{\@dottedtocline{1}{1.5em}{2.3em}}
\newcommand*\l@table{\@dottedtocline{1}{1.5em}{2.3em}}
```

Durch entsprechende Neudefinition kann das Aussehen beliebig angepasst werden. Auch die Ergänzungspakete für das Inhaltsverzeichnis bieten fast alle die Möglichkeit, das Abbildungs- bzw. Tabellenverzeichnis anzupassen.

7.1.3 Literaturverzeichnis

Kein wissenschaftliches Dokument kommt ohne ein Literaturverzeichnis der verwendeten Referenzliteratur aus. LaTeX bietet hierfür die Umgebung `thebibliography`.

Der allgemeine Aufruf dabei lautet:

```
\begin{thebibliography}{<mustermarke>}
  \bibitem{<bezug>}<literaturangabe>
  ...
\end{thebibliography}
```

Diese Umgebung kann an beliebiger Stelle im Dokument eingefügt werden, üblicherweise wird das Literaturverzeichnis jedoch im Anhang oder direkt vor dem Index platziert. Bei Fachartikeln bildet es den Abschluss des Artikels. Der Parameter `bezug` muss ein eindeutiger Name sein, der an der Stelle, an der die entsprechende Literatur zitiert wird, dem Befehl `\cite` übergeben wird. Dadurch wird im Dokument die Bezugsmarke in eckige Klammern gesetzt. Der Parameter `mustermarke` bestimmt die Einrücktiefe im Literaturverzeichnis und sollte deshalb so lang sein wie die längste Markierung im Literaturverzeichnis, für [1] also beispielsweise 999.

Als Beispiel 7.8 dient hier ein Ausschnitt aus einem Fachartikel von Jens Coldewey in der Computerzeitschrift ObjektSpektrum 5/2002.

```
\dots{} Nicht umsonst sind die eigentlichen Vorreiter dieser Bewegung,
Jerry Weinbergs \glqq Psychology of Computer Programming\grqq{} (vgl.\ \cite
    {Wei98})
und Tom DeMarcos und Tim Listers \glqq Peopleware\grqq{} \cite{DeM87}, zwar
gefeiert worden, jedoch anschließend weitgehend wirkungslos verpufft. \dots

\begin{thebibliography}{999}
  \bibitem{DeM87}T. DeMarco, T. Lister, Peopleware - Productive
                 Projects and Teams, Dorset House, 1987
  \bibitem{Wei98}G. M. Weinberg, The Psychology of Computer
                 Programming - 25\textsuperscript{th} Anniversary
                 Edition, Dorset House, 1998
\end{thebibliography}
```

Listing 7.8: Einfaches Literaturverzeichnis (source/bsp_literatur01.tex)

Die Umgebung `thebibliography` erzeugt, wie im Beispiel oben gezeigt, automatisch auch die Überschrift „Literatur", wenn das Dokument die Dokumentenklasse `article` oder `scrartcl` verwendet. Bei den Dokumentenklassen book und `report` wird als Überschrift „Literaturverzeichnis" erzeugt.

Literatureinträge mit Abkürzungen

Wie Sie an Beispiel 7.8 erkennen, werden die Literatureinträge fortlaufend durchnummeriert. Will man jedoch einen griffigeren Namen, z. B. eine Abkürzung des Autorennamens und das Erscheinungsjahr erzeugen, so muss man dies als zusätzlichen optionalen Parameter im `\bibitem`-Eintrag festlegen.

... Nicht umsonst sind die eigentlichen Vorreiter dieser Bewegung, Jerry Weinbergs „Psychology of Computer Programming“ (vgl. [2]) und Tom DeMarcos und Tim Listers „Peopleware“ [1], zwar gefeiert worden, jedoch anschließend weitgehend wirkungslos verpufft. ...

Literatur

[1] T. DeMarco, T. Lister, Peopleware - Productive Projects and Teams, Dorset House, 1987

[2] G. M. Weinberg, The Psychology of Computer Programming - 25th Anniversary Edition, Dorset House, 1998

Abb. 7.9: Abbildung zu Listing 7.8

```
\dots{} Nicht umsonst sind die eigentlichen Vorreiter dieser Bewegung,
Jerry Weinbergs \glqq Psychology of Computer Programming\grqq{} (vgl.\ \cite
    {Wei98})
und Tom DeMarcos und Tim Listers \glqq Peopleware\grqq{} \cite{DeM87}, zwar
gefeiert worden, jedoch anschließend weitgehend wirkungslos verpufft. \dots

\begin{thebibliography}{9999999}
   \bibitem[DeM87]{DeM87}T. DeMarco, T. Lister, Peopleware - Productive
                    Projects and Teams, Dorset House, 1987
   \bibitem[Wei98]{Wei98}G. M. Weinberg, The Psychology of Computer
                   Programming - 25\textsuperscript{th} Anniversary
                   Edition, Dorset House, 1998
\end{thebibliography}
```

Listing 7.9: Literaturverzeichnis mit selbstdefinierten Marken (source/bsp_literatur02.tex)

Für einfache und überschaubare Literaturverzeichnisse mit nur wenigen Einträgen genügen diese Möglichkeiten durchaus. Für umfangreiche Literaturverzeichnisse, die sogar auf Literaturdatenbanken zugreifen können, stellt LaTeX das äußerst leistungsfähige Programm BibTeX zur Verfügung. Die ausführliche Beschreibung dieses umfangreichen Programms muss hier aus Platzgründen unterbleiben. Mehr Informationen dazu finden Sie jedoch in der Dokumentation auf der Buch-CD.

7.1.4 Index

Ein Stichwortverzeichnis ist für ein Buch der wichtigste Bereich, in dem der Leser nach bestimmten Informationen suchen kann. Mit dem Ergänzungspaket `makeidx` wird das Standardsystem mit weiteren Funktionen erweitert, die wir hier verwenden. makeidx.sty

... Nicht umsonst sind die eigentlichen Vorreiter dieser Bewegung, Jerry Weinbergs „Psychology of Computer Programming“ (vgl. [Wei98]) und Tom DeMarcos und Tim Listers „Peopleware“ [DeM87], zwar gefeiert worden, jedoch anschließend weitgehend wirkungslos verpufft. ...

Literatur

[DeM87] T. DeMarco, T. Lister, Peopleware - Productive Projects and Teams, Dorset House, 1987

[Wei98] G. M. Weinberg, The Psychology of Computer Programming - 25th Anniversary Edition, Dorset House, 1998

Abb. 7.10: Abbildung zu Listing 7.9

Indexeinträge können im gesamten Dokument mit dem Befehl `\index` erzeugt werden.

Der allgemeine Aufruf dabei lautet:

```
\index{<Stichwort>}
\index{<Stichwort>!<Unterstichwort>}
\index{<Stichwort>!<Unterstichwort>!<Unterunterstichwort>}
```

Dabei kann ein Stichwort in bis zu drei Ebenen aufgeteilt werden. Die Ebenen werden dabei mit dem „!“-Zeichen voneinander getrennt.

Dabei werden diese Einträge von LaTeX in eine Datei mit der Dateieindung `.idx` geschrieben, wenn im Dokumentenkopf der Befehl `\makeindex` verwendet worden ist. Die Datei hat dabei folgenden Aufbau.

```
\indexentry{<Stichwort>}{<Seite>}
...
```

Der erste Parameter enthält dabei genau den Stichworteintrag, der im `\index`-Befehl verwendet worden ist und der zweite Parameter die Seite, bei der das Stichwort zu finden ist. Die Einträge erscheinen dabei in der Reihenfolge wie diese im Dokument vorkommen.

Sortieren der Einträge

Damit im Stichwortverzeichnis die Einträge auch schnell gefunden werden, müssen diese noch

- sortiert,
- doppelte Einträge pro Seite unterdrückt,
- Seitennummern für einen Eintrag zusammengefasst und

• alle Stichworte in entsprechenden Ebenen zusammengefasst werden.

Für diesen Zweck gibt es einige Fremdprogramme, die diese Aufgabe übernehmen.

Als Ergebnis erhält LaTeX eine Datei mit der Dateiendung `.ind`, die alle Einträge in einer `theindex`-Umgebung enthält.

Dabei hat die Umgebung folgenden Aufbau, die vom Fremdprogramm erzeugt werden muss:

```
\begin{theindex}
  \item          <Stichwort>              <Seite(n)>
    \subitem     <Unterstichwort>         <Seite(n)>
       \subsubitem <Unterunterstichwort> <Seite(n)>
  \item ...
  \indexspace
  ...
\end{theindex}
```

Dabei wird mit `\item` ein Hauptstichworteintrag festgelegt, die Untereinträge werden mit dem Befehl `\subitem` bzw. `\subsubitem` erzeugt. Ein Leerraum wird mit dem Befehl `\indexspace` erzeugt.

makeindex

Das Programm `makeindex` sortiert dabei die Einträge in der `idx`-Datei und erzeugt die Struktur der `theindex`-Umgebung. Zusätzlich lassen sich Formatierung und weitere Optionen über eine Steuerdatei festlegen (siehe Abbildung 7.11).

Abb. 7.11: Indexerzeugung

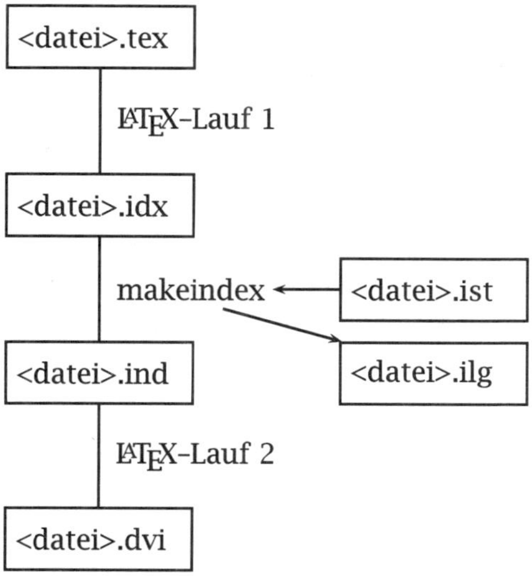

Nach dem ersten LaTeX-Lauf wird die `idx`-Datei mit allen Indexeinträgen (ohne Sortierung) erzeugt. Mit dem Programm `makeindex`, weches die Steuerinformation aus der `ist`-Datei ausliest (wird keine Steuerdatei verwendet, so wird eine Standardeinstellung verwendet), werden die Indexeinträge sortiert (auch die Umgebung `theindex` wird entsprechend erzeugt) und dann in der `ind`-Datei gespeichert. Alle Meldungen des Programms werden in der LOG-Datei mit der Dateiendung `.ilg` gespeichert. Nach einem weiteren LaTeX-Lauf wird der fertige Index eingebunden.

Im nachfolgenden Beispiel 7.10 werden mehrere Indexeinträge im Dokument verwendet.

```
7 \usepackage{makeidx}
8
9 \makeindex
10
11 \begin{document}
12
13 Text mit Index \dots
14
15 \index{A}
16 \index{B}
17 \index{C}
18
19 \newpage
20 Text mit Index \dots
21
22 \index{A}
23 \index{A!a}
24 \index{A!b}
25 \index{A!c}
26 \index{B}
27
28 \newpage
29 \printindex
30
31 \end{document}
```

Listing 7.10: Dokument mit Indexeinträgen (source/bsp_index01.tex)

Dabei wird in Zeile 7 das Ergänzungspaket `makeidx` eingebunden. Der Befehl `\makeindex` in Zeile 9 sorgt dafür, dass die Indexeinträge in die `idx`-Datei geschrieben werden.

Nach dem ersten Aufruf von LaTeX wird nachfolgende `idx`-Datei erzeugt:

```
\indexentry{A}{1}
\indexentry{B}{1}
\indexentry{C}{1}
\indexentry{A}{2}
\indexentry{A!a}{2}
\indexentry{A!b}{2}
\indexentry{A!c}{2}
\indexentry{B}{2}
```

Nun kann das Programm `makeindex` aufgerufen werden (ohne eine Steuerdatei).

```
makeindex bsp_index01.idx
```

Als Ergebnis erhält man nachfolgende `ind`-Datei.

```
\begin{theindex}

  \item A, 1, 2
    \subitem a, 2
    \subitem b, 2
    \subitem c, 2

  \indexspace

  \item B, 1, 2

  \indexspace

  \item C, 1

\end{theindex}
```

Wird erneut ein LaTeX-Lauf durchgeführt, so wir die erzeugte `ind`-Datei eingebunden und angezeigt (siehe Abbildung 7.12).

Abb. 7.12: Indexübersicht

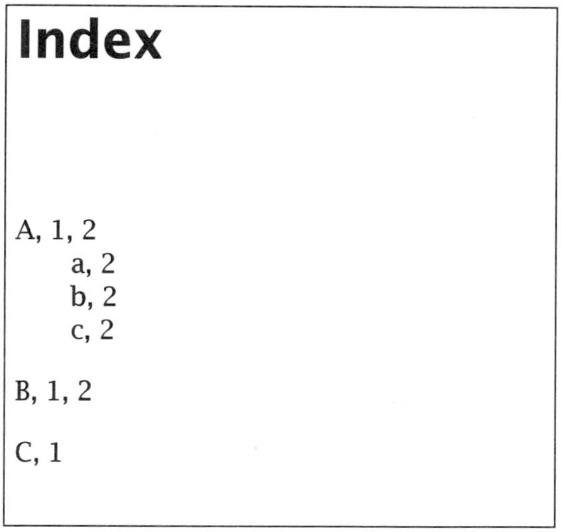

Index

A, 1, 2
  a, 2
  b, 2
  c, 2

B, 1, 2

C, 1

Aufrufparameter für makeindex

Das Programm `makeindex` hat folgende Aufrufparameter, mit denen das Verhalten gesteuert werden kann.

- **-c**
  Ignoriert führende und nachfolgende Leerzeichen (auch Tabs) im Indexeintrag.
- **-g**
  Verwendet die deutsche Sortierung für den Index nach DIN 5007.
- **-i**
  Die Indexeinträge werden nicht aus einer Datei, sondern von `stdin` gelesen.

- **-l**
  Leerzeichen bleiben beim Sortiervorgang unberücksichtigt.
- **-o <datei>**
  Legt die Ausgabedatei fest. Standardmäßig wird der Name der Eingabedatei mit der Dateiendung `.ind` verwendet.
- **-p <num>**
  Legt die Seitennummer für den Index fest, bei der er beginnen soll.

  Zusätzlich sind folgende Schlüsselbegriffe möglich:
  - **any**
    Die letzte Seitennummer (plus eins) im Quelldokument legt die Seitennummer fest, bei der der Index beginnen soll.
  - **odd**
    Die letzte ungerade Seitennummer (plus eins) im Quelldokument legt die Seitennummer fest, bei der der Index beginnen soll.
  - **even**
    Die letzte gerade Seitennummer (plus eins) im Quelldokument legt die Seitennummer fest, bei der der Index beginnen soll.

  Die letzte Seitennummer wird über die LOG-Datei des Quelldokumentes ermittelt.
- **-q**
  Es wird keine Meldung ausgegeben.
- **-r**
  Schaltet die Seitenbereichsmöglichkeit (z. B. 1-5) aus.
- **-s <sty>**
  Verwendet die Datei `<sty>` für die Formatierung der Ausgabe.
- **-t <log>**
  Alle Ausgaben werden in die LOG-Datei geschrieben. Standardmäßig wird der Name der Eingabedatei mit der Dateiendung `.ilg` verwendet.

Steuerdatei für makeindex

Der wichtigste Teil für das Programm `makeindex` ist die Steuerdatei, die das Verhalten und die Formatierung festlegt.

Dabei sind folgende Befehle bzw. Parameter möglich, die anschließend in verschiedenen Beispielen verwendet werden.

- **%**
  Kommentar; der Rest der Zeile wird ignoriert.
- **actual**
  Trenner zwischen einem Eintragsschlüssel und seiner Darstellung im Stichwortverzeichnis.
  Standard: `'@'`

- **arg_open, arg_close**
  Die Zeichen, die das `\indexentry`-Argument umschließen.
  Standard: `'{' '}'`

- **encap**
  Zeichen, das festlegt, dass das nachfolgende Argument ein Befehl ist.
  Standard: `'|'`

- **escape**
  Zeichen, das ein Kontrollzeichen als Text ausgibt.
  Standard: `'\\'`

- **keyword**
  Ein String, der festlegt, welche Zeichenfolge als Befehl für den Stichworteintrag verwendet werden soll.
  Standard: `"\\indexentry"`

- **level**
  Legt das Trennzeichen zwischen Haupteintrag und Untereintrag fest.
  Standard: `'!'`

- **quote**
  Maskierungszeichen, das die Befehlsbedeutung für ein nachfolgendes Zeichen aufhebt.
  Standard: `'"'`
  Damit deutsche Umlaute möglich sind (diese werden von LaTeX in z. B. `"a` für ä umgesetzt), muss das `quote`-Zeichen geändert werden.
  z. B. `quote '\''` für ein einfaches Hochkomma

- **range_open, range_close**
  Die Zeichen, die den Beginn und das Ende eines Seitenrandbereiches kennzeichnen.
  Standard: `'(' ')'`

- **preamble**
  Befehle, die zu Beginn der Indexumgebung erzeugt werden.
  Standard: `"\\begin{theindex}\n"`
  Ein zusätzliches `\n` sorgt für einen Zeilenumbruch.

- **postamble**
  Befehle, die am Ende der Indexumgebung erzeugt werden.
  Standard: `"\n \n \\end{theindex}\n"`

- **setpage_prefix**
  Anfang des Befehls zum Setzen der Startseite.
  Standard: `"\n \\setcounter{page}{"`

- **setpage_suffix**
  Ende des Befehls zum Setzen der Startseite.
  Standard: `"}\n"`

- **group_skip**
  Befehle, die zwischen zwei Gruppen eingefügt werden (z.B. vertikaler Abstand)
  Standard: `"\n \n \\indexspace\n"`

- **headings_flag**
  Ganze Zahl, die das Verhalten bei einer neuen Gruppe (Symbole, Nummer und 26 Buchstaben) steuert. Positive Werte fügen einen Großbuchstaben, negative Werte einen Kleinbuchstaben ein. Null unterdrückt die Gruppenüberschrift.
  Standard: `0`

- **heading_prefix**
  Befehle, die vor der Gruppenüberschrift eingefügt werden.
  Standard: `","`

- **heading_suffix**
  Befehle, die nach der Gruppenüberschrift eingefügt werden.
  Standard: `""` (nichts)

- **symhead_positive, symhead_neagtive**
  Überschrift vor den Symboleinträgen für `heading_flag` positiv oder negativ.
  Standard: `""` (nichts)

- **numhead_positive, numhead_neagtive**
  Überschrift vor den Zahleneinträgen für `heading_flag` positiv oder negativ.
  Standard: `""` (nichts)

- **item_0**
  Formatierung zwischen zwei Haupteinträgen.
  Standard: `"\n \\item"`

- **item_1**
  Formatierung zwischen zwei Untereinträgen.
  Standard: `"\n \\subitem"`

- **item_2**
  Formatierung zwischen zwei Unteruntereinträgen.
  Standard: `"\n \\subsubitem"`

- **item_01**
  Formatierung zwischen Haupt- und Untereintrag.
  Standard: `"\n \\subsubitem"`

- **item_x1**
  Befehle vor einem Untereintrag, wenn der vorhergehende Eintrag keine Seitenzahlen besitzt.
  Standard: `"\n \\subitem"`

- **item_12**
  Formatierung zwischen Unter- und Unteruntereintrag.
  Standard: `"\n \\subsubitem"`
- **item_x2**
  Befehle vor einem Unteruntereintrag, wenn der vorhergehende Eintrag keine Seitenzahlen besitzt.
  Standard: `"\n \\subsubitem"`
- **delim_0, delim_1, delim_2**
  Trennzeichen zwischen einem Eintrag der Hauptebene / Unterebene / Unterunterebene und der Seitenzahl.
  Standard: `", "  ", "  ", "`
- **delim_n**
  Trennzeichen zwischen zwei Seitenzahlen desselben Eintrages in allen Ebenen. Standard: `", "`
- **delim_r**
  Trennzeichen, die zwischen den begrenzenden Seitenzahlen eingefügt werden (z. B. 1–5). Standard: `"-"`
- **delim_t**
  Zeichen, das am Ende einer Seitenzahlliste eingefügt wird.
  Standard: `""` (nichts)
- **encap_prefix**
  Ersatzzeichen für den senkrechten Strich, der als Befehlsstart dient.
  Standard: `"\\"`
- **encap_infix, endcap_suffix**
  Linke und rechte Begrenzung für das Argument eines eingekapselten Befehls.
  Standard: `"{" "}"`
- **line_max**
  Maximale Zeilenlänge der Ausgabedatei.
  Standard: `72`
- **indent_space**
  Befehle zum Einrücken von umgebrochenen Zeilen.
  Standard: `"\t \t"`
- **indent_length**
  Einrücktiefe für umbrochene Zeilen.
  Standard: `16`
- **suffix_2p, suffix_3p, suffix_mp**
  Zeichenfolge, die an die erste Seitenzahl angehängt wird, wenn das Stichwort auf zwei, drei oder mehr aufeinander folgenden Seiten auftritt (z. B. `f.` und `ff.`). Standard: `"" "" ""` (nichts)

Beispiele

Im nachfolgenden Beispiel 7.11 wird eine horizontale Linie als Gruppentrenner und eine Punktlinie bis zur Seitenzahl verwendet.

```
1 quote    '\''
2 preamble  "\\begin{theindex}\n\n\\small\n"
3 postamble "\n\\end{theindex}\n"
4 %
5 group_skip "\\par\n\\vspace{8pt}\n\\rule{\\columnwidth}{0.4mm}\n\\vspace{5pt plus 2pt minus 2pt}"
6 %
7 delim_0   "\\dotfill"
8 delim_1   "\\dotfill"
9 delim_2   "\\dotfill"
```

Listing 7.11: Stildatei für Indexeinträge (source/bsp_index02.ist)

Damit auch deutsche Umlaute richtig verwendet werden können, muss als Erstes mit `quote` ein anderes Zeichen definiert werden (in Zeile 1). Danach wird festgelegt, dass die Indexeinträge in die Umgebung `theindex` eingebettet werden. In Zeile 5 wird dafür gesorgt, dass vor einem Gruppenwechsel eine horizontale Linie gezeichnet wird. Zeile 7 bis 9 sorgen dafür, dass nach dem Stichwort bis zur Seitennummer eine Punktlinie eingefügt wird.

Nach dem Aufruf von

```
makeindex -g -s bsp_index02.ist bsp_index02
```

und LaTeX erhält man die Indexübersicht wie in Abbildung 7.13 auf der nächsten Seite gezeigt.

Index zweispaltig

Im nachfolgenden Beispiel 7.12 wird der Index zweispaltig gesetzt und zusätzlich ein Gruppenbuchstabe eingefügt.

```
quote    '\''
preamble  "\\begin{theindex}\n\n\\small\n"
postamble "\n\\end{theindex}\n"
%
delim_0   "\\dotfill"
delim_1   "\\dotfill"
delim_2   "\\dotfill"
%
headings_flag      1
symhead_positive "\Symbole"
numhead_positive "\Nummern"
heading_prefix   "\\heading{"
heading_suffix   "}\n"
```

Listing 7.12: Zweispaltige Indexeinträge (source/bsp_index03.ist)

Man könnte jetzt die Definition für den zweispaltigen Text auch in die `ist`-Datei einfügen. Allerdings kann dann eine umfangreichere Definition in der Datei sehr aufwändig werden. Einfacher ist es, hier die Umgebung `theindex` entsprechend anzupassen (siehe Listing 7.13 auf der nächsten Seite).

Abb. 7.13: Indexübersicht mit bsp_index02.ist

Index

A 1, 2
  a 2
  b 2
  c 2

B 1, 2
Baum 3

C 1

Garten 3

Haus 3
  Fenster 3
  Tür 3

Teich 3

```
\usepackage{makeidx}
\usepackage{multicol}

\makeatletter
% Gruppenkopf
\newcommand*{\heading}[1]{%
  \makebox[0pt][l]{%                      Box für Linie
    \rule[-3pt]{\linewidth}{0.5pt}}%    Linie über Textbreite
  \textsf{\textbf{\Large #1}}\hfil\nopagebreak\vspace{4pt}}

% zweispaltige theindex-Umgebung
\renewenvironment{theindex}{%
  \setlength{\columnseprule}{0.4pt}
  \setlength{\columnsep}{2em}
  \begin{multicols}{2}[\chapter*{\indexname}]
```

```
23     \parindent\z@
24     \parskip\z@ \@plus .3\p@\relax
25     \let\item\@idxitem}%
26   {\end{multicols}\clearpage}
27 \makeatother
```

Listing 7.13: Zweispaltige Indexeinträge (source/bsp_index03.tex)

In Zeile 9 wird dazu das Paket `multicol` eingebunden. Für den Gruppenkopf wird der Befehl `\heading` definiert (siehe Zeile 13). Darin wird eine Box für die Linie definiert und im Anschluss der Buchstabe für die Gruppe (hier mit Formatierung) gesetzt. Weiterhin wird ein Seitenumbruch verhindert und ein zusätzlicher vertikaler Abstand eingefügt.

In Zeile 18 wird der Befehl `\theindex` umdefiniert. Dazu wird zuerst die Dicke der Trennlinie (Zeile 20) und dann der Abstand der zwei Spalten (Zeile 21) festgelegt. Nun wird die `multicols`-Umgebung eingefügt, die als optionalen Parameter die Kapitelüberschrift erhält. Der Text wird dabei mit dem Befehl `\indexname` festgelegt. Dieser wird vom Sprachpaket `ngerman` entsprechend umdefiniert, sodass das Wort „Index" erscheint.

In Zeile 23 und 24 werden noch die Abstände für das Absatzeinrücken und der Absatzabstand definiert (dies wurde direkt von der urspünglichen Definition im LaTeX-Kern übernommen).

Zeile 25 sorgt dafür, dass nun alle Einträge folgen.

Nach dem Aufruf von

```
makeindex -g -s bsp_index03.ist bsp_index03
```

und LaTeX erhält man die Indexübersicht wie in Abbildung 7.14 auf der nächsten Seite gezeigt.

Besondere Möglichkeiten mit Indexeinträgen

Bis jetzt wurden die Indexeinträge so übernommen, wie sie aufgetreten sind. Indexeinträge lassen sich aber auch bzgl. der Seitennummer auf spezielle Weise formatieren bzw. es lässt sich auf andere Indexeinträge verweisen.

Für diesen Zweck stehen nachfolgende Befehle zur Verfügung:

- **\see**
  Sorgt dafür, dass bei einem Indexeintrag nicht die Seitennummer angezeigt wird, sondern auf einen anderen Indexeintrag verwiesen wird. Der Befehl wird direkt im Stichworteintrag (ohne „\") nach dem „|"-Zeichen verwendet (siehe Parameter `encap`). Beispiel: `\index{Kommando|see{Befehl}}`

- **(...)**
  Standardmäßig werden Indexeinträge, die auf hintereinander folgenden Seiten auftauchen (bei mehr als zwei Seiten), zusammengefasst, und z. B. mit 10–12 benannt. Befinden sich aber Seitennummern dazwischen, wird die Zusammenfassung unterbrochen. Daher ist es möglich, mit „(" den Anfangsbereich und mit „)" den Endbereich festzulegen.
  `\index{Befehle|(} ... \index{Befehle|)}`

Index

A

A 1, 2
    a 2
    b 2
    c 2

B

B 1, 2
Baum 3

C

C 1

G

Garten 3

H

Haus 3
    Fenster 3
    Tür 3

L

Lüneburg 3

S

Straße 3

T

Teich 3

Abb. 7.14: Indexübersicht zweispaltig mit bsp_index03.ist

Im nachfolgenden Beispiel 7.14 werden Seitennummern zusammengefasst und auf andere Indexeinträge verwiesen.

```
\index{Befehle|(}
\index{A}
\index{B}
\index{C}
\index{Kommando|see{Befehle}}

\newpage
Text mit Index \dots

\index{A}
\index{A!a}
\index{A!b}
\index{A!c}
\index{B}

\newpage
Text mit Index \dots

\index{A}
\index{Haus}
\index{Teich}
\index{Baum}
\index{Garten}
\index{Haus!Tür}
\index{Haus!Fenster}
```

```
\index{Lüneburg}
\index{Straße}
\index{Befehle|)}
```

Listing 7.14: Verweise und zusammengefasste Bereiche (source/bsp_index04.tex)

Nach dem Aufruf von

```
makeindex -g -s bsp_index04.ist bsp_index04
```

und LaTeX erhält man die Indexübersicht wie in Abbildung 7.15 gezeigt.

Index

A

A 1–3
    a 2
    b 2
    c 2

B

B 1, 2, 4
Baum 3
Befehle 1–3

C

C 1

G

Garten 3

H

Haus 3
    Fenster 3
    Tür 3

K

Kommando .... *siehe* Befehle

L

Lüneburg 3

S

Straße 3

T

Teich 3

Abb. 7.15: Verweise und zusammengefasste Bereiche

Steuerbefehle selbst erzeugen

Steuerbefehle für die besondere Formatierung lassen sich auch sehr leicht selbst erzeugen. Der Befehl `\see` wurde wie folgt definiert:

```
\newcommand*\see[2]{\emph{\seename} #1}
```

Dabei erhält der Befehl `\see` immer zwei Parameter. Der erste Parameter ist das verwendete Stichwort, der zweite die Seitenzahl. Da bei einem Verweis keine Seitenzahl angegeben wird, wird der zweite Parameter nicht verwendet. Mit dem Befehl `\seename` wird das Wort „siehe“ in der entsprechenden Sprache definiert. Wird nur ein Parameter übergeben, so wird die Seitennummer übergeben.

Will man nun eine Seitenzahl unterstreichen, fett hervorheben oder dergleichen, so sind folgende Befehle möglich:

```
\newcommand*{\uu}[1]{\underline{#1}}
\newcommand*{\bb}[1]{\textbf{#1}}
\newcommand*{\ii}[1]{\textit{#1}}
...
```

Der Aufruf im `\index`-Befehl sieht dann wie folgt aus:

```
\index{Haus|bb}
\index{A|uu}
```

Abbildung 7.16 zeigt das Ergebnis.

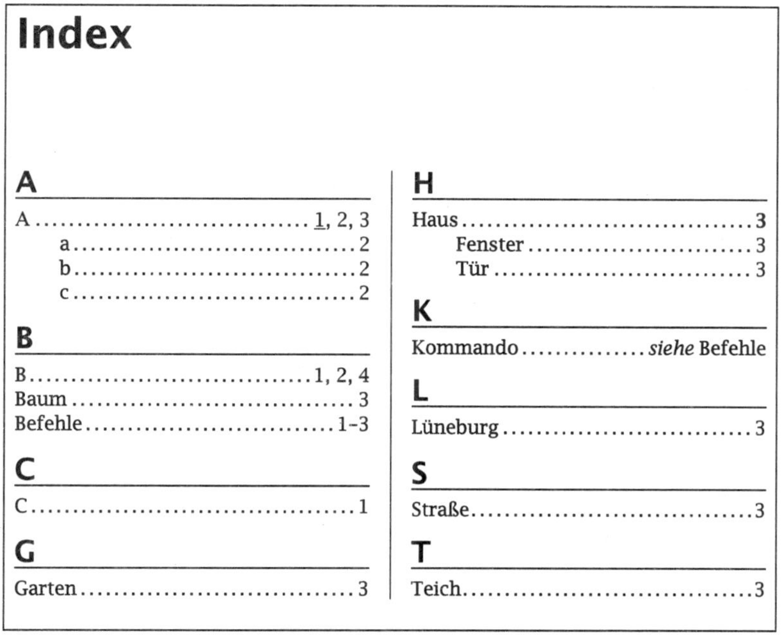

Abb. 7.16: Nummern hervorheben

Indexstellen am Rand anzeigen

showidx.sty

Mit dem Ergänzungspaket `showidx` werden alle Indexeinträge am Seitenrand angezeigt. Dieses muss nur eingebunden werden, weitere Befehle sind nicht notwendig.

Abbildung 7.17 zeigt eine entsprechende Ansicht aus der Beispieldatei `bsp_index06.tex`.

Text mit Index ...	Befehle|(A|uu B C Kommando|seeBefehle

Abb. 7.17: Indexeinträge am Rand anzeigen

Symbole einsortieren

Werden als Stichwort Symbole oder Zeichen verwendet, so wird der Eintrag in der Gruppe Symbole vorgenommen. Es kann aber auch erwünscht sein (wenn z. B. LaTeX-Befehle im Index erscheinen sollen), dass Symbole im normalen Gruppenbereich (A bis Z) einsortiert werden sollen. Dazu wird im Stichworteintrag das @-Zeichen verwendet.

Der allgemeine Aufruf dabei lautet:

```
\index{<Sortiereintrag>@<Druckeintrag>}
```

Wird ein LaTeX-Befehl dargestellt, könnte dies wie folgt aussehen:

```
\index{Summe@$\sum$}
\index{Integral@$\int$}
\index{'@}
```

Damit das @-Zeichen richtig angezeigt und nicht als Indexbefehl interpretiert wird, muss das `quote`-Zeichen vorangesetzt werden (Achtung, dies wurde in der Steuerdatei umdefiniert, damit deutsche Umlaute möglich sind!).

Abbildung 7.18 zeigt eine entsprechende Ansicht aus der Beispieldatei `bsp_index07.tex`.

B

Befehle 1
  @ 1
  $\int$ 1
  $\sum$ 1

Abb. 7.18: Symbole einsortieren

> ☞ **Xindy, eine Alternative zu makeindex**
>
> Xindy ist ein Stichwortprozessor, der deutlich mehr Möglichkeiten als das Programm `makeindex` bietet, allerdings in seiner Bedienung und Konfiguration (vor allem das Erzeugen eigener Stildateien) komplexer ist. Dabei kann Xindy nicht nur Eingabedateien von LaTeX verwenden, sondern von vielen anderen Systemen auch. Wenn Ihnen die Möglichkeiten von `makeindex` nicht ausreichen, schauen Sie sich das Tutorial von Xindy an, welches sich auf der CD-ROM befindet.

Mehrere Indexverzeichnisse

Mit dem Ergänzungspaket `splitidx` und dem Programm `splitindex`, das in C (für Linux und Windows), Java, Perl und TeX (allerdings nur mit eingeschränkter Funktionalität) verfügbar ist, lassen sich mehrere Indexverzeichnisse erstellen. splitidx.sty

Für diesen Zweck gibt es mehrere Ergänzungspakete, aber diese haben alle den Nachteil, dass sie für jede Indexgruppe eine eigene Datei erzeugen und diese Datei während des gesamten LaTeX-Laufs offen halten. Da aber maximal 16 Dateien gleichzeitig offen sein dürfen (zum Schreiben), führt dies oft zu einem Problem (LaTeX öffnet selbst einige Dateien für `aux`, `toc`, `lot`, `lof`, ...), wenn die maximale Anzahl erreicht worden ist. Das Ergänzungspaket `splitidx` bietet die Möglichkeit, nur eine Indexdatei für alle Gruppen zu verwenden.

Wird das Ergänzungspaket `splitidx` ohne zusätzliche Parameter oder weitere Befehle verwendet, verhält es sich genauso wie das Paket `makeidx` und stellt dieselben Befehle zur Verfügung. Man kann die Pakete also ohne Probleme austauschen.

Das Paket kann wie folgt eingebunden werden:

```
\usepackage{splitidx}          \usepackage[makeindex]{splitidx}
\makeindex
```

Mit dem optionalen Paketparameter `makeindex` kann auf den Befehl `\makeindex` verzichtet werden.

Mit dem Befehl `\sindex` ist es möglich, mit einem optionalen Parameter die Gruppe (wird hier gleichzeitig als Dateiendung verwendet, also nur drei Buchstaben verwenden) für den Index festzulegen.

Der allgemeine Aufruf dabei lautet:

```
\sindex[<Gruppe>]{<Stichwort>}
```

Wird kein Parameter verwendet, so wird standardmäßig `idx` verwendet. Ansonsten verhält sich der Befehl wie der `\index`-Befehl.

Beispiel

Im nachfolgenden Beispiel 7.15 wird zusätzlich ein Index mit dem Befehl \sindex für Personen eingefügt. Als Gruppe wird hier per festgelegt (siehe z. B. Zeile 40).

```
\index{Befehle|(}
\index{A}
\index{B}
\index{C}
\index{Kommando|see{Befehle}}
\sindex[per]{Niedermair, Michael}
```

Listing 7.15: Mehrere Indexverzeichnisse (source/bsp_index08.tex)

Nach dem ersten LaTeX-Lauf erhält man dann eine idx-Datei mit folgenden Einträgen:

```
\indexentry{Befehle|(}{1}
\indexentry{A}{1}
\indexentry{B}{1}
\indexentry{C}{1}
\indexentry{Kommando|see{Befehle}}{1}
\indexentry[per]{Niedermair, Michael}{1}
...
```

Für das Programm makeindex ist es aber notwendig, dass der Index in getrennten Dateien vorhanden ist. Für diesen Zweck wird das Programm splitindex verwendet.

Der Aufruf lautet:

```
splitindex bsp_index08.idx -- -g -s bsp_index08.ist
```

Dabei wird die Datei, die die Indexeinträge enthält, angegeben. Alle Parameter nach den beiden Zeichen „--“, werden an das Programm makeindex weitergeleitet (es lassen sich aber auch andere Programme anstelle von makeindex aufrufen).

Anschließend erhält man folgende Dateien:

bsp_index08-idx.idx	bsp_index08-per.idx
bsp_index08-idx.ilg	bsp_index08-per.ilg
bsp_index08-idx.ind	bsp_index08-per.ind

Der Index wird jeweils pro Gruppe in eigene Dateien aufgeteilt. Diese werden dann jeweils mit dem Programm makeindex bearbeitet und es wird die jeweilige ind-Datei für jede Gruppe erzeugt. Zusätzlich wird für jeden makeindex-Lauf eine LOG-Datei erzeugt (Dateiendung .ilg).

Damit die verschiedenen Indexverzeichnisse eingebunden werden können, muss der Befehl \printindex mit Parametern versehen werden.

Der allgemeine Aufruf dabei lautet:

```
\printindex[<Gruppe>][<Überschrift>]
```

Dabei wird als erster Parameter die Gruppe angegeben, gefolgt von der Überschrift für dieses Verzeichnis (wird standardmäßig mit `\chapter*`, also wie eine Kapitelüberschrift, gesetzt). Die Parameter können auch entfallen, wenn vorher entsprechende Definitionen gewählt worden sind (später mehr dazu).

Für unser Beispiel haben wir die Befehle

```
\printindex[idx][Stichwortverzeichnis]
\printindex[per][Personenverzeichnis]
```

verwendet.

Nach einem weiteren LaTeX-Lauf erhält man mindestens zwei weitere Seiten, die die Verzeichnisse in Abbildung 7.19 und 7.20 auf der nächsten Seite beinhalten.

Stichwortverzeichnis

A

A 1-3
  a 2
  b 2
  c 2

B

B 1, 2, 4
Baum 3
Befehle 1-3

C

C 1

G

Garten 3

H

Haus 3
  Fenster 3
  Tür 3

K

Kommando .... *siehe* Befehle

L

Lüneburg 3

S

Straße 3

T

Teich 3

Abb. 7.19: Stichwortverzeichnis

Personenverzeichnis

N

Niedermair, Elke 3
Niedermair, Maximilian............... 4
Niedermair, Michael 1

Abb. 7.20: Personenverzeichnis

Indexgruppen einfacher gestalten

Mit dem Befehl \newindex wird eine neue Gruppe für Indexeinträge definiert.

Der allgemeine Aufruf dabei lautet:

```
\newindex[<Überschrift>]{<Gruppe>}
```

Dabei wird mit dem ersten optionalen Parameter die Überschrift für die Gruppe bzw. das Verzeichnis festgelegt. Der zweite Parameter definiert wie beim \sindex-Befehl die Gruppe.

Wird als Paketparameter idxcommands verwendet, so stehen nach der Definiton mit \newindex Befehle für jede Gruppe zur Verfügung (siehe Tabelle 7.2).

Indexgruppen	neuer Gruppenindexbefehl
\newindex[Indexverzeichnis]{idx}	\idx{<Stichwort>} wie \index{<Stichwort>}
\newindex[Personenverzeichnis]{per}	\per{<Stichwort>}
...	

Tabelle 7.2: Indexbefehle für Gruppen

Das nachfolgende Beispiel 7.16 verdeutlicht dies.

```
\usepackage[makeindex,idxcommands]{splitidx}

\newindex[Stichwortverzeichnis]{idx}
\newindex[Personenverzeichnis]{per}
```

Listing 7.16: Indexgruppenbefehle (source/bsp_index09.tex)

Die Indexbefehle werden dann wie folgt angewendet.

```
Text mit Index \dots

\index{Befehle|(}
\index{A}
\index{B}
\index{C}
\index{Kommando|see{Befehle}}
```

```
\per{Niedermair, Michael}
\idx{Test}
```

Da jetzt die Gruppen schon bekannt sind, kann man das Ausgeben der Verzeichnisse mit dem Befehl `\printindex*` vereinfachen, der alle Verzeichnisse in der Reihenfolge, in der sie definiert worden sind, entsprechend ausgibt. Das Ergebnis sieht dann wie das vorherige Beispiel 7.15 auf Seite 490 aus.

Wird anstelle von `\printindex*` der Befehl `\printsubindex*` verwendet, so wird der Index nicht mit `\chapter*`, sondern mit `\section*` gesetzt (siehe Abbildung 7.21).

Verzeichnisse

Stichwortverzeichnis

A

A 1–3
    a 2
    b 2
    c 2

B

B 1, 2, 4
Baum 3
Befehle 1–3

C

C 1

G

Garten 3

H

Haus 3
    Fenster 3
    Tür 3

K

Kommando .... *siehe* Befehle

L

Lüneburg 3

S

Straße 3

T

Teich 3
Test 1

Personenverzeichnis

N

Niedermair, Elke 3
Niedermair, Maximilian 4
Niedermair, Michael 1

Abb. 7.21: Verzeichnisse mit \section*

Das Paket stellt noch weitere Befehle und Möglichkeiten bereit, mehr dazu lesen Sie in der Paketdokumentation.

7.1.5 Glossar

glossar.sty

Ein Glossar hat im Prinzip einen ähnlichen Hintergrund wie ein Indexeintrag. Mit dem Ergänzungspaket `glossar` werden entsprechende Befehle bereitgestellt, um Glossareinträge in eine externe Datei (Dateiendung `.glo`) zu schreiben. Diese Einträge sind wie Indexeinträge unsortiert. Auch hier kann das Programm `makeindex` verwendet werden, um die Einträge zu sortieren. Für das Einbinden der fertigen Einträge wird eine `description`-Umgebung verwendet.

Das Paket stellt dabei folgende Befehle bereit:

- **\makeglossary**
  Sorgt dafür, dass alle Glossareinträge in eine Datei geschrieben werden (wie `\makeindex`). Beim Einbinden des Paketes `glossar` wird der Befehl automatisch ausgeführt.

- **\glentry**
  Erzeugt einen Glossareintrag.

  Der allgemeine Aufruf dabei lautet:

  ```
  \glentry{<Stichwort>}{<Erklärungstext>}
  ```

- **\glspage**
  Wird aufgerufen, um die Seitenzahl auszugeben. Standardmäßig wird die Seitenzahl unterdrückt, da dies bei Glossareinträgen unüblich ist. Sollen diese trotzdem angezeigt werden, so ist der Befehl entsprechend umzudefinieren.

  ```
  \renewcommand{\glspage}[1]{ (Seite~#1)}
  ```

- **\glsgroup**
  Erzeugt den Buchstaben für eine neue Gruppe. Dieser wurde wie folgt definiert und kann entsprechend umgebaut werden:

  ```
  \renewcommand{\glsgroup}[1]{{\item[] \textbf{\Large #1}}}
  ```

- **\glshead**
  Legt die Überschrift bzw. den Kopfbereich für das Glossar fest. Dieser wurde wie folgt definiert und kann entsprechend umgebaut werden:

  ```
  \renewcommand{\glshead}{\section{Glossar}}
  ```

- **\printglossary**
  Bindet das Glossar (Dateiendung `.gls`) ein, wenn die `gls`-Datei vorhanden ist.

Beispiel

Im nachfolgenden Beispiel 7.17 wird ein Glossar mit mehreren Einträgen erzeugt und dann nach einem `makeindex`-Aufruf eingebunden.

```
 8 \usepackage{glossar}
 9 \usepackage{expdlist}
10
11 \renewcommand{\glshead}{\chapter*{Glossar}}
12 \renewcommand{\glsgroup}[1]{{\listpart{\makebox[0pt][l]{%
13         \rule[-2pt]{\textwidth}{0.5pt}}{\textbf{\large #1}}}}}
14
15 \begin{document}
16
17 Text mit Glossar \dots
18
19 \glentry{LaTeX}{LaTeX ist ein äußerst flexibles, rechner-- und
20                 betriebssystemunabhängiges Satzsystem,
21                 welches auf TeX aufsetzt.}
22 \glentry{TeX}{TeX wurde von Donald Knuth bereits in den siebziger
23               Jahren entwickelt. Sein Ziel war es, ein
24               Satzsystem zu schaffen, das \glqq schöne\grqq{} Bücher, vor
25               allem mit mathematischen Formeln, setzen sollte.
26               Dabei sollte das System rechnerunabgängig und vom
27               Mikrocomputer bis zur Mainframe einsetzbar sein und
28               dies als Public--Domain--Software.}
29 \glentry{CTAN}{(Comprehensive TeX Archive Network)
30                Das komplette TeX-Archive mit allen Klassen, Paketen, usw.}
31
32 \newpage
33 \printglossary
```

Listing 7.17: Glossar (source/bsp_glossar01.tex)

Dazu wird in Zeile 8 das Ergänzungspaket `glossar` eingebunden. Da das Glossar in einer `description`-Umgebung dargestellt wird, wird zusätzlich das Ergänzungspaket `expdlist` eingebunden, um die `description`-Umgebung zu erweitern (mehr dazu in Kapitel 4.1.4 auf Seite 210).

In Zeile 11 und 12 werden die Befehle für `\glshead` und `\glsgroup` umdefiniert, sodass das Glossar in einem Kapitel erscheint und der Gruppenbuchstabe mit einer horizontalen Linie versehen wird.

Im Dokument erfolgen dann die entsprechenden Glossareinträge mit dem Befehl `\glentry`. Eingebunden wird das Glossar über den Befehl `\printglossary` in Zeile 33.

Nach dem ersten LaTeX-Lauf wird die `glo`-Datei erstellt, die mit dem Programm `makeindex` sortiert werden kann.

Die Steuerdatei ist wie folgt aufgebaut (siehe Listing 7.18):

```
quote    '\''
delim_0   " "
%
heading_prefix   "  \\glsgroup{"
heading_suffix   "}"
headings_flag     1
%
```

```
preamble  "\n \\begin{description}[\\setleftmargin{1.5cm}]\n"
postamble "\n \\end{description}\n"
keyword   "\\glossaryentry"
```

Listing 7.18: Steuerdatei für makeindex (source/bsp_glossar01.ist)

Der Aufruf von `makeindex` lautet dann:

```
makeindex bsp_glossar01.glo -g -s bsp_glossar01.ist -o bsp_glossar01.gls
```

Wichtig hierbei ist, dass jetzt mit dem Parameter `-o` die Ausgabedatei festgelegt wird, da `makeindex` sonst davon ausgeht, dass es eine `idx`-Datei erzeugen soll.

Nach einem weiteren LaTeX-Lauf erhält man ein Glossar wie in Abbildung 7.22 gezeigt.

Glossar

C

CTAN (Comprehensive TeX Archive Network) Das komplette TeX-Archive mit allen Klassen, Paketen, usw.

L

LaTeX LaTeX ist ein äußerst flexibles, rechner- und betriebssystemunabhängiges Satzsystem, welches auf TeX aufsetzt.

T

TeX TeX wurde von Donald Knuth bereits in den siebziger Jahren entwickelt. Sein Ziel war es, ein Satzsystem zu schaffen, das „schöne“ Bücher, vor allem mit mathematischen Formeln, setzen sollte. Dabei sollte das System rechnerunabgängig und vom Mikrocomputer bis zur Mainframe einsetzbar sein und dies als Public-Domain-Software.

Abb. 7.22: Glossar

Weitere Ergänzungspakete

Es gibt noch weitere Ergänzungspakete für Glossarverzeichnisse.

- **makegloss**
  Ähnlich wie `glossar`, jedoch bietet es für die Formatierung mehr Möglichkeiten und unterstützt Verweise auf andere Glossareinträge, ähnlich dem `\see`-Befehl beim Index. Weitere Informationen finden Sie in der Paketdokumentation auf der CD-ROM. makegloss .sty
- **glosstex**
  Dieses Paket bietet umfangreiche Unterstützung für Glossareinträge und Abkürzungen. Neben dem Ergänzungspaket wird ein Programm zur Verfügung gestellt, welches erlaubt, Einträge aus einer Datenbank zu verwenden. Weitere Informationen finden Sie in der Paketdokumentation auf der CD-ROM. glosstex.sty

7.2 Titelseite

Ein größeres Dokument ist in mehrere Bereiche aufgeteilt, darunter fällt auch die Titelseite, die das Dokument einleitet.

Diese wird mit dem Titel, dem Autor und evtl. einem Datum versehen. Jeder dieser Bereiche kann eine Fußnote enthalten, die mit dem Befehl `\thanks` festgelegt wird. Für diese Bereiche stellt LaTeX nachfolgende Befehle bereit.

```
\title{ ... }
\author{ ... }
\date{ ... }
```

Werden mehrere Autoren verwendet, so sind diese durch den Befehl `\and` zu trennen. Diese werden dann nebeneinander platziert. Sollen diese untereinander gesetzt werden, so ist anstelle des Befehls `\and` ein `\\` zu verwenden. Dieser kann auch einen zusätzlichen Abstand der Form `\\[<abstand>]` beinhalten. Wird der Befehl `\date` nicht explizit gesetzt, so wird das aktuelle Datum verwendet.

Mit dem Befehl `\maketitle` wird dann die Seite gesetzt. Bei den Klassen `report` bzw. `scrreprt` und `book` bzw. `scrbook` ist eine eigene Seite für den Titel vorgesehen. Die darauf folgende Seite erhält die Seitenzahl „1“. Bei den Klassen `article` bzw. `scrartcl` wird nur ein Titelvorspann erzeugt (mit der Klassenoption `titlepage` kann auch hier eine eigene Seite erzwungen werden). Im nachfolgenden Beispiel 7.19 wird eine einfache Titelseite erzeugt.

```
\title{XML für Print und Screen}
\author{Elke Niedermair \and Michael Niedermair}
\begin{document}
\maketitle
```

Listing 7.19: Einfache Titelseite (source/bsp_title01.tex)

XML für Print und Screen

Elke Niedermair Michael Niedermair

21. Februar 2003

Abb. 7.23: Abbildung zu Listing 7.19

Das Datum kann auch mit einem Ort versehen werden und den Autoren wird noch eine Adresse hinzugefügt (siehe Beispiel 7.20).

```
\title{XML für Print und Screen}
\author{Elke Niedermair\\ Teststr.\,2\\12345\,Testhausen \and%
       Michael Niedermair\\ Am Testweg\,7\\54321 Entenhausen}
\date{München, den \today}

\begin{document}

\maketitle
```

Listing 7.20: Titelseite mit Ort und Datum (source/bsp_title02.tex)

XML für Print und Screen

Elke Niedermair	Michael Niedermair
Teststr. 2	Am Testweg 7
12345 Testhausen	54321 Entenhausen

München, den 21. Februar 2003

Abb. 7.24: Abbildung zu Listing 7.20

Titelseite frei gestalten

Soll die Titelseite frei gestaltet werden, so stellt LaTeX dafür die Umgebung `titlepage` zur Verfügung.

Der allgemeine Aufruf dabei lautet:

```
\begin{titlepage}
  ...
\end{titelpage}
```

Darin kann nach eigenen Vorstellungen die Titelseite (oder auch mehrere) definiert werden. Nachfolgendes Beispiel 7.21 zeigt eine einfache Variante.

```
\begin{document}

\begin{titlepage}
  \begin{center}
    {\Huge XML\\[2ex]für\\[2ex]Print und Screen\par}

    \vspace{2cm}

    {\large Elke Niedermair\hspace{2cm} Michael Niedermair}

    \vspace{1cm}

    München, den \today
  \end{center}
\end{titlepage}
```

Listing 7.21: Titelseite frei gestalten (source/bsp_title03.tex)

XML

für

Print und Screen

Elke Niedermair Michael Niedermair

München, den 10. Februar 2003

Abb. 7.25: Abbildung zu Listing 7.21

Der Befehl `\par` ist wichtig, damit nach dem Text ein Absatzumbruch durchgeführt wird.

Weitere Pakete für die Titelseite

titlesec.sty

- **titlesec**
  Erlaubt das einfache Gestalten von Titelseiten.

titles.sty

- **titles**
  Erlaubt das komfortable Gestalten von Titelseiten.

Weitere Informationen entnehmen Sie der jeweiligen Paketdokumentation.

7.3 Buchgliederung

Wird ein Buch geschrieben, so bietet LaTeX die Möglichkeit, bei den Klassen book bzw. `scrbook` eine weitere Untergliederung (siehe Tabelle 7.3) zu erstellen.

Ebene	Befehl	Beschreibung
Vorspann	`\frontmatter`	Leitet den Buchvorspann ein (Vorwort, Inhaltsverzeichnis ...). Die Seitennummerierung erfolgt dabei in kleinen römischen Zahlen.
Hauptteil	`\mainmatter`	Leitet den Hauptteil ein (laufende Kapitel ...). Die Seitennummerierung beginnt wieder mit „1" und wird mit arabischen Zahlen dargestellt. Die Kapitelnummerierung beginnt mit „1 ".
Nachspann	`\backmatter`	Leitet den Nachspann ein (Literaturverzeichnis, Referenz, Glossar, Index, Schlusswort ...). Die Gliederungsnummerierung für `\chapter` wird für diesen Bereich deaktiviert.

Tabelle 7.3: Buchuntergliederung

Idealerweise werden die einzelnen Bereiche über Teildokumente (siehe Kapitel 7.5 auf der nächsten Seite) realisiert, was die Übersichtlichkeit deutlich erhöht (siehe Beispiel 7.22).

```
% ...
\frontmatter
\include{vorw}            % Vorwort
\include{inhalt}          % Inhaltsverzeichnis
%
\mainmatter
\include{kap_einf}        % Einführung
% ...
%
\backmatter
\include{referenz}
\include{glossar}
\include{index}
```

Listing 7.22: Beispiel für frontmatter, mainmatter und backmatter

7.4 Zusammenfassung

Die inhaltliche Zusammenfassung eines Artikels oder eines Berichts wird mit der Umgebung abstract erzeugt.

Der allgemeine Aufruf dabei lautet:

```
\begin{abstract}
  ...
\end{abstract}
```

Bei der Klasse article bzw. scrartcl wird die Zusammenfassung in der Schriftgröße \small gesetzt und beidseitig eingerückt. Nachfolgend erscheint der weitere Text. Wird dagegen die Klassenoption titlepage verwendet, so wird dafür eine eigene Seite vorgesehen.

Bei report bzw. scrreprt wird der Text in der Standardgröße gesetzt und nicht eingerückt. Es wird eine eigene Seite dafür vorgesehen.

Bei book bzw. scrbook ist eine Zusammenfassung nicht vorgesehen, daher fehlt hier die Umgebung.

Mit dem Ergänzungspaket abstract kann die Zusammenfassung auf verschiedene Weise beeinflusst und formatiert werden. Mehr dazu in der Paketdokumentation.

7.5 Teildokumente

Werden größere Dokumente erstellt, ist es sinnvoll, diese in mehrere kleinere Dokumente aufzuteilen. LaTeX bindet dabei diese Teildokumente in das Hauptdokument ein, als wäre das Gesamte ein Dokument. Dies bedeutet, die Teildokumente dürfen keinen Dokumentenkopf etc. besitzen.

LaTeX kennt zwei Möglichkeiten, solche Teildokumete einzubinden.

input

Mit dem Befehl \input wird ein Teildokument eingebunden.

Der allgemeine Aufruf dabei lautet:

```
\input{<Dateiname>}
```

Wird dabei keine Dateiendung angegeben, so wird automatisch die Dateiendung .tex angehängt. Der Befehl ist dabei an jeder beliebigen Stelle anwendbar (auch im Dokumentenkopf) und kann rekursiv verwendet werden, d. h. ein Dokument, welches mit \input eingebunden wird, darf seinerseits wieder weitere Dokumente einbinden.

include

Der Befehl `\include` bindet auch Teildokumente ein, darf jedoch nicht verschachtelt werden. Dabei wird nach dem Einbinden der Datei automatisch ein `\clearpage`-Befehl gesetzt. Somit sollten damit immer nur abgeschlossene Bereiche (Kapitel, etc.) eingebunden werden.

Der große Vorteil des Befehls `\include` liegt darin, dass gesteuert werden kann, welche Teildokumente eingebunden werden. Dies wird mit dem Befehl `\includeonly` realisiert, der im Dokumentenkopf verwendet werden muss.

Der allgemeine Aufruf dabei lautet:

```
\includeonly{<dateiname>,<Dateiname>, ...}
```

Nur die Teildokumente, die durch Kommas getrennt in dem Befehl aufgeführt sind, werden beim LaTeX-Lauf eingebunden. So lassen sich auf einfache Weise Teilbereiche ausklammern, die schon komplett bearbeitet sind.

Teildokumente, die mit `\include` eingebunden sind, dürfen beliebig viele weitere Teildokumente mit `\input` einbinden.

7.6 Kopf- und Fußzeilen

Das Aussehen einer Seite kann mit Kopf- und Fußzeilen entsprechend angepasst werden. LaTeX stellt für diesen Zweck zwei Befehle bereit.

Der allgemeine Aufruf dabei lautet:

```
\pagestyle{<Seitenstil>}
\thispagestyle{<Seitenstil>}
```

Dabei wird mit `\pagestyle` der Seitenstil für alle nachfolgenden Seiten geändert und mit `\thispagestyle` nur der Stil der aktuellen Seite.

Dabei stehen folgende Stile zur Verfügung:

- **empty**
  Seitenkopf und -fuß bleiben leer.

- **plain**
  Die Kopfzeile bleibt leer und die Fußzeile enthält die Seitennummerierung (Voreinstellung).

- **headings**
  Der Seitenkopf enthält normalerweise die aktuelle Überschrift und die Seitenzahl, während die Fußzeile leer bleibt.
  Dabei wird bei der Klasse `book` auf geraden Seiten die `chapter`-Überschriften und die Seitennummer gesetzt, bei ungeraden Seiten die `section`-Überschrift. Bei der Klasse `article` wird die `section`- bzw. `subsection`-Überschrift verwendet.

- **myheadings**
  Die Kopfzeile wird vom Anwender festgelegt. Dabei stehen zwei Befehle zur Verfügung:

```
\markboth{<linker Kopf>}{<rechter Kopf>}
\markright{<rechter Kopf>}
```

Mit `\markboth` wird der Kopf für zweiseitige Texte gesetzt, mit `\markright` für einseitige Texte.

Kopf- und Fußzeilen mit KOMA-Script anpassen

Für Kopf- und Fußzeilen stellt das KOMA-Script das Ergänzungspaket `scrpage2` zur Verfügung. Damit werden Befehle zur Verfügung gestellt, mit der komfortable Anpassungen durchgeführt werden können. Dafür wird ein eigener Stil mit dem Namen `scrheadings` und `plain` verwendet. scrpage2.sty

Abbildung 7.26 zeigt als Übersicht, welche Befehle sich auf welchen Bereich in der Kopfzeile beziehen. Dabei wird zwischen geraden und ungeraden Seiten unterschieden.

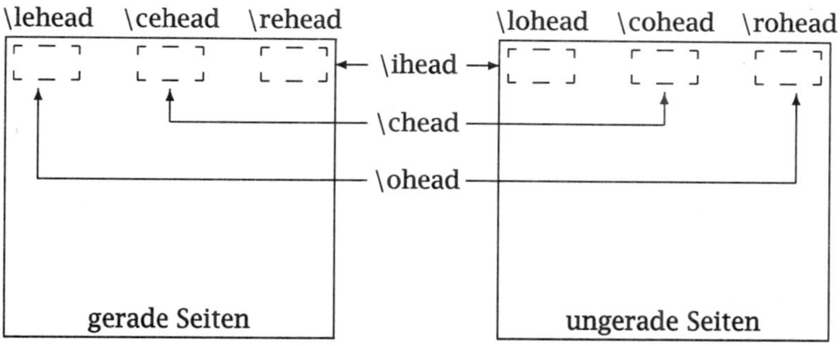

Abb. 7.26: Befehle für die Kopfzeile

Dabei haben alle Befehle folgenden Aufbau:

```
\<xx>head[<Befehl für plain]{<Befehl für scrheading>}
\<xx>foot[<Befehl für plain]{<Befehl für scrheading>}
```

Abbildung 7.27 auf der nächsten Seite zeigt dies für Fußzeilen.

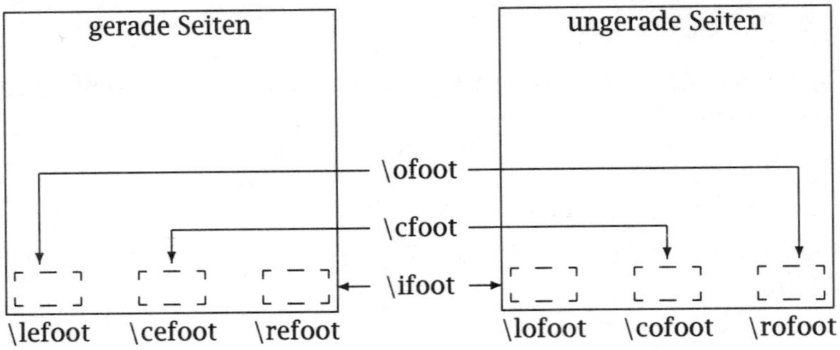

Abb. 7.27: Befehle für die Fußzeile

Weitere Befehle

Zusätzlich stehen folgende Befehle bereit:

- **\pagemark**
  Dieser Befehl stellt die Seitennummer dar. Formatiert werden kann die Seitennummer über:

  ```
  \setkomafont{pagenumber}{<werte>}
  ```

- **\headmark**
  Dieser Befehl ermöglicht den Zugriff auf die Kolumnentitel.

- **\clearscrheadings**
  Löscht alle Einstellungen für `scrheadings`.

- **\clearscrplain**
  Löscht alle Einstellungen für `scrplain`.

- **\clearscrheadfoot**
  Löscht alle Einstellungen (für alle Bereiche).

- **\manualmark**
  Schaltet die automatische Aktualisierung der Kolumnentitel ab.

- **\automark[<rechte Seite>]{<linke Seite>}**
  Schaltet die automatische Aktualisierung der Kolumnentitel ein. Als Parameter kann hier jeweils `chapter`, `section`, `subsection`, `subsubsection`, `paragraph` und `subparagraph` verwendet werden.

- **\headfont**
  Legt den Font für den Seitenkopf und -fuß fest.

  ```
  \renewcommand{\headfont}{\normalfont\sffamily\bferies}
  ```

  oder mit

  ```
  \setkomafont{pagemark}{<werte>}
  ```

- **\setheadwidth[<Verschiebung>]{<Breite>}**
  Normalerweise hat die Kopfzeile dieselbe Breite wie der Text, jedoch kann die Breite mit `\setheadwidth` verändert werden. Mit Verschiebung lässt sich die Kopfzeile nach Außen verschieben. Anstelle der Breite kann auch eines der nachfolgenden Schlüsselwörter verwendet werden.
  - **paper**
    Die Breite des Papiers
  - **page**
    Die Breite der Seite
  - **text**
    Die Breite des Textbereichs
  - **textwidthmarginpar**
    Die Breite des Textbereiches inklusive dem Seitenrand
  - **head**
    Die aktuelle Breite des Seitenkopfs
  - **foot**
    Die aktuelle Breite des Seitenfußes
- **\setfootwidth[<Verschiebung>]{<Breite>}**
  Wie `\setheadwidth`, jedoch für den Seitenfuß.
- **\setheadtopline[<Länge>]{<Dicke>}**
  Ändert die Werte für die Linie über dem Seitenkopf. Wird keine Länge angegeben, so wird der Wert von `\setheadwidth` verwendet.
- **\setheadsepline[<Länge>]{<Dicke>}**
  Ändert die Werte für die Linie zwischen Kopf und Textbereich.
- **\setfootbotline[<Länge>]{<Dicke>}**
  Ändert die Werte für die Linie unter dem Seitenfuß.
- **\setfootsepline[<Länge>]{<Dicke>}**
  Ändert die Werte für die Linie zwischen Textbereich und Fuß.

Zusätzlich stellt das Ergänzungspaket weitere Befehle bereit, um z. B. eigene Seitenstile zu entwerfen etc. Mehr dazu in der Paketdokumentation auf der CD-ROM.

Nachfolgendes Beispiel 7.23 zeigt die Anwendung.

```
\usepackage{scrpage2}

\pagestyle{scrheadings}
\clearscrheadfoot
\ohead{\pagemark}
```

Listing 7.23: Kopf- und Fußzeilen mit KOMA-Script (source/bsp_kopf01.tex)

Beispiel bsp_kopf01.tex 1

Dies ist ein Text ...

6. Januar 2003

Abb. 7.28: Abbildung zu Listing 7.23

Kopf- und Fußzeilen mit anderen Paketen anpassen

fancyhdr.sty

Ein andere Möglichkeit, Kopf- und Fußzeile anzupassen, bietet das Ergänzungspaket `fancyhdr`. Das Paket bietet noch weitere Möglichkeiten wie einen Daumenindex (Thumb-Index), das sind kleine Balken, die ein Kapitel am Rand markieren). Mehr dazu in der Paketdokumentation.

Das Ergänzungspaket bietet ähnliche Möglichkeiten wie das Paket `scrpage2`. Auch werden Kopf- und Fußzeile in sechs Bereiche geteilt. Aktiviert wird es mit dem Seitenstil `fancy`.

Die Befehle dafür lauten:

```
\lhead{ ... }          \lfoot{ ... }
\chead{ ... }          \cfoot{ ... }
\rhead{ ... }          \rfoot{ ... }
```

Auch Linien zwischen Kopf bzw. Fuß und Textbereich sind möglich.

```
\renewcommand{\headrulewidth}{0.4pt}
\renewcommand{\footrulewidth}{0.4pt}
```

Nachfolgendes Beispiel 7.24 zeigt die Anwendung.

```
\usepackage{fancyhdr}

\pagestyle{fancy}
\rhead{\thepage}
\chead{}
\lhead{Beispiel bsp\_kopf02.tex}
\lfoot{\today}
\cfoot{}
\rfoot{}
\renewcommand{\headrulewidth}{0.4pt}
\renewcommand{\footrulewidth}{0.4pt}
```

Listing 7.24: Kopf- und Fußzeilen mit fancyhdr (source/bsp_kopf02.tex)

Beispiel bsp_kopf02.tex 1

Dies ist ein Text ...

6. Januar 2003

Abb. 7.29: Abbildung zu Listing 7.24

Kopf- und Fußzeile für zweiseitige Dokumente

Bei zweiseitigen Dokumenten wird der Bereich mit den Kürzeln in Tabelle 7.4 festgelegt.

Tabelle 7.4: Kürzel für die Kopf- bzw. Fußbereiche

Kürzel	Bereich
E	gerade Seite (even)
O	ungerade Seite (odd)
L	links (left)
C	mittig (center)
R	rechts (right)
H	Kopf (head)
F	Fuß (ffot)

Nun kann der Bereich mit dem Befehl `\fancyhead` bzw. `\fancyfoot` definiert werden.

Der allgemeine Aufruf dabei lautet:

```
\fancyhead[<Kürzel>,<Kürzel>]{<Text>}      z.B. \fancyhead[RO,LE]{Unterlagen}
\fancyfoot[<Kürzel>,<Kürzel>]{<Text>}      z.B. \fancyfoot[LE,RO]{\thepage}
```

Wird kein Parameter angegeben, so wird der Bereich gelöscht.

Das Paket bietet noch mehr Möglichkeiten. Mehr dazu in der Paketdokumentation auf der CD-ROM.

8 Längen, Zähler und neue Befehle bzw. Umgebungen

In vielen Fällen benötigt man die Möglichkeit, das Erscheinungsbild eines Textes selbst zu beeinflussen. Dazu gehören unter anderem Abstände zwischen einzelnen Textteilen oder zwischen Text und Bildern. Um diese Einstellungen vornehmen zu können, muss man wissen, welche Maße in LaTeX verwendet werden können. Aber auch das vollständige Neudefinieren eines Befehls, der dann genau den Zweck erfüllt, den man beabsichtigt, kann in solchen Fällen hilfreich sein, vor allem dann, wenn man eine Einstellung häufiger benötigt. Dies erspart unter Umständen eine Menge Tipparbeit. Gerade bei längeren Texten benötigt man häufig im Hintergrund auch Zähler, die das automatische Durchnummerieren von Kapiteln, Abbildungen und Ähnlichem übernehmen. Diese Funktionalität ist besonders dann sehr hilfreich, wenn ein Text nachträglich geändert wird. LaTeX stellt eine Reihe von Befehlen zur Verfügung, die dafür sorgen, dass alle Nummerierungen fehlerfrei erstellt werden.

8.1 Längen und Maße

LaTeX bietet zwei Möglichkeiten, Längen bzw. Maße zu definieren.

Feste Maße

Feste Maßangaben bestehen aus einer Zahl (Dezimalzahl mit und ohne Vorzeichen) und einer Maßeinheit.

```
20.5cm        5mm
```

Tabelle 8.1 auf der nächsten Seite zeigt die möglichen Maßeinheiten. Dabei kann als Dezimaltrenner der Punkt „.“ oder das Komma „,“ verwendet werden.

Um die Maßeinheiten festzulegen bzw. zu ändern, stehen folgende Befehle zur Verfügung:

- **\setlength{\Länge}{<Wert>}**
  Mit dem Befehl `\setlength` wird eine Längeneinheit auf einen bestimmten Wert gesetzt.
  ```
  \setlength{\textwidth}{10cm}
  ```
  Hier wird die Länge `\textwidth` auf einen Wert von 10 cm gesetzt.

Maßeinheit	Beschreibung
cm	Zentimeter
mm	Millimeter
in	Inches (Zoll = 2,54 cm)
pt	Punkte (1 in = 72,27 pt)
pc	Picas (1 pc = 12 pt)
bp	big point (1 in = 72 bp)
dd	Didot (1157 dd = 1238 pt)
cc	Cicero (1 cc = 12 dd)
sp	scaled point (1 pt = 65536 sp)
em	Die Breite des Geviertstrichs „—" im aktuellen Zeichensatz.
ex	Die Höhe des Buchstaben „x" im aktuellen Zeichensatz.

Tabelle 8.1: Maßeinheiten für Längen

- **\addtolength{\Länge}{<Wert>}**
  Addiert den Wert zu der Länge hinzu. Um eine Länge zu verkleinern, kann auch ein negativer Wert angegeben werden.
  `\addtolength{\textwidth}{-5mm}`

- **\newlength{\Länge}**
  Erzeugt eine neue Länge. Die Anzahl an möglichen Längen ist jeweils durch die verwendete LaTeX-Version begrenzt.
  `\newlength{\meinelaenge}`
  Nach dem Erzeugen der neuen Länge hat diese einen Wert von „0".

Elastische Maße

Neben festen Maßen stellt LaTeX auch elastische Maße bereit, die beim Setzen den jeweiligen Platzverhältnissen angepasst werden können.

Der allgemeine Aufruf dabei lautet:

```
<sollwert> plus<dehnwert> minus<stauchwert>
```

Dabei wird mit `sollwert` das Grundmaß angegeben. Ist mehr Platz vorhanden, so kann dieser maximal um den `plus`-Wert erhöht werden. Bei weniger Platz wird er um den `minus`-Wert erniedrigt. Viele Maße z. B. für Absatzabstände werden von LaTeX automatisch mit diesen Dehnmaßen gesetzt, sodass die Platzverteilung auf der Seite dynamisch erfolgen kann. Gesetzt werden die elastischen Maße wie die festen Maße mit dem Befehl `\setlength`.

```
\setlength{\parskip}{1ex plus0.5ex minus0.2ex}
```

Weitere Befehle

Desweiteren stellt LaTeX noch folgende weitere Befehle für Maße bereit.

- **\settowidth{\Länge}{text}**
  Setzt die Länge auf die Breite des Textes in einer L-R-Box.
- **\settoheight{\Länge}{text}**
  Setzt die Länge auf die Höhe des Textes.
- **\settodepth{\Länge}{text}**
  Setzt die Länge auf die Tiefe des Textes.
- **\stretch{faktor}**
  Erzeugt eine elastische Länge, die ein Vielfaches von `\fill` besitzt.

8.2 Zähler

Zähler erledigen in LaTeX viele Aufgaben, sei es die Nummerierung von Kapiteln und Abbildungen oder die Durchlaufzählung von Schleifen.

Dabei stehen nachfolgende Befehle für Zähler bereit:

- **\newcounter{<zählername>}[<rücksetzer>]**
  Definiert einen neuen Zähler. Mit dem optionalen Parameter wird ein Zähler angegeben, der den eingerichteten Zähler auf Null setzt, wenn dieser mit `\stepcounter` bzw. `\refstepcounter` um Eins erhöht wird. Die Anzahl an möglichen Zählern ist jeweils durch die verwendete LaTeX-Version begrenzt.
- **\setcounter{<zählername<}{<wert>}**
  Setzt den Zähler auf einen bestimmten Wert.
- **\addtocounter{<zählername>}{<wert>}**
  Addiert den angegebenen Wert zu dem Zähler. Wird hier ein negativer Wert verwendet, so wird eine Subtraktion durchgeführt.
- **\stepcounter{<zählername>}**
  Der Zähler wird um den Wert Eins erhöht. Wird bei `\newcounter` ein Rücksetzer definiert, so wird der entsprechende Zähler auf Null gesetzt. Wird zum Beispiel die Kapitelnummer erhöht, so wird automatisch die Nummerierung für die Überschriften zurückgesetzt.
- **\refstepcounter{<zählername>}**
  Dieser Befehl arbeitet wie `\stepcounter`, jedoch kann auf die Nummer mit dem `\ref`-Befehl verwiesen werden, wie bei Tabellen- bzw. Abbildungsnummern, wenn dort keine Beschriftung mit `\caption` erfolgt ist.
  `\refstepcounter{figure}`
  Erhöht den Zähler einer `figure`-Umgebung um den Wert Eins.

- **\value{<zählername>}**
  Gibt den Wert des Zählers zurück.
- **\the<zählername>**
  Gibt den Wert eine Zählers oder eines zusammengesetzten Zählers aus. Der Zählername folgt unmittelbar nach dem Befehl ohne Klammern. Dabei wird für jeden Standard-LaTeX-Zähler ein entsprechender `\the<zähler>` definiert.
  `\thesection` liefert z. B. 2.4

Zähler ausgeben

Zähler können auf verschiedene Weise ausgegeben werden. Dazu stehen die Befehle in Tabelle 8.2 zur Verfügung.

Stil	Beispiel	Beschreibung
arabic	1, 2, 3	arabische Ziffern
roman	i, ii, iii	kleine römische Ziffern
Roman	I, II, III	große römische Ziffern
alph	a, b ,c	fortlaufende Kleinbuchstaben
Alph	A, B, C	fortlaufende Großbuchstaben
fnsymbol		liefert für die Zahlen 1 bis 9 entsprechende Symbole $\ast$ † ‡ § ¶ ‖ $\ast\ast$ †† ‡‡

Tabelle 8.2: Nummerierungsmöglichkeiten

Im nachfolgenden Beispiel 8.1 wird der Zähler `enumiii` (eigentlich für die `enumerate`-Umgebung vorgesehen) gesetzt und auf verschiedene Weise angezeigt.

```
\raggedright
\setcounter{enumiii}{3}
Zähler: \arabic{enumiii}
Zähler: \Roman{enumiii}
Zähler: \roman{enumiii}
Zähler: \alph{enumiii}
Zähler: \Alph{enumiii}
Zähler: \fnsymbol{enumiii}
```

Zähler: 3
Zähler: III
Zähler: iii
Zähler: c
Zähler: C
Zähler: ‡

Listing 8.1: Ausgabe eines Zählers

8.3 Erweiterte Rechenmöglichkeiten

calc.sty

Will man mit Längen bzw. Zählern rechnen, so sind die Möglichkeiten, die das Standard-LaTeX bietet, eher bescheiden. Mit dem Ergänzungspaket `calc` werden diese Möglichkeiten deutlich erweitert. Dazu werden die Befehle `\setcounter`, `\addtocounter`, `\setlength` und `\addtolength` neu definiert.

Dadurch sind

- Additionen und Subtraktionen ohne Einschränkungen möglich (mit „+“ und „-“),
- Multiplikationen und Divisionen mit einer ganzen Zahl (mit „*“ und „/“) und
- Multiplikationen mit einer Kommazahl (mit `\real`) bzw. einem Bruch (mit `\ratio`) möglich.

Beispiele:

- `2cm+5pt`
- `4cm*3*4`
- `7/2`
- `3pt plus 3pt * \real{0.68}`
- `3 * \real{1.6} * \real{1.7}`
- `4*\ratio{\textwidth}{\textheight}`

Zusätzlich stehen noch folgenden Befehle zur Verfügung:

- **\widthof{<text>}**
  Ermittelt die Breite des Textes in der aktuellen Schrift.
- **\heightof{<text>}**
  Ermittelt die Höhe des Textes in der aktuellen Schrift.
- **\depthof{<text>}**
  Ermittelt die Tiefe des Textes in der aktuellen Schrift.

8.4 Vergleichen von Zahlen, Längen usw.

ifthen.sty

Mit dem Ergänzungspaket `ifthen` ist es möglich, Werte zu vergleichen und entsprechend zu reagieren. Dazu wird der Befehl `\ifthenelse` zur Verfügung gestellt.

Der allgemeine Aufruf dabei lautet:

```
\ifthenelse{<test>}{<true-Befehle>}{<false-Befehle>}
```

Trifft die Bedingung `test` zu (liefert sie also `true`), so werden die `true`-Befehle ausgeführt, andernfalls die `false`-Befehle. Für den Test stehen folgende Möglichkeiten zur Verfügung:

- **<zahl> < <zahl>**
  kleiner als
  z. B. `\value{page} < 6`
- **<zahl> > <zahl>**
  größer als

- **<zahl> = <zahl>**
  gleich

- **\isodd{<zahl>}**
  ungerade

- **\isundefined{\<befehl>}**
  Ermittelt, ob ein Befehl vorhanden ist oder nicht.

- **\equal{<string>}{<string>}**
  Ermittelt, ob die beiden Zeichenketten identisch sind.

- **\lengthtest{<länge> < <länge>}**
  Länge kleiner als
  z. B. `\lengthtest{\textwidth < 10cm}`

- **\lengthtest{<länge> > <länge>}**
  Länge größer als

- **\lengthtest{<länge> = <länge>}**
  Länge gleich

- **\boolean{<name>}**
  Boolescher Wert `true` oder `false`

- **\(\)**
  Klammerung von logischen Ausdrücken

- **\not <test>**
  Logische Verneinung

- **\and <test>**
  Logische Und-Verknüpfung mit dem vorherigen Wert

- **\or <test>**
  Logische Oder-Verknüpfung mit dem vorherigen Wert

Desweiteren stehen noch folgende Befehle zur Verfügung:

- **\newboolean{<name>}**
  Erzeugt einen neuen Booleschen Ausdruck.
  Folgende Boolesche Ausdrücke sind schon vordefiniert.

  - **hmode**
    Liefert `true`, wenn sich LaTeX im horizontalen Bearbeitungsmodus befindet.

  - **vmode**
    Liefert `true`, wenn sich LaTeX im vertikalen Bearbeitungsmodus befindet.

  - **mmode**
    Liefert `true`, wenn sich LaTeX im mathematischem Bearbeitungsmodus befindet.

- **\provideboolean{<name>}**
  Erzeugt einen neuen Booleschen Ausdruck, wenn dieser noch nicht vorhanden ist.
- **\setboolean{<name>}{<true>|<false>}**
  Setzt den Booleschen Wert auf `true` oder `false`.
- **\whiledo<test><Befehle>**
  Führt die Befehle aus, solange die Bedingung erfüllt ist.

  Nachfolgendes Beispiel 8.2 gibt in einer Schleife alle ungeraden Zahlen von „1" bis „10" aus.

```
\setcounter{enumiii}{1}
\whiledo{\value{enumiii} < 10}{%
   \arabic{enumiii}
   \addtocounter{enumiii}{2}
}
```

1 3 5 7 9

Listing 8.2: while-do-Schleife (source/bsp_while01.tex)

8.5 Neue Befehle erzeugen

LaTeX stellt die Möglichkeit bereit, neue Befehle selbst zu definieren. Dazu wird der Befehl `\newcommand` verwendet. Ist der Befehl schon vorhanden, so kann dieser über `\renewcommand` neu definiert werden. Ist man nicht sicher, ob der Befehl schon vorhanden ist, so kann dieser mit `\providecommand` erzeugt werden, falls er noch nicht vorhanden ist.

Der allgemeine Aufruf dabei lautet:

```
\newcommand{\<befehl>}[<anzahl parameter>][<standard>]{<Definition>}
\renewcommand{\<befehl>}[<anzahl parameter>][<standard>]{<Definition>}
\providecommand{\<befehl>}[<anzahl parameter>][<standard>]{<Definition>}
```

Nachfolgendes Beispiel 8.3 zeigt die Konstruktion eines neuen Befehls ohne Parameter.

```
\newcommand{\bs}{$\backslash$}

Das aktuelle Datum wird über den
Befehl \bs today erzeugt.
```

Das aktuelle Datum wird über den Befehl \today erzeugt.

Listing 8.3: Neuen Befehl erzeugen (source/bsp_command01.tex)

Hierbei wird der Befehl `\bs` definiert, der einen Backslash im Mathematik-Modus darstellt.

Standardmäßig kann jeder Befehl einen optionalen Parameter (mit [...]) und bis zu maximal neun feste Parameter (mit { ... }) besitzen. Der Parameter `<anzahl parameter>` legt die Anzahl der Parameter fest. Wird zusätzlich der Parameter `<standard>` verwendet, so ist ein optionaler Parameter möglich. Wird dieser nicht verwendet, so erhält er automatisch den Wert, der mit

`<standard>` definiert worden ist. Die Parameter werden dann über #1 bis #9 angesprochen.

```
11 \usepackage{pifont}
12 \usepackage{ifthen}
13
14 \newcounter{mycounter}
15 \newcommand{\schnipp}[2][\ding{34}]{%
16   \setcounter{mycounter}{#2}
17   \whiledo{\value{mycounter} > 0}{%
18     #1 \addtocounter{mycounter}{-1}
19 }}
20
21 \begin{document}
22
23 \schnipp{10}
24
25 \schnipp[\ding{36}]{10}
```

Listing 8.4: Neuen Befehl mit Parameter erzeugen (source/bsp_command02.tex)

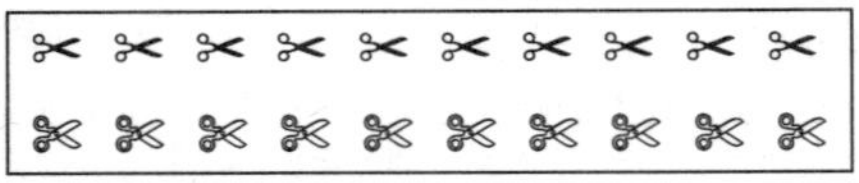

Abb. 8.1: Abbildung zu Listing 8.4

Dabei wird in Zeile 11 der Font „Zapf Dingbats" (viele schöne Symbole) eingebunden. Diese können dann über den Befehl `\ding` und die entsprechende Nummer angesprochen werden. In Zeile 12 wird zusätzlich das Paket `ifthen` eingebunden, damit der Schleifenbefehl verwendet werden kann. Damit die Schleife einen Zähler besitzt, wird dieser in Zeile 14 über `\newcounter` definiert.

Der Befehl `\schnipp` erhält zwei Parameter, wobei der erste Parameter (hier #1) optional ist und den Standardwert `\ding{34}` erhält, wenn dieser nicht angegeben ist. In der Schleife (ab Zeile 17) wird dann das Symbol x-mal (den Wert bestimmt der Parameter #2) ausgegeben (siehe Zeile 23). In Zeile 25 wird der optionale Parameter verwendet und damit das Symbol geändert.

Wird in einem neuen Befehl ein weiterer Befehl definiert, so müssen dessen Parameter mit ##1 bis ##9 angesprochen werden.

Mehr Parameter an Befehle übergeben

keyval.sty

Mit dem Paket `keyval` ist es möglich, beliebig viele Parameter an einen Befehl zu übergeben. Dabei werden die Parameter über eine `key-value`-Liste, getrennt mit Kommas, übergeben.

```
\myline[farbe=rot,laenge=10cm,pos=c,debug]
```

Dazu muss für jeden Parameter ein Key definiert werden.

Der allgemeine Aufruf dabei lautet:

```
\define@key{<gruppe>}{<key name>}[<standard>]{<Definition>}
```

Dabei wird mit <gruppe> die Zugehörigkeit zu einer Gruppe definiert. Wählen Sie hier einen Namen, der noch nicht verwendet worden ist, da viele Ergänzungspakete das Paket keyval verwenden. Der Parameter <key name> legt den Namen für den Parameter fest. Mit <standard> wird hier der Wert definiert, der verwendet wird, wenn kein Wert zugewiesen worden ist (wie bei debug).

Damit die Parameter zugeordnet werden können, wird der Befehl \setkeys aufgerufen.

In Beispiel 8.5 wird ein neuer Befehl definiert (Name \myparbox), der den Befehl \parbox aufruft, aber die entsprechenden Werte über eine key-value-Liste erhält (siehe Tabelle 8.3).

Parameter	Beschreibung
pos=<t|b>	Legt die Position in der Umgebung fest.
hoehe=<dim>	Legt die Höhe der Box fest.
ipos=<t|b|c|>	Legt die Position in der Box fest.
breite=<dim>	Legt die Breite der Box fest.
debug	Zeigt die eingestellten Werte am Bildschirm an.

Tabelle 8.3: Parameter für \myparbox

Für das Beispiel wird das Paket keyval und ifthen benutzt. Da die Befehle das „@"-Zeichen enthalten, muss vorher \makeatletter (siehe Zeile 14) und danach \makeatother (siehe Zeile 53) verwendet werden.

```
11 \usepackage{keyval}
12 \usepackage{ifthen}
13
14 \makeatletter
15 % Vorgaben für Parameter
16 \newcommand{\myparbox@pos}{t}       % Position  (b, t)
17 \newcommand{\myparbox@hoehe}{1cm}   % Höhe
18 \newcommand{\myparbox@ipos}{c}      % Position  (t, b, c, s)
19 \newcommand{\myparbox@breite}{}     % Breite
20 \newcommand{\myparbox@debug}{false} % debug
```

Listing 8.5: key-value-Parameter (source/bsp_command03.tex)

Damit die entsprechenden Parameter Grundeinstellungen besitzen, werden diese vorher als eigene Befehle definiert (siehe Zeile 15 bis 20). Damit diese nicht mit anderen Befehlen in Konflikt treten, wird dem Befehl myparbox@ vorangestellt.

```
22 % Keys
23 \define@key{myparbox}{pos}[\myparbox@pos]{%
24   \renewcommand{\myparbox@pos}{#1}}
25 \define@key{myparbox}{hoehe}[\myparbox@hoehe]{%
26   \renewcommand{\myparbox@hoehe}{#1}}
27 \define@key{myparbox}{ipos}[\myparbox@ipos]{%
28   \renewcommand{\myparbox@ipos}{#1}}
29 \define@key{myparbox}{breite}[\myparbox@breite]{%
```

```
30   \renewcommand{\myparbox@breite}{#1}}
31 \define@key{myparbox}{debug}[true]{%
32   \renewcommand{\myparbox@debug}{#1}}
```

Im nächsten Schritt wird für jeden Parameter der Befehl `\define@key` aufgerufen. Als Gruppe wird hier `myparbox` verwendet. Als Aktion für diesen Parameter wird der Befehl für die Grundeinstellung mit dem neu übergebenen Parameter (oder dessen Standardwert) neu definiert.

```
34 % Befehle
35 \newcommand{\myparbox}[2][]{%
36     \setkeys{myparbox}{#1}
37     \ifthenelse{\equal{\myparbox@debug}{true}}%
38               {\myparbox@debugshow}{}%
39     \parbox[\myparbox@pos]%
40            [\myparbox@hoehe]%
41            [\myparbox@ipos]{\myparbox@breite}{#2}
42 }
```

In Zeile 35 wird der neue Befehl `\myparbox` definiert, der einen optionalen Parameter (hier #1) und einen festen Parameter (hier #2) enthält. Als Erstes müssen die übergebenen Parameter mit dem Befehl `\setkeys` analysiert und den entsprechenden Befehlen zugeordnet werden (siehe Zeile 36). Im nächsten Schritt wird der Wert von `debug` abgefragt. Ist dieser `true`, so wird der Befehl `\myparbox@debugshow` aufgerufen, der die aktuellen Parameter auf dem Bildschirm ausgibt (dieser wird erst später in Zeile 44 definiert).

In Zeile 39 wird dann der eigentliche Befehl `\parbox` aufgerufen, wobei sämtliche Parameter mit übergeben werden. Als letzter Parameter wird #2 übergeben, der den Text der Box darstellt.

```
43 \newcommand{\myparboxset}[1]{\setkeys{myparbox}{#1}}
```

Mit dem Befehl `\myparboxset` werden die Parameter global gesetzt und gelten so lange, bis sie von einem lokalen Wert überschrieben worden sind oder mit `\myparboxset` erneut gesetzt werden.

```
44 \newcommand{\myparbox@debugshow}{%
45   \typeout{DEBUG myparbox ----------------------------------}
46   \typeout{pos          = \myparbox@pos}
47   \typeout{hoehe        = \myparbox@hoehe}
48   \typeout{ipos         = \myparbox@ipos}
49   \typeout{breite       = \myparbox@breite}
50   \typeout{debug        = \myparbox@debug}
51   \typeout{--------------------------------------------------}
52 }
53 \makeatother
```

Zum Schluss wird noch der Befehl `\myparbox@debugshow` definiert, der die Parameter mit den aktuellen Werten am Bildschirm anzeigt (siehe nachfolgendes Beispiel).

```
DEBUG myparbox ----------------------------------
pos = t
hoehe = 2cm
```

```
ipos = b
breite = 3cm
debug = true
-----------------------------------------------------
```

Nun kann der neue Befehl benutzt werden (siehe Beispie 8.6).

```
\begin{minipage}{\linewidth}
  \myparboxset{breite=3cm,hoehe=2cm}
  \fbox{
    \myparbox{center}
    \myparbox[ipos=t]{top}
    \myparbox[ipos=b,debug]{bottom}
  }
\end{minipage}
```

Listing 8.6: Anwendung des neuen Befehls (source/bsp_command03.tex)

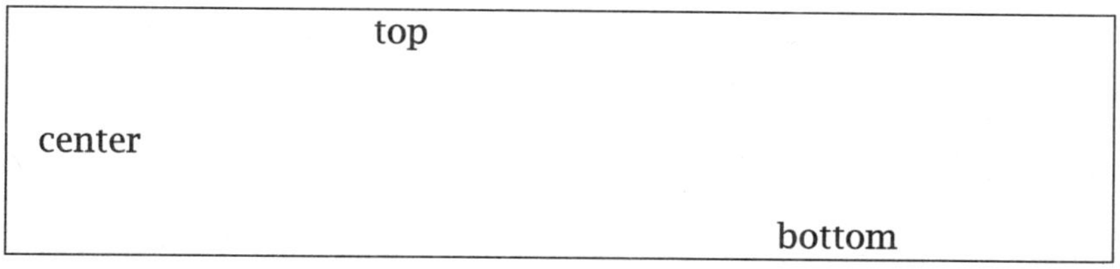

Abb. 8.2: Abbildung zu Listing 8.6

Dazu werden zuerst die Standardparameter mit `\myparboxset` global gesetzt und anschließend drei Boxen mit `\myparpos` und verschiedenen Positionierungen verwendet. Bei der letzten Box wird zusätzlich der Parameter **debug** verwendet.

Neue Befehle und Leerraum

Der erzeugte Befehl aus Beispiel 8.3 auf Seite 515 wird hier nochmals verwendet, um die Problematik mit dem nachfolgenden Leerraum zu verdeutlichen (siehe Beispiel 8.7).

```
Befehl \bs         und Leerraum
```

Befehl \und Leerraum

Listing 8.7: neuen Befehle und Leerraum

Egal, wieviel Leerraum zwischen dem Befehl `\bs` und dem nachfolgenden Text ist, wird dieser von LaTeX auf Null gesetzt. Dies liegt daran, dass das erste Leerzeichen nach dem Befehl als Befehlsende interpretiert wird und alle weiteren als Whitespace ignoriert werden.

Es gibt hier nun mehrere Möglichkeiten, dieses Problem zu lösen.

Klammern verwenden

Wird der Befehl mit Klammern geschrieben, so wird ein Leerraum erzeugt (siehe Beispiel 8.8).

```
Befehl \bs{} und Leerraum
```

Befehl \ und Leerraum

Listing 8.8: Leerraum mit Klammern

Leerraum setzen

Mit dem Tilde-Zeichen wird ein Leerraum erzeugt, bei dem keine Trennung zulässig ist (siehe Beispiel 8.9).

```
Befehl \bs~und Leerraum
```

Befehl \ und Leerraum

Listing 8.9: Leerraum mit Tilde

Verwendung des Ergänzungspakets xspace

xspace.sty

Mit dem Ergänzungspaket `xspace` wird der Befehl `\xspace` zur Verfügung gestellt, der einen Leerraum nach einem Befehl ohne zusätzliche Klammern etc. ermöglicht (siehe Beispiel 8.10).

```
\usepackage{xspace}

\begin{document}

\newcommand{\bs}{$\backslash$\xspace}

Befehl \bs und Leerraum
```

Befehl \ und Leerraum

Listing 8.10: Neuer Befehl mit xspace (source/bsp_command04.tex)

Neue Befehle und Zeilenumbruch

Wird ein neuer Befehl erzeugt, so schreibt man diesen zweckmäßig über mehrere Zeilen, da dies eine bessere Übersicht mit sich bringt. LaTeX interpretiert aber einen Zeilenumbruch als Leerzeichen und fügt dieses auch an entsprechender Stelle ein. Dies führt möglicherweise zu unerwünschten zusätzlichen Abständen.

Um dies zu verhindern, setzt man am Zeilenende ein Kommentarzeichen (mit dem Zeichen „%"). Somit wird der Zeilenumbruch für LaTeX in einem Kommentar verborgen und es entstehen keine unerwünschten Nebeneffekte.

Gültigkeitsbereich der neuen Befehle

Wird ein neuer Befehl im Dokumentenkopf (also im Vorspann) definiert, so sind diese global im gesamten Dokument verfügbar. Wird dagegen ein Befehl in einer Umgebung oder in einer Gruppe (mit { ... }) definiert, so ist er auch nur dort gültig.

Ein Befehl kann in einer Umgebung umdefiniert werden und behält diese Neudefinition so lange, bis die Umgebung verlassen wird. Anschließend hat der Befehl automatisch wieder seinen vorherigen Zustand.

Argumentbegrenzung

Wird ein neuer Befehl erzeugt, so darf der übergebene Parameter beliebig lang sein. Da dies leicht zu Fehlern führen kann, wenn z. B. eine Klammer vergessen worden ist, stellt LaTeX für die Befehle `\newcommand`, `\renewcommand` und `\providecommand` eine Sternvariante zur Verfügung, die dieselbe Aufrufsyntax besitzt.

Bei dieser Sternvariante dürfen übergebene Argumente die Grenze des Absatzes nicht überschreiten, d. h. die Argumente dürfen keine Leerzeilen, den Befehl `\par` oder absatzüberschreitende Strukturen enthalten, da ansonsten ein Fehler gemeldet wird.

Auf diese Weise lassen sich so von LaTeX evtl. Fehler schnell aufzeigen. Für einfache Befehle sollten Sie daher immer die Sternvariante verwenden.

8.6 Neue Umgebungen erzeugen

LaTeX stellt auch die Möglichkeit bereit, neue Umgebungen zu definieren. Dazu wird der Befehl `\newenvironment` verwendet. Ist die Umgebung schon vorhanden, so kann diese über `\renewenvironment` umdefiniert werden.

Der allgemeine Aufruf dabei lautet:

```
\newenvironment{<Umgebungsname>}[<anzahl parameter>][<standard>]%
              {<Start Definition>}%
              {<Ende Deinition>}
\renewenvironment{<Umgebungsname>}[<anzahl parameter>][<standard>]%
              {<Start Definition>}%
              {<Ende Deinition>}
```

Genau wie bei Befehlen kann die Umgebung einen optionalen und bis zu neun feste Parameter besitzen. Mit `<Start Definition>` wird festgelegt, was vor der Umgebung (also vor `\begin{<umgebungsname>}`) an Befehlen ausgeführt werden soll (z. B. eine Initialisierung). Mit `<Ende Definition>` wird bestimmt, was nach der Umgebung (also nach `\end{<umgebungsname>}`) geschehen soll.

Im nachfolgenden Beispiel 8.11 wird eine neue Umgebung erzeugt, die einen Kommentar anzeigt. Dabei wird jeder Kommentar mit einer fortlaufenden Nummer versehen.

```
11 \usepackage{color}
12
13 \newcounter{com}
14 \newenvironment{Kommentar}[1][]
15 {\begin{sloppypar}\noindent{{\large\textcolor{red}{Kommentar: #1}}}%
16     \begin{quote}}
17 {\stepcounter{com}\hfill(\arabic{com})\end{quote}\end{sloppypar}}
18
19 \begin{document}
20
21 \begin{Kommentar}[Wichtig!]
22 Dies ist ein Beispiel für die Umgebung ``Kommentar''!
23 \end{Kommentar}
```

Listing 8.11: Neue Umgebung erzeugen (source/bsp_environment01.tex)

Kommentar: Wichtig!

Dies ist ein Beispiel für die Umgebung "Kommentar"! (1)

Abb. 8.3: Abbildung zu Listing 8.11

Damit die Kommentarüberschrift farbig gesetzt werden kann, wird in Zeile 11 das Paket `color` eingebunden. In Zeile 13 wird ein neuer Zähler für die fortlaufende Nummer definiert. Die eigentliche Umgebung wird in Zeile 14 definiert. Dabei wird ein optionaler Parameter verwendet. In Zeile 15 wird der Beginn der Umgebung definiert. Dazu wird zuerst eine `sloppypar`-Umgebung verwendet, damit der Kommentar einen eigenen Absatz darstellt. Die erste Zeile (also die Überschrift) soll dabei nicht eingerückt (mit `\noindent`) werden. Die Überschrift wird dann größer (mit `\large`) und in der Farbe rot (mit `\textcolor{red}`) gesetzt. Der Kommentartext wird in eine `quote`-Umgebung gesetzt.

Am Ende der neuen Umgebung (Zeile 17) wird der Zähler um Eins erhöht und ganz links (in arabischen Zahlen) ausgegeben. Zum Schluss muss dann noch die `quote`-Umgebung und die `sloppypar`-Umgebung beendet werden.

In Zeile 21 wird dann die neue Umgebung mit dem optionalen Parameter verwendet.

Parameter im Endbereich verwenden

Wird ein Parameter an eine Umgebung übergeben, so kann dieser nur im ersten Bereich (Befehle vor der neuen Umgebung) verwendet werden. Im zweiten Bereich (Befehle nach der Umgebung) stehen diese Parameter nicht mehr zur Verfügung.

Speicherung der Befehle

Eine Lösungsmöglichkeit bieten hier die Befehle \newsavebox, \savebox und \usebox (siehe Kapitel 2.2.3 auf Seite 71). Vor der neuen Umgebung wird eine Box erzeugt, in der der Parameter gespeichert wird. Im ersten Teil, wo der Parameter zur Verfügung steht, wird diese gespeichert und kann dann mit dem zweiten Teil verwendet werden.

Im nachfolgenden Beispiel 8.12 wird eine neue Umgebung erzeugt, die als Parameter einen Befehl enthält, der vor und nach der Umgebung ausgeführt wird, z. B. eine horizontale Linie zeichnet.

```
9  \newsavebox{\myheader}
10 \newenvironment{mybox}[1][]%
11   {\savebox{\myheader}{#1}\noindent\usebox{\myheader}\vspace{1ex}}
12   {\newline\vspace{1ex}\noindent\usebox{\myheader}}
13
14 \begin{document}
15
16 \begin{mybox}[\rule{\linewidth}{0.4pt}]
17 Dies ist ein Text, der oben und unten eine Linie hat.
18 \end{mybox}
19
20 \begin{mybox}
21 Dies ist ein Text, der keinen Header hat.
22 \end{mybox}
```

Listing 8.12: Parameterspeicherung (source/bsp_newenv01.tex)

Dies ist ein Text, der oben und unten eine Linie hat.

Dies ist ein Text, der keinen Header hat.

Abb. 8.4: Abbildung zu Listing 8.12

Dabei wird in Zeile 9 die neue Savebox erzeugt. In der Definition der neuen Umgebung (siehe Zeile 11) wird zuerst der übergebene Parameter gespeichert und danach ausgeführt. Mit \noindent wird dafür gesorgt, dass die Zeile nicht eingerückt wird und mit \vspace wird ein vertikaler Abstand erzeugt. In Zeile 12 wird eine neue Zeile erzeugt, ein vertikaler Abstand eingefügt und der Befehle erneut ausgeführt.

Verwendung von keyval

Eine andere Möglichkeit, die Parameter im zweiten Bereich zu verwenden, stellt das Paket keyval zur Verfügung.

Im nachfolgenden Beispiel werden die Parameter über eine key-value-Kombination übergeben. Das Paket sorgt dann dafür, dass die übernommenen Werte auch im zweiten Teil (Befehle nach der Umgebung) zur Verfügung stehen.

```
\usepackage{keyval}
\usepackage{ifthen}

\makeatletter
% Vorgaben für Parameter
\newcommand{\mybox@topline}{false}       % Linie oben
\newcommand{\mybox@bottomline}{false}    % Linie unten

% Keys
\define@key{mybox}{topline}[true]{%
  \renewcommand{\mybox@topline}{#1}}
\define@key{mybox}{bottomline}[true]{%
  \renewcommand{\mybox@bottomline}{#1}}

% neue Umgebung
\newenvironment{linebox}[1][]{%
  \setkeys{mybox}{#1}
  \ifthenelse{\equal{\mybox@topline}{true}}{\noindent\rule{\linewidth}{0.4pt
      }\vspace{1ex}}{}%
}{%
  \ifthenelse{\equal{\mybox@bottomline}{true}}{\newline\vspace{1ex}\noindent
      \rule{\linewidth}{0.4pt}}{}%
}
\makeatother

\begin{document}

\begin{linebox}
Dies ist ein Text ohne Linien!
\end{linebox}

\begin{linebox}[topline,bottomline]
Dies ist ein Text mit zwei Linien!
\end{linebox}

\begin{linebox}[bottomline]
Dies ist ein Text mit einer Unterlinie!
\end{linebox}
```

Listing 8.13: Parameterspeicherung mit keyval (source/bsp_newenv02.tex)

Dies ist ein Text ohne Linien!

Dies ist ein Text mit zwei Linien!

Dies ist ein Text mit einer Unterlinie!

Abb. 8.5: Abbildung zu Listing 8.13

Dabei wird dasselbe Schema wie im Beispiel 8.5 auf Seite 517 verwendet. Die neue Umgebung zeichnet dann bei Bedarf eine horizontale Linie über bzw. unter dem eigentlichem Text.

9 Fehler

Auch wenn man sich noch so sehr Mühe gibt, es kann immer einmal passieren, dass sich kleine Fehler in ein Dokument einschleichen: Sei es, dass man eine Klammer vergisst oder zu viele einfügt, sei es dass man vergisst, eine Umgebung wieder zu beenden. Man kann vergessen, bei Berechnungen auf den Mathematikmodus umzuschalten oder aber man baut einen einfachen Tippfehler in einen LaTeX-Befehl ein, Möglichkeiten, einen Fehler einzubauen, bieten sich reichlich. LaTeX kennt eine Reihe von Fehlern, bei denen die Übersetzung mit einer Fehlermeldung abbricht. Dann kann der Autor mithilfe der Informationen in der Fehlermeldung (z. B. Nummer der Zeile, in der der Fehler zu suchen ist) das Dokument korrigieren.

9.1 Fehler finden und reagieren

Es gibt eine Menge an Gründen, warum ein LaTeX-Lauf mit einem Fehler abbrechen kann. Dabei gibt LaTeX neben dem Fehler noch weitere Informationen aus, die zur Analyse recht hilfreich sind.

Nachfolgendes Beispiel 9.1 soll dies verdeutlichen.

```
1 \documentclass{article}
2 \begin{document}
3 Hier ist ein \tetbf{Fehler}!
4 \end{document}
```

Listing 9.1: Fehler im Dokument (source/fehler01.tex)

In diesem Beispiel wurde der Befehl `\textbf` in Zeile 3 ohne x geschrieben.

Ruft man nun LaTeX auf, so erscheint folgende Fehlermeldung 9.2.

```
This is TeX, Version 3.14159 (Web2C 7.3.7)
(./fehler01.tex
LaTeX2e <2001/06/01>
...

! Undefined control sequence.
l.3 Hier ist ein \tetbf
                       {Fehler}!
?
```

Listing 9.2: Fehlermeldung von LaTeX

LaTeX meldet hier, dass er eine Kontrollsequenz, also einen Befehl nicht gefunden hat. Dabei wird die Zeilennummer angezeigt, in der LaTeX der Fehler aufgefallen ist (in den meisten Fällen ist dies auch die Zeilennummer, wo der Fehler zu suchen ist), gefolgt von dem Text, der in der Zeile steht. An der Stelle, wo LaTeX den Fehler vermutet, wird ein Zeilenumbruch vorgenommen und mit dem Rest der Zeile fortgefahren.

Nun wartet LaTeX auf eine Eingabe (hier durch das ?-Zeichen ausgedrückt), die festlegt, wie LaTeX weiter verfahren soll. Drückt man hier das ?-Zeichen und die Return-Taste, so wird nachfolgende Auswahl angezeigt.

```
Type <return> to proceed, S to scroll future error messages,
R to run without stopping, Q to run quietly,
I to insert something, E to edit your file,
1 or ... or 9 to ignore the next 1 to 9 tokens of input,
H for help, X to quit.
```

Dabei hat man folgende Möglichkeiten:

- **return**
  Mit der Return-Taste wird LaTeX aufgefordert, weiterzuarbeiten. Dabei wird das entsprechende Wort bzw. der Befehl ignoriert.

- **S (scroll mode)**
  LaTeX setzt die Bearbeitung fort. Bei weiteren Fehlern werden diese nacheinander am Bildschirm angezeigt. Bei schwerwiegenden Fehlern (z. B. Datei nicht gefunden) wird abgebrochen.

- **R (run mode)**
  LaTeX setzt wie bei S die Bearbeitung fort und stoppt auch nicht bei schwerwiegenden Fehlern.

- **Q (quiet mode)**
  Wie beim Modus R, jedoch ohne weitere Bildschirmausgabe. Alle Fehler werden nur in die entsprechende Log-Datei geschrieben.

- **I (insert mode)**
  Der Fehler kann durch Eingabe des richtigen Textes behoben werden. Dieser wird aber nicht in der Original-Datei ausgebessert.

- **1 ...**
  Eine Zahl kleiner 100 bewirkt, dass die nächsten x Zeilen übersprungen werden.

- **H (Hilfe)**
  Es folgt eine ausführliche Fehlerbeschreibung und evtl. ein Hinweis, wie der Fehler behoben werden kann.

- **X (exit)**
  Die Bearbeitung wird abgebrochen.

- **E (Edit)**
  Es wird wie bei X abgebrochen, jedoch wird der Editor mit der entsprechenden Datei aufgrufen und in die entsprechende Zeile gesprungen. Diese Funktion ist nicht in jedem TEX-Paket implementiert.

Für Anfänger ist es am sinnvollsten, hier nicht direkt im LATEX-Lauf zu arbeiten, sondern in die Zeile im Quelldokument zu springen.

Wichtig:

Beachten Sie bei der Fehlersuche, dass ein Fehler weitere Fehler mit sich bringen kann. Es muss also zuerst der erste Fehler beseitigt werden, bevor fortgefahren wird. Es kann sogar sein, dass mit Beseitigung des einen Fehlers die nächsten automatisch behoben werden.

Die häufigsten Fehler

Die Fehler, die beim Erstellen eines Dokuments auftreten, sind oftmals:

- **Klammern vergessen**
  Sehr häufig wird vergessen, eine geöffnete Klammer wieder zu schließen. Verwendet man einen Editor, der von sich aus überprüfen kann, ob alle Klammern geschlossen worden sind, erleichtert dies das Arbeiten ungemein.

  XEmacs hat einen einstellbaren Modus, der bei der Eingabe alle Klammern prüft und farbig anzeigt, wenn Klammern nicht zusammenpassen (z. B. eine gescheifte Klammer wurde geöffnet und eine runde Klammer wurde geschlossen).

- **Befehle falsch geschrieben**
  Ein weiterer „beliebter“ Fehler ist das fehlerhafte Schreiben von Befehlen.

- **Falsches Umgebungsende**
  Wird eine Umgebung mit `\begin{...}` begonnen und mit einer anderen geschlossen, führt dies auch zu einem Fehler. Dieser kann vermieden werden, wenn ein Editor verwendet wird, der die Umgebung („begin“ und „end“) automatisch auf Tastenanweisung oder Mausklick einfügt.

  XEmacs stellt hier die Tastenkombination `C-c C-e` zur Verfügung.

9.2 Fehlermeldungen

Nachfolgend erscheint eine Auswahl an Fehlermeldungen. Diese Liste ist nicht vollständig, da jedes Ergänzungspaket selbst entsprechende Fehlermeldungen erzeugen kann.

- **! Double subscript.**
  In einer mathematischen Formel treten zwei Tiefstellungsbefehle „_“ hintereinander auf, ohne dass diese geklammert sind.

- **! Double superscript.**
  In einer mathematischen Formel treten zwei Hochstellungsbefehle „^" hintereinander auf, ohne dass diese geklammert sind.
- **! Extra }, or forgotten $.**
  Hier wurde eine rechte Klammer „}" vergessen oder eine linke Klammer „{" zu viel gesetzt bzw. vergessen, den Mathematik-Modus zu beenden.
- **! Extra alignment tab has been changed to \cr.**
  Eine Zeile in der `tabular`- bzw. `array`-Umgebung enthält mehr Spaltentrenner („&"-Zeichen) als Spalten vorhanden sind.
- **! I can't find file ...**
  Eine Datei kann nicht gefunden werden. Dabei sucht TEX bzw. LATEX in folgenden Verzeichnissen:
  - Im aktuellen Verzeichnis.
  - In allen Verzeichnissen, die in der Umgebungsvariablen `TEXINPUTS` angegeben sind.
  - In der Verzeichnisstruktur des `texmf`-Baums. Werden hier neue Dateien eingespielt, so ist die Verzeichnisdatenbank wieder zu aktualisieren (siehe Seite 578).
- **! Illegal parameter number in definition of ...**
  Bei einer Befehlsdefinition (mit `\newcommand`, `\renewcommand ...`) wurde das #-Zeichen falsch verwendet.
- **! Illegal unit of measure (pt inserted).**
  Eine Länge wird erwartet, es wird aber nur eine Zahl (ohne Längenparameter wie `pt`) übergeben.
- **! Misplaced alignment tab character &.**
  Das &-Zeichen ist in normalem Text verwendet worden. Es darf aber nur in Tabellenumgebungen verwendet werden.
- **! Missing $ inserted.**
  Es wurde ein Befehl bzw. ein Symbol verwendet, welches nur im mathematischen Modus erlaubt ist.
- **! Missing { inserted.**
  Es fehlt eine öffnende Klammer. Der Fehler liegt wahrscheinlich viel weiter oben im Text als die angegebene Zeilennummer vermuten lässt.
- **! Missing } inserted.**
  Es fehlt eine schließende Klammer. Der Fehler liegt wahrscheinlich viel weiter oben im Text als die angegebene Zeilennummer vermuten lässt.
- **! Missing control sequence inserted.**
  Bei der Befehlsdefinition (mit `\newcommand`, `\renewcommand ...`) wurde der \ als Befehlsbeginn vergessen.

- **! Missing number, treated as zero.**
  Es wurde ein Befehl aufgerufen, der einen Parameter erwartet, aber keinen erhält.
- **! Not a letter.**
  In der Trennliste des `\hyphenation`-Befehls ist ein Zeichen verwendet worden, das nicht als Buchstabe angesehen wird.
- **! Paragraph ended before ... was complete.**
  Ein Befehlsargument enthält eine Leerzeile oder den `\par`-Befehl, der nicht erlaubt ist (siehe z. B. `newcommand*`). Möglich ist, dass hier auch eine schließende Klammer vergessen wurde und der Befehl daher noch kein Ende gefunden hat.
- **! Undefined control sequence ...**
  Ein Befehlsname ist falsch geschrieben oder nicht vorhanden, weil ein Ergänzungspaket nicht eingebunden ist.
- **! TEX capacity exceeded, sorry ...**
  Hier wurde die Speichergrenze von TEX überschritten. Dies liegt meist an einer vergessenen Klammer oder an einem zu großen Dokument. TEX geht dann wirklich der Speicher aus.

  Dabei hat TEX folgende Pufferspeicher (einige davon können in der Datei `texmf.cnf` angepasst werden):

  - **buffer size**
    Die Ursache kann eine zu lange Textzeile sein oder ein falsch erkanntes Newline-Zeichen am Ende der Zeile (tritt häufig auf, wenn Texte zwischen Unix, Mac und Windows ausgetauscht werden).
  - **exception dictionary**
    Die Trennungsliste ist zu lang.
  - **hash size**
    Die Eingabedatei enthält zu viele Befehlsdefinitionen oder benutzt zu viele Referenzmarken.
  - **main memory**
    In diesem Speicher wird jede einzelne Seite bearbeitet. Läuft dieser Speicher über, so wurden zu viele Definitionen in der Seite vorgenommen, bevor diese abgeschlossen werden konnte.
  - **pool size**
    Hier werden die Namen für Befehlsdefinitionen und Marken für Querverweise gespeichert. Sind diese Namen zu lang, kommt es zu einem Überlauf.
  - **save size**
    Tritt eine zu tiefe Verschachtelung von Befehlen auf, läuft dieser Speicher über.

In der Log-Datei wird am Ende angezeigt, wie viel Speicher für die einzelnen Bereiche verwendet worden ist. Für dieses Buch ergaben sich folgende Werte:

```
Here is how much of TeX's memory you used:
15151 strings out of 25847
310306 string characters out of 1195959
383736 words of memory out of 3000001
15551 multiletter control sequences out of 10000+15000
76569 words of font info for 214 fonts, out of 400000 for 1000
14 hyphenation exceptions out of 1000
48i,24n,48p,614b,1600s stack positions out of 300i,100n,500p,50000b,4000s
```

- **! LaTeX error: Bad \line or \vector argument.**
  Das Wertepaar im `\line`- oder `\vector`-Befehl ist nicht zulässig.
- **! LaTeX error: Bad math environment delimiter.**
  Es wurde in den mathematischen Modus geschaltet, obwohl LaTeX bereits in diesem ist oder es wurde im normalen Text eine Befehlsfolge verwendet, die den mathematischen Modus beendet.
- **! LaTeX error: Can be used only in preamble.**
  Es wurde ein Befehl verwendet, der nur im Dokumentkopf (also vor `\begin{document}`) verwendet werden darf.
- **! LaTeX error: Command ... already defined.**
  Es wird ein neuer Befehl definiert, wobei der Befehlsname schon belegt ist.
- **! LaTeX error: Command ... invalid in math mode.**
  Es wurde ein Befehl im mathematischen Modus verwendet, der dort verboten ist.
- **! LaTeX error: Command ... undefined in encoding ...**
  Ein Schriftbefehl wurde im falschen Codeattribut verwendet (z.B. in T1, wenn er in OT1 definiert ist).
- **! LaTeX error: Counter too large.**
  Dieser Fehler tritt auf, wenn ein Zähler mit Buchstaben dargestellt wird und den Wert 26 überschritten hat (bzw. bei Fußnoten den Wert 9).
- **! LaTeX error: Environment ... not defined.**
  Es wurde eine Umgebung verwendet, die nicht definiert ist. Entweder ist der Name falsch geschrieben oder das zugehörige Ergänzungspaket wurde nicht eingebunden.
- **! LaTeX error: File '...' not found.**
  Eine Datei wurde nicht gefunden (siehe hierzu die entsprechende TeX-Fehlermeldung).
- **! LaTeX error: Float(s) lost.**
  Es wurde eine gleitende Umgebung (z.B. `table` oder `figure`) in einer `minipage`-Umgebung oder in einem `\parbox`-Befehl definiert. Bei der Ausgabe der Seite wurde festgestellt, dass dieses Objekt nicht gedruckt werden

konnte. Prinzipiell dürfen gleitende Objekte nicht in andere Umgebungen oder Befehle eingebunden werden.

- **! LaTeX error: Font ... not found.**
  Ein eingestellter Font wurde nicht gefunden.
- **! LaTeX error: Illegal character in array arg.**
  Eine `tabular`- bzw. `array`-Umgebung enthält ein unbekanntes Spaltenformatierungszeichen.
- **! LaTeX error: Lonely \item-perhaps a missing list environment.**
  Ein `\item`-Befehl steht außerhalb der entsprechenden Umgebung.
- **! LaTeX error: Missing -exp in array arg.**
  Es wurde das -Zeichen in einer Spaltendefinition verwendet, ohne dass dabei in geschweiften Klammern ein Text angegeben worden ist.
- **! LaTeX error: Missing \begin{document}.**
  Es wurde ein Befehl verwendet, der nur nach `\begin{document}` auftreten darf.
- **! LaTeX error: Missing p-arg in array arg.**
  Es wurde bei einer Spaltendefinition das `p`-Argument verwendet, ohne dass hier eine entsprechende Breite angegeben worden ist.
- **! LaTeX error: No Counter ... defined.**
  Es wurde ein Zähler verwendet, der nicht definiert worden ist.
- **! LaTeX error: Not in outer par mode.**
  Es wurde ein gleitendes Objekt in einer anderen Umgebung oder im Mathematik-Modus verwendet.
- **! LaTeX error: Page height already too large.**
  Es wurde versucht, eine Seite mit `\enlargethispage` zu vergrößern, obwohl schon vorher von LaTeX gemeldet worden ist, dass die Seite zu groß ist.
- **! LaTeX error: Something's wrong-perhaps a missing \item.**
  In einer Aufzählungsumgebung befindet sich ein Text, der ohne den Befehl `\item` verwendet worden ist.
- **! LaTeX error: Suggested extra height ... dangerously large.**
  Die Größenänderung der Seite mit `\enlargethispage` wird von LaTeX als zu groß angesehen.
- **! LaTeX error: Tab overflow.**
  Die maximale Anzahl an Tabstopps in der `tabbing`-Umgebung ist überschritten worden.
- **! LaTeX error: There's no line here to end.**
  Der Befehl `\\`oder `\newline` wurde verwendet, wo es keinen Sinn macht. Dies kann der Fall sein, wenn LaTeX einen Absatz schon beendet hat oder vorher der Befehl `\par` verwendet worden ist.

- **! LaTeX error: This may be a LaTeX bug.**
  Hier ist LaTeX vollständig in den Wald geraten und kann die Ursache für den Fehler nicht analysieren. Dies kann passieren, wenn ein vorheriger Fehler nicht behoben worden ist und LaTeX aufgefordert worden ist, die Übersetzung fortzusetzen.

- **! LaTeX error: Too deeply nested.**
  Es wurden zu viele Aufzählungs- bzw. Listenumgebungen ineinander verschachtelt.

- **! LaTeX error: Too many columns in eqnarray environment.**
  Es wurden mehr als drei Spalten in der `eqnarray`-Umgebung verwendet.

- **! LaTeX error: Too many unprocessed float.**
  Es wurden zu viele gleitende Umgebungen (mehr als 18) verwendet, die nicht platziert werden konnten. Hier müssen die Einstellungen für gleitende Umgebungen angepasst werden (siehe 3.2.1 auf Seite 130).

- **! LaTeX error: Undefined tab position.**
  In einer `tabbing`-Umgebung wurde versucht, auf eine Tabposition zu gelangen, die nicht vorhanden ist.

- **! LaTeX error: \begin{xxx} ended by \end{yyy}**
  Es wurde eine Umgebung mit dem falschen Namen beendet.

- **! LaTeX error: \include cannot be nested.**
  Eine mit `\include` eingebunden Datei enthält wiederum einen `\include`-Befehl.

- **! LaTeX error: \pushtabs and \poptabs don't match.**
  Die Zahl der `\pushtabs`-Befehle in einer `tabbing`-Umgebung stimmt nicht mit der Anzahl an `\poptabs`-Befehlen überein.

- **! LaTeX error: \verb ended by end of line.**
  Es wurde bei einem `\verb`-Befehl das Endezeichen vergessen oder es wurde ein nicht erlaubter Zeilenumbruch eingefügt.

- **! LaTeX error: \verb illegal in command argument.**
  Es wurde versucht, den `\verb`-Befehl als Parameter in einem Befehl zu verwenden.

- **! LaTeX error: ... allowed only in math mode.**
  Es wurde ein Befehl im Text-Modus verwendet, der nur im Mathematik-Modus erlaubt ist.

- **! LaTeX warning: 'h' float specifier changed to 'ht'.**
  Der Positionierungsparameter für gleitende Umgebungen wurde von LaTeX selbst geändert, da an der aktuellen Stelle kein Platz vorhanden war.

- **! LaTeX warning: Float too large for this page by ... pt on input line ...**
  Das gleitende Objekt ist zu groß für die aktuelle Seite.

- **! LaTeX warning: Label ... multiply defined.**
  Ein Label wurde mehrmals definiert.
- **! LaTeX warning: Label(s) may have changed.**
  Ein Verweis auf einen Label hat sich geändert. Durch einen zweiten LaTeX-Lauf wird dieser wieder richtig gesetzt.
- **! LaTeX warning: Marginpar on page ... moved.**
  Eine Randnotiz wurde nach unten verschoben, sodass diese nicht mit einer anderen Randnotiz kollidiert.
- **! LaTeX warning: Reference ... on page ... undefined on input line ...**
  Es wurde ein Verweis verwendet, der nicht gefunden worden ist. Beim ersten LaTeX-Lauf, wenn die Verweise noch nicht angelegt sind, ist die Warnung normal.
- **! LaTeX warning: Text page ... contains only floats.**
  Eine Seite enthält nur gleitende Objekte. Hier ist es evtl. notwendig, die Parameter für gleitende Objekte anzupassen.
- **Overfull \hbox ...**
  Eine Zeile ragt über den Rand hinaus. Hier muss entweder eine Trennung von Hand eingefügt, der Satz umformuliert oder ein Objekt (z. B. ein Bild) evtl. kleiner gesetzt werden.
- **Overfull \vbox ...**
  Eine Seite ragt über den unteren Rand hinaus. Hier muss evtl. die Seite von Hand vergrößert oder vorher ein manueller Seitenumbruch eingefügt werden.
- **Underfull \hbox (badness ...) ...**
  Eine Zeile ist zu kurz und zwischen Zeilenende und Rand ist noch Platz.
- **Underfull \vbox ...**
  Eine Seite konnte nicht gefüllt werden und enthält einen leeren Block.

9.3 Fehler mit Tools schneller auffinden

Es gibt einige Tools, die Fehler bzw. Unsauberkeiten in LaTeX-Dokumenten auffinden und entsprechend anzeigen.

Das Programm „lacheck“

Mit dem Programm `lacheck` lassen sich LaTeX-Dokumente auf Fehler überprüfen. Das Programm kann unter `CTAN:support/lacheck` bezogen werden.

Der allgemeine Aufruf dabei lautet:

```
lacheck <datei>.tex
```

Bei dem Programmpaket ist eine Testdatei (siehe Listing 9.3) enthalten, die die wichtigsten Fehler und Unsauberkeiten enthält, um die Fähigkeiten von `lacheck` zu demonstrieren.

```
1 % $Revision: 1.4 $
2
3 { }                                % Unwanted space after '{'
4 {\em hello} world                  % May need '\/' before 'world'
5 {\em hello\/ world}.               % '\/' not needed before 'world'
6 hello\/ world                      % '\/' not needed after 'hello'
7 {\em hello\/}\/ world              % Double '\/'
8 {\em hello\/}, world               % '\/' before ',' or '.'
9 \[display math\].                  % Punctuation mark after end of display math
10 $math.$                           % Punctuation mark before end of math mode
11 \begin                            % Missing argument for \begin
12 \begin{verbatim}
13 TAB     TAB                       % Tab in verbatim
14 \end{verbatim}
15 \end                              % Missing argument for \end
16 a.k.a. world                      % Missing '\ ' after abbreviation
17 HELLO. World                      % Missing '\@' before '.'
18 hello~ world                      % Double space
19 $ + \ldots + $                    % Should be \cdots
20 $ , \cdots , $                    % Should be \ldots
21 $ + .. + $                        % Should be \cdots
22 $ , .. , $                        % Should be \ldots
23 hello world...                    % Should be ellipsis
24 \label{hello evil world}          % Bad character in label
25 Hello \ref{world}                 % Missing ~
26 Hello \footnote{world}            % Whitespace before footnote
27 \above                            % Primitive in LaTeX
28 hello \rm{world}                  % Font specifier with argument
29 \hello@world                      % @ in LaTeX macro name
30 hello ''world''                   % Quote begined with '
31 ``hello`` world                   % Quote ended with `
32 world .                           % Whitespace before punctuation mark
33 \(hello
34 world\]                           % Bad match
35 \verb|hello
36 world|                            % multi-line \verb
37
38 % Local Variables:
39 % mode: LaTeX
40 % TeX-master: t
41 % TeX-auto-update: nil
42 % End:
```

Listing 9.3: Testdatei von lacheck

Nach dem Aufruf von

```
lacheck lacheck_test.tex
```

erhält man folgende Ausgabe:

```
"lacheck_test.tex", line 3: possible unwanted space at "{"
"lacheck_test.tex", line 4: you may need a \/ before "world"
"lacheck_test.tex", line 5: \/ not needed before italic text "world"
"lacheck_test.tex", line 6: \/ not needed after non-italic text "hello"
"lacheck_test.tex", line 7: double \/ found "\/"
```

```
"lacheck_test.tex", line 8: do not use \/ before ","
"lacheck_test.tex", line 9: punctuation mark "." should be placed before end
                            of displaymath
"lacheck_test.tex", line 10: punctuation mark "." should be placed after end
                             of math mode
"lacheck_test.tex", line 11: {argument} missing for \begin
"lacheck_test.tex", line 13: TAB character in verbatim environment
"lacheck_test.tex", line 15: {argument} missing for \end
"lacheck_test.tex", line 16: missing ‘\ ’ after "a.k.a."
"lacheck_test.tex", line 17: missing ‘\@’ before ‘.’ in "HELLO."
"lacheck_test.tex", line 18: double space at "~ "
"lacheck_test.tex", line 19: \ldots should be \cdots in "+ \ldots +"
"lacheck_test.tex", line 20: \cdots should be \ldots in " , \cdots ,"
"lacheck_test.tex", line 21: Dots should be \cdots in "+ .. +"
"lacheck_test.tex", line 22: Dots should be \ldots in " , .. ,"
"lacheck_test.tex", line 23: Dots should be ellipsis "..."
"lacheck_test.tex", line 24: bad character in label
                             "\label{hello evil world}", see C.10.2
"lacheck_test.tex", line 25: perhaps you should insert a ‘~’ before "\ref"
"lacheck_test.tex", line 26: whitespace before footnote in "\footnote"
"lacheck_test.tex", line 27: Don't use "\above" in LaTeX documents
"lacheck_test.tex", line 28: Fontspecifiers don't take arguments. " \rm"
"lacheck_test.tex", line 29: Do not use @ in LaTeX macro names.
                             "\hello@world"
"lacheck_test.tex", line 30: Use ‘ to begin quotation, not ’ " ''world"
"lacheck_test.tex", line 31: Use ’ to end quotation, not ‘ "hello‘"
"lacheck_test.tex", line 32: Whitespace before punctation mark in " ."
"lacheck_test.tex", line 34: <- unmatched "display math end \]"
"lacheck_test.tex", line 33: -> unmatched "math begin \("
"lacheck_test.tex", line 35: \verb should not contain end of line characters
```

Auf diese Weise lassen sich viele Fehler schnell auffinden. Verwendet man den Editor XEmacs, so kann das Programm `lacheck` direkt aus dem Editor über Command - Check aufgerufen werden. Dabei wird automatisch von XEmacs das Hauptdokument mit allen eingebundenen Teildokumenten überprüft. Wird ein Fehler bzw. eine Warnung angezeigt, so kann durch einen Klick auf die entsprechende Warnung direkt an die Stelle im LaTeX-Dokument gesprungen werden.

Das Programm „chktex“

Mit dem Programm `chktex` lassen sich wie bei dem Programm `lacheck` Fehler in LaTeX-Dokumenten finden. Das Programm kann unter CTAN:`support/chktex` bezogen werden.

Der allgemeine Aufruf dabei lautet:

```
chktex <datei>.tex
```

Dabei stehen noch folgende Parameter zur Verfügung, die über

```
chktex --help
```

angezeigt werden:

```
                        Usage of ChkTeX v1.5
                        ~~~~~~~~~~~~~~~~~~~~

                             Template
                             ~~~~~~~~
chktex [-hiqrW] [-v[0-...]] [-l <rcfile>] [-[wemn] <[1-42]|all>]
       [-d[0-...]] [-p <name>] [-o <outfile>] [-[btxgI][0|1]]
       file1 file2 ...

----------------------------------------------------------------
                      Description of options:
                      ~~~~~~~~~~~~~~~~~~~~~~~
Misc. options
~~~~~~~~~~~~~
    -h  --help      : This text.
    -i  --license   : Show distribution information
    -l  --localrc   : Read local .chktexrc formatted  file.
    -d  --debug     : Debug information. Give it a number.
    -r  --reset     : Reset settings to default.

Muting warning messages:
~~~~~~~~~~~~~~~~~~~~~~~~
    -w  --warnon    : Makes msg # given a warning and turns it on.
    -e  --erroron   : Makes msg # given an error and turns it on.
    -m  --msgon     : Makes msg # given a message and turns it on.
    -n  --nowarn    : Mutes msg # given.

Output control flags:
~~~~~~~~~~~~~~~~~~~~~
    -v  --verbosity : How errors are displayed.
                      Default 1, 0=Less, 2=Fancy, 3=lacheck.
    -V  --pipeverb  : How errors are displayed when stdout != tty.
                      Defaults to the same as -v.
    -s  --splitchar : String used to split fields when doing -v0
    -o  --output    : Redirect error report to a file.
    -q  --quiet     : Shuts up about version information.
    -p  --pseudoname: Input file-name when reporting.
    -f  --format    : Format to use for output

Boolean switches (1 -> enables / 0 -> disables):
~~~~~~~~~~~~~~~~~~~~~~~~~~~~~~~~~~~~~~~~~~~~~~~~
    -b  --backup    : Backup output file.
    -x  --wipeverb  : Ignore contents of `\verb' commands.
    -g  --globalrc  : Read global .chktexrc file.
    -I  --inputfiles: Execute \input statements.
    -H  --headererr : Show errors found in front of \begin{document}

Miscellaneous switches:
~~~~~~~~~~~~~~~~~~~~~~~
    -W  --version   : Version information

----------------------------------------------------------------
If no LaTeX files are specified on the command line, we will read from
stdin.   For explanation of warning/error messages, please consult the
main document ChkTeX.dvi or ChkTeX.ps.
```

Ruft man nun `chktex` mit derselben Testdatei, wie bei `lacheck` auf, so erhält man nachfolgende Ausgabe:

```
chktex: WARNING -- Could not find global resource file.
ChkTeX v1.5 - Copyright 1995-96 Jens T. Berger Thielemann.

Warning 1 in lacheck_test.tex line 4: Command terminated with space.
{\em hello} world                % May need ‘\/’ before ‘world’
   ^
Warning 1 in lacheck_test.tex line 5: Command terminated with space.
{\em hello\/ world}.             % ‘\/’ not needed before ‘world’
   ^
Warning 4 in lacheck_test.tex line 5: Italic correction (‘\/’) found in non-
    italic buffer.
{\em hello\/ world}.             % ‘\/’ not needed before ‘world’
         ^^
Warning 4 in lacheck_test.tex line 6: Italic correction (‘\/’) found in non-
    italic buffer.
hello\/ world                    % ‘\/’ not needed after ‘hello’
     ^^
Warning 1 in lacheck_test.tex line 7: Command terminated with space.
{\em hello\/}\/ world            % Double ‘\/’
   ^
Warning 4 in lacheck_test.tex line 7: Italic correction (‘\/’) found in non-
    italic buffer.
{\em hello\/}\/ world            % Double ‘\/’
         ^^
Warning 4 in lacheck_test.tex line 7: Italic correction (‘\/’) found in non-
    italic buffer.
{\em hello\/}\/ world            % Double ‘\/’
            ^^
Warning 1 in lacheck_test.tex line 8: Command terminated with space.
{\em hello\/}, world             % ‘\/’ before ‘,’ or ‘.’
   ^
Warning 4 in lacheck_test.tex line 8: Italic correction (‘\/’) found in non-
    italic buffer.
{\em hello\/}, world             % ‘\/’ before ‘,’ or ‘.’
         ^^
Warning 40 in lacheck_test.tex line 9: You should put punctuation inside
    display math mode.
\[display math\].                % Punctuation mark after end of display math
               ^
Warning 40 in lacheck_test.tex line 10: You should put punctuation outside
    inner math mode.
$math.$                          % Punctuation mark before end of math mode
     ^
Warning 1 in lacheck_test.tex line 11: Command terminated with space.
\begin                           % Missing argument for \begin
      ^
Error 14 in lacheck_test.tex line 11: Could not find argument for command.
\begin                           % Missing argument for \begin
^^^^^^
Warning 1 in lacheck_test.tex line 15: Command terminated with space.
\end                             % Missing argument for \end
    ^
Error 14 in lacheck_test.tex line 15: Could not find argument for command.
\end                             % Missing argument for \end
^^^^
Warning 12 in lacheck_test.tex line 16: Interword spacing (‘\ ’) should
    perhaps be used.
a.k.a. world                     % Missing ‘\ ’ after abbreviation
```

```
     ^
Warning 13 in lacheck_test.tex line 17: Intersentence spacing (`\@') should
    perhaps be used.
HELLO. World                        % Missing `\@' before `.'
     ^
Warning 39 in lacheck_test.tex line 18: Double space found.
hello~ world                        % Double space
      ^
Warning 11 in lacheck_test.tex line 23: You should use \ldots to achieve an
    ellipsis.
hello world...                      % Should be ellipsis
           ^^^
Warning 1 in lacheck_test.tex line 27: Command terminated with space.
\above                              % Primitive in LaTeX
      ^
Warning 32 in lacheck_test.tex line 30: Use ` to begin quotation, not '.
hello ''world''                     % Quote begined with '
      ^^
Warning 33 in lacheck_test.tex line 31: Use ' to end quotation, not `.
``hello`` world                     % Quote ended with `
       ^^
Warning 26 in lacheck_test.tex line 32: You ought to remove spaces in front
    of punctuation.
world .                             % Whitespace before punctuation mark
     ^
Error 14 in lacheck_test.tex line 35: Could not find argument for command.
\verb|hello
^^^^^
3 errors printed; 21 warnings printed; No user suppressed warnings printed.
```

Der Vorteil an `chktex` ist, dass alle Warnungen in Kategorien eingeteilt sind, die man je nach Bedarf ein- bzw. ausblenden kann.

9.4 FAQ lesen

Treten Fehler oder Probleme auf, so ist unbedingt die FAQ (Frequently asked questions) zu lesen. Die aktuelle Version finden Sie unter `http://www.dante.de/faq/de-tex-faq/` als HTML-, Text-, PS- oder PDF-Datei.

Betrachtet man die PDF-Version, so ergibt sich das Erscheinungsbild wie in Abbildung 9.1 auf der nächsten Seite gezeigt.

Dabei wird links ein Inhaltsverzeichnis angezeigt und rechts der entsprechende Abschnitt dazu. Interessant ist vor allem das Inhaltsverzeichnis, das es ermöglicht, schnell per Link an die entsprechende Stelle im Dokument zu gelangen (siehe Abbildung 9.2 auf der nächsten Seite).

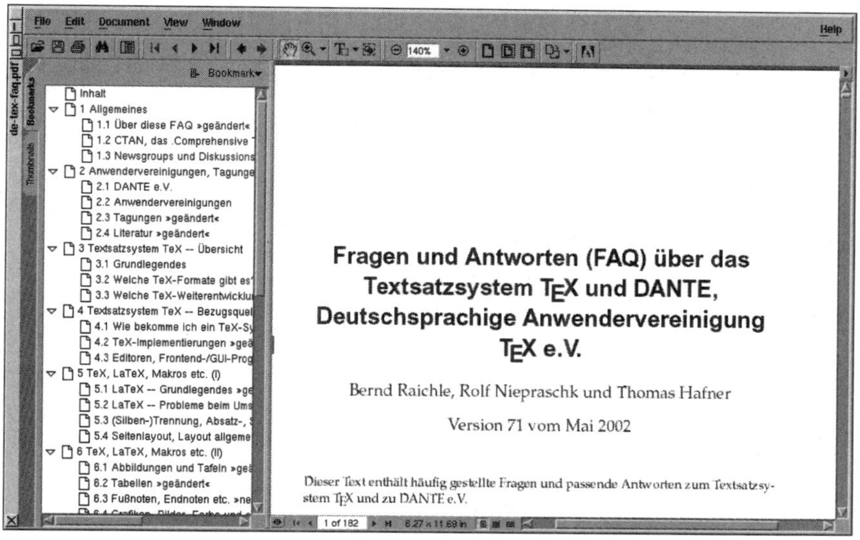

Abb. 9.1: FAQ als PDF-Datei

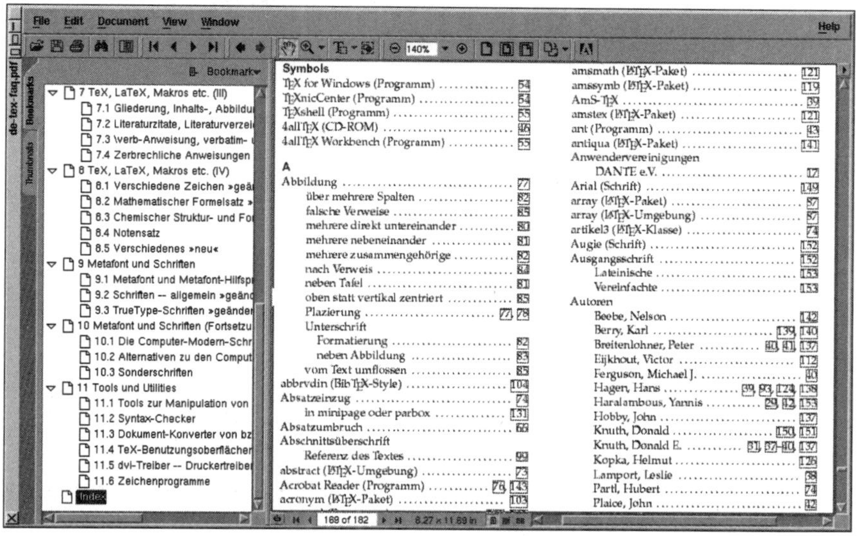

Abb. 9.2: FAQ als PDF-Datei (Index)

9.5 Was man sonst noch unternehmen kann

Haben Sie nach dem Lesen der FAQ immer noch Probleme, lesen Sie in der Mailingliste `tex-d-l` bzw. in der Newsgroup `de.comp.text.tex` nach bzw. stellen Sie dort Ihre Fragen . Mehr dazu in Kapitel 11.6 auf Seite 581

10 Zeichensätze

Das Aussehen eines Dokuments hängt nicht unwesentlich von den verwendeten Schriftarten ab. Gerade Überschriften heben sich in erster Linie durch andere Schrifteigenschaften vom übrigen Text ab. Aus diesem Grund ist es wichtig, das Zusammenspiel der Schrifteigenschaften gut zu kennen, um manuelle Anpassungen qualifiziert vornehmen zu können, damit das Ergebnis genau den Wünschen des Autors entspricht.

Wem dies zu aufwändig ist und wer sich mit voreingestellten Zeichensätzen zufrieden gibt, der findet in Kapitel 10.3 auf Seite 550 einiges zu den hierfür zur Verfügung stehenden Ergänzungspaketen.

10.1 Grundaufbau eines Zeichensatzes

Ein Zeichensatz in TeX wird durch fünf Kriterien bzw. Attribute beschrieben.

- **Codierungsattribut**
  Mit dem Attribut `fontencoding` wird die Codierung für den Zeichensatz festgelegt, d. h. die Platzierung der einzelnen Zeichen innerhalb des Zeichensatzes. Dabei besteht das Attribut aus bis zu drei Großbuchstaben, wobei Zeichen Zwei und Drei auch eine Zahl sein können. Standardmäßig sind foglende Attribute definiert (siehe Tabelle 10.1).

Kode	Beschreibung
T1	erweiterte TeX-Zeichensätze (z. B. ec-Schriften)
OT1	TeX-Textzeichensätze (z. B. cm-Schriften)
OT2	kyrillische Zeichensätze
OT3	internationale phonetische Zeichensätze
OML	math. TeX-Textzeichensätze
OMS	math. TeX-Symbolzeichensätze
OMX	erw. math. TeX-Zeichensätze
U	unbekannte Kodierung
L<xx>	lokale Zeichensätze

Tabelle 10.1: Standardkodierungsattribute

Das Attribut wird mit dem Befehl `\fontencoding` festgelegt.

```
\fontencoding{T1}
```

Für die entsprechende Codierung muss das Ergänzungspaket `fontenc` geladen werden.

```
\usepackage[T1]{fontenc}
```

- **Familienattribut**
  Mit dem Befehl `\fontfamily` wird die Schriftfamilie (evtl. auch die Herkunft) einer Schrift festgelegt. Tabelle 10.2 zeigt einen Ausschnitt von Standardschriftfamilien.

Tabelle 10.2: Familienattribute

Familie	Beschreibung
cmr	Computer Modern Roman
cmss	Computer Modern Sans
cmtt	Computer Modern Typewriter
cmm	Computer Modern Math Italic
cmsy	Computer Modern Math Symbols
cmex	Computer Modern Math Extensions
ptm	Adobe Times
phv	Adobe Helvetica
pcr	Adobe Courier
lazy	LaTeX-Zusatzsymbole
...	

Das Attribut wird mit dem Befehl `\fontfamily` festgelegt.

```
\fontfamily{cmr}
```

- **Serienattribut**
  Mit dem Serienattribut `\fontseries` wird die Stärke (weight) und Weite bzw. Breite (width) einer Schrift festgelegt. Die Serie wird mit bis zu vier Buchstaben gekennzeichnet (siehe Tabelle 10.3).

Stärke	Beschreibung
ul	ultraleicht
el	extraleicht
l	leicht / dünn
sl	halbleicht
m	normal
sb	halbfett
b	fett
eb	extrafett
ub	ultrafett

Weite	%	Beschreibung
uc	50,0	ultragestaucht
ec	62,5	extragestaucht
c	75,0	gestaucht
sc	87,5	halbgestaucht
m	100,0	normal
sx	112,5	halbgedehnt
x	125,0	gedehnt
ex	150,0	extragedehnt
ux	200,0	ultragedehnt

Tabelle 10.3: Serienattribute (Stärke und Weite)

Das Attribut wird mit dem Befehl `\fontseries` festgelegt, wobei aus jedem Bereich (Stärke und Weite) ein Wert verwendet wird.

```
\fontseries{ulx}
```

- **Formattribut**
  Mit dem Befehl `\fontshape` wird die Schriftform bestimmt. Beispielsweise

  ```
  \fontshape{n}
  ```

  Tabelle 10.4 zeigt die möglichen Werte.

Tabelle 10.4: Formattribute

Format	Beschreibung
n	normal
it	kursiv (italic)
sl	geneigt (slanted)
sc	Kapitälchen (small caps)
u	ungeneigt kursiv (upright italic)

- **Größenattribut**
  Mit dem Größenattribut wird die Größe des Fonts festgelegt. Das Attribut wird mit dem Befehl `\fontsize` festgelegt.

  Der allgemeine Aufruf dabei lautet:

  ```
  \fontsize{<größe>}{<abstand>}
  ```

  Mit `<größe>` wird dabei die Schriftgröße festgelegt. Hierbei kann jede Maßeinheit verwendet werden. Wird nur eine Zahl angegeben, so wird automatisch `pt` angefügt. Das zweite Maß `<abstand>` legt den Zeilenabstand fest.

  Mit

  ```
  \fontsize{10pt}{2ex}
  ```

  wird eine Schriftgröße von 10 pt und der Zeilenabstand auf 2 ex festgelegt (also die zweifache Höhe des Zeichens `x` aus der 10 pt-Schrift).

Ist der Zeichensatz festgelegt worden, so kann er mit dem Befehl `\selectfont` aktiviert werden.

Alle Attribute können dabei unabhängig voneinander geändert werden, ohne dass diese sich gegenseitig beeinflussen, falls ein passender Zeichensatz vorhanden ist.

Zusätzlich stellt LaTeX den Befehl `\usefont` zur Verfügung, mit dem die ersten vier Attribute auf einmal gesetzt werden können.

Der allgemeine Aufruf dabei lautet:

```
\usefont{<Kode>}{<Familie>}{<Serie>}{<Form>}
```

LaTeX-Fontname	Font	TeX-Fontname
OT1 cmr m n 10	Computer Modern Roman 10 point	cmr10
OT1 cmss m sl 1pc	Computer Modern Sans Oblique 1 pica	cmssi12
OML cmm m it 10pt	Computer Modern Math Italic 10 point	cmmi10
T1 ptm b it 1in	Adobe Times Bold Italic 1 inch	ptmb8t at 1in

Tabelle 10.5: Schriftbeispiele

Auf diese Weise können beliebige Einstellungen für die entsprechende Schrift vorgenommen werden (siehe Tablle 10.5).

Jedoch enthält nicht jede Schriftfamilie alle Zeichensätze mit allen Attributkombinationen. Tritt ein LaTeX-Fehler im Bezug auf einen Font auf, so werden die fünf Parameter oben angezeigt.

Es gibt noch weitere Befehle, um mit Fonts zu arbeiten und hier weitere Einstellungen vorzunehmen. Dies setzt aber gutes Wissen über Fonts voraus und würde den Rahmen dieses Buches sprengen. Weitere Informationen finden Sie in dem Dokument `fntguide.pdf`, welches auf CTAN oder auf der Buch-CD-ROM zu finden ist.

Schriftinitialisierung

Mit nachfolgenden Befehlen wird die Schrift initialisiert.

- **\encodingdefault**
  Legt die Standardkodierung fest.
  Mit `\usepackage[T1]{fontenc}` wird hier `T1` zugewiesen.
  Eine Änderung wird wie folgt durchgeführt:
  `\renewcommand{\encodingdefault}{T1}`
- **\familydefault**
  Legt die Standardfamilie fest.
  Eine Änderung wird wie folgt durchgeführt:
  `\renewcommand{\familydefault}{\rmdefault}`
- **\seriesdefault**
  Legt die Standardserie fest.
  Eine Änderung wird wie folgt durchgeführt:
  `\renewcommand{\seriesdefault}{m}`
- **\shapedefault**
  Legt das Formattribut fest.
  Eine Änderung wird wie folgt durchgeführt:
  `\renewcommand{\shapedefault}{n}`

- **\rmdefault**
  Legt die Schrift für `\rmfamily` und `\textrm` fest.
  Eine Änderung wird wie folgt durchgeführt:
  `\renewcommand{\rmdefault}{cmr}`
- **\sfdefault**
  Legt die Schrift für `\sffamily` und `\textsf` fest.
  Eine Änderung wird wie folgt durchgeführt:
  `\renewcommand{\sfdefault}{cmss}`
- **\ttdefault**
  Legt die Schrift für `\ttfamily` und `\texttt`.
  Eine Änderung wird wie folgt durchgeführt:
  `\renewcommand{\ttdefault}{cmtt}`
- **\bfdefault**
  Legt die Schrift für `\bfseries` und `\textbf`.
  Eine Änderung wird wie folgt durchgeführt:
  `\renewcommand{\bfdefault}{bx}`
- **\mddefault**
  Legt die Schrift für `\mdseries` und `\textmd`.
  Eine Änderung wird wie folgt durchgeführt:
  `\renewcommand{\mddefault}{m}`
- **\itdefault**
  Legt die Schrift für `\itshape` und `\textit`.
  Eine Änderung wird wie folgt durchgeführt:
  `\renewcommand{\itdefault}{it}`
- **\sldefault**
  Legt die Schrift für `\slshape` und `\textsl`.
  Eine Änderung wird wie folgt durchgeführt:
  `\renewcommand{\sldefault}{sl}`
- **\scdefault**
  Legt die Schrift für `\scshape` und `\textsc`.
  Eine Änderung wird wie folgt durchgeführt:
  `\renewcommand{\scdefault}{sc}`
- **\updefault**
  Legt die Schrift für `\upshape` und `\textup`.
  Eine Änderung wird wie folgt durchgeführt:
  `\renewcommand{\updefault}{n}`

Diese Befehle werden auch von diversen Ergänzungsbefehlen genutzt, um bestimmte Schriften zu aktivieren (siehe Kapitel 10.3 auf Seite 550).

10.2 Fonttypen

Es gibt mehrere Möglichkeiten, wie eine Schrift dargestellt wird.

Pixelfonts (PK-Schriften)

Die Standard-Fonts, die LaTeX verwendet (z. B. die cm-Schriften), werden mit dem Programm Metafont erzeugt. Hierbei wird jeder Buchstabe mit Kurven beschrieben und dann in ein Pixelraster umgerechnet (PK-Schriften). Die Umrechnung berücksichtigt dabei immer die Auflösung des Ausgabemediums, z. B. 600 dpi bei einem Standard-Laserdrucker. Beim Umsetzen der `dvi`-Datei in die dazugehörige PS-Datei wird dabei geprüft, ob der entsprechende Font schon in der Auflösung vorhanden ist. Ist dies nicht der Fall, wird der Font neu berechnet. Betrachtet man den Font (hier `cmr10` für eine 600 dpi-Auflösung) genauer, so ergibt sich für den Buchstaben `H` folgende Darstellung (siehe Abbildung 10.1):

Abb. 10.1: Darstellung des Buchstaben „H" mit dem Programm „pfaedit"

Wird die PS-Datei auf dem Drucker ausgegeben, so erhält man hervorragende Druckergebnisse. Stellt man dagegen die so erzeugte PS-Datei auf dem Bildschirm dar und vergrößert die Auflösung, so erkennt man, dass jeder Buchstabe aus einem Pixelraster besteht. Wandelt man eine solche PS-Datei z. B. in das PDF-Format um und betrachtet diese im Acrobat Reader, so bekommen die Buchstaben eine hässliche Rasterung und evtl. einen Schatten. Nachfolgendes Beispiel 10.1 verdeutlicht dies.

```
\documentclass[10pt]{scrartcl}
\usepackage[T1]{fontenc}
\usepackage[latin1]{inputenc}
\usepackage{ngerman}

\begin{document}
Hallo
\end{document}
```

Listing 10.1: Text „Hallo" (source/cmr_h.tex)

Das Dokument wird wie folgt in eine PDF-Datei (Format 1.4) umgewandelt:

```
latex cmr_h.tex
dvips cmr_h.dvi
ps2pdf14 cmr_h.ps cmr_h.pdf
```

Betrachtet man dann das Ergebnis mit einer Vergrößerung von 1600 %, so zeigt sich die Abbildung 10.2. Man erkennt gerade bei den Rundungen der Buchstaben „a" und „o" die gestufte, treppenartige Darstellung. Daneben wird der verwendete Font im PDF-Dokument angezeigt (Type-3 stellt das Pixelformat dar).

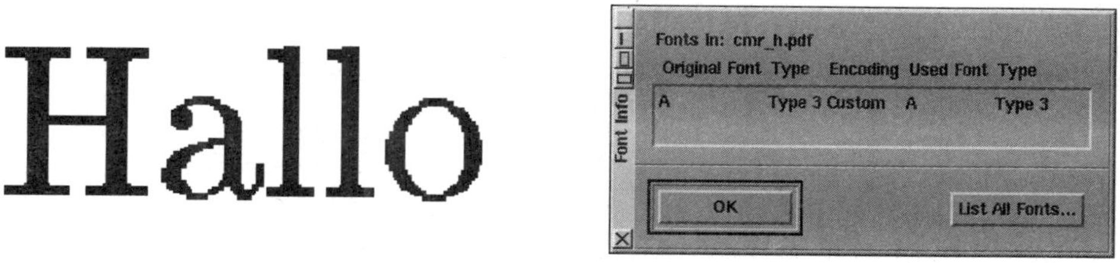

Abb. 10.2: cmr als Pixelfont

Type-1-PostScript-Fonts

Eine andere Möglichkeit stellen Type-1-PostScript-Fonts dar. Auch hier wird der Buchstabe über Kurven dargestellt, jedoch werden diese nicht in ein Pixelraster umgerechnet, sondern in ihrer Vektorform in das Dokument eingebunden. Dadurch kann der Buchstabe beliebig vergrößert werden, ohne dass dieser gerastert wird. Type-1-Fonts eignen sich sehr gut für die Darstellung auf dem Drucker und dem Bildschirm. Betrachtet man den Font mit dem Programm „pfaedit", so erhält man die Darstellung 10.3 auf der nächsten Seite.

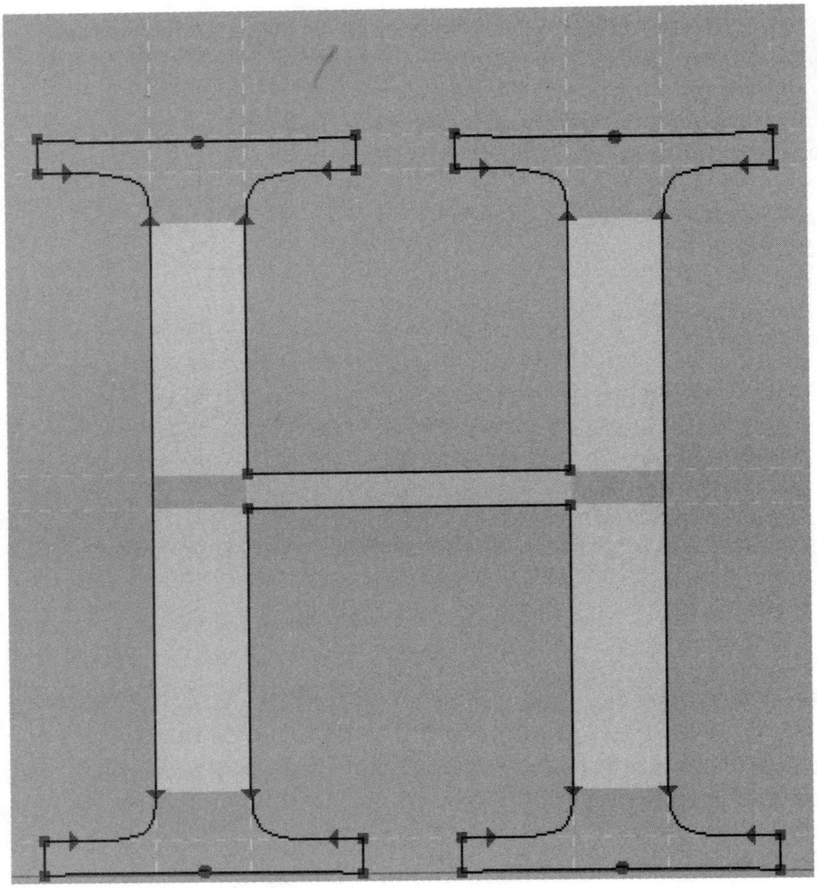

Abb. 10.3: Darstellung des Buchstaben „H“ mit dem Programm „pfaedit“

ae.sty

Damit Beispiel 10.1 auf der vorherigen Seite Type-1-PostScript-Schriften verwendet, muss das Ergänzungspaket ae eingebunden sein (siehe Listing 10.2).

```
\documentclass[10pt]{scrartcl}
\usepackage[T1]{fontenc}
\usepackage[latin1]{inputenc}
\usepackage{ngerman}
\usepackage{ae}

\begin{document}
Hallo
\end{document}
```

Listing 10.2: Text „Hallo“ (source/cmr_type1_h.tex)

Damit auch von dvips Type-1-Fonts verwendet werden, muss zusätzlich der Parameter -P<configdatei> verwendet werden, der angibt, welche Steuerdatei für die Ausgabe verwendet wird. Darin werden u. a. die Parameter für die Fonts festgelegt. Mit dem Wert -Ppdf werden Type-1-Fonts eingebunden, wenn diese vorhanden sind, andernfalls werden die Pixelfonts in einer Auflösung von 8000 dpi berechnet.

```
latex cmr_type1_h.tex
dvips -Ppdf cmr_type1_h.dvi
ps2pdf14 cmr_type1_h.ps cmr_type1_h.pdf
```

Betrachtet man dann das Ergebnis mit einer Vergrößerung von 1600%, so zeigt sich die Abbildung 10.4. Hier erscheinen die Buchstaben „a“ und „o“ deutlich besser. Daneben wird der verwendete Font im PDF-Dokument angezeigt (jetzt mit Type-1).

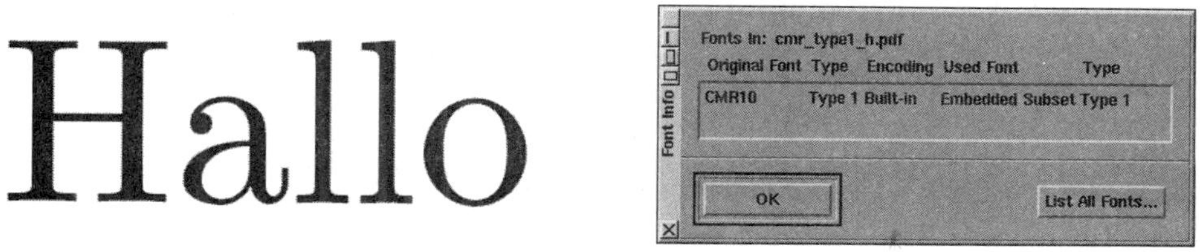

Abb. 10.4: cmr als Type-1-PostScript-Font

TrueType-Font

Von Standard-LaTeX bzw. dvips werden keine TrueType-Schriften unterstützt. Dagegen kann pdfTeX bzw. pdfLaTeX mit TrueType-Fonts arbeiten. Es gibt folgende Möglichkeiten, einen TrueType-Font so umzuwandeln, damit LaTeX und dvips damit zurecht kommen.

- **ttf2pk**
  Mit diesem Programm ist es möglich, einen TrueType-Font in entsprechende Pixelfonts (PK-Schriften) umzuwandeln. Das Programm kann unter der URL `http://www.freetype.org/projects.html` bezogen werden.
- **ttf2pfb**
  Wandelt TrueType-Fonts in Type-1-PostScript-Fonts um. Das Programm kann unter der URL `http://www.freetype.org/projects.html` bezogen werden.
- **ttf2mf**
  Mit diesem Programm ist es möglich, einen TrueType-Font direkt in Metafont-Daten umzuwandeln. Das Programm kann unter der URL `CTAN:support/ttf2mf/` bezogen werden.
- **pfaedit**
  Das Programm ist ein Fonteditor mit vielseitigen Möglichkeiten. Damit ist es möglich, einen TrueType-Font zu laden und als Type-1-Postscript-Font wieder zu speichern. Das Programm kann unter der URL `http://pfaedit.sourceforge.net/` bezogen werden.

Weitere Informationen finden Sie unter:

- http://www.freetype.org
- http://www.cs.uu.nl/~otfried/Pdftex/
- http://www.radamir.com/tex/ttf-tex.htm
- CTAN: info/german/MiKTeX-WinEdt-TrueType-Anleitung/ttf.htm
- CTAN: support/ttf2tex/
- http://home.vr-web.de/was/fonts.html
- http://www.el-celta.de/TTF.htm
- http://www.weissenburger.de/LaTeX/ttf.htm
- CTAN: info/fontname

10.3 Ergänzungspakete für PS-Schriften

Da das Einbinden von Schriften nicht immer ganz einfach ist, gibt es eine Menge an Ergänzungspaketen, die die ganze Arbeit erledigen. Einen Teil findet man im `texmf`-Baum unter `tex/latex/psnfss`. Tabelle 10.6 zeigt den Zusammenhang zwischen Ergänzungspaket und verwendeter Schrift. Weitere Informationen findet man in der jeweiligen Paketdokumentation.

Paket	roman	sans serif	typewriter
–	CM Roman	CM Sans Serif	CM Typewriter
mathptmx	Times		
mathpazo	Palatino		
helvet		Helvetica	
avant		Avant Garde	
courier			Courier
chancery	Zapf Chancery		
bookman	Bookman	Avant Garde	Courier
newcent	New Century Schoolbook	Avant Garde	Courier
utopia	Utopia		
charter	Charter		

Tabelle 10.6: Ergänzungspakete für PS-Schriften

Die einzelnen Pakete lassen sich auch kombinieren. Setzt ein Paket für einen Bereich eine Schrift und es wird ein weiteres Paket für diesen Bereich geladen, so hat das zuletzt geladene Paket die Priorität.

newcent.sty

Listing 10.3 zeigt, wie das Ergänzungspaket `newcent` aufgebaut ist.

```
\renewcommand{\rmdefault}{pnc}
\renewcommand{\sfdefault}{pag}
\renewcommand{\ttdefault}{pcr}
```

Listing 10.3: Paket newcent.sty

10.4 Zeichen eines Fonts darstellen

Mit dem Befehl `\symbol` lässt sich jedes beliebige Zeichen eines Fonts darstellen.

Der allgemeine Aufruf dabei lautet:

```
\symbol{<nummer>}
```

Die Nummer stellt dabei die Position im Zeichensatz dar. Tabelle 10.7 zeigt die Darstellung aller Zeichen im aktuellen Schriftbild.

0	`	1	´	2	^	3	~	4	¨	5	˝	6	˚	7	ˇ
8	˘	9	¯	10	˙	11	¸	12	˛	13	‚	14	‹	15	›
16	“	17	”	18	„	19	«	20	»	21	–	22	—	23	
24	■	25	ı	26	ȷ	27	ff	28	fi	29	fl	30	ffi	31	ffl
32	␣	33	!	34	"	35	#	36	$	37	%	38	&	39	’
40	(	41	)	42	*	43	+	44	,	45	-	46	.	47	/
48	0	49	1	50	2	51	3	52	4	53	5	54	6	55	7
56	8	57	9	58	:	59	;	60	<	61	=	62	>	63	?
64	@	65	A	66	B	67	C	68	D	69	E	70	F	71	G
72	H	73	I	74	J	75	K	76	L	77	M	78	N	79	O
80	P	81	Q	82	R	83	S	84	T	85	U	86	V	87	W
88	X	89	Y	90	Z	91	[	92	\	93	]	94	^	95	_
96	‘	97	a	98	b	99	c	100	d	101	e	102	f	103	g
104	h	105	i	106	j	107	k	108	l	109	m	110	n	111	o
112	p	113	q	114	r	115	s	116	t	117	u	118	v	119	w
120	x	121	y	122	z	123	{	124	|	125	}	126	~	127	‐
128	Ă	129	Ą	130	Ć	131	Č	132	Ď	133	Ě	134	Ę	135	Ğ
136	Ĺ	137	Ľ	138	Ł	139	Ń	140	Ň	141	■	142	Ő	143	Ŕ
144	Ř	145	Ś	146	Š	147	Ş	148	Ť	149	Ţ	150	Ű	151	Ů
152	Ÿ	153	Ź	154	Ž	155	Ż	156	Ĳ	157	İ	158	đ	159	§
160	ă	161	ą	162	ć	163	č	164	ď	165	ě	166	ę	167	ğ
168	ĺ	169	ľ	170	ł	171	ń	172	ň	173	■	174	ő	175	ŕ
176	ř	177	ś	178	š	179	ş	180	ť	181	ţ	182	ű	183	ů
184	ÿ	185	ź	186	ž	187	ż	188	ĳ	189	¡	190	¿	191	£
192	À	193	Á	194	Â	195	Ã	196	Ä	197	Å	198	Æ	199	Ç
200	È	201	É	202	Ê	203	Ë	204	Ì	205	Í	206	Î	207	Ï
208	Đ	209	Ñ	210	Ò	211	Ó	212	Ô	213	Õ	214	Ö	215	Œ
216	Ø	217	Ù	218	Ú	219	Û	220	Ü	221	Ý	222	Þ	223	SS
224	à	225	á	226	â	227	ã	228	ä	229	å	230	æ	231	ç
232	è	233	é	234	ê	235	ë	236	ì	237	í	238	î	239	ï
240	ð	241	ñ	242	ò	243	ó	244	ô	245	õ	246	ö	247	œ
248	ø	249	ù	250	ú	251	û	252	ü	253	ý	254	þ	255	ß

Tabelle 10.7: Codierung des hier verwendeten Fonts

10.5 Symbolfonts

LaTeX stellt auch eine Menge an Symbolfonts zur Verfügung.

Zapf Dingbats

pifont.sty

Mit dem Ergänzungspaket pifont werden alle Zeichen des Zapf Dingbats-Fonts zur Verfügung gestellt.

Über den Befehl \ding{<nummer>} wird das entsprechende Symbol angezeigt. Tabelle 10.8 zeigt eine Übersicht. Bei diesem Font sind nicht alle Positionen belegt.

32		33	✁	34	✂	35	✃	36	✄	37	☎	38	✆	39	✇
40	✈	41	✉	42	☛	43	☞	44	✌	45	✍	46	✎	47	✏
48	✐	49	✑	50	✒	51	✓	52	✔	53	✕	54	✖	55	✗
56	✘	57	✙	58	✚	59	✛	60	✜	61	✝	62	✞	63	✟
64	✠	65	✡	66	✢	67	✣	68	✤	69	✥	70	✦	71	✧
72	★	73	✩	74	✪	75	✫	76	✬	77	✭	78	✮	79	✯
80	✰	81	✱	82	✲	83	✳	84	✴	85	✵	86	✶	87	✷
88	✸	89	✹	90	✺	91	✻	92	✼	93	✽	94	✾	95	✿
96	❀	97	❁	98	❂	99	❃	100	❄	101	❅	102	❆	103	❇
104	❈	105	❉	106	❊	107	❋	108	●	109	❍	110	■	111	❏
112	❐	113	❑	114	❒	115	▲	116	▼	117	◆	118	❖	119	◗
120	❘	121	❙	122	❚	123	❛	124	❜	125	❝	126	❞	127	
160		161	❡	162	❢	163	❣	164	❤	165	❥	166	❦	167	❧
168	♣	169	♦	170	♥	171	♠	172	①	173	②	174	③	175	④
176	⑤	177	⑥	178	⑦	179	⑧	180	⑨	181	⑩	182	❶	183	❷
184	❸	185	❹	186	❺	187	❻	188	❼	189	❽	190	❾	191	❿
192	➀	193	➁	194	➂	195	➃	196	➄	197	➅	198	➆	199	➇
200	➈	201	➉	202	➊	203	➋	204	➌	205	➍	206	➎	207	➏
208	➐	209	➑	210	➒	211	➓	212	➔	213	→	214	↔	215	↕
216	➘	217	➙	218	➚	219	➛	220	➜	221	➝	222	➞	223	➟
224	➠	225	➡	226	➢	227	➣	228	➤	229	➥	230	➦	231	➧
232	➨	233	➩	234	➪	235	➫	236	➬	237	➭	238	➮	239	➯
240		241	➱	242	➲	243	➳	244	➴	245	➵	246	➶	247	➷
248	➸	249	➹	250	➺	251	➻	252	➼	253	➽	254	➾	255	

Tabelle 10.8: Zapf Dingbats

Zusätzlich stellt das Paket folgende Befehle bzw. Umgebungen zur Verfügung:

- **\ding{<nummer>}**
  Stellt das entsprechende Zeichen an der Position Nummer dar.

- **dinglist**
  Diese Umgebung stellt eine `itemize`-Umgebung dar, die als Aufzählungspunkt ein `ding`-Symbol verwendet. Die Nummer des entsprechenden Zeichens wird als Parameter übergeben.

```
\begin{dinglist}{164}
\item Text 1
\item Text 2
\item Text 3
\end{dinglist}
```

❤ Text 1

❤ Text 2

❤ Text 3

- **dingautolist**
  Diese Umgebung stellt eine `enumerate`-Umgebung (aber nur von 1 bis 9) dar, die die Aufzählungssymbole verwendet. Die Anfangsnummer wird mit den entsprechenden Zeichen als Parameter übergeben.

```
\begin{dingautolist}{202}
\item Text 1
\item Text 2
\item Text 3
\end{dingautolist}
```

❶ Text 1

❷ Text 2

❸ Text 3

- **\dingfill**
  Wie der Befehl `\dotfill`, jedoch werden keine Punkte, sondern `ding`-Symbole für die Füllung verwendet.

```
Text\dingfill{233}Text
```

Text ➩ ➩ ➩ ➩ ➩ ➩ ➩ ➩ Text

- **\dingline**
  Erzeugt eine Linie aus `ding`-Symbolen.

```
\dingline{34}
```

✂ ✂ ✂ ✂ ✂ ✂

latexsym

Das Ergänzungspaket `latexsym` definiert nachfolgende Zeichen für den Mathematik-Modus (siehe Tabelle 10.9). Alle nachfolgenden Symbole wurden in der Schriftgröße `\Large` dargestellt. latexsym.sty

`\mho`	$\mho$	`\Join`	$\Join$	`\Box`	$\Box$	`\Diamond`	$\Diamond$
`\leadsto`	$\leadsto$	`\sqsubset`	$\sqsubset$	`\sqsupset`	$\sqsupset$	`\lhd`	$\lhd$
`\unlhd`	$\unlhd$	`\rhd`	$\rhd$	`\unrhd`	$\unrhd$		

Tabelle 10.9: latexsym-Zeichen

wasysym

wasysym.sty

Das Ergänzungspaket wasysym stellt Symbole für verschiedene Bereiche zur Verfügung. Alle nachfolgenden Symbole wurden in der Schriftgröße \Large dargestellt.

\Join	⋈	\Box	□	\Diamond	◇	\leadsto	⇝
\sqsubset	⊏	\sqsupset	⊐	\lhd	◁	\unlhd	⊴
\LHD	◀	\rhd	▷	\unrhd	⊵	\RHD	▶
\apprle	≲	\apprge	≳	\wasypropto	∝	\invneg	⌐
\ocircle	○	\logof	⊛	\varint	∫	\iint	∬
\iiint	∭	\varoint	∮	\oiint	∯		

Tabelle 10.10: wasysym-Zeichen (Mathematik)

\AC	∼	\HF	≈	\VHF	≋
\photon	∿∿∿∿	\gluon	ℓℓℓℓℓℓ		

Tabelle 10.11: wasysym-Zeichen (Physik)

\eighthnote	♪	\quarternote	♩	\halfnote	𝅗𝅥
\fullnote	𝅝	\twonotes	♫		

Tabelle 10.12: wasysym-Zeichen (Musik)

\Square	□	\XBox	⊠	\CheckedBox	☑
\hexagon	⬡	\varhexagon	⎔	\pentagon	⬠
\octagon	⯄	\hexstar	✳	\varhexstar	✱
\davidsstar	✡				

Tabelle 10.13: wasysym-Zeichen (Figuren)

\thorn	þ	\Thorn	Þ	ð	ð
\DH	Đ	\openo	ɔ	ə	ə

Tabelle 10.14: wasysym-Zeichen (Phonetic)

\male	♂	\female	♀	\currency	¤
\phone	☎	\recorder	⌕	\clock	◷
\lightning	ϟ	\pointer	⇨	\RIGHTarrow	▶
\LEFTarrow	◀	\UParrow	▲	\DOWNarrow	▼
\diameter	∅	\invdiameter	⦰	\varangle	∢
\wasylozenge	⌑	\kreuz	✠	\smiley	☺
\frownie	☹	\blacksmiley	☻	\sun	☼
\checked	✓	\bell	🔔	\ataribox	⧫
\cent	¢	\permil	‰	\brokenvert	¦
\wasytherefore	∴	\Bowtie	⋈	\agemO	℧

Tabelle 10.15: wasysym-Zeichen (allgemein)

\Circle	○	\CIRCLE	●	\Leftcircle	ᗡ
\LEFTCIRCLE	◖	\Rightcircle	D	\RIGHTCIRCLE	◗
\LEFTcircle	◐	\RIGHTcircle	◑	\leftturn	↺
\rightturn	↻				

Tabelle 10.16: wasysym-Zeichen (Kreise)

\vernal	♈	\ascnode	☊	\descnode	☋
\fullmoon	○	\newmoon	●	\leftmoon	☾
\rightmoon	☽	\astrosun	☉	\mercury	☿
\venus	♀	\earth	♁	\mars	♂
\jupiter	♃	\saturn	♄	\uranus	♅
\neptune	♆	\pluto	♇		

Tabelle 10.17: wasysym-Zeichen (Astronomie)

\aries	♈	\taurus	♉	\gemini	♊
\cancer	♋	\leo	♌	\virgo	♍
\libra	♎	\scorpio	♏	\sagittarius	♐
\capricornus	♑	\aquarius	♒	\pisces	♓
\conjunction	☌	\opposition	☍		

Tabelle 10.18: wasysym-Zeichen (Astrologie)

\APLstar	⋆	\APLlog	⊛
\APLbox	□	\APLup	△
\APLdown	∇	\APLinput	⍞
\APLcomment	⍝	\APLinv	⌹
\APLuparrowbox	⍐	\APLdownarrowbox	⍗
\APLleftarrowbox	⍇	\APLrightarrowbox	⍈
\notbackslash	⍀	\notslash	⌿
\APLnot	∼	\APLvert	|
\APLcirc	∘	\APLminus	−

Tabelle 10.19: wasysym-Zeichen (APL)

textcomp

textcomp.sty

Das Ergänzungspaket `textcomp` stellt verschiedene Symbole für den Text-Modus bereit. Dabei baut das Ergänzungspaket auf den EC-Schriften (hier `cmr`) auf. Verwendet man andere Schriften (z. B. Lucida), stehen nicht alle Symbole zur Verfügung (siehe Abbildung 10.5 auf der nächsten Seite).

marvosym

marvosym .sty

Das Ergänzungspaket `marvosym` stellt verschiedene Symbole als Type-1-PostScriptfont zur Verfügung.

Leider verwendet der Font den Befehl `\Rightarrow` und überschreibt damit den gleichlautenden Mathematik-Befehl für einen Rechtspfeil. Um dies zu beheben, hilft nachfolgender Trick. Hier wird das Zeichen zuvor gesichert und nach dem Laden des Paketes wieder zurückgesetzt.

```
\let\SAVEDRightarrow=\Rightarrow
\usepackage{marvosym}
\let\Rightarrow=\SAVEDRightarrow
```

Nachfolgende Symbole sind mit `\Large` dargestellt.

\Pickup	⌕	\Letter	✉	\Mobilefone	📱
\Telefon	☎	\fax	FAX	\FAX	FAX
\Faxmachine	📠	\Email	🖂	\Lightning	ϟ
\Emailct	↯				

Tabelle 10.20: marvosym-Zeichen (Kommunikation)

\fraction	/	\textacute	´	\textarrowdown	↓
\textarrowup	↑	\textbaht	฿	\textbigcircle	◯
\textblank	␢	\textblank	␢	\textborn	★
\textbrokenbar	¦	\textbullet	•	\textcent	¢
\textcenteredstar	∗	\textcentigrade	℃	\textcentoldstyle	¢
\textcolonmonetary	₡	\textcopyright	©	\textcurrency	¤
\textdagger	†	\textdaggerdbl	‡	\textdegree	°
\textdied	†	\textdivide	÷	\textdivorced	⚮
\textdollar	$	\textdollaroldstyle	$	\textdong	₫
\textdoublebacktick	‶	\textdoublevert	‖	\texteightoldstyle	8
\textfiveoldstyle	5	\textflorin	ƒ	\textfouroldstyle	4
\textgnaborretni	⸘	\textgrave	`	\textguarani	₲
\texthighdieresis	¨	\textinterrobang	‽	\textleaf	🍃
\textleftpointingarrow	←	\textlira	£	\textlogicalnot	¬
\textlowtilde	~	\textmacron	¯	\textmarried	⚭
\textmho	℧	\textmu	µ	\textmultiply	×
\textmusicalnote	♪	\textnaira	₦	\textnineoldstyle	9
\textohm	Ω	\textonehalf	½	\textoneoldstyle	1
\textonequarter	¼	\textonesuperior	¹	\textordfeminine	ª
\textordmasculine	º	\textparagraph	¶	\textperiodcentered	·
\textpertenthousand	‱	\textperthousand	‰	\textpeso	₱
\textpilcrow	¶	\textplusminus	±	\textquotedbl	"
\textquotedblbase	„	\textquotesinglbase	‚	\textquotesingle	'
\textrecipe	℞	\textregistered	®	\textrightpointingarrow	→
\textsection	§	\textsevenoldstyle	7	\textshortequals	=
\textsixoldstyle	6	\textsterling	£	\textthreeoldstyle	3
\textthreequarters	¾	\textthreequartersemdash	—	\textthreesuperior	³
\texttrademark	™	\texttwelveudash	–	\texttwooldstyle	2
\texttwosuperior	²	\textwon	₩	\textyen	¥
\textzerooldstyle	0				

Abb. 10.5: textcomp-Zeichen

\Beam	═	\Bearing	△	\Loosebearing	△
\Fixedbearing	△	\Lefttorque	↺	\Righttorque	↻
\Lineload	↓↓↓	\Force	↓	\Octosteel	⯃
\Hexasteel	⬢	\Squaresteel	■	\Rectsteel	▮
\Circsteel	●	\Flatsteel	▬	\Squarepipe	□
\Rectpipe	▯	\Lsteel	L	\TTsteel	I
\Circpipe	○	\Tsteel	T	\RoundedTsteel	L
\RoundedTTsteel	I	\RoundedLsteel	T		

Tabelle 10.21: marvosym-Zeichen (Industrie)

\Industry		\Coffeecup	☕	\Rightscissors	✂
\Kutline	---	\Leftscissors	✂	\Football	⚽
\Bicycle		\Info	ℹ	\Clocklogo	
\Cutright	✁	\Cutline	---	\Cutleft	✃
\Wheelchair	♿	\Gentsroom		\Ladiesroom	
\Checkedbox	☑	\Crossedbox	☒	\Pointinghand	☞
\Writinghand	✍				

Tabelle 10.22: marvosym-Zeichen (Information)

\WashCotton		\WashSynthetics	
\WashWool		\Handwash	
\Dontwash		\Tumbler	
\NoTumbler		\NoChemicalCleaning	⊗
\Bleech	△	\NoBleech	
\CleaningA	Ⓐ	\CleaningP	Ⓟ
\CleaningPP		\CleaningF	Ⓕ
\CleaningFF		\IroningI	
\IroningII		\IroningIII	
\NoIroning		\ShortNinetyFive	
\AtNinetyFive		\AtSixty	
\ShortSixty		\ShortFifty	
\AtForty		\ShortForty	
\SpecialForty		\ShortThirty	

Tabelle 10.23: marvosym-Zeichen (Wäsche)

\EUR	€	\EURdig	€	\EURhv	€
\EURcr	€	\EURtm	€	\Ecommerce	@
\Shilling	β	\Deleatur		\Pfund	
\EyesDollar	$				

Tabelle 10.24: marvosym-Zeichen (Währung)

\Stopsign	STOP	\CEsign	CE	\Estatically	
\Explosionsafe	Ex	\Laserbeam	✸—	\Biohazard	☣
\Radioactivity	☢	\BSEfree	XEL		

Tabelle 10.25: marvosym-Zeichen (Sicherheit)

\RewindToIndex	⏮◀	\RewindToStart	⏮	\Rewind	◀
\Forward	▶	\ForwardToEnd	⏭	\ForwardToIndex	▶⏭
\MoveUp	▲	\MoveDown	▼	\ToTop	⊼
\ToBottom	⊻				

Tabelle 10.26: marvosym-Zeichen (Steuerung)

\ComputerMouse		\SerialInterface		\Keyboard	
\SerialPort		\ParallelPort		\Printer	

Tabelle 10.27: marvosym-Zeichen (Computer)

\MVZero	0	\MVOne	1	\MVTwo	2
\MVThree	3	\MVFour	4	\MVFive	5
\MVSix	6	\MVSeven	7	\MVEight	8
\MVNine	9	\Corresponds	≙	\Vectorarrowhigh	→
\Anglesign	∢	\Vectorarrow	→	\Squaredot	·

Tabelle 10.28: marvosym-Zeichen (Mathematik)

\Neutral	○	\Male	♂	\Hermaphrodite	⚥
\Female	♀	\MALE	♂	\HERMAPHRODITE	⚥
\FEMALE	♀	\MaleMale	⚣	\FemaleFemale	⚢
\FemaleMale	⚤				

Tabelle 10.29: marvosym-Zeichen (Biologie)

\Sun	☉	\Moon	☽	\Mercury	☿
\Venus	♀	\Mars	♂	\Jupiter	♃
\Saturn	♄	\Uranus	♅	\Neptune	♆
\Pluto	♇	\Earth	♁		

Tabelle 10.30: marvosym-Zeichen (Astronomie)

\Aries	♈	\Taurus	♉	\Gemini	♊
\Cancer	♋	\Leo	♌	\Virgo	♍
\Libra	♎	\Scorpio	♏	\Sagittarius	♐
\Capricorn	♑	\Aquarius	♒	\Pisces	♓

Tabelle 10.31: marvosym-Zeichen (Astrologie)

\Yinyang	☯	\Rightarrow	⇒	\MVAt	@
\FHBOlogo		\FHBOLOGO		\FullFHBO	
\Mundus		\Cross	✝	\Celtcross	
\Ankh	☥	\Heart	♡	\CircledA	Ⓐ
\Bouquet		\Frowny	☹	\Smiley	☺
\Bat		\Womanface		\MartinVogel	

Tabelle 10.32: marvosym-Zeichen (Sonstige)

10.6 Beliebigen LaTeX-Font anzeigen

Im `texmf`-Baum und auf CTAN findet man eine Menge an Fonts. Wie jedoch sieht der entsprechende Font aus?

Mit nachfolgendem kleinen LaTeX-Dokument kann jeder Font mit den entsprechenden Einstellungen angezeigt werden.

```
1 \documentclass[10pt]{scrartcl}
2 \usepackage[T1]{fontenc}
3 \usepackage[latin1]{inputenc}
4 \usepackage{ngerman}
5 \usepackage{array}
6 \pagestyle{empty}
7
8 \newcommand{\fnr}{\tiny}             % Schriftgröße für Nummer
9 \newcommand{\fsym}{\large\strut}   % Schriftgröße für Symbol
10
11 \newcommand{\fKode}{T1}             % Kodierung
12 \newcommand{\fFamilie}{put}         % Familie
13 \newcommand{\fSerie}{m}             % Serie
14 \newcommand{\fFormat}{n}            % Format
15 \newcommand{\fSize}{12}             % Größe
16
17 % ----------------------------------------
18 % Standardschrift auf Courier sestzen
19 \renewcommand{\rmdefault}{pcr}
20
21 % Symbol im entsprechenden Font anzeigen
22 \newcommand{\fsymbol}[1]{%
23   \usefont{\fKode}{\fFamilie}{\fSerie}{\fFormat}%
24   \fontsize{\fSize}{2ex}%
25   \selectfont%
26   \symbol{#1}%
27 }
28
29 \begin{document}
30
31 \begin{tabular}{|>{\fnr}l>{\fsym}c|>{\fnr}l>{\fsym}c|>{\fnr}l>{\fsym}c|>{\fnr}l>{\fsym}c|>{\fnr}l>{\fsym}c|>{\tiny}l>{\fsym}c|>{\tiny}l>{\footnotesize}c|>{\tiny}l>{\footnotesize}c|}\hline
32   0 & \fsymbol{0} & 1 & \fsymbol{1} & 2 & \fsymbol{2} & 3 & \fsymbol{3} & 4 & \fsymbol{4} & 5 & \fsymbol{5} & 6 & \fsymbol{6} & 7 & \fsymbol{7}\\ \hline
33   8 & \fsymbol{8} & 9 & \fsymbol{9} & 10 & \fsymbol{10} & 11 & \fsymbol{11} & 12 & \fsymbol{12} & 13 & \fsymbol{13} & 14 & \fsymbol{14} & 15 & \fsymbol{15}\\ \hline
```

Listing 10.4: Anzeigen eines beliebigen Fonts (source/bsp_showfont.tex)

Dabei wird in Zeile 8 und 9 die Schriftgröße für die Nummer und das entsprechende Fontsymbol festgelegt. Der Befehl `\strut` bewirkt hier, dass alle Zeilen dieselbe Höhe besitzen, egal wie groß das eigentliche Symbol ist (siehe hierzu Kapitel 4.1.3 auf Seite 208). Der Font selbst wird über die fünf Attribute bestimmt (siehe Zeile 11 bis 15).

Für die Standardschrift wird der Type-1-PostScript-Font „Courier" (mit `pcr`) verwendet (Zeile 19). Mit dem Befehl `\fsymbol` in Zeile 22 wird das entsprechende Zeichen in der vorher definierten Schrift erzeugt. Alle 256 Zeichen werden dann in einer Tabelle angezeigt (ab Zeile 31).

Nach dem LaTeX- und `dvips`-Lauf erhält man eine Tabelle mit allen Zeichen wie in Abbildung 10.6 gezeigt.

0	`	1	´	2	^	3	~	4	¨	5	˝	6	˚	7	ˇ
8	˘	9	¯	10	˙	11	¸	12	˛	13	‚	14	‹	15	›
16	“	17	”	18	„	19	«	20	»	21	–	22	—	23	
24	■	25	ı	26	▮	27	ff	28	fi	29	fl	30	ffi	31	ffl
32	␣	33	!	34	"	35	#	36	$	37	%	38	&	39	’
40	(	41	)	42	*	43	+	44	,	45	-	46	.	47	/
48	0	49	1	50	2	51	3	52	4	53	5	54	6	55	7
56	8	57	9	58	:	59	;	60	<	61	=	62	>	63	?
64	@	65	A	66	B	67	C	68	D	69	E	70	F	71	G
72	H	73	I	74	J	75	K	76	L	77	M	78	N	79	O
80	P	81	Q	82	R	83	S	84	T	85	U	86	V	87	W
88	X	89	Y	90	Z	91	[	92	\	93	]	94	^	95	_
96	‘	97	a	98	b	99	c	100	d	101	e	102	f	103	g
104	h	105	i	106	j	107	k	108	l	109	m	110	n	111	o
112	p	113	q	114	r	115	s	116	t	117	u	118	v	119	w
120	x	121	y	122	z	123	{	124	|	125	}	126	~	127	-
128	Ă	129	Ą	130	Ć	131	Č	132	Ď	133	Ě	134	Ę	135	Ğ
136	Ĺ	137	Ľ	138	Ł	139	Ń	140	Ň	141	■	142	Ő	143	Ŕ
144	Ř	145	Ś	146	Š	147	Ş	148	Ť	149	Ţ	150	Ű	151	Ů
152	Ÿ	153	Ź	154	Ž	155	Ż	156	Ĳ	157	İ	158	đ	159	§
160	ă	161	ą	162	ć	163	č	164	ď	165	ě	166	ę	167	ğ
168	ĺ	169	ľ	170	ł	171	ń	172	ň	173	■	174	ő	175	ŕ
176	ř	177	ś	178	š	179	ş	180	ť	181	ţ	182	ű	183	ů
184	ÿ	185	ź	186	ž	187	ż	188	ĳ	189	¡	190	¿	191	£
192	À	193	Á	194	Â	195	Ã	196	Ä	197	Å	198	Æ	199	Ç
200	È	201	É	202	Ê	203	Ë	204	Ì	205	Í	206	Î	207	Ï
208	Đ	209	Ñ	210	Ò	211	Ó	212	Ô	213	Õ	214	Ö	215	Œ
216	Ø	217	Ù	218	Ú	219	Û	220	Ü	221	Ý	222	Þ	223	SS
224	à	225	á	226	â	227	ã	228	ä	229	å	230	æ	231	ç
232	è	233	é	234	ê	235	ë	236	ì	237	í	238	î	239	ï
240	ð	241	ñ	242	ò	243	ó	244	ô	245	õ	246	ö	247	œ
248	ø	249	ù	250	ú	251	û	252	ü	253	ý	254	þ	255	ß

Abb. 10.6: Darstellung des Fonts „utopia"

11 Anhang

In diesem Anhang haben wir für Sie hauptsächlich technische Hinweise zur Installation von LaTeX unter Windows und Linux zusammengefasst. Zusätzliche Tools und Ergänzungspakete, sowie die von LaTeX erzeugten Dateien ergänzen den Anhang.

11.1 Installation

TeX- bzw. LaTeX-Installationen gibt es eine Menge für eine Vielzahl von Betriebssystemen. Wir wollen Ihnen hier einmal die Version `fptex` für Windows und `tetex` für Linux vorstellen.

11.1.1 fptex unter Windows

Die Installation von `fptex` unter Windows erfolgt über die TeXLive-CD-ROM. Dies ist eine Zusammenstellung verschiedener TeX-Versionen für verschiedene Betriebssysteme u. a. für Windows und Linux. Die TeXLive-CD-ROM wird in regelmäßigen Abständen von der TeX User Group (TUG) erstellt und kann von deren Server (`http://www.tug.org`) oder über Dante (`http://www.dante.de`) heruntergeladen werden. Die erste TeXLive-CD-ROM befindet sich als komprimiertes ISO-Image auf der Buch-CD-ROM.

Erstellen der TeXLive-CD-ROM

Das gepackte ISO-Image der TeXLive-CD-ROM befindet sich auf der Buch-CD-ROM mit dem Dateinamen `texlive7-20020604-cd1.iso.bz2`.

Die Datei wird wie folgt entpackt (es entsteht die Datei `texlive7-20020604-cd1.iso` mit 678887424 Bytes) und kann dann mit jedem beliebigen CD-Brennprogramm auf einen Rohling gebrannt werden:

```
bunzip2 texlive7-20020604-cd1.iso.bz2
```

Das Programm `bunzip2` finden Sie unter den GNU-Tools auf der CD-ROM.

Nach Einlegen der CD-ROM startet das Installationsprogramm automatisch (siehe Abbildung 11.1 auf der nächsten Seite).

Als System verwenden wir hier Windows 2000.

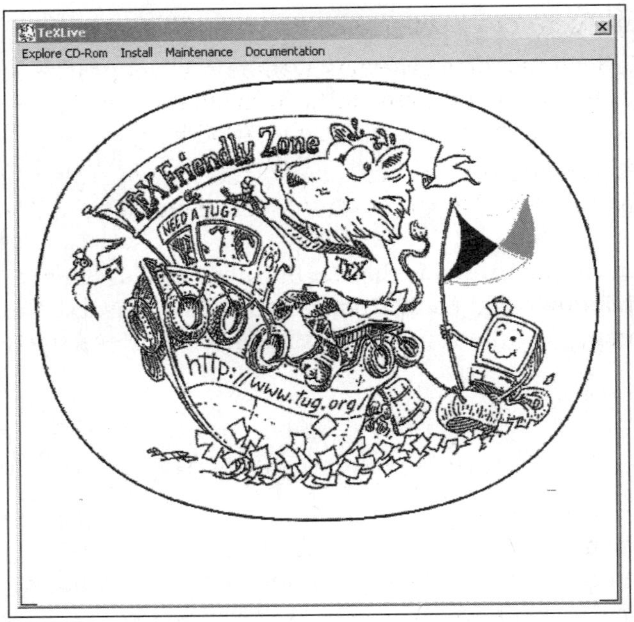

Abb. 11.1: Installationsprogramm TeXLive

Unter dem Menüpunkt „Install-TeXLive" wird das eigentliche Installationsprogramm gestartet (siehe Abbildung 11.2).

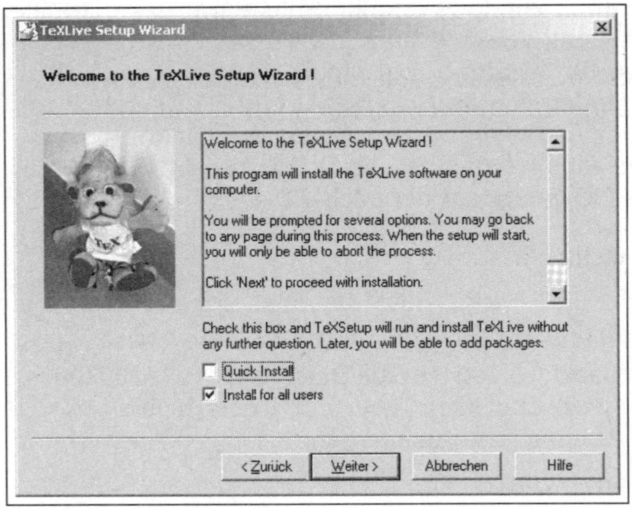

Abb. 11.2: TeXLive Setup Wizard

Wird „Install for all users" ausgewählt, werden alle Einstellungen (vor allem die Einträge in den Umgebungsvariablen) für alle User eingetragen.

Anschließend kann das Verzeichnis (hier die Quelle) ausgewählt werden. Standardmäßig wird hier das CD-ROM-Laufwerk verwendet.

Im nächsten Fenster wird das Zielverzeichnis vorgeschlagen. Der Standard ist hier `c:\Programme\TeXLive` und sollte auch nicht geändert werden, da mehrere weitere Verzeichnisse davon abhängig sind.

Damit alle notwendigen Dateien installiert werden, wählen wir hier „Generic full TEXLive scheme“. Somit ist eine nachträgliche Nachinstallation von Paketen, die man evtl. vergessen hat, nicht notwendig (siehe Abbildung 11.3).

Zusätzlich muss „I want to customize the selected scheme“ angewählt werden, da ein paar Pakete für die Win32-Unterstützung von Hand ausgewählt werden müssen.

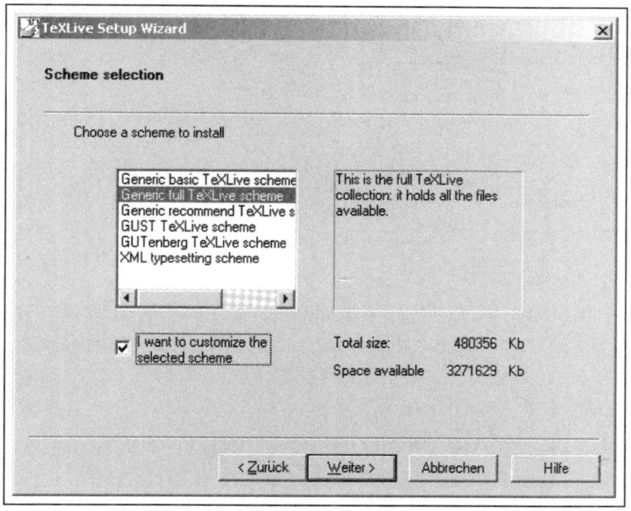

Abb. 11.3: Auswahl der zu installierenden Pakete

Im Bereich „win32-support“ müssen nachfolgende Pakete zusätzlich angewählt werden (siehe Abbildung 11.4 auf der nächsten Seite).

- **ghostscript-free**
  Ghostscript ist der PostScript-Interpreter für die Erzeugung und Manipulation von PostScript-Dateien.
  Installationsverzeichnis: `c:\Programme\gs`

- **netpbm**
  Das Paket stellt einige Tools für die Bildbearbeitung und Konvertierung zur Verfügung.
  Installationsverzeichnis: `c:\Programme\netpbm`

- **windvi**
  Windvi ist ein DVI-Betrachter für Windows.

- **winshell**
  Eine TeX-Shell, die nicht nur einen Editor für TEX- bzw. LATEX-Dateien zur Verfügung stellt, sondern es erlaubt, per Mausklick die verschiedenen Programme wie `latex`, `dvips` ... aufzurufen.
  Installationsverzeichnis: `c:\Programme\winshell`

Nach der Installation wird vom Setup-Programm automatisch die Konfiguration durchgeführt (siehe Abbildung 11.5 auf der nächsten Seite). Dabei wird für

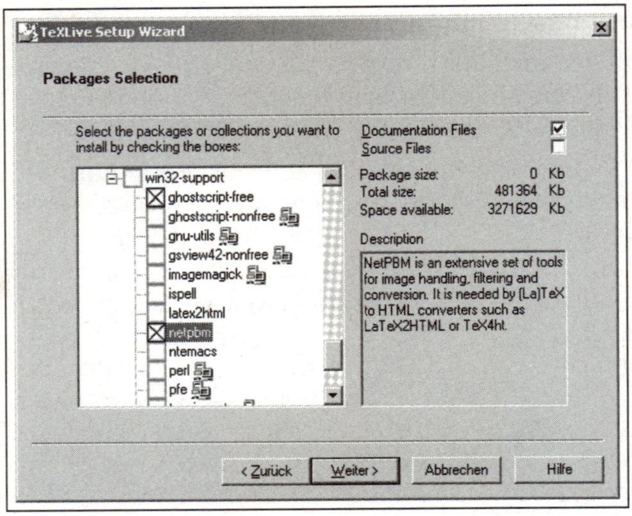

Abb. 11.4: win32-Paketauswahl

die installierten Dateien (im so genannten texmf-Baum; mehr dazu in Kapitel 11.3 auf Seite 576) eine Datenbank angelegt, damit diese schneller gefunden werden. Werden nachträglich Dateien eingespielt, so muss die Datenbank aktualisiert werden.

Diese wird über „Programme - TEXLive - Maintenance" und den entsprechenden Aufruf realisiert. Werden Formatdateien eingespielt, so ist der Punkt „Create all format files" auszuwählen. Bei allen anderen Dateien ist der Punkt „Rebuild ls-R filenames databases" zu wählen. Sind Sie sich nicht sicher, um welche Dateien es sich handelt, führen Sie beide Punkte hintereinander aus, Sie können dabei nichts falsch machen.

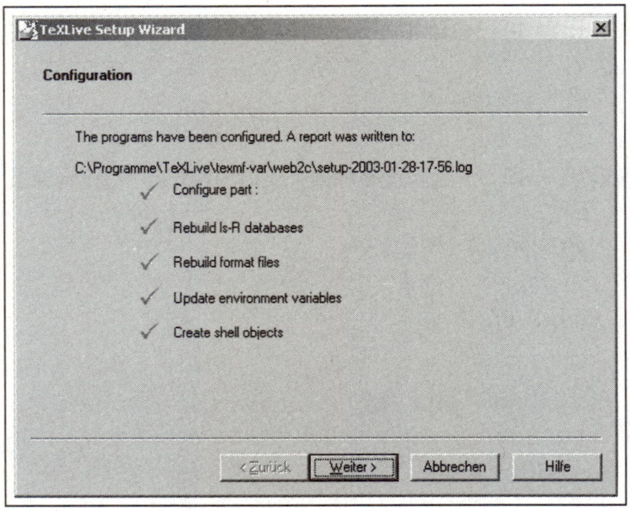

Abb. 11.5: Konfiguration

Weitere Programme installieren

Nachträglich müssen folgende Programme zusätzlich installiert werden, die auf der TEXLive-CD-ROM nicht mehr Platz gefunden haben. Wir haben diese auf die Buch-CD-ROM kopiert.

gsv43w32.exe

GSview ist ein Programm, um PostScript-Dateien anzuzeigen. Es kann unter der URL `http://www.cs.wisc.edu/~ghost/` bezogen werden. Die Version V 4.3 finden Sie auf der Buch-CD-ROM.
Die Installation ist sehr einfach. Als Installationsverzeichnis ist `c:\Programme\Ghostgum` zu verwenden. Nach der Installation muss die Umgebungsvariable `PATH` erweitert werden. Hierbei kann auch gleich das Verzeichnis von GhostScript eingetragen werden.
Unter Windows 2000 findet man dies unter: Start - Einstellungen - Systemsteuerung - System - Erweitert - Umgebungsvariablen
Bei unserem Testsystem sind folgende Eintragungen vorhanden, nachdem alle Programm installiert worden sind:

```
c:\programme\imagemagick;C:\Programme\TeXLive\bin\win32;C:\WINNT\system32;C
:\WINNT;C:\WINNT\System32\Wbem;C:\Programme\netpbm\bin;c:\Programme\Ghostgum
\gsview;c:\Programme\gs\gs7.05\bin;c:\Programme\gs\gs7.05\lib
```

XEmacs

XEmacs ist ein sehr komfortabler Editor. Mit dem Ergänzungspaket `auctex` stellt er vielseitige Möglichkeiten für LaTeX und TeX bereit. XEmacs kann über eine Netzwerkinstallation (Datei `setup.exe`) oder über ein Binärpaket installiert werden (Datei `xemacs-21.1.9-i586-pc-win32.EXE`). Sollten Sie eine Internetverbindung haben, ist die Netzinstallation vorzuziehen (siehe Abbildung 11.6).

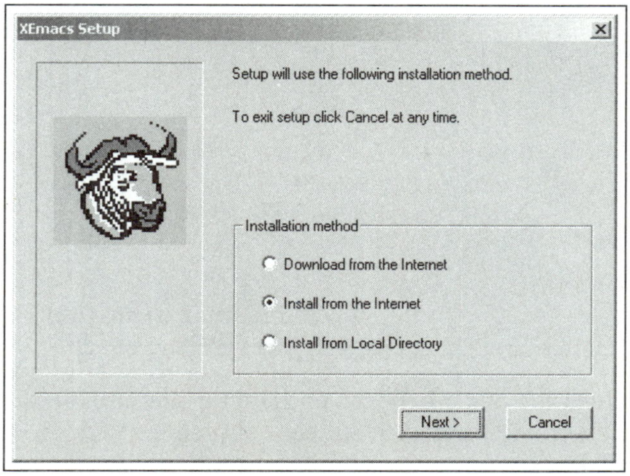

Abb. 11.6: XEmacs Netzinstallation

Bei der Installation über's Netz stehen drei Möglichkeiten zur Verfügung, die Einstellungen zu ermitteln. Wir verwenden hier die Möglichkeit, über einen Proxy-Server die Internetverbindung aufzubauen, da unsere Firewall eine direkte Verbindung nicht erlaubt. Dazu muss die Adresse des Proxy-Servers und dessen Port angegeben werden. Die Einstellungen müssen Sie nach Ihren Gegebenheiten anpassen (siehe Abbildung 11.7).

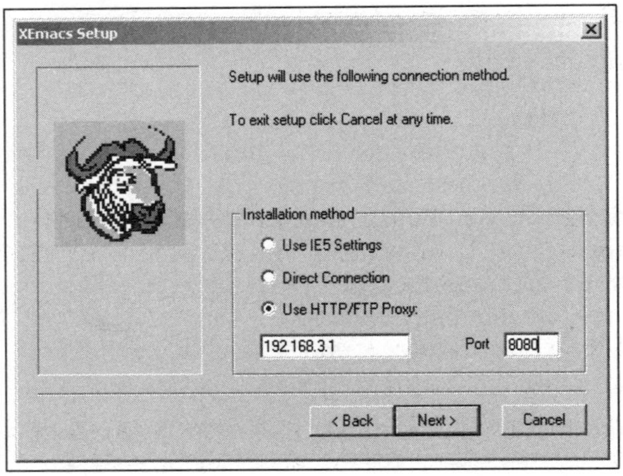

Abb. 11.7: Netzdaten

Im nächsten Fenster können die einzelnen Pakete für XEmacs ausgewählt werden. Gleichzeitig werden die schon installierten Pakete angezeigt und die, für welche es eine neuere Version gibt. Wir haben hier alle Pakete installiert (siehe Abbildung 11.8).

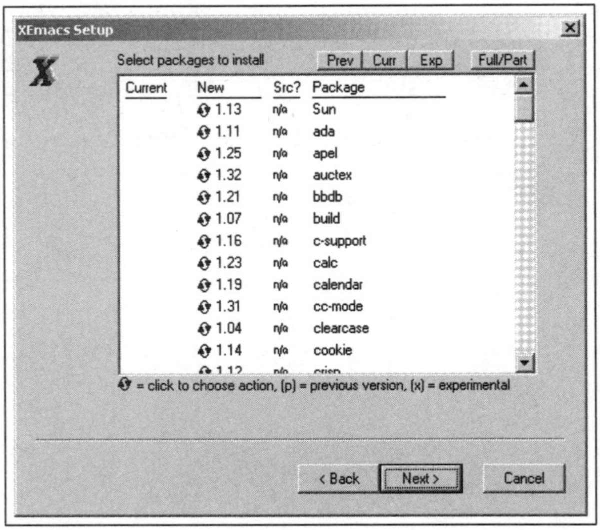

Abb. 11.8: Paketauswahl

Leider ist das im Paket enthaltene `auctex`-Modul etwas veraltet. Auf der Buch-CD-ROM finden Sie eine aktuellere Version, die sehr leicht eingespielt werden kann.

- Löschen Sie dafür zuerst den Inhalt des Verzeichnisses `c:\Programme\XEmacs\xemacs-packages\lisp\auctex`
- Kopieren Sie von der Buch-CD-ROM den Inhalt des Verzeichnisses `auctex-11.14_win32` (mit allen Unterverzeichnissen) nach `c:\Programme\XEmacs\xemacs-packages\lisp\auctex`
- Starten Sie XEmacs und rufen Sie dort „Option - Edit Init-Files" auf. Dabei wird die Datei `init.el` geöffnet (diese dürfte keine Einträge besitzen).
- Tragen Sie dort nachfolgende Zeilen ein:

```
;; Auc-Tex
(require 'tex-site)
(require 'tex-fptex)
```

- Speichern Sie die Datei und starten Sie XEmacs. Öffnen Sie jetzt eine `tex`-Datei, so stehen Ihnen automatisch die Möglichkeiten von `auctex` zur Verfügung. Mehr dazu in Kapitel 11.2.1 auf Seite 572.

ImageMagick (ImageMagick-i686-pc-windows.exe)

Das Programmpaket stellt umfangreiche Möglichkeiten bereit, Grafikdateien zu bearbeiten. Unter anderem enthält das Paket das Programm `convert`, mit dem sich sehr viele Grafikformate in andere Formate umwandeln lassen.
Als Installationsverzeichnis wählen Sie: `c:\Programme\ImageMagick`.

winedt (winedt53.exe)

WindEdt ist ein sehr komfortabler LaTeX-Editor, der als Sharewareversion verfügbar ist. Diese lässt sich 30 Tage testen, danach ist ein Registrierungsschlüssel notwendig. Wenn Sie sich den Editor anschauen möchten, so installieren Sie diesen unter `c:\Programme\winedt`. Nach dem ersten Aufruf muss der Editor auf die vorhandene Installation angepasst werden. Dazu wird im Menü „Options - Configurations - fptex" aufgerufen und der Editor ist für die Arbeit mit `fptex` vorbereitet. Mehr dazu in Kapitel 11.2.3 auf Seite 574.

11.1.2 tetex unter Linux

Unter Linux (hier SuSE) ist die Installation von LaTeX sehr einfach, da das Installationsprogramm YAST die ganze Arbeit erledigt. Es müssen nur die entsprechenden Pakete ausgewählt werden (siehe Abbildung 11.9).

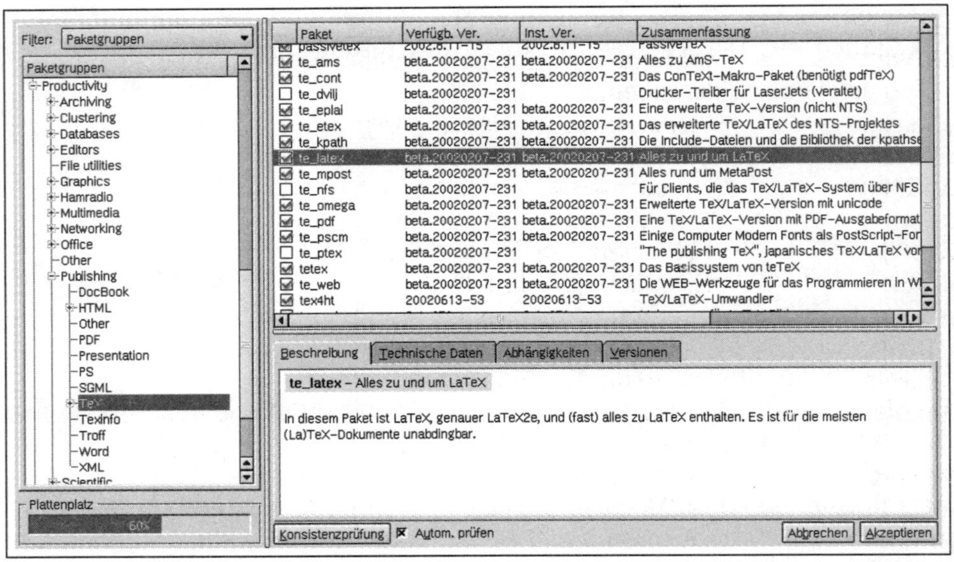

Abb. 11.9: Installationsprogramm YAST

Alle notwendigen Programmpakete befinden sich dabei in der Paketgruppe „Productivity-Publishing-TeX" oder in übergeordneten Gruppen (die Pakete lassen sich sehr schnell über die Suchfunktion finden). Nachfolgende Aufzählung zeigt die Pakete, die auf jeden Fall installiert werden sollten (ein „+" vor den Paketnamen) und solche, die evtl. zusätzlich nützlich sein können.

+tetex	Das Basissystem von teTeX.
+te_latex	Alles zu LaTeX.
+te_ams	Alles zu AMS-TeX.
+te_kpath	Die Include-Dateien und die Bibliothek der kpathsea-Werkzeuge.
+te_mpost	Alles zu MetaPost.
+te_pdf	Eine TeX-LaTeX-Version mit PDF-Ausgabe.
+te_pscm	Einige Computer Modern Fonts als PostScript-Fonts.
+lacheck	Überprüft LaTeX-Dateien auf korrekten Syntax.
+dvipdfm	DVI nach PDF-Konverter.
+dviutils	Werkzeuge zum Bearbeiten von DVI-Dateien.
+ghostscript*	PostScript-Interpreter mit vielen Tools.
+gsview	PostScript-Dateien anzeigen.
+gv	PostScript-Dateien anzeigen.
+psutils	Tools zum Manipulieren von PostScript-Dateien.

+pstoedit	PostScript- und PDF-Konverter.
+xemacs	Der Editor XEmacs.
+xemacs-el	Verschiedene LISP-Erweiterungen für XEmacs.
+acroread	Acrobat Reader für PDF-Dateien.
+ImageMagick	Komfortables Grafikprogramm mit vielen Konvertierungsmöglichkeiten.
+netpbm	Programm zur Grafikkonvertierung.
bibview	Frontend zur Anzeige von BibTeX-Datenbanken (Literaturdatenbank).
chess	TeX-Makros für Schachfiguren.
detex	TeX nach ASCII-Konverter.
dvi2tty	DVI nach ASCII-Konverter.
kile	LaTeX-Editor mit TeX-Shell.
l2h*	LaTeX nach HTML-Konverter.
ltx2x	LaTeX nach XML-Konverter.
poster	Programm zum Drucken von Postern.
t1utils	Tools zur Bearbeitung von Type-1-Fonts.
te_web	Werkzeuge für TeX-Entwickler.
tex4ht	TeX/LaTeX-Umwandler nach HTML, XHTML oder XML (Docbook).
texcad	Malprogramm für LaTeX-Bilder.
ts	Tcl/TK-basierte Shell für LaTeX.
ttf2pt1	Konverter von TTF- nach Type-1-Fonts.
type1inst	Tool für die Installation von PostScript-Fonts.
xtem	TeX-Menü für X-Windows.
te_cont	Das ConTeXt-Makro-Paket.

11.2 Programme

Nachfolgend wollen wir Ihnen ein paar Editoren bzw. Oberflächen vorstellen, die das Arbeiten mit LaTeX vereinfachen.

11.2.1 XEmacs

XEmacs ist der Klassiker der Editoren und für vielseitige Aufgaben mit entsprechenden Ergänzungspaketen gerüstet. Der Editor ist für viele Plattformen verfügbar.

Für das Arbeiten mit LaTeX-Dokumenten gibt es das Paket `auctex`, welches komfortable Möglichkeiten zur Verfügung stellt. Da nicht bei jeder XEmacs-Version das aktuelle `auctex`-Paket installiert ist, finden Sie jeweils auf der Buch-CD-ROM die aktuelle Version.

Dabei ist das Paket schon so vorbereitet, dass es nur in das entsprechende XEmacs-Verzeichnis zu kopieren ist.

Windows

Hier ist das Verzeichnis `auctex-11.14_win32` nach `c:\Programme\XEmacs\xemacs-packages\lisp\auctex` zu kopieren (zuvor muss die bisherige Version dort gelöscht werden).

Nach dem Start von XEmacs muss „Option - Edit Init-Files" aufgerufen werden. Dabei wird die Datei `init.el` geöffnet. Tragen Sie dort nachfolgende Zeilen ein:

```
;; Auc-Tex
(require 'tex-site)
(require 'tex-fptex)
```

Linux

Hier ist das Verzeichnis `auctex-11.14` nach `/usr/share/xemacs/xemacs-packages/lisp/auctex` als User `root` zu kopieren (zuvor muss die bisherige Version dort gelöscht werden).

Nach dem Start von XEmacs muss „Option - Edit Init-Files" aufgerufen werden. Dabei wird die Datei `init.el` geöffnet. Tragen Sie dort nachfolgende Zeilen ein:

```
;; Auc-Tex
(require 'tex-site)
(require 'tex-tetex)
```

Bedienung

Wird mit XEmacs eine `tex`-Datei aufgerufen, so stehen zwei weitere Hauptmenüeinträge zur Verfügung.

Mit dem Command-Menü werden unterschiedliche Programme aufgerufen (siehe Abbildung 11.10). Wird z. B. der Eintrag „LaTeX" gewählt, so wird die aktuelle Datei mit dem Programm `latex` übersetzt. Mit „View" kann die so erzeugte `dvi`-Datei betrachtet werden. Die Menüeinträge können auch beliebig an Ihre Bedürfnisse angepasst werden. Dazu ist unter Windows die Datei `tex-fptex.el` und unter Linux die Datei `tex-tetex.el` anzupassen. Weitere Informationen entnehmen Sie der Paketdokumentation.

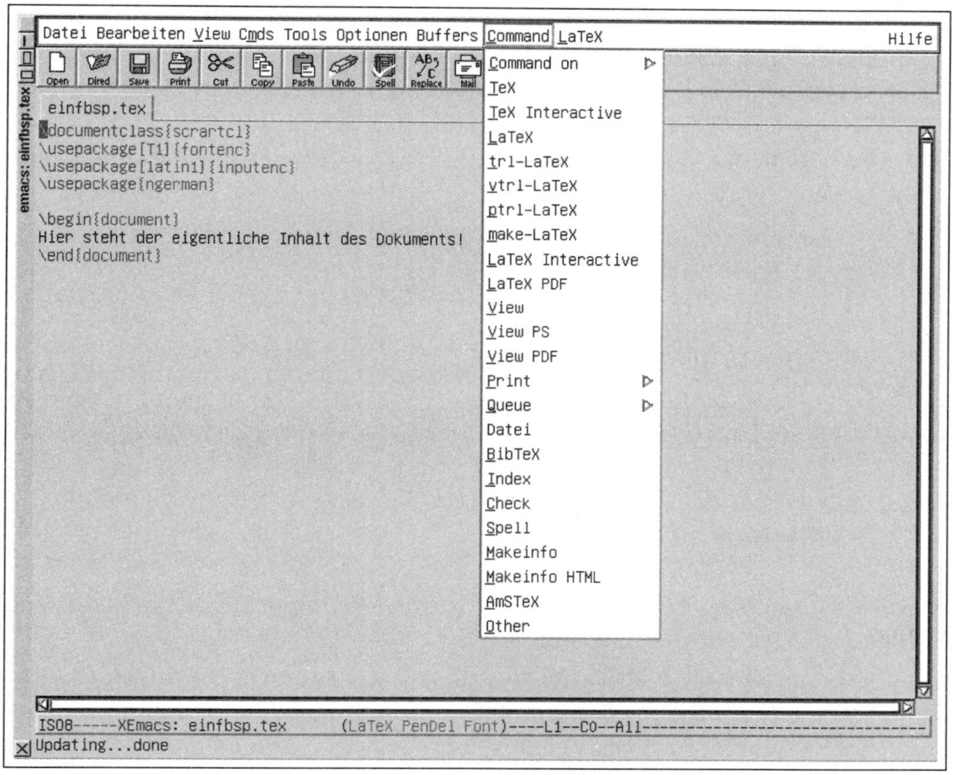

Abb. 11.10: XEmacs – Command-Menü

Mit dem zweiten Menüeintrag „LaTeX" lassen sich auf komfortable Weise Befehle bzw. Umgebungen in den Text einfügen (siehe Abbildung 11.11 auf der nächsten Seite).

Alle Menüeinstellungen lassen sich auch per Tastendruck auslösen. Hat man sich einige Tastenkombination gemerkt, kann man sehr schnell und effektiv arbeiten.

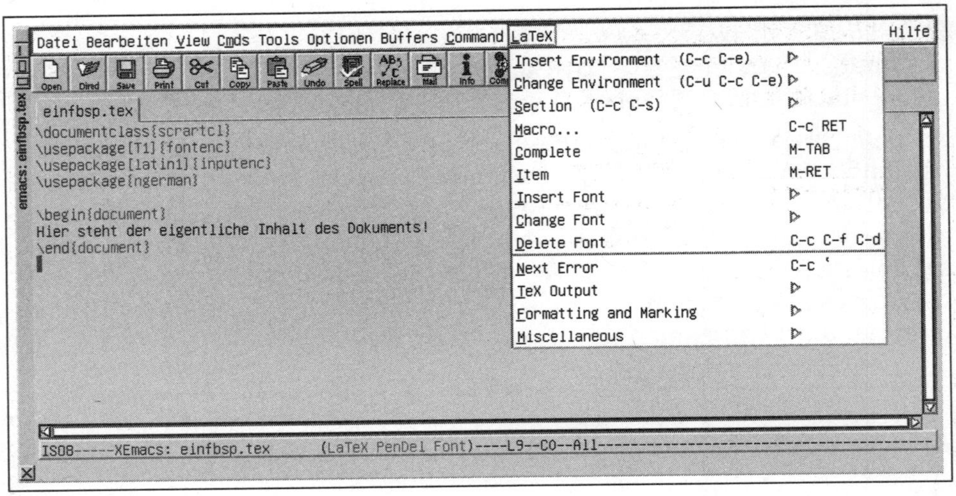

Abb. 11.11: XEmacs – LaTeX-Menü

Für die Tastenkürzel stehen folgende Kurzübersichten bereit, die auch auf der Buch-CD-ROM zu finden sind.

tex-ref.pdf Übersicht über die Tastenkombinationen des `auctex`-Moduls.
math-ref.pdf Übersicht über die Tastenkombinationen des Mathematik-Modus des `auctex`-Moduls.
refcard.pdf Übersicht über Standard XEmacs-Tastenkombinationen.

11.2.2 Winshell

Winshell ist ein LaTeX-Editor für Windows mit vielseitigen Möglichkeiten (siehe Abbildung 11.12 auf der nächsten Seite).

Auch hier lassen sich die diversen Programm per Mausklick aufrufen. Im unteren Bereich wird dann jeweils die Bildschirmausgabe des Programms angezeigt. Sehr schön ist hier, dass viele Symbole (auch mathematische) über eine Iconleiste sehr einfach eingebunden werden können. In der Abbildung ist die Iconleiste für das griechische Alphabet angezeigt.

11.2.3 WinEdt

WinEdt ist ein sehr mächtiger Editor für Windows mit sehr vielen Funktionen (siehe Abbildung 11.13 auf der nächsten Seite).

Dabei lassen sich sämtliche Programme per Mausklick aufrufen. Die Ausgaben am Bildschirm werden dabei jeweils in einem eigenen Fenster angezeigt. Auch hier lassen sich Befehle und Umgebungen per Mausklick einfügen.

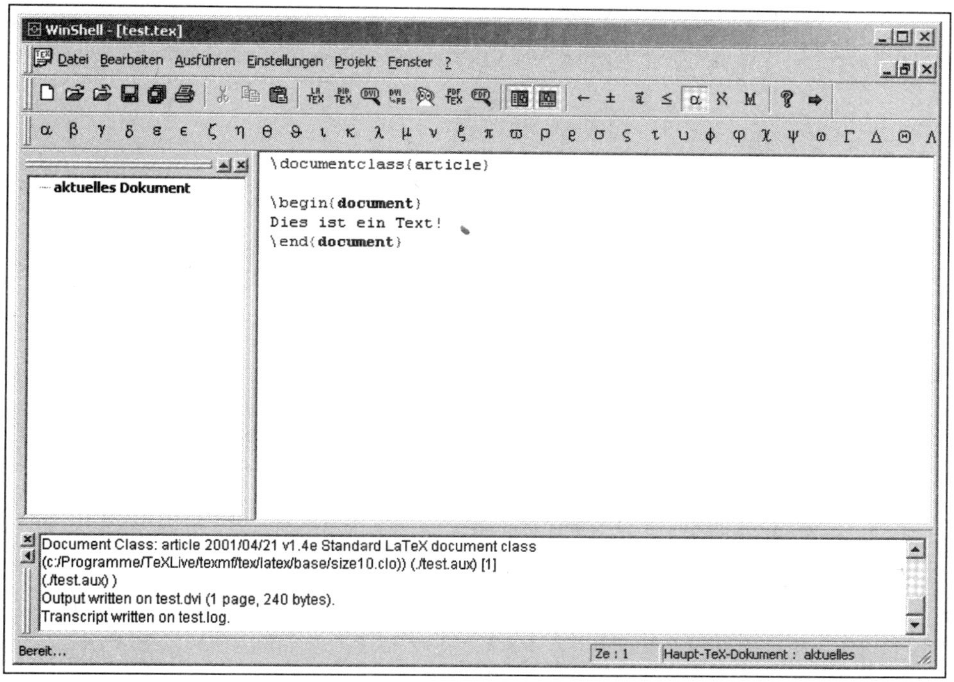

Abb. 11.12: WinShell

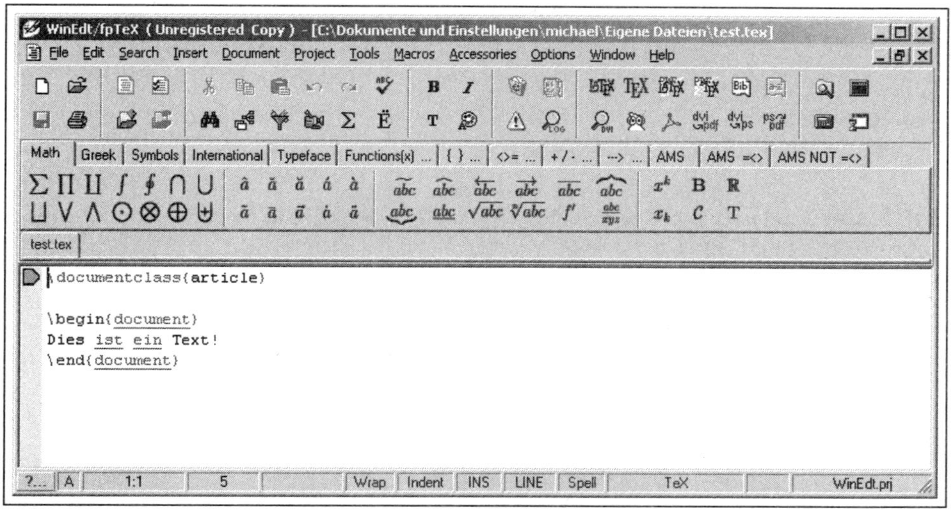

Abb. 11.13: WinEdt

Sehr schön bei WinEdt ist die umfangreiche Unterstützung für mathematische Symbole. Hier lassen sich sehr viele Symbole über einen Mausklick in das Dokument einfügen. Desweiteren bietet der Editor eine sehr komfortable Rechtschreibprüfung (mit vielen Sprachmodulen).

Der einzige Nachteil bei WinEdt ist, dass die Software in der Sharewarevariante nur 30 Tage läuft. Danach muss man einen Registrierungsschlüssel eingeben.

11.3 texmf-Baum

Der `texmf`-Baum stellt die Verzeichnisstruktur der gesamten Dateien für TEX und LATEX dar.

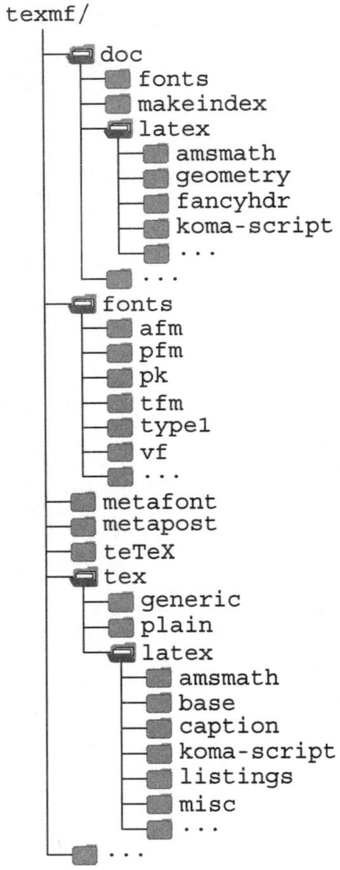

Abb. 11.14: texmf-Struktur (Auszug)

11.3.1 Aufbau und Struktur

Bei jeder TEX-Installation werden die Dateien in eine bestimmte Verzeichnisstruktur kopiert (siehe Abbildung 11.14).

Dabei werden die einzelnen Dateien in Gruppen (in entsprechende Unterverzeichnisse) gepackt. Zum Beispiel gehören alle Dateien, die für Fonts zuständig sind, in das Unterverzeichnis `fonts`. Alle TeX-Dateien gehören in das Unterverzeichnis `tex`. Alle LaTeX-Dateien gehören in das Untervereichnis `tex/latex` etc. Die Pakete werden hier nochmals in weitere Unterverzeichnisse aufgeteilt.

Paketinformation

Die gesamten Dokumentationen (zu TeX, LaTeX, den Paketen ...) werden dabei in den Unterordner `doc` verteilt. Alle wichtigen Dokumente zu LaTeX und die Paketdokumentationen sind im Bereich `doc/latex/...` zu finden.

Linux

Unter Linux ist der Haupt-`texmf`-Baum im Verzeichnis `/usr/share/texmf` zu finden. Ein zweiter `texmf`-Baum ist unter `/usr/local/share/texmf` zu finden. Ist im Home-Verzeichnis des Users ein Unterverzeichnis `texmf` vorhanden, wird dieses auch eingebunden.

Wird nun eine Datei im `texmf`-Baum gesucht, so wird zuerst im Home-Verzeichnis gesucht, anschließend im lokalen `texmf`-Baum und zum Schluss im Haupt-texmf-Baum.

Dabei kommen alle System-Pakete, die zur Grundinstallation gehören, in den Haupt-`texmf`-Baum. Erweiterungen werden in dem lokalen `texmf`-Baum installiert. Im Home-Bereich existieren lediglich Dateien, die nur für diesen speziellen User bestimmt sind.

Windows

Unter Windows ist der Haupt-`texmf`-Baum unter dem Verzeichnis `c:\Programme\TeXLive\texmf` zu finden. Ein zweiter `texmf`-Baum ist unter `c:\Programme\TeXLive\texmf-local` zu finden. Unter Windows gibt es keinen speziellen `texmf`-Baum im Home-Verzeichnis.

Ansonsten verhält sich der Windows-`texmf`-Baum wie der unter Linux.

11.3.2 Installation von Paketen

Werden Pakete nachträglich installiert, so werden diese normalerweise im lokalen `texmf`-Baum installiert, wo genau, hängt davon ab, um welche Dateien es sich handelt. Diese Informationen können Sie aber der Paketdokumentation entnehmen.

dtx- und ins-Dateien

LaTeX-Pakete werden normalerweise in Form von zwei Dateien verteilt: einmal eine `dtx`-Datei, die die entsprechenden Klassen- bzw. Style-Dateien und die Dokumentation enthält und die `ins`-Datei, die die Steuerinformationen enthält, wie die `dtx`-Datei zu behandeln ist.

Der Aufruf zum Erzeugen der Dateien lautet:

```
latex <datei>.ins
```

Die Dokumentation wird wie folgt erzeugt:

```
latex <datei>.dtx
```

Anschließend erhält man eine `dvi`-Datei, die wie gewohnt in eine PS-Datei umgewandelt werden kann.

Soll anstelle einer PS-Datei als Dokumentation eine PDF-Datei erstellt werden, so ist `pdflatex` anstelle von `latex` zu verwenden.

```
pdflatex <datei>.dtx
```

Nachdem die entsprechenden Dateien (z. B. `.sty`-, `.cls`-, `.cfg`-Dateien) erzeugt worden sind, müssen diese in den `texmf`-Baum kopiert werden. Normalerweise findet sich in der Dokumentation der Zielort.

Wird nichts angegeben, so überprüfen Sie zuerst, ob das entsprechende Paket in einer älteren Version schon im `texmf`-Baum enthalten ist. Dann sind die neuen Dateien an die entsprechende Stelle zu kopieren. Wurden keine Pakete im `texmf`-Baum gefunden, so ist das Verzeichnis `texmf/tex/latex/misc` ein geeigneter Ort.

Nach dem Kopieren der Dateien muss die `texmf`-Datenbank wieder aktualisiert werden. Unter Windows wird dies über „Programme-TeXLive-Maintenance-Rebuild ls-R filenames databases“ realisiert. Unter Linux wird das Programm `mktexlsr` aufgerufen.

11.4 Was ist unter LaTeX veraltet?

Da sich LaTeX mit der Zeit immer weiterentwickelt hat, gibt es einige Pakete und Befehle, die nicht mehr verwendet werden sollen, da es dafür neuere und bessere Versionen gibt. Sie werden nur aus Gründen der Abwärtskompatibilität vorgehalten.

Tabelle 11.1 zeigt, welche Pakete durch neuere Versionen ersetzt werden sollten.

Tabelle 11.1: Veraltete Pakete

Altes Paket	Neues Paket
epsfig, epsf	graphicx
t1enc	`\usepackage[T1]{fontenc}`
fancyheadings	fancyhdr
doublespace	setspace
scrpage	scrpage2
scrlettr	scrlettr2
times	mathptmx mit helvet (evtl. skaliert)
	`\usepackage[scaled=0.95]{helvet}`
a4	`\documentclass[a4paper]{...}`
palatino, mathpple	mathpazo
isolatin	`\usepackage[latin1]{inputenc}`
caption	caption2
natdin	dinat

Tabelle 11.2 zeigt, welche Befehle durch neuere Versionen ersetzt werden sollten.

Tabelle 11.2: Veraltete Befehle

Alte Befehle	Neue Befehle
`\rm`	`\rmfamily`, `\textrm{}`
`\sf`	`\sffamily`, `\textsf{}`
`\tt`	`\ttfamily`, `\texttt{}`
`\bf`	`\bfseries`, `\textbf{}`
`\it`	`\itshape`, `\textit{}`
`\sl`	`\slshape`, `\textsl{}`
`\sc`	`\scshape`, `\textsc{}`

11.5 Sonstiges

Neben dem eigentlichen Zweck eines LaTeX-Laufs, eine lesegerechte Fassung des Dokuments zu erzeugen, entstehen weitere Dateien für unterschiedliche Zwecke, etwa eine Datei für die zum Dokument gehörenden Index- oder Inhaltsverzeichniseinträge usw.

11.5.1 Dateien, die LaTeX bzw. TeX erzeugt

Nachfolgende Aufzählung zeigt, welche Dateiendungen von TeX bzw. LaTeX erzeugt bzw. verwendet werden.

.aux Hilfsdatei, die LaTeX beim ersten Durchlauf anlegt und in den nachfolgenden Durchläufen wieder ausliest. Darin enthalten sind Informationen über die Kapitelgliederung, die Labels und Referenzen und mehr.

.bbl Datei, die nach einem BibTeX-Lauf (Literaturdatenbank) die fertige Bibliographie enthält.
.dvi Die Datei, die nach dem LaTeX-Lauf die fertig gesetzte Datei im geräteunabhängigen Format enthält.
.idx Enthält die ungeordneten Indexeinträge, die z.B. mit `makeindex` sortiert werden können.
.ilg Enthält die Fehlermeldungen von `makeindex`.
.ind Enthält nach dem Lauf von z.B. `makeindex` die sortierten Einträge in einer `makeidx`-Umgebung.
.lof Enthält die Einträge des Abbildungsverzeichnisses.
.log Enthält die LOG-Einträge nach dem LaTeX-Lauf.
.lot Enthält die Einträge des Tabellenverzeichnisses.
.tex Die eigentliche LaTeX-Datei.
.toc Enthält die Einträge für das Inhaltsverzeichnis.

11.5.2 Ein- und Ausgabe mit LaTeX

LaTeX bietet auch die Möglichkeit, während des LaTeX-Laufs Meldungen auszugeben bzw. Parameter über die Tastatur einzulesen.

Mit dem Befehl `\typeout` werden Meldungen am Bildschirm ausgegeben.

Der allgemeine Aufruf dabei lautet:

```
\typeout{<Text>}
```

Mit dem Befehl `\typein` lassen sich Texte beim LaTeX-Lauf von der Tastatur eingeben.

Der allgemeine Aufruf dabei lautet:

```
\typein[<\befehl>]{<Text>}
```

Dabei wird zuerst der Text ausgegeben und dann der eingegebene Text im Befehl gespeichert. Dieser kann dann beliebig verwendet werden.

Im nachfolgenden Beispiel 11.1 auf der nächsten Seite wird das Listing 10.4 auf Seite 561 so abgeändert, dass die Eingabe des Fonts und dessen Parameter über die Tastatur erfolgt.

```
\typeout{***************************************************}
\typeout{* Bitte den zu verwendenden Font eingeben         *}
\typeout{***************************************************}
\typein[\fFamilie]{Font-Familie   (put):}
\typein[\fKode]{Kodierung         (T1) :}
\typein[\fSerie]{Font-Serie       (m)  :}
\typein[\fFormat]{Font-Format     (n)  :}
\typein[\fSize]{Font-Size         (12) :}
```

Listing 11.1: Anzeigen eines beliebigen Fonts (source/showfont.tex)

Nach dem LaTeX-Lauf erfolgt dann diese Ausgabe, in der die Werte für den Font Zapfdingbats eingegeben worden sind:

```
...
***************************************************
* Bitte den zu verwendenden Font eingeben *
***************************************************
Font-Familie (put):

\fFamilie=pzd
Kodierung (T1) :

\fKode=U
Font-Serie (m) :

\fSerie=m
Font-Format (n) :

\fFormat=n
Font-Size (12) :

\fSize=10
...
```

Als Ergebnis erhält man dann die Übersicht über den Font in einer Tabelle. Sollte der eingegebene Font nicht vorhanden sein, so nimmt LaTeX stattdessen den Font cmr.

11.6 Woher erhalte ich Informationen?

Sicherlich hat nicht jeder einen LaTeX-Experten an der Hand, den er bei Problemen fragen kann. Glücklicherweise gibt es aber im Internet zahlreiche Anlaufstellen.

Als Erstes sollte man die FAQ der Deutschen Anwendervereinigung TeX durchsuchen, dann das Dante-Archiv. Auch das Lesen weiterer Literatur (siehe Links auf der Buch-CD-ROM) kann sehr hilfreich sein. Ist man dann immer noch nicht fündig geworden, sollte man selbst Fragen in diversen Newsgroups oder Mailinglisten stellen.

11.6.1 FAQ

Die wohl wichtigste Anlaufstelle bei Fragen ist die FAQ. Diese kann über die URL `http://www.dante.de/faq/de-tex-faq/` angezeigt oder in verschiedenen Formaten heruntergeladen werden.

Hier finden sich viele Antworten zu Fragen und Problemen.

Dort finden sich auch viele Verweise, wo man bei Problemen und Fragen weitere Informationen erhalten kann.

11.6.2 Newsgroup: de.comp.text.tex

Die Newsgroup `de.comp.text.tex` steht für Fragen und Probleme rund um TeX und LaTeX zur Verfügung. Bevor aber dort eine Frage gepostet wird, sollte überprüft werden, ob das Thema nicht schon einmal angesprochen wurde und schon eine Lösung vorhanden ist. Sonst könnte es sein, dass man einen nicht so freundlichen Hinweis bekommt, dass das Problem schon vor x Tagen diskutiert worden ist.

Eine Möglichkeit, die Newsgroup im Archiv zu durchsuchen, bietet Google. Die Suchfunktion ist über die URL `http://groups.google.de/groups?hl=de&lr=&ie=UTF-8&group=de.comp.text.tex` zu erreichen.

Ist hier keine Lösung gefunden worden, so kann eine News gepostet werden. Dabei sollte das Problem so kurz und aussagekräftig wie möglich beschrieben werden. Ein Minimalbeispiel, das den Fehler bzw. das Problem hervorruft, hilft den anderen Lesern, das Problem nachzuvollziehen und eine Lösung zu finden.

11.6.3 Mailingliste TEX-D-L

Die Mailingsliste `TEX-D-L` stellt das Gegenstück zur Newsgroup dar. Auch hier gelten dieselben Regeln. Zuerst bitte im Archiv (unter der URL `http://www.listserv.dfn.de/archives/tex-d-l.html`) nachsehen, ob schon eine Lösung vorhanden ist und wenn nicht, eine Mail schreiben.

Index

C

D

Professional Series
DTDs und XML-Schemata
XML-Darstellung im Web mit CSS und XSL-T
Druckformate erzeugen mit XSL-FO
Grafiken einbinden
Michael und Elke Niedermair
XML
für Print und Screen
Auf CD-ROM
• Editoren und Tools zur Eingabe und Umwandlung von XML
• XSL-Designer
Franzis'

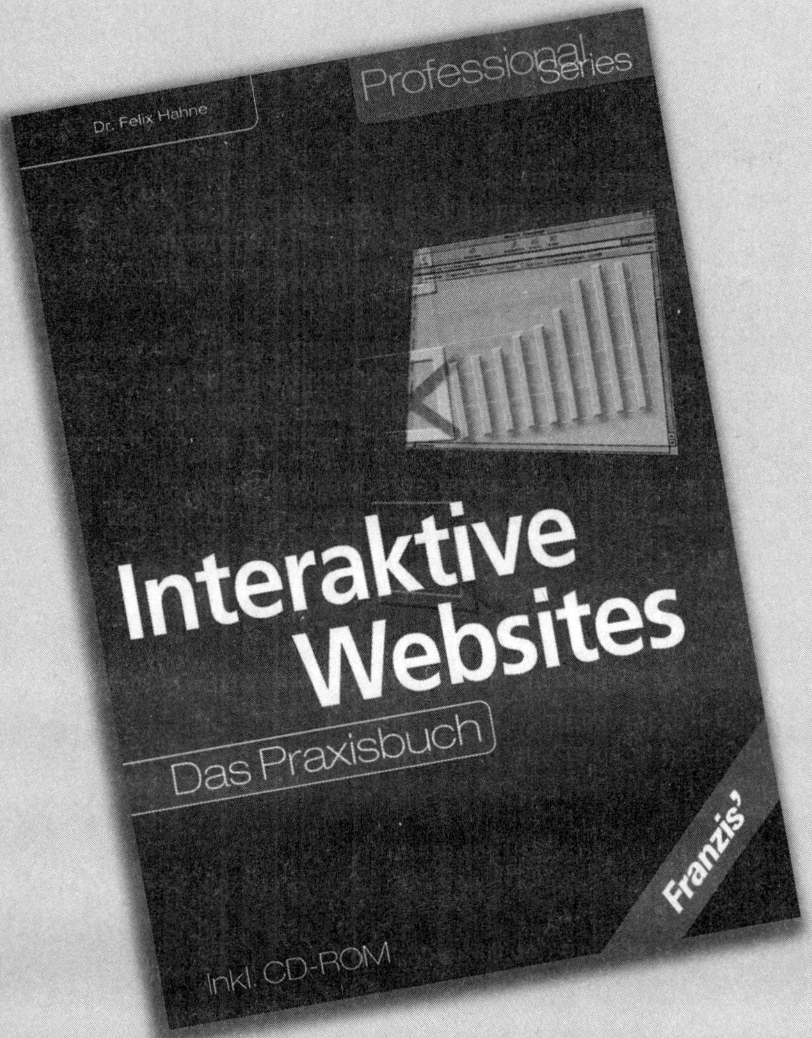
Dr. Felix Hahne
Professional Series
Interaktive Websites
Das Praxisbuch
Inkl. CD-ROM
Franzis'